空間構造の数値解析
ガイドブック

Guidebook for Numerical Analysis of Spatial Structures

日本建築学会

本書のご利用にあたって

本書は，作成時点での最新の学術的知見をもとに，技術者の判断に資する技術の考え方や可能性を示したものであり，法令等の補完や根拠を示すものではありません．また，本書の数値は推奨値であり，数値を満足しないことが直ちに建築物の安全性を脅かすものでもありません．ご利用に際しては，本書が最新版であることをご確認ください．本会は，本書に起因する損害に対しては一切の責任を有しません．

ご案内

まえがき

本書は空間構造を構造設計する際に用いられる数値解析について、対象となる問題とその解析の基礎理論、モデル化や解析手法の選択の基準となる事項を詳細にまとめたものである。空間構造とは無柱で大きな空間を覆う屋根構造などを総称するもので、具体的には骨組部材で構成されるスペースフレームやトラス、鉄筋コンクリートの連続的な曲面で構成されるシェル構造、軽量で引張力に強いケーブルや膜の特性を生かし、その張力の釣合いによって安定した形態を構築する張力構造を指す。また最近では、設計の自由度の増大により、屋根型の構造以外でも、従来型の重層骨組構造の範疇には留まらない構造形式も見られるようになっており、このような特殊な構造の一部が空間構造に類似の形態を有することもある。

以上のように様々な構造形式からなる空間構造ではあるが、その力学的な特徴は主に、曲面や曲線といった幾何学的な形状によってもたらされる形態抵抗系であることに起因する。これは荷重を軸方向力に代表される面内応力で支えようとする機構であり、曲げモーメントやせん断力によって抵抗するのとは異なり、効率的に荷重を支えることができる。それゆえに部材断面を細く、薄くできるわけであるが、一方で、このことが変形後の形状変化の力の釣合いへの影響によってもたらされる幾何学的非線形性を無視できなくする。主たる面内応力が圧縮となる場合にはこれが座屈という現象に影響し、変形性能や靱性といった構造物の余裕度に関係する性質において様々な懸念をもたらすこととなる。また、最も基本的な線形応力問題においても、曲面形状のわずかな違いによって応力状態に大きな差異が生じることや、境界付近で応力の局所的な変化が発生することに注意する必要がある。さらに、形状や境界条件の変化に敏感な性質は、施工中の状態にも関係するため、安全かつ確実に完成形状を実現するために、施工時解析が必要とされることもある。

コンピューターの性能の目覚ましい発展により、この30年余りの間に構造解析を実施するプラットフォームは大型計算機からパーソナルコンピューターへと移り変わり、有限要素法を始めとする離散化解析手法も市販のソフトウエアの普及とその能力の拡大により、既に設計において欠かすことのできないツールとなっている。一方で近年、意匠設計分野におけるデジタル化が急速に進展したことに伴い、従来は単純な形態の組み合わせで構成されていた建築物が、コンピューター内部の仮想空間において複雑な形態をもって生成される傾向が強まっており、スケール感や現実感、または施工プロセスと乖離して設計される状況が生まれるに至っている。構造技術者は前者のようなツールを縦横無尽に駆使しつつ、後者のような問題に対峙し、適切な助言を与えることが求められるようになっている。

2001年に刊行された「空間構造の数値解析ガイドライン」（以下、既刊書と称す）は、空間構造の多様な構造形式や特有の性質を踏まえて、設計において必要となる様々な数値解析の基礎理論をわかりやすく記述するとともに、それらを利用する際の留意点、数値解析の実行に伴って直面する様々な課題や対処法、刊行時点における最新の研究成果を網羅した数少ない書籍の一つである。この書籍は、市販のソフトウエアが普及し、構造設計でもこれらを利用することが一般的になりつつあった1996年当時、空間構造における数値解析法のあり方と専用ソフトウエアの利用法について検討すべく日本建築学会の構造委員会配下のシェル・空間構造運営委員会に「空間構造数値解析小委員会（主査・松井徹哉）」が設置され、大学および民間企業の研究者・技術者の精力的な調査研究と討議を行った成果がまとめられたものである。

その後、十数年が経過し、新しい解析理論の研究成果が発表されている。また、従来とは異なる新しい材料が使用されるようになっており、これらに対する数値解析上の取り扱いを示すことが求められている。一方で、ソフトウエア環境の充実に伴い、学生、若手技術者にとって、一から数値解析プログラムをコーディングする機会が極めて少なくなり、数値解析過程のブラックボックス化がますます進みつつあるという点が指摘されている。このためであろうか、解析手法の選定やモデル化が不適切な場合が散見されるようになっており、先達によって培われてきた数値解析のノウハウを確実に継承することが要求されている。そこで、近年の数値解析の解析理論・手法の発展を調査した上で、以下のような方針に基づき新たに本書を編集した。

1)基礎編と実践編の二部構成として、基礎理論と数値解析の課題および対処方法については、2001年の既刊書の内容を吟味した上で最新の研究成果を加えて基礎編に再編し、実践編には、初学者や空間構造に不慣れな技術者の指南となるように、例題のモデル化や解析上の考え方およびそのプロセスを具体的に記述する。

2)実践編に新たに盛り込まれる例題については、可能な限り、比較対象となる既往の研究成果や実験データを収集して、数値解析結果を客観的に検証できるような内容とする。既刊書においては、できるだけ実施事例に近い数値解析例が選ばれたが、本書においては読者が空間構造の数値解析に慣れるための基本的な例題として利用することを想定し、各構造形式を対象とした数値解析のベンチマークモデルとなり得るような例題を選ぶ。

3)我が国では地震荷重に対する検討が欠かせないため、既刊書においても一般的な重層骨組構造とは異なる空間構造の重要な動的特性について概説していたが、空間構造においても免震装置や制振装置の利用が検討されることが一般的になってきたことから、これらの装置の数値解析上の取り扱いを加える。また、時刻歴応答解析の方法について、非線形解析での安定性の観点から世界的に主流となっている方法を取り上げるなど、動的解析の項目を大幅に増補する。

これらにより、既刊書が掲げた目的を引き継ぎながら、新たな時代の構造物の数値解析を実行する際の有用な手引き書となることを期待している。

2017年12月

日本建築学会

本書作成関係委員

構造本委員会

委員長　塩原　等

幹　事　五十田博　久田嘉章　山田　哲

委　員　（省略）

シェル・空間構造運営委員会

主　査　竹内　徹

幹　事　熊谷知彦　武藤　厚　諸岡繁洋

委　員　遠藤龍司　大崎　純　大塚貴弘　大森博司　岡田　章　小澤雄樹
加藤史郎　川口健一　河端昌也　近藤典夫　谷口与史也　永井拓生
中澤祥二　西村　督　萩原伸幸　浜田英明　濱本卓司　原　　隆
松岡祐一　松本幸大　宮里直也　山下哲郎

空間構造の動的非線形挙動に関する数値解析小委員会

主　査　西村　督

幹　事　大塚貴弘

委　員　緒方誠二郎　柴田良一　萩原伸幸　本間俊雄　松井徹哉　水谷太朗
向山洋一　武藤　厚　村田　賢　元結正次郎　山川　誠　吉野達矢

空間構造の数値解析の基礎理論と評価ＷＧ

主　査　萩原伸幸

幹　事　西村　督

委　員　大塚貴弘　本間俊雄　松井徹哉　武藤　厚　村田　賢　元結正次郎
吉野達矢

執筆担当

（50 音順）

大崎　純（京都大学）	基礎編 1.4 節、2.1 節、2.2 節、2.3 節
大森博司（名古屋大学名誉教授）	基礎編 1.1 節、4.1 節、4.2 節
岡田　章（日本大学）	基礎編 4.3 節
白井貴志（新日鉄住金エンジニアリング）	基礎編 2.2 節、2.3 節
鈴木俊男（性能計画）	基礎編 4.3 節、実践編 4.1 節
立石寧俊（清水建設）	基礎編 2.2 節
那花謙二（巴コーポレーション）	基礎編 2.3 節
中山昌尚（小山工業高等専門学校）	基礎編 4.3 節
西村　督（金沢工業大学）	基礎編 1.4 節、2.1 節、2.2 節、2.3 節、実践編 2.1 節
萩原伸幸（大同大学）	まえがき、基礎編 4.3 節、実践編 1.1 節、1.2 節、4.1 節、4.4 節
本間俊雄（鹿児島大学）	基礎編 4.3 節、4.4 節、実践編 4.3 節
真柄栄毅	基礎編 4.3 節
松井徹哉（名古屋産業科学研究所）	基礎編 3.1 節
三木優彰（Skidmore, Owings & Merrill）	基礎編 4.4 節
水谷太朗（大成建設）	基礎編 2.1 節、2.3 節
武藤　厚（名城大学）	基礎編 3.1 節、3.2 節、3.3 節、3.4 節、実践編 3.1 節、3.2 節
村田　賢（名城大学）	基礎編 1.3 節
元結正次郎（東京工業大学）	基礎編 1.2 節、3.3 節、3.4 節
山本千秋（ニュートンワークス）	基礎編 4.3 節
吉野達矢（太陽工業）	基礎編 4.3 節、実践編 4.2 節

空間構造の数値解析ガイドブック

目次

Ⅰ．基礎編

第１章　構造解析の一般事項
第１節　空間構造の構造解析

1.1.1　概要

空間構造の定義　建築構造の中でも、劇場、スタジアム、体育館などのように、その内部に無柱の大空間を内包するような建築構造を空間構造と呼ぶ。ただ、空間構造という表現が用いられ始めたのはさほど古いことではない。この分野では IASS（International Association of Shell and Spatial Structures)という国際学会があるが、その和文名称は、現在では「シェルおよび空間構造に関する国際学会」とされている。これが 1980 年頃までは、「シェルおよび立体骨組に関する」国際学会と和訳されていた。Spatial Structure（あるいは、Space Structure ともいう）という語は、また宇宙構造物にも使われてきている経緯もあり、まだ、一般には定着こそしていないが、今後次第に認められていくことになろう。このように、空間構造という言葉は、代表的な曲面構造としてのシェル構造以外に、スペースフレームやスペーストラスのような離散的な骨組部材により構成される空間骨組構造、ケーブルや構造膜により構成されるケーブル構造や膜構造、圧縮と引張の部材の組み合わせによる張弦梁構造、さらにそれらの構造の混合構造の全てを含むものである [1]。

空間構造の特徴　空間構造は「形態抵抗構造」であると言われる [2]。これは、梁柱からなる一般的な建築骨組構造が主な設計外力に対して曲げやせん断によって抵抗するのに対して、空間構造が軸力や面内断面力によって抵抗することによる。つまり、一般的な空間構造の形状は、力をその形状に沿って支持部に合理的に流すようになっている。この点は、空間構造が骨組構造など、他の建築構造と異なる点で、構造設計に当たって考慮されるべき重要な点であると同時に、このことにより生じる空間構造に固有の構造安定性や変形性状の把握が大切な留意点となる。

空間構造の構造設計　一般に構造技術の担うべき役割として大きく二つを上げることができる。まず第一は、設計荷重に対して安全であり経済的であることである。これは構造物がまず満たすべき条件であり、これを満たさなければ構造物を構築することそのものが不可能となる。一方、構造技術の担うべき二番目の役割として、美しい構造を具現化する手段としての役割を上げることができる。「構造物の美しさは、力学的合理性の近傍にある」とは、代々木オリンピック屋内競技場の構造設計などで著名な坪井善勝の言葉である [1,3]。力学的に合理的な構造物の形態と美しい形態との間には、密接な関連があることについてはおおかたの同意を得ることができよう。美しい構造物を構築するために、力学的に合理的な設計を心がけることは、設計態度としてきわめて重要であり、結局は経済的で安全性の高い構造物を実現することにつながるものである。これは、従来より多くの優れた構造家が一致して指摘するところである。上述したように、空間構造は形態抵抗構造であり、形を決めることは抵抗形式を決めることと直結している。このことは、

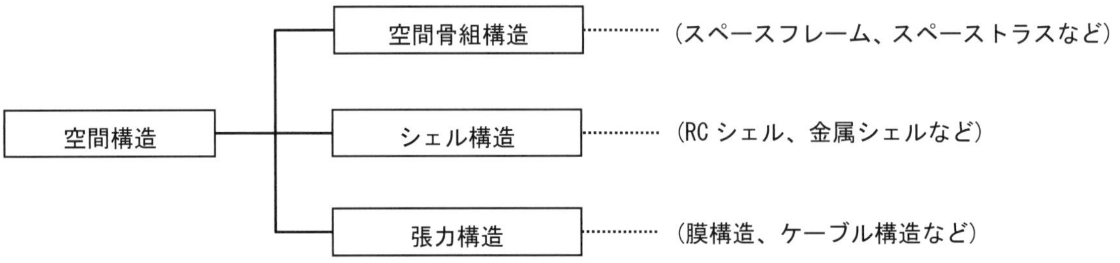

図 1.1.1　空間構造の分類

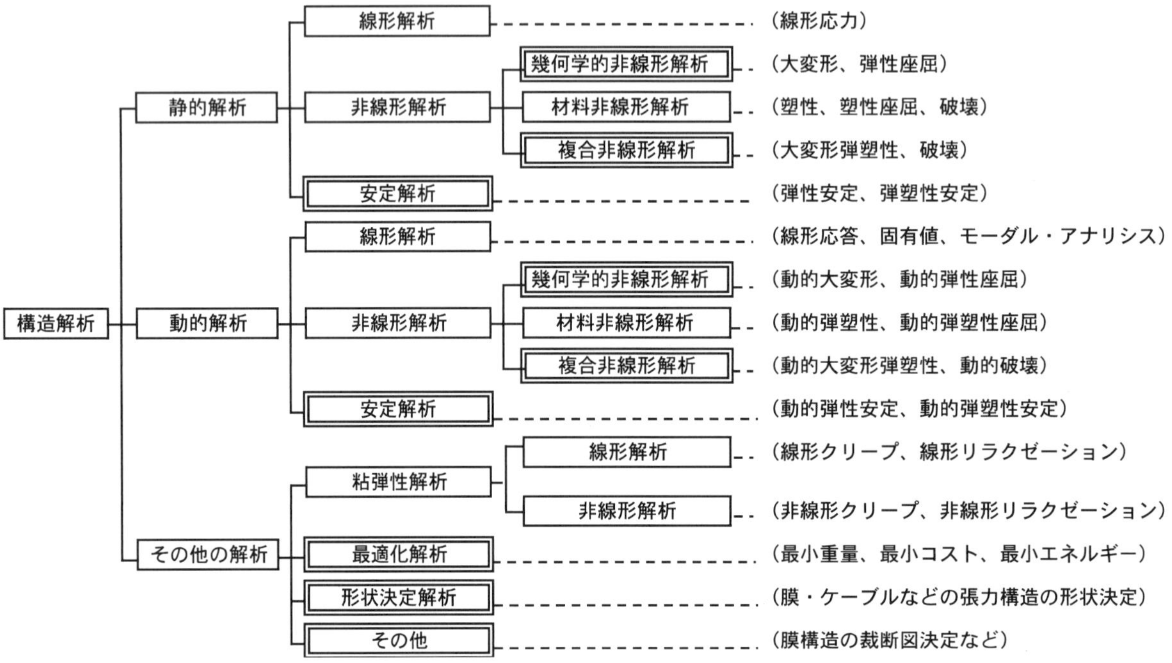

図 1.1.2　空間構造の構造解析

構造性能のあらゆる詳細な検討に先立って、慎重に考慮されなければならない。

空間構造の構造解析　規模の大きな空間を内包する空間構造は、一般的にスパンが大きくなる場合が多く、そのために一般の建築骨組構造とは異なり、部材に生じるひずみが小さくても変形が大きくなるいわゆる大変形を伴う。このことが原因となり、静的にも動的にも構造体の幾何形状の変化に起因する力学特性を考慮した構造解析が必要となる。

図 1.1.1 は空間構造を構造形式の観点から分類したものである。この分類中で、空間骨組構造であるスペースフレームやスペーストラスには鋼管や型鋼などの鋼材が用いられることが多く、シェル構造には主として鉄筋コンクリートが用いられ、張力構造の中でも、膜構造にはいわゆる構造膜が、ケーブル構造には細い鋼線による「より線ケーブル」などが用いられるというように、

構造形式とそれに用いられる材料の間には密接な関係があり、それぞれの構造形式の設計に必要となる構造解析技術もこうした事情を反映したものになる。また、空間構造に関する構造解析の内容を解析法の観点から分類すれば図 1.1.2 のようになる。図中、二重線で囲んだ項目が空間構造の構造解析に不可欠なもので、一般的な梁柱から構成される骨組構造の場合には考慮される機会の少ない項目である。表 1.1.1 はこのような分類に基づいて空間構造の各構造形式に対して、通常の設計で必要となる構造解析技術を、鉄筋コンクリート構造や鉄骨構造による一般の建築骨組構造と比較して示したものである。静的・動的な線形解析技術は、当然のことながら一般の建築骨組構造と空間構造の両者に必須のものであるが、幾何学的な非線形解析技術や安定解析の技術などは、一般の建築骨組構造には必要となる機会がほとんどないのに対して、空間構造においてはその構造形状やスペースフレームでの部材配置によっては力学的応答挙動が複雑となり、解析の結果として得られた釣合形状の安定性を吟味することが必要となる場合があり、それぞれ重要な解析技術となる。また、張力構造に対しては、そもそもの構造形状が力学的な釣合条件を満足するように与えられる必要があるため、幾何学的な非線形解析技術以外に、張力場で構成される構造形状を求めるために形状決定解析が必要となる。さらに、張力構造の中でも特に膜構造の場合には、膜の裁断形状を決定するための裁断図解析といった、ごく特殊な解析技術が構造解析法の一環として欠くことのできないものとなる。

空間構造解析技術の特徴　空間構造の定義において既に述べたように、空間構造は大空間を内包

表 1.1.1　構造解析技術と適用構造形式

		一般建築骨組	空間構造		
			空間骨組構造	シェル構造	張力構造
静的解析	線形解析	◎	◎	◎	◎
	幾何学的非線形解析	×	◎	◎	◎
	材料非線形解析	○	○	○	○
	複合非線形解析	×	○	○	○
	安定解析	×	◎	◎	×
動的解析	線形解析	◎	◎	◎	◎
	幾何学的非線形解析	×	○	○	○
	材料非線形解析	○	○	○	×
	複合非線形解析	×	○	○	×
	安定解析	×	○	○	○
その他の解析	粘弾性解析	×	×	○	○
	形状決定解析 *注	×	×	×	◎
	裁断図解析	×	×	×	◎

◎：特に重要　○：適宜考慮

×：考慮しない、あるいはごく希にしか考慮しない

*注　釣合い形状等を求めるためのもので構造最適化ではない

する構造物で、一般的にスパンが大きくなるが、その結果として、荷重の種類に関わらず、他の骨組構造と比較して水平部材における鉛直方向の変形が大きくなるという特徴がある。幾何学的な非線形性を考慮した構造解析が要求されるのもそのためである。非線形問題の数値解析法を応用した構造解析技術は、本質的には線形問題に対する解析技術を線形化された増分形式の条件式に繰り返し適用することということができるが、そこには収束判定用の定数を変化させたり、増分解析における変数の更新量を制御したりするような、詳しく見れば状況に応じて的確な工夫を施す必要のあることがらも多い。これは構造解析に限らず、一般的に非線形問題を数値的に解析する際には必ず遭遇する問題であるが、梁柱から構成される一般の骨組構造の構造解析の際には考慮することの少ない事項であり、大空間構造の構造解析の持つ特徴的な点と言うことができる。

1.1.2　有限要素法

1.1.2.1　空間構造の構造解析と有限要素法

有限要素法小史　構造解析の分野で数値計算による解析手法といえば、通常は有限要素法による解析法をさすことが多い。それほどに有限要素法はこの分野になくてはならない構造解析法となっており、市販のソフトウェアも有限要素法をベースとしたものがほとんどである。この書物も、空間構造の構造解析を数値計算により行うに当たってのガイドラインを示すことを目的としているが、具体的にはそのほとんどが有限要素法を用いる際の、理論的な背景やそれを踏まえた利用に際しての留意点の解説に当てられている。

有限要素法がいつ、誰によって創始されたのかについては、種々議論されているが、その基本的な考え方が最初に考案されたのは少なくとも 19 世紀中頃にまでさかのぼるもので、Maxwell、Castigliano、Mohr らの骨組構造物の解析法の基礎に関する理論的な研究が、有限要素法の基礎理論に関する出発点とされている [4]。しかしながら、有限要素法が実際にその威力を発揮するためには 1950 年代のコンピュータの出現を待たねばならず、その間に実用的な構造解析の方法として発案された固定モーメント法を除けば、その間約 80 年間は、実際的な構造解析手法という観点からの大きな発展はほとんど特筆すべきものがない [5]。コンピュータの出現を受けて、その将来性を有限要素法の利用の中に先見し、構造解析分野に大きな足跡を残すこととなったのは、Turner、Clough、Martin、Topp の 4 人の著者による複雑構造物の応力解析に関する一般理論とその航空機の翼の応力解析への応用に関する有名な論文 [6] である。この研究論文により、従来の骨組構造と連続体解析の概念が結びつけられただけでなく、実際的な観点から更に大きな業績として、マトリクス形式による有限要素法のシステマティックな定式化が、ここで初めて示されたことを指摘する必要がある。これにより、有限要素法による解析技術は急速に発展し、特にその後の航空機の構造解析の分野において著しい発展が見られた。

1950 年代において、平面応力問題の数値解析法の開発がほぼ完了し、1960 年代前半には板曲げの問題の有限要素法による解析が可能となる。1965 年、1968 年、1970 年にアメリカ、オハイオ州デイトンの米国空軍航空力学研究所で行われた有限要素法に関する国際会議では、有限要素法

表 1.1.2a　有限要素法の歴史・工学における応用とそれを支える数学理論の発展

数学（理論）		工学（応用）
	⋮	
	1696	G.Leipniz 【Brachistochrone Problem（最速降下線問題）に使用(?)】
	⋮	
	1851	Schellbach 【Plateau問題への有限要素法的手法の適用（Williamson, 1980）】
	⋮	
	1939	G. Kron 【Tensor Analysis of Networks】
	1940	
	1941	Hrennikoff 【平面応力問題を棒、梁、バネの集合と考えて解析（Lattice Analogy）】
	1942	
	1943	Courant 【区分的線形化法】、McHenry 【Lattice Analogy】
	1944	
	1945	
	1946	
	1947	
	1948	
	1949	
	1950	Polya 【区分的線形化法】
	1951	
	1952	
	1953	Levy 【Direct Stiffness Methodの導入（Box Beams、Tortion Boxes、Rods、Shear Panels）】
	1954	
	1955	
	1956	Turner, Clough, Martin and Topp 【部分近似+縮合過程の明示的な利用、変分原理の利用なく部分要素特性誘導】
	1957	Synge 【Method of Hypercircle、三角形による領域分割】
	1958	
	1959	
	1960	Clough 【線形平面応力問題の解析】
	1961	Taig 【航空機の翼パネルのShear Lagの解析、二次要素の使用】
	1962	Oden 【Rectangular Components, Spectral Finite Element Methods】
	1963	
	1964	
Kang Feng 【区分的三次多項式によるRayleigh-Ritz近似法（中国語論文）】	1965	
Birkhoff, DeBoor, Schwartz and Wendroff 【区分的三次多項式によるRayleigh-Ritz近似法：区分的多項式による近似の収束性に関して議論した最初の論文】、Varga 【二点境界値問題に対するHermite Interpolation-type Ritz Method】	1966	Bogner, Fox and Schmit 【Bi-cubic Spline Function】、Herrmann 【Mixed Finite Element Method】、Pestel 【Hermite Approximation】、Bogner, Fox and Schmit 【C1-Bicubic Approximation】、Pian 【Hybrid Method】、Ergatoudis, Irons and Zienkiewicz 【Isoparametric Element】

表 1.1.2b　有限要素法の歴史・工学における応用とそれを支える数学理論の発展（続き）

	1967	Zienkiewicz and Cheung【初期のテキスト】
Johnson and McLay【平面応力問題の二次近似のエネルギーノルムによる誤差評価】、Zlamal【三角形要素の内挿関数の収束性・楕円型二階、四階線形境界値問題への適用→多くの数学者の興味を惹く】、Ciarlet【線形二点境界値問題の区分的線形有限要素近似の厳密な収束性証明】	1968	Birkhoff, Schltz and Varga【多項式近似】、Oden and Somogyi【Navier-Stokes方程式への適用】
Schultz【多次元問題におけるRayleigh-Ritz-Galerkin法の誤差評価】、Birkhoff【楕円型線形境界値問題、固有値問題、線形・非線形放物型境界値問題に対する誤差評価の多数の研究】、Schultz【楕円型線形境界値問題、固有値問題、線形・非線形放物型境界値問題に対する誤差評価】	1969	Oden【Navier-Stokes方程式への適用】
Babuska and Aziz【楕円型線形境界値問題、固有値問題、線形・非線形放物型境界値問題に対する誤差評価の多数の研究】、Douglas and Dupont【放物線型、双曲線型問題に対する有限要素法】、Nitsche【一般の楕円問題に対する収束の問題】、Bramble and Zlamal【楕円型線形境界値問題、固有値問題、線形・非線形放物型境界値問題に対する誤差評価の多数の研究】	1970	Oden【Navier-Stokes方程式への適用】
Schultz【多次元問題におけるRayleigh-Ritz-Galerkin法の誤差の上限】、Babuska and Aziz【楕円型線形境界値問題、固有値問題、線形・非線形放物型境界値問題に対する誤差評価の多数の研究】	1971	B. Irons【Frontal Solution Technique】
【University of Marylandで国際会議、Ivo Babuska講義、Aziz編集の文献に】、Oden【連続体の一般的な非線形問題、固定の有限変形、粘性流体流れ】、Babuska and Aziz【有限要素法の数学的な基盤を与える・INF-SUP条件の導入】、Ciarlet and Raviart【Lagrange補間、Hermite 補間に関する誤差評価・エレガントな論文】	1972	Irons and Razzaque【Patch Test】
Douglas and Dupont【放物線型、双曲線型問題に対する有限要素法】、Wheeler【Eliptic Projection、時間依存問題の誤差上限】、Dupont【放物線型、双曲線型問題に対する有限要素法】、Strang and Fix【最初の有限要素法の数学テキスト】	1973	
Falk【変分不等式問題の有限要素法近似】、Brezzi【鞍点問題への適用、拘束条件付き問題、有限要素法の解の安定性】、Nitsche and Schatz【Interior Estimate】、Brezzi【INF-SUP条件・条件付き楕円型境界値問題】	1974	
	1975	
Oden and Reddy【有限要素法の数学的な導入に関するテキスト】	1976	
	1977	
Ciarlet【楕円型問題に対する有限要素法に関する著名な論文】、Schatz and Wahlbin【L-infinity Esimates and Singular Problem】	1978	
	1979	
【線形の固体力学に対する有限要素法の基盤確立し、非線形問題に対する解析法も存在】	1980	
	later	【Nonlinear Problems, Special Element Formulation】

に関する多くの優れた萌芽的な研究成果が報告され、この後の有限要素法の応用研究に大きな弾みをつけたことはたびたび指摘される有名な史実である [5]。数学者による区分的多項式の種々の境界値問題における収束性の検討が盛んに行われ出したのはちょうどこの頃で、その後 10 年ほどの間に集中しておびただしい数の理論研究が行われ、厳密に数学的な証明により、有限要素法の収束条件が明らかにされた。1970 年代後半にはすでに固体力学や熱伝導の非線形問題を解析するための有限要素法プログラムが市販されるようになり、有限要素法の利用は一般の技術者にとって有用で身近な構造解析手法となった。この間の有限要素法の発展小史を、Oden の文献 [4]を参考に筆者が加筆してまとめたものを表 1.1.2 に示す。この表からも理解できるが、有限要素法の発展は、1960 年代前半の構造工学における解析手法としての萌芽期、1960 年代後半における数学的な収束の裏付けの出現による理論的な確立期、そして、1970 年頃における構造分野以外の工学問題への拡張発展期、と区分することができる。このように、有限要素法は高々10 年余りの比較的短い期間に、急成長し確立された構造解析手法であることがわかる。

空間構造解析と有限要素法　空間構造の解析に幾何学的な非線形問題や安定問題などの解析手法が必要となることについては前述したとおりであるが、これらはいずれも 1970 年代前半に応用研究が行われ、1980 年頃には確立した構造解析技術であると言える。1950 年頃を中心に盛んに設計された鉄筋コンクリートシェル構造が、その後あまり建設されなくなった背景には、鉄筋コンクリートシェルが現場施工を中心としたもので、比較的手間のかかるものであったのに対して、空間骨組構造が工場管理の効果的な導入により、時間的経済的なメリットを持つようになったことがあることはよく指摘される。しかしながら、実は原因はそれだけではなく、これを設計するための道具立ての一つとして、それまであまり行われなかった離散的な構造物の構造解析を行うことを可能とした、有限要素法による構造解析技術の確立と成熟がちょうどこの時期に成されていたという事実を指摘することができる。このように見れば、構造設計に携わる技術者たちは、有限要素法という、構造設計における効果的で強力な手法を手にし、魅力的で新しい構造形式としての空間骨組構造の設計を目指したと考えることもできる。現在では、空間構造物の種々の設計荷重に対する静的、動的な応答解析は言うまでもなく、施工手順を検討するための施工時解析、風や水などの構造形状に依存して外力負荷の形態が変化するような問題に対しても、解析が行われ、設計に取り入れる例も見られるようになってきている。

1.1.2.2　非線形問題への有限要素法の利用

構造非線形問題とは

構造物が外力や強制変形などの外乱を受けて変形や応力を生じるなど、何らかの応答をする場合を考える。地震力や風圧力のように外乱が時間と共に動的に変化する場合、構造物の応答もそれに伴い時間と共に変化する動的な応答となる一方、構造物の自重や積載荷重などのように、時間に依存しない、静的と考えることのできるような外乱に対しては、一般に構造物の応答も静的なものとなる。ここにおいて、動的であれ、静的であれ、それらの原因である外乱により、その結果として生じる構造物の応答を理論的に求めることを、一般に「構造物を解く」と表現することが多い。

ところで、構造物を解く場合の理論的根拠には以下の 3 つがある。

1. 力の釣り合い条件　（$\boldsymbol{F}=\mathbf{0}$ ）
2. 応力 － ひずみ関係（$\boldsymbol{\sigma}=\boldsymbol{\sigma}(\boldsymbol{\varepsilon})$ ）
3. ひずみ － 変位関係（$\boldsymbol{\varepsilon}=\boldsymbol{\varepsilon}(\boldsymbol{u})$ ）

ここで、$\boldsymbol{F}$ は構造物の内部に作用する断面力と構造物に作用する外力をすべて足し合わせた力を表すベクトル、$\boldsymbol{\sigma}$ 、$\boldsymbol{\varepsilon}$ は構造物内部に生じる応力と歪みを表すベクトル、$\boldsymbol{u}$ は構造物の変位を表すベクトルである。したがって、構造物を解くということは、図 1.1.3 に示すように、上記の 3 つの条件を満足するような構造物の応答、すなわち、構造物の変位や変形、構造物の内部に生じる応力や断面力を求めることを意味する。ここで、1.の力の釣り合い条件を表現する方程式は、構造物に動的な外乱が加わるなどして、動的な応答を扱うことが必要となる場合には、慣性力や減衰力を勘案することが必要となり、その場合には運動方程式がその条件式となる。

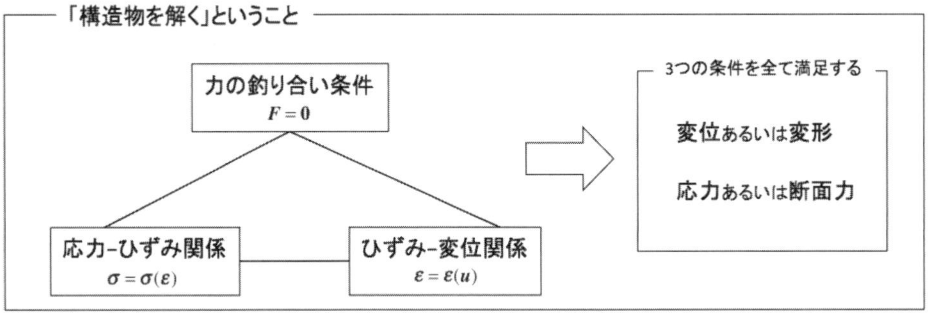

図 1.1.3　「構造物を解く」ことの意味

表 1.1.3　ひずみ-変位関係と応力-ひずみ関係による構造問題の分類

		ひずみ-変位関係 $\varepsilon=\varepsilon(u)$	
		線形	非線形
応力-ひずみ関係 $\sigma=\sigma(\varepsilon)$	線形	線形弾性	幾何学的非線形
	非線形	材料非線形	複合非線形

表 1.1.4　変形とひずみの大きさによる構造問題の分類

		変形（u）	
		微小変形	有限変形
ひずみ（ε）	微小ひずみ	線形弾性	幾何学的非線形
	有限ひずみ	材料非線形	複合非線形

ところで、変位やひずみの大きさが微小である場合、上記の条件の２あるいは３は線形の関係式となる一方、それらの大きさが大きくなるにつれて線形ではなくなることが多い。変形とひずみの大きさが微小である場合には、構造物を解く際に基礎となる方程式は全て、変形やひずみに関して線形となり、線形の方程式を解くことで目的は達成されるが、それらが微小ではなく有限の大きさを持つ場合には解くべき基礎方程式は非線形となって、解くためには線形問題を何度も繰り返して解くなどの特別な方法が必要になる。表 1.1.3 には既述の、応力-ひずみ関係、ひずみ-変位関係が線形、非線形の関係となることにより扱う問題がどのように対応するかを示しており、表 1.1.4 には変形とひずみがそれぞれ微小である場合と有限の大きさとなる場合に応じて、一般にどのような問題を扱うことになるかを示している。なお、表 1.1.1 中の安定解析は表 1.1.3 や 1.1.4 における分類で、線形解析以外の全ての場合に対して解析が要請される可能性がある。

この書物では、空間構造の構造解析を中心に扱っているが、表 1.1.3 あるいは表 1.1.4 で示している線形弾性、幾何学的非線形、材料非線形、複合非線形の各分類が具体的にどのような場合に対応するかについは既に表 1.1.1 に示しているので参照されたい。

なお、構造物を解く際、未知量を変位とする変位法が多く用いられるが、それ以外にも部材の断面力や応力を未知量とする応力法、さらに変位法と応力法の中間的な扱いとして構造物の形状や構造形式に応じて、それら両者を未知量とする混合法と呼ばれる方法がある。以下では現在最も多く用いられている変位法について記述している。

仮想仕事の原理による基礎式の定式化

構造物を有限要素法で解析する際の基礎式を誘導するために、ここでは、応力-ひずみ関係に依存せず成立する仮想仕事の原理を利用する。一般的に仮想仕事の原理は次式で与えられる。

$$\int_V \delta\boldsymbol{\varepsilon}(\mathbf{u})^T \boldsymbol{\sigma}(\mathbf{u})dV = \int_{S_T} \delta\mathbf{u}^T \mathbf{t}dS + \int_V \delta\mathbf{u}^T \mathbf{b}dV \tag{1.1.1}$$

ここに、$\delta\boldsymbol{\varepsilon}$ は仮想ひずみベクトル、$\boldsymbol{\sigma}$ は応力ベクトル、$\mathbf{u}$ は変位ベクトル、$\delta\mathbf{u}$ は仮想変位ベクトル、$\mathbf{t}$ は表面力ベクトル（構造物の表面に作用する外力ベクトル）、$\mathbf{b}$ は物体力(体積力)を表す。また、V は構造物の全領域を、S_T は外力を受ける構造物の表面をそれぞれ表している。以下では静的な問題を扱うことにし、右辺第二項の物体力の項は省略することとする。

さて、ひずみ-変位関係式は一般に次式のように表すことができる。

$$\boldsymbol{\varepsilon} = \boldsymbol{\varepsilon}(\mathbf{u}) = \boldsymbol{\varepsilon}_L(\mathbf{u}) + \boldsymbol{\varepsilon}_N(\mathbf{u}) \tag{1.1.2}$$

ここに、$\boldsymbol{\varepsilon}$はひずみベクトル、$\boldsymbol{\varepsilon}_L$、$\boldsymbol{\varepsilon}_N$は変位$\mathbf{u}$に関してそれぞれ線形、非線形となるひずみの成分ベクトルを表しており、式(1.1.2)はひずみ$\boldsymbol{\varepsilon}$を変位に関する線形の関係を持つ部分と非線形の関係を持つ部分に分解して表現している。既述の幾何学的非線形性は式(1.1.2)の$\boldsymbol{\varepsilon}_N(\mathbf{u})$により生じる。

線形の項はその線形性を明示するために、次式のように表すこととする。

$$\boldsymbol{\varepsilon}_L = \mathbf{B}_L\mathbf{u} \tag{1.1.3}$$

ここで、$\mathbf{B}_L$ は線形微分演算子行列を表している。
したがって、ひずみ$\boldsymbol{\varepsilon}$ は次式のように表すことができる。

$$\boldsymbol{\varepsilon} = \mathbf{B}_L\mathbf{u} + \boldsymbol{\varepsilon}_N(\mathbf{u}) \tag{1.1.4}$$

一方、応力-ひずみ関係式は一般に次式のように表すことができる。

$$\boldsymbol{\sigma} = \boldsymbol{\sigma}(\boldsymbol{\varepsilon}) = \boldsymbol{\sigma}_L(\boldsymbol{\varepsilon}) + \boldsymbol{\sigma}_N(\boldsymbol{\varepsilon}) \tag{1.1.5}$$

ここに、$\boldsymbol{\sigma}_L$、$\boldsymbol{\sigma}_N$はひずみ$\boldsymbol{\varepsilon}$に関してそれぞれ線形、非線形となる応力のベクトル成分を表していて、上式は応力$\boldsymbol{\sigma}$をひずみに関する線形の関係を持つ部分と非線形の関係を持つ部分に分解して表現している。ひずみに関して線形の項はその線形性を明示するために、次式のように表すことができる。

$$\boldsymbol{\sigma}_L = \mathbf{D}_L\boldsymbol{\varepsilon}_L \tag{1.1.6}$$

ここで、$\mathbf{D}_L$ は線形係数行列で、一般に弾性行列と呼ばれる。
ひずみ$\boldsymbol{\varepsilon}_L$の表現として式(1.1.3)を併せて用いれば、応力$\boldsymbol{\sigma}$は次式のように表すことができる。

$$\boldsymbol{\sigma} = \mathbf{D}_L\boldsymbol{\varepsilon}_L + \boldsymbol{\sigma}_N(\boldsymbol{\varepsilon}) = \mathbf{D}_L\mathbf{B}_L\mathbf{u} + \boldsymbol{\sigma}_N(\boldsymbol{\varepsilon}) \tag{1.1.7}$$

既述の材料非線形性は上式の非線形項$\boldsymbol{\sigma}_N(\boldsymbol{\varepsilon})$により生じることになる。

ひずみ-変位関係式として式(1.1.4)、応力ひずみ関係式として式(1.1.7)を、仮想仕事の原理を表した式(1.1.1)に用いれば、次式を得る。

$$\int_V \delta\left(\mathbf{B}_L\mathbf{u} + \boldsymbol{\varepsilon}_N(\mathbf{u})\right)^T \left(\mathbf{D}_L\mathbf{B}_L\mathbf{u} + \boldsymbol{\sigma}_N(\boldsymbol{\varepsilon})\right) dV = \int_{S_T} \delta\mathbf{u}^T \mathbf{t} dS \tag{1.1.8}$$

上式を分解して表示すれば次式のようになる。

$$\int_V \delta\mathbf{u}^T \mathbf{B}_L{}^T \mathbf{D}_L \mathbf{B}_L \mathbf{u} dV + \int_V \delta\mathbf{u}^T \left(\frac{\partial\boldsymbol{\varepsilon}_N}{\partial\mathbf{u}}\right)^T \mathbf{D}_L\mathbf{B}_L\mathbf{u} dV + \int_V \delta\mathbf{u}^T \left\{\mathbf{B}_L{}^T + \left(\frac{\partial\boldsymbol{\varepsilon}_N}{\partial\mathbf{u}}\right)^T\right\} \boldsymbol{\sigma}_N dV = \int_{S_T} \delta\mathbf{u}^T \mathbf{t} dS \tag{1.1.9}$$

上式から、変位で表現された力の釣り合い式が得られることになる。

式(1.1.9)で、左辺第一項からは変位に関する線形項、第二項と第三項からは同じく変位に関して非線形項が、また、右辺から荷重項が誘導される。具体的な表記に関しては、トラス要素、梁要素、ラーメン要素などの要素の種類や線形弾性問題、塑性問題、安定問題、などのように、扱う問題の種類によっても異なるものとなる。

第１章　構造解析の一般事項
第２節　静的解析

1.2.1　はじめに

静的解析は「荷重項あるいは構成則が時間に依存しない問題」を扱う。本節では、剛性マトリクスや内力ベクトルなどを誘導する方法には触れず、有限要素法など種々の解析手法から得られた平衡方程式より、どのように解（節点変位ベクトルや荷重パラメータなど）を求めるかについて説明する。最初、具体的な数値解析手法を述べる前に、空間構造の解析を行う上で、特に重要な特性である幾何学的非線形性について概説する。一般的なラーメン架構で考慮される非線形性は材料の弾塑性であり、幾何学的な非線形性はほとんど扱われていない。これは設計上許容する層間変位などが小さいためである。そこで、ここでは変位が大きくなると、どのような問題が生じるのか、あるいはどのような現象が生じるのか、これらを以下の具体例を通して考えてみよう。

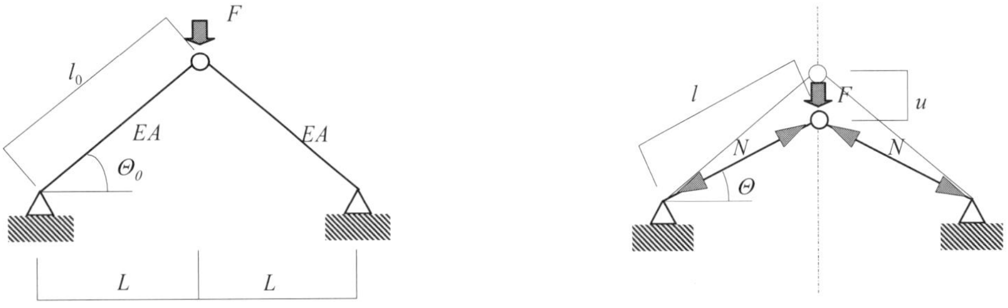

(a) 初期状態　　(b)　変形した状態

図 1.2.1　３ヒンジモデル

図 1.2.1 に示す３ヒンジモデルについて考える。まず、荷重点での鉛直変位 u を求めることにする。トラス材の軸剛性は EA であり、変形後もトラス材は直線を保つものと仮定し、トラス材に発生する軸力 N と伸縮 Δl の関係は線形で、$N = EA/l_0 \cdot \Delta l$ として表されるものとする。

変形後の加力点における上下方向の力の釣合いを考えると（図 1.2.1b 参照）

$$G = 2N\sin\Theta - F = 0 \tag{1.2.1}$$

となる。また加力点の鉛直変位 u およびトラス材の伸縮 Δl は、幾何学的な関係より

$$u = L(\tan\Theta - \tan\Theta_0), \qquad \Delta l = l - l_0 = L\left(\frac{1}{\cos\Theta} - \frac{1}{\cos\Theta_0}\right) \tag{1.2.2}$$

と表される。式(1.2.2)および軸力・伸縮関係を式(1.2.1)に代入することで、荷重 F と鉛直変位 u の

関係が以下のように求められる。

$$F=\frac{2EAL}{l_0}\left(\frac{u}{L}+\frac{\sin\Theta_0-\sin\left(\tan^{-1}\left(\frac{u}{L}+\tan\Theta_0\right)\right)}{\cos\Theta_0}\right) \tag{1.2.3}$$

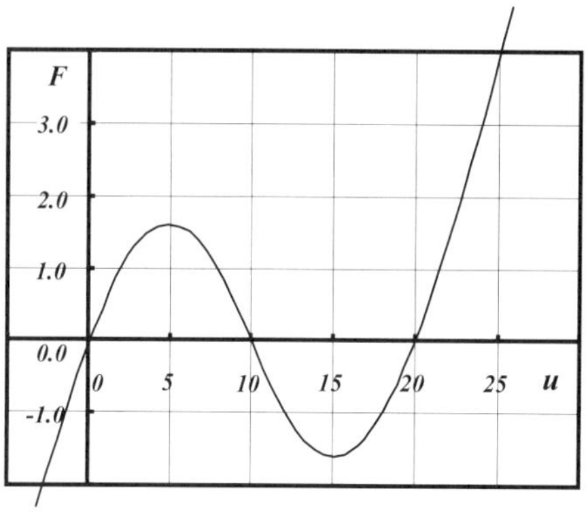

図 1.2.2　荷重変位関係

上式の計算結果を図 1.2.2 に示す。軸力と伸縮の関係が線形関係 $N=EA/l_0\cdot\Delta l$ にあると仮定したにも関わらず、荷重 F と u の関係は直線関係にはなく、複雑な関係となっている。これは荷重が作用すると構造体が変形し、その結果構造物の剛性が変化することによる。このように変形後における形態変化を考慮した解析を、幾何学的非線形解析と呼ぶ。シェル構造のように軸力（面内力）で外力に抵抗するような構造形式では特に形態の変化（幾何学的非線形性）の影響が大きいため、シェル構造の研究では古くからこの影響が考慮されてきた。

ここで、議論を一般化にするために平衡方程式を次のように拡張する。まず、式(1.2.1)を

$$G(u,F)=R(u)-F=0,\quad (R(u)=\text{式(1.2.3)の右辺}) \tag{1.2.1a}$$

と表現する。ここに、R は内部応力から求められる節点力であり、内力ベクトルと呼ばれる。さらに上式を多自由度表現に書き改めると次のようになる。

$$\boldsymbol{G}(\boldsymbol{u},\boldsymbol{F})=\boldsymbol{R}(\boldsymbol{u})-\boldsymbol{F}=\boldsymbol{0} \tag{1.2.4a}$$

ここに、$\boldsymbol{F}$、$\boldsymbol{R}$、$\boldsymbol{u}$ は荷重ベクトル、内力ベクトルおよび変位ベクトルである。また、荷重分布を意味する荷重モードベクトル $\boldsymbol{P}$ と荷重の大きさを示すパラメータλを用いて、荷重ベクトルが $\boldsymbol{F}=\lambda\boldsymbol{P}$ であるとすれば、上式は以下のように変更される。

$$\boldsymbol{G}(\boldsymbol{u},\lambda)=\boldsymbol{R}(\boldsymbol{u})-\lambda\boldsymbol{P}=\boldsymbol{0} \tag{1.2.4b}$$

以降は上式に基づいて解説する。

1.2.2　線形解析

線形解析は力学問題において最も基本的であり、この範疇では理論解が存在する場合も多い。そのため、コンピュータを用いて非線形解析を行う場合でも、基本入力データを作成した段階で入力データのチェックを兼ねて、線形解析を行うことが多い。また、本章 1.2.3 項あるいは 1.2.4 項で述べる非線形解析においても、多くの数値計算手法は増分理論に基づいているため、各増分段階あるいは収束計算段階で、線形解析と同様の計算が行われている。

現実には多くの力学問題は非線形性を有しているために、式(1.2.4)中の内力ベクトル $\boldsymbol{R}$ と変位ベクトルとの関係は一般に線形関係とはならない。そこで、線形解析では式(1.2.4a)を以下のよう

に考える。まず、式(1.2.4a)をマクローリン展開する。

$$\left.\boldsymbol{R}\right|_{\boldsymbol{u}=0}+\left.\frac{\partial \boldsymbol{R}}{\partial \boldsymbol{u}}\right|_{\boldsymbol{u}=0}\boldsymbol{u}+\cdots-\boldsymbol{F}=\boldsymbol{0} \tag{1.2.5}$$

ここに、$(\,)|_{\boldsymbol{u}=\boldsymbol{0}}$は $\boldsymbol{u}=\boldsymbol{0}$（無変形状態）での値を表わす。上式中の変位ベクトルが微小であると仮定すれば、変位ベクトルに関する２次以上の項は省略することができ、

$$\left.\frac{\partial \boldsymbol{R}}{\partial \boldsymbol{u}}\right|_{\boldsymbol{u}=0}\boldsymbol{u}-\boldsymbol{F}=\boldsymbol{0} \tag{1.2.6}$$

あるいは、

$$\boldsymbol{K}_L\boldsymbol{u}=\boldsymbol{F} \qquad \text{ここに、} \boldsymbol{K}_L=\left.\frac{\partial \boldsymbol{R}}{\partial \boldsymbol{u}}\right|_{\boldsymbol{u}=0} \tag{1.2.7a,b}$$

となる。ここで、$\boldsymbol{K}_L$は線形剛性マトリクスあるいは単に剛性マトリクスと呼ばれる。このように、線形解析は、変位ベクトルが構造物の力学的特性を変化させない程度に小さいと仮定した手法である。なお、式(1.2.5)中の $\boldsymbol{R}|_{\boldsymbol{u}=\boldsymbol{0}}$は初期内力ベクトルと呼ばれるものであるが、プレストレス等を考慮しない限り無変形状態では零であるので式(1.2.7a)では省略している。参考のために、図 1.2.1 に示したモデルについて式(1.2.7a,b)同様の表現を求めると、式(1.2.3)より、

$$\left[(2EA/l_0)\sin^2\Theta_0\right]u=F\,, \qquad K_L=\left.\frac{dR}{du}\right|_{u=0}=(2EA/l_0)\sin^2\Theta_0 \tag{1.2.7c,d}$$

となり、このモデルに対する線形剛性および線形平衡方程式が得られる。

<u>連立１次方程式の解法</u>　連立１次方程式(1.2.7a)を解く場合、一般に用いられている手法には、直接解法としてガウス(Gauss)の消去法やコレスキー(Cholesky)法、反復解法としてガウス・ザイデル(Gauss-Seidel)法などがある。またこのような分類以外に、ブロック消去法あるいは剛性マトリクスの特徴を踏まえたバンドマトリクス法、スカイライン法あるいは疎行列直接解法（Direct Sparse Solver などと呼ばれる）などがある。ここでは多くの数値解析法で用いられているスカイライン(Skyline)法と疎行列直接解法について説明する。

<u>スカイライン法</u>　スカイライン法とは、剛性マトリクスが有している対称性および粗な(Sparse)性質（零成分を多く有している性質）を利用したガウスの消去法である。対称性を考慮したガウスの消去法（テキストによっては改訂コレスキー法と呼ばれる）は、式(1.2.7a)を次の３段階に分けて解く。

$$\boldsymbol{K}=\boldsymbol{LDL}^T\,, \qquad (\boldsymbol{LDL}^T\text{分解}) \tag{1.2.8a}$$

$$\boldsymbol{LC}=\boldsymbol{F}\,, \qquad (\text{前進代入：荷重ベクトルのリダクション}) \tag{1.2.8b}$$

$$DL^T \boldsymbol{u} = \boldsymbol{C} \qquad \text{（後退代入）} \tag{1.2.8c}$$

ここに、$\boldsymbol{L},\boldsymbol{D}$ は上三角マトリクスおよび対角マトリクスと呼ばれるものであり、$()^T$ は転置を表す。上式の計算方法の詳細は既にいろいろなテキスト[7]に述べられているので、ここでは省略するが、重要な点は、例えば $\boldsymbol{LDL^T}$ 分解の計算過程において、当該行（あるいは列）における非零成分のみが必要であるということである。このことを利用して考案された手法がスカイライン法であり、連立方程式を解くための最も有効な数値解析手法のひとつである。今、剛性マトリクスの成分表示が式(1.2.9)のように表わされるものとする。この場合上記の計算を行うためには、網掛けした部分のみが必要となり、そのため、該当する位置の値を記憶させておけば十分であることが分かる。そこで、これらの値を式(1.2.10a)で示す１次元配列 $\boldsymbol{k}_L$ として記憶させ、コンピュータの内部記憶領域の効率化を計るわけである。ただし、この１次元配列だけでは、元のマトリクスの位置情報が欠落しているため、式(1.2.8)の計算ができない。そこで、式(1.2.10b)に示す新たな配列 $\boldsymbol{l}$ を用い、元のマトリクスの位置情報を補う。これは、マトリクス対角要素がベクトルのどのアドレスに存在するかを示すリストである。

$$\boldsymbol{K}_L = \begin{bmatrix} k_{11} & k_{12} & 0 & 0 & 0 & k_{16} \\ & k_{22} & 0 & k_{24} & 0 & k_{26} \\ & & k_{33} & 0 & 0 & 0 \\ & & & k_{44} & k_{45} & k_{46} \\ & \text{SYM.} & & & k_{55} & k_{56} \\ & & & & & k_{66} \end{bmatrix} \tag{1.2.9}$$

$$\boldsymbol{k}_L = \langle k_{11} \quad k_{22} \quad k_{12} \quad k_{33} \quad k_{44} \quad 0 \quad k_{24} \quad k_{55} \quad k_{45} \quad k_{66} \quad k_{56} \quad k_{46} \quad 0 \quad k_{26} \quad k_{16} \rangle \tag{1.2.10a}$$

アドレス：①　②　③　④　⑤　⑥　⑦　⑧　⑨　⑩　⑪　⑫　⑬　⑭　⑮

$$\boldsymbol{l} = \langle 1 \quad 2 \quad 4 \quad 5 \quad 8 \quad 10 \rangle \tag{1.2.10b}$$

線形解析では、構造物が複数の外力を受けるとき（自重、地震荷重など）、それぞれの荷重ケースについて解を求めることが要求される場合がある。このようなとき $\boldsymbol{LDL^T}$ 分解は１回行えばよく、複数の荷重ベクトルに対する解は式(1.2.8b)および式(1.2.8c)により計算可能である。剛性マトリクスの状態によって異なるので一概には言えないが、上記の３段階の演算時間に占める $\boldsymbol{LDL^T}$ 分解の割合は、一般に７割～9 割程度であるから、短時間で各外力に対する解を求めることが可能となる。

疎行列直接解法　この解法は、スカイライン法では記憶する必要があった零成分（式(1.2.9)における 3 行 4 列成分と 3 行 6 列成分）をも記憶しなくてもよいとする方法である。この解法に相当する Intel® Math Kernel Library（以下、MKL）の Direct Sparse Solver を例として、式(1.2.9)に対して記憶すべき内容を示せば次のようになる。

$$\boldsymbol{k}_S = \langle k_{11} \quad k_{12} \quad k_{16} \quad k_{22} \quad k_{24} \quad k_{26} \quad k_{33} \quad k_{44} \quad k_{45} \quad k_{46} \quad k_{55} \quad k_{56} \quad k_{66} \rangle \tag{1.2.10c}$$

アドレス：①　②　③　④　⑤　⑥　⑦　⑧　⑨　⑩　⑪　⑫　⑬

$$\boldsymbol{r}_{index} = \langle 1 \quad 4 \quad 7 \quad 8 \quad 11 \quad 13 \rangle \tag{1.2.10d}$$

$$\boldsymbol{c} = \langle 1 \quad 2 \quad 6 \quad 2 \quad 4 \quad 6 \quad 3 \quad 4 \quad 5 \quad 6 \quad 5 \quad 6 \quad 6 \rangle \tag{1.2.10e}$$

ここで、$\boldsymbol{k}_S$は零成分を除いた上でベクトルとして表現したもの、$\boldsymbol{r}_{index}$は$\boldsymbol{k}_S$においてマトリクス対角成分のアドレスを示すリスト、$\boldsymbol{c}$ は $\boldsymbol{k}_S$の各成分がマトリクスのどの列成分であるかを示すリストとなっている。なお、MKL におけるルーチンは並列計算にも対応しており、マルチコア CPU の PC であれば計算時間の短縮が図れる。また、このソルバーには非対称マトリクスに対するものも用意されている。

強制変位が与えられた時の解法　通常の応力計算では、式(1.2.7b)における右辺の荷重ベクトルが既知量とし、その元で未知量である変位ベクトルを求めている。しかしながら、不同沈下や幾何学的非線形問題などでは荷重ベクトルが既知ではなく、任意節点のある方向の変位を既知とした時、他の節点の変位および内力を求めることが必要な場合がある。数値解析では以下のような手順を全体のアルゴリズムに組み込むことで、通常の荷重ベクトルが与えられた時と同様の手法で解を得ることを可能にしている。まず、式(1.2.7b)を式(1.2.11a)のように変更する。ここで、$\langle \boldsymbol{F}_1^T \quad u_2 \quad \boldsymbol{F}_3^T \rangle$が既知量$\langle \widetilde{\boldsymbol{F}}_1^T \quad \widetilde{u}_2 \quad \widetilde{\boldsymbol{F}}_3^T \rangle$として与えられる場合を考え、左辺が既知量となるように式(1.2.11a)を式(1.2.11b)のように恒等変換する。

$$\begin{bmatrix} \boldsymbol{k}_{11} & \boldsymbol{k}_{12} & \boldsymbol{k}_{13} \\ \boldsymbol{k}_{12}^T & k_{22} & \boldsymbol{k}_{23} \\ \boldsymbol{k}_{13}^T & \boldsymbol{k}_{23}^T & \boldsymbol{k}_{33} \end{bmatrix} \begin{Bmatrix} \boldsymbol{u}_1 \\ u_2 \\ \boldsymbol{u}_3 \end{Bmatrix} = \begin{Bmatrix} \boldsymbol{F}_1 \\ F_2 \\ \boldsymbol{F}_3 \end{Bmatrix} \Rightarrow \begin{bmatrix} \boldsymbol{k}_{11} & 0 & \boldsymbol{k}_{13} \\ \boldsymbol{k}_{12}^T & -1 & \boldsymbol{k}_{23} \\ \boldsymbol{k}_{13}^T & 0 & \boldsymbol{k}_{33} \end{bmatrix} \begin{Bmatrix} \boldsymbol{u}_1 \\ F_2 \\ \boldsymbol{u}_3 \end{Bmatrix} = \begin{Bmatrix} \widetilde{\boldsymbol{F}}_1 - \widetilde{u}_2 \boldsymbol{k}_{12} \\ -\widetilde{u}_2 k_{22} \\ \widetilde{\boldsymbol{F}}_3 - \widetilde{u}_2 \boldsymbol{k}_{23}^T \end{Bmatrix} \tag{1.2.11a,b}$$

この方程式を解くことにより未知量$\langle \boldsymbol{u}_1^T \quad F_2 \quad \boldsymbol{u}_3^T \rangle$が求められる。ただし、このままでは、左辺の係数マトリクスが対称でないため、スカイライン法など効率的な数値計算手法を用いることができない。そこで、まず外力 F_2は、変位ベクトルを計算した後に必要に応じて計算することができることから、F_2を直接計算することを放棄すると、上式は次のように表わすことができる。

$$\begin{bmatrix} \boldsymbol{k}_{11} & 0 & \boldsymbol{k}_{13} \\ 0 & 1 & 0 \\ \boldsymbol{k}_{13}^T & 0 & \boldsymbol{k}_{33} \end{bmatrix} \begin{Bmatrix} \boldsymbol{u}_1 \\ u_2 \\ \boldsymbol{u}_3 \end{Bmatrix} = \begin{Bmatrix} \widetilde{\boldsymbol{F}}_1 - \widetilde{u}_2 \boldsymbol{k}_{12} \\ \widetilde{u}_2 \\ \widetilde{\boldsymbol{F}}_3 - \widetilde{u}_2 \boldsymbol{k}_{23}^T \end{Bmatrix} \tag{1.2.12}$$

上式より、**係数マトリクスの対称性および粗な性質を利用した解法が用いることができ**、また $u_2 = \widetilde{u}_2$ **となる解が直接得られる**ことから通常の効率的な計算手法を適用することが可能となる。また数値的近似解法として以下の表現による場合もある。

$$\begin{bmatrix} \boldsymbol{k}_{11} & \boldsymbol{k}_{12} & \boldsymbol{k}_{13} \\ \boldsymbol{k}_{12}^T & k_{22} \times 10^n & \boldsymbol{k}_{23} \\ \boldsymbol{k}_{13}^T & \boldsymbol{k}_{23}^T & \boldsymbol{k}_{33} \end{bmatrix} \begin{Bmatrix} \boldsymbol{u}_1 \\ u_2 \\ \boldsymbol{u}_3 \end{Bmatrix} = \begin{Bmatrix} \widetilde{\boldsymbol{F}}_1 \\ \widetilde{u}_2 \times k_{22} \times 10^n \\ \widetilde{\boldsymbol{F}}_3 \end{Bmatrix} \tag{1.2.13}$$

ここに、n は$u_2 = \tilde{u}_2$となるのに十分な大きさをもつ値とする。この方法でも通常のルーチンを利用することができる。なお、式(1.2.12)や(1.2.13)は$\tilde{u}_2 = 0$とすることにより変位に対する拘束条件を組み込む場合にも用いられることがある。

静的縮約法による剛性マトリクスの縮小化　静的縮約法は、解析対象の全自由度から特定の自由度（に対する式）を消去する時に用いられる。まず、式(1.2.7a)を次式のように分割して示す。

$$\begin{bmatrix} \boldsymbol{k}_{rr} & \boldsymbol{k}_{re} \\ \boldsymbol{k}_{er} & \boldsymbol{k}_{ee} \end{bmatrix} \begin{Bmatrix} \boldsymbol{u}_r \\ \boldsymbol{u}_e \end{Bmatrix} = \begin{Bmatrix} \boldsymbol{F}_r \\ \boldsymbol{F}_e \end{Bmatrix} \tag{1.2.14}$$

ここに、$()_e$は消去しようとする自由度に対する成分を、$()_r$はそれ以外の自由度に対する成分を意味している。上式中の第 2 式より $\boldsymbol{u}_e = \boldsymbol{k}_{ee}{}^{-1}\{\boldsymbol{F}_e - \boldsymbol{k}_{er}\boldsymbol{u}_r\}$が得られる。これを第 1 式に代入すると、自由度 $\boldsymbol{u}_e$が消去された式が次のように得られる。

$$\lfloor \boldsymbol{k}_{rr} - \boldsymbol{k}_{re}\boldsymbol{k}_{ee}{}^{-1}\boldsymbol{k}_{er} \rfloor \boldsymbol{u}_r = \boldsymbol{F}_r - \boldsymbol{k}_{re}\boldsymbol{k}_{ee}{}^{-1}\boldsymbol{F}_e \tag{1.2.15}$$

これが静的縮約法である。なお、上式の表現では $\boldsymbol{k}_{ee}$の逆マトリクスが必要となるが、逆マトリクスの計算は非効率的であるため、実際の数値計算で静的縮約法を実行する場合は、消去すべき各自由度に対して順にガウスの消去法を用いる等の計算が行われる [8)]。

サブストラクチャー法　一般に有限要素法を用いて構造物の挙動を数値計算して求める場合、コンピュータの性能上問題となるのは、必要記憶容量の増大と計算時間の増加である。この問題を軽減するための手法の一つとして、サブストラクチャー(Sub-Structure)法がある。ここではサブストラクチャー法の基本的な考え方について説明する。

いま、図 1.2.3 に示す構造物を解析対象とする。この構造は、同じ形態および構成部材から成る円筒シェル 3 体から構成されているものとする。ただし、全体を一体モデルとして解析することはコンピュータの性能上厳しい状況であるとする。そこで、最初に幾何学的境界条件（拘束条件）を考慮しない円筒シェル 1 体から成る構造（これをサブストラクチャーと呼ぶ）について剛性マトリクス等を求める。次に、内部自由度を消去する静的縮約を施し、周辺部分の自由度に関する平衡方程式を確立し、この自由度に対する方程式から全体（３体）の方程式を組み立てる（図 1.2.4）。この手順は要素剛性マトリクスから全体剛性マトリクスを組み立てる手順と同じである。得られた方程式が境界条件を考慮して解かれることにより、周辺の自由度（図 1.2.4 中の●）の値が求められ、さらに、得られた周辺自由度より各円筒シェル内部の変位が求められる。この考え方がサブストラクチャー法である。ただし、汎用ソフトウェアによっては、本手法が適用できない場合があるので注意を要する。

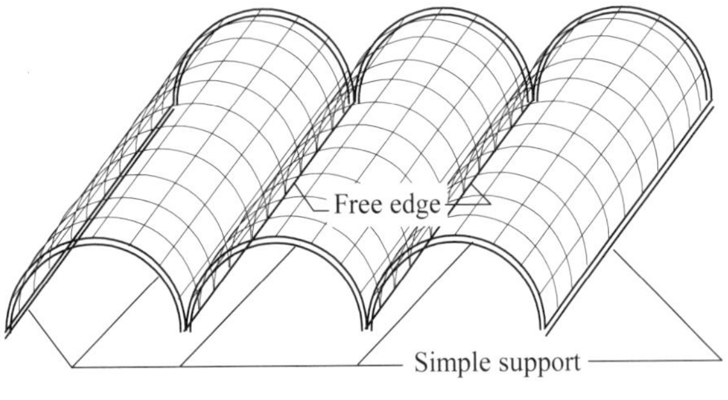

図 1.2.3　解析対象

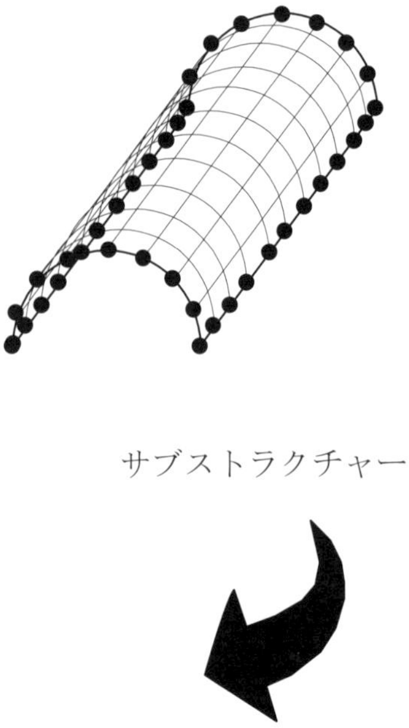

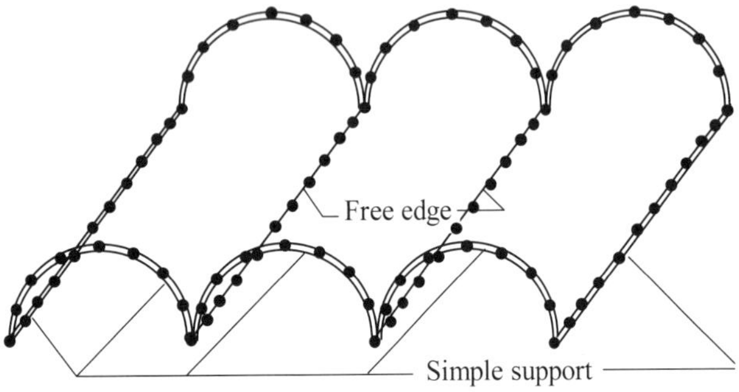

図 1.2.4　サブストラクチャー法による全体架構

1.2.3　幾何学的非線形解析

増分理論における基本式の誘導　線形解析では無変形（初期）状態を基準状態として式(1.2.4a)をマクローリン展開し、その中で高次項を無視することにより変位ベクトルと荷重ベクトルの線形な関係を求めた。これに対して、非線形解析では増分理論を適用し、ある変位レベルまで変形が進行した段階を基準状態（n ステップ）とした上で、さらに変形が進行した状態(n+1 ステップ)を考える手法を採る場合が多い。

図 1.2.5 のような荷重・変位関係が非線形となる問題を考える。基準となる n ステップの釣合状態は既に十分な精度で求められているものとすれば、n ステップから n+1 ステップへ移行する段階の平衡方程式は以下のように線形化される。

まず、式(1.2.4)を n-step 状態においてテイラー展開する。なお、ここでは式(1.2.4b)による表現を用いるものとする。

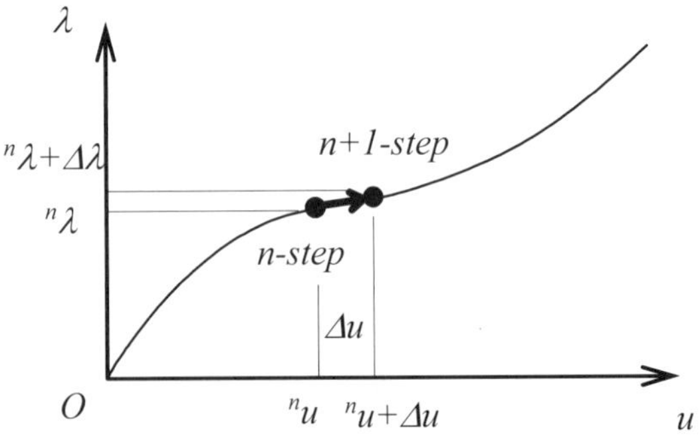

図 1.2.5　荷重・変位関係

$$\boldsymbol{R}\Big|_{\boldsymbol{u}={}^n\boldsymbol{u}} + \frac{\partial \boldsymbol{R}}{\partial \boldsymbol{u}}\Big|_{\boldsymbol{u}={}^n\boldsymbol{u}} \Delta\boldsymbol{u} + \frac{1}{2!}\frac{\partial^2 \boldsymbol{R}}{\partial \boldsymbol{u}^2}\Big|_{\boldsymbol{u}={}^n\boldsymbol{u}} \Delta\boldsymbol{u}^2 + \frac{1}{3!}\frac{\partial^3 \boldsymbol{R}}{\partial \boldsymbol{u}^3}\Big|_{\boldsymbol{u}={}^n\boldsymbol{u}} \Delta\boldsymbol{u}^3 + \cdots - \left({}^n\lambda + \Delta\lambda\right)\boldsymbol{P} = \boldsymbol{0} \tag{1.2.16}$$

ここに、${}^n(\ )$はnステップでの諸量を、$\Delta(\ )$はn〜n+1ステップ間での増分量を示す。上式を以下のように書き改める。

$$\frac{\partial \boldsymbol{R}}{\partial \boldsymbol{u}}\Big|_{\boldsymbol{u}={}^n\boldsymbol{u}} \Delta\boldsymbol{u} + \frac{1}{2!}\frac{\partial^2 \boldsymbol{R}}{\partial \boldsymbol{u}^2}\Big|_{\boldsymbol{u}={}^n\boldsymbol{u}} \Delta\boldsymbol{u}^2 + \frac{1}{3!}\frac{\partial^3 \boldsymbol{R}}{\partial \boldsymbol{u}^3}\Big|_{\boldsymbol{u}={}^n\boldsymbol{u}} \Delta\boldsymbol{u}^3 + \cdots = \left({}^n\lambda + \Delta\lambda\right)\boldsymbol{P} - \boldsymbol{R}\Big|_{\boldsymbol{u}={}^n\boldsymbol{u}} \tag{1.2.17}$$

ここで、nステップ状態では内力ベクトルと荷重ベクトルは釣合っているという条件、

$${}^n\lambda\boldsymbol{P} - \boldsymbol{R}\Big|_{\boldsymbol{u}={}^n\boldsymbol{u}} = \boldsymbol{0} \tag{1.2.18}$$

を考慮し、さらに、線形解析同様、変位増分ベクトルに対する高次項を無視すれば、次のような増分量に関する線形方程式が得られる。

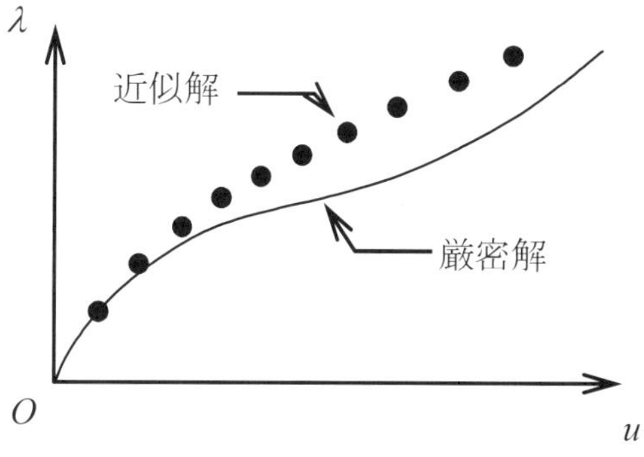

図 1.2.6　第 1 近似のみによる結果

$$\boldsymbol{K}_T \Delta\boldsymbol{u} = \Delta\lambda\boldsymbol{P} \qquad ここに、\ \boldsymbol{K}_T = \frac{\partial \boldsymbol{R}}{\partial \boldsymbol{u}}\Big|_{\boldsymbol{u}={}^n\boldsymbol{u}} \tag{1.2.19a,b}$$

ここに、$\boldsymbol{K}_T$は接線剛性マトリクスと呼ばれるものである。

接線剛性マトリクス$\boldsymbol{K}_T$の具体的な形を理解するために図 1.2.1 のモデルを再度用いる。式(1.2.3)を式(1.2.19b)に代入し、接線剛性を求めると、$K_T = \left(2EA/l_0\right)\sin^2\Theta + \left(2N/l\right)\cos^2\Theta$となる。上式の接線剛性と線形解析の時に求めた線形剛性とを比較すると、上式には$\left(2N/l\right)\cos^2\Theta$の項が付加されていることが分かる。これは、応力の存在により見かけ上の剛性が変化する効果を表し、通常**幾何剛性（マトリクス）**と呼ばれる。

線形化増分法による計算[9)]　式(1.2.19)はnステップ状態からn+1ステップ状態の増分間における第 1 近似値に対する平衡方程式である。非線形性が弱く、かつ増分区間が十分に小さい場合には、

$${}^{n+1}\boldsymbol{u} \cong {}^n\boldsymbol{u} + \Delta\boldsymbol{u}, \qquad {}^{n+1}\lambda \cong {}^n\lambda + \Delta\lambda, \qquad {}^{n+1}\boldsymbol{G} = \boldsymbol{R}\left({}^{n+1}\boldsymbol{u}\right) - {}^{n+1}\lambda\boldsymbol{P} \cong \boldsymbol{0} \tag{1.2.20a,b,c}$$

が成立する。この式によって得られる近似解をそのまま増分間における解としても精度的に満足する結果が得られる場合もある。

しかしながら、上記の方法には、非線形性が強い場合には累積誤差が大きくなるという点(図 1.2.6 参照)、どの程度の増分区間をもって十分であるか分からないという点、あるいは増分区間の縮小化は計算時間を著しく増大させるという実用上の問題点などが存在する。そこで一般的には式(1.2.20)で得られた近似解を真の解に近づける計算が行われる。これが**反復計算**である。なお、

一般には上記の増分計算段階を一連の反復計算における初期計算として位置づける場合が多い。次に、この反復計算について考えてみよう。

ニュートン・ラフソン法による反復計算　平衡方程式は、上述した式を次に示すように反復計算の前後で展開することによって得られる。

$$\boldsymbol{R}\Big|_{\boldsymbol{u}={}^{n+1}\boldsymbol{u}_{(i)}} + \frac{\partial \boldsymbol{R}}{\partial \boldsymbol{u}}\Bigg|_{\boldsymbol{u}={}^{n+1}\boldsymbol{u}_{(i)}} \delta\Delta\boldsymbol{u} + \cdots - \left({}^{n+1}\lambda_{(i)} + \delta\Delta\lambda\right)\boldsymbol{P} = \boldsymbol{0} \tag{1.2.21}$$

ここに、$(\ )_{(i)}$は i 反復計算段階における初期値、$\delta\Delta(\ )$は変位・荷重パラメータ修正増分ベクトルを示す。上式を以下のように表現する。

$$\boldsymbol{K}_{T\,(i)}\delta\Delta\boldsymbol{u} \;=\; \delta\Delta\lambda\boldsymbol{P} - \boldsymbol{G}_{(i)} \tag{1.2.22}$$

ここに、

$$\boldsymbol{K}_{T(i)} = \frac{\partial \boldsymbol{R}}{\partial \boldsymbol{u}}\Bigg|_{\boldsymbol{u}={}^{n+1}\boldsymbol{u}_{(i)}}\ , \qquad \boldsymbol{G}_{(i)} = \boldsymbol{R}\Big|_{\boldsymbol{u}={}^{n+1}\boldsymbol{u}_{(i)}} - {}^{n+1}\lambda_{(i)}\boldsymbol{P} \tag{1.2.23,24}$$

$${}^{n+1}\boldsymbol{u}_{(i+1)} = {}^{n+1}\boldsymbol{u}_{(i)} + \delta\Delta\boldsymbol{u}\ , \qquad {}^{n+1}\lambda_{(i+1)} = {}^{n+1}\lambda_{(i)} + \delta\Delta\lambda \tag{1.2.25a}$$

あるいは

$$\Delta\boldsymbol{u}_{(i+1)} = \Delta\boldsymbol{u}_{(i)} + \delta\Delta\boldsymbol{u}\ , \qquad \Delta\lambda_{(i+1)} = \Delta\lambda_{(i)} + \delta\Delta\lambda \tag{1.2.25b}$$

である。ここで、$\boldsymbol{K}_{T(i)}$は i 反復計算段階における接線剛性マトリクスであり、$\boldsymbol{G}$は、本来、零になるべきベクトルであるが、高次項を無視したために生じる残差ベクトル（不平衡力ベクトル）である。

式（1.2.22）～式(1.2.25)による反復計算方法はニュートン・ラフソン(Newton-Raphson)法と呼ばれる。これに対して、修正ニュートン・ラフソン法は、式(1.2.22)における剛性マトリクス$\boldsymbol{K}_{T(i)}$を反復計算段階毎に求め直すことはせず、式(1.2.19b)の接線剛性を常に用いるものである。各反復計算段階毎に剛性マトリクスを更新しないので、当然ながら剛性マトリクスの$\boldsymbol{LDL}^T$分解(式(1.2.8a))も増分計算開始時に 1 回行うだけで済み、反復計算 1 回あたりの計算時間の短縮が図れる。ただし、収束速度はニュートン・ラフソン法よりも劣るために反復計算の回数は一般に増える。非線形性の強い問題では、逆に計算時間が増大する場合もあるので注意すべきである。

＜解法１＞　内力が$\boldsymbol{R}(\boldsymbol{u}) = 2u - 3u^2 + u^3$で表わされるものとし、${}^{n}\boldsymbol{u}$=0.2 の平衡状態から外力が${}^{n+1}\boldsymbol{F}={}^{n+1}\lambda\boldsymbol{P}$=0.35 となった時の解をニュートン・ラフソン法で求める。まず、n ステップでの内力および剛性係数は、条件より、

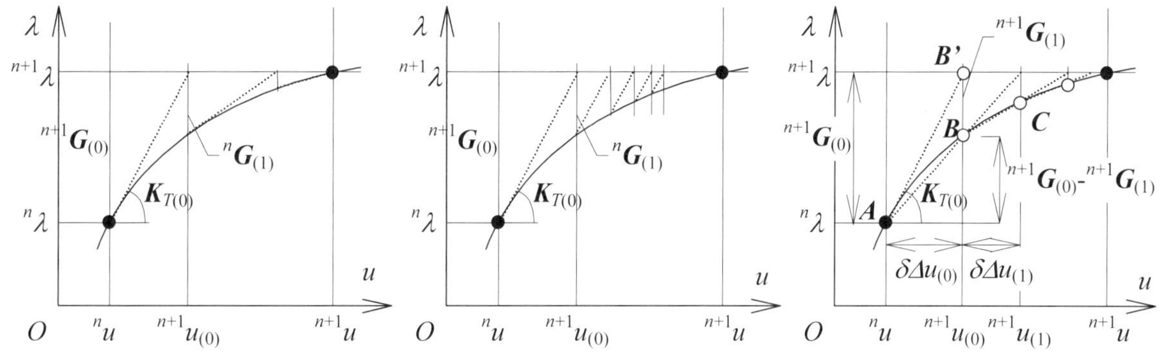

(a) ニュートン・ラフソン法　(b)　修正ニュートン・ラフソン法　(c)　BFGS 法

図.1.2.7　各ニュートン・ラフソン法の比較

$$\boldsymbol{R}\left({}^{n}\boldsymbol{u}\right)=2^{n}u-3^{n}u^{2}+{}^{n}u^{3}=2\times 0.2-3\times 0.2^{2}+0.2^{3}=0.288$$

$$\frac{\partial \boldsymbol{R}}{\partial \boldsymbol{u}}\left({}^{n}\boldsymbol{u}\right)={}^{n}\boldsymbol{K}=2-6^{n}u+3^{n}u^{2}=0.92$$

n ステップは平衡状態にあるから $^{n}\boldsymbol{R}-{}^{n}\lambda\boldsymbol{P}=\boldsymbol{0}$、これより $^{n}\lambda\boldsymbol{P}$=0.288、$\Delta\lambda\boldsymbol{P}$=0.35-0.288=0.062 となる。したがって第 1 近似解は $^{n+1}\boldsymbol{u}_{(1)}={}^{n}\boldsymbol{u}+\Delta\boldsymbol{u}$=0.2+0.062/0.92≒0.2674 となる。以下、反復計算の結果を示す。3 回の反復計算後、不平衡力 $\boldsymbol{G}$ は零になり収束していることが分かる。

反復回数	$\boldsymbol{R}$	$\boldsymbol{G}$	$\boldsymbol{K}$	$\delta\Delta\boldsymbol{u}$	$^{n+1}\boldsymbol{u}$
1	0.3394	0.0106	0.6101	0.0174	0.2848
2	0.3494	0.0006	0.5345	0.0011	0.2859
3	0.3500	0.0000	0.5294	0.0000	0.2859

同様の計算を修正ニュートン・ラフソン法にて行った結果が下表である。

反復回数	$\boldsymbol{R}$	$\boldsymbol{G}$	$\boldsymbol{K}$	$\delta\Delta\boldsymbol{u}$	$^{n+1}\boldsymbol{u}$
1	0.3394	0.0106	0.92	0.0115	0.2789
2	0.3461	0.0039	0.92	0.0042	0.2831
3	0.3485	0.0015	0.92	0.0016	0.2847
4	0.3493	0.0007	0.92	0.0008	0.2855
5	0.3497	0.0003	0.92	0.0003	0.2858

両結果を比較することにより、前述したように、ニュートン・ラフソン法は、修正ニュートン・ラフソン法の収束速度より十分に早いことが理解されたことと思う。

その他の反復計算法　反復計算に要する時間の短縮を図るため、あるいは反復計算の収束速度を速めるために、比較的大きな増分区間を設定しても安定した解が得られるアルゴリズムが開発されている。ここでは、その種の方法として BFGS(Broyden-Fletcher-Goldfarb-Shanno)法[8]とラインサーチ(Line-search)法[8, 10]について説明する。

BFGS 法　通常のニュートン・ラフソン法では式(1.2.22)の右辺の係数マトリクスとして、各反復計算段階で新しい接線剛性マトリクスを用い、同式を解いて$\delta\Delta\boldsymbol{u}$ を求めている。そのため、剛性マトリクスの作成および$\boldsymbol{LDL}^T$分解に要する時間が膨大なものとなる可能性がある。一方、修正ニュートン・ラフソン法は、剛性作成と$\boldsymbol{LDL}^T$分解は一回でよいが、収束速度が遅いために全計算時間は膨大になる場合があることは既に述べた。BFGS 法は、この両ニュートン・ラフソン法の欠点を取り除くために考え出された反復技法の一つであり、擬似ニュートン・ラフソン法あるいは準ニュートン・ラフソン法と呼ばれている。同法は式の表示のみでは理解しづらいと思われるので、その基本的な考え方について図を用いて説明する。

図 1.2.7 は、各ニュートン・ラフソン法の特徴を概念的に示す。ニュートン・ラフソン法および修正ニュートン・ラフソン法は先に式を用いて説明した通りであり、上図の(a),(b)は荷重増分が与えられた時のそれぞれの基本的な考え方である。この例でも分かるように修正ニュートン・ラフソン法は多くの反復計算が必要となり、収束速度が極めて遅い。

BFGS 法の基本的な考え方は以下のとおりである（図 1.2.7c 参照）。

- 最初、初期計算において荷重増分（図(c)中の ${}^{n+1}\boldsymbol{G}_{(0)}$）および点 A における接線剛性により、点 B'を求める（正確に言えば、この例では荷重増分を与えているので図中の$\delta\Delta\boldsymbol{u}_{(0)}$あるいは ${}^{n+1}\boldsymbol{u}_{(0)}$ が求められる）。
- この B'点で内力ベクトルを計算し、さらにこれと外力ベクトルの差を取ることにより、この変位点での不平衡力ベクトル（図中の ${}^{n+1}\boldsymbol{G}_{(1)}$）を求める。すなわち点 B が求まったことになる。
- 次の反復計算段階では、点 A と B を通る直線の傾きを剛性として不平衡力の解放を行い、$\delta\Delta\boldsymbol{u}_{(1)}$ あるいは ${}^{n+1}\boldsymbol{u}_{(1)}$を求める。
- 以下 ${}^{n+1}\boldsymbol{G}_{(i)}$が所定の値以下になるまでこの手順を繰り返すことになる。

以上の説明から分かるように BFGS 法は割線剛性を用いる方法として位置付けられる。特に、係数行列の$\boldsymbol{LDL}^T$分解を避けるために、割線剛性マトリクスの逆行列を直接に算出する手法が提案されている。具体的には、以下のような手順を踏んで逆行列を求める。

- 変位（修正）増分ベクトルの算出

$$\delta\Delta\boldsymbol{u} = \boldsymbol{K}_{S(i)}{}^{-1}\boldsymbol{G}_{(i)} \ （ただし、\boldsymbol{K}_{S(0)} = \boldsymbol{K}_{T(0)}）, \quad {}^{n+1}\boldsymbol{u}_{(i+1)} = {}^{n+1}\boldsymbol{u}_{(i)} + \delta\Delta\boldsymbol{u} \tag{1.2.26}$$

- 不平衡力ベクトルの算出、および不平衡力ベクトルの差分$\delta\boldsymbol{G}$ の算出

$${}^{n+1}\boldsymbol{G}_{(i+1)} = {}^{n+1}\boldsymbol{R}\left({}^{n+1}\boldsymbol{u}_{(i+1)}\right) - {}^{n+1}\lambda\boldsymbol{P}, \quad \delta\boldsymbol{G} = {}^{n+1}\boldsymbol{G}_{(i)} - {}^{n+1}\boldsymbol{G}_{(i+1)}$$

- 割線剛性マトリクスの算定

$$\boldsymbol{K}_{S(i+1)}{}^{-1} = \left\lfloor \boldsymbol{K}_S{}^{-1} \right\rfloor_{(i+1)} = \boldsymbol{A}_{(i+1)}{}^T \left\lfloor \boldsymbol{K}_S{}^{-1} \right\rfloor_{(i)} \boldsymbol{A}_{(i+1)} \tag{1.2.27}$$

ここに、

$$\boldsymbol{A}_{(i)} = \boldsymbol{I} + \boldsymbol{v}_{(i)} \boldsymbol{w}_{(i)}{}^T \tag{1.2.28}$$

$$\boldsymbol{v}_{(i)} = -\sqrt{\frac{\delta\Delta\boldsymbol{u}^T\delta\boldsymbol{G}}{\delta\Delta\boldsymbol{u}^T\boldsymbol{G}_{(i)}}}\boldsymbol{G}_{(i)} - \delta\boldsymbol{G}\ , \qquad \boldsymbol{w}_{(i)} = \frac{1}{\delta\Delta\boldsymbol{u}^T\delta\boldsymbol{G}}\delta\Delta\boldsymbol{u} \tag{1.2.29a,b}$$

この更新則を用いれば、ニュートン・ラフソン法で各反復計算毎に行われる剛性マトリクスの計算および剛性マトリクスの $\boldsymbol{LDL}^T$ 分解は必要でなく、計算時間の大幅な短縮が図れる。また、修正ニュートン・ラフソン法に比較すると収束速度も一般的に速くなる。

＜解法２＞　解法１で用いた例題を BFGS 法を用いて解く。${}^{n}\lambda\boldsymbol{P}$=0.288、$\Delta\lambda\boldsymbol{P}$=0.35-0.288=0.062(=$\boldsymbol{G}_{(0)}$)となる。これより $\Delta\boldsymbol{u}$=0.062/0.92≒0.0674(=$\delta\Delta\boldsymbol{u}_{(0)}$)および ${}^{n+1}\boldsymbol{u}_{(1)}$=${}^{n+1}\boldsymbol{u}_{(0)}$+$\delta\Delta\boldsymbol{u}_{(0)}$≒0.2674 となる。以下反復計算の結果を示す。

反復回数	${}^{n+1}\boldsymbol{u}$	$\boldsymbol{R}$	$\boldsymbol{G}$	$\delta\Delta\boldsymbol{u}$	$\delta\boldsymbol{G}$	$\boldsymbol{v}$	$\boldsymbol{w}$	$\boldsymbol{K}^{-1}$	$\delta\Delta\boldsymbol{u}$
1	0.2674	0.3394	0.0106	0.0674	0.0514	-0.1079	19.453	1.3110	0.0139
2	0.2813	0.3475	0.0025	0.0139	0.0081	-0.0182	124.18	1.7247	0.0044
3	0.2857	0.3498	0.0002	0.0044	0.0024	-0.0055	422.32	1.8510	0.0003
4	0.2860	0.3500	0.0000	0.0003	0.0002	-0.0004	5876.0	1.8862	0.0000

例題のスカラー方程式の場合には剛性マトリクスの算定および逆を求める手間はわずかであるため本手法の有利さは理解できないかもしれないが、大規模な問題で自由度が多数になるとき、本法は効果的な計算手法の一つであることが分かる。

ラインサーチ法　ラインサーチ法は、今まで述べた反復計算法とは異なり、本手法のみで反復計算を行うことはなく、むしろ各ニュートン・ラフソン法と組み合わせて用いられる。組み合わせることによって、元の反復解法の収束速度を高める効果を有する。基本的な考え方は、式(1.2.19)や式（1.2.22）を用いて計算される $\delta\Delta\boldsymbol{u}$ をそのまま式(1.2.25)に代入するのではなく、$\delta\Delta\boldsymbol{u}$ を単に真の解の「方向ベクトル」を表わすものと仮定し、より精度の高い変位ベクトルが次式で表されると考える。

$${}^{n+1}\boldsymbol{u}_{(i+1)} = {}^{n+1}\boldsymbol{u}_{(i)} + \eta \cdot \delta\Delta\boldsymbol{u} \tag{1.2.30}$$

ここに、ηはスカラー乗数である。このように置くことにより全ポテンシャルエネルギーΠもまたηの関数として表現される。

$$\Pi(\eta)=\Pi\left({}^{n+1}\boldsymbol{u}_{(i)}+\eta\delta\Delta\boldsymbol{u}\right) \tag{1.2.31}$$

全ポテンシャルエネルギーΠを最小にするηを用いた変位ベクトルは、η=1 とした場合（通常のニュートン・ラフソン法）よりも精度の高い解となるはずである。全ポテンシャルエネルギーの最小化は、残差ベクトルと$\delta\Delta\boldsymbol{u}$が直交することで得られる。すなわち、

$$G(\eta)=\delta\Delta\boldsymbol{u}^T\boldsymbol{G}_{(i+1)}=\delta\Delta\boldsymbol{u}^T\boldsymbol{G}\left({}^{n+1}\boldsymbol{u}_{(i)}+\eta\delta\Delta\boldsymbol{u}\right)=0 \tag{1.2.32a}$$

と等価である。この式がラインサーチ法の基本式であり、繰り返し計算により上式を満足するηを求める。ただし、自由度数の非常に多い問題や非線形性の強い問題では、上式を満足するηを求めるには多大な計算労力を必要とするため、実際のラインサーチ法では代替方法として次式で、ηを求めている。

$$G(\eta)=\delta\Delta\boldsymbol{u}^T\boldsymbol{G}_{(i+1)}\le\varepsilon\cdot\delta\Delta\boldsymbol{u}^T\boldsymbol{G}_{(i)}=\varepsilon\cdot G(0) \tag{1.2.32b}$$

ここに、$\boldsymbol{G}_{(i+1)}$は式(1.2.30)の変位ベクトルによって計算される不平衡力ベクトルであり、εは収束判定許容値である（文献 10 によれば、ε=0.5）。ラインサーチ法の基本的概念は以上の通りであるが、ここでは、さらに文献 10 に記されている具体的なηの算出方法について説明する。

まず、式(1.2.32a)の $G(\eta)$がηの 2 次関数($G(\eta)=a+b\eta+c\eta^2$)で表されるものとする。ここで、

$$\left.\frac{dG}{d\eta}\right|_{\eta=0}=\delta\Delta\boldsymbol{u}^T\left.\frac{\partial\boldsymbol{G}}{\partial\delta\Delta\boldsymbol{u}}\right|_{\boldsymbol{u}=\boldsymbol{u}(i)}\delta\Delta\boldsymbol{u}=\delta\Delta\boldsymbol{u}^T\boldsymbol{K}_{T(i)}\delta\Delta\boldsymbol{u}=-\delta\Delta\boldsymbol{u}^T\boldsymbol{G}_{(i)}=-G(0) \tag{1.2.33}$$

なる関係および $G(0)$= $G(0)$, $G(1)$= $G(1)$を考慮すると、a=$G(0)$,b=-$G(0)$,c=$G(1)$が得られ、結局、式(1.2.32a)で表される解くべき方程式は、

$$G(\eta)\approx(1-\eta)G(0)+G(1)\eta^2=0 \tag{1.2.34}$$

となる。これを解くことによりηは以下のように求められる。

$$\eta=\frac{\alpha}{2}\pm\sqrt{\left(\frac{\alpha}{2}\right)^2-\alpha}\,,\qquad\text{ここに、}\ \alpha=\frac{G(0)}{G(1)} \tag{1.2.35}$$

ここで、

$\alpha<0$ または$\alpha>4$ のとき　絶対値が小さい方の符号

$0\le\alpha\le4$ のとき　$\eta=\dfrac{\alpha}{2}$ （根号の中が負となるため）

また式(1.2.34)は $G(\eta)$の内挿関数であることから、文献 10 では$0<\eta\le 1$という条件を設けている。ただし、この式で求められるηの最大値はたかだか 2.0 であるから、実用上は外挿しても問題はない場合もある。

＜解法３＞　例題を、ラインサーチ法を用いて解く。なお、通常ラインサーチ法はニュートン・ラフソン法などの反復計算と併用して用いられるものであるが、本モデルは 1 自由度であるためにラインサーチ法だけで十分な精度の解が得られる。

まず、$\boldsymbol{G}_{(0)}$を求める。$\Delta\lambda\boldsymbol{P}$=0.35-0.288=0.062(=$\boldsymbol{G}_{(0)}$)，$\Delta\boldsymbol{u}$=0.0674(=$\delta\Delta\boldsymbol{u}$)であるから、

$$G(0)=\delta\Delta\boldsymbol{u}^T\boldsymbol{G}_{(0)}=0.0674\times 0.062=0.00417$$
$$G(1)=\delta\Delta\boldsymbol{u}^T\boldsymbol{G}_{(1)}=0.0674\times 0.0106=0.00071$$

これより

$$\eta_1=\frac{5.8732}{2}+\sqrt{\left(\frac{5.8732}{2}\right)^2-5.8732}=4.5950\,,\quad \eta_2=\frac{5.8732}{2}-\sqrt{\left(\frac{5.8732}{2}\right)^2-5.8732}=1.2782$$

となり、$\alpha=\dfrac{0.00417}{0.00071}=5.8732>4$であることを考慮すると、$\eta=1.2782$となる。$\eta$>1 であるが、上記に述べた理由によりここでは$\eta$=1 とはせず、そのままの値を用いるものとする。したがって、${}^{n+1}\boldsymbol{u}_{(1)}={}^{n}\boldsymbol{u}+\eta\delta\Delta\boldsymbol{u}=0.2+1.2782\times 0.0674=0.2862$ となる。これから不平衡力を求めると、${}^{n+1}\boldsymbol{G}_{(1)}={}^{n+1}\boldsymbol{R}_{(1)}-{}^{n+1}\lambda\boldsymbol{P}=0.0001$ となる。この程度の問題であれば 1 回の計算で十分な精度が確保される。

収束判定基準　各反復計算は、次の条件を満足した段階で得られた解が十分な精度に達したと判断し終了する。

不平衡力に関する収束判定　　　　増分変位に関する収束判定

$$\frac{\sqrt{\boldsymbol{G}_{(i)}{}^T\boldsymbol{G}_{(i)}}}{\sqrt{\left(\boldsymbol{R}\big|_{\boldsymbol{u}={}^{n+1}\boldsymbol{u}_{(i)}}\right)^T\left(\boldsymbol{R}\big|_{\boldsymbol{u}={}^{n+1}\boldsymbol{u}_{(i)}}\right)}}\le Tolerance\,,\qquad \frac{\sqrt{\delta\Delta\boldsymbol{u}^T\delta\Delta\boldsymbol{u}}}{\sqrt{{}^{n+1}\Delta\boldsymbol{u}_{(i)}{}^{T\,n+1}\Delta\boldsymbol{u}_{(i)}}}\le Tolerance \qquad (1.2.36,37)$$

式(1.2.36)は残差ベクトルのノルムと内力ベクトルのノルムの比による判定条件であり、式(1.2.37)は変位修正増分ベクトルのノルムと変位（増分）ベクトルのノルムの比による判定条件である。これ以外にもエネルギーによる判定もある。通常は式(1.2.36)を用いれば十分であるが、問題によっては内力ベクトルが計算途中で零となる（無応力状態）場合もありえる。この時、式(1.2.36)の分母が零となってしまい、式(1.2.36)は意味を失ってしまう。このような場合には式(1.2.37)で収束

精度を確認することになる。なお、上式中の Tolerance は収束精度の許容値であり通常 10^{-4}～10^{-10} という値が用いられる。この値を大きくすると累積誤差が大きくなり、逆に必要以上に小さくすると反復回数が増え計算時間が増大するので注意しなければならない。

摂動法　式(1.2.17)で線形項のみを用いる増分解法として、式(1.2.20)のみで近似解を得る線形化増分法 9)（図 1.2.8(a)）と線形近似による不釣合力を解消するために式(1.2.21)～式(1.2.37)を用いる反復法（図 1.2.8(b)）を述べたが、摂動法と呼ばれる 2 次以上の高次項を用いる解法がある。この解法は非線形方程式の近似解を得るための手法の一つであり、古典力学の各分野で用いられてきた。構造物の安定問題で摂動法を用いた先駆的研究として、Koiter が弾性連続体の臨界点後の挙動と不整感度特性（1.4.4 で詳述）に関する一般論で漸近解法として用い 11)、Walker は偏平アーチの釣合経路解析に摂動法を適用している 12)。

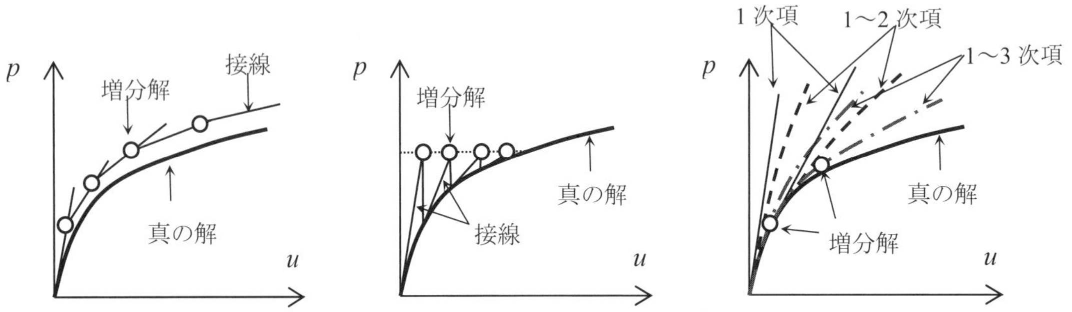

(a) 線形化増分法　　(b) 反復法　　(c) 摂動法

図 1.2.8　剛性方程式の解法

＜解法４＞　以下に例題を摂動法で計算する。例題の条件を記す。

内力：$\boldsymbol{R}(\boldsymbol{u}) = 2u - 3u^2 + u^3$

n+1 ステップでの変位：${}^{n}\boldsymbol{u}=0.2$

n+1 ステップでの外力：${}^{n+1}\boldsymbol{F}={}^{n+1}\lambda\boldsymbol{P}=0.35$

n ステップでの内力：$\boldsymbol{R}({}^{n}\boldsymbol{u})=2{}^{n}u-3{}^{n}u^2+{}^{n}u^3 = 2\times0.2-3\times0.2^2+0.2^3=0.288$

n ステップでの剛性係数：$\dfrac{\partial\boldsymbol{R}}{\partial\boldsymbol{u}}({}^{n}\boldsymbol{u})={}^{n}\boldsymbol{K}=2-6{}^{n}u+3{}^{n}u^2=0.92$

上記の条件から釣合式(1.2.16)の各項を計算すると

$$\boldsymbol{R}\big|_{\boldsymbol{u}={}^{n}\boldsymbol{u}}=0.288\,,\left.\frac{\partial\boldsymbol{R}}{\partial\boldsymbol{u}}\right|_{\boldsymbol{u}={}^{n}\boldsymbol{u}}=0.92\,,\left.\frac{1}{2!}\frac{\partial^2\boldsymbol{R}}{\partial\boldsymbol{u}^2}\right|_{\boldsymbol{u}={}^{n}\boldsymbol{u}}=\frac{1}{2}\times(-6+3\times{}^{n}\boldsymbol{u})=-2.4\,,\left.\frac{1}{3!}\frac{\partial^3\boldsymbol{R}}{\partial\boldsymbol{u}^3}\right|_{\boldsymbol{u}={}^{n}\boldsymbol{u}}=\frac{1}{6}\times6=1 \qquad (1.2.38)$$

$$,\left.\frac{1}{i!}\frac{\partial^i\boldsymbol{R}}{\partial\boldsymbol{u}^i}\right|_{\boldsymbol{u}={}^{n}\boldsymbol{u}}=0\ ,\ (i\geq4) \qquad (1.2.39)$$

ここに $\left.\dfrac{1}{i!}\dfrac{\partial^i\boldsymbol{R}}{\partial\boldsymbol{u}^i}\right|_{\boldsymbol{u}={}^{n}\boldsymbol{u}}$ $(i\geq0)$ を i 次の摂動係数と呼ぶ。n+1-step での変位 u は

$$\boldsymbol{u}={}^{n}\boldsymbol{u}+\Delta\boldsymbol{u}=0.2+\Delta\boldsymbol{u} \qquad (1.2.40)$$

と書ける。式(1.2.38)～(1.2.40)を式(1.2.16)に代入すると、厳密解 $\boldsymbol{R}(\boldsymbol{u}) = 2u - 3u^2 + u^3$ が得られる。

例題の関数 $\boldsymbol{R}(\boldsymbol{u})$は 1 変数の 3 次式であり、3 次以上の摂動係数を陽に計算できたので厳密解が得られたが、離散化された構造モデルは多変数関数になるため、4 次以上の摂動係数を陽に求めることは困難である。そこで摂動展開をある次数で打ち切り、近似解を求める。数値解析では誤差の累積を回避し所用の精度を確保する理由から、打ち切りによる誤差を小さくする必要がある。文献 13 の摂動法は m 次で摂動展開を打ち切ったときの相対誤差 e を

$$e = \left| \frac{1}{m!} \frac{\partial^m \boldsymbol{R}}{\partial \boldsymbol{u}^m} \Delta \boldsymbol{u}^m \Big/ \sum_{i=1}^{m} \frac{1}{i!} \frac{\partial^i \boldsymbol{R}}{\partial \boldsymbol{u}^i} \Delta \boldsymbol{u}^i \right| \tag{1.2.41}$$

として評価している。

例題の内力 R が変位 u の 3 次式であり、増分解析の近似解の精度を検討するため、$m = 2 < 3$ 次で打ち切る場合を考える。打ち切りによる相対誤差が精度を確保するために指定された誤差限界 e_L 内となる条件は

$$e_L \le \left| \frac{1}{2!} \frac{\partial^2 R}{\partial u^2} \Delta u^2 \Big/ \sum_{i=1}^{2} \frac{1}{i!} \frac{\partial^i R}{\partial u^i} \Delta u^i \right| \tag{1.2.42}$$

と書ける。このとき、増分長は不等式(1.2.42)を Δu に関して解き、次式を得る。

$$0 < \Delta u \le \frac{\pm e_L \dfrac{\partial R}{\partial u}}{\left(1 \mp e_L\right) \dfrac{1}{2!} \dfrac{\partial^2 R}{\partial u^2}} \tag{1.2.43}$$

打ち切り次数を 2 とした摂動法で例題を計算した結果を図 1.2.9 に示す。△は正解との相対誤差が約 1%以下となるように増分長を $\Delta u = 0.01$ と設定した 1 次近似（線形化増分法）である。●は式(1.2.43)で打ち切りによる相対誤差が 10%以下として増分長を決定した摂動法の結果である。線形化増分法では不釣合力の修正過程が無いため誤差を小さくするために増分長を短くする必要がある。一方、摂動法は内力-変位関係が線形に近い範囲（$0.2 < u < 0.26$）では増分長が長く、逆に非線形性が強い範囲($u > 0.3$)では増分長は短い。摂動法は精度を確保するために合理的な増分長を自動調整することが可能である。

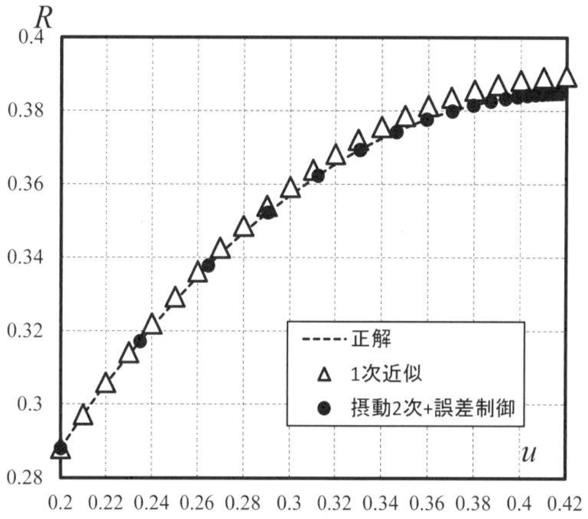

図 1.2.9　内力 R-変位 u 関係

制御方法（増分パラメータの設定方法）　幾何学的非線形解析では増分理論を用いたスキームが多く用いられることは既に述べた通りである。このことは、加力実験を行う場合と同様、その荷重段階あるいは変位段階に応じた増分パラメータを選択する必要性があることを意味している。例えば、図 1.2.10 に示す荷重変位関係を追跡する場合を考える。この時、荷重増分法により$\Delta\lambda$を一定として計算する（図中の○）と、各ステップ間での変位増分の値はステップ数の増加に伴い急激に増加してしまい、最悪の場合反復計算途中で、解が発散してしまうこともある。そこで、このような場合には変位増分を一定（制御）とする手法が採られる（図中の●）。通常の梁の曲げ実験等でも、初期の弾性域においては荷重増分値を一定として加力するが、塑性化が進展する過程で変位増分値が一定になるように油圧ポンプを操作することに対応する。つまり、全ての変位成分および荷重パラメータのうち各ステップにおいて最も増加する成分を制御することが望ましいのである。この制御パラメータの選択を自動的（系統的）に行う手法の１つとして近年では弧長法と呼ばれる増分制御法が採られる場合が多い。

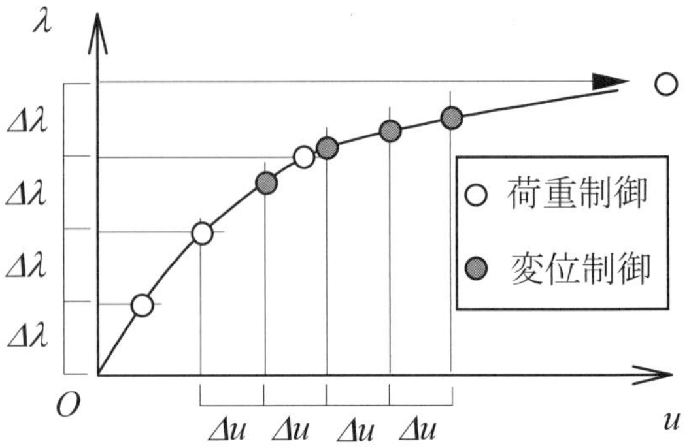

図 1.2.10　増分パラメータ

弧長法　弧長法は、図 1.2.11 に示すように n ステップから n+1 ステップに移行する時、ベクトル長(Δl)を増分パラメータとして採用する。増分パラメータを式で表わせば次のようになる。

$$\Delta\boldsymbol{u}^T\Delta\boldsymbol{u}+\Delta\lambda^2=\Delta l^2 \qquad (1.2.44)$$

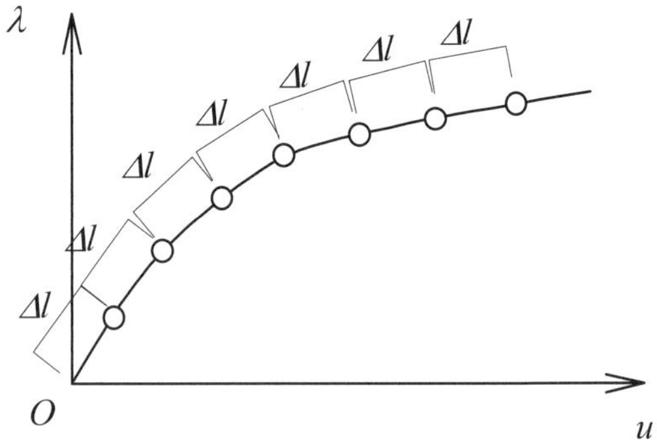

図 1.2.11　弧長法

最初に標準的な弧長法の解法を説明する。

上式を $\left(\Delta\boldsymbol{u}_{(i)}+\delta\Delta\boldsymbol{u}\right)^T\left(\Delta\boldsymbol{u}_{(i)}+\delta\Delta\boldsymbol{u}\right)+\left(\Delta\lambda_{(i)}+\delta\Delta\lambda\right)^2=\Delta l^2$

と表し、これを線形化する。

$$2\Delta\boldsymbol{u}_{(i)}{}^T\delta\Delta\boldsymbol{u}+2\Delta\lambda_{(i)}\delta\Delta\lambda=\Delta l^2-\left(\Delta\boldsymbol{u}_{(i)}{}^T\Delta\boldsymbol{u}_{(i)}+\Delta\lambda_{(i)}{}^2\right) \qquad (1.2.45)$$

この式と先の式(1.2.22)の線形化された平衡方程式を連立方程式として解く。すなわち、

$$\begin{bmatrix}\boldsymbol{K}_{T(i)} & -\boldsymbol{P}\\ 2\Delta\boldsymbol{u}_{(i)}{}^T & 2\Delta\lambda_{(i)}\end{bmatrix}\begin{Bmatrix}\delta\Delta\boldsymbol{u}\\ \delta\Delta\lambda\end{Bmatrix}=\begin{Bmatrix}\boldsymbol{G}_{(i)}\\ \Delta l^2-\left(\Delta\boldsymbol{u}_{(i)}{}^T\Delta\boldsymbol{u}_{(i)}+\Delta\lambda_{(i)}{}^2\right)\end{Bmatrix} \qquad (1.2.46)$$

これが弧長法の基本式であり、反復過程において、式(1.2.22)の代わりに本式を用いることにより

一定の増分長で釣合い経路を追跡することが可能となる。しかしながら、この解法の最大の問題点は式(1.2.46)左辺の係数マトリクスが対称でなくなる点にある。本来剛性マトリクスはマックスウェル-ベッティの相反定理により対称マトリクスとなり、このことは本章 1.2.2 項の線形解析のところで述べたように実際数値計算する上で記憶容量および計算時間という面で非常に有用な特性である。この特性が弧長法の式(1.2.46)では消失してしまうことになる。

この問題点を解決するために**ブロック消去法を適用する手法**が考案されている。すなわち、式(1.2.46)を次のようにして解くことを考える。

$$\text{第 1 式：}\ \boldsymbol{K}_{T(i)}\delta\Delta\boldsymbol{u} = \delta\Delta\lambda\boldsymbol{P} + \boldsymbol{G}_{(i)} \qquad \text{第 2 式：}\ \Delta\boldsymbol{u}^T\Delta\boldsymbol{u} + \Delta\lambda^2 = \Delta l^2 \tag{1.2.47}$$

第 1 式を次のように分割する。

$$\boldsymbol{K}_{T(i)}\delta\Delta\boldsymbol{u}_1 = \boldsymbol{P}\,, \qquad \boldsymbol{K}_{T(i)}\delta\Delta\boldsymbol{u}_2 = \boldsymbol{G}_{(i)} \tag{1.2.48}$$

ここに、$\delta\Delta\boldsymbol{u} = \delta\Delta\lambda\delta\Delta\boldsymbol{u}_1 + \delta\Delta\boldsymbol{u}_2$ であり、さらに式(1.2.25)から、

$$\Delta\boldsymbol{u}_{(i+1)} = \Delta\boldsymbol{u}_{(i)} + \delta\Delta\boldsymbol{u} = \Delta\boldsymbol{u}_{(i)} + \delta\Delta\lambda\delta\Delta\boldsymbol{u}_1 + \delta\Delta\boldsymbol{u}_2\,, \qquad \Delta\lambda_{(i+1)} = \Delta\lambda_{(i)} + \delta\Delta\lambda \tag{1.2.49}$$

となる。これを上記の第 2 式に代入し整理すると、以下のような$\delta\Delta\lambda$に対する 2 次方程式となる。

$$a\delta\Delta\lambda^2 + 2b\delta\Delta\lambda + c = 0 \qquad \text{ここに、}\ \begin{aligned} a &= \left(\delta\Delta\boldsymbol{u}_1{}^T\delta\Delta\boldsymbol{u}_1 + 1\right), \\ b &= \left\{\delta\Delta\boldsymbol{u}_1{}^T\left(\Delta\boldsymbol{u}_{(i)} + \delta\Delta\boldsymbol{u}_2\right) + \Delta\lambda_{(i)}\right\}, \\ c &= \left(\Delta\boldsymbol{u}_{(i)} + \delta\Delta\boldsymbol{u}_2\right)^T\left(\Delta\boldsymbol{u}_{(i)} + \delta\Delta\boldsymbol{u}_2\right) + \Delta\lambda_{(i)}{}^2 - \Delta l^2 \end{aligned} \tag{1.2.50}$$

このスカラー方程式を解くことにより$\delta\Delta\lambda$が求められる。

$$\delta\Delta\lambda = \frac{-b \pm \sqrt{b^2 - ac}}{a} \tag{1.2.51}$$

正負の符号の決定は、式(1.2.51)を式(1.2.49)に代入して第(i+1)近似変位増分ベクトルを算定し、この変位増分ベクトルと第(i)近似変位増分ベクトルがなす角度θを求め、

$$\Delta\boldsymbol{u}_{(i+1)}{}^{(\pm)} = \Delta\boldsymbol{u}_{(i)} + \delta\Delta\lambda^{(\pm)}\delta\Delta\boldsymbol{u}_1 + \delta\Delta\boldsymbol{u}_2 \tag{1.2.52}$$

$$\theta^{(+)} = \arccos\left(\frac{\Delta\boldsymbol{u}_{(i)}{}^T\Delta\boldsymbol{u}_{(i+1)}{}^{(+)}}{\left|\Delta\boldsymbol{u}_{(i)}\right|\left|\Delta\boldsymbol{u}_{(i+1)}{}^{(+)}\right|}\right), \quad \theta^{(-)} = \arccos\left(\frac{\Delta\boldsymbol{u}_{(i)}{}^T\Delta\boldsymbol{u}_{(i+1)}{}^{(-)}}{\left|\Delta\boldsymbol{u}_{(i)}\right|\left|\Delta\boldsymbol{u}_{(i+1)}{}^{(-)}\right|}\right) \tag{1.2.53}$$

この角度が小さい方の符号を採用する。

なお、この方法は弧長法の中でも特にクリスフィールド(Crisfield)法と呼ばれることがある [14)]。これ以外にリックス(Riks)法 [15)] およびウェプナー(Wempner)法 [15)]と呼ばれる方法もある。これは

式(1.2.44)の適用方法がクリスフィールド法とは若干異なる。以下、両方法について簡単に説明する。なお、増分計算における初期計算まではクリスフィールド法と基本的に同じであるが、確認の意味を含めて再度初期計算段階から説明する。

式(1.2.44)は増分計算の初期計算段階において次のように表される。

$$\Delta \boldsymbol{u}_{(0)}{}^T \Delta \boldsymbol{u}_{(0)} + \Delta\lambda_{(0)}{}^2 = \Delta l^2 \tag{1.2.54}$$

したがって、この段階では上式と式(1.2.19)を満足する解$\left(\Delta \boldsymbol{u}_{(0)}, \Delta\lambda_{(0)}\right)$を求めることとなり、具体的には次の連立方程式を解く。

$$\boldsymbol{K}_{T(0)} \Delta \boldsymbol{u}_{(0)} = \Delta\lambda_{(0)} \boldsymbol{P}, \qquad \Delta \boldsymbol{u}_{(0)}{}^T \Delta \boldsymbol{u}_{(0)} + \Delta\lambda_{(0)}{}^2 = \Delta l^2 \tag{1.2.55a,b}$$

ここで、式(1.2.55a)を次のように表現する。

$$\boldsymbol{K}_{T(0)} \Delta \boldsymbol{u}_{1(0)} = \boldsymbol{P}, \qquad \Delta \boldsymbol{u}_{(0)} = \Delta\lambda_{(0)} \Delta \boldsymbol{u}_{1(0)} \tag{1.2.56a,b}$$

式(1.2.56b)を式(1.2.55b)に代入することにより、荷重増分パラメータが得られる。

$$\Delta\lambda_{(0)}{}^2 = \frac{\Delta l^2}{\Delta \boldsymbol{u}_{1(0)}{}^T \Delta \boldsymbol{u}_{1(0)} + 1} \tag{1.2.57}$$

この段階まではクリスフィールド法と変わりはないことは先に述べたとおりである。これ以降の反復計算段階での考え方が異なる。リックス法では反復計算段階以降の制御式として式(1.2.44)ではなく、次式を用いる。

$$\Delta \boldsymbol{u}_{(0)}{}^T \delta\Delta \boldsymbol{u} + \Delta\lambda_{(0)} \delta\Delta\lambda = 0 \qquad \text{リックス法} \tag{1.2.58a}$$

この式に式(1.2.56b)および反復計算段階における式(1.2.48)の解を代入することにより、荷重パラメータの修正増分値$\delta\Delta\lambda$が以下のように求められる。

$$\Delta\lambda_{(0)} \Delta \boldsymbol{u}_{1(0)}{}^T \left(\delta\Delta\lambda \delta\Delta \boldsymbol{u}_1 + \delta\Delta \boldsymbol{u}_2\right) + \Delta\lambda_{(0)} \delta\Delta\lambda = 0 \longrightarrow \delta\Delta\lambda = -\frac{\Delta \boldsymbol{u}_{1(0)}{}^T \delta\Delta \boldsymbol{u}_2}{\Delta \boldsymbol{u}_{1(0)}{}^T \delta\Delta \boldsymbol{u}_1 + 1} \tag{1.2.59}$$

これを式(1.2.49)に代入することにより、反復計算段階での変位ベクトルおよび荷重パラメータが求められる。したがって、この方法の特徴は式(1.2.58a)を反復計算段階において用いるという点である。この式は、各増分段階での初期計算段階における変位と荷重パラメータから成るベクトル$\left\langle \Delta \boldsymbol{u}_{(0)}{}^T \Delta\lambda_{(0)} \right\rangle$と反復計算段階における変位と荷重パラメータの補正成分から成るベクトル$\left\langle \delta\Delta \boldsymbol{u}^T \delta\Delta\lambda \right\rangle$が**直交**することを意味している（図 1.2.12 参照）。なお、ウェプナー法では、式(1.2.58a)の代わりに次式が用いられる。

$$\Delta \boldsymbol{u}_{(i)}{}^T \delta\Delta \boldsymbol{u} + \Delta\lambda_{(i)} \delta\Delta\lambda = 0 \qquad \text{ウェプナー法} \tag{1.2.58b}$$

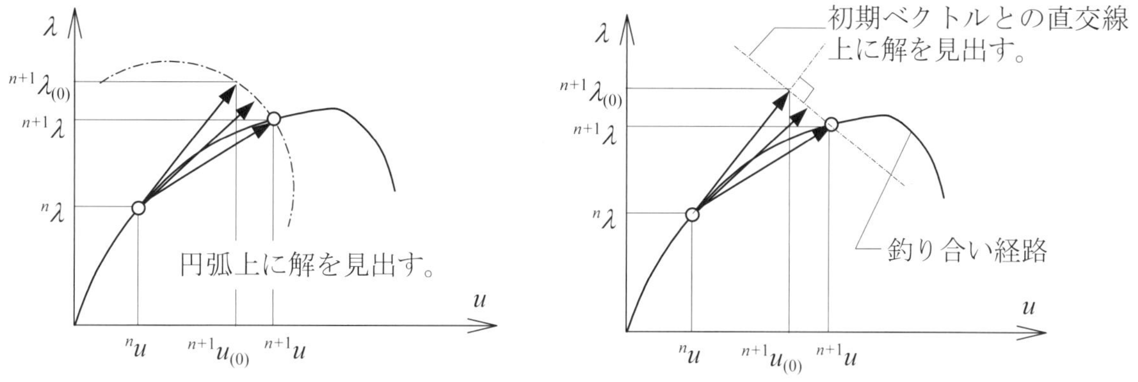

(a) クリスフィールド法　　(b) リックス法

図 1.2.12　代表的な弧長法の比較（非線形性が比較的弱い場合）

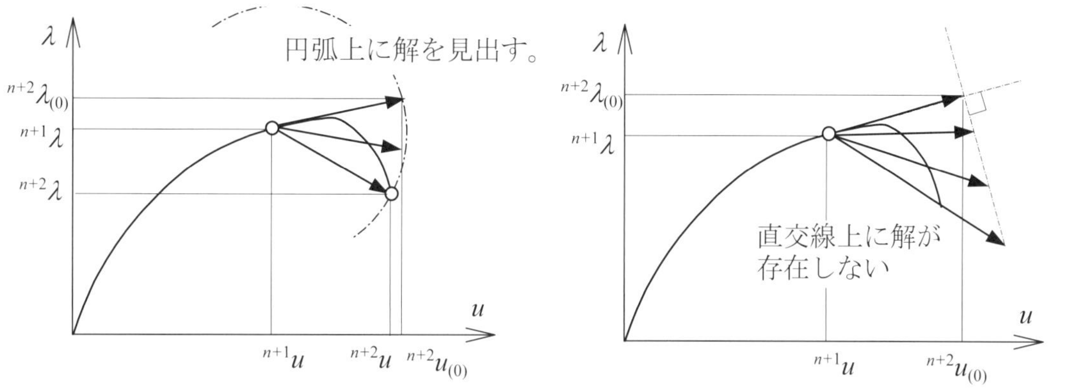

(a) クリスフィールド法　　(b) リックス法

図 1.2.13　代表的な弧長法の比較（非線形性が比較的強い場合）

ここに、$\left(\Delta\boldsymbol{u}_{(i)}, \Delta\lambda_{(i)}\right)$は i 反復計算段階までに求められた増分変位である。上式から理解されるように、ウェプナー法では近似ベクトルに直交する方向に修正ベクトルを計算する。

また、式(1.2.51)と式(1.2.59)を比較すれば明らかなように、リックス法やウェプナー法では２次方程式を解く必要がない。すなわち式(1.2.53)等で示す符号の判定を要しないことも特徴として挙げられる。

クリスフィールド法とリックス法との違いを概念図として示したものが図 1.2.12 および図 1.2.13 である。この図に示した例では、比較的非線形性が弱い段階（図 1.2.12 中の n ステップ）においては両者ともに解を見出すことが可能であるが、比較的非線形性が強い段階（図 1.2.13 中の n+1 ステップ）においては、クリスフィールド法では解を見出すことが可能であるが、リックス法では初期増分ベクトル$\left\langle \Delta\boldsymbol{u}_{(0)}{}^{T} \Delta\lambda_{(0)} \right\rangle$に直交する線上には解が存在しないために解を見出すことはできない。このように非線形性の比較的強い問題の場合、リックス法では解が得られない場合でもクリスフィールド法では解が得られることが多く、その意味でクリスフィールド法はリックス法よりもタフな方法と言える。その反面、先にも述べたように、2 次方程式の解を解く必要がなく、そのため式(1.2.51)～(1.2.53)に示したような解の選定を行う必要がない点においてリックス／ウェブナー法は優位な方法である。

弧長法におけるスケールファクター　今まで示した弧長法の式の展開では触れていないが、実際に式(1.2.47)等を用いて計算を行う場合、クリスフィールド法でも釣合い経路を求めることが困難になる場合がある。その一つのケースとして変位ベクトルのオーダーと荷重パラメータのオーダーが大きく異なる場合が挙げられる。これを回避するためにスケールファクターと呼ばれる変数が一般には導入されている。

＜解法５＞　この点を具体的に検討してみる。理解し易いように１自由度系として式(1.2.55a)を考え、接線剛性値 K_T が 1000N/m とし荷重モード P の値が１とする。

$$\boldsymbol{K}_{T(0)}\Delta\boldsymbol{u}_{(0)} = \Delta\lambda_{(0)}\boldsymbol{P} \longrightarrow 1000\Delta u_{(0)} = \Delta\lambda_{(0)} \times 1$$

これに対する式(1.2.56a)すなわち $1000\Delta u_{1(0)} = 1$ より $\Delta u_{1(0)} = 0.001$ となり、これを式(1.2.57)に代入することにより荷重パラメータ増分が得られる。

$$\Delta\lambda_{(0)}{}^2 = \frac{1}{0.001^2+1}\Delta l^2 = \frac{1}{1.000001}\Delta l^2 \cong \Delta l^2 \longrightarrow \Delta\lambda_{(0)} \cong \Delta l\,,\quad \Delta u_{(0)} \cong 0.001\Delta\lambda$$

この結果は制御パラメータ Δl が荷重パラメータ $\Delta\lambda$ に等しいことを意味しており、実質的に荷重増分法となってしまっていることを意味する。荷重増分法では図 1.2.8 で示したような問題の場合解が発散してしまうことは既に述べたとおりであり好ましくない。つまりこのような場合、弧長法を用いた意義が全くなくなってしまっている。この原因は変位値に対して荷重パラメータ値が極端に大きい（この例では 1000 倍）ことに因る。そこで荷重パラメータの値を小さくするために、ここでは荷重モード P の値を 1000 として同様の計算を行うと、

$$1000\Delta u_{(0)} = \Delta\lambda_{(0)} \times 1000 \text{ より } 1000\Delta u_{1(0)} = 1000 \longrightarrow \Delta u_{1(0)} = 1$$

したがって、

$$\Delta\lambda_{(0)}{}^2 = \frac{1}{1^2+1}\Delta l^2 = \frac{1}{2}\Delta l^2 \longrightarrow \Delta\lambda_{(0)} = \frac{1}{\sqrt{2}}\Delta l\,,\quad \Delta u_{(0)} = \Delta\lambda$$

となる。これは制御パラメータ Δl が荷重パラメータ $\Delta\lambda$ とは異なることを意味し弧長法の特徴を表したものとなっている。

この解法では荷重モードの値を変化させたが、実際にはスケールファクターと呼ばれる変数を新たに導入することにより変位ベクトルのオーダーと荷重パラメータのオーダーを揃えることが行われている。

なお、アダプティブ(Adaptive arc length)弧長法と呼ばれるものもある。これは増分パラメータ Δl を問題の非線形性に応じて自動調整するものであり、最初に Δl の設定が不明な場合などに用いることは有効である。

弧長法を用いる上での注意事項　比例単調載荷を想定する問題では弧長法は最も適切な制御方法と言うことができる。ただし、いくつかの注意すべき点も残されている。特に、式(1.2.51)にて求められる$\delta\Delta\lambda$が複素数となってしまう場合である。式(1.2.50)を再掲する。

$$a\delta\Delta\lambda^2 + 2b\delta\Delta\lambda + c = 0 \quad \text{ここに、} \quad \begin{aligned} a &= \left(\delta\Delta\boldsymbol{u}_1{}^T\delta\Delta\boldsymbol{u}_1 + 1\right), \\ b &= \left\{\delta\Delta\boldsymbol{u}_1{}^T\left(\Delta\boldsymbol{u}_{(i)} + \delta\Delta\boldsymbol{u}_2\right) + \Delta\lambda_{(i)}\right\}, \\ c &= \left(\Delta\boldsymbol{u}_{(i)} + \delta\Delta\boldsymbol{u}_2\right)^T\left(\Delta\boldsymbol{u}_{(i)} + \delta\Delta\boldsymbol{u}_2\right) + \Delta\lambda_{(i)}{}^2 - \Delta l^2 \end{aligned}$$

ここで、直接変形形式に対する修正変位成分$\delta\Delta\boldsymbol{u}_1$と不平衡力に対する修正変位成分$\delta\Delta\boldsymbol{u}_2$が直交する場合を考えると、係数$b$は相対的に小さくなり、係数$c$は相対的に大きくなる。その結果として$\delta\Delta\lambda$は複素数となる。これは分岐座屈点近傍などで起こる。これを回避する方法は第2釣合い経路にスムーズに移行させることが有効であり、形状初期不整などを与えることで対処することができる場合がある。

1.2.4　材料非線形解析

シェル構造などを解析する場合、材料非線形解析とは、主として弾塑性解析と粘弾（塑）性（クリープ）解析であろう。この区別は前者が時間に依存しない構成則を用いるのに対し、後者は時間依存型の構成則となる。ここでは弾塑性解析について説明しよう。

市販の弾塑性解析ソフトウェアでは、一般にオプションとして次の条件をどのような仮定で解析するかを選択できるように設定されている。

1）　降伏条件式：ミーゼス(von Mises)の降伏条件式、など

2）　塑性流れ則：関連する流れ則(Associate Flow)や関連しない流れ則(Non-Associate Flow)

3）　硬化則：等方硬化則(Isotropic Hardening)や移動硬化則(Kinematic Hardening)など

1）の降伏条件式は簡単に言うならば応力が採り得る領域を規定する条件であり、鋼を代表とする金属系の場合にはミーゼスの降伏条件式を採用する場合が多く、コンクリート系の場合にはドラッカー・プラガー(Druker-Prager)降伏条件式を採用する場合が多い。2）の塑性流れ則は多くの場合応力許容空間を規定する曲面（降伏条件式により決まる）に垂直な方向に塑性ひずみ速度が発生すると仮定する「関連する流れ則」が用いられる。3）の硬化則は最も難しい設定条件の一つであるが、金属系に見られるバウシンガー効果(Bauschinger Effect)を表現するためには移動硬化則によるか、あるいはこれと等方硬化則を組み合わせたものを用いるのが有効であろう。ただし、著者らの経験から言えば、単調載荷問題の場合には単なる等方硬化則を用いても誤差は小さいと思われる。なお、鋼構造部材における最も標準的な組み合せは、ミーゼスの降伏条件式、関連する流れ則および等方硬化則であるが、これは最も単純なアルゴリズムによって計算可能であるためであり、必ずしもこの組み合せが実挙動を表現するのに適しているからではないことに注意すべきである。適切な条件の組み合せを求めるには、現在のところ実験に頼るしか方法はないであろう。

リターン・マッピング・アルゴリズム(Return Mapping Algorithm)　次に、多くの解析ソフトウェアの中で、降伏後の応力および塑性ひずみを算出する際に用いられている手法（リターン・マッピング・アルゴリズム[16, 17]）について述べる。表現が抽象的になりやすいので、理解を深めるために具体例として最も単純なトラス要素に対する記述も併せ示しておくので、読者は両方を参考にしていただきたい。

この算出方法は、増分区間に対して全ひずみ理論を適用するものであり、更新型全ひずみ理論ともいうべき方法である。まず、降伏条件式を次のように設定する。

$$\phi(\sigma,\bar{\sigma}) \le 0 \tag{1.2.60}$$

ここに、ϕ は降伏条件式であり外に向かって**凸の関数**とし、解析者が用いるソフトウェアのオプションから選択するものである（**設定①**）。また $\bar{\sigma}$ は降伏応力度に相当するものでひずみ履歴

の関数であり、解析者は、$\bar{\sigma}$がひずみ履歴に対してどのように変化するかをデータにより定義しなければならない。この点については後で述べることとする。

例：軸力のみを負担するトラス要素の場合

図.1.2.14 に示すトラス要素では軸力のみを負担すると仮定されている。したがって降伏条件式は次のように記述される。

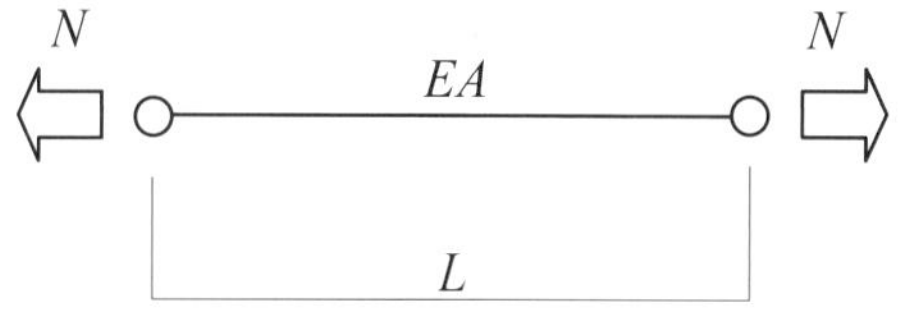

図 1.2.14　トラス要素

$$|\sigma| - \sigma_Y \le 0 \qquad (1.2.61)$$

ここに、$\sigma = N/A$であり、σ_Yは降伏応力度である。上式において絶対値が用いられているのは作用している応力度が引張、圧縮に関わらず降伏応力度を越えることはできない、という意味である。ミーゼスの降伏条件式などと表現上の類似性を強調するならば、上式中の絶対値の表現を$|\sigma| \Leftrightarrow \sqrt{\sigma^2}$という関係を利用することにより上式を次のように表すこともできる。

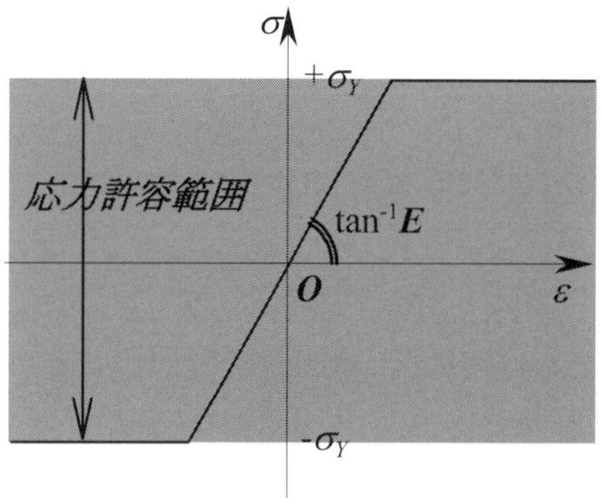

図 1.2.15　応力度－ひずみ度関係

$$\sqrt{\sigma^2} - \sigma_Y \le 0 \qquad (1.2.62)$$

⇕

$$\phi = \sqrt{\sigma_{xx}{}^2 - \sigma_{xx}\sigma_{yy} + \sigma_{yy}{}^2 + 3\sigma_{xy}{}^2} - \sigma_Y \le 0$$

（ミーゼスの降伏条件式：第 3 章参照）

硬化則については具体例では簡略化のために取り扱わないこととする（完全弾塑性体とする）。

次に、n+1 ステップ状態における全ひずみが次のように表されるものとする。

$${}^{n+1}\boldsymbol{\varepsilon} = {}^{n+1}\boldsymbol{\varepsilon}^e + {}^{n+1}\boldsymbol{\varepsilon}^p \quad \text{ここに、}()^e\text{：弾性成分、}()^p\text{：塑性成分} \qquad (1.2.63)$$

ここで、関連する流れ則に基づくものとすれば（**設定②**）、上式中の塑性ひずみ成分は次のように表される。

$$\Delta\boldsymbol{\varepsilon}^p = {}^{n+1}\boldsymbol{\varepsilon}^p - {}^{n}\boldsymbol{\varepsilon}^p = \Delta\zeta \frac{\partial\phi}{\partial\boldsymbol{\sigma}} \quad \text{ここに、}\zeta\text{：塑性進展パラメータ} \qquad (1.2.64)$$

式(1.2.63)より n+1 ステップ状態における応力は、

$${}^{n+1}\boldsymbol{\sigma} = \boldsymbol{E}\,{}^{n+1}\boldsymbol{\varepsilon}^e = \boldsymbol{E}\left({}^{n+1}\boldsymbol{\varepsilon} - {}^{n+1}\boldsymbol{\varepsilon}^p\right) \qquad (1.2.65)$$

と表わされる。ここに、$\boldsymbol{E}$ は弾性係数マトリクスである。当然ながら、n+1 ステップ状態においても降伏条件式(1.2.60)は満足しなければならないから、

$$ {}^{n+1}\phi = \phi\left({}^{n+1}\boldsymbol{\sigma}, {}^{n+1}\overline{\sigma}\left({}^{n+1}\zeta\right)\right) \le 0 \qquad (1.2.66) $$

となる。結局弾塑性解析では上式を満足するζを求めることに他ならない。ただし、一般に上式はζに対する非線形方程式であるので通常は何らかの反復計算によってζを求めることとなる。

以上を踏まえて、リターン・マッピング・アルゴリズムを用いて n+1 ステップ状態における応力度および塑性ひずみを計算する。このアルゴリズムでは次のような２段階に分けて応力を算定する。

・<u>弾性予測子(Elastic Predictor)</u>：

$$ \begin{cases} {}^{trial}\boldsymbol{\varepsilon}^p = {}^{n}\boldsymbol{\varepsilon}^p \\ {}^{trial}\boldsymbol{\sigma} = \boldsymbol{E}\left({}^{n+1}\boldsymbol{\varepsilon} - {}^{trial}\boldsymbol{\varepsilon}^p\right) \end{cases} \qquad (1.2.67) $$

・<u>塑性修正子(Plastic Corrector)</u>：

$$ \begin{cases} {}^{n+1}\boldsymbol{\sigma} = {}^{trial}\boldsymbol{\sigma} - \Delta\zeta \boldsymbol{E} \dfrac{\partial\phi}{\partial\boldsymbol{\sigma}} \\ {}^{n+1}\zeta = {}^{n}\zeta + \Delta\zeta \end{cases} \qquad (1.2.68) $$

それぞれの式の表現からも明らかなように、まず、弾性予測子段階では、n ステップ状態から n+1 ステップ状態間においては塑性ひずみ増分は零であると仮定して試行応力${}^{trial}\boldsymbol{\sigma}$を算定する。この試行応力が降伏条件式を満足していないと判断された場合、塑性化している訳であるから、次の塑性修正子段階でそのように算定された${}^{trial}\boldsymbol{\sigma}$が有している誤差を解放する手順となっている。先に述べた反復計算は塑性修正子段階にて行われることになる。

リターン・マッピング・アルゴリズムに関する具体的例題（トラス要素）

先のトラス要素を例題として上記算定手順の具体的な手順を示す。なお、ひずみや応力などはトラス要素においては１成分しか考慮しないために上記のベクトル表現はすべてスカラー表現となる。また、前のステップ（n ステップ）における塑性ひずみ${}^{n}\varepsilon^p$、塑性進展パラメータ${}^{n}\zeta$および本ステップにおける全ひずみ${}^{n+1}\varepsilon$などは既知とする。

図.1.2.16 に示すように n ステップでは降伏していない場合について説明する。この場合未だ降伏していないことから、${}^{n}\varepsilon^p = 0, {}^{n}\zeta = 0$である。まず、弾性予測子段階を式(1.2.67)より計算する。試行塑性ひずみおよび試行応力は、

$$ \begin{cases} {}^{trial}\varepsilon^p = {}^{n}\varepsilon^p = 0 \\ {}^{trial}\sigma = E\left({}^{n+1}\varepsilon - {}^{trial}\varepsilon^p\right) \Rightarrow E\,{}^{n+1}\varepsilon \end{cases} \qquad (1.2.69) $$

として求められる。この試行応力度を降伏条件式に代入する。

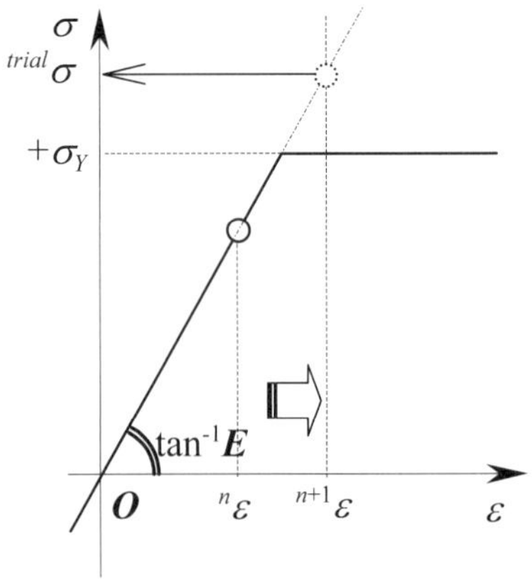

図 1.2.16　弾性予測子

$$ {}^{trial}\phi(\sigma)=\sqrt{{}^{trial}\sigma^2}-\sigma_Y\le 0 \qquad (1.2.70)$$

図.1.2.16 のような場合 ${}^{trial}\sigma$は降伏応力度を越えているから、上式は正となり降伏条件式を満たしていないことが分かる。したがって、塑性修正子段階を実行することとなる。真の応力度が式(1.2.68)より次のように表されるものとする。

$$ {}^{n+1}\sigma={}^{trial}\sigma-\Delta\zeta E\frac{\partial\phi}{\partial\sigma}={}^{trial}\sigma-E\frac{{}^{trial}\sigma}{\left|{}^{trial}\sigma\right|}\Delta\zeta \qquad \because\ \frac{\partial\phi}{\partial\sigma}=\frac{\sigma}{\sqrt{\sigma^2}}=\frac{\sigma}{|\sigma|} \qquad (1.2.71a)$$

$$ {}^{n+1}\zeta={}^{n}\zeta+\Delta\zeta \qquad (1.2.71b)$$

この応力度を降伏条件式に代入し、また、降伏条件式は${}^{n+1}\phi(\sigma)=0$でなければならないことを考慮すると、次式が得られる。

$$ {}^{n+1}\phi(\sigma)=\sqrt{\left({}^{trial}\sigma-E\frac{{}^{trial}\sigma}{\left|{}^{trial}\sigma\right|}\Delta\zeta\right)^2}-\sigma_Y=0 \qquad (1.2.72)$$

あるいは、

$$ {}^{n+1}\phi(\sigma)=\left|{}^{trial}\sigma\right|-\sigma_Y-E\Delta\zeta={}^{trial}\phi(\sigma)-E\Delta\zeta=0 \qquad (1.2.73)$$

となる。これより、

$$ \Delta\zeta=\frac{{}^{trial}\phi(\sigma)}{E} \qquad (1.2.74)$$

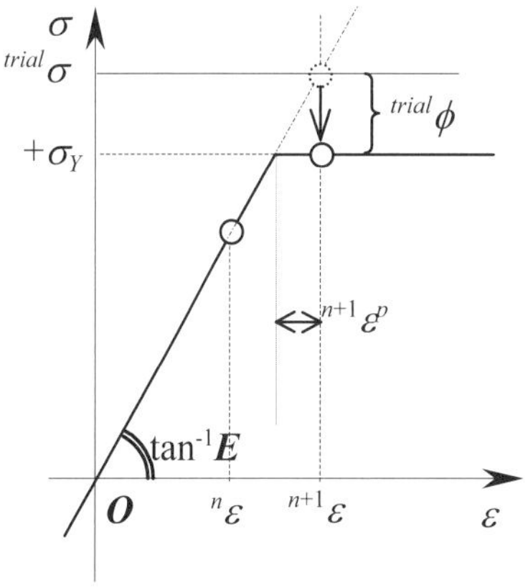

図 1.2.17　塑性修正子

となり、未知数$\Delta\zeta$が求められる。また、これを式(1.2.64)に代入することにより塑性ひずみ増分が求められる。これと前ステップでの塑性ひずみの和をとることにより当該ステップでの塑性ひずみが求められる。

$$ \Delta\varepsilon^p=\Delta\zeta\frac{\partial\phi}{\partial\sigma}=\frac{\sigma}{|\sigma|}\Delta\zeta \qquad {}^{n+1}\varepsilon^p={}^{n}\varepsilon^p+\Delta\varepsilon^p=\Delta\varepsilon^p \qquad (1.2.75)$$

さらに応力度は${}^{n+1}\sigma=E\left({}^{n+1}\varepsilon-{}^{n+1}\varepsilon^p\right)$より計算される。なお、一般的には式(1.2.66)は非線形となっているためにニュートン法を用いて、解$\Delta\zeta$を求めることになる。

この計算が例えばシェル要素等では要素内に配した弾塑性判定点（通常は数値積分点）ごとに行われる。もし、n ステップ状態まで弾性状態にあった点が次の計算段階で降伏した場合には、変位が小さい場合でも本章 1.2.3 項で述べた不平衡力（残差）ベクトルが生じる。したがって、こ

の場合にも前項で述べた不平衡力ベクトルを解放するための反復計算が必要となる。また、その場合、降伏したことによる構成係数の変化を考慮した接線剛性マトリクスを用いなければならないことは言うまでもない。

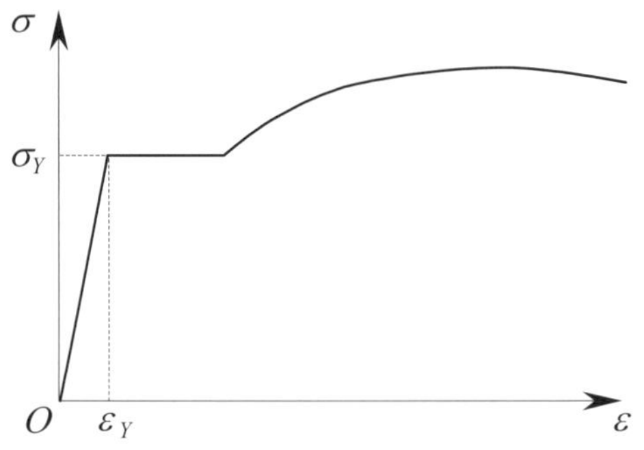

図 1.2.18　応力度－ひずみ度関係

ひずみ硬化設定のための応力度－ひずみ度関係データに関する注意事項　上記の例題では完全弾塑性体として計算したが、多くの問題ではひずみ硬化特性が存在する。これを入力データとして与える方法のひとつとして降伏後の応力度－ひずみ度関係を区分線形関数で与える方法がある。この応力度－ひずみ度関係は、1 軸応力状態での関係（具体的には、引張試験にて得られる関係：図 1.2.18 ）を意味する。ただし、この場合注意しなければならない点は、与えるべき応力度－ひずみ度関係が、弾性成分を含んだものであるのか、弾性成分を除去した、つまり応力度－塑性ひずみ度関係を与えるのか、という点である。例えば、図 1.2.18 のような引張試験結果があり、これを入力

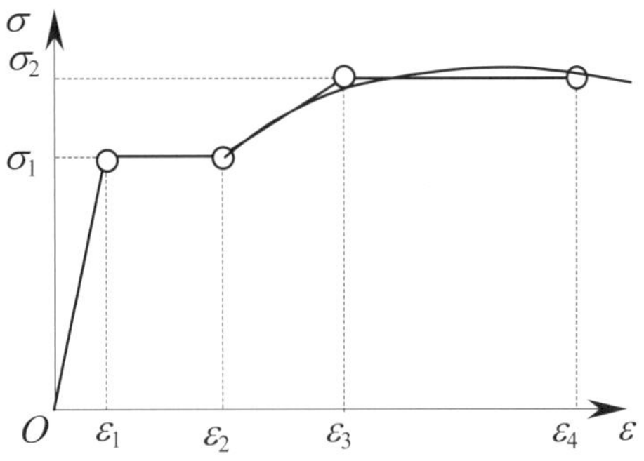

図.1.2.19　応力度－ひずみ度関係
（区分線形近似）

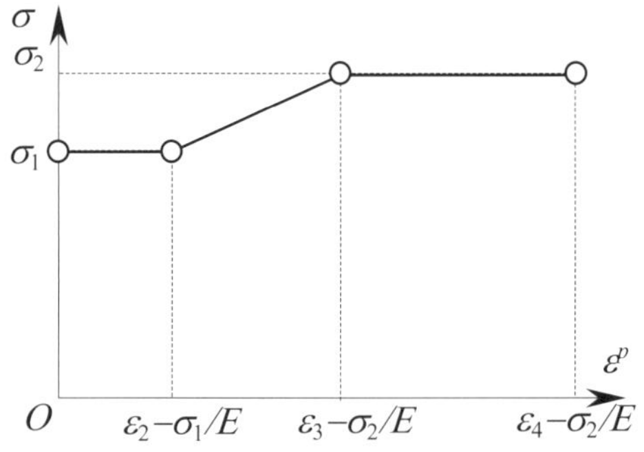

図.1.2.20　応力度－塑性ひずみ度関係
（区分線形近似）

① 応力度とひずみ度との関係を入力する。この方法は単純に各点の座標値を入れればよい。

例

ε_1	σ_1
ε_2	σ_1
ε_3	σ_2
ε_4	σ_2

② 応力度と塑性ひずみ度との関係を入力する。この方法では弾性成分を除去したひずみ度の値を用いなければならない。

例

ε_1-σ_1/E(=0)	σ_1
ε_2-σ_1/E	σ_1
ε_3-σ_2/E	σ_2
ε_4-σ_2/E	σ_2

データとする場合の考え方として、図 1.2.19 と図 1.2.20 の 2 通りが考えられる。したがって使用するプログラムではどちらを要求しているかを注意して入力データを作成しなければならない。

増分摂動法　汎用解析ソフトウェアには実装されていないが、本章 1.2.3 項で概説した摂動法を導入した解法では、降伏や除荷に起因し剛性が不連続となる位置（例えば図 1.2.17 中の点$(\varepsilon_1, \sigma_1)$, $(\varepsilon_2, \sigma_1)$, $(\varepsilon_3, \sigma_2)$）を予測し、高精度の材料非線形解析が可能である。

弾塑性構造物の複合非線形解析に増分摂動法[13)]と呼ばれる解析法が提案されている。増分摂動法は状態関係式（釣合式、適合条件、材料構成則）を、解析的一価性（べき級数展開が可能であり、級数展開のパラメータに対して全ての変数が唯一定まる）を満たす区間で状態変化を表す時間パラメータ t に関して摂動展開し、座屈点近傍で急変する剛性、更に剛性が不連続となる降伏点、除荷点、座屈点の位置を予測しつつ、摂動展開の打ち切りによる誤差を制御し適切な増分長を自動決定する機能を備えた釣合経路解析法である。

材料構成則モデルを図 1.2.19 のように区分線形化したモデルを用いるとする。弾性状態であった構造要素が降伏点に達したとき、材料構成則を弾性則から塑性則に変更しなければならない。このとき解析的一価性が満たされないため、増分を降伏点で打ち切らなければならない。降伏点は歪ε が降伏歪ε_y に達する条件

$$\varepsilon(t) = \sum_{i=0}^{m} \varepsilon^{(m)} t^m = \varepsilon_y \tag{1.2.76}$$

で表わせる。ここに m は摂動の打ち切り次数、$\varepsilon^{(m)}$は歪の摂動係数、t は時間パラメータである。歪の摂動係数は系剛性方程式を解いた段階で、得られた一般化変位を歪－変位関係に代入して得られる。除荷点は材料構成則を塑性則から弾性則へ変更する理由から解析的一価性を満足しない。除荷点は、歪速度$\dot{\varepsilon}$が零となる条件

$$\dot{\varepsilon}(t) = \frac{d\varepsilon(t)}{dt} = \sum_{i=1}^{m} m\varepsilon^{(m)} t^{m-1} = 0 \tag{1.2.77}$$

で示される。降伏点までの増分長は式(1.2.76)の m 次、除荷点に関しては式(1.2.77)の m-1 次の代数方程式を解いて得られる。増分摂動法では、一般に使用されている線形化増分法で遭遇する歪の飛び越し（例えば図 1.2.17 の ${}^{n}\varepsilon \rightarrow {}^{n+1}\varepsilon$）が回避される。増分摂動法を用いて降伏点、除荷点を予測する式(1.2.76), (1.2.77)を説明する模式図を図 1.2.21 に示す。

降伏点の条件で増分長が決定した場合、降伏した箇所の材料定数を降伏時の定数に、除荷点の条件で決まった場合は材料定数を弾性係数に変更して剛性を更新する。

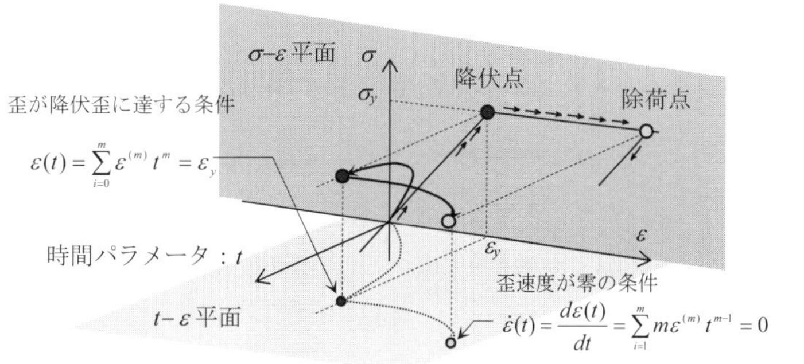

図.1.2.21　時間パラメータ軸 t における歪履歴

第１章　構造解析の一般事項
第３節　動的解析

1.3.1　はじめに

本節では、免震・制振装置のモデル化と基本的な動特性、および固有値解析・時刻歴応答解析の数値計算手法を紹介し、動的解析に関する一般事項と実施する上での留意点を述べる。

コンピュータの飛躍的な進歩と共に構造物の数値解析手法も格段に向上し、空間構造や RC シェルなども静的解析と同様に動的解析が可能となった。しかし、空間構造の振動特性は、骨組構造で多く用いられるせん断型のそれと多くの点で相違があり、結果の評価を行う際、その違いが誤解を生む。空間構造の動的挙動を把握するためには、まずこの特性の違いを理解しなければならない。空間構造の振動解析では材料非線形性と共に幾何学的非線形性を考慮する場合があり、相違の多くは後者によって生じる。例えば、モード間のエネルギー移動、非線形共振あるいは動座屈現象、フラッタなどの不安定現象である。

大規模な空間構造においても、膨大な自由度を有する非線形解析は未だ多くの問題を抱えており、解析モデルを作成すれば常に正確な解が得られるという状況にはない。自由度の多さは単に計算時間を長くするだけでなく、計算自体を不安定化させ、微小な誤差から簡単に解が発散することがある。また、幾何学的非線形性も不安定化の大きな要因となる。大変形領域では、先に述べた各種の現象が出現し易く、特に剛性が軟化すると、結果が不安定となる。材料非線形性によっても同様なことが起こり得る。剛性が極端に変化する場合、例えば、コンクリートに亀裂が生じたときとか、梁部材に塑性ヒンジが発生したときなどである。解析結果に特異な現象や挙動が得られた場合でも、本書の事例を通して多くの知識と経験を獲得すれば、的確な評価が可能となる。

建築構造の動的非線形解析では、特殊な場合を除いて以下の非線形振動方程式で表すことができる。$F_I(t)$ は慣性力、$F_D(t)$ は減衰力、$F_E(t)$ は構造物の内力、また $P(t)$ は外荷重であり、いずれも時間と変位に関連する。ただし、外荷重は変位に依存しないものとする。

$$F_I(t) + F_D(t) + F_E(t) = P(t) \tag{1.3.1}$$

この節で説明する地震動に対する空間構造物の動的挙動は、上式を元に以下の振動方程式によって表される。

$$\boldsymbol{M}\ddot{\boldsymbol{y}} + \boldsymbol{C}(\dot{\boldsymbol{y}}) + \boldsymbol{K}(\boldsymbol{y}) = -\boldsymbol{M}\boldsymbol{I}_X\ddot{u}_g - \boldsymbol{M}\boldsymbol{I}_Y\ddot{v}_g - \boldsymbol{M}\boldsymbol{I}_Z\ddot{w}_g + \boldsymbol{f}_S \tag{1.3.2}$$

上式の左辺第 1 項は慣性力、第 2 項は非線形減衰項、第 3 項は幾何学的および材料非線形性を有する構造物の内力ベクトルである。右辺第 1 項から第 3 項は地震力であり、第 4 項は構造物に直接加わる荷重である。後者は時間に依存すれば風などの動的荷重に、依存しなければ疑似的な静的荷重に対応する。また、記号 y は構造物の変位、$\ddot{u}_g, \ddot{v}_g, \ddot{w}_g$ は各方向の地震加速度であり、$\boldsymbol{I}_X, \boldsymbol{I}_Y, \boldsymbol{I}_Z$ は各々の方向に地震力が加わる場合は 1 が、他の方向の場合には零が設定される位置ベクトルである。

1.3.2　構造物のモデル化

本項では、質量、減衰の一般事項について説明する。なお、空間構造物のモデル化や有限要素の選択などは、後章で詳細に説明する。

質量　質量行列には、バンド性を有する行列と対角項のみ値を持つ対角行列との 2 種類がある。**バンド行列である整合質量行列**は、分布する質量に対し有限要素法の概念を利用して節点自由度に対応する質量係数から得られる。その特徴は多数の非対角項を持ち、質量連成を生じさせることにある。一方、**集中質量系は対角行列**となり、特に回転自由度に対する質量項を省略する場合がある。この回転慣性項の省略は、回転自由度が構造物の運動エネルギーの極めて小さい部分に関係するのみで、構造物全体の挙動にさほど影響を及ぼさないことによる。

分布質量系では回転を含めた全自由度について解析を行わなければならないのに対し、集中質量系では静的縮約により回転自由度を消去できる。線形解析ではこの操作を一度行えば良く、縮約率が大きいとより効果的となる。ただし、非線形系では、剛性行列などを作り直す関係で多数回静的縮約を行わなければならず、しかも得られる剛性はバンド性を保持できないため、逆に計算コストが上昇する。一方、回転慣性を省略したままの状態で、固有値問題や時刻歴応答計算を行う手法もある。ゼロ対角項を含んだまま計算する場合、効率的にしかも**零対角項を有しても計算が不安定化しない計算手法**を選択する必要がある。

減衰　減衰は主に内部減衰と外部減衰に分けられる。その区分は減衰を生じさせる要因が構造物の内部にあるか外部にあるかによる。内部減衰は、粘性減衰、履歴減衰、摩擦減衰などがあり、また、外部減衰は外部粘性減衰、逸散減衰などがある。他にオイルダンパーやその他の免震装置や制振装置に組み込まれた減衰機構もある。多くの減衰機構のなかで粘性減衰は、数学的扱いが容易で、数値計算では一般的に良く使用される。また、履歴減衰は部材の塑性化によって生じる減衰であり、力と変位の関係が非弾性であるため、応答時にループを描き、その履歴ループの面積が減衰力に関連する。減衰力に影響を及ぼす履歴モデルは、力と変位の関係を表す**骨格曲線(Backbone Curve)とループ則**とで表され、骨格曲線としてバイリニア(Bi-linear)型とトリリニア(Tri-linear)型が多く用いられる。ループ則にも、原点指向型、最大点指向型などがあり、特に、トリリニアと最大点指向型を組み合わせた剛性低下型トリリニアモデルは鉄筋コンクリート構造の弾塑性解析に多用される。さらに実験に対応させたモデルとして、より複雑な履歴ループ則を用いた武田モデルや武藤モデル等がある [18, 19, 20]。

減衰機構を振動方程式中に表現する方法として、系の各次固有周期に対応して減衰値を定める**モード比例型減衰**と、部材毎に減衰値を定める**部材減衰（モード非比例型）**がある。減衰定数は振動振幅に依存し、実験データからも振幅が大きくなると減衰値が大きくなると言われており、非線形性を考慮しなければならない場合もあるが、一般には線形として扱う。ただし、制振装置では粘性定数やばねなどを動的に変化させる場合もあり、その際は非線形性を考慮する。

モード比例型減衰として、**レーリー(Rayleigh)減衰**と**剛性比例型(Kelvin)減衰**が多く用いられる。具体的な減衰定数の値は構造材料や構造形式などによって異なるが、おおよそ**臨界減衰に対し 2%から 5%**が用いられる。留意すべきは、設定したモード以外のモードに対して、その減衰値が固有振動数によって自動的に設定される点である。自動的に設定された減衰定数が高次モードでは大きくなり、本来、励起されるはずのモードがこの減衰効果により発生しなくなる。この種の不合理性を生じさせないように、減衰定数の値を決めるモードは、減衰定数の設定と共に、振動数や刺激係数に良く注意して選択すべきである。

部材減衰が存在すると、無減衰系の振動モードでは減衰行列を対角化できない。そのため減衰を考慮した振動モードと固有振動数は複素固有値問題を解いて求める必要がある。部材減衰は、主に免震装置と制振装置の減衰項として、また地盤の逸散減衰として使われる。部材減衰を表す基本的な力学モデルとして、弾性ばねと粘性ダッシュポットを並列結合した**フォークト(Voigt)モデル**、同じく直列結合した**マックスウェル(Maxwell)モデル**などがある。これらについては、免震装置および制振装置のモデル化の項で説明する。

1.3.3　振動解析に用いられる外乱

静的荷重　せん断系モデルを振動解析する場合、一般的には静的荷重時の変位と応力を直接的に用いることはない。しかし、空間構造物では静的荷重時の変形や応力が動的非線形挙動に強く影響を与えることが知られており、何らかの形で静的解析結果を反映させなければならない。市販の振動解析ソフトに、静的解析結果を取り込める機能がある場合はこれを利用すれば良い。このような機能がない場合は、動的荷重を加える前に擬似的静的解析を行う必要がある。例えば、初めに静的荷重を順次所定の設計荷重まで増加させ、構造物の振動が静止した後、動荷重を加える。可能ならば、振動を生じさせないためにこの時間領域では臨界減衰を用いると良い。

設計用地震波　一般構造物の設計用地震波として、初期の動的解析では米国の記録であるエル・セントロとタフト、さらに建設地域の観測地震記録が、弾性設計用には、200 cm/sec^2(gal)～300 cm/sec^2、弾塑性設計用には 300 cm/sec^2～500cm/sec^2 程度にスケーリングして利用されてきた。その後、（財）日本建築センターから速度振幅レベル（**弾性用で 25cm/sec(Kine)：弾塑性用で 50cm/sec**）が示され、規準化されたエル・セントロ、タフトおよび長周期成分を含む 1968 年の八戸港湾で観測された強震記録が用いられるようになった。この 3 種の地震波は、一般に**標準波**と呼ばれている。

建設サイトの表層地盤の影響が考慮されていない波形を設計に用いることへの問題が指摘され、1994 年に「設計用入力地震動作成手法技術指針（案）」が提案された。その後、指針に基づいて作成された地震波形が、高層建築や免震建築の設計用地震波として使用されるようになり、特に、せん断波速度 400m/sec 程度の基盤面上の波形（**センター波：BJC_L2 波な**

ど）が共通の波形として用いられ、表層地盤の増幅特性を考慮して使用されるようになった。現在の超高層建築や免震高層の耐震設計では、国土交通省平成 13 年告示 1461 の基準に基づき、3 種類の地震動を規定し、耐震計算に用いることが運用上行われている。いわゆる**告示波**は、工学基盤面における加速度応答スペクトルに適合する模擬地震動時刻歴である。

サイト波は建設地点における過去の地震発生履歴や周辺における活断層や地質、建設直下地盤の性状など、固有の地震地盤環境によって個別に決められる地震動である。サイト波の作成では、簡便な方法から高度な知識を必要とする手法まで多種存在する。長周期地震動については、近年さまざまな手法に基づく**提案波**が公開されている。特に、超高層建築が建設されている都市部（東京、大阪、名古屋地域）を中心に検討されており、近い将来発生が懸念されている南海トラフ巨大地震を対象にして、予測地震動波形[21)]が提供されている。

動的解析で用いる地震動として、地震動の大きさと周波数特性を知ることが重要である。以下に、現在観測され、設計に使用されている標準的な地震波を分類する。

1）**エル・セントロ波を代表とする震源からある程度遠距離で観測された地震波形**：衝撃的な破壊力はないが、靭性に欠ける構造物は進行的な破壊状況となる。

2）**兵庫県南部地震のような直下型地震動**：近距離で観測される地震波には、キラーパルスなどと呼ばれ、やや短周期で卓越し、継続時間が短いものの、振幅が非常に大きな指向性の強いパルス状の波が観測される。この種の波は、耐震性の弱い建物をなぎ倒すように倒壊させる衝撃的な破壊力を有している。

3）**設計サイト近くに活断層が存在する場合、長周期成分が卓越するステップ状の変位波形（フリング・ステップ）**：1999 年台湾・集集地震で観測された地震波に代表されるように、地表断層の近傍では、地盤の傾斜や強制変位が生じることがある。

4）**長周期地震動**：関東平野、濃尾平野、大阪平野など大規模な堆積平野では、周辺を固い岩盤や山で囲われた盆地形状となっており、ここに地震波が入射すると長い時間、長周期の揺れが続くことになる。卓越周期は、濃尾平野では３秒から５秒程度、関東平野では６秒から８秒、大阪平野では６秒前後と言われている。

入力地震動の大きさは、レベル 1 とレベル 2 に分けられており、静的解析における損傷限界と安全限界耐力に相当する。**一般的にレベル１で 25cm/sec、レベル２で 50cm/sec** が現在でも広く用いられ、入力地震動として最大速度を上記の値になるようにスケーリングして使用する。

地震荷重の位相差入力　構造物が大規模になると、基礎部に入力する地震に位相差と振幅変化が生じる場合がある。その原因として、地震波の伝搬経路の不均質性、伝播に伴う位相差(Wave Passage Effect)、地盤の不整形性(Site Response Effect)、入力時の位相差、表面波の存在などがある。そのため、大スパン構造物の地震時応答量を正確に評価するには、各支持点の変位の振幅と位相の非相関性(Incoherency)を考慮する必要がある。地震波の相関性の現象を考慮した解析法には、支点に異なる変位を入力して時刻歴応答解析を行う方法と、応答スペクトルによる方法があるが、ここでは、前者について説明する。

支点以外の変位ベクトルを $\boldsymbol{y}$、支点変位ベクトルを $\boldsymbol{u}$ とし、$\boldsymbol{K},\boldsymbol{M},\boldsymbol{C}$ の各部分を各々添字 c と g を用いて表す。また、支点反力ベクトルを $\boldsymbol{F}$ とすると、振動方程式は次のようになる。ただし、ここでは、振動方程式は線形とする。

$$\begin{bmatrix} \boldsymbol{M} & \boldsymbol{M}_c \\ \boldsymbol{M}_c^T & \boldsymbol{M}_g \end{bmatrix}\begin{Bmatrix} \ddot{\boldsymbol{y}} \\ \ddot{\boldsymbol{u}} \end{Bmatrix}+\begin{bmatrix} \boldsymbol{C} & \boldsymbol{C}_c \\ \boldsymbol{C}_c^T & \boldsymbol{C}_g \end{bmatrix}\begin{Bmatrix} \dot{\boldsymbol{y}} \\ \dot{\boldsymbol{u}} \end{Bmatrix}+\begin{bmatrix} \boldsymbol{K} & \boldsymbol{K}_c \\ \boldsymbol{K}_c^T & \boldsymbol{K}_g \end{bmatrix}\begin{Bmatrix} \boldsymbol{y} \\ \boldsymbol{u} \end{Bmatrix}=\begin{Bmatrix} \boldsymbol{0} \\ \boldsymbol{F} \end{Bmatrix} \tag{1.3.3}$$

変位ベクトル $\boldsymbol{y}$ を静的成分 $\boldsymbol{y}^s$ と動的成分 $\boldsymbol{y}^d$ に分け、$\boldsymbol{y}=\boldsymbol{y}^s+\boldsymbol{y}^d$ のように表す。静的成分は、上式において慣性力と減衰力を省略すると、次式のように得られる。

$$\boldsymbol{y}^s=-\boldsymbol{K}^{-1}\boldsymbol{K}_c\boldsymbol{u}=\boldsymbol{R}\boldsymbol{u};\quad \boldsymbol{R}=-\boldsymbol{K}^{-1}\boldsymbol{K}_c \tag{1.3.4}$$

上式を用いると、振動方程式は以下のように書き直すことができる。

$$\begin{aligned} \boldsymbol{M}\ddot{\boldsymbol{y}}^d+\boldsymbol{C}\dot{\boldsymbol{y}}^d+\boldsymbol{K}\boldsymbol{y}^d &= -(\boldsymbol{M}\boldsymbol{R}+\boldsymbol{M}_c)\ddot{\boldsymbol{u}}-(\boldsymbol{C}\boldsymbol{R}+\boldsymbol{C}_c)\dot{\boldsymbol{u}} \\ &\cong -(\boldsymbol{M}\boldsymbol{R}+\boldsymbol{M}_c)\ddot{\boldsymbol{u}} \end{aligned} \tag{1.3.5}$$

ここで、支点速度に関わる減衰力は、通常慣性力に比べて十分に小さいので省略している。以上より、支点変位を式(1.3.4)に、支点加速度を式(1.3.5)に代入することによって応答量を求めることができる。

風荷重　1940 年 11 月、シアトル郊外のタコマ海峡に架けられた吊橋タコマ・ナロウズ橋が風速 19m/sec 程度で、激しい捩じれ振動を続けた後、落橋した。この事故を契機に動的作用についても強い関心が持たれるようになった。最近の風荷重の評価手法は、1960 年代に空気力学的不安定現象を研究したカナダのダベンポート(Davenport)の考えに準拠した確立・統計的手法が採用されている [18, 22]。構造物は風の作用によって**時間平均的な荷重と不規則変動荷重や周期荷重**を受けることになる。後者の荷重が変動する主な要因として、風の乱れ、後流の渦発生、構造物自身の振動が挙げられる。前者の時間平均的な荷重、つまり風力(静的風圧)によって発生する現象として構造物に与える**変形・応力**があり、さらに不安定現象として**ダイバージェンス**(構造物がある風速を超えると急激に変形が大きくなる現象)や横倒れ座屈がある。不規則変動荷重や周期荷重によって生じる現象には、**バフェティング**(風の乱れによる振動)あるいは**ガスト応答**(突風よって誘起される振動)、また自励振動としての**渦励振**(構造物の下流側端部で流れが剥離し、左右交互に発生するカルマン渦の周期に同調して生じる振動)、構造物の変形によって流れの形状が変化し、新たな空気力によって振動を増幅させる曲げ振動型の**ギャロッピング**、同じく捩じれ振動型の**フラッタ**や**連成振動型フラッタ**がある。

軽くて柔軟な空間構造では風荷重の影響が顕著となる。上記の現象を動的解析するには、風速や風圧分布の時系列データが必要となる。一般的に、風速 $V(t)$ と風圧 $P(t)$ は次式のように平均風速 $\bar{V}$・平均風圧 $\bar{P}$ と変動風速 $v(t)$・変動風圧 $p(t)$ に分解される。

$$\left.\begin{aligned} V(t) &= \bar{V}+v(t) \\ P(t) &= \bar{P}+p(t) \end{aligned}\right\} \tag{1.3.6}$$

この平均風速は構造物へ静的な影響を及ぼす。一方、変動速は動的な影響により構造物に振動を生じさせる。結果、上記の不安定現象を生じさせることもある。変動風速 $v(t)$ や変動風圧 $p(t)$ は地震波形と同様に不規則波形であり、また風圧分布は構造物の形状に強く依存し、統計・確率的手法で決められる。また風洞実験によって求めることもある。

1.3.4　固有値問題

固有値解析に関する基礎知識　最初に、固有値問題の数値解析手法、あるいは固有値問題に関する基礎的な知識をまとめる[23, 24]。構造物の振動問題では、減衰行列を含めるか否かで解析手法が分かれる。減衰行列がモード比例型であれば、固有振動数と振動モードは、実対称行列で表される一般固有値問題を解くことで求められる。一方、制振構造のように特殊なダンパーなどを含む構造では、減衰項はモード非比例型となり、複素固有値問題となる。振動に関する固有値問題では、前者を **MK 型**と、また後者を **MCK 型**と呼ばれることがあり、前者の固有値および固有ベクトルは実数であるが、後者のそれらは共に共役複素数となる。

一般固有値問題は次式で表される。MK 型も MCK 型も同様な形式で表され、MK 型では $\boldsymbol{A},\boldsymbol{B}$ 共に対称行列となる。本項の対象はこの２種の型の固有値問題であり、$\boldsymbol{A},\boldsymbol{B}$ 共に実数行列である。

代表的な固有値解析手法

1．反復計算を使用する古典的な方法
　冪乗法
　同次逆反復法
2．相似変換を利用する方法
　ヤコビ法
　ダニレフスキー法
　ガウス法
　ギブンス法
　ハウスホルダー法
3．３重対角行列を使用する２段階方式
　ヘッセンベルグ−QR 法；２段シフト QR 法
　QZ 法
4．部分空間を使用する方法
　サブスペース法
　ランチョス法；双ランチョス法
　アーノルディ法；双アーノルディ法
　ヤコビ・デビットソン法

$$\boldsymbol{A}\boldsymbol{x} = \lambda \boldsymbol{B}\boldsymbol{x} \quad \rightarrow \quad (\boldsymbol{A} - \lambda \boldsymbol{B})\boldsymbol{x} = \boldsymbol{0} \tag{1.3.7}$$

ここで、$\boldsymbol{x}$ は固有ベクトル、λ は固有値である。ベクトル $\boldsymbol{x}$ が有意な値を持つためには、次式が必要となる。

$$\left|\boldsymbol{A} - \lambda \boldsymbol{B}\right| = 0 \quad \rightarrow \quad f(\lambda) = 0 \tag{1.3.8}$$

上の行列式は λ に関する多項式となり、多項式 $f(\lambda)$ は**特性多項式**、方程式は**特性方程式**と呼ばれる。行列 $\boldsymbol{A},\boldsymbol{B}$ の自由度が n であると上式は n 次の方程式となり、n 個の解が得られる。

固有値問題では、固有値と固有ベクトルを対で求めることになるが、どちらか一方が反復法で求められると、他方は比較的容易に計算することができる。例えば、固有ベクトルが得られると、対応する固有値は以下の**レーリー(Rayleigh)商**から求められる。ここで、λ_i は第 i 次の固有値であり、$\boldsymbol{x}_i$ は同じく第 i 次の固有ベクトルである。両者を合わせて、**第 i 次の固有対**と呼ぶ。

$$\lambda_i = \frac{(\boldsymbol{A}\boldsymbol{x}_i, \boldsymbol{x}_i)}{(\boldsymbol{x}_i, \boldsymbol{x}_i)} \tag{1.3.9}$$

次に、特殊な行列の固有値について考える。下式の左は標準固有値問題であり、右は固有値問題を n 個並べたものである。

$$\boldsymbol{A}\boldsymbol{y} = \lambda \boldsymbol{I}\boldsymbol{y}; \quad \boldsymbol{A}\psi = \Lambda \psi \tag{1.3.10}$$

ここで、$\boldsymbol{\psi}$ は固有ベクトルを横に並べた行列であり、一般にモード行列と呼ばれる。また、$\boldsymbol{\Lambda}$ は固有値を対角項に並べた対角行列である。まず、行列 $\boldsymbol{A}$ が**対角行列の場合、対角項の値は全て固有値**となっている。次に、行列 $\boldsymbol{A}$ が**上三角行列あるいは下三角行列の場合**、行列式の値が対角項の積で表されることから、特性方程式は下式となり、**固有値はやはり対角項の値**となる。

$$\left| \boldsymbol{A} - \lambda \boldsymbol{I} \right| = (a_{11} - \lambda)(a_{22} - \lambda) \cdots (a_{nn} - \lambda) = 0 \tag{1.3.11}$$

上記のように対角行列と三角行列は、固有値が既に求められていることになる。固有値を求める手法の多くは、対角行列もしくは三角行列に変換する方法を採用している。

次に、特性方程式の解法について考える。最初に、係数行列が実対称の場合に対する最も単純な方法について示す。固有ベクトルを計算する方法として、古くからの手法に**冪乗法(べき乗法)**がある。同法では、任意の初期ベクトル $\boldsymbol{u}_0$ から始めて、次のように反復すると

$$\boldsymbol{u}_k = \boldsymbol{A}\boldsymbol{u}_{k-1} \quad k = 1, 2, \cdots \tag{1.3.12}$$

反復ベクトル $\boldsymbol{u}_k$ は**絶対値最大の固有値に対応する固有ベクトルに収束する**。一方、対である固有値は式(1.3.9)のレーリー商を用いて計算される。振動問題では、逆に、最小固有値から少しの固有値と固有ベクトルが必要となる。そこで、次の反復式を考える。

$$\boldsymbol{u}_k = \boldsymbol{A}^{-1}\boldsymbol{u}_{k-1} \quad k = 1, 2, \cdots \tag{1.3.13}$$

上式による手法は**逆反復法**と呼ばれ、$\boldsymbol{u}_k$ は最小固有値に対応する固有ベクトルに収束する。冪乗法に比較すると多少計算時間が長くなるが、係数行列 $\boldsymbol{A}$ を 1 回、$\boldsymbol{LDL}^T$ 分解すれば、それほど計算時間を要しない。さらに、最小固有値以外の固有ベクトルを求める方法として、シフト付逆反復法がある。固有値 λ_i の近似値 μ が分かっていれば、次式を用いて逆反復計算を行う。

$$\boldsymbol{u}_k = (\boldsymbol{A} - \mu \boldsymbol{I})^{-1} \boldsymbol{u}_{k-1} \quad k = 1, 2, \cdots \tag{1.3.14}$$

シフトした $\boldsymbol{A} - \mu \boldsymbol{I}$ の固有値は、$\bar{\lambda}_i = \lambda_i - \mu$ で与えられ、この $\bar{\lambda}_i$ が絶対値最小であれば、$\boldsymbol{u}_k$ はこの固有値に対応する固有ベクトルに収束する。また、この固有ベクトルは元の行列の固有ベクトルと同じであるため、レーリー商を用いれば、固有値 λ_i が得られる。

式(1.3.13)を少し拡張した手法として、必要な固有値の個数分、横に並べたベクトルを反復ベクトル $\boldsymbol{U}_k$ として採用し、下式のように同時に逆反復を行い、固有ベクトルを求める手法がある。

$$\boldsymbol{U}_k = \boldsymbol{A}^{-1}\boldsymbol{U}_{k-1} \quad k = 1, 2, \cdots; \quad \boldsymbol{U} = \left(\boldsymbol{u}_1, \boldsymbol{u}_2, \boldsymbol{u}_3, \cdots \right) \tag{1.3.15}$$

上式による手法は**同次逆反復法**と呼ばれる。任意の初期ベクトル $\boldsymbol{U}_0$ を用いて逆反復を実施す

ると、全ての反復ベクトルは最小固有値に対応する固有ベクトルに収束する。そこで、各収束段階で**グラム・シュミット(Gram-Schmidt)の直交化法**を用いて、各反復ベクトルの直交化を行う。この処理で個数分の異なった固有ベクトルが得られるが、この手法は大規模な固有値問題では反復計算に時間がかかり、あまり実用的とは言えなくなる。同時逆反復法を応用する方法として、バーテ(K.J.Bathe)[25, 23]によって提案された**サブスペース(Subspace)法**がある。同法は、各逆反復時に反復ベクトルを用いて $\boldsymbol{M}, \boldsymbol{K}$ 行列をサブスペースに射影し、一般固有値問題を導く。さらに、この一般固有値問題を他の手法（バーテは一般化ヤコビ法を使用）で解き、この固有ベクトルを反復ベクトルに掛けることで、反復ベクトルを直交化し、収束を加速させる。

固有値問題に関連する重要な定理として**シュール(Schur)の定理**がある。これは、「任意の複素正方行列 $\boldsymbol{A}$ は、ユニタリ行列 $\boldsymbol{U}$ によって三角行列に相似変換できる」であり、特に、エルミート行列 $\boldsymbol{H}$ はユニタリ行列 $\boldsymbol{U}$ によって対角化でき、また、実対称行列 $\boldsymbol{S}$ は、直交行列 $\boldsymbol{R}$ によって対角化できる。両者共に、実数の固有値を得ることができる。次に、相似変換後の行列の固有値について考える。次式で、任意の行列 $\boldsymbol{A}$ に対し、ある正則行列 $\boldsymbol{P}$ を用いて相似変換を行う。

$$\boldsymbol{A}' = \boldsymbol{P}^{-1}\boldsymbol{A}\boldsymbol{P} \tag{1.3.16}$$

相似変換された行列 $\boldsymbol{A}'$ の固有値は、次の特性方程式の解で与えられる。

$$\left|\boldsymbol{P}^{-1}\boldsymbol{A}\boldsymbol{P} - \lambda\boldsymbol{I}\right| = 0 \tag{1.3.17}$$

上式を少し展開すると次式となり、

$$\begin{aligned}\left|\boldsymbol{P}^{-1}\boldsymbol{A}\boldsymbol{P} - \lambda\boldsymbol{P}^{-1}\boldsymbol{I}\boldsymbol{P}\right| &= \left|\boldsymbol{P}^{-1}(\boldsymbol{A}\boldsymbol{P} - \lambda\boldsymbol{I})\boldsymbol{P}\right| \\ &= \left|\boldsymbol{P}^{-1}\right|\left|\boldsymbol{A}\boldsymbol{P} - \lambda\boldsymbol{I}\right|\left|\boldsymbol{P}\right| = 0; \quad \left|\boldsymbol{P}^{-1}\right| \neq 0; \left|\boldsymbol{P}\right| \neq 0\end{aligned} \tag{1.3.18}$$

正則行列の行列式 $|\boldsymbol{P}|$ は零でないことより、$|\boldsymbol{A}\boldsymbol{P} - \lambda\boldsymbol{I}|$ が零でなくてはならず、特性方程式は同じとなる。つまり、**相似変換前後の固有値は同一**であることが分かる。

数値計算に都合の良い相似変換は多数存在する。例えば、消去法で良く使われる「第 i 行の a 倍を第 j 行に加える」という操作は相似変換に相当する。この行列は対角項が 1 で、p_{ij} が値 a を持ち、他は全て 0 である。このような簡単な変換を何回も繰り返して、望ましい行列に変更していくわけである。上記の行列を 2 次元で表すと次式で示され、逆行列も容易に求められる。

$$\boldsymbol{P}_1 = \begin{bmatrix} 1 & 0 \\ a & 1 \end{bmatrix}; \quad \boldsymbol{P}_1^{-1} = \begin{bmatrix} 1 & 0 \\ -a & 1 \end{bmatrix} \tag{1.3.19}$$

他に相似変換として、次式がある。ここでも同じく 2 次元で表す。

$$\boldsymbol{P}_2 = \begin{bmatrix} \cos\theta & \sin\theta \\ -\sin\theta & \cos\theta \end{bmatrix}; \quad \boldsymbol{P}_2^{-1} = \begin{bmatrix} \cos\theta & -\sin\theta \\ \sin\theta & \cos\theta \end{bmatrix} \tag{1.3.20}$$

この変換は座標軸を回転する際に使用され、直交行列でもある。従って、逆行列は転置行列に等しい。前者の $\boldsymbol{P}_1$ を利用して、望ましい行列に相似変換する方法として**ダニレフスキー**

(Danilevski)法や**ガウス(Gauss)法**がある。後者の $\boldsymbol{P}_2$ では、**ヤコビ(Jacobi)法**や**ギブンス(Givens)法**がある。さらに、直交変換の一種に鏡像(鏡映)変換がある。同法による行列 $\boldsymbol{P}_3$ は

$$\boldsymbol{P}_3 = \boldsymbol{I} - 2\boldsymbol{u}\boldsymbol{u}^T;\quad \boldsymbol{P}_3 = \boldsymbol{P}_3^T;\quad \boldsymbol{P}_3\boldsymbol{P}_3 = \boldsymbol{I} \tag{1.3.21}$$

であり、$\boldsymbol{u}$ は鏡面に関する単位法線ベクトルである。$\boldsymbol{P}_3$ は対称行列であると同時に転置行列でもある。この鏡像変換を利用して相似変換を行う手法に**ハウスホルダー(Householder)法**がある。これらの変換を用いて行列を望ましい形に変換することになる。

相似変換を用いて直接対角行列に変換する方法として、**ヤコビ法**がある。この手法は実対称行列に適用され、全ての固有値と固有ベクトルが得られる。解析手法が非常に単純であるため、過去には対称行列の固有値解析では良く用いられてきたが、現在ではほとんど使用されていない。ヤコビ法の主たる欠点は、無限反復による収束である。これらの欠点を回避するために、直接相似変換で対角化せず、一旦、**３重対角行列**に変換し、その後、固有値解析を行うという手法をギブンスが提案した。変換行列は、式(1.3.20)の回転行列を用いているが、ヤコビ法とは異なり、消去すべき a_{ij} の替りに、それ以外の要素をゼロにするように処理を行う。この手法は**ギブンス法**と呼ばれ、有限回の操作で３重対角行列が得られる。以後、相似変換による固有値解析手法は、まず３重対角行列あるいは**ヘッセンベルグ(Hessenberg)行列**(３重対角行列の上もしくは下半分のゼロ部分に値を有する行列)に変換し、その後、固有値解析を行うという二段階方式に改良された。特に、３重対角行列に変換する方法は、**ハウスホルダー法**によってさらに改良された。鏡像変換を用いるこのハウスホルダー法は、実対称行列に適用すると３重対角行列に、また、実非対称行列に適用するとヘッセンベルグ行列に変換され、現在最も多用される手法となっている。

３重対角行列あるいはヘッセンベルグ行列の固有値と固有ベクトルを求める手法に **QR 法**がある。この QR 法は、1961 年フランシス(Francis)によって発表された。同法は、実際の問題に広く応用され、現在でもここから派生した多くの手法の基礎となっている[26)]。QR 法は、一般の行列に適用可能であるが、特にヘッセンベルグ行列に適用した手法が効果的であり、**ヘッセンベルグーQR 法**と呼ばれている。さらに、同法はシフト変換を利用することで収束を早め、実用的な手法となる。３重対角行列に QR 法を適用すると対角行列に収束し、また、ヘッセンベルグ行列に適用すると三角行列に収束する。

非対称の係数行列を持つ一般固有値問題は複素固有値と複素固有ベクトルを有する場合が多い。特に MCK 型では、常に複素固有値と複素固有ベクトルとなるため、複素固有値問題となる。そのため、QR 法でシフトを施すと係数行列は複素数となり、計算時間が数倍長くなる。そこで、各係数行列が実行列であると、複素固有値と複素固有ベクトルが共役値あるいは共役ベクトルとなること利用して、実数計算のみで求める手法が提案されている。これが **2 段シフト QR 法（ダブルシフト QR 法）**と呼ばれる手法である。同法は、標準固有値問題に適用されるため、一般固有値問題から標準固有値問題に以下のように変形する必要がある。変形するためには、どちらかの係数の逆行列が必要となる。

$$\boldsymbol{B}^{-1}\boldsymbol{A}\boldsymbol{x} = \lambda \boldsymbol{B}^{-1}\boldsymbol{B}\boldsymbol{x} \quad \rightarrow \tilde{\boldsymbol{A}}\boldsymbol{x} = \lambda \boldsymbol{x}; \quad \tilde{\boldsymbol{A}} = \boldsymbol{B}^{-1}\boldsymbol{A} \tag{1.3.22}$$

どちらの行列も、悪条件で逆行列が計算できない場合、**QZ 法**と呼ばれる方法を用いる。QZ 法は、**同値変換**を利用し、行列 $\boldsymbol{A},\boldsymbol{B}$ 共に上三角行列に変換することで固有値と固有ベクトルを求める手法である。

行列 $\boldsymbol{A}$ が実対称で疎行列の場合、**ランチョス(Lanczos)法**が多用される。同法では Krylov 列より正規直交基底を生成し、行列 $\boldsymbol{A}$ に相似な３重対角行列 $\boldsymbol{T}$ を求める手法として用いる。大規模な固有値解析では、疎行列であるという性質を有効に利用するために行列の形を変えない方法が望ましく、ランチョス法は、ベクトルに行列 $\boldsymbol{A}$ を掛ける演算の繰り返しによって３重対角化が行われ、他の方法に比較して大規模な固有値問題に適している。最小固有値に対応する固有ベクトルに収束させるために逆反復を行うことになり、この手法は**逆ランチョス法**と呼ばれる。後は、求めた３重対角行列を QR 法などで固有値を求めることになる。

実非対称行列 $\boldsymbol{A}$ に拡張した**双ランチョス(Two-sided Lanczos)法**[27)]は、出発ベクトルを２つとり、同時反復を行って非対称行列の３重対角化を行う。さらに、同様の方法として実非対称行列 $\boldsymbol{A}$ に適用する**双アーノルディ(Two-sided Arnoldi)法**[28)]がある。同法によって非対称行列はヘッセンベルグ行列に変換される。後は、ヘッセンベルグ－QR 法などを用いて固有値と固有ベクトルを求める。アーノルディ法は、ランチョス法と同様に主たる計算は行列とベクトルとの積であり、元の実非対称行列は計算途中で変更されない。他に部分空間法の一種である**ヤコビ・デビッドソン(Jacobi-Davidson)法**[29)]があり、問題によっては効率的であることが示されているが、振動解析の分野では実績が少ない。

<u>振動方程式の固有値問題</u>　減衰を有する多自由度系の固有値問題について考える。一般的な多自由度系の減衰自由振動方程式は、前項で述べたように次式で表される。

$$\boldsymbol{M}\ddot{\boldsymbol{y}} + \boldsymbol{C}\dot{\boldsymbol{y}} + \boldsymbol{K}\boldsymbol{y} = \boldsymbol{0} \tag{1.3.23}$$

自由振動に関する一般解は、

$$\boldsymbol{y} = \boldsymbol{Y}e^{st}; \quad \dot{\boldsymbol{y}} = s\boldsymbol{Y}e^{st}; \quad \ddot{\boldsymbol{y}} = s^2\boldsymbol{Y}e^{st} \tag{1.3.24}$$

で与えられ、上式を式(1.3.23)に代入し、e^{st} および $\boldsymbol{Y}$ が零でないことから、固有値問題となる次式が得られる。

$$\left[s^2\boldsymbol{M} + s\boldsymbol{C} + \boldsymbol{K}\right]\boldsymbol{Y} = \boldsymbol{0} \quad \rightarrow \quad \left|s^2\boldsymbol{M} + s\boldsymbol{C} + \boldsymbol{K}\right| = 0 \tag{1.3.25}$$

上式において、非比例型減衰を有する系では、固有値と固有ベクトルは複素数となり、この固有値問題は複素固有値問題と呼ばれる。

最初にモード比例型の減衰について考える。固有値問題の知識を利用すると、減衰のない系の固有振動モードで減衰行列を対角化するには、減衰行列 $\boldsymbol{C}$ が質量行列 $\boldsymbol{M}$ と剛性行列 $\boldsymbol{K}$ の両方、あるいはいずれかに比例したものであれば良く、その条件式は下に示される Caughey 級数である。

$$\boldsymbol{C} = \boldsymbol{M}\sum_m a_m (\boldsymbol{M}^{-1}\boldsymbol{K})^m = \sum_m \boldsymbol{C}_m \tag{1.3.26}$$

レーリー(Rayleigh)減衰は最も利用されるモード比例型減衰であり、上式中の２項により次式で表される。また、固有振動モードで展開すると、第 i 次の減衰定数は、

$$\boldsymbol{C} = a_0\boldsymbol{M} + a_1\boldsymbol{K}; \qquad h_i = \frac{1}{2}\left(\frac{a_0}{\omega_i} + a_1\omega_i\right) \tag{1.3.27}$$

となり、右辺第１項が振動数逆比例型、第２項が振動数比例型である。モード減衰として、第 i 次と第 j 次のモードに対して各々減衰定数を h_i と h_j に設定すれば、係数 a_0 と a_1 は次式で与えられる。これらを式(1.3.27)左に代入することで減衰行列が容易に得られる。

$$a_0 = \frac{2\omega_i\omega_j(h_j\omega_i - h_i\omega_j)}{\omega_i^2 - \omega_j^2} \quad a_1 = \frac{2(h_i\omega_i - h_j\omega_j)}{\omega_i^2 - \omega_j^2} \tag{1.3.28}$$

式(1.3.27)左の減衰行列を用いると、式(1.3.25)の固有値問題は、

$$\left[(s^2 + a_0 s)\boldsymbol{M} + (1 + a_1 s)\boldsymbol{K}\right]\boldsymbol{Y} = \boldsymbol{0} \tag{1.3.29}$$

となり、ここで、$\gamma^2 = -(s^2 + a_0 s)/(1 + a_1 s)$ とすると、上式は次式となる。

$$\left|-\gamma^2\boldsymbol{M} + \boldsymbol{K}\right| = 0 \tag{1.3.30}$$

上の固有値問題は、MK 型の固有値問題と同一であり、$\gamma_j^2 = \omega_j^2$ となる。これは、比例型減衰を含む振動モードが、無減衰 MK 型の振動モードと同一であることを示しており、モード行列 $\boldsymbol{\psi}$ を用いて座標変換すると、質量と剛性は以下のように対角化される。

$$\boldsymbol{\psi}^T\boldsymbol{M}\boldsymbol{\psi} = \boldsymbol{m}; \quad \boldsymbol{\psi}^T\boldsymbol{K}\boldsymbol{\psi} = \boldsymbol{k} \tag{1.3.31}$$

ここで、$\boldsymbol{m}$ と $\boldsymbol{k}$ は次式のように対角行列であり、

$$\left.\begin{aligned} \boldsymbol{\varphi}_j^T\boldsymbol{M}\boldsymbol{\varphi}_k &= m_j\delta_{jk}; \quad (\boldsymbol{\varphi}_j^T\boldsymbol{M}\boldsymbol{\varphi}_k = \delta_{jk}) \\ \boldsymbol{\varphi}_j^T\boldsymbol{K}\boldsymbol{\varphi}_k &= k_j\delta_{jk}; \quad (\boldsymbol{\varphi}_j^T\boldsymbol{K}\boldsymbol{\varphi}_k = \omega_j^2\delta_{jk}) \end{aligned}\right\} \tag{1.3.32}$$

m_j と k_j は、各々 j 次のモード質量、モード剛性と呼ばれる。また、δ_{jk} は $j \neq k$ では０を、$j = k$ では１を採るデルタ関数である。正規直交系のモード行列を用いると、括弧内のように質量行列は単位行列に、剛性行列は固有値を並べた対角行列に変換される。なお、**固有ベクトルは一次の不定性を有する**ため、つまり零でない任意の実数を掛けても固有モードであることから、常に**質量行列 $\boldsymbol{M}$ を介した正規直交系**にすることが可能である。

非比例型の複素固有値問題では、無減衰の固有値問題から求めたモード行列で、減衰行列を対角化することができない。そこで、振動方程式を次の**状態方程式**に置き直す方法が採用される。

$$\begin{bmatrix} \boldsymbol{C} & \boldsymbol{M} \\ \boldsymbol{M} & \boldsymbol{0} \end{bmatrix}\begin{Bmatrix} \dot{\boldsymbol{y}} \\ \ddot{\boldsymbol{y}} \end{Bmatrix} + \begin{bmatrix} \boldsymbol{K} & \boldsymbol{0} \\ \boldsymbol{0} & -\boldsymbol{M} \end{bmatrix}\begin{Bmatrix} \boldsymbol{y} \\ \dot{\boldsymbol{y}} \end{Bmatrix} = \begin{Bmatrix} \boldsymbol{0} \\ \boldsymbol{0} \end{Bmatrix} \tag{1.3.33}$$

ここで、係数行列と未知ベクトルを次式とすると、

$$\boldsymbol{D} = \begin{bmatrix} \boldsymbol{C} & \boldsymbol{M} \\ \boldsymbol{M} & \boldsymbol{0} \end{bmatrix}; \quad \boldsymbol{G} = \begin{bmatrix} \boldsymbol{K} & \boldsymbol{0} \\ \boldsymbol{0} & -\boldsymbol{M} \end{bmatrix}; \qquad \mathbf{x} = \begin{Bmatrix} \mathbf{y} \\ \dot{\mathbf{y}} \end{Bmatrix}; \quad \dot{\mathbf{x}} = \begin{Bmatrix} \dot{\mathbf{y}} \\ \ddot{\mathbf{y}} \end{Bmatrix} \tag{1.3.34}$$

以下のように自由振動の方程式が得られる。ここで、自由振動の解を次式で仮定すると、

$$\boldsymbol{D}\dot{\boldsymbol{x}}+\boldsymbol{G}\boldsymbol{x}=\boldsymbol{0};\quad \boldsymbol{x}=\boldsymbol{X}e^{st};\quad \dot{\boldsymbol{x}}=s\boldsymbol{X}e^{st} \tag{1.3.35}$$

次の複素固有値問題が得られ、この特性方程式から固有値と固有ベクトルが得られる。

$$(s\boldsymbol{D}+\boldsymbol{G})\boldsymbol{X}=\boldsymbol{0};\quad \left|s\boldsymbol{D}+\boldsymbol{G}\right|=0 \tag{1.3.36}$$

上式は自由度$2n$であり、安定な振動系では、固有値は負の実数(この場合は、過減衰の固有モードに対応)、もしくは負の実部を持つ共役複素数となる。固有値s_jと共役固有値$\bar{s}_j$を低次より順番に対角位置に並べ、各々対角行列として$\boldsymbol{\Lambda}'$、$\bar{\boldsymbol{\Lambda}}'$とすると、固有モード$\boldsymbol{\psi}_j$と共役固有モード$\bar{\boldsymbol{\psi}}_j$は次式で表される。

$$\boldsymbol{\psi}_j=\begin{Bmatrix}\boldsymbol{\varphi}_j\\ s_j\boldsymbol{\varphi}_j\end{Bmatrix};\quad \bar{\boldsymbol{\psi}}_j=\begin{Bmatrix}\bar{\boldsymbol{\varphi}}_j\\ \bar{s}_j\bar{\boldsymbol{\varphi}}_j\end{Bmatrix};\qquad \boldsymbol{\Lambda}=\begin{bmatrix}\boldsymbol{\Lambda}' & \boldsymbol{0}\\ \boldsymbol{0} & \bar{\boldsymbol{\Lambda}}'\end{bmatrix};\quad \boldsymbol{\Lambda}'=\begin{bmatrix}s_1 & \boldsymbol{0}\\ \boldsymbol{0} & \ddots\end{bmatrix};\quad \bar{\boldsymbol{\Lambda}}'=\begin{bmatrix}\bar{s}_1 & \boldsymbol{0}\\ \boldsymbol{0} & \ddots\end{bmatrix} \tag{1.3.37}$$

ここで、$\boldsymbol{\varphi}_j,\bar{\boldsymbol{\varphi}}_j$は変位に関する共役複素ベクトルであり、同様に$s_j\boldsymbol{\varphi}_j,\bar{s}_j\bar{\boldsymbol{\varphi}}_j$は速度に関する共役複素ベクトルである。この2種の固有ベクトルを横に並べると、モード行列$\boldsymbol{\psi}$は次式となる。

$$\boldsymbol{\psi}=\begin{bmatrix}\boldsymbol{\varphi} & \bar{\boldsymbol{\varphi}}\\ \boldsymbol{\varphi}\boldsymbol{\Lambda}' & \bar{\boldsymbol{\varphi}}\bar{\boldsymbol{\Lambda}}'\end{bmatrix} \tag{1.3.38}$$

上のモード行列を用いて、行列$\boldsymbol{D},\boldsymbol{G}$の対角化を行うと、

$$\left.\begin{aligned}&\boldsymbol{\psi}_j^T\boldsymbol{D}\boldsymbol{\psi}_j=d_j\quad (j=1,\cdots,n);\quad \bar{\boldsymbol{\psi}}_j^T\boldsymbol{D}\bar{\boldsymbol{\psi}}_j=\bar{d}_j\quad (j=n+1,\cdots,2n)\\ &\boldsymbol{\psi}_j^T\boldsymbol{G}\boldsymbol{\psi}_j=g_j\quad (j=1,\cdots,n);\quad \bar{\boldsymbol{\psi}}_j^T\boldsymbol{G}\bar{\boldsymbol{\psi}}_j=\bar{g}_j\quad (j=n+1,\cdots,2n)\end{aligned}\right\} \tag{1.3.39}$$

となる。従って、式(1.3.36)の固有値は次式となる。

$$s_j=-g_j/d_j;\quad \bar{s}_j=-\bar{g}_j/\bar{d}_j\quad (j=1,\cdots,n) \tag{1.3.40}$$

上式の$s_j,\bar{s}_j$は共役複素数であり、実部σ_jと虚部ω_{Dj}として以下のように分けることができる。

$$\left.\begin{aligned}&s_j=-\sigma_j+i\omega_{Dj};\quad \bar{s}_j=-\sigma_j-i\omega_{Dj};\quad \sigma_j=\omega'_jh_j;\quad \omega_{Dj}=\omega'_j\sqrt{1-h_j^2};\\ &\left|s_j\right|=\left|\bar{s}_j\right|=\sqrt{\sigma_j^2+\omega_{Dj}^2}=\omega'_j;\quad (j=1,\cdots,n)\end{aligned}\right\} \tag{1.3.41}$$

比例型減衰と同様に、上式の実部σ_jはモード減衰率を、同じく虚部のω_{Dj}は減衰固有角振動数を表す。ただし、比例型のω_jは無減衰固有角振動数に一致するが、上式で定義したω'_jは無減衰固有角振動数に一般的に一致しない。

1.3.5　自由振動と振動モード

非比例型減衰を有する多自由度系振動方程式で、自由振動の解が固有モードの1次結合で表現できるとすると、その解である変位ベクトルと速度ベクトルは次式で表される。

$$\boldsymbol{y}(t)=\sum_{j=1}^{n}\left(\boldsymbol{\varphi}_j\xi_je^{s_jt}+\bar{\boldsymbol{\varphi}}_j\bar{\xi}_je^{\bar{s}_jt}\right);\qquad \dot{\boldsymbol{y}}(t)=\sum_{j=1}^{n}\left(s_j\boldsymbol{\varphi}_j\xi_je^{s_jt}+\bar{s}_j\bar{\boldsymbol{\varphi}}_j\bar{\xi}_je^{\bar{s}_jt}\right) \tag{1.3.42}$$

ここで、$\xi_j,\bar{\xi}_j$は未定定数であり、この未定定数を初期条件から決定することで自由振動の解が求められる。まず、初期条件を$t=0$で、$\boldsymbol{y}(0)=\boldsymbol{y}_0;\ \dot{\boldsymbol{y}}(0)=\dot{\boldsymbol{y}}_0$とすると、

$$\boldsymbol{y}_0 = \sum_{j=1}^{n}\left(\boldsymbol{\varphi}_j \xi_j + \overline{\boldsymbol{\varphi}}_j \overline{\xi}_j\right) \qquad \dot{\boldsymbol{y}}_0 = \sum_{j=1}^{n}\left(s_j \boldsymbol{\varphi}_j \xi_j + \overline{s}_j \overline{\boldsymbol{\varphi}}_j \overline{\xi}_j\right) \tag{1.3.43}$$

となり、さらに式(1.3.37)と(1.3.38)を考慮すると、上式は次のようになる。

$$\begin{Bmatrix} \boldsymbol{y}_0 \\ \dot{\boldsymbol{y}}_0 \end{Bmatrix} = \sum_{j=1}^{n}\left(\begin{Bmatrix} \boldsymbol{\varphi}_j \\ s_j \boldsymbol{\varphi}_j \end{Bmatrix}\xi_j + \begin{Bmatrix} \overline{\boldsymbol{\varphi}}_j \\ \overline{s}_j \overline{\boldsymbol{\varphi}}_j \end{Bmatrix}\overline{\xi}_j\right) = \boldsymbol{\psi}\begin{Bmatrix} \boldsymbol{\xi} \\ \overline{\boldsymbol{\xi}} \end{Bmatrix} \tag{1.3.44}$$

ここで、$\boldsymbol{\xi}, \overline{\boldsymbol{\xi}}$ は $\xi_j, \overline{\xi}_j$ を各々縦方向に並べたベクトルである。上式の前から、$\boldsymbol{\psi}^T \boldsymbol{D}$ を掛け、式(1.3.39)を用いると、上式は次式となる。

$$\boldsymbol{\psi}^T \boldsymbol{D}\begin{Bmatrix} \boldsymbol{y}_0 \\ \dot{\boldsymbol{y}}_0 \end{Bmatrix} = \boldsymbol{\psi}^T \boldsymbol{D}\boldsymbol{\psi}\begin{Bmatrix} \boldsymbol{\xi} \\ \overline{\boldsymbol{\xi}} \end{Bmatrix} = \begin{bmatrix} \boldsymbol{d} & \boldsymbol{0} \\ \boldsymbol{0} & \overline{\boldsymbol{d}} \end{bmatrix}\begin{Bmatrix} \boldsymbol{\xi} \\ \overline{\boldsymbol{\xi}} \end{Bmatrix} \quad \rightarrow \quad \begin{Bmatrix} \boldsymbol{\xi} \\ \overline{\boldsymbol{\xi}} \end{Bmatrix} = \begin{bmatrix} \boldsymbol{d}^{-1} & \boldsymbol{0} \\ \boldsymbol{0} & \overline{\boldsymbol{d}}^{-1} \end{bmatrix}\boldsymbol{\psi}^T \boldsymbol{D}\begin{Bmatrix} \boldsymbol{y}_0 \\ \dot{\boldsymbol{y}}_0 \end{Bmatrix} \tag{1.3.45}$$

ここで、$\boldsymbol{d}, \overline{\boldsymbol{d}}$ と $\boldsymbol{d}^{-1}, \overline{\boldsymbol{d}}^{-1}$ は式(1.3.39)を参考にすれば、複素対角行列であり、同じくその逆数を並べた複素対角行列となっている。上式に初期条件を与えることで、未定定数 $\xi_j, \overline{\xi}_j$ が決定され、その値を式(1.3.42)に代入すると、自由振動の解が得られる。

次に、各振動モードについて考える。自由度が n の構造物は、n 個の固有値を有する。状態方程式の自由度は $2n$ であり、この複素固有値問題の固有値は全て独立ではなく、式(1.3.40)のように n 個の共役複素数として求められる。また、振動モードである固有ベクトルも共役複素ベクトルとなる。式(1.3.37)より、j 次の複素変位振動モード $\boldsymbol{\varphi}_j$ は次式で表すことができる。

$$\boldsymbol{\varphi}_j = \boldsymbol{\varphi}_j^R + i\boldsymbol{\varphi}_j^I; \quad \overline{\boldsymbol{\varphi}}_j = \boldsymbol{\varphi}_j^R - i\boldsymbol{\varphi}_j^I \tag{1.3.46}$$

ここで、$\boldsymbol{\varphi}_j^R$ は j 次の振動モードの実部であり、$\boldsymbol{\varphi}_j^I$ は同じく虚部である。j 次モードの固有振動 $\boldsymbol{y}_j$ は、式(1.3.41)およびオイラー公式を参考にして、上式より、

$$\begin{aligned} \boldsymbol{y}_j &= C_{1j}^*(\boldsymbol{\varphi}_j^R + i\boldsymbol{\varphi}_j^I)e^{-h_j\omega_j' t}e^{i\omega_{Dj}t} + C_{2j}^*(\boldsymbol{\varphi}_j^R - i\boldsymbol{\varphi}_j^I)e^{-h_j\omega_j' t}e^{-i\omega_{Dj}t} \\ &= 2e^{-h_j\omega_j' t}\left\{C_{1j}\boldsymbol{\varphi}_j^R \cos(\omega_{Dj}t) - C_{2j}\boldsymbol{\varphi}_j^I \sin(\omega_{Dj}t)\right\} \end{aligned} \tag{1.3.47}$$

となる。ここで、$C_{1j}^*, C_{2j}^*, C_{1j}, C_{2j}$ は積分定数であり、初期条件より決定される。さらに、詳細に j 次の振動モードを分析すると、変位ベクトルの自由度 l 番目の変位 y_{jl} は、

$$\begin{aligned} y_{jl} &= 2e^{-h_j\omega_j' t}\left\{C_{1j}\varphi_{jl}^R \cos(\omega_{Dj}t) - C_{2j}\varphi_{jl}^I \sin(\omega_{Dj}t)\right\} \\ &= 2e^{-h_j\omega_j' t}\sqrt{(C_{1j}\varphi_{jl}^R)^2 + (C_{2j}\varphi_{jl}^I)^2} \cdot \cos(\omega_{Dj}t + \phi_{jl}) \end{aligned} \tag{1.3.48}$$

となり、以下の位相差 ϕ_{jl} を有することになる。ここで、$\varphi_{jl}^R, \varphi_{jl}^I$ は j 次振動モードの l 番目を表す。

$$\phi_{jl} = \tan^{-1}\frac{C_{2j}\varphi_{jl}^I}{C_{1j}\varphi_{jl}^R} \tag{1.3.49}$$

この位相差は自由度番号 l に依存しており、各自由度で異なる値を持つことになる。

非比例型減衰を有する振動モードでは、各モードの形状は複素ベクトルとなり、自由振動時に骨組各節点で位相差を有することになる。そのため、初期のモード形状を維持できなくなり、**時間が進むとモード形状が変化する**。振動状態は対応する振動数で周期的に変動する

が、臨界減衰より小さな減衰項を含む場合、振動状態は徐々に減衰して小さくなっていく。このように減衰項の有無や、比例型か非比例型かによって振動モードが異なることになる。ただし、モード減衰定数が小さい場合は、それほど大きな相違は見られない。

1.3.6　モーダルアナリシス(Modal Analysis)

モーダルアナリシスを用いると、時刻歴応答解析では大幅に計算コストが節約され、また応答スペクトルを併用することによって、変位などの最大値を予測できる。ここでは、モーダルアナリシスの簡単な説明と空間構造物に適用するに当たっての注意点を述べる。

固有値問題より得た固有ベクトルを用いて、式(1.3.2)の振動方程式を展開する。ここで扱う振動方程式は線形で、モード比例型減衰を有し、また動荷重は地震動のみとする。まず、固有ベクトルを用いて、座標変換 $\boldsymbol{y}=\boldsymbol{\psi Y}$ を行う。ここで $\boldsymbol{Y}$ は各固有ベクトルに対する一般化変位ベクトルであり、また、$\boldsymbol{\psi}$ は固有ベクトル $\boldsymbol{\varphi}_i$ を以下のように並べたモード行列である。

$$\boldsymbol{Y}=\{Y_1 \quad Y_2 \quad \cdots\}^T; \qquad \boldsymbol{\psi}=\left[\boldsymbol{\varphi}_1 \quad \boldsymbol{\varphi}_2 \quad \cdots\right] \tag{1.3.50}$$

さらに、左から行列 $\boldsymbol{\psi}^T$ を乗じ、m_i で割ると以下のように方程式が分離される。

$$\ddot{Y}_i+2h_i\omega_i\dot{Y}_i+\omega_i^2Y_i=-\beta_{xi}\ddot{u}_g-\beta_{xi}v_g-\beta_{xi}\ddot{w}_g \tag{1.3.51}$$

上式は、第 i 次モードに対する振動方程式を表す。ここで、Y_i は第 i 次モードに対する一般化変位、ω_i は同じく固有角振動数、h_i は減衰定数、$\beta_{xi},\beta_{yi},\beta_{zi}$ は各方向の刺激係数である。ここで、各係数は次式で与えられ、m_i,c_i,k_i は各々第 i 次のモード質量、モード減衰、モード剛性である。

$$h_i=\frac{c_i}{c_{cr}}=\frac{c_i}{2\sqrt{m_ik_i}}; \quad c_i=\boldsymbol{\varphi}_i^T\boldsymbol{C\varphi}_i; \quad m_i=\boldsymbol{\varphi}_i^T\boldsymbol{M\varphi}_i; \quad k_i=\boldsymbol{\varphi}_i^T\boldsymbol{K\varphi}_i; \quad \omega_i=\sqrt{\frac{k_i}{m_i}} \tag{1.3.52}$$

無論、正規直交系の振動モードであれば、m_i は1となり、k_i は ω_i^2 となる。また、第 i 次モードに対する刺激係数は以下のように表される。

$$\beta_{xi}=\frac{\boldsymbol{\varphi}_i^T\boldsymbol{MI}_x}{m_i}; \quad \beta_{yi}=\frac{\boldsymbol{\varphi}_i^T\boldsymbol{MI}_y}{m_i}; \quad \beta_{zi}=\frac{\boldsymbol{\varphi}_i^T\boldsymbol{MI}_z}{m_i} \tag{1.3.53}$$

空間構造物では、3方向の入力地震波に対し各々の刺激係数を有している。その特徴は、例えば、上下方向の刺激係数が大きい場合、他の２つ、つまり水平両方向の刺激係数はほとんどゼロとなっている。このことから各モードに対する刺激係数の分布状態を知ることで、任意のモードがどの方向の入力地震波に応答するかが分かる。例えば、単層ラチスドースのような空間構造では3方向共に､低次モードの刺激係数が必ずしも大きな値となっておらず、むしろ、高次モードの刺激係数に大きな値が見られる。これは、せん断型モデルのように低次の数モードのみで振動する場合とは異なり、高次のモードも励起することが予測される。

モーダルアナリシスを用いた構造物全体の時刻歴応答は、式(1.3.51)に示される1自由度系の方程式を数値積分し、全モードの解を次式のように重ね合わせることによって得られる。

ただし、重ね合わせの原理を用いているため、原則として線形範囲の応答しか扱えない。

$$\boldsymbol{y}(t)=\boldsymbol{\psi}\boldsymbol{Y}(t)=\sum_{i=1}^{n}\boldsymbol{\varphi}_i Y_i(t) \tag{1.3.54}$$

ここで、n は全自由度数であるが、一般せん断型モデルのモーダルアナリシスでは低次の数モードを用いて応答を計算する。一方、空間構造物では、近接して固有周期が存在することと、また大きな刺激係数が高次モードに出現するため、比例型減衰を使用する際、選択するモードと減衰定数の設定では、特に注意が必要である。

応答スペクトルを用いることで、応答の最大値を近似的に求めることができる。各モードの応答最大値は、刺激係数 β_i、振動モード φ_i、応答スペクトル $S_d(h_i,\omega_i)$ を乗じることによって得られる。ただし、各モードの最大値は同時に生じることはないので、近似的に変位の最大値が、

$$\mathrm{y}_{\max}=\sqrt{\sum_{i=1}^{n}\left(\varphi_i\beta_i S_d(h_i,\omega_i)\right)^2} \tag{1.3.55a}$$

として求められる。この計算法は**二乗和平方根(SRSS)法**と呼ばれている。変位応答スペクトルを速度応答スペクトル、加速度応答スペクトルに替えることで、各々の最大値が得られる。同法は、固有振動数が近接する場合など、時によって応答値を過大に評価する場合がある。このような場合、精度の良い応答値が得られると言われている **CQC(Complete Quadratic Combination)法** [30)]を用いると良い。同法は以下のようにモード間の相関関数を考慮する。

$$\mathrm{y}_{\max}=\sqrt{\sum_{i=1}^{n}\sum_{j=1}^{n}(\varphi_i\beta_i S_d(h_i,\omega_i))\rho_{ij}(\varphi_j\beta_j S_d(h_j,\omega_j))} \tag{1.3.55b}$$

ここで、ρ_{ij} は i 次と j 次のモード間の相関関数を表す。これについては文献 30 を参照されたい。また、前述したように空間構造物では高次モードでも刺激係数は大きくなり、また振動モードも複雑であるためモードの選択には特段の注意が必要となる。

1.3.7　周波数応答関数

本項では、多自由度系の**周波数応答関数(Frequency Response Function)**を、数値計算によって求める方法を示す。自由度番号 l の周波数応答関数 $\mathrm{H}_l(\omega)$ は複素関数であり、その絶対値は応答変位振幅を表す。線形多自由度系の振動解析はモーダル法を用いるのが便利であり、ここでも前項と同様の手法を用いる。地震動を受ける多自由度系の線形振動方程式を再度以下に示す。

$$\boldsymbol{M}\ddot{\boldsymbol{y}}+\boldsymbol{C}\dot{\boldsymbol{y}}+\boldsymbol{K}\boldsymbol{y}=-\boldsymbol{M}\boldsymbol{I}_0\ddot{f}(t) \tag{1.3.56}$$

上式では地震動の方向を区別せず一つにまとめて表示している。減衰項がモード比例型か非比例型かによって、固有値問題が異なることを既に述べた。ここでも二つに分けて説明する。

最初は、**比例型減衰を有する系の周波数応答関数**について述べる。減衰項はレーリー減衰とすると、式(1.3.27)で与えられる。モード行列 $\boldsymbol{\psi}$ を用いて物理座標系よりモード座標系に、$\boldsymbol{y}=\boldsymbol{\psi}\boldsymbol{Y}$ を用いて変換し、さらに $\boldsymbol{\psi}^T$ を式(1.3.56)の両辺に前から掛け、m_j で割ることで、式

(1.3.51)のように次の非連成の振動方程式が得られる。なお、記号等は前項と同様である。

$$\ddot{Y}_j + 2h_j\omega_j\dot{Y}_j + \omega_j^2 Y_j = -\beta_j \ddot{f}(t); \quad (j = 1,2,\cdots,n) \tag{1.3.57}$$

ここで、刺激係数 β_j は次式で与えられる。

$$\beta_j = \boldsymbol{\varphi}_j^T \boldsymbol{M}\boldsymbol{I}_0 / m_j \tag{1.3.58}$$

地震動型の単位周期外乱を $\ddot{f}(t) = e^{i\omega t}$ とすると、モード変位（一般化変位）を $Y_j(t)$ として周期解のみを考えると、速度と加速度は次式となる。

$$Y_j(t) = Y_j e^{i\omega t}; \quad \dot{Y}_j(t) = i\omega Y_j e^{i\omega t}; \quad \ddot{Y}_j(t) = -\omega^2 Y_j e^{i\omega t} \tag{1.3.59}$$

上式を式(1.3.57)に代入し、整理すると、一般化変位 $Y_j(\omega)$ は次式となる。

$$[-\omega^2 + i\omega 2h_j\omega_j + \omega_j^2]Y_j e^{i\omega t} = -\beta_j e^{i\omega t} \quad \rightarrow \quad Y_j(\omega) = [\omega^2 - i\omega 2h_j\omega_j - \omega_j^2]^{-1}\beta_j \tag{1.3.60}$$

ここで、次式右で j 次モードの周波数応答関数 $H_j(\omega)$ を定義すると、$Y_j(\omega)$ は次式左となる。

$$Y_j(\omega) = H_j(\omega)\beta_j; \qquad H_j(\omega) = \frac{1}{\omega^2 - \omega_j^2 - i2h_j\omega_j\omega} \tag{1.3.61}$$

最後に、 $\boldsymbol{y} = \boldsymbol{\psi}\boldsymbol{Y}$ および式(1.3.59)を用いて、自由度番号 l の応答振幅 $y_l(t)$ を求める。

$$y_l(t) = \sum_{j=1}^{n}\varphi_j(l)Y_j(t) = \sum_{j=1}^{n}\varphi_j(l)H_j(\omega)\beta_j e^{i\omega t} \quad \rightarrow \quad y_l(t) = H_l(\omega)e^{i\omega t} \tag{1.3.62}$$

ここで、$\varphi_j(l)$ は j 次モードにおける自由度 l の値である。変位応答 $y_l(t)$ を上式の右とすると、地震動型の周期外乱を受ける自由度 l の周波数応答関数 $H_l(\omega)$ が次式として得られる。

$$H_l(\omega) = \sum_{j=1}^{n}\varphi_j(l)\beta_j H_j(\omega) \tag{1.3.63}$$

次に、上式を少し変換し、周波数応答関数を実数計算で求める方法を示す。まず、次の係数を定義する。振動モードも刺激係数も比例型では実数であるため、この係数 $C_j(l)$ も実数である。

$$C_j(l) = \varphi_j(l)\beta_j \tag{1.3.64}$$

また、式(1.3.61)の j 次モード周波数応答関数 $H_j(\omega)$ を次のように書き直す。

$$\left.\begin{aligned} H_j(\omega) &= \frac{\omega^2 - \omega_j^2 + i2h_j\omega_j\omega}{(\omega^2 - \omega_j^2)^2 + (2h_j\omega_j\omega)^2} = U_j(\omega) + iV_j(\omega) \\ U_j(\omega) &= \frac{\omega^2 - \omega_j^2}{(\omega^2 - \omega_j^2)^2 + (2h_j\omega_j\omega)^2}; \quad V_j(\omega) = \frac{2h_j\omega_j\omega}{(\omega_j^2 - \omega^2)^2 + (2h_j\omega_j\omega)^2} \end{aligned}\right\} \tag{1.3.65}$$

式(1.3.64)と(1.3.65)を式(1.3.63)に代入すると、周波数応答関数 $H_l(\omega)$ は次式となる。

$$H_l(\omega) = \sum_{j=1}^{n}C_j(l)(U_j(\omega) + iV_j(\omega)) = \sum_{j=1}^{n}C_j(l)U_j(\omega) + i\sum_{j=1}^{n}C_j(l)V_j(\omega) \tag{1.3.66}$$

また、周波数応答関数 $H_l(\omega)$ の絶対値は、次式で与えられる。

$$\left|H_l(\omega)\right| = \sqrt{(\sum_{j=1}^{n}C_j(l)U_j(\omega))^2 + (\sum_{j=1}^{n}C_j(l)V_j(\omega))^2} \tag{1.3.67}$$

実際に、自由度 l の周波数応答関数 $H_l(\omega)$ を求めるためには、パラメータ ω の値として初期値 ω_s と最終値 ω_e を決め、ω を分割して計算することになる。ここで、構造物の振動が低次の数モード成分で十分表現される場合は、全自由度 n よりはるかに小さい n' 個の固有振動モードを採用し、他は省略することができる。この場合、上式の総和記号で、n を n' に変更して計算すれば良い。また、自由度番号 k を荷重振幅 P_k で周期励振した場合、自由度 l の周波数応答関数 $H_l(\omega)$ は、次式で β'_j と $C_j(l)$ を定義し、式(1.3.66)に代入して求めることになる。

$$\beta'_j = \varphi_j(k)P_k / m_j; \qquad C_j(l) = \varphi_j(l)\beta'_j \tag{1.3.68}$$

次に、**非比例型減衰を有する系の周波数応答関数** $H_l(\omega)$ を求める。まず振動方程式を下式の状態方程式で表す。外乱は周期型荷重ベクトル $\boldsymbol{p}$ とし、また未知ベクトル $\boldsymbol{x}$ は次式とする。ここで、複素固有値問題を解いて求めた共役複素固有値 $s_j, \bar{s}_j$ は式(1.3.39)～(1.3.41)で、同じく共役複素固有ベクトル $\boldsymbol{\psi}_j, \bar{\boldsymbol{\psi}}_j$ およびモード行列 $\boldsymbol{\psi}$ は式(1.3.37)と(1.3.38)で与えられている。

$$\boldsymbol{D}\dot{\boldsymbol{x}} + \boldsymbol{G}\boldsymbol{x} = \boldsymbol{p} \qquad \boldsymbol{x} = \begin{Bmatrix} \boldsymbol{y} \\ \dot{\boldsymbol{y}} \end{Bmatrix}; \quad \dot{\boldsymbol{x}} = \begin{Bmatrix} \dot{\boldsymbol{y}} \\ \ddot{\boldsymbol{y}} \end{Bmatrix}; \quad \boldsymbol{p} = \begin{Bmatrix} \bar{\boldsymbol{P}} \\ \boldsymbol{0} \end{Bmatrix} e^{st} = \boldsymbol{P}e^{st}; \quad \boldsymbol{x} = \boldsymbol{\psi}\boldsymbol{X}e^{st}; \quad \dot{\boldsymbol{x}} = s\boldsymbol{\psi}\boldsymbol{X}e^{st} \tag{1.3.69}$$

式(1.3.38)のモード行列を用いることで非連成の振動方程式が以下のように得られ、また、その解も同様に得られる。

$$\left.\begin{aligned} &(s\boldsymbol{\psi}^T\boldsymbol{D}\boldsymbol{\psi} + \boldsymbol{\psi}^T\boldsymbol{G}\boldsymbol{\psi})\boldsymbol{X} = \boldsymbol{\psi}^T\boldsymbol{P} \quad \rightarrow \quad \Lambda\boldsymbol{X} = \boldsymbol{\psi}^T\boldsymbol{P} \quad \rightarrow \quad \boldsymbol{X} = \Lambda^{-1}\boldsymbol{\psi}^T\boldsymbol{P}; \\ &\boldsymbol{x} = \boldsymbol{\psi}\boldsymbol{X}e^{st} = \boldsymbol{\psi}\Lambda^{-1}\boldsymbol{\psi}^T\boldsymbol{P}e^{st}; \\ &\rightarrow \quad \boldsymbol{y} = \{[\varphi]^T[\boldsymbol{sd}+\boldsymbol{g}]^{-1}[\varphi] + [\bar{\varphi}]^T[\boldsymbol{s\bar{d}}+\bar{\boldsymbol{g}}]^{-1}[\bar{\varphi}]\}\boldsymbol{P}e^{st} \quad \Lambda = \begin{bmatrix} \boldsymbol{sd}+\boldsymbol{g} & \boldsymbol{0} \\ \boldsymbol{0} & \boldsymbol{s\bar{d}}+\bar{\boldsymbol{g}} \end{bmatrix} \end{aligned}\right\} \tag{1.3.70}$$

上式の行列 $\boldsymbol{\Lambda}^{-1}$ は複素対角行列であり、従って上式より容易に $\boldsymbol{x}$ および変位応答 $\boldsymbol{y}$ が得られる。

次に、自由度番号 k を荷重振幅 P_k で周期励振した時の自由度番号 l の変位応答振幅 y_l を考え、応答倍率 $H_{kl}(s)$ を求める。固有モード φ_j で点 k と点 l の成分を各々 $\varphi_j(k)$ と $\varphi_j(l)$ とすると、上式より変位応答 $y_l(t)$ が次のように得られる。

$$\left.\begin{aligned} &y_l(t) = H_{kl}(s)P(k)e^{st} \quad \rightarrow \quad H_{kl}(s) = \sum_{j=1}^{n}\{\varphi_j(l)(sd_j+g_j)^{-1}\varphi_j(k) + \bar{\varphi}_j(l)(s\bar{d}_j+\bar{g}_j)^{-1}\bar{\varphi}_j(k)\} \\ &H_{kl}(s) = \sum_{j=1}^{n}\{\frac{\varphi_j(k)\varphi_j(l)/d_j}{(s+g_j/d_j)} + \frac{\bar{\varphi}_j(k)\bar{\varphi}_j(l)/\bar{d}_j}{(s+\bar{g}_j/\bar{d}_j)}\} = \sum_{j=1}^{n}\{\frac{\varphi_j(k)\varphi_j(l)/d_j}{(s-s_j)} + \frac{\bar{\varphi}_j(k)\bar{\varphi}_j(l)/\bar{d}_j}{(s-\bar{s}_j)}\} \end{aligned}\right\} \tag{1.3.71}$$

ここで、$-g_j/d_j$ と $-\bar{g}_j/\bar{d}_j$ が複素固有値問題の固有値に対応し、これらから以下のように振動数と減衰定数が得られる。

$$\left.\begin{aligned} &s_j = -g_j/d_j; \quad \bar{s}_j = -\bar{g}_j/\bar{d}_j \quad (j=1,\cdots,n) \\ &s_j = -\sigma_j + i\omega_{Dj}; \quad \bar{s}_j = -\sigma_j - i\omega_{Dj}; \quad \sigma_j = \omega'_j h_j; \quad \omega_{Dj} = \omega'_j\sqrt{1-h_j^2} \end{aligned}\right\} \tag{1.3.72}$$

次に、地震動型の周期外乱による自由度 l の周波数応答関数 $H_l(\omega)$ を求める。周期型単位地震動を $\ddot{f}(t) = e^{i\omega t}$ とすると、式(1.3.71)で $s = i\omega$ となる。周波数応答関数は、式(1.3.69)の地震動ベクトル $\boldsymbol{P}$ の k 番目の値

$$\boldsymbol{P}e^{i\omega t} = -\boldsymbol{M}\boldsymbol{I}_0 e^{i\omega t}; \quad P(k) = P_k \tag{1.3.73}$$

と式(1.3.72)を用い、式(1.3.71)の応答を重ね合わせることで、次式のように得られる。

$$H_l(\omega)=\sum_{k=1}^{n}\{P(k)\sum_{j=1}^{n}(\frac{\varphi_j(k)\varphi_j(l)/d_j}{i(\omega-\omega_{Dj})+\sigma_j}+\frac{\overline{\varphi}_j(k)\overline{\varphi}_j(l)/\overline{d}_j}{i(\omega+\omega_{Dj})+\sigma_j})\} \tag{1.3.74}$$

計算効率を考慮して、上式を少し変更する。まず、式(1.3.53)の刺激係数 β_j を参考に次のように刺激係数を定義する。ここで、β_j^R,β_j^I の上添え字は β_j の実部と虚部を意味する。

$$\left.\begin{aligned}\beta_j&=\boldsymbol{\varphi}_j^T\boldsymbol{MI}_0/d_j=-\boldsymbol{\varphi}_j^T\boldsymbol{P}/d_j=\beta_j^R+i\beta_j^I;\\ \overline{\beta}_j&=\overline{\boldsymbol{\varphi}}_j^T\boldsymbol{MI}_0/\overline{d}_j=-\overline{\boldsymbol{\varphi}}_j^T\boldsymbol{P}/\overline{d}_j=\beta_j^R-i\beta_j^I\end{aligned}\right\} \tag{1.3.75a}$$

$$\beta_j^R=-\sum_{k=1}^{n}\varphi_j^R(k)P(k);\quad \beta_j^I=-\sum_{k=1}^{n}\varphi_j^I(k)P(k);\quad \varphi_j=\varphi_j^R+i\varphi_j^I \tag{1.3.75b}$$

上の刺激係数 $\beta_j,\overline{\beta}_j$ を用いて、式(1.3.74)の分子を次のように変更する。

$$\varphi_j(l)\beta_j=C_j^R(l)+iC_j^I(l);\quad \overline{\varphi}_j(l)\overline{\beta}_j=C_j^R(l)-iC_j^I(l) \tag{1.3.76}$$

さらに、j 次モードの共役複素周波数応答関数 $H_j(\omega),\overline{H}_j(\omega)$ を次のように定義する。

$$H_j(\omega)=\frac{1}{\sigma_j+i(\omega-\omega_{Dj})}=\frac{\sigma_j-i(\omega-\omega_{Dj})}{\sigma_j^2+(\omega-\omega_{Dj})^2};\quad \overline{H}_j(\omega)=\frac{1}{\sigma_j+i(\omega+\omega_{Dj})}=\frac{\sigma_j-i(\omega+\omega_{Dj})}{\sigma_j^2+(\omega+\omega_{Dj})^2} \tag{1.3.77}$$

式(1.3.76)と(1.3.77)を用いると、自由度番号 l の周波数応答関数 $H_l(\omega)$ を次のように書き直すことができる。

$$H_l(\omega)=\sum_{j=1}^{n}\{(C_j^R(l)+iC_j^I(l))H_j(\omega)+(C_j^R(l)-iC_j^I(l))\overline{H}_j(\omega)\} \tag{1.3.78}$$

比例型と同様、構造物の振動が数モード成分で十分表現される場合、上式の総和記号で、n を n' に変更して計算すれば良い。

1.3.8 時刻歴応答解析

数値積分法に要求される性能 最初に、動的解析を行う上で積分法に要求される主な性能について述べる。数値積分の要求性能は中規模以下の自由度および線形解析では主に精度であったが、自由度が大規模で、しかも非線形性が強くなると計算コストと安定性がより重要となる。特に線形解析で無条件安定といわれる解析手法でも非線形解析では不安定となり、解が発散する場合がある。そのため積分手法やその特性を知ることが重要となる。

大規模構造物の動的解析では、膨大な自由度と極端に短い固有周期を含む系を数値積分する必要がある。一方、構造物の動的挙動は、特殊な解析（例えば局部的な振動の解析や他の構造物との衝突問題など）を除いて、長い固有周期の振動モードの重ね合わせで表現できることが良く知られている。そのため増分時間 Δt は、解析で必要とする周期の 1/10 から 1/30 で良いことになり、一般に建築構造物の地震応答解析では、線形解析 $\Delta t=0.01$ 秒、非線形振動解析 $\Delta t=0.001$ 秒から RC 構造では 0.0001 秒程度が多く用いられる。このことから、大規模構造物における逐次積分では、増分時間より短い周期成分波の積分を含むことになる。

増分時間より短い周期を有する系の数値積分では、該当する短周期成分の精度は当然期待できないが、積分が不安定となり、解が発散しないことが必須である。例えば、中央差分とニューマークの β 法における安定条件が、系の固有振動数 ω に関連して以下のように求められており[9]、これを満足しない場合は、解が発散する可能性があることを示唆している。

$$\Delta t < \frac{2}{\omega};\quad \Delta t < \frac{2}{\omega\sqrt{1-4\beta}} \tag{1.3.79}$$

上式右のニューマークのβ法で$\beta \geq 1/4$を用いると、右辺が無限大もしくは虚数となり、ωに関係なく増分時間は任意の値でも安定となる。これを**無条件安定**と呼び、増分時間が固有周期より大きくても不安定とならず、積分が可能となる。一方、**条件付安定**の積分手法では増分時間が固有振動数に関連する式(1.3.79)のような条件を満足しないと不安定となり、解が発散する場合もある。

数値積分法の分類と計算効率　**逐次積分法(Step-by-Step)**は、**陰解法**と**陽解法**あるいは両者の中間的手法となる**混合法**に分類される。枠内に代表的な手法を示す。陽解法は一般に計算効率は良いが条件付安定となり、条件を満たさない短周期の振動成分が不安定となる。また精度も陰解法と比較すると悪く、増分時間をより短くする必要がある。その中で陽解法の利点を活かした**混合法(Semi-implicit Method)**が開発されており、特に **OS(Operator Splitting)法**は大規模な非線形解析で有利となる。高次モードによる不安定性は、一般的な構造では粘性減衰によって安定化する。粘性減衰が極端に小さい場合や特殊な構造の場合はα法を併用する$\alpha-$OS 法やモーダル法による MET 法[31]などが開発され、効果を挙げている。同手法はハイブリッド実験で、つまり、コンピュータによる数値計算と準静的加力による実験の併用で利用されるが、大規模構造物の応答解析でも、安定性と計算コストの点で有利となり、最も注目される手法の一つである。

1．**陰解法(implicit method)**
- Houbolt 法（1950 年）
- Newmark β 法（1959 年）
- Wilson θ 法（1973 年）
- α 法のグループ
  - $WBZ-\alpha$ (Wood -Bossak - Zienkiewicz method)（1981 年）
  - $HHT-\alpha$ (Hilber-Hughes-Taylor method)（1977 年）
  - $G-\alpha$ (Generalized　α method)
  - Generalized Energy-momentum method

2．**陽解法(explicit method)**
- RK 法(Runge-Kutta-Gill 法)
- 中央差分法(陽的 Newmark 法)

3．**混合法(Semi-implicit method)**
- Trujillo 法
- Park-Housner 法
- α 法(Operator-splitting methods)（1990 年）
- α -OS 法（1993 年）
- MET 法(Modal-explicit integration technique)（1995 年）
- OS-Newmark β 法（2001 年）

1.3.9　非線形振動における数値計算法

数値積分法の基礎　ここでは 1 自由度の振動方程式を用いて数値積分法の原理を説明する。まず、変位yに関する 1 自由度系の非線形振動方程式を以下に表す。

$$m\ddot{y} + c\dot{y} + \mathrm{r}(y) = \mathrm{f} \tag{1.3.80}$$

ここで、$m, c, \mathrm{r}(y), \mathrm{f}$ は、各々質量、粘性減衰、内力、外力を表す。内力が線形の場合、剛性係

数 k により $\mathrm{r}(y)=ky$ となる。最初に、増分後の時刻 $t+\Delta t$ の変位と速度を次式で予測する。

$$y(t+\Delta t)=y(t)+\Delta t\dot{y}(t);\quad \dot{y}(t+\Delta t)=\dot{y}(t)+\Delta t\ddot{y}(t) \tag{1.3.81}$$

上式を式(1.3.80)に代入し、さらに増分後の加速度について整理すると

$$\ddot{y}(t+\Delta t)=\frac{1}{m}\{\mathrm{f}(t+\Delta t)-c(\dot{y}(t)+\Delta t\ddot{y}(t))-\mathrm{r}(y(t)+\Delta t\dot{y}(t)) \tag{1.3.82}$$

となり、結果、右辺項は既知となり、Δt 秒後の加速度が得られることになる。また、この値を式(1.3.81)に代入すると Δt 秒後の変位と速度が決定し、次のステップに移ることができる。この積分法は**オイラー(Euler)法**と呼ばれ、Δt が十分小さければ良い結果が得られる。さらに精度の良い積分手法を得るために、増分前の情報を用いて次のように変位と速度をテーラー展開する。

$$\left.\begin{aligned} y(t+\Delta t)&=y(t)+\Delta t\dot{y}(t)+\frac{\Delta t^2}{2}\ddot{y}(t)+\frac{\Delta t^3}{6}\dddot{y}(t)+\cdots \\ \dot{y}(t+\Delta t)&=\dot{y}(t)+\Delta t\ddot{y}(t)+\frac{\Delta t^2}{2}\dddot{y}(t)+\cdots \end{aligned}\right\} \tag{1.3.83}$$

この中で、右辺の前 2 項を使用して数値積分する手法が先のオイラー法であり、加速度までを使用する手法が**陽的ニューマーク法**である。これら 2 種は条件付き安定の積分手法となる。

さらに、加速度の項を次のように t と $t+\Delta t$ の値の平均値を用いると、変位と速度は、

$$\left.\begin{aligned} y(t+\Delta t)&=y(t)+\Delta t\dot{y}(t)+\frac{\Delta t^2}{4}(\ddot{y}(t)+\ddot{y}(t+\Delta t)) \\ \dot{y}(t+\Delta t)&=\dot{y}(t)+\frac{\Delta t}{2}(\ddot{y}(t)+\ddot{y}(t+\Delta t)) \end{aligned}\right\} \tag{1.3.84}$$

となる。上式を式(1.3.80)に代入し、$\ddot{y}(t+\Delta t)$ で整理すると、

$$\begin{aligned} (m+c\frac{\Delta t}{2})\ddot{y}(t+\Delta t)+\mathrm{r}(\frac{\Delta t^2\ddot{y}(t+\Delta t)}{4})&=\mathrm{f}(t+\Delta t) \\ &-c(\dot{y}(t)+\frac{\Delta t}{2}\ddot{y}(t))-\mathrm{r}(y(t)+\Delta t\dot{y}(t)+\frac{\Delta t^2}{4}\ddot{y}(t)) \end{aligned} \tag{1.3.85}$$

加速度 $\ddot{y}(t+\Delta t)$ に関する非線形方程式を得る。この手法は**平均加速度法(Average Acceleration Method)**と呼ばれ、無条件安定の積分手法となっている。さらに、式(1.3.83)で第 3 微分まで採用し、パラメータ β,γ を付けて次式のように変位と速度を仮定する。

$$y(t+\Delta t)=y(t)+\Delta t\dot{y}(t)+\frac{\Delta t^2}{2}\ddot{y}(t)+\beta\Delta t^3\dddot{y}(t);\quad \dot{y}(t+\Delta t)=\dot{y}(t)+\Delta t\ddot{y}(t)+\gamma\Delta t^2\dddot{y}(t) \tag{1.3.86}$$

ここで、第 3 微分を差分（$\dddot{y}(t)=(\ddot{y}(t+\Delta t)-\ddot{y}(t))/\Delta t$）で置き換え、上式に代入する。

$$\left.\begin{aligned} y(t+\Delta t)&=y(t)+\Delta t\dot{y}(t)+(\frac{1}{2}-\beta)\Delta t^2\ddot{y}(t)+\beta\Delta t^2\ddot{y}(t+\Delta t) \\ \dot{y}(t+\Delta t)&=\dot{y}(t)+(1-\gamma)\Delta t\ddot{y}(t)+\gamma\Delta t\ddot{y}(t+\Delta t) \end{aligned}\right\} \tag{1.3.87}$$

求めた変位と速度を式(1.3.80)に代入すると、次の非線形方程式が得られる。

$$\begin{aligned} (m+c\gamma\Delta t)\ddot{y}(t+\Delta t)+\mathrm{r}(\Delta t^2\beta\ddot{y}(t+\Delta t))&=\mathrm{f}(t+\Delta t) \\ &-c(\dot{y}(t)+\gamma\Delta t\ddot{y}(t))-\mathrm{r}(y(t)+\Delta t\dot{y}(t)+(\frac{1}{2}-\beta)\Delta t^2\ddot{y}(t)) \end{aligned} \tag{1.3.88}$$

この積分手法は、**ニューマーク(Newmark)の β 法**と呼ばれ、パラメータ β,γ の与え方で各種の積分手法に一致する。例えば、$\gamma=1/2,\beta=1/4$ は平均加速度法に、$\gamma=1/2,\beta=1/6$ は**線形加速度法**、

$\gamma = 1/2, \beta = 0$ は陽解法となる。平均加速度法は無条件安定であり、最も堅牢な手法であることから、現在でも多くの動的解析で使用される。ただし同法には**数値減衰**がないため高周波の振動を引き起こすことがあり、多自由度の非線形解析ではこれが数値計算上の不安定化要因となる場合がある。

上記の欠点を補うために、**ウィルソン(Wilson)の θ 法**が開発された。ニューマークの β 法が増分時刻 $t+\Delta t$ で振動方程式を設定するのに対し、同法では、未来の $t+\theta\Delta t; \theta > 1$ で振動方程式を解き、$t+\Delta t$ 時点の応答を求める。変位と速度は線形加速度法を変形して次式で仮定される。

$$\left.\begin{aligned} y(t+\theta\Delta t) &= y(t) + \theta\Delta t\dot{y}(t) + \frac{1}{3}(\theta\Delta t)^2\ddot{y}(t) + \frac{1}{6}(\theta\Delta t)^2\ddot{y}(t+\theta\Delta t) \\ \dot{y}(t+\theta\Delta t) &= \dot{y}(t) + \frac{1}{2}\theta\Delta t\ddot{y}(t) + \frac{1}{2}\theta\Delta t\ddot{y}(t+\theta\Delta t) \end{aligned}\right\} \qquad (1.3.89)$$

上式を $t+\theta\Delta t$ 時点の非線形振動方程式(1.3.80)に代入する。

$$\begin{aligned} (m + c\frac{\theta\Delta t}{2})\ddot{y}(t+\theta\Delta t) + \mathrm{r}(\frac{(\theta\Delta t)^2}{6}\ddot{y}(t+\theta\Delta t)) &= \mathrm{f}(t+\theta\Delta t) \\ -c\{\dot{y}(t) + \frac{\theta\Delta t}{2}\ddot{y}(t)\} - \mathrm{r}(y(t) &+ \theta\Delta t\dot{y}(t) + \frac{(\theta\Delta t)^2}{3}\ddot{y}(t)) \end{aligned} \qquad (1.3.90)$$

上式を解いて $t+\theta\Delta t$ 時点の加速度が得られると、$t+\Delta t$ 時刻の加速度を次式で線形補間する。

$$\ddot{y}(t+\Delta t) = \frac{(\theta-1)\ddot{y}(t) + \ddot{y}(t+\theta\Delta t)}{\theta} \qquad (1.3.91)$$

上の加速度を用いると、$t+\Delta t$ 時刻の変位と速度が次のように求められる。

$$y(t+\Delta t) = y(t) + \Delta t\dot{y}(t) + \frac{\Delta t^2}{6}(2\ddot{y}(t) + \ddot{y}(t+\Delta t)); \quad \dot{y}(t+\Delta t) = \dot{y}(t) + \frac{\Delta t}{2}(\ddot{y}(t) + \ddot{y}(t+\Delta t)) \qquad (1.3.92)$$

ウィルソンの θ 法では、θ を 1.37 以上にとれば無条件安定の積分法となっており、1.4 を推奨値としている。同法は**高次モードに数値減衰が強く現れる**という特性を有することになり、結果、高周波の振動が抑制され、数値計算の不安定化が解消されることになる。一方、高次モードの振動が重要な問題にはこの手法は不適切であり、また、得られた結果は $t+\Delta t$ 時点で振動方程式を満足しておらず、真の解の近傍で振動するような不安定な現象が見られる場合がある。

高次モードに数値減衰を導入する積分方法として **α 法のグループ**がある。この積分法は次式のように増分時刻 $t+\Delta t$ から $\alpha\Delta t$ 秒前における中間点で振動方程式を設定する。

$$m\ddot{y}_{t+(1-\alpha_m)\Delta t} + c\dot{y}_{t+(1-\alpha_f)\Delta t} + \mathrm{r}_{t+(1-\alpha_f)\Delta t} = \mathrm{f}_{t+(1-\alpha_f)\Delta t} \qquad (1.3.93)$$

上式は**一般化 α 法(G-α:Generalized α Method)**と呼ばれ、α_f がゼロの場合 **WBZ-α 法(Wood, Bossak and Zienkiewicz α Method)**、また、α_m がゼロの場合 **HHT-α 法(Hilber, Hugers and Taylor α Method)**と呼ばれる。ここで示す G-α 法は、剛性比例型の粘性減衰と同様に高次モードにおいてエネルギー減衰(Dissipation)を生じる。しかし、減衰率を予測することができないことと、ウィルソンの θ 法と同様に、完全に時刻 $t+\Delta t$ で基礎方程式を解いていないことが欠点となっている。

時刻 $t+\Delta t$ の変位と速度は、ニューマークの β 法を適用すると式(1.3.86)となり、時刻

$t+(1-\alpha)\Delta t$ の変位と速度、加速度は、次のように線形補間によって求められる。

$$\left.\begin{aligned} y(t+(1-\alpha_f)\Delta t) &= (1-\alpha_f)y(t+\Delta t)+\alpha_f y(t) \\ \dot{y}(t+(1-\alpha_f)\Delta t) &= (1-\alpha_f)\dot{y}(t+\Delta t)+\alpha_f \dot{y}(t) \\ \ddot{y}(t+(1-\alpha_m)\Delta t) &= (1-\alpha_m)\ddot{y}(t+\Delta t)+\alpha_m \ddot{y}(t) \end{aligned}\right\} \quad (1.3.94)$$

上式を式(1.3.93)に代入すると、α 法の振動方程式が次のように得られる。

$$\begin{aligned} &(1-\alpha_m)m\ddot{y}(t+\Delta t)+\alpha_m m\ddot{y}(t)+(1-\alpha_f)c\dot{y}(t+\Delta t)+\alpha_f c\dot{y}(t)+ \\ &\quad \mathrm{r}(t+(1-\alpha_f)\Delta t)=\mathrm{f}(t+(1-\alpha_f)\Delta t) \end{aligned} \quad (1.3.95)$$

次式のように、上式中の外力を近似的に線形補間で求めるか、あるいはその時刻の外力を求めるかによって、解析手法が異なることになる。

$$\left.\begin{aligned} \mathrm{f}^{TR}_{t+(1-\alpha_f)\Delta t} &= (1-\alpha_f)\mathrm{f}(t+\Delta t)+\alpha_f\,\mathrm{f}(t) \\ \mathrm{f}^{MR}_{t+(1-\alpha_f)\Delta t} &= \mathrm{f}(t+(1-\alpha_f)\Delta t) \end{aligned}\right\} \quad (1.3.96)$$

さらに、内力項も外力と同様に、その評価方法によって以下のように異なる解析手法となる。第 1 は線形補間による方法： 第 2 は補間した変位を用いて内力を求める方法： 第 3 は Kuhl と Crisfield によって提案された Generalized Energy Momentum Rule である。

$$\left.\begin{aligned} \mathrm{r}^{TR}_{t+(1-\alpha_f)\Delta t} &= (1-\alpha_f)\mathrm{r}(y(t+\Delta t))+\alpha_f\,\mathrm{r}(y(t)) \\ \mathrm{r}^{MR}_{t+(1-\alpha_f)\Delta t} &= \mathrm{r}((1-\alpha_f)y(t+\Delta t)+\alpha_f y(t)) \\ \mathrm{r}^{GEMR}_{t+(1-\alpha_f)\Delta t} &= \mathrm{r}(\alpha_f, y(t), y(t+\Delta t)) \end{aligned}\right\} \quad (1.3.97)$$

外力も内力も、最も簡単な線形補間による方法を用いると、一般化 α 法による振動方程式は以下のようになる。

$$\begin{aligned} &(1-\alpha_m)m\ddot{y}(t+\Delta t)+\alpha_m m\ddot{y}(t)+(1-\alpha_f)c\dot{y}(t+\Delta t)+\alpha_f c\dot{y}(t)+ \\ &\quad (1-\alpha_f)\mathrm{r}(y(t+\Delta t))+\alpha_f\,\mathrm{r}(y(t))=(1-\alpha_f)\mathrm{f}(t+\Delta t)+\alpha_f\,\mathrm{f}(t) \end{aligned} \quad (1.3.98)$$

上式に、ニューマークの β 法を適用し、式(1.3.86)を代入すると非線形方程式が得られる。

ニューマークの β 法 ここでは、多自由度系非線形振動方程式に適用されたニューマークの β 法の非線形数値積分法について説明する。時刻 $(i+1)\Delta t$ における多自由度系非線形振動方程式は次式のように表される。

$$\boldsymbol{M}\ddot{\boldsymbol{y}}_{i+1}+\boldsymbol{C}\dot{\boldsymbol{y}}_{i+1}+\boldsymbol{N}_{i+1}=\boldsymbol{R}_{i+1} \quad (1.3.99)$$

ここで、$\boldsymbol{M}$ は質量行列、$\boldsymbol{C}$ は減衰行列、$\boldsymbol{N}_{i+1}$ は内力ベクトルであり、幾何学的および材料非線形を含む非線形項である。また $\boldsymbol{R}_{i+1}$ は外力項を、$\ddot{\boldsymbol{y}}_{i+1}, \dot{\boldsymbol{y}}_{i+1}, \boldsymbol{y}_{i+1}$ は各々加速度、速度、変位ベクトルを示す。次に、ニューマークの β 法により増分後（$i+1$ ステップ）の変位と速度を以下のように仮定する。

$$\left.\begin{aligned} \boldsymbol{y}_{i+1} &= \boldsymbol{y}_i+\Delta t\dot{\boldsymbol{y}}_i+\Delta t^2(0.5-\beta)\ddot{\boldsymbol{y}}_i+\Delta t^2\beta\ddot{\boldsymbol{y}}_{i+1} \\ \dot{\boldsymbol{y}}_{i+1} &= \dot{\boldsymbol{y}}_i+\Delta t(1-\gamma)\ddot{\boldsymbol{y}}_i+\Delta t\gamma\ddot{\boldsymbol{y}}_{i+1} \end{aligned}\right\} \quad (1.3.100)$$

ここでは、**増分後の変位を未知数**にするため、上式を以下のように変更する。

$$\left.\begin{aligned}\dot{\boldsymbol{y}}_{i+1} &= \frac{\gamma}{\beta\Delta t}(\boldsymbol{y}_{i+1}-\boldsymbol{y}_i)-\frac{\gamma-\beta}{\beta}\dot{\boldsymbol{y}}_i-\frac{\gamma-2\beta}{2\beta}\Delta t\ddot{\boldsymbol{y}}_i\\ \ddot{\boldsymbol{y}}_{i+1} &= \frac{1}{\beta\Delta t^2}(\boldsymbol{y}_{i+1}-\boldsymbol{y}_i)-\frac{1}{\beta\Delta t}\dot{\boldsymbol{y}}_i-\frac{1-2\beta}{2\beta}\ddot{\boldsymbol{y}}_i\end{aligned}\right\} \tag{1.3.101}$$

上式を振動方程式に代入すると未知ベクトル $\boldsymbol{y}_{i+1}$ に関する非線形方程式が得られる。

$$\begin{aligned}\boldsymbol{G}(\boldsymbol{y}_{i+1}) = \boldsymbol{N}_{i+1}-\boldsymbol{R}_{i+1}+\boldsymbol{M}\{\frac{1}{\beta\Delta t^2}(\boldsymbol{y}_{i+1}-\boldsymbol{y}_i)-\frac{1}{\beta\Delta t}\dot{\boldsymbol{y}}_i-\frac{1-2\beta}{2\beta}\ddot{\boldsymbol{y}}_i\}\\ +\boldsymbol{C}\{\frac{\gamma}{\beta\Delta t}(\boldsymbol{y}_{i+1}-\boldsymbol{y}_i)-\frac{\gamma-\beta}{\beta}\dot{\boldsymbol{y}}_i-\frac{\gamma-2\beta}{2\beta}\Delta t\ddot{\boldsymbol{y}}_i\}=\boldsymbol{0}\end{aligned} \tag{1.3.102}$$

上式を反復計算で解くため、$k+1$ 回目の反復変位 $\boldsymbol{y}_{i+1}^{k+1}$ についてテーラー展開すると、

$$\boldsymbol{G}(\boldsymbol{y}_{i+1}^{k+1}) = \boldsymbol{G}(\boldsymbol{y}_{i+1}^{k})+\boldsymbol{K}(\boldsymbol{y}_{i+1}^{k})\Delta\boldsymbol{y}_k+\boldsymbol{O}(\Delta\boldsymbol{y}_k)=\boldsymbol{0} \tag{1.3.103}$$

ここで、$\Delta\boldsymbol{y}_k$ は k 回目の増分変位であり、$\boldsymbol{O}(\Delta\boldsymbol{y}_k)$ は増分変位の二次以上の項を示す。上式で増分変位の二次以上を省略すると、反復解析する線形方程式が次のように得られる。

$$\boldsymbol{K}(\boldsymbol{y}_{i+1}^{k})\Delta\boldsymbol{y}_k = -\boldsymbol{G}(\boldsymbol{y}_{i+1}^{k}) \tag{1.3.104}$$

上式で $\Delta\boldsymbol{y}_k$ の下添字 k および未知変位ベクトル $\boldsymbol{y}_{i+1}^{k}$ の上添え字 k は、非線形方程式を解くための反復回数を表す。ここで、接線剛性と増分変位は、

$$\boldsymbol{K}(\boldsymbol{y}_{i+1}^{k}) = \frac{\partial\boldsymbol{G}(\boldsymbol{y}_{i+1}^{k})}{\partial\boldsymbol{y}_{i+1}};\quad \Delta\boldsymbol{y}_k=\boldsymbol{y}_{i+1}^{k+1}-\boldsymbol{y}_{i+1}^{k};\quad \boldsymbol{y}_{i+1}\cong\boldsymbol{y}_i+\sum_{k=1}\Delta\boldsymbol{y}_k \tag{1.3.105}$$

であり、上式中の左式に式(1.3.102)を適用すると、左辺の係数行列は

$$\boldsymbol{K}(\boldsymbol{y}_{i+1}^{k}) = \frac{\partial\boldsymbol{G}(\boldsymbol{y}_{i+1}^{k})}{\partial\boldsymbol{y}_{i+1}}=\boldsymbol{K}_{i+1}^{t}(\boldsymbol{y}_{i+1}^{k})+\frac{1}{\beta\Delta t^2}\boldsymbol{M}+\frac{\gamma}{\beta\Delta t}\boldsymbol{C};\quad \boldsymbol{K}_{i+1}^{t}(\boldsymbol{y}_{i+1}^{k})=\frac{\partial\boldsymbol{N}_{i+1}(\boldsymbol{y}_{i+1}^{k})}{\partial\boldsymbol{y}_{i+1}} \tag{1.3.106}$$

となり、また、右辺項は次式となる。

$$-\boldsymbol{G}(\boldsymbol{y}_{i+1}^{k}) = \boldsymbol{R}_{i+1}-\boldsymbol{N}_{i+1}(\boldsymbol{y}_{i+1}^{k})-\boldsymbol{M}\ddot{y}_{i+1}(\boldsymbol{y}_{i+1}^{k})-\boldsymbol{C}\dot{\boldsymbol{y}}_{i+1}(\boldsymbol{y}_{i+1}^{k}) \tag{1.3.107}$$

これで、反復式である式(1.3.104)の両辺が求まったわけで、後はこの方程式を解いて反復 k 回目の増分変位を求め、この増分変位を足し込んで $k+1$ 回目の変位とする。反復終了後、収束判定を行い、$|\Delta\boldsymbol{y}_k|$ の値が閾値以下になれば収束したとして次ステップに進むことになる。この非線形部分を解く方法は、**ニュートン・ラフソン(Newton-Raphson)法**と呼ばれており、反復式の係数行列は常に再計算を行い、各反復で連立方程式を解く必要が生じる。

反復式の係数行列を再計算せずに、次式のように式(1.3.106)右の接線剛性を一定とすると、反復回数は増えるが､反復時に一度 ***LDU*** 分解することで連立方程式を解く時間が大幅に減少する。この手法は､**修正ニュートン・ラフソン(Modified Newton-Raphson)法**と呼ばれており、効率的な手法として用いられることもある。

$$\boldsymbol{K}_{i+1}^{t}(\boldsymbol{y}_{i+1}^{k}) \cong \frac{\partial\boldsymbol{N}_i(\boldsymbol{y}_i)}{\partial\boldsymbol{y}_i} \tag{1.3.108}$$

一般化α法　本項では、多自由度系に適用された一般化α法[32]について述べる。一般化α法の振動方程式は時刻$(i+1-\alpha)\Delta t$における釣合より、次式で表される。各係数は前項と同様である。

$$M\ddot{y}_{i+1-\alpha_m}+C\dot{y}_{i+1-\alpha_f}+N_{i+1-\alpha_f}=R_{i+1-\alpha_f} \tag{1.3.109}$$

時刻$(i+1-\alpha)\Delta t$の変位と速度、加速度、および外力は、次の線形補間によって求められる。

$$\left.\begin{aligned}\ddot{y}_{i+1-\alpha_m}&=(1-\alpha_m)\ddot{y}_{i+1}+\alpha_m\ddot{y}_i;\quad \dot{y}_{i+1-\alpha_f}=(1-\alpha_f)\dot{y}_{i+1}+\alpha_f\dot{y}_i\\ y_{i+1-\alpha_f}&=(1-\alpha_f)y_{i+1}+\alpha_f y_i;\quad R_{i+1-\alpha_f}=(1-\alpha_f)R_{i+1}+\alpha_f R_i\end{aligned}\right\} \tag{1.3.110}$$

非線形項である内力は、下記の線形補間による方法：

$$N^{TR}_{i+1-\alpha_f}=(1-\alpha_f)N_{i+1}+\alpha_f N_i \tag{1.3.111}$$

あるいは、補間した変位を用いて求める方法：

$$N^{MR}_{i+1-\alpha_f}=N((1-\alpha_f)y_{i+1}+\alpha_f y_i) \tag{1.3.112}$$

Generalized Energy Momentum Rule [33]による手法：

$$N^{GEMR}_{i+1-\alpha_f}=N(\alpha_f,y_i,y_{i+1}) \tag{1.3.113}$$

がある。これらは解くべき問題に合わせて用いられることになる。

ニューマークのβ法を適用するために、$i+1$ステップの変位と速度を式(1.3.100)で仮定する。増分後の変位を未知数にするため、式(1.3.110)と(1.3.101)より、中間点での速度と加速度を求める。

$$\left.\begin{aligned}\dot{y}_{i+1-\alpha_f}&=\frac{(1-\alpha_f)\gamma}{\beta\Delta t}(y_{i+1}-y_i)-\frac{(1-\alpha_f)\gamma-\beta}{\beta}\dot{y}_i-\frac{(\gamma-2\beta)(1-\alpha_f)}{2\beta}\Delta t\ddot{y}_i\\ \ddot{y}_{i+1-\alpha_m}&=\frac{(1-\alpha_m)}{\beta\Delta t^2}(y_{i+1}-y_i)-\frac{(1-\alpha_m)}{\beta\Delta t}\dot{y}_i-\frac{1-\alpha_m-2\beta}{2\beta}\ddot{y}_i\end{aligned}\right\} \tag{1.3.114}$$

上式を振動方程式に代入すると、次の非線形方程式が得られる。

$$\begin{aligned}G_\alpha(y_{i+1})=N_{i+1-\alpha_f}-R_{i+1-\alpha_f}&+M\{\frac{(1-\alpha_m)}{\beta\Delta t^2}(y_{i+1}-y_i)-\frac{(1-\alpha_m)}{\beta\Delta t}\dot{y}_i-\frac{1-\alpha_m-2\beta}{2\beta}\ddot{y}_i\}\\ &+C\{\frac{(1-\alpha_f)\gamma}{\beta\Delta t}(y_{i+1}-y_i)-\frac{(1-\alpha_f)\gamma-\beta}{\beta}\dot{y}_i-\frac{(\gamma-2\beta)(1-\alpha_f)}{2\beta}\Delta t\ddot{y}_i\}=\mathbf{0}\end{aligned} \tag{1.3.115}$$

反復計算で解くため、上式を$k+1$の反復変位y^{k+1}_{i+1}についてテーラー展開すると、次式を得る。

$$G_\alpha(y^{k+1}_{i+1})=G_\alpha(y^k_{i+1})+K_\alpha(y^k_{i+1})\Delta y_k+O(\Delta y_k)=\mathbf{0} \tag{1.3.116}$$

ここで、Δy_kは増分変位であり、$O(\Delta y_k)$は増分変位の二次以上の項を示す。増分変位の二次以上を省略すると、反復解析する線形方程式が次式のように得られる。

$$K_\alpha(y^k_{i+1})\Delta y_k=-G_\alpha(y^k_{i+1});\quad K_\alpha(y^k_{i+1})=\frac{\partial G_\alpha(y^k_{i+1})}{\partial y_{i+1}} \tag{1.3.117}$$

また、増分変位は式(1.3.105)の右とすると、上式の左辺の係数行列は具体的に、

$$K_\alpha(y^k_{i+1})=K^t_{i+1-\alpha_f}(y^k_{i+1})+\frac{1-\alpha_m}{\beta\Delta t^2}M+\frac{(1-\alpha_f)\gamma}{\beta\Delta t}C;\quad K^t_{i+1-\alpha_f}(y^k_{i+1})=\frac{\partial N_{i+1-\alpha_f}(y^k_{i+1})}{\partial y_{i+1}} \tag{1.3.118}$$

となり、また、右辺は次式となる。

$$-\boldsymbol{G}_{\alpha}(\boldsymbol{y}_{i+1}^{k})=\boldsymbol{R}_{i+1-\alpha_f}-\boldsymbol{N}_{i+1-\alpha_f}(\boldsymbol{y}_{i+1}^{k})-\boldsymbol{M}\ddot{\boldsymbol{y}}_{i+1-\alpha_m}(\boldsymbol{y}_{i+1}^{k})-\boldsymbol{C}\dot{\boldsymbol{y}}_{i+1-\alpha_f}(\boldsymbol{y}_{i+1}^{k}) \tag{1.3.119}$$

これで反復式である式(1.3.117)の両辺が求まったわけで、後はこの方程式を解いて、反復 k 次の増分変位を求めることになる。非線形方程式の数値計算手法はニューマークの β 法と同様である。

1.3.10　混合法

OS+ニューマークのβ法　陽解法の利点と陰解法の安定性と精度を活かした混合法の一つである OS+ニューマークのβ法 [34]について述べる。構造物の非線形振動方程式は式(1.3.99)で表され、記号は全てこれまでと同じとする。OS 法を適用するために、式(1.3.99)中の内力ベクトルの非線形部分を右辺に移項し、左辺には線形項 $\boldsymbol{K}\boldsymbol{y}_{i+1}$ のみ残して振動方程式を以下のように変更する。

$$\boldsymbol{M}\ddot{\boldsymbol{y}}_{i+1}+\boldsymbol{C}\dot{\boldsymbol{y}}_{i+1}+\boldsymbol{K}\boldsymbol{y}_{i+1}=\boldsymbol{R}_{i+1}-\boldsymbol{N}_{i+1}+\boldsymbol{K}\boldsymbol{y}_{i+1} \tag{1.3.120}$$

これにニューマークのβ法を適用して解くことになるが、非線形方程式であるため、精度良く解を求めるためには一般に反復計算が必要となる。

右辺の非線形内力項を増分前の変位からテーラー展開する。ここで、増分前の内力は部材応力から求めた節点力ベクトル $\boldsymbol{Q}(\boldsymbol{y}_{i+1}^{k})$ とする。

$$\boldsymbol{N}_{i+1}=\boldsymbol{Q}(\boldsymbol{y}_{i+1}^{k})+\boldsymbol{K}^{t}(\boldsymbol{y}_{i+1}^{k})\Delta\boldsymbol{y}_{k}+\boldsymbol{O}(\Delta\boldsymbol{y}_{k}) \tag{1.3.121}$$

反復計算を行うため、反復時における内力は増分変位の二次以上の項を省略することで、

$$\boldsymbol{N}_{i+1}\cong\boldsymbol{Q}(\boldsymbol{y}_{i+1}^{k})+\boldsymbol{K}_{i+1}^{t}(\boldsymbol{y}_{i+1}^{k})\Delta\boldsymbol{y}_{k} \tag{1.3.122}$$

となる。ここで、一般には節点力ベクトル $\boldsymbol{Q}(\boldsymbol{y}_{i+1}^{k})$ と係数行列 $\boldsymbol{K}_{i+1}^{t}(\boldsymbol{y}_{i+1}^{k})$ は反復時に書き換えられることになる。また、増分変位の上添え字 k は、増分時間内の反復回数を表し、収束時には、$\Delta\boldsymbol{y}_{k}\to\boldsymbol{0}$ で $\boldsymbol{y}_{i+1}^{k+1}\to\boldsymbol{y}_{i+1}$ となる。ただし、ここでは**計算効率を考えて増分前の係数行列を用いて反復時には変更しない方法**とすると、上式は以下のように変更され、反復時、$\boldsymbol{K}_{i}^{t}$ は一定となる。

$$\boldsymbol{N}_{i+1}\cong\boldsymbol{Q}(\boldsymbol{y}_{i+1}^{k})+\boldsymbol{K}_{i}^{t}(\boldsymbol{y}_{i})\Delta\boldsymbol{y}_{k} \tag{1.3.123}$$

上式を式(1.3.120)に代入し、反復用の振動方程式を得る。

$$\boldsymbol{M}\ddot{\boldsymbol{y}}_{i+1}^{k+1}+\boldsymbol{C}\dot{\boldsymbol{y}}_{i+1}^{k+1}+\boldsymbol{K}\boldsymbol{y}_{i+1}^{k+1}=\boldsymbol{R}_{i+1}-\boldsymbol{Q}(\boldsymbol{y}_{i+1}^{k})-\boldsymbol{K}_{i}^{t}\Delta\boldsymbol{y}_{k}+\boldsymbol{K}(\boldsymbol{y}_{i+1}^{k}+\Delta\boldsymbol{y}_{k}) \tag{1.3.124}$$

上式を解くために、反復初期値として増分変位 $\Delta\boldsymbol{y}_{1}$ と変位 $\boldsymbol{y}_{i+1}^{1}$ を次式で予測し、その値を代入する。

$$\Delta\boldsymbol{y}_{1}=\Delta t\dot{\boldsymbol{y}}_{i}+0.5\Delta t^{2}\ddot{\boldsymbol{y}}_{i}+\beta\Delta t^{2}(\ddot{\boldsymbol{y}}_{i}-\ddot{\boldsymbol{y}}_{i-1});\quad \boldsymbol{y}_{i+1}^{1}=\boldsymbol{y}_{i} \tag{1.3.125}$$

ここでは、予測値の精度を向上させるため、3 次の微分項を増分前の値 $\ddot{\boldsymbol{y}}_{i-1}$ を用いて求めている。次に、上式を式(1.3.124)に代入し、線形方程式を解く。求めた変位 $\boldsymbol{y}_{i+1}^{k+1}$ から、右辺項を再計算す

るために増分変位と反復変位を次式より求め、次の反復に移ることになる。その際、計算された増分変位がある閾値より小さくなると、収束したとして次のステップに進むことになる。

$$\Delta \boldsymbol{y}_k = \boldsymbol{y}_{i+1}^{k+1} - \boldsymbol{y}_{i+1}^{k}; \quad \boldsymbol{y}_{i+1} = \boldsymbol{y}_i + \sum_{k=1} \Delta \boldsymbol{y}_k \tag{1.3.126}$$

振動方程式を非線形方程式に変換するために、この方程式にニューマークの β 法を適用する。まず、反復時の変位と速度を

$$\left.\begin{aligned} \boldsymbol{y}_{i+1}^{k+1} &= \boldsymbol{y}_i + \Delta t \dot{\boldsymbol{y}}_i + \Delta t^2 (0.5-\beta) \ddot{\boldsymbol{y}}_i + \Delta t^2 \beta \ddot{\boldsymbol{y}}_{i+1}^{k+1} \\ \dot{\boldsymbol{y}}_{i+1}^{k+1} &= \dot{\boldsymbol{y}}_i + \Delta t (1-\gamma) \ddot{\boldsymbol{y}}_i + \Delta t \gamma \ddot{\boldsymbol{y}}_{i+1}^{k+1} \end{aligned}\right\} \tag{1.3.127}$$

とし、さらに上式中の係数を

$$\left.\begin{aligned} &\boldsymbol{a} = \dot{\boldsymbol{y}}_i + \Delta t (1-\gamma) \ddot{\boldsymbol{y}}_i; \quad \boldsymbol{b} = \Delta t \dot{\boldsymbol{y}}_i + \Delta t^2 (0.5-\beta) \ddot{\boldsymbol{y}}_i \\ &\bar{\boldsymbol{b}} = \boldsymbol{y}_i + \boldsymbol{b}; \quad \mu_1 = \Delta t \gamma; \quad \mu_2 = \Delta t^2 \beta \end{aligned}\right\} \tag{1.3.128}$$

としてまとめる。式(1.3.127)と(1.3.128)を反復解法の基礎式(1.3.124)に代入すると、**反復後の加速度を未知ベクトル**とする釣合式が以下のように得られる。

$$\begin{aligned} &\boldsymbol{M}\ddot{\boldsymbol{y}}_i^{k+1} + \boldsymbol{C}\{\boldsymbol{a} + \mu_1 \ddot{\boldsymbol{y}}_{i+1}^{k+1}\} + \boldsymbol{K}\{\bar{\boldsymbol{b}} + \mu_2 \ddot{\boldsymbol{y}}_{i+1}^{k+1}\} = \boldsymbol{R}_{i+1} - \boldsymbol{Q}(\boldsymbol{y}_{i+1}^{k}) - \boldsymbol{K}_i^t\{\boldsymbol{b} + \mu_2 \ddot{\boldsymbol{y}}_{i+1}^{k}\} + \boldsymbol{K}\{\bar{\boldsymbol{b}} + \mu_2 \ddot{\boldsymbol{y}}_{i+1}^{k}\} \\ &\rightarrow \ [\boldsymbol{M} + \mu_1 \boldsymbol{C} + \mu_2 \boldsymbol{K}]\, \ddot{\boldsymbol{y}}_{i+1}^{k+1} = \boldsymbol{R}_{i+1} - \boldsymbol{Q}(\boldsymbol{y}_{i+1}^{k}) - \boldsymbol{C}\boldsymbol{a} - \boldsymbol{K}_i^t \boldsymbol{b} + \mu_2 [\boldsymbol{K} - \boldsymbol{K}_i^t]\, \ddot{\boldsymbol{y}}_{i+1}^{k} \end{aligned} \tag{1.3.129}$$

ここで、上式の係数をまとめると、

$$\left.\begin{aligned} &\boldsymbol{F} = \boldsymbol{M} + \mu_1 \boldsymbol{C} + \mu_2 \boldsymbol{K} \\ &\boldsymbol{G} = \mu_2 (\boldsymbol{K} - \boldsymbol{K}_i^t); \quad \boldsymbol{g} = \boldsymbol{R}_{i+1} - \boldsymbol{C}\boldsymbol{a} - \boldsymbol{K}_i^t \boldsymbol{b} \end{aligned}\right\} \tag{1.3.130}$$

反復式が以下のように求められる。

$$\boldsymbol{F}\ddot{\boldsymbol{y}}_{i+1}^{k+1} = -\boldsymbol{Q}(\boldsymbol{y}_{i+1}^{k}) + \boldsymbol{G}\ddot{\boldsymbol{y}}_{i+1}^{k} + \boldsymbol{g} \quad \rightarrow \quad \ddot{\boldsymbol{y}}_{i+1}^{k+1} = \boldsymbol{F}^{-1}\{-\boldsymbol{Q}(\boldsymbol{y}_{i+1}^{k}) + \boldsymbol{G}\ddot{\boldsymbol{y}}_{i+1}^{k} + \boldsymbol{g}\} \tag{1.3.131}$$

ここで用いたOS法では、係数行列 $\boldsymbol{F}$ は線形となり、一度 $\boldsymbol{LDU}$ 分解すれば各増分ステップで用いることができ、解を求めるための計算時間はほとんど必要としない。しかも、部材の塑性チェックや応力計算、接線剛性、あるいは反復解法の右辺項の計算等は部材相互に関連しないため、部材毎に独立して計算が可能であり、並列処理を用いることで計算効率化が一段と図られる。

非反復型 OS+ニューマークの β 法　前項の方法で精度良く解を求めるには数回の反復を行う必要がある。一方、精度の良い非反復型の手法が酒井によって開発 [35] されており、ここではその手法を紹介する。まず、ニューマークの β 法より**増分後の変位を未知ベクトル**とすると、速度と加速度ベクトルは式(1.3.101)として与えられる。同式を OS 法の振動方程式(1.3.120)に代入し、整理すると、

$$\begin{aligned} &[\frac{1}{\beta \Delta t^2}\boldsymbol{M} + \frac{\gamma}{\beta \Delta t}\boldsymbol{C} + \boldsymbol{K}]\boldsymbol{y}_{i+1} = \boldsymbol{R}_{i+1} - (\boldsymbol{N}(\boldsymbol{y}_{i+1}) - \boldsymbol{K}\boldsymbol{y}_{i+1}) \\ &\qquad + \boldsymbol{M}(\frac{1}{\beta \Delta t^2}\boldsymbol{y}_i + \frac{1}{\beta \Delta t}\dot{\boldsymbol{y}}_i + \frac{1-2\beta}{2\beta}\ddot{\boldsymbol{y}}_i) + \boldsymbol{C}(\frac{\gamma}{\beta \Delta t}\boldsymbol{y}_i + \frac{\gamma-\beta}{\beta}\dot{\boldsymbol{y}}_i + \frac{\gamma-2\beta}{2\beta}\Delta t \ddot{\boldsymbol{y}}_i) \end{aligned} \tag{1.3.132}$$

として $\boldsymbol{y}_{i+1}$ に関する非線形方程式が得られる。最初に、非線形部分の内力を増分前の値で近似すると次式で与えられる。

$$\boldsymbol{N}(\boldsymbol{y}_{i+1})-\boldsymbol{K}\boldsymbol{y}_{i+1}\;\rightarrow\;\boldsymbol{Q}(\boldsymbol{y}_i)-\boldsymbol{K}\boldsymbol{y}_i \tag{1.3.133}$$

上式を式(1.3.132)に代入すると右辺項は全て増分前の値となり、増分後の変位が容易に求められる。

$$\begin{aligned}\boldsymbol{y}_{i+1}=&[\frac{1}{\beta\Delta t^2}\boldsymbol{M}+\frac{\gamma}{\beta\Delta t}\boldsymbol{C}+\boldsymbol{K}]^{-1}\{\boldsymbol{R}_{i+1}-(\boldsymbol{Q}(\boldsymbol{y}_i)-\boldsymbol{K}\boldsymbol{y}_i)\\&+\boldsymbol{M}(\frac{1}{\beta\Delta t^2}\boldsymbol{y}_i+\frac{1}{\beta\Delta t}\dot{\boldsymbol{y}}_i+\frac{1-2\beta}{2\beta}\ddot{\boldsymbol{y}}_i)+\boldsymbol{C}(\frac{\gamma}{\beta\Delta t}\boldsymbol{y}_i+\frac{\gamma-\beta}{\beta}\dot{\boldsymbol{y}}_i+\frac{\gamma-2\beta}{2\beta}\Delta t\ddot{\boldsymbol{y}}_i)\}\end{aligned} \tag{1.3.134}$$

求めた変位より非線形部分の内力を再計算し、式(1.3.133)との差である誤差ベクトル $\Delta\boldsymbol{q}$ を得る。

$$\Delta\boldsymbol{q}=\{\boldsymbol{Q}(\boldsymbol{y}_{i+1})-\boldsymbol{K}\boldsymbol{y}_{i+1}\}-\{\boldsymbol{Q}(\boldsymbol{y}_i)-\boldsymbol{K}\boldsymbol{y}_i\} \tag{1.3.135}$$

本来、この誤差内力ベクトルは反復によってゼロベクトルに収束すべきであるが、ここでは次の方法を用いて解を修正する。この誤差内力ベクトルだけが外力として作用する線形の振動系を以下のように想定し、その応答を求める。

$$\boldsymbol{M}\ddot{\boldsymbol{y}}_1+\boldsymbol{C}\dot{\boldsymbol{y}}_1+\boldsymbol{K}\boldsymbol{y}_1=\Delta\boldsymbol{q} \tag{1.3.136}$$

上記の振動方程式を中央差分法で解く。中央差分法では、加速度、速度ベクトルと変位ベクトルの間に次の関係が仮定される。

$$\ddot{\boldsymbol{y}}_1=\frac{1}{\Delta t^2}\{\boldsymbol{y}_2-2\boldsymbol{y}_1+\boldsymbol{y}_0\};\quad \dot{\boldsymbol{y}}_1=\frac{1}{2\Delta t}\{\boldsymbol{y}_2-\boldsymbol{y}_0\} \tag{1.3.137}$$

ここで、$\Delta\boldsymbol{q}$ が作用する 1 ステップ前の変位ベクトル $\boldsymbol{y}_1$ と初期変位ベクトル $\boldsymbol{y}_0$ は、$\boldsymbol{0}$ ベクトルであることから、応答は次式で与えられる。

$$\ddot{\boldsymbol{y}}_1=\frac{1}{\Delta t^2}\boldsymbol{y}_2;\quad \dot{\boldsymbol{y}}_1=\frac{1}{2\Delta t}\boldsymbol{y}_2 \tag{1.3.138}$$

上式を式(1.3.136)に代入し、$\boldsymbol{y}_2$ を求めると

$$\boldsymbol{y}_2=\Delta t^2[\boldsymbol{M}+\frac{\Delta t}{2}\boldsymbol{C}]^{-1}\Delta\boldsymbol{q} \tag{1.3.139}$$

となり、この値を式(1.3.138)に代入すると、加速度と速度が求められる。

$$\ddot{\boldsymbol{y}}_1=[\boldsymbol{M}+\frac{\Delta t}{2}\boldsymbol{C}]^{-1}\Delta\boldsymbol{q};\quad \dot{\boldsymbol{y}}_1=[\boldsymbol{M}+\frac{\Delta t}{2}\boldsymbol{C}]^{-1}\frac{\Delta t}{2}\Delta\boldsymbol{q} \tag{1.3.140}$$

式(1.3.134)は $\Delta\boldsymbol{q}$ が生じるステップにおいて、その影響を考慮できていない応答であり、上式はその $\Delta\boldsymbol{q}$ が作用する応答である。従って、この 2 つの系の応答を加えることで、つまり、式(1.3.140)の速度と加速度を加えることで次の近似度の高い解が得られる。この手法の特徴は非反復型で、しかも精度の良い解が得られることである。なお、変位は式(1.3.134)で与えられている。

$$\left.\begin{aligned}\dot{\boldsymbol{y}}_{i+1}&=\frac{\gamma}{\beta\Delta t}(\boldsymbol{y}_{i+1}-\boldsymbol{y}_i)-\frac{\gamma-\beta}{\beta}\dot{\boldsymbol{y}}_i-\frac{\gamma-2\beta}{2\beta}\Delta t\ddot{\boldsymbol{y}}_i+[\boldsymbol{M}+\frac{\Delta t}{2}\boldsymbol{C}]^{-1}\frac{\Delta t}{2}\Delta\boldsymbol{q}\\ \ddot{\boldsymbol{y}}_{i+1}&=\frac{1}{\beta\Delta t^2}(\boldsymbol{y}_{i+1}-\boldsymbol{y}_i)-\frac{1}{\beta\Delta t}\dot{\boldsymbol{y}}_i-\frac{1-2\beta}{2\beta}\ddot{\boldsymbol{y}}_i+[\boldsymbol{M}+\frac{\Delta t}{2}\boldsymbol{C}]^{-1}\Delta\boldsymbol{q}\end{aligned}\right\} \tag{1.3.141}$$

高次モードの数値減衰（α-OS 法）　減衰の小さい構造や特殊な構造では、高次モードの安定性には特に注意を要する。ここでは、高次モードの不安定性に対する対処法として、2 つ

の方法を紹介する。いずれも、数値計算と準静的加力による実験を組み合わせたハイブリッド実験の研究で開発された手法[31, 36, 37]である。

本項では、中島らによって提案されたα-OS 法[36]について説明する。一般化α法による振動方程式は既に式(1.3.109)に示されており、ここでは、次式の HHT-α 法を用いる。

$$\boldsymbol{M}\ddot{\boldsymbol{y}}_{i+1} + \boldsymbol{C}\dot{\boldsymbol{y}}_{i+1-\alpha_f} + \boldsymbol{N}_{i+1-\alpha_f} = \boldsymbol{R}_{i+1-\alpha_f} \tag{1.3.142}$$

時刻$(i+1-\alpha_f)\Delta t$の変位と速度および外力を次のように線形補間によって求める。

$$\left.\begin{aligned}\dot{\boldsymbol{y}}_{i+1-\alpha_f} &= (1-\alpha_f)\dot{\boldsymbol{y}}_{i+1} + \alpha_f \dot{\boldsymbol{y}}_i; \quad \boldsymbol{y}_{i+1-\alpha_f} = (1-\alpha_f)\boldsymbol{y}_{i+1} + \alpha_f \boldsymbol{y}_i \\ \boldsymbol{R}_{i+1-\alpha_f} &= (1-\alpha_f)\boldsymbol{R}_{i+1} + \alpha_f \boldsymbol{R}_i\end{aligned}\right\} \tag{1.3.143}$$

上式を式(1.3.142)に代入すると、振動方程式は次のように変換される。

$$\boldsymbol{M}\ddot{\boldsymbol{y}}_{i+1} + (1-\alpha_f)\boldsymbol{C}\dot{\boldsymbol{y}}_{i+1} + \alpha_f \boldsymbol{C}\dot{\boldsymbol{y}}_i + \boldsymbol{N}_{i+1-\alpha_f} = (1-\alpha_f)\boldsymbol{R}_{i+1} + \alpha_f \boldsymbol{R}_i \tag{1.3.144}$$

また、内力項も最も単純な線形補間による方法を用いるが、ここでは OS 法により、線形剛性$\boldsymbol{K}^I$による項と非線形項$\boldsymbol{K}^N(\boldsymbol{y})$による項に分割する。

$$\begin{aligned}\boldsymbol{N}^{TR}_{i+1-\alpha_f} &= (1-\alpha_f)\boldsymbol{N}_{i+1} + \alpha_f \boldsymbol{N}_i \\ &= (1-\alpha_f)(\boldsymbol{K}^I \boldsymbol{y}_{i+1} + \boldsymbol{K}^N_{i+1}(\boldsymbol{y}_{i+1})) + \alpha_f(\boldsymbol{K}^I \boldsymbol{y}_i + \boldsymbol{K}^N_i(\boldsymbol{y}_i))\end{aligned} \tag{1.3.145}$$

さらに、予測子変位$(\boldsymbol{d}_i, \boldsymbol{d}_{i+1})$を用いて、非線形項を次式で近似する。

$$\boldsymbol{K}^N_i(\boldsymbol{y}_i) \cong \boldsymbol{K}^E_i \boldsymbol{d}_i; \quad \boldsymbol{K}^N_{i+1}(\boldsymbol{y}_{i+1}) \cong \boldsymbol{K}^E_{i+1}\boldsymbol{d}_{i+1} \tag{1.3.146}$$

ここで、$\boldsymbol{K}^E_{i+1}$は接線剛性から線形剛性を除いた非線形部分の剛性である。上式を式(1.3.144)に代入すると、$\alpha-$OS 法の基礎振動方程式が得られる。

$$\begin{aligned}&\boldsymbol{M}\ddot{\boldsymbol{y}}_{i+1} + (1-\alpha_f)\boldsymbol{C}\dot{\boldsymbol{y}}_{i+1} + \alpha_f \boldsymbol{C}\dot{\boldsymbol{y}}_i + (1-\alpha_f)\{\boldsymbol{K}^I \boldsymbol{y}_{i+1} + \boldsymbol{K}^E_{i+1}\boldsymbol{d}_{i+1}\} \\ &\quad + \alpha_f\{\boldsymbol{K}^I \boldsymbol{y}_i + \boldsymbol{K}^E_i \boldsymbol{d}_i\} = (1-\alpha_f)\boldsymbol{R}_{i+1} + \alpha_f \boldsymbol{R}_i\end{aligned} \tag{1.3.147}$$

上式にニューマークのβ法を適用するため、次式のように予測子変位$\boldsymbol{d}_{i+1}$および変位と速度を仮定する。

$$\left.\begin{aligned}&\boldsymbol{d}_{i+1} = \boldsymbol{y}_i + \Delta t\dot{\boldsymbol{y}}_i + \Delta t^2(0.5-\beta)\ddot{\boldsymbol{y}}_i \\ &\boldsymbol{y}_{i+1} = \boldsymbol{d}_{i+1} + \Delta t^2 \beta \ddot{\boldsymbol{y}}_{i+1}; \quad \dot{\boldsymbol{y}}_{i+1} = \dot{\boldsymbol{y}}_i + \Delta t(1-\gamma)\ddot{\boldsymbol{y}}_i + \Delta t\gamma \ddot{\boldsymbol{y}}_{i+1}\end{aligned}\right\} \tag{1.3.148}$$

上の変位と速度を式(1.3.147)に代入し、未知加速度ベクトル$\ddot{\boldsymbol{y}}_{i+1}$に関する方程式を求める。

$$\begin{aligned}[\boldsymbol{M} + (1-\alpha_f)\Delta t\gamma \boldsymbol{C} + (1-\alpha_f)\Delta t^2 \beta \boldsymbol{K}^I]\,\ddot{\boldsymbol{y}}_{i+1} &= (1-\alpha_f)\boldsymbol{R}_{i+1} + \alpha_f \boldsymbol{R}_i \\ &\quad - \boldsymbol{C}\{(1-\alpha_f)(\dot{\boldsymbol{y}}_i + \Delta t(1-\gamma)\ddot{\boldsymbol{y}}_i) + \alpha_f \dot{\boldsymbol{y}}_i\} \\ &\quad - (1-\alpha_f)\{\boldsymbol{K}^I \boldsymbol{d}_{i+1} + \boldsymbol{K}^E_{i+1}\boldsymbol{d}_{i+1}\} - \alpha_f\{\boldsymbol{K}^I \boldsymbol{y}_i + \boldsymbol{K}^E_i \boldsymbol{d}_i\}\end{aligned} \tag{1.3.149}$$

右辺は予測子変位$\boldsymbol{d}_{i+1}$を代入することで全て決定し、上式は線形方程式となる。また、未知加速度ベクトル$\ddot{\boldsymbol{y}}_{i+1}$の係数行列は常に変化せず、一度 ***LDU*** 分解すれば、後は効率良く数値積分を実行できる。上記の方程式は、まず増分前の情報を用いて予測子$\boldsymbol{d}_{i+1}$を計算し、式(1.3.146)の右式より非線形内力項を計算した後、式(1.3.149)に適用して増分後の加速度が得られ、解かれることになる。同法はこのように非反復型の積分手法となっている。

非線形解析に応用したモーダル法（MET 法）　本項では、神田らによって提案されたモーダル法を利用した MET(Modal-explicit Integration Technique)法[31, 37]を紹介する。この MET 法も $\alpha-$OS 法と同様に、ハイブリッド実験用に開発された手法である。一般的に地震力や風荷重の周波数特性を考慮すると、構造物の応答は低次の周波数成分が卓越し、高次成分はほとんど発生しない。そこで非線形問題に対し、モーダル法を利用して高次成分を省略する方法が考えられる。

振動方程式(1.3.120)で、文献では線形部分の仮想剛性として任意剛性でも良いとしているが、ここでは、モーダル法をそのまま適用可能で、しかも適切な固有振動モードが得られる線形剛性を使用する。まず、固有値問題により固有値と固有ベクトルを求める。ここでは、固有ベクトルは質量行列 $\boldsymbol{M}$ を介した正規直交ベクトルとし、減衰は比例型とする。一般化座標における変位ベクトルを $\boldsymbol{Y}$ とすると、実座標の変位ベクトル $\boldsymbol{y}$ との関係が次式で与えられるが、低次モードで十分骨組の挙動を表すことができるとして高次モードを省略して示す。従って、n' は使用する最高次のモード次数を表す。ここで、$\boldsymbol{\varphi}_j$ は j 次の固有ベクトルであり、Y_j は j 次の一般化変位である。逆変換は、固有ベクトルが正規であることを考慮すると次式右で与えられる。

$$\boldsymbol{y}=\sum_{j=1}^{n'}\boldsymbol{\varphi}_j Y_j ;\quad Y_k=\boldsymbol{\varphi}_k^T\boldsymbol{M}\boldsymbol{y} \tag{1.3.150}$$

上式左を式(1.3.120)に代入し、左より $\boldsymbol{\varphi}_k^T$ を掛けると、

$$\sum_{j=1}^{n'}\{\varphi_k^T\boldsymbol{M}\varphi_j\ddot{Y}_j+\varphi_k^T\boldsymbol{C}\varphi_j\dot{Y}_j+\varphi_k^T\boldsymbol{K}\varphi_jY_j\}=\varphi_k^T\boldsymbol{R}-\varphi_k^T\boldsymbol{N}+\sum_{j=1}^{n'}\{\varphi_k^T\boldsymbol{K}\varphi_jY_j\} \tag{1.3.151}$$

また、固有ベクトルは $\boldsymbol{M}$ を介して正規直交系であることから、次式が成立する。

$$\boldsymbol{\varphi}_k^T\boldsymbol{M}\boldsymbol{\varphi}_j=\delta_{kj};\quad \boldsymbol{\varphi}_k^T\boldsymbol{C}\boldsymbol{\varphi}_j=\delta_{kj}c_j;\quad \boldsymbol{\varphi}_k^T\boldsymbol{K}\boldsymbol{\varphi}_j=\delta_{kj}k_j=\delta_{kj}\omega_j^2\quad (j=1,n) \tag{1.3.152}$$

上式を考慮すると、式(1.3.151)は n' 個の独立した振動方程式となる。例えば、k 次モードの方程式は、次式で与えられる。

$$\ddot{Y}_k+c_k\dot{Y}_k+k_kY_k=\boldsymbol{\varphi}_k^T\boldsymbol{R}-\boldsymbol{\varphi}_k^T\boldsymbol{N}+k_kY_k\quad\rightarrow\quad \ddot{Y}_k+c_k\dot{Y}_k+\boldsymbol{\varphi}_k^T\boldsymbol{N}=\boldsymbol{\varphi}_k^T\boldsymbol{R} \tag{1.3.153}$$

上式では内力項は非線形となるが、**条件付安定である陽的ニューマークの β 法**（$\beta=0$）を使用することで非反復型の積分手法が得られる。一般化変位に対する変位と速度を以下のように仮定し、さらに、求めた一般化変位を式(1.3.150)左に適用して実座標の変位 $\boldsymbol{y}_{i+1}$ を得る。

$$\boldsymbol{Y}_{i+1}=\boldsymbol{Y}_i+\Delta t\dot{\boldsymbol{Y}}_i+\frac{1}{2}\Delta t^2\ddot{\boldsymbol{Y}}_i;\quad \dot{\boldsymbol{Y}}_{i+1}=\dot{\boldsymbol{Y}}_i+\frac{1}{2}\Delta t(\ddot{\boldsymbol{Y}}_i+\ddot{\boldsymbol{Y}}_{i+1})\qquad \boldsymbol{y}_{i+1}=\sum_{k=1}^{n'}\boldsymbol{\varphi}_kY_{k,i+1} \tag{1.3.154}$$

一般化変位の中で k 次モードの変位を式(1.3.153)右に代入すると、

$$\ddot{Y}_{k,i+1}+c_k\{\dot{Y}_{k,i}+\frac{1}{2}\Delta t(\ddot{Y}_{k,i}+\ddot{Y}_{k,i+1})\}+\boldsymbol{\varphi}_k^T\boldsymbol{N}(\boldsymbol{y}_{i+1})=\boldsymbol{\varphi}_k^T\boldsymbol{R}_{i+1} \tag{1.3.155}$$

となり、ここでは非線形の内力も増分後の加速度を含まないため、k 次モードの増分後の加速度 $\ddot{Y}_{k,i+1}$ が下式のように求められる。ただし、内力項は増分後における実座標の変位 $\boldsymbol{y}_{i+1}$ を用いて、正確に求めることになる。

$$\ddot{Y}_{k,i+1}=(1+\frac{1}{2}\Delta tc_k)^{-1}\{-c_k(\dot{Y}_{k,i}+\frac{1}{2}\Delta t\ddot{Y}_{k,i})-\boldsymbol{\varphi}_k^T\boldsymbol{N}(\boldsymbol{y}_{i+1})+\boldsymbol{\varphi}_k^T\boldsymbol{R}_{i+1}\} \tag{1.3.156}$$

ここで重要なのは、陽的ニューマークの β 法の条件付安定条件と構造物の振動状態を考慮して n' が決められることであり、結果、数値計算の安定化と大幅な自由度数の軽減が見込まれる。加えて、このように高次モードを省略することよって、不安定となる高次の振動挙動が抑えられることにもなる。数値計算手続きの理解は容易であり、積分処理は全て一般化座標系で行い、非線形内力と外力の計算は、実座標系で行う。

1.3.11　免震装置のモデル化

日本における免震構造は、1995 年の阪神淡路大震災を契機にその利点が広く認知され、建設数が大幅に増加した。その後、免震構造の適用範囲拡大や高性能化を目的として、様々なタイプの免震装置が開発・実用化されるようになった。例えば、減衰機能を含む鉛プラグ入り積層ゴムなども開発され、より機能的となっている。現在では、住宅から超高層まで適用可能であり、空間構造でも免震化の研究が行われている [38]。免震構造を実現する免震デバイスは、建物の重量を支えながら、建物の長周期化の役割を持つアイソレータと、大きな変形を抑え、減衰力を付加するダンパーからなる。アイソレータには薄い鋼板を挟み込んだ積層ゴム系とすべり系・ころがり系があり、ダンパー機能として、鋼棒や鉛プラグ、高減衰ゴム、すべり摩擦などが利用される [39]。

修正バイリニアモデル　免震デバイスに求められる最も基本的な性能は、建物の固有周期を長くすることと、長期間における荷重支持能力と高い圧縮剛性である。圧縮剛性が小さいと付加軸力によって、構造物がロッキング振動を起こし易くなる。

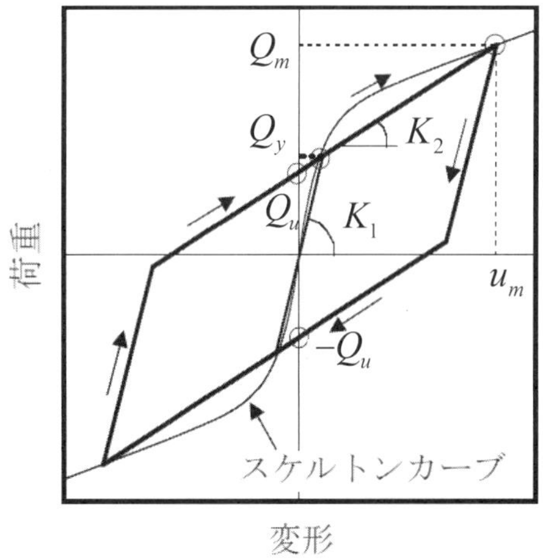

図 1.3.1　修正バイリニア特性

ここでは、従来から多用されている修正バイリニアモデルについて説明する。高減衰積層ゴムの復元力特性はバイリニアモデルで近似することができるが、この積層ゴムの履歴はひずみ依存性を示すため、一般に修正型を用いる。履歴ループは図 1.3.1 のようにバイリニア型であるが、ループ形状を規定する 3 つのパラメータ（初期剛性 K_1、降伏後剛性 K_2、降伏せん断力 Q_y）の値は、実験から得られた履歴ループ面積と等価となるように次式で決定される [40]。

$$\left.\begin{aligned} K_1 &= \frac{2u-(1-u)h_{eq}}{2u-\pi h_{eq}} K_{eq};\quad K_2 = (1-u)K_{eq} \\ Q_y &= \frac{uQ_m K_1}{K_1 - K_2};\quad K_{eq} = \frac{G_{eq} A_r}{H_r} \end{aligned}\right\} \tag{1.3.157}$$

ここで、K_{eq} は等価剛性、h_{eq} は等価粘性減衰定数、u は荷重切片比（$u = Q_u / Q_m$）である。等価剛性 K_{eq} は、ゴムの等価せん断弾性率 G_{eq}、積層ゴムの断面積 A_r、積層ゴムのゴム層厚 H_r より求められる。同式中の G_{eq}, h_{eq}, u は、せん断ひずみ $\gamma = \delta / H_r$ の関数として表現され（δ：積層ゴムの水平変位）、履歴がループ第 2 勾配から戻る際（除荷となる時点）、再計算される。

MSS モデル　免震装置を有する立体骨組を動的解析する際、2 方向の免震モデルが必要となる。しかも、大変形・大ひずみとなるため、装置の 2 方向復元力特性は互いに相関する。そこで、両方向の相互作用を解析可能とする **MSS(Multiple Shear Springs)モデル**が多用される。MSS モデルは、同一の非線形せん断ばねを等間隔に配置した仮想的なモデルであり、相互作用を考慮した連成ばねモデルが設定できる。そのため、各ばねの復元力特性として免震用履歴モデルを用いることで、免震装置を有する立体骨組や空間構造物の動的解析が可能となる。

円周方向に配置されたばねは、法線方向の変位とせん断力で評価される。例えば、1 方向の剛性 K_1, K_2 と降伏荷重 Q_y と等価となるように、MSS モデルを構成する各せん断ばねの剛性 k_1, k_2 と降伏せん断力 q_y が、下式で評価される。

$$k_1 = r_1 K_1;\quad k_2 = r_1 K_2;\quad q_y = r_2 Q_y \qquad r_1 = \frac{1}{\sum_{i=0}^{n-1} \sin^2 \frac{2i\pi}{n}};\quad r_2 = \frac{1}{\sum_{i=0}^{n-1} \sin \frac{2i\pi}{n}} \tag{1.3.158}$$

ここで n は周方向の分割数を示す。全体変位 (U, V) と i 番目のばねの変位 u_i の関係、およびせん断力 (Q_u, Q_v) と i 番目のばねのせん断力 q_i の関係が以下のように表され、これらの値を用いて各せん断ばねの履歴が求められる。

$$u_i = \left\{ \cos\frac{2i\pi}{n} \quad \sin\frac{2i\pi}{n} \right\} \begin{Bmatrix} U \\ V \end{Bmatrix};\quad q_i = \left\{ \cos\frac{2i\pi}{n} \quad \sin\frac{2i\pi}{n} \right\} \begin{Bmatrix} Q_u \\ Q_v \end{Bmatrix} \tag{1.3.159}$$

履歴から各せん断ばねの剛性 k_{si} が評価されると、免震装置の接線剛性 K_S および MSS モデルの増分変位 $(\Delta\delta_u, \Delta\delta_v)$ とせん断力 (Q_u, Q_v) の関係が、増分変位によって生じる応力を加えることによって、次式で与えられる。

$$\begin{Bmatrix} Q_u \\ Q_v \end{Bmatrix} = [K_S] \begin{Bmatrix} \Delta\delta_u \\ \Delta\delta_v \end{Bmatrix} + \sum_{i=0}^{n-1} \begin{Bmatrix} \cos\frac{2i\pi}{n} \\ \sin\frac{2i\pi}{n} \end{Bmatrix} \{q_i\};\quad [K_S] = \sum_{i=0}^{n-1} k_{si} \begin{bmatrix} \cos^2\frac{2i\pi}{n} & \sin\frac{2i\pi}{n}\cdot\cos\frac{2i\pi}{n} \\ \sin\frac{2i\pi}{n}\cdot\cos\frac{2i\pi}{n} & \sin^2\frac{2i\pi}{n} \end{bmatrix} \tag{1.3.160}$$

代表的な履歴モデル　積層ゴムのせん断ひずみが 250%程度以下であると、修正バイリニアモデルでも履歴特性を問題なく表現できるが、それ以上のひずみが生じると、このモデルではハードニングやそれに続く特異な履歴ループを表せなくなる。そこで、菊池 [40]、山本 [41] および飯塚 [42] らは、大変形時でも適応可能な新しいモデルを提案している。

図 1.3.2(a)は修正バイリニアモデルの復元力特性であり、せん断ひずみが250%程度までは、実験結果と比較的良い一致を示しているが、250%以上になると、実験結果と異なる履歴ループとなる。一方、**菊池モデル**（同図(b)）や**山本モデル**では、400%程度まで十分精度よく履歴を追跡しており、剛性のハードニングや終局状態における特異な履歴ループを表している。

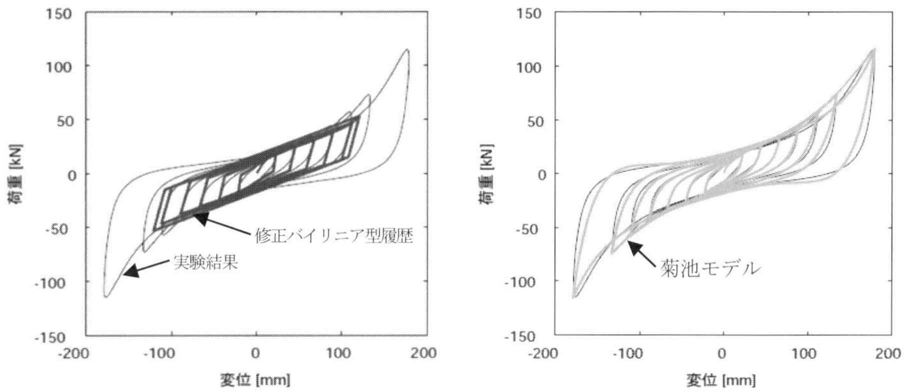

(a) 修正バイリニアモデル　(b) 菊池モデル

図 1.3.2　1 方向加力による免震モデルの復元力特性

免震層が大変形するような挙動を解析する場合、この種の復元力特性を使用する必要があり、特に免震構造物の地震時挙動は、免震層の復元力特性に大きく依存する。また、多くの文献では、免震構造の振動挙動は、上部構造を剛体とみなし、1 質点系の振動状態でほぼ表すことができるとしており、このことからも高精度の履歴モデルを用いることが重要となる。

免震装置のマクロモデル　これまでの免震モデルは、水平変位とせん断力の関係を表し、その他の変位は考慮されていなかった。これらのモデルを用いた時刻歴応答解析では、当然せん断系モデルが使用される。一方、長周期地震動や想定を超える大きな地震動が入力すると、免震ゴム層では終局状態に近い応答を示すようになり、菊池モデルや山本モデルなど、大変形でも精度良く表現できるモデルと共に、装置の座屈やゴム層の破断を表現できるモデルが必要となる。

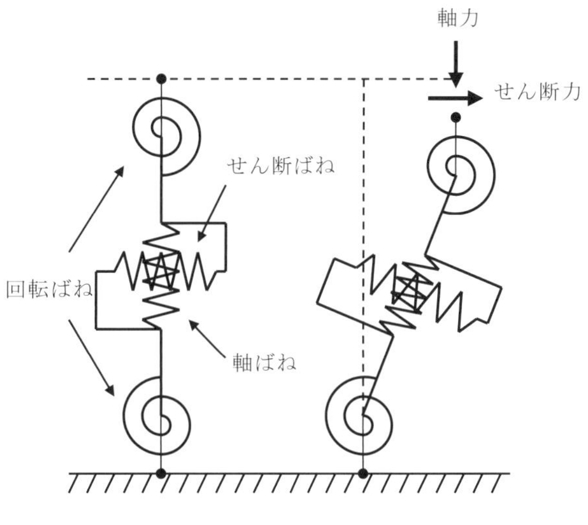

図 1.3.3　Koh-Kelly モデル

積層ゴムには、軸力に依存してせん断特性が変化する性質がある。また、終局状態で面圧が小さいと引張側でゴムが破断し、逆に面圧が大きいと圧縮側で座屈する。このような特異な現象は積層ゴムの 2 次形状係数 S_2[39]が小さい場合や、軸力の変動が大きい場合に生じる。2 次形状係数は免振装置のゴム直径/全ゴム層厚で表され、主に座屈荷重や水平剛性に関係する。免震層の終局挙動を表すために、**立体的に評価するマクロモデル**が多数提案されている。軸力とせん断力の相互作用を考慮できる

Koh-Kelly モデルは、その後のマクロモデルの基本となっており、多くのマクロモデルは同モデルの拡張版[42, 43, 44]である。このモデル自身も、積層モデルの基部に回転ばねとせん断ばねを設け、積層ゴムの高さを剛体要素で表す力学モデル(Kelly Model, Two-spring Model)より拡張され、図 1.3.3 のように回転ばねが基部だけでなく上端にも設けられている。上下端の回転ばねと剛体の回転によってせん断ばねが傾き、また$P-\Delta$効果によって発生する曲げモーメントを考慮することで、軸力とせん断力との相互作用や免震層の挙動を適切に表すことができる。さらに菊池らは、このような幾何学的非線形性と共に回転ばねとせん断ばねに材料非線形性を与えることで、免震装置の終局状態を表現できることを示している。

1.3.12　制振装置のモデル化

本項では、代表的な制振構造に関連する基礎理論とその動特性について述べる。ここでは、制振構造の動特性を単純なモデルで説明するが、実際の構造物にはモーダル法を利用する。つまり、構造物の固有振動モードから**制振対象モード**を選択し、制振装置の変位を加えた 2 自由度系で解析モデルを構築する。その際、**制振対象モードは制振装置との変位の適合を図る必要がある**。例えば、TMD では対象モードの変位を設置位置で 1 となるように、他の制振装置では装置を含む部材両端の変位間の差が 1 となるように制振対象モードを基準化する。この処理は固有モードの 1 次不定性、つまり零でない任意の実数を掛けても固有モードであることから常に可能であり、また基準化した制振対象モードを用いてモード質量とモード剛性を求めると、それらが解析モデルにおける骨組の質量であり、ばね剛性となる。つまり、**求めたモード質量とモード剛性は、解析モデルにおける主振動系の質量とばね剛性に対応することになる**。

TMD・MTMD　代表的な制振機構として建物の最上部などに「おもりとダンパー」を設置し、おもりと建物の間に生じる力を利用して建物の振動を低減させる装置がある。この制振装置の特徴は、建物の揺れと同一の周期で共振し、ダンパーで振動エネルギーを吸収させることにある。この同調型制振装置として、おもりと建物とを連結するばね（または振り子）やダンパーを適切に調整する**パッシブ型制振(TMD: Tuned Mass Damper)**、ばねやダンパーを動的に調節する**セミアクティブ型制振(ATMD: Active Tuned Mass Damper)**、コンピュータで挙動を分析し、可動式のおもりを油圧などで動かし、応答を調整する**アクティブ型制振(AMD: Active Mass Damper)**がある。一般的にこれらの装置は、建物に載せるおもりに限度があり、制御力が小さくなるため、**風による自励振動や地震主要動直後の長時間の横揺れ対策**として設置される。そのため、地震防災対策では他の制振装置と併用される場合が多い。

TMD は、設計パラメータ(同調比や減衰定数)の少しの変動による制振効果への影響が極めて強く、**ロバスト(Robust)性**(構造特性がばらついても機能性や安全性を保持できる能力)が低い。例えば、構造物の固有振動数の推定に 5%の誤差があり、同調比が最適値からずれると、制振効果は 50%程度低下する。このように制振効果と共にロバスト性についても特段の配慮が必要となる。

TMDの特性を分析するための基本式は、以下のように骨組の主振動系と副振動系の2自由度系の振動方程式が用いられる。副振動系には、ばねと並列にダッシュポットが設置されており、主振動系には減衰がないものとする。ここでは、下添え字1が主振動系を、2が副振動系を表す。従って、m_1, k_1は骨組の質量とばね係数を、またm_2, k_2は同じくTMDのそれを示す。また副振動系のダッシュポットの減衰係数はcとする。

$$\begin{bmatrix} m_1 & 0 \\ 0 & m_2 \end{bmatrix} \begin{Bmatrix} \ddot{x}_1 \\ \ddot{x}_2 \end{Bmatrix} + \begin{bmatrix} c & -c \\ -c & c \end{bmatrix} \begin{Bmatrix} \dot{x}_1 \\ \dot{x}_2 \end{Bmatrix} + \begin{bmatrix} k_1 + k_2 & -k_2 \\ -k_2 & k_2 \end{bmatrix} \begin{Bmatrix} x_1 \\ x_2 \end{Bmatrix} = \begin{Bmatrix} P_0 e^{ipt} \\ 0 \end{Bmatrix} \tag{1.3.161}$$

外力は主振動系にのみ作用し、ここでは周期外乱とする。周期外乱は次式の複素数で表す。また、定常周期解を外力と同じ振動数とし、次式で仮定する。

$$P_0 e^{ipt} = P_0(\cos pt + i \sin pt) \tag{1.3.162}$$

$$\left.\begin{aligned} x_1(t) &= a_1 e^{ipt} = a_1(\cos pt + i \sin pt) \\ x_2(t) &= a_2 e^{ipt} = a_2(\cos pt + i \sin pt) \end{aligned}\right\} \tag{1.3.163}$$

ここで、iは虚数単位を、またpは外乱の角振動数を表す。上式を式(1.3.161)に代入すると、

$$\begin{bmatrix} -p^2 m_1 + k_1 + k_2 + ipc & -k_2 - ipc \\ -k_2 - ipc & -p^2 m_2 + ipc + k_2 \end{bmatrix} \begin{Bmatrix} a_1 \\ a_2 \end{Bmatrix} = \begin{Bmatrix} P_0 \\ 0 \end{Bmatrix} \tag{1.3.164}$$

上式が得られ、これを解いて主振動系の変位a_1を求める。ここで、次の無次元パラメータを定義し、結果を整理すると、

$$\left.\begin{aligned} &\mu = \frac{m_2}{m_1};\quad \omega_1 = \sqrt{\frac{k_1}{m_1}};\quad \omega_2 = \sqrt{\frac{k_2}{m_2}};\quad f = \frac{\omega_2}{\omega_1} \\ &g = \frac{p}{\omega_1};\quad a_{st} = \frac{P_0}{k_1};\quad c_{cr} = 2m_2\omega_2;\quad h = \frac{c}{c_{cr}} \end{aligned}\right\} \tag{1.3.165}$$

a_{st}：	主振動系の静的変位
ω_1：	主振動系の固有角振動数
ω_2：	副振動系の固有角振動数
h：	TMDの減衰定数
μ：	質量比
f：	同調比
c_{cr}：	副振動系の臨界減衰
g：	外乱振動数と主振動系振動数との比

以下のように主振動系の変位a_1が求められる。ただし、ここでは静的変位$a_{st} = P_0 / k_1$を用いて無次元化し、主振動系の変位を求めている。

$$\frac{|a_1|}{\dfrac{P_0}{k_1}} = \frac{|a_1|}{a_{st}} = \sqrt{\frac{(f^2 - g^2)^2 + (2hfg)^2}{\left\{(1-g^2)(f^2-g^2) - \mu f^2 g^2\right\}^2 + (2hfg)^2(1 - g^2 - \mu g^2)^2}} \tag{1.3.166}$$

上式では、主振動系の振幅比$|a_1 / a_{st}|$が、質量比μ、減衰定数h、主と副の振動系の同調比f、および外乱振動数と主振動系の振動数との比gで表されている。また、図1.3.4aには、式(1.3.166)で表された主振動系の振幅比が外乱振動数と主振動系の振動数との比gに対して示されている。応答の特徴は副振動系の減衰が零と無限大で主振動系の最大振幅が無限大となっていること、また、いずれの減衰に対しても応答振幅曲線(共振曲線)が図中のPとQの2点を通過していることである。この2点では減衰に関係なく応答振幅が決定することを意味している。

図1.3.4bは同調比を少し変動させて応答振幅の変化を調べた図である。ここでは、質量比

を $\mu=0.01$、TMD の減衰定数を $h=0.06$ としている。図のように同調比によって応答振幅の極大値が変化しており、同調比を適切に選択することで共振応答の抑制が可能であることを示している。

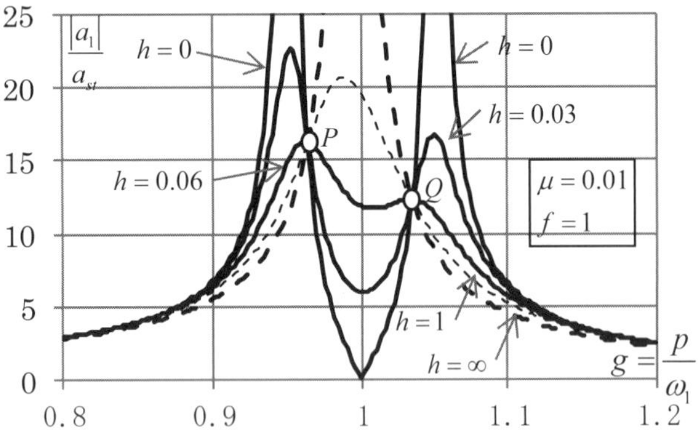

図 1.3.4a　各種減衰がある場合の応答振幅曲線

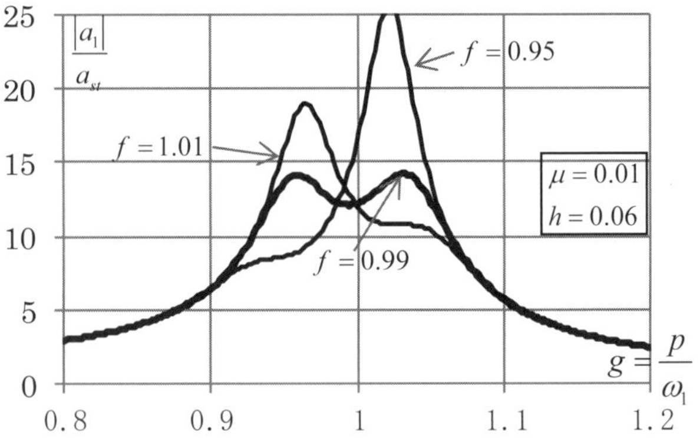

図 1.3.4b　同調比の影響による応答振幅曲線

副振動系(TMD)のパラメータを最適に設計する方法として、Den Hartong[45)]による**定点法**がある。この手法では、先の P 点と Q 点の振幅応答値が等しく、また、その値が極大になることを最適条件とし、副振動系のパラメータを決定する。各種の振動に対する最適 TMD の制振効果について、文献 46 に従って以下に示す。表 1.3.1 中の f, h_{opt}, h_{eff} は同調比、最適減衰定数、骨組の有効減衰定数を表す。また、表中の μ は、式(1.3.165)の質量比を表し、主振動系と副振動系の質量の比率を表す。つまり、μ は構造物全体と制振装置である TMD の重量比を表す。詳細は同文献を参照されたい。

表 1.3.1　各種振動状態に対する最適 TMD と制振効果

	調和外力振動	調和地震振動	自由振動	自励振動	定常不規則強制振動
最適化基準	応答曲線の固定点を等しく最大点にする	増幅曲線の固定点を等しく最大点にする	２つのモード減衰を等しく最大にする	２つのモードが共に安定であり得る負減衰を最大にする	構造物の２乗平均応答を最小にする
f	$\dfrac{1}{1+\mu}$	$\dfrac{1}{\sqrt{1+\mu}}$	$\dfrac{1}{1+\mu}$	$\dfrac{1}{\sqrt{1+\mu}}$	$\dfrac{\sqrt{1+\mu/2}}{1+\mu}$
h_{opt}	$\sqrt{\dfrac{3}{8}\cdot\dfrac{\mu}{1+\mu}}$	$\sqrt{\dfrac{3}{8}\cdot\dfrac{\mu}{1+\mu/2}}$	$\sqrt{\dfrac{\mu}{1+\mu}}$	$\dfrac{1}{2}\sqrt{\dfrac{\mu}{1+\mu/2}}$	$\dfrac{1}{2}\sqrt{\dfrac{\mu(1+3\mu/4)}{1+3\mu/2}}$
h_{eff}	$\dfrac{1}{2}\sqrt{\dfrac{\mu}{2+\mu}}$	$\dfrac{1}{2}\sqrt{\dfrac{\mu(1+\mu)}{2}}$	$\dfrac{1}{2}\sqrt{\dfrac{\mu}{1-\mu/4}}$	$\dfrac{1}{2}\sqrt{\dfrac{\mu(1+\mu)}{1+\mu/2}}$	$\dfrac{1}{4}\sqrt{\dfrac{\mu(1+\mu)}{1+3\mu/4}}$

TMD の性能は同調比や減衰定数等の設計パラメータに敏感で、小さな設計誤差によって制振効果は大きく低下する。しかも、おもりの可動スペースや製作精度などの制約条件があり、最適パラメータを採用することは難しい。例えば TMD の減衰を最適値より高めにして稼働

スペースを小さくすると、制振効果が大幅に低下することになる。そこで、ロバスト性を向上させるために多くの研究が成されており、例えば阿部・藤野[47, 48, 49]は複数個の TMD を使用し、各固有振動数を制振対象モードの固有振動数の周りにあるバンド幅で分布させることで、**高いロバスト性を発揮させる MTMD(Multiple Tuned Mass Dampers)**を提案している。また、吉中ら[50, 51]は**分散型 MTMD** を用いることで大スパン構造の振動制御を試みている。これらの詳細は文献を参照されたい。

エネルギー吸収型制振装置　ここでは、エネルギー吸収型制振装置を速度依存型と変位依存型に分類し、その基本的な特性について述べる。ただし、ここでは**理論を単純化するため、制振装置のある場合とない場合とで、質量の変化はないものとしている**。制振技術は、その制御方法で「**パッシブ制振**」「**セミアクティブ制振**」「**アクティブ制振**」に分類される。セミアクティブ制振やアクティブ制振では震災時に停電しても動作を担保するために無停電電源装置を用いることが多い。また制御に用いるコンピュータの寿命は短く、定期的に交換が必要となる。ここでは、まず制振技術の基本となるパッシブ制振装置の動特性について概説する。

速度依存型制振装置　速度依存型制振装置の力学モデルとしてマックスウェルモデルが多く用いられており、ここでは同モデルの動特性を導く。このモデルは、ばねとダッシュポットが直列に結合しており、ここでは両要素全体を制振部材と呼ぶ。この部材内の応力 f と変位 u は、力の釣合より部材両端(原点側を i 端、他方側を j 端)の変位 (x_i, x_j) と外力 (P_i, P_j) によって、次式で与えられる。

$$u = x_j - x_i; \quad f = -P_i; \quad f = P_j \tag{1.3.167}$$

ばね要素とダッシュポットの基本式は下式で示され、同モデルが直列結合であることから力の釣合より両要素の応力は同一で f として、また、部材の変位は両要素の変位の和として表される。

$$\left.\begin{array}{ll} f = c\dot{u}_1 \ \text{(ダッシュポット)} & f = ku_2 \ \text{(ばね要素)} \\ u = u_1 + u_2 \quad \rightarrow & \dot{u} = \dot{u}_1 + \dot{u}_2 \end{array}\right\} \tag{1.3.168}$$

ここで、u は部材の変位を、$\dot{u}$ などの記号は時間微分、u_1 はダッシュポットの変位、u_2 はばね要素の変位を表す。なお、下添え字 1 はダッシュポットを、2 はばね要素を表す。また、ばね要素の剛性 k は線形であるが、ダッシュポットの減衰係数 c はバイリニア型の非線形とする。

次に、マックスウェルモデルの基本式を変形し、両端の変位と速度で力学モデルを表し、数値解析用の基本式を誘導する。まず、式(1.3.168)を考慮して式(1.3.169)右を求める。ここで、$\tau(=c/k)$ は緩和時間と呼ばれ、マックスウェルモデルの重要なパラメータのひとつである。式(1.3.169)を少し変更すると、部材内部の応力 f およびその時間微分 $\dot{f}$ は、式(1.3.170)となる。

$$\dot{u} = \frac{f}{c} + \frac{\dot{f}}{k} \quad \rightarrow \quad k\dot{u} = \frac{1}{\tau} f + \dot{f} \tag{1.3.169}$$

$$f = c\dot{u} - \frac{c}{k}\dot{f}; \quad \dot{f} + \frac{k}{c} f = k\dot{u} \tag{1.3.170}$$

さらに、式(1.3.171)を式(1.3.170)の右式に適用すると式(1.3.172)となり、マックスウェルモデルの数値解析用基礎式が得られる。

$$\left.\begin{array}{l} u = x_j - x_i \quad \rightarrow \quad \dot{u} = \dot{x}_j - \dot{x}_i \\ f = -P_i = P_j \quad \rightarrow \quad \dot{f} = -\dot{P}_i = \dot{P}_j \end{array}\right\} \tag{1.3.171}$$

$$\dot{P}_j + \frac{k}{c} P_j = k(\dot{x}_j - \dot{x}_i) \tag{1.3.172}$$

基礎式(1.3.172)は時刻ステップ n と $n+1$ でも成立しており、両 2 式を加えると、次式が得られる。ここで、$P_j(n+1)$ などのカッコ内の値は時刻ステップを意味する。

$$\dot{P}_j(n+1) + \dot{P}_j(n) + \frac{k}{c}(P_j(n+1) + P_j(n)) = k(\dot{x}_j(n+1) - \dot{x}_i(n+1) + \dot{x}_j(n) - \dot{x}_i(n)) \tag{1.3.173}$$

増分後の応力 f_{n+1} は、増分前の値 f_n でテーラー展開し、Δt の 2 次の項を差分 $\ddot{f}_n = (\dot{f}_{n+1} - \dot{f}_n)/\Delta t$ で仮定すると、$f_{n+1} = f_n + \Delta t(\dot{f}_{n+1} + \dot{f}_n)/2$ となる。増分後の応力より式(1.3.167)を考慮すると、

$$\dot{P}_j(n+1) + \dot{P}_j(n) = \frac{2}{\Delta t}(P_j(n+1) - P_j(n)) \tag{1.3.174}$$

が得られる。上式を用いて式(1.3.173)の $\dot{P}_j(n), \dot{P}_j(n+1)$ を消去し、次式を得る。

$$(\frac{2c + k\Delta t}{c\Delta t})P_j(n+1) - (\frac{2c - k\Delta t}{c\Delta t})P_j(n) = k\{\dot{x}_j(n+1) - \dot{x}_i(n+1) + \dot{x}_j(n) - \dot{x}_i(n)\} \tag{1.3.175}$$

結果を整理すると、最終的にマックスウェルモデルの数値解析用の基礎式が次式となる。この基礎式を骨組全体の釣合式に組み込み、振動方程式が求められることになる。

$$\begin{Bmatrix} P_i(n+1) \\ P_j(n+1) \end{Bmatrix} = \begin{bmatrix} a_1 & -a_1 \\ -a_1 & a_1 \end{bmatrix} \begin{Bmatrix} \dot{x}_i(n+1) \\ \dot{x}_j(n+1) \end{Bmatrix} + \begin{Bmatrix} f_{di} \\ f_{dj} \end{Bmatrix}; \quad a_1 = \frac{kc\Delta t}{2c + k\Delta t}; \quad b_1 = \frac{2c - k\Delta t}{2c + k\Delta t} \tag{1.3.176}$$

$$f_d(n) = \begin{Bmatrix} f_{di}(n) \\ f_{dj}(n) \end{Bmatrix} = \begin{bmatrix} a_1 & -a_1 \\ -a_1 & a_1 \end{bmatrix} \begin{Bmatrix} \dot{x}_i(n) \\ \dot{x}_j(n) \end{Bmatrix} + \begin{bmatrix} b_1 & 0 \\ 0 & b_1 \end{bmatrix} \begin{Bmatrix} P_i(n) \\ P_j(n) \end{Bmatrix} = \begin{Bmatrix} -a_1\dot{u} - b_1 f_n \\ a_1\dot{u} + b_1 f_n \end{Bmatrix} \tag{1.3.177}$$

骨組全体の釣合式を解き、$n+1$ ステップの部材両端の節点変位 x_i, x_j と速度 $\dot{x}_i, \dot{x}_j$ を求めた後、要素応力 f_{n+1} および要素変位 u_1, u_2 と速度 $\dot{u}_1$ を計算し、次ステップに進むことになる。

マックスウェルモデルを含む構造物の数値解析では、安定性と精度について常に配慮する必要がある。特に、マックスウェルモデルの内部応力を Δt の 2 次の項までで近似しており、増分変位 Δt が大きいと内部応力が精度良く追跡できず、解が発散する可能性が生じ

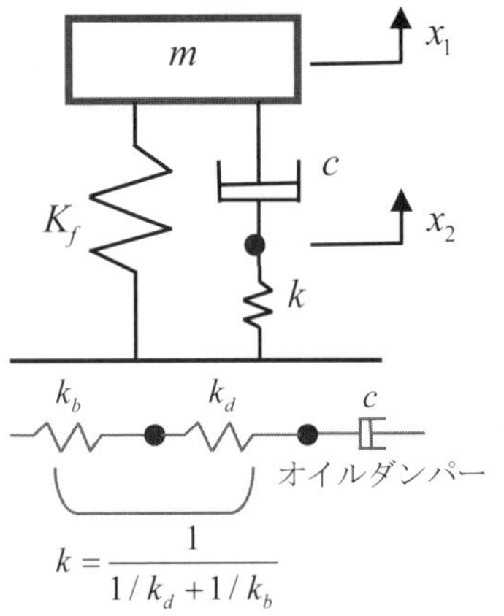

図 1.3.5　マックスウェル型 3 要素モデル

る。そのため、**要素の履歴が十分精度良く求められるΔtを採用**しなければならない。

次に、速度依存型制振装置を含む骨組の動特性を、図 1.3.5 に示されるマックスウェル型 3 要素モデルを用いて調べる。オイルダンパーが軸組内にブレースなどを介して設置され、そのフレーム部分がせん断型モデル（例えば、モーダル法により制振対象モードを抜き出し、そのモード剛性をせん断ばねの剛性K_fとする）で表現されるとすると、このマックスウェル型 3 要素モデルとなる。同モデルは、図のようにオイルダンパーとして、ダッシュポットcとばねk_dを直列に結合した系とし、さらにブレースの剛性k_bも直列に結合した力学モデルである。

図 1.3.5 に示すマックスウェル型 3 要素モデルに関する 2 自由度系の自由振動方程式は次式で表される。

$$\left.\begin{aligned} &m\ddot{x}_1 + c(\dot{x}_1 - \dot{x}_2) + K_f x_1 = 0 \\ &c(\dot{x}_2 - \dot{x}_1) + kx_2 = 0 \end{aligned}\right\} \tag{1.3.178}$$

上の振動方程式を、行列で表すと次式となる。

$$\begin{bmatrix} m & 0 \\ 0 & 0 \end{bmatrix}\begin{Bmatrix} \ddot{x}_1 \\ \ddot{x}_2 \end{Bmatrix} + \begin{bmatrix} c & -c \\ -c & c \end{bmatrix}\begin{Bmatrix} \dot{x}_1 \\ \dot{x}_2 \end{Bmatrix} + \begin{bmatrix} K_f & 0 \\ 0 & k \end{bmatrix}\begin{Bmatrix} x_1 \\ x_2 \end{Bmatrix} = \begin{Bmatrix} 0 \\ 0 \end{Bmatrix} \tag{1.3.179}$$

上式における自由振動の解を、振動数pを用いて表し、

$$x = Xe^{pt};\quad x^T = \{x_1 \quad x_2\};\quad X^T = \{X_1 \quad X_2\} \tag{1.3.180}$$

式(1.3.179)に代入すると、次式が得られる。

$$\left(p^2\begin{bmatrix} m & 0 \\ 0 & 0 \end{bmatrix} + p\begin{bmatrix} c & -c \\ -c & c \end{bmatrix} + \begin{bmatrix} K_f & 0 \\ 0 & k \end{bmatrix}\right)\begin{Bmatrix} X_1 \\ X_2 \end{Bmatrix} = \begin{Bmatrix} 0 \\ 0 \end{Bmatrix} \tag{1.3.181}$$

固有値問題を表す特性方程式は次式となり、

$$\begin{vmatrix} mp^2 + cp + K_f & -cp \\ -cp & cp + k \end{vmatrix} = 0 \tag{1.3.182}$$

$$mcp^3 + mkp^2 + c(K_f + k)p + K_f k = 0 \tag{1.3.183}$$

複素固有値は、式(1.3.183)の三次方程式を解くことによって得られる。三次方程式の解は、三つの実根、もしくは一つの実根と二つの共役複素根となる。振動方程式の解は周期解となることより、後者の解が求める固有値である。減衰がゼロの場合、式(1.3.183)は二次方程式となり、二つの共役複素根が得られる。これが減衰のない場合の固有角振動数に対応し、他の一つは、x_2点での質量がゼロであるためここでは示されないが、無限大の固有振動数、つまり周期ゼロの解に対応する。式(1.3.183)の一つの実根はこの解の延長であり、周期解ではない。

二つの共役複素根$p_\pm$を次のように実部σおよび虚部ω_Dとして表すと、次式となる。

$$\left.\begin{aligned} &p_\pm = -\sigma \pm i\omega_D = -h\omega' \pm i\omega'\sqrt{1-h^2}; \\ &\omega' = \sqrt{\sigma^2 + \omega_D^2};\quad h = \frac{\sigma}{\omega'};\quad \omega_D = \omega'\sqrt{1-h^2};\quad \omega_f = \sqrt{m/K_f} \end{aligned}\right\} \tag{1.3.184}$$

ここで、ω'は、減衰定数が小さい場合、減衰なしの固有角振動数に一致する。またhは骨組

の減衰定数、ω_Dは減衰ありの固有角振動数である。

マックスウェル型3要素モデルの特性を分析するために、次の無次元量を定義する。まず、剛性比βは、骨組のせん断ばね剛性K_fとマックスウェルモデルのばね定数kを用いて、$\beta = k / K_f$として表される。また、骨組の固有角振動数$\omega_f = \sqrt{K_f / m}$と質量$m$を用いて、オイルダンパーの減衰定数$h_d$を、$h_d = c / (m \cdot \omega_f)$として定義する。さらに、モデル全体の固有周期$T$を骨組のみの固有周期$T_f = 2\pi / \omega_f$によって無次元化し、固有周期比を$\overline{T} = T / T_f$として表す。

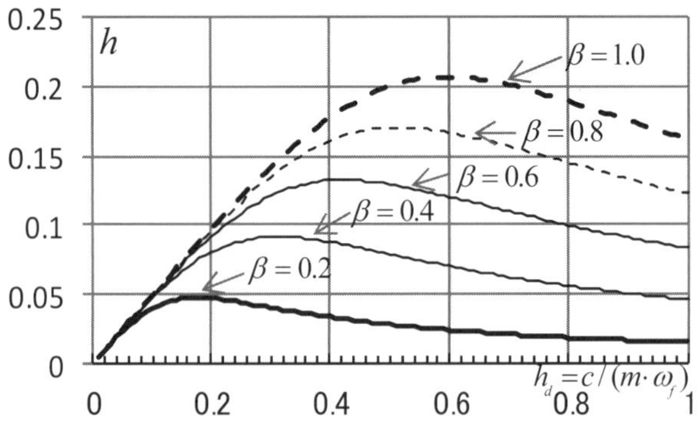

図1.3.6　マックスウェル型3要素モデルの減衰定数

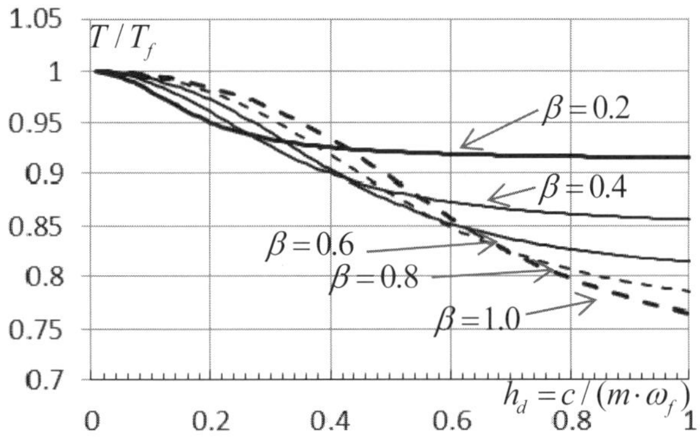

図1.3.7　マックスウェル型3要素モデルの固有周期

図1.3.6には、オイルダンパーの減衰定数h_dに対するモデル全体の減衰定数hが示されている。減衰係数h_dの増加と共に、骨組全体の減衰は増加するが、ある値を境に減少する。つまり、**骨組全体の減衰を最大にする最適減衰定数h_{dopt}が存在する**ことになる。この骨組全体の減衰は、骨組のせん断剛性に比較してブレースなどのせん断剛性の比率が高くなるに従って大きな値となり、最適値を与える減衰定数h_{dopt}も大きな値となる。つまり、制振ダンパーの効果は、空間構造における制御対象モードのモード剛性と制振ダンパーとの剛性比βに大きく影響を受ける。

図1.3.7には、オイルダンパーの減衰定数h_dに対する固有周期比T / T_fが示されており、減衰定数の増加と共に固有周期比は減少し、$K_f + k$の固有周期比に近づく。つまり、**制振ダンパーの減衰係数cが大きくなると骨組の固有周期が短くなる**ことを意味する。また、その変化は剛性比が小さいほど当初急激であり、また最適減衰時における固有周期比T / T_fは、K_fと$K_f + k$による固有周期のほぼ中間値となっている。

変位依存型制振装置　図1.3.8には変位依存型制振装置を有する骨組の骨格曲線と共振曲線の概念図が示されている。同図のように材料非線形によって骨格曲線は変化し、材料が塑性域に入ると、系全体がソフトニング型となる。図の横軸ωは外乱振動数、縦軸Aは片側振幅を表し、また、ω_fは骨組の固有角振動数、ω_nは制振装置の剛性が付加された時の固有角振動数である。振幅がu_Sより小さい場合は線形振動となり、周期は変化しない。振幅がu_Sを超えると**制振装置が塑性化して履歴ループを描き、制振効果を発揮**する。制振装置の履歴特性がバイリニア型であるとすると、振動振幅が大きくなるに従って、第 2 勾配の時間帯が長くなる。結果、周期が伸び、振幅が拡大するに従って振動数は ω_f に近づく。さらに、振幅が u_f を超えると梁・柱など主要な構造体の塑性化が進み、最終的に崩壊形状となるため急速に固有周期が長くなる。

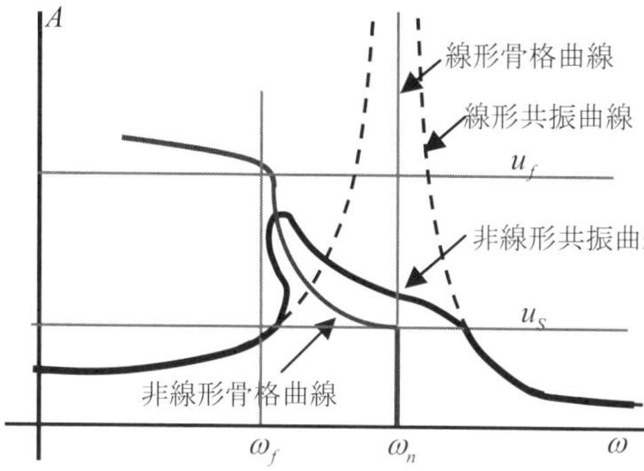

図 1.3.8　制振装置を有する骨組の共振曲線

最初に、**等価剛性を用いて骨組の骨格曲線**を求める。ここで用いる等価剛性は、あくまで非線形剛性を等価な線形剛性に置換してその特性を評価するものであり、ここでは、図 1.3.9 に示す割線剛性 k_S を用いる。**制振装置の履歴特性はバイリニア型**とし、第 2 勾配はゼロとする。また、骨組全体には全く同じ挙動を示す制振装置が N 個存在すると仮定する。

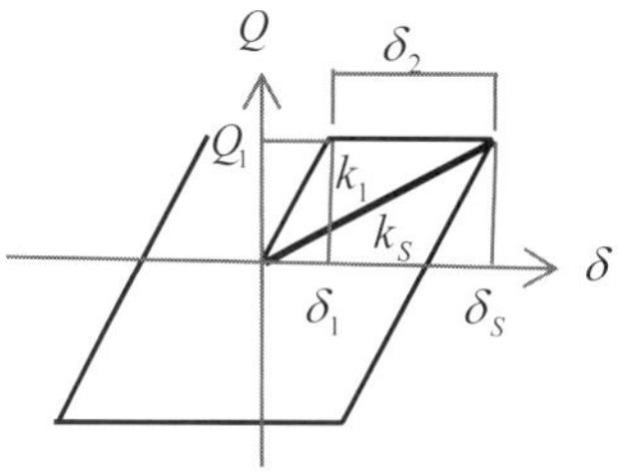

図 1.3.9　制振装置の復元力特性

$$\left.\begin{aligned} k_S &= Q_1/\delta_S = Q_1/(\delta_1+\delta_2);\quad k_1 = Q_1/\delta_1;\quad \delta_S > \delta_1 \\ &= k_1\frac{\delta_1}{\delta_1+\delta_2} = k_1\frac{\delta_1}{\delta_S} = k_1\gamma;\quad \gamma = \frac{\delta_1}{\delta_S};\quad \mu = \frac{\delta_S}{\delta_1} \end{aligned}\right\} \tag{1.3.185}$$

上の割線剛性より、骨組全体の固有角振動数 ω_n は次式となる。

$$\left.\begin{aligned} &\omega_n = \sqrt{\frac{k_n}{m}} = \sqrt{\frac{K_f+N\bar{\beta}k_S}{m}} = \sqrt{\frac{K_f+N\bar{\beta}k_1\gamma}{m}} = \sqrt{\frac{K_f}{m}(1+N\bar{\beta}\frac{k_1}{K_f}\gamma)} = \omega_f\sqrt{1+N\bar{\beta}\frac{k_1}{K_f}\gamma} \\ &\omega_f = \sqrt{K_f/m}\quad Q = k_S\delta_S;\quad \bar{\alpha}_u u = \delta_S;\quad P = \bar{\alpha}_p Q;\quad \to P = k_S\bar{\beta}u;\quad \bar{\beta} = \bar{\alpha}_u\bar{\alpha}_p \end{aligned}\right\} \tag{1.3.186}$$

ここで、k_n, K_f, m は制振装置を含む骨組全体の剛性、含まない剛性および質量を表す。また δ_1 は制振装置の弾性限界変位を、γ は制振装置の塑性率 μ の逆数、$\bar{\alpha}_u$ は制振部材の変位 u と制振装置の変位 δ_S の比率を表し、同様に $\bar{\alpha}_p$ は制振部材に加わる力 P と制振装置内の応力 Q との比率を表す。

制振装置を骨組に組み込む際、制振部材の両端が 1 となるように制振対象モード φ を基準化すると、振動モードと制振部材における変位 u の適合が図られ、モード変位と制振部材の両端間の変位が等しくなる。つまり、$\bar{\alpha}_u, \bar{\alpha}_p$ は下式の α_u, α_p となる。また、**制振部材が補助部材と制振装置で構成**され、直列に結合しているとすると、制振部材のばね剛性 k は下式となる。

$$\left.\begin{aligned} &\varphi = u = \frac{\delta_S}{\alpha_u} = \frac{\delta_1/\gamma}{\alpha_{u0}\phi_u} = \frac{1}{\gamma\phi_u}\frac{\delta_1}{\alpha_{u0}} = \frac{1}{\gamma\phi_u}u_1;\quad \bar{\varphi} = \bar{u} = \frac{u}{u_1} = \frac{1}{\gamma\phi_u} = \frac{\mu}{\phi_u};\quad u_1 = \alpha_{u0}\delta_1 \\ &k = \frac{1}{\dfrac{1}{k_m}+\dfrac{1}{k_S}} = \frac{k_S}{1+\dfrac{k_S}{k_m}} = \alpha_u k_S;\quad \alpha_u = \frac{1}{1+\bar{k}\gamma} = \alpha_{u0}\phi_u;\quad \bar{k} = \frac{k_1}{k_m};\quad \alpha_{u0} = \frac{1}{1+\bar{k}};\quad \phi_u = \frac{1+\bar{k}}{1+\xi_u\bar{k}\gamma} \end{aligned}\right\} \tag{1.3.187}$$

ここで、k_mは補助部材のばね剛性を表し、u_1はδ_1に対応する制振部材の変位を表す。

次に、比率α_pがα_uと同様に評価されるとし、また線形の剛性比βを次式で定義すると、制振部材を含む骨組の固有角振動数が次のように変更される。

$$\beta=\alpha_{u0}\alpha_{p0}\frac{k_1}{K_f};\quad \phi=\phi_u\phi_p;\quad \alpha_{p0}=\frac{\overline{\alpha}_{p0}}{1+\overline{k}};\quad \phi_p=\frac{1+\overline{k}}{\overline{\alpha}_{p0}(1+\xi_p\overline{k}\gamma)}\quad \rightarrow\quad \omega_n=\omega_f\sqrt{1+N\beta\phi\gamma} \tag{1.3.188}$$

ここで、ξ_u,ξ_pは等価減衰を調整するパラメータである。

式(1.3.188)の右は、固有角振動数と制振部材の変位（$\delta_S=\delta_1/\gamma$）の関係を表し、同式によって、定常振動状態における非線形の骨格曲線が表されることになる。また、上記の関係を固有周期との関係に書き換えると次式となる。

$$(\frac{1}{\overline{T}})^2=(1+N\beta\phi\gamma);\quad \overline{T}=\frac{T}{T_f}=\frac{1}{\sqrt{(1+N\beta\phi\gamma)}};\quad \overline{\varphi}=\overline{u}=\frac{u}{u_1}=\frac{1}{\gamma\phi_u}=\frac{\mu}{\phi_u};\quad k_n=K_f(1+N\beta\phi\gamma) \tag{1.3.189}$$

ここで、T,T_fは制振装置のある骨組と、ない骨組の固有周期を表す。上式右における制振部材の無次元応答変位$\overline{u}$と固有周期比$\overline{T}$との関係は図 1.3.10 に示されており、同図より**剛性比βが大きいほど初期剛性は増加して周期が短くなり、制振装置が塑性化した後は急激に長くなる**ことが分かる。同図は式(1.3.188)で$\phi=1$、つまり制振装置の剛性に比較して補助部材の剛性が非常に大きい場合に対応する。

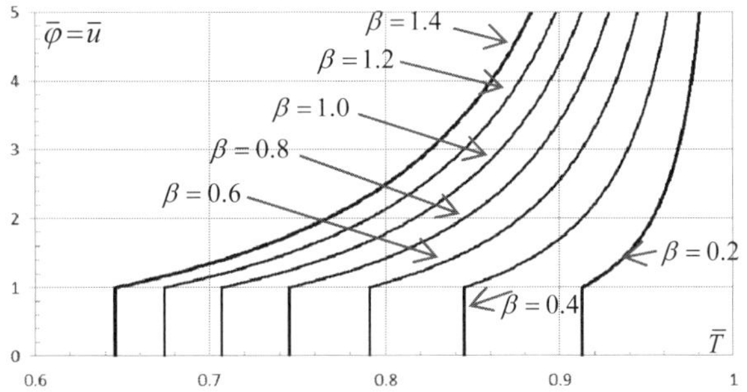

図 1.3.10　制振装置を有する骨組の骨格曲線

次に、骨組全体の等価減衰定数h_eを求める。等価減衰定数は次式で与えられ、

$$h_e=\frac{c_e}{c_{cr}}=\frac{c_e}{2\sqrt{mk_n}}=\frac{N\overline{\beta}\overline{c}_e}{2k_n/\omega_n} \tag{1.3.190}$$

履歴減衰型制振装置における等価なバイリニア型粘性減衰係数$\overline{c}_e$は、次式で表される。

$$\overline{c}_e=\frac{\Delta W}{\pi p\delta_S^2}=\frac{4Q_1(\delta_S-\delta_1)}{\pi p\delta_S^2}=\frac{4Q_1(1-\gamma)}{\pi p\delta_S}=\frac{4k_S(1-\gamma)}{\pi p};\quad (\gamma=\frac{\delta_1}{\delta_S},\quad k_S=\frac{Q_1}{\delta_S}) \tag{1.3.191}$$

同一の挙動を示す減衰装置 N 個による等価な減衰定数は、上式を式(1.3.190)に代入すると

$$h_e=\frac{N\overline{\beta}\overline{c}_e}{c_{cr}}=\frac{4Nk_S(1-\gamma)\overline{\beta}}{\pi p\cdot 2k_n/\omega_n}=\frac{2Nk_1\gamma(1-\gamma)\overline{\beta}\cdot\omega_n}{\pi pk_n} \tag{1.3.192}$$

となり、また剛性k_nは式(1.3.189)右で与えられる。

求めようとする等価減衰定数は骨格曲線上における値である。従って、式(1.3.192)中の外乱周期pと固有角振動数ω_nは同じと見做して良く、結果、等価減衰定数は次式となる。

$$h_e=\frac{2Nk_1\gamma(1-\gamma)\overline{\beta}}{\pi K_f(1+N\beta\phi\gamma)}=\frac{2Nk_1\gamma(1-\gamma)\alpha_{u0}\alpha_{p0}\phi}{\pi K_f(1+N\beta\phi\gamma)}=\frac{2N\beta\gamma(1-\gamma)}{\pi(\overline{\phi}+N\beta\gamma)};\quad \overline{\phi}=\frac{1}{\phi};\quad \overline{k}=\frac{k_1}{k_m} \tag{1.3.193}$$

式(1.3.193)中の関数$\overline{\phi}$は、制振部材内の補助材の剛性（ブレースや間柱）と制振装置の剛性

の比 $\bar{k}$ および制振装置の塑性率 μ の逆数 γ によって決まる。つまり、この制振部材内の剛性比や制振部材の塑性率によっても等価減衰定数が変化することを意味する。特に、**制振装置内の剛性比 $\bar{k}$ の相違で、等価減衰定数の特性が異なる**。例えば、補助部材の剛性が大きいと制振部材の変位がそのまま装置の変形となり、塑性化直後から制振効果が急激に大きくなる。一方、間柱型のように柱の等価ばね剛性 k_m が比較的小さい場合、当初は補助部材が大きくせん断変形し、制振装置の塑性率 μ が大きくならず、結果、等価減衰定数が小さく評価される。しかし、次第にせん断変形が大きくなると制振装置の等価剛性が小さくなり、相対的に補助部材の変位より制振装置の変位が大きくなる。結果、遅れて等価減衰定数は上昇する。

図 1.3.11 には、制振対象のモード変位 $\bar{\varphi}$ あるいは制振部材の応答変位 $\bar{u}$ と等価減衰定数 h_e の関係が、剛性比 β をパラメータにして示されている。縦軸は無次元応答振幅 $\bar{u}$ であり、横軸は等価減衰 h_e である。無次元振幅が 1 以下、つまり、制振装置が塑性化していない場合は、当然等価減衰はゼロである。同図から分かるように、剛性比が大きいほど、等価減衰定数が大きくなっており、しかも、その値はいずれの剛性比に対しても、無次元水平振幅 $\bar{u}=2$ 前後で極値をとり、それ以上の振幅では等価減衰は緩やかに低下している。

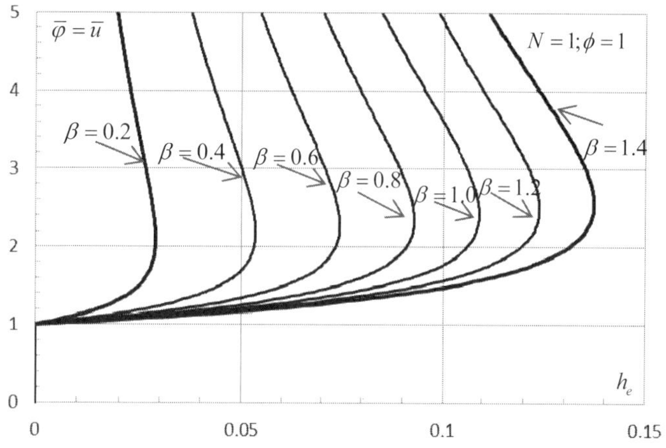

図 1.3.11　履歴型減衰を有する骨組の等価減衰定数

1.3.13　動的解析における留意点

数値計算手法の選択とパラメータの設定　時刻歴応答解析で最も重要なパラメータは増分時間 Δt であり、計算コストと精度および数値計算の不安定化などを考慮して慎重に決定される必要がある。積分手法の選択では、線形および非線形性が小さい問題で、中規模以下の構造物では陰解法である平均加速度法が適当である。この手法では、数値減衰を生じないが、骨組に剛性比例型の粘性減衰を有することと、無条件安定であるため高次モードによる不安定化を考える必要がなく、増分時間は解析で必要とする周期の 1/10 から 1/30 で良い。線形加速度法などは条件付安定で、ゼロ質量を有するとほとんどの場合積分が不安定となり、解が発散する。

大規模な非線形解析では、解くべき問題に合わせて積分手法を選択することになる。一般的には中規模以下の構造物と同様に、陰解法である平均加速度法が用いられるが、自由度が膨大となると相当の計算時間を要する。材料非線形性を考慮する場合は、履歴の追跡法によってはさらに小さな増分時間が必要となる。選択が可能であれば混合法である OS 法グループを採用すると良い。同法は計算効率が優れており、特に非反復型が効果的である。減衰が小さい場合でしかも幾何学的非線形性が強い問題では、数値減衰を生じる$HHT-\alpha$法などのα法グループの積分手法を用いるのが良い。この手法も陰解法であることから、多数の自由度を有する構造物の解析では、かなりの計算時間を必要とする。同法でも無条件安定のパラメータを使用すべきであり、表 1.3.2 にはニューマークのβ法やα法グループが無条件安定となるためのパラメータが示されている。例えば、ニューマークのβ法で、$\gamma=0.5$とすれば、無条件安定となるためには、自動的にβは$1/4$となり、平均加速度法となる。同様にα法では、α_mとα_fとして、α_{WBZ}とα_{HHT}を表に示した範囲に設定すれば、無条件安定となるためは、βとγは自動的に表の値が指定されることになる。

表 1.3.2　α法グループの精度と無条件安定のためのパラメータ関係 [32)]

Method	α_m	α_f	β	γ
$HHT-\alpha$	0	$0\le\alpha_{HHT}\le 0.5$	$(1-\alpha_{HHT})^2/4$	$0.5-\alpha_{HHT}$
$WBZ-\alpha$	$\alpha_{WBZ}\le 0$	0	$(1-\alpha_{WBZ})^2/4$	$0.5-\alpha_{WBZ}$
Newmark-β	0	0	$(\gamma+0.5)^2/4$	$\ge 1/2$

動的解析の手順と留意事項　大規模構造物の非線形振動解析では、構造用データを設定したのみでは必ずしも正確な解が常に得られるとは限らない。次のような手順を踏んだ解析を行い、その過程で各種の調整を行い、構造特性・振動特性を理解しつつ解析を進めることが重要である。これらの過程を踏むことで、最終的に非線形性の強い、つまり構造物が崩壊あるいは構造不安的に近い挙動を示す解析が実施・評価できることになる。

1．**動的解析を実施する前に静的解析を行い、骨組の塑性耐力や変形状態を確認しておく。**

2．**数値積分の手法を選択し、積分用パラメータを設定する。**
解析モデルと解析目的に合わせて、積分手法とパラメータを選択する。特に、大規模で非線形性の強い解析モデルでは、計算コストに注意して積分法を選択する。

3．**固有値問題により、固有周期と固有振動モードを求め、分析する。**
得られた低次の固有周期が妥当であるか検証し、固有振動モードをチェックする。異常な振動モードや考えていなかった変形状態が観測される場合は、解析モデルの変更を考慮する。特に全体剛性に比較して極端に柔らかい部材に質量が付いていると、その部分のみ振動するモードが現れる。また、立体骨組では梁の弱軸方向の振動や床部分のせん断変形やねじれ振動などに注意して、振動モードを確認する。制振装置と免震装置を有する構造物では、複素固有値問題を解いて、減衰定数や周波数応答関数を確認する。

4．**自由振動解析や周期外乱による応答特性を求め、骨組の振動状態や動特性を確認する。**
強制変位後の自由振動解析および周期外乱による応答解析を実施し、動特性を分析する。特に粘性減衰の効果を確認する。また、数値減衰が入る積分法ではその効果も確かめる。

5．**線形の振動解析を行い、振動状態や最大応答を確認する**。

動的解析で用いる外力、例えば周期外乱や地震動を用いて線形の振動解析を行い、振動状態や応答特性を確認する。振動モードで確認できなかった異常な振動状態や、考慮していなかった変形状態が得られた場合、構造モデルを調節する。外力の応答スペクトルと解析モデルの固有周期などから、励起される振動モードを確認し、最大応答値を求めておく。線形の振動状態を分析した後、非線形振動解析の解析目標を設定し、解析計画を立てる。

6．**徐々に外力を上昇させ、幾何学的非線形および材料非線形の効果を確認する**。

地震加速度を徐々に増大させ、どの程度の大きさで非線形性が生じるかを確認する。材料非線形性では、個材レベルあるいは要素レベルで応力—ひずみ履歴を適切に追跡できているかを検証する。特に、一部の部材に剛性の軟化がみられるとき、その部材および骨組全体の挙動が正確か否かを分析する。履歴を追跡できていない場合は、解析用パラメータを調節する。特に増分時間を短くする。幾何学的非線形性についても適切に挙動しているかどうか、例えばブレースの座屈後挙動が正確に追えているか具体的に検証する。また、構造物が崩壊・不安定挙動を示すようになると、接線剛性が偽特異(near singular)となり構造不安定となる。このような時、正確に振動方程式が積分できているかを得られた動的挙動によって確認する。以上の非線形性特性を十分に追跡できていることを検証した後、解析計画に従って動的解析を実施する。なお、偽特異とは、特異点近傍の状態を表すが、その領域の広さは特定できない。接線剛性が正則行列であると逆行列が一意に決まり、増分荷重に対し増分変位が求められる。また逆も同様である。一方、特異点では接線剛性は非正則、つまり特異行列となり逆行列が得られない。この特異点は理論上の一点であり、数値計算上では、この特異点上で接線剛性を求めることはほとんどない。数値解析による解の挙動は特異点近傍、つまり偽特異状態を示す領域を通過することになる。偽特異となる接線剛性は正則であり逆行列は得られるが、行列式は非常に小さな値となるため、微小な増分荷重に対し、大きな増分変位が得られ、結果、構造物は座屈挙動と類似の不安定挙動を示すようになる。

第１章　構造解析の一般事項
第４節　線形座屈解析と非線形安定解析

1.4.1　はじめに

シェル構造物や空間骨組構造物は、主に面内力に対する抵抗機構により自重や外力を支承部および支持構造物に伝える。そのため構造物は座屈や不安定現象を呈することがあり、安全性を確保するためには、これらの現象について細心の注意を払わなければならない。その際、構造物の形態によって如何なる座屈形態が卓越するかを理解し、またその現象を数値解析で再現するための十分な知識をもつ必要がある。例えば、単層ラチスドームは、極限点型の座屈（飛び移り座屈あるいは屈服座屈）を生じることが多く、座屈する際の変形（座屈前変形）が大きいため、幾何学的非線形性の影響を厳密に考慮した非線形安定（座屈）解析を行なわなければならない。一方、クーリングタワーなどの円筒シェルでは、座屈前変形が座屈荷重に与える影響は一般に小さいが、施工誤差などによって必然的に生じる形状や板厚の不整が座屈荷重を大きく低下させることが知られており、そのため不整感度解析あるいは適切な不整を導入した非線形安定解析を実行する必要がある。

汎用ソフトウェアでは、線形座屈解析や非線形安定解析を行なうための種々の手法やオプションが用意されており、ほとんどのパラメータは自動的に望ましい値に設定される。しかし、より適切な解析や複雑な非線形解析を行うためには、対象としている構造物の特性を的確に把握し、適切な解析手法と解析パラメータを選定できるための基礎知識が必要となる。さらに、解析結果を理解し、その正当性を判定するためにも、関連する多くの力学的知識を持つことも重要である。

本節では、汎用ソフトウェアを用いて空間構造物の座屈解析・安定解析を実行するにあたって、留意すべき一般的事項と力学的基礎を解説する。連続体シェル構造物、空間骨組構造物などの各種構造物特有の事項については、それぞれの章で解説する。また、汎用ソフトウェアの利用を前提とした基礎事項の解説を目的とするため、剛性低減法[52)]などの近似的手法についてはここでは触れない。さらに分岐後挙動解析についても、汎用ソフトウェアを用いて分岐後経路を直接的に求めることは困難であるから、不整を与えることによる間接的な手法についてのみ述べる。また、非線形解析法の詳細については、文献 14、15、53-60 などを参照して頂きたい。

1.4.2　線形座屈解析

最初に、線形座屈解析といわれる座屈荷重係数の簡易評価法について述べる。まず、基準荷重ベクトル $\boldsymbol{P}_0$、荷重係数を λ として、比例載荷荷重 $\lambda\boldsymbol{P}_0$ が作用する構造物を考える。ここでは、荷重係数 λ が増加することによって構造物の剛性が低下し、座屈点に達するものとする。また材料の塑性化は考えない。

例えば、本章 1.2.1 項で示した図 1.2.1 のような 2 部材トラスでは、荷重と中央節点の鉛直変位との関係は図 1.2.2 のようになる。このように構造物の瞬間的な堅さを示す接線剛性（荷重増分の

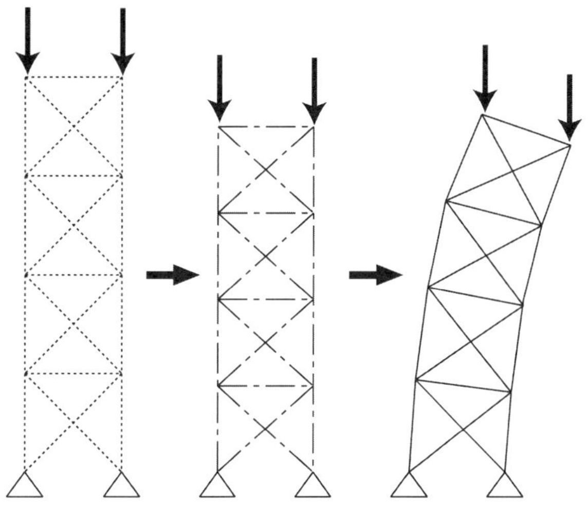

図 1.4.1　柱の座屈前後の形状

変位増分に対する比）は、一般に荷重の増加に伴い減少する。同図で示すように接線剛性がゼロとなる位置があり、その点で構造物は不安定となる。この点の荷重を座屈荷重と呼ぶ。

多自由度系では、本章 1.2.3 項で定義した接線剛性行列 $\boldsymbol{K}_T$ の固有値によって、構造物の安定性が定義される。以下ではこの接線剛性について考える。いま、荷重係数 λ を静的釣合い曲線における載荷経路パラメータ、λ_0 を基準となる設計荷重係数とする。また、$\lambda=\lambda_0$ に対応する荷重 $\boldsymbol{P}=\lambda_0\boldsymbol{P}_0$ が作用したときの変形状態が得られているものとし、この状態を参照状態（材料特性とひずみ・変位関係を定めるための基準状態）とする。幾何学的非線形性による接線剛性 $\boldsymbol{K}_T$ への影響は、節点変位により部材や要素の方向が変化する項と、存在応力によって剛性が低下する項とに分けられ、$\boldsymbol{K}_T$ を次のように分解することができる[61)]。

$$\boldsymbol{K}_T=\boldsymbol{K}_L+\boldsymbol{K}_u+\boldsymbol{K}_\sigma \tag{1.4.1}$$

ここで、$\boldsymbol{K}_L,\boldsymbol{K}_u,\boldsymbol{K}_\sigma$ はそれぞれ一般に線形剛性行列、初期変位剛性行列、初期応力剛性行列といわれる行列である。「初期変位」と「初期応力」は、現在参照している釣合い状態での変位および応力を意味する。

変位や応力は荷重係数の関数であるから、$\boldsymbol{K}_T,\boldsymbol{K}_u,\boldsymbol{K}_\sigma$ は λ の関数となる。そこで、λ を λ_0 から $\lambda_0+\Delta\lambda$ まで増加させたとき、それらの変化量を、記号 Δ を用いて表わすと、次式を得る。

$$\boldsymbol{K}_T(\lambda_0+\Delta\lambda)=\boldsymbol{K}_L+\boldsymbol{K}_u(\lambda_0)+\Delta\boldsymbol{K}_u+\boldsymbol{K}_\sigma(\lambda_0)+\Delta\boldsymbol{K}_\sigma \tag{1.4.2}$$

ところで、図 1.4.1 に示す軸方向比例載荷を受ける柱状のトラスは、点線の初期状態から破線の座屈前（座屈直前あるいは座屈時）の変形状態に達し、水平方向変位が生じて実線で示すような座屈後挙動を示す。同図では分かり易くするため座屈前変形を大きく描いているが、このようなトラスでは、柱の座屈と同様、座屈前の変形は小さく、節点変位の座屈荷重係数に及ぼす影響は小さい。そのため、以下に示すような線形座屈解析によって、座屈荷重係数を十分な精度で求めることができる。

式(1.4.2)において$\boldsymbol{K}_u$の項を無視し、$\boldsymbol{K}_\sigma$がλに比例するとして、接線剛性$\boldsymbol{K}_T$は、以下のように表すことができる。

$$\boldsymbol{K}_T(\lambda_0+\Delta\lambda)=\boldsymbol{K}_L+\frac{\lambda_0+\Delta\lambda}{\lambda_0}\boldsymbol{K}_\sigma(\lambda_0) \tag{1.4.3}$$

ここで、荷重係数の倍率$\mu=(\lambda_0+\Delta\lambda)/\lambda_0$を用いると、座屈時の荷重倍率$\mu_{cr}$は、次の固有値問題を解いて得られる。このような座屈荷重係数の定義を図 1.4.2 に模式的に示す。

$$[\boldsymbol{K}_L+\mu\boldsymbol{K}_\sigma(\lambda_0)]\Phi=\boldsymbol{0} \tag{1.4.4}$$

ここで、ベクトルΦは座屈モードを表す。

基準荷重$\boldsymbol{P}_0$が作用したときの初期応力剛性行列$\boldsymbol{K}_G$は、一般に幾何剛性行列と呼ばれる。荷重がゼロの場合、つまり$\lambda=0$の無変形状態を参照状態とすると、$\boldsymbol{K}_\sigma=\lambda\boldsymbol{K}_G$であり、式(1.4.4)を変更すると、座屈荷重係数λ_{cr}は次の固有値問題における正の最小固有値として定義される。

$$[\boldsymbol{K}_L+\lambda\boldsymbol{K}_G]\Phi=\boldsymbol{0} \tag{1.4.5}$$

幾何剛性行列$\boldsymbol{K}_G$は$\boldsymbol{P}_0$が作用したときの応力あるいは軸力の関数であり、存在応力（軸力）による剛性低下は$\lambda\boldsymbol{K}_G$によって考慮されるが、節点移動の効果は含まれていない。すなわち、$\boldsymbol{K}_G$に含まれる座屈時の軸力は、無変形状態における釣合い式から決定されることに注意しなければならない。そのため、座屈前変形が比較的小さい柱状のトラスでは、線形座屈荷重係数は幾何学的非線形性を厳密に考慮した場合と良い精度で一致するが、大変形を伴う扁平な単層空間骨組では、線形座屈荷重係数は厳密解（極限点荷重係数）の数倍となることが多い。また、このようなトラスでは全体座屈に達する前に、材料の塑性化の可能性が高いため、線形座屈荷重は実際的な意味を持たないことになる。しかしながら、このような場合でも弾性体としての座屈荷重係数と実際に作用する荷重レベルとを比較することにより安全性を検証することが可能であり、線形の座屈解析は行うべきであろう。

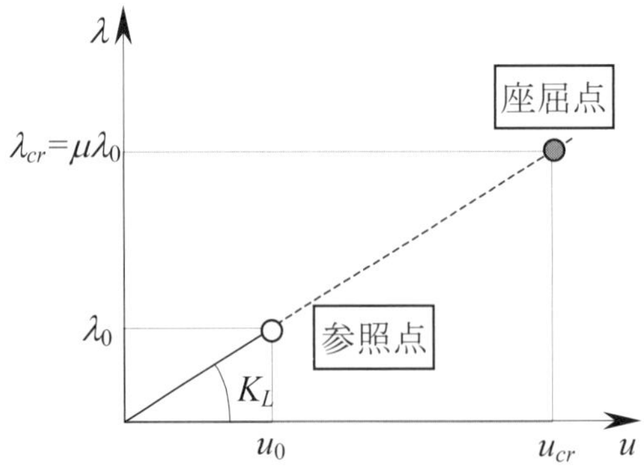

図 1.4.2　線形座屈解析

式(1.4.4)あるいは式(1.4.5)において、Φを単に固有ベクトルと呼び、座屈した後の釣合い状態をたどったときの変位増分を座屈モードという場合もあるが、ここでは、Φを座屈モードと呼ぶことにする。また、図 1.4.1 に示すような対称分岐点型座屈（座屈点の分類については後述）では、座屈モードは座屈後の変位の増加方向に一致するため支障はないが、座屈モードと座屈後の変位方向は一般に異なる。

固有値解析に関する具体的な手法については本章 1.3 節で解説しており、ここでは省略するが解析にあたっての留意点を述べる。式(1.4.4)あるいは式(1.4.5)の固有値問題から得られる座屈荷重係数は変位の自由度の数だけ存在し、柱の座屈ではそれらは全て正の値をとるが、複雑な形状の立体トラスなどでは、座屈荷重係数は一般に正負の両方の値をとり得る。すなわち、基準荷重と反対の方向に荷重を作用させても座屈点に達する。実際に必要な座屈荷重係数は正の最小値あるいは最小から数個の座屈荷重係数であるから、求めるべき座屈荷重係数の区間を指定し、スツルム列(Strum)法付き修正逆反復(SINV)法やランチョス(Lanczos)法などを用いて固有値解析を行なう必要がある。一般に、スツルム列法付き修正逆反復法は求める固有値と固有モードの数が限定され、固有値の範囲が分かっている場合に有利であるが、ランチョス法はスパース行列の固有値問題に有効であり、構造解析ではこちらの手法が望ましい。あるいは、$\lambda = 1/\eta$ とし、式(1.4.5)を

$$[\eta \boldsymbol{K}_E + \boldsymbol{K}_G]\Phi = \boldsymbol{0} \tag{1.4.6}$$

のように書き換え､最大固有値から順に求めることのできる手法を用いて式(1.4.6)の最大固有値 η を求め、その逆数として座屈荷重係数を計算することもできる。

シェル・空間構造物は、形状および荷重に対称性を有する場合が多いため、全体の半分、あるいは 4 分の 1 を用いて各種の解析を行なう場合がある。しかし、変形が対称であっても座屈モードは逆対称となる可能性もあるため、座屈解析を行なう場合には、全体モデルを用いる必要がある。

1.4.3 非線形安定解析

座屈前変形の影響が無視できない場合や、座屈荷重係数の不整感度（形状の誤差などの不整に関する座屈荷重係数の変化率、つまり、不整によって座屈荷重がどのように低下するかを表す指標）を評価する必要がある場合には、幾何学的非線形性を考慮して釣合い経路解析を行ない、接線剛性行列が特異となる座屈点を求めなければならない。

非線形座屈解析は、接線剛性行列を $\boldsymbol{K}_T$ の固有値問題として次のように定式化できる。

$$\boldsymbol{K}_T \boldsymbol{\varphi} = \boldsymbol{0} \tag{1.4.7}$$

ここで、$\boldsymbol{\varphi}$ は非線形解析における座屈モードであり、通常次式で正規化される。

$$\boldsymbol{\varphi}^{\mathrm{T}} \boldsymbol{\varphi} = 1 \tag{1.4.8}$$

座屈条件式(1.4.7)が満たされる点を求める手法は、座屈点の種類によって異なるため、まず座屈

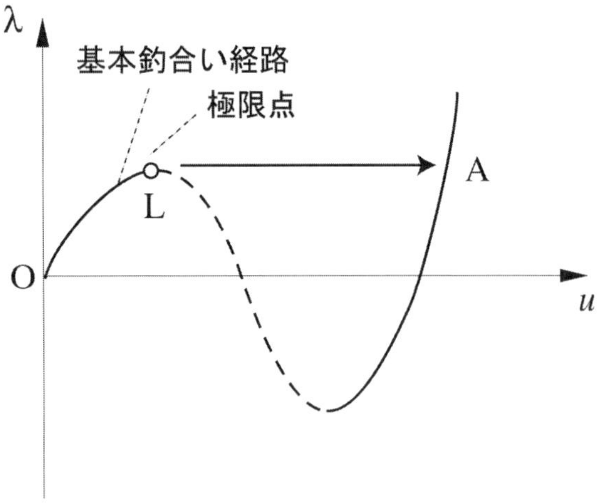

図 1.4.3　極限点を有する系の釣合い経路

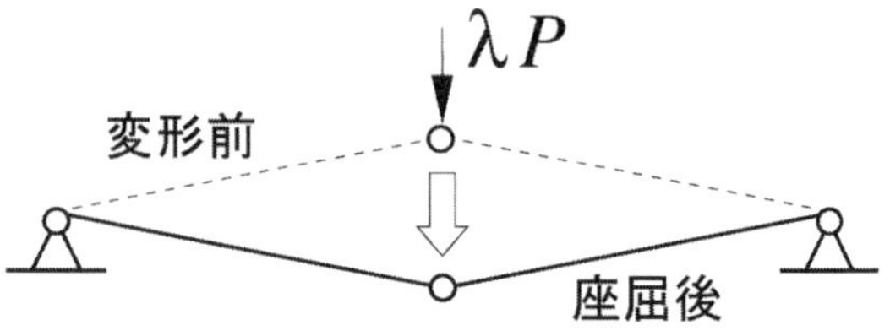

図 1.4.4　2 部材トラスの座屈

点の分類を行なう [62, 63]。荷重の作用方向が変形に依存しない保存系の座屈点は、極限点と分岐点に分類できる。特に比例載荷荷重を受ける系では、極限点と分岐点は次式で判別される。

$$\text{極限点：}\quad \boldsymbol{P}_0^T \boldsymbol{\varphi} \neq 0 \tag{1.4.9}$$

$$\text{分岐点：}\quad \boldsymbol{P}_0^T \boldsymbol{\varphi} = 0 \tag{1.4.10}$$

すなわち、座屈モード $\boldsymbol{\varphi}$ に対して基準荷重 $\boldsymbol{P}_0$ が仕事をする場合が極限点、仕事をしない場合が分岐点である。また、ここで得られる座屈モードは、必ずしも座屈後の変形状態を表わすものではない。分岐点は対称分岐点と非対称分岐点に分類されるが、この内の対称分岐点と極限点では、座屈後の変形の初期方向は座屈モードに一致する。弾性構造物の座屈点は全ポテンシャルエネルギーの高次微分係数から、極限点、対称分岐点、非対称分岐点と分類される [64]。更に極限点と分岐点が重なる頂上分岐点（Hilltop Branching Point）、複数の分岐点が重なる多重分岐点（Multiple Bifurcation Point）、固有値が零になる特異点近傍で固有値が常に正となる退化特異点（Degenerate Singular Point）、もしくは孤立特異点（Isolated Singular Point）とも呼ばれる種々の座屈点が存在する [65]。

一般的に、極限点における挙動を屈服座屈あるいは飛び移り座屈、分岐点におけるそれを分岐座屈と呼ぶ。以下に、これらの座屈挙動と解析法について述べる。

極限点解析　図 1.4.3 は、極限点座屈を有する系の荷重係数 λ と代表点変位 u との一般的な関係をプロットしたものである。このような曲線を釣合い経路といい、無変形状態の原点から発する釣合い経路を基本釣合い経路という。極限点では荷重係数が増加することなく変位が増加し、図 1.4.3 に示すように、釣合い状態は、極限点から安定な釣合い点に動的に移行する。構造物に対称軸（面）が存在し、荷重も対称ならば、極限点型座屈での座屈モードは対称となる。

例えば、2 部材のトラス（図 1.4.4）では、荷重係数と中央点の鉛直変位の関係は図 1.4.3 のようになる。同図において点 L が極限点であり、極限点以降、荷重の極小点に達するまでの釣合い経路は不安定となる。実際は、荷重係数を増加させると、点 L から点 A へ飛び移る動的な変位が生じる。図 1.4.4 の点線が点 O、実線が点 A に対応する。静的釣合い経路の安定性を表す指標として、不安定次数が用いられる。これは接線剛性に関する負の固有値の数で表し、したがって安定釣合い経路は不安定次数ゼロとなる。図 1.4.3 の実線で示される安定釣合い経路は不安定次数ゼロであり、点線部分の釣合い経路は不安定次数 1 となる。不安定次数がゼロ以外の釣合い経路は、静的な不安定釣合い点であるため、通常の状態では存在し得ないことに注意されたい。

極限点を求めるための数値解析手法は、一般的には、増分法を用いる場合が多い。ただし、図 1.4.3 から分かるように、極限点付近では荷重係数の増加を伴わずに変位が増加するため、極限点は荷重増分法で求めることはできず、弧長増分法あるいは変位増分法を用いなければならない。これらの方法を用いても、極限点近傍では幾何学的非線形性が大きくなるため、極限点を正確に求めるために増分長を調整する必要がある。荷重増分を固定して初期状態から極端に小さくするのは効率的ではない。

多くの汎用ソフトウェアでは（例えば以下の方法）極限点付近で差分近似することによって増分長が自動的に調整される[66)]。変位ベクトルの 1 つの成分、あるいは釣合い経路の長さなどの経路パラメータを s とし、s の値が s_{n-1} および s_n で定められる臨界点近傍の 2 つの釣合い点での接線剛性行列を $\boldsymbol{K}_{n-1}$、$\boldsymbol{K}_n$ とする。また、$\boldsymbol{K}_{n-1}$ の最小固有値は正で、$\boldsymbol{K}_n$ の最小固有値は負とする。このとき、臨界点での経路パラメータ s_{cr} は、最小固有値 λ_1 がこの区間内で線形に変化するものとすると、近似的に次式で求めることができる[60)]。

$$\lambda_1(s_{n-1}) + \dot{\lambda}_1(s_{n-1})(s_{cr} - s_{n-1}) = 0 \tag{1.4.11}$$

ここで、ドットは s に関する微分を意味する。式(1.4.7)を s で微分すると次式が得られる。

$$\boldsymbol{K}\dot{\boldsymbol{\varphi}} + \dot{\boldsymbol{K}}\boldsymbol{\varphi} - \dot{\lambda}_1\boldsymbol{\varphi} - \lambda_1\dot{\boldsymbol{\varphi}} = \boldsymbol{0} \tag{1.4.12}$$

さらに、式(1.4.12)の両辺に左から φ^{T} を乗じて式(1.4.7)と式(1.4.8)を用いることにより得られる関係 $\dot{\lambda}_1 = \boldsymbol{\varphi}^{\mathrm{T}}\dot{\boldsymbol{K}}\boldsymbol{\varphi}$ を $s = s_{n-1}$ で評価することにより、$\dot{\lambda}_1(s_{n-1})$ を計算することができる。また、$\dot{\boldsymbol{K}}$ については、下記のように差分近似する。

$$\dot{\boldsymbol{K}} = \frac{\boldsymbol{K}_n - \boldsymbol{K}_{n-1}}{s_n - s_{n-1}} \tag{1.4.13}$$

本手法は、臨界点が分岐点である場合にも適用可能である。

分岐点解析　図 1.4.5、1.4.6 は、アーチに等分布荷重が作用する場合の座屈後挙動を示したものであり、図 1.4.5 が対称分岐点、図 1.4.6 が非対称分岐点の状態に相当する。ここで、対称分岐点では座屈モードは中央軸に関して逆対称であり、非対称分岐点では座屈モードは対称となることに注意しなければならない。分岐点の分類における「対称」の意味は、分岐モードで定義される

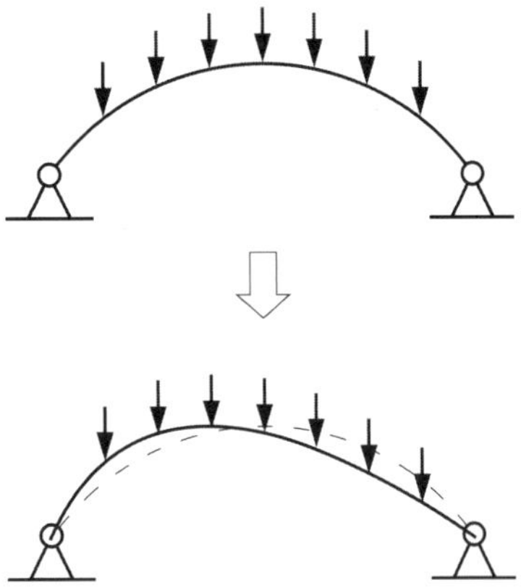

図 1.4.5　アーチの座屈(対称分岐点)

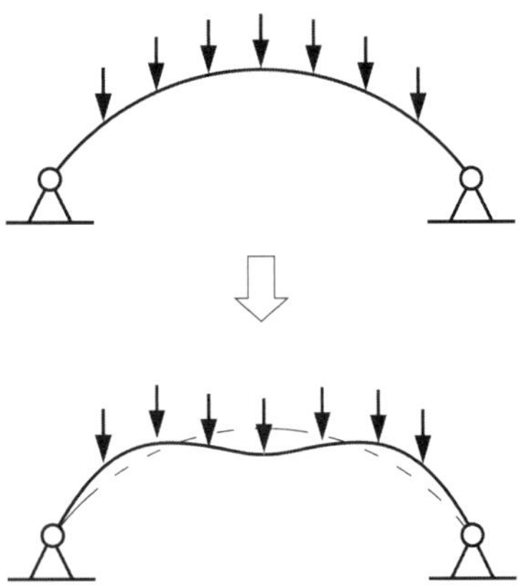

図 1.4.6　アーチの座屈(非対称分岐点)

変形状態でのエネルギーから判断できる。ひずみエネルギーをΠ^S、外力仕事をΠ^Xとすると、全ポテンシャルエネルギーは$\Pi=\Pi^S-\Pi^X$で定められる。いま、座屈前の変形状態が対称で、座屈モードが 1 つの軸あるいは面に対して逆対称のとき、分岐点から変形を$\boldsymbol{\varphi}$だけ増加させたときと形状をその軸あるいは面に対して対称変換すると、分岐点から変形を$\boldsymbol{\varphi}$だけ減少させたときの形状が得られることから、それら 2 つの状態でのΠの値は明らかに等しい。したがって、分岐点の分類における「対称」は、エネルギー状態の対称性を意味し、座屈モードの形状を意味するものではない。図 1.4.5 では、荷重が対称で、両者の変形状態は中央軸に関して対称であるから、分岐点における変位を$\boldsymbol{u}_{cr}$としたとき、$\boldsymbol{u}_{cr}+\boldsymbol{\varphi}$および$\boldsymbol{u}_{cr}-\boldsymbol{\varphi}$に対応する変形状態での全ポテンシャルエネルギーは明らかに等しい。つまり、図 1.4.5 で示した変形状態と逆の右側があがる変形状態とが、座屈後同じ確率で生じる可能性があることを示す。本書で対象としているシェル・空間構造物では、座屈が分岐座屈となるときには、ほとんどの場合荷重が対称で座屈モードは逆対称である対称分岐となるから、以下では非対称分岐については考えないものとする。

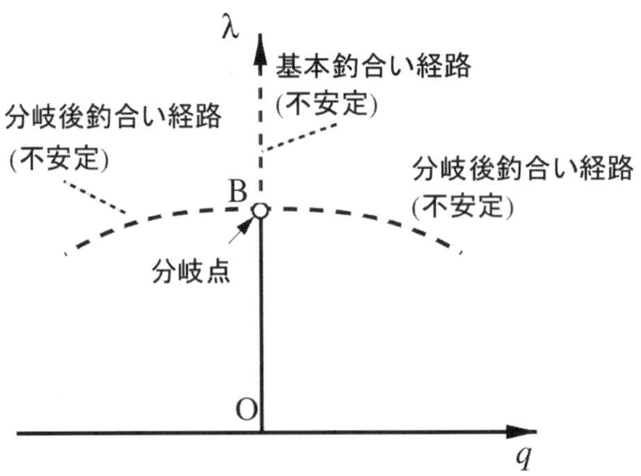

図 1.4.7　対称分岐点を呈する系の釣合い経路

分岐点の解析には、荷重増分法、変位増分法、弧長増分法のいずれを用いても良い。図 1.4.7 は、対称分岐点の場合の基本釣合い経路と分岐後釣合い経路を模式的に描いたものである。ここで、q は座屈モードなどの変位の逆対称成分を代表する一般化変位である。また、実線は安定な経路、点線は不安定な経路を示している。図 1.4.7 から分かるように、基本釣合い経路は分岐点を通過して存在し続けるため、接線剛性行列の固有値を適切に評価しなければ、分岐点を見逃してしまう可能性がある。

最初に、線形近似による分岐点解析方法を示す。線形座屈解析と同様に、$\boldsymbol{K}_T$ を $\boldsymbol{K}_L, \boldsymbol{K}_u, \boldsymbol{K}_\sigma$ に分けると、幾何学的非線形性を考慮する場合には $\boldsymbol{K}_u$ は変位の非線形関数となる。いま、釣合い経路において $\lambda = \lambda_0$ に対応する状態を参照状態とし、この状態での変位を基に求めた $\boldsymbol{K}_T, \boldsymbol{K}_\sigma$ を $\boldsymbol{K}_T^0, \boldsymbol{K}_\sigma^0$ で表わす。さらに、$\boldsymbol{K}_\sigma$ を λ の増分 $\Delta\lambda$ の線形関数であるとすると、$\lambda = \lambda_0 + \Delta\lambda$ における $\boldsymbol{K}_T$ の固有値問題は、次のように線形近似できる。

$$\left[\boldsymbol{K}_T^0 + \Delta\lambda \boldsymbol{K}_\sigma^0\right]\boldsymbol{\varphi} = \boldsymbol{0} \tag{1.4.14}$$

このような線形近似による予測法の概念図を図 1.4.8 に示す。この方法の欠点は、参照点と分岐点が離れている場合、分岐点荷重係数を精度良く予測することはできないことにある。

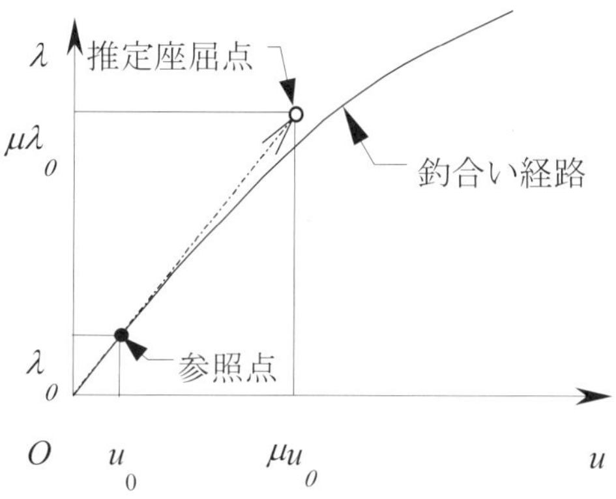

図 1.4.8　分岐点の線形予測

分岐点荷重係数の精度を向上させるためには、釣合い経路を追跡する過程で経路パラメータの増分を十分に小さくし、各ステップで固有値解析を行なえば良い。しかし、その方法では、固有値解析のために多くの計算時間を必要とするので、代替法として、通常は接線剛性行列 $\boldsymbol{K}_T$ を $\boldsymbol{LDL}^T$ 分解 [7)] したときの対角行列 $\boldsymbol{D}$ の符号により安定性を判定する。すなわち、分解後における負の対角項の数と負の固有値の数が一致することを利用し、その増分区間で分岐点を通過したかどうか判定する。しかも、荷重増分法を用いる場合には、釣合い経路の追跡の過程で $\boldsymbol{K}_T$ は既に $\boldsymbol{LDL}^T$ 分解されているため、安定性判定のために付加される計算時間はわずかである。$\boldsymbol{K}_T$ の行列式の符号によって座屈点を求めることも可能であるが、そのような方法では、座屈点が偶数個重複すると行列式の符号が変わらないため、座屈点は見逃されてしまう恐れがあり、注意が必要である。

軸対称シェルなど対称性の強い構造物では、座屈荷重の重複や近接が見られる場合があり、不整によって座屈荷重係数が大きく低下する可能性がある。そのため、1 つの座屈点が求まっても基本釣合い経路の解析を継続し、近接する座屈点を全て求めるのが望ましい。

増分型の釣合い経路解析において、増分長を固定すると、分岐荷重係数を正確に求めることはできない。分岐荷重係数を精度良く求める方法としてまず考えられるのは、増分間隔を小さくすることである。変位増分法あるいは弧長増分法を用いる場合には問題ないが、荷重増分法を用いて分岐点を求める場合には、分岐点において接線剛性行列が特異となるため、釣合い点が分岐点に極端に近いと増分変位が発散する。荷重係数の増分が十分に大きい場合にも、たまたま分岐点に達してしまうと、その後の釣合い経路を追跡することはできないため、増分幅を変更して再計算しなければならない。このような解の発散を避けるためには、次のような方法が考えられる。

最も簡単な手法としては、接線剛性行列の最小固有値によって線形近似式を用いて内分する方法がある。この場合には、固有値解析のための計算コストを軽減するため、スツルム列法付き修正逆反復法やランチョス法など、最低次の固有値から順に求め、かつ固有値を見落とす可能性のない手法を用いるべきである[67]。以下に各種の方法を示す。

釣合い経路を追跡する過程において、接線剛性行列の最小固有値が負になる前の 2 つのステップを$n-1$, nとする。ステップn付近で変位および接線剛性行列が荷重係数の線形関数であると仮定し、ステップnを基準として分岐点を外挿により予測する。詳細は文献 66 に示されているとおりである。

まず、増分量に対して

$$\Delta \boldsymbol{K} = \boldsymbol{K}_T^n - \boldsymbol{K}_T^{n-1} \tag{1.4.15}$$

$$\Delta \boldsymbol{u} = \boldsymbol{u}^n - \boldsymbol{u}^{n-1} \tag{1.4.16}$$

$$\Delta \boldsymbol{P} = (\lambda^n - \lambda^{n-1}) \boldsymbol{P}_0 \tag{1.4.17}$$

の記号を用いる。変位をパラメータτの線形関数で近似すると、分岐点での変位$\boldsymbol{u}_{cr}$は

$$\boldsymbol{u}_{cr} = \boldsymbol{u}^n + \tau \Delta \boldsymbol{u} \tag{1.4.18}$$

のように書ける。接線剛性行列が変位の線形関数とすると、分岐点における接線剛性行列はパラメータτを用いて$\boldsymbol{K}_T^n + \tau\Delta\boldsymbol{K}$のように定義され、次式が成立する。

$$[\boldsymbol{K}_T^n + \tau \Delta \boldsymbol{K}]\boldsymbol{\varphi} = \boldsymbol{0} \tag{1.4.19}$$

内力と等価な節点力のベクトルを$\boldsymbol{F}$とし、λ^n, λ_{cr}での値を$\boldsymbol{F}^n, \boldsymbol{F}_{cr}$とする。このとき、変位と接線剛性行列がパラメータの線形関数であるから、F_{cr}はパラメータの 2 次関数となり、次式で近似できる。

$$\boldsymbol{F}_{cr} = \boldsymbol{F}^n + \tau \left[\boldsymbol{K}_T^n + \frac{1}{2} \tau \Delta \boldsymbol{K} \right] \Delta \boldsymbol{u} \tag{1.4.20}$$

ここで、接線剛性行列は、現在の状態と分岐点との中間での値を用いた。一方、仮想仕事式より

$$\Delta \boldsymbol{u}^T \boldsymbol{P}_{cr} = \Delta \boldsymbol{u}^T \boldsymbol{F}_{cr} \tag{1.4.21}$$

であることから、座屈荷重係数が係数αを用いて

$$\boldsymbol{P}_{cr} = \lambda^n \boldsymbol{P}_n + \alpha \Delta \boldsymbol{P} \tag{1.4.22}$$

のように表わされるものとすると、式(1. 4. 22)と式(1. 4. 20)を式(1. 4. 21)に代入することにより、αは次式から求められる。

$$\alpha = \frac{\tau \Delta \boldsymbol{u}^{\mathrm{T}} \left[\boldsymbol{K}_T^n + \frac{1}{2} \tau \Delta \boldsymbol{K} \right] \Delta \boldsymbol{u}}{\boldsymbol{u}^{\mathrm{T}} \Delta \boldsymbol{P}} \tag{1.4.23}$$

これに類似した手法としては、増分区間内で$\boldsymbol{K}_T$の成分が経路パラメータの線形関数であるとして、単に式(1.4.15)より得られるτを用いて

$$s_{cr} = s_{n-1} + \tau (s_n - s_{n-1}) \tag{1.4.24}$$

により臨界点荷重係数を求める手法もある。文献 68 には、荷重増分法の場合に定式化が示されている。あるいは、変位増分法において、$\boldsymbol{K}_T$の行列式が変位パラメータの線形関数であるとして、次の線形補間式でs_{cr}を求めることもできる[69]。

$$s_{cr} = s_{n-1} + \varsigma \frac{\mathrm{Det}(\boldsymbol{K}_T^{n-1})}{\mathrm{Det}(\boldsymbol{K}_T^{n-1}) - \mathrm{Det}(\boldsymbol{K}_T^{n})} (s_n - s_{n-1}) \tag{1.4.25}$$

ここで、ςは非線形性による誤差を調整するための係数であり、加速係数ともいわれる。

分岐点荷重の誤差を限りなく小さくしたい場合、分岐点での接線剛性行列の非正則性（ゼロの固有値を持つこと）を避けるため、式(1.4.7)と(1.4.8)をニュートン・ラフソン(Newton-Raphson)法を用いて、同時に解く方法が提案されている[56]。式(1.4.7)、(1.4.8)からなる連立方程式を拡張システム(Extended System)ということもある。

また、本章 1.2.3 項、1.2.4 項で概説した摂動法を用いることで座屈点を精度良く予測することも可能である。文献 13 では解析的一価性を満足する増分間で接線剛性行列の行列式 Det($\boldsymbol{K}_T$)を摂動展開し、行列式の値を零とする式(1.4.26)の代数方程式を解くことで、座屈点の位置（座屈点に到達する時間パラメータの値）を予測することができると述べられている。

$$\mathrm{Det}(\boldsymbol{K}_T) = \sum_{i=0}^{\infty} \mathrm{Det}(\boldsymbol{K}_T)^{(i)} t^i = \mathrm{Det}(\boldsymbol{K}_T)^{(0)} + \mathrm{Det}(\boldsymbol{K}_T)^{(1)} t + \mathrm{Det}(\boldsymbol{K}_T)^{(2)} t^2 + \cdots\cdots = 0 \tag{1.4.26}$$

ここに Det$(\boldsymbol{K}_T)^{(i)}$ (i=0,1,2,……)は、Det($\boldsymbol{K}_T$)のi次の摂動係数、tは単調増加する非負のパラメータである。系がn自由度であれば、式(1.4.26)はn次の代数方程式となる。$n \leqq 3$の系であれば行列式の摂動係数も解析的に表現できるが、$n > 3$の多自由度系では、行列式の摂動展開表現を得ることは困難である。

行列式は固有値の積であるから、「行列式=0 ⇔ 零固有値が存在する」である。そこで接線剛

性行列の固有値から座屈点を予測する方法[70, 71]を考える。

式(1.4.27)の固有値問題

$$\boldsymbol{K}_T\boldsymbol{\varphi} = \lambda\boldsymbol{\varphi} \tag{1.4.27}$$

を時間パラメータ t で摂動展開すると次式が得られる。

$$\sum_{i=0}^{\infty}\sum_{j=0}^{i}(\boldsymbol{K}_T{}^{(i-j)} - \lambda^{(i-j)}\boldsymbol{I})\boldsymbol{\varphi}^{(j)}t^i = \boldsymbol{0} \tag{1.4.28}$$

ここに $\boldsymbol{I}$ は n 次の単位行列である。式(1.4.28)の i 次の摂動係数を零とすると、次式の摂動方程式が得られる。

$$\boldsymbol{C}^{(0)}\boldsymbol{\varphi}^{(i)} = -\boldsymbol{\varphi}^{(0)}\lambda^{(i)} + \boldsymbol{B}^{(i)} \tag{1.4.29}$$

ここに

$$\boldsymbol{C}^{(0)} = \boldsymbol{K}_T{}^{(0)} - \lambda^{(0)}\boldsymbol{I} \tag{1.4.30}$$

$$\boldsymbol{B}^{(i)} = -\boldsymbol{K}_T{}^{(i)}\boldsymbol{\varphi}^{(0)} - \sum_{j=1}^{i-1}\left(\boldsymbol{K}_T{}^{(i-j)} - \lambda^{(i-j)}\boldsymbol{I}\right)\boldsymbol{\varphi}^{(j)} \tag{1.4.31}$$

である。式(1.4.31)の $\boldsymbol{K}_T{}^{(i)}$は接線剛性行列の i 次の摂動係数であり、摂動法で i 次の釣合経路解析を実施しておれば既知量である。

方程式(1.4.29)は固有値問題であるから解が必ず存在する。式(1.4.29)の解の存在条件は

$$\left(\boldsymbol{I} - \boldsymbol{C}^{(0)}\boldsymbol{C}^{(0)-}\right)\left(-\boldsymbol{\varphi}^{(0)}\lambda^{(i)} + \boldsymbol{B}^{(i)}\right) = \boldsymbol{0} \tag{1.4.32}$$

と書くことができる。$\boldsymbol{C}^{(0)-}$は行列 $\boldsymbol{C}^{(0)}$のムーア・ペンローズ(Moore-Penrose)の一般逆行列である。保存系では接線剛性行列 $\boldsymbol{K}_T{}^{(0)}$が対称行列であるから、式(1.4.30)の $\boldsymbol{C}^{(0)}$も対称行列となる。そうすると、

$$\boldsymbol{C}^{(0)}\boldsymbol{C}^{(0)-} = \boldsymbol{C}^{(0)-}\boldsymbol{C}^{(0)} \tag{1.4.33}$$

が成り立つ。また i=0 のとき、式(1.4.29)は標準固有値問題

$$\boldsymbol{C}^{(0)}\boldsymbol{\varphi}^{(0)} = \boldsymbol{0} \tag{1.4.34}$$

となる。式(1.4.32)に式(1.4.33), (1.4.34)を代入し整理すると

$$\boldsymbol{\varphi}^{(0)}\lambda^{(i)} = \boldsymbol{B}^{(i)} \tag{1.4.35}$$

式(1.4.35)の解は

$$\lambda^{(i)} = \left(1 - \boldsymbol{\varphi}^{(0)-}\boldsymbol{\varphi}^{(0)}\right)\boldsymbol{\beta}^{(i)} + \boldsymbol{\varphi}^{(0)-}\boldsymbol{B}^{(i)} \tag{1.4.36}$$

式(1.4.36)右辺第 1 項は余解で、第 2 項は特解である。

固有ベクトル$\boldsymbol{\varphi}^{(0)}(\neq\boldsymbol{0})$を正規化されたベクトルとすると、$\boldsymbol{\varphi}^{(0)-}$は次式で表される。

$$\boldsymbol{\varphi}^{(0)-} = \frac{\boldsymbol{\varphi}^{(0)T}}{\boldsymbol{\varphi}^{(0)T}\boldsymbol{\varphi}^{(0)}} = \boldsymbol{\varphi}^{(0)T} \tag{1.4.37}$$

式(1.4.37)を式(1.4.36)に代入すると、固有値の摂動係数が得られる。

$$\lambda^{(i)} = 0 + \boldsymbol{\varphi}^{(0)T}\boldsymbol{B}^{(i)} \tag{1.4.38}$$

式(1.4.38)から、**固有値の摂動係数の余解は零**となる。

式(1.4.38)を式(1.4.29)に代入して、固有ベクトルの摂動係数を求めると

$$\boldsymbol{\varphi}^{(i)} = \alpha^{(i)}\boldsymbol{\varphi}^{(0)} + \boldsymbol{C}^{(0)-}\boldsymbol{B}^{(i)} \tag{1.4.39}$$

となる。式(1.4.39)から、**固有ベクトルの余解は標準固有値問題の固有ベクトル**となる。

式(1.4.38), (1.4.39)をまとめると、

$$\begin{Bmatrix} \lambda^{(i)} \\ \boldsymbol{\varphi}^{(i)} \end{Bmatrix} = \alpha^{(i)} \begin{Bmatrix} 0 \\ \boldsymbol{\varphi}^{(0)} \end{Bmatrix} + \begin{bmatrix} -\boldsymbol{\varphi}^{(0)T} \\ \boldsymbol{C}^{(0)-} \end{bmatrix} \boldsymbol{B}^{(i)} \tag{1.4.40}$$

と書ける。式(1.4.29)の固有値問題の摂動解では、余解の大きさを規定するスカラー$\alpha^{(i)}$が増分パラメータとなる。

摂動展開の打ち切り次数を k としたとき、式(1.4.38)から得られた固有値の摂動係数より座屈点の予測位置は、次式の t に関する k 次の代数方程式を解いて得られる。

$$\lambda = \sum_{i=0}^{k} \lambda^{(k)} t^i = 0 \tag{1.4.41}$$

対称性を有する立体トラス構造に関して、以上の手順により重複する座屈点の位置を精度良く予測できることが報告されている[72)]。

分岐点は、非対称な不整を与え、釣合い経路を追跡して求めることもできる。しかし、次項で述べるように、安定分岐点の場合には、大きい不整を与えると分岐点を見逃してしまう可能性があることに注意しなければならない。汎用ソフトウェアの多くでは、非線形安定解析は極限点型の飛移り型座屈の解析を目的としており、分岐点を直接求めるためには格別の注意が求められる。そこで、次項で述べる不整系の安定解析についての十分な理解が必要である。

1.4.4　不整系の安定解析

前項で述べた非線形安定解析法は、構造物が設計通りに施工され、載荷以外の荷重の影響を考えなくて良いことを前提としている。しかし、構造物を設計・施工する際には、部材の製造誤差や施工時の誤差などに起因する初期不整が必然的に存在し、荷重も想定したとおりに作用するとは限らない。そこで、これらの不整によって座屈荷重がどのように影響を受けるかを考察しておく必要がある。

最初、形状などの不整が 1 つのパラメータ ξ の関数として定められる場合を考える。このとき、座屈荷重係数はξの値により変化し、ξ の関数と考えることができる。座屈荷重係数のξに関する微分係数を不整感度係数といい、それを求めるための不整感度解析については既に一般的手法が確立されている[62, 63)]。しかし、それらの手法は、主に全ポテンシャルエネルギーの変位に関す

る高階の微分係数が必要であるため、計算コストとプログラムの煩雑さから、実務設計に適用するのは難しい。そのため、汎用ソフトウェアにも不整感度解析を行うための選択オプションはほとんど存在しない。そこで、代替的手法として広く用いられている方法を以下に示す。

ここでは、適切な不整を与えて釣合い経路解析を行ない、座屈荷重係数の変化を検討するための手法について解説する。また、不整の要因としては、形状、荷重、断面形状などが考えられるが、以下では形状不整のみを考えるものとする。

形状初期不整は**1次不整**（Major Imperfection）と**2次不整**（Minor Imperfection）に分けられる。構造物の形状に不整を与えたとき、座屈モードの成分を持つような不整が1次不整であり、それが座屈モードと直交するような不整が2次不整である。座屈荷重係数は2次不整に関しては敏感ではないから、1次不整の影響を調べるためには、2次不整の成分を含まないような不整を考える必要がある。座屈点が極限点および対称分岐点のそれぞれの場合に対して、対称および逆対称の不整が1次不整に対応する。したがって、不整感度を調べるときには、座屈モードに比例する形状の不整モードを与えることが多い。このような不整が最も敏感な（危険な）不整モードとなっていることが知られている。

図1.4.9から図1.4.11に、極限点、安定対称分岐点（分岐後経路において荷重が増加するような分岐点)、不安定対称分岐点（分岐後経路において荷重が減少するような分岐点）に関する1次不整を与えた場合の不整系の釣合い経路と不整感度曲線を各々示す。各図で、左側が種々の不整パラメータ値に対する釣合い経路であり、右側がξと座屈荷重係数の関係を示したものである。また、左側の○で示した座屈点と、右側の○が対応している。

図1.4.9から分かるように、完全系の座屈形態が極限点型の場合には、不整系の座屈形態も極限点型であり、極限点荷重係数の不整パラメータに関する感度係数（微分係数）は有限である。したがって、面外力の作用する扁平シェルのように、極限点座屈を呈する場合には、施工誤差の極限点荷重係数に対する影響はそれほど大きくない。一方、図1.4.10に示すように、不安定対称分岐点の場合には、1次不整を考えたとき、荷重係数が最大となる釣合い点は極限点となり、そのときの荷重係数の完全系での分岐点荷重係数からの減少量は、ξの2/3乗に比例する[62, 63]。した

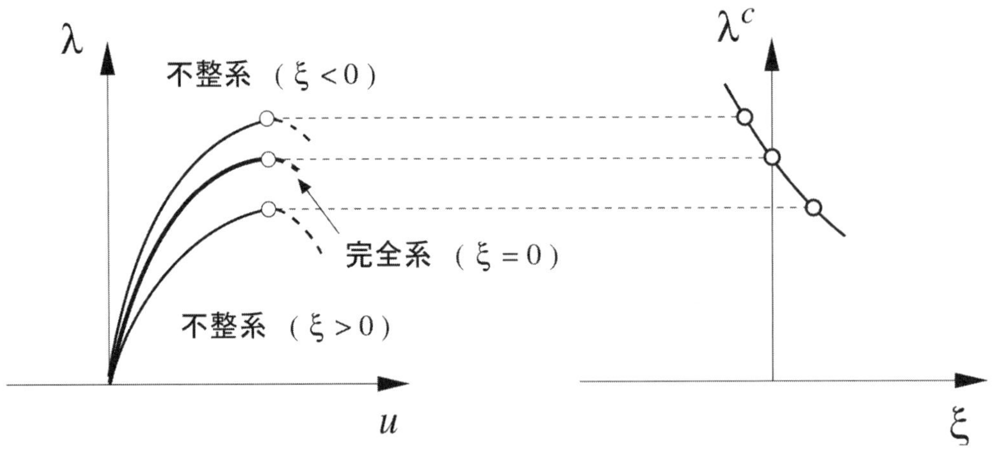

図1.4.9　極限点を有する系の不整感度曲線

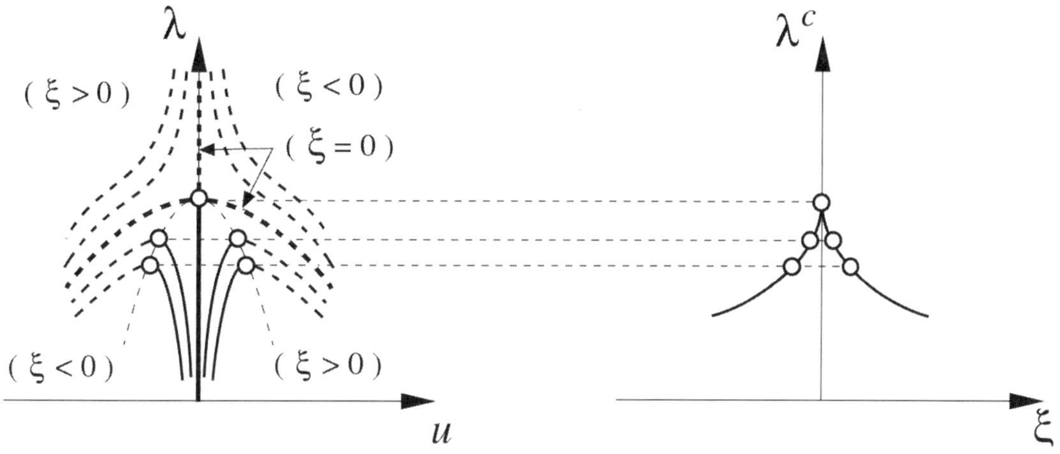

図 1.4.10　不安定対称分岐点を有する系の不整感度曲線

がって、不整感度係数は無限大である。このような場合、座屈荷重係数は不整に敏感であるという。

以上より、面内力を受ける円筒シェルのように、分岐点型座屈を呈する場合には、不整に対して十分な配慮が必要である。ところで、図 1.4.10 の左図から分かるように、分岐点型座屈の場合には、完全系の分岐点から発する分岐後経路の上にも釣合い経路が存在する。したがって、不整を与えて釣合い解析を行なう際には、パラメータの増分を十分小さくし、実際には到達できない経路に達しないように注意しなければならない。

安定対称分岐点の場合には、図 1.4.11 から分かるように、不整感度曲線で表われる座屈点は、無応力状態からは到達できない釣合い経路上にあるから、不整感度は実際には問題とならない。無変形状態の原点から発する経路には座屈点は存在しないことからわかるように、不整の存在により座屈点は消滅し、完全系の分岐荷重係数を超えて荷重係数を増加させることができる。しかし、その場合には、非対称変形が急激に進行するため、変位や応力に関する制限を導入して許容される荷重係数を定義しなければならない。座屈点が消滅する場合にも、接線剛性行列の最小固有値が最も小さくなる点を求めることにより、分岐点荷重係数の近似値とすることができる。

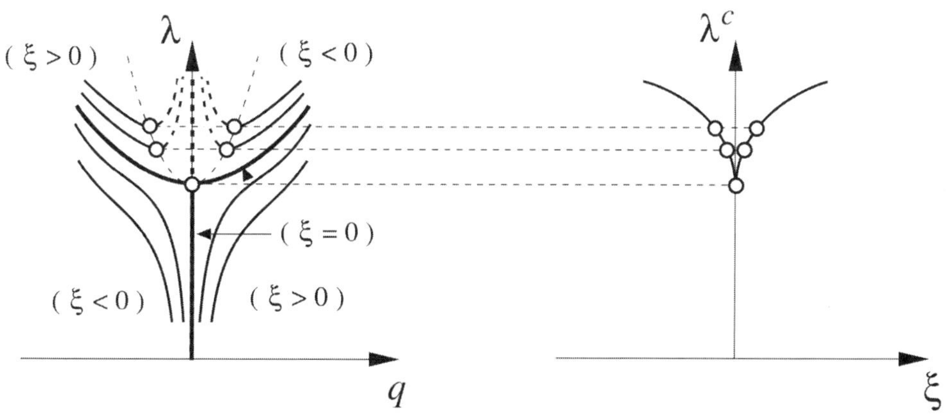

図 1.4.11　安定対称分岐点を有する系の不整感度曲線

不安定対称分岐点の場合、形状や荷重の不整にともなう座屈荷重の低減率（Knockdown Factor）は、面内剛性の一部を低減した線形座屈解析によって推定することもできる。このような解析法は剛性低減法(Reduced Stiffness Method)[52]といい、初期設計段階で最大支持力を推定するために有効である。更に 1.4.3 後半で述べた摂動法を応用すると、図 1.4.10、図 1.4.11 の破線で示す不整感度曲線が数値解析的に得られるが[73]、ここでは汎用ソフトの利用法を紹介するという立場から、これらの手法について省略する。

1.4.5　幾何学的非線形・材料非線形動的解析

線形弾性材料の微小変形の範囲内での動的解析法は既に本章 1.3 節に示した。本項では、非線形動的解析と構造物の非線形挙動について概説する。詳細は後章を参照されたい。

非線形応答解析は、ほとんどの場合、時刻歴応答解析が用いられ、静的な非線形解析と同様、一般に増分変位内における収束計算を必要とする。また、本章 1.3 節で紹介したように、解析方法として陰解法と反復解法があるが、どちらにも長所と短所があるので、その特徴を良く理解して使用する必要がある。線形の振動解析と異なり、計算途中で系のパラメータが変化し、例えば陰解法では$\boldsymbol{LDL}^T$分解を毎ステップ計算し直さなければならず、非線形性のため収束計算が必要となる。しかも、得られた係数行列が特異に近くなって計算不能となる場合もある。一方、反復解法ではほんの少しの誤差が解を不安定とし、発散させてしまうこともある。いずれにしても、増分時間Δtを含めた各種のパラメータ値を慎重に設定することが求められる。

幾何学的非線形性を考慮した解析結果を分析する場合、非線形特有の振動特性を理解していることが望ましい。以降では各種の非線形挙動を紹介する。

ソフトニング型とハードニング型の骨格曲線　自由振動状態においても、振幅が大きいと幾何学的非線形性が生じる。自由振動状態における振幅と振動数あるいは周期との関係は骨格曲線(Backbone Curve)として示される。多自由度系では、骨格曲線は固有モードに対する一般化変位で表現され、系が線形の場合、当然、骨格曲線は直線で表される。振幅が大きくなると非線形性が現れて骨格曲線は曲がり、構造形態によって周期が長くなったり、短くなったりする。次第に周期が長くなる系はソフトニング型と呼ばれ、逆に、周期が短くなる系はハードニング型と呼ばれる。空間構造物では、構造形態や振動モードによって種々の自由振動特性を有するが、一般に圧縮で力を伝達する系はソフトニング型に、引張で伝達する系はハードニング型となる。例えば、ドームの上下振動モードでは、下向側の変位ではソフトニング型となり、逆に上向側ではハードニング型となる。このように振幅の方向で非対称となる場合もある。二方向ケーブル構造のモード一般化変位は両方向ともに、ハードニング型の振動特性を示す。材料非線形によっても骨格曲線は変化し、材料が塑性域に入るにしたがって、一般的に系全体がソフトニング型となる。

骨格曲線が２回以上屈曲すると、周期外乱やステップ荷重あるいは不規則外乱に対して、振動中心が移動し構造物が座屈する可能性が生まれる。さらに屈曲が大きくなり、骨格曲線が振動数ゼロに達するような状態となると、静的な座屈が生じることになる。この場合、同じ振動数ゼロの位置に振幅が大きい２つめの解が存在し、これが静的座屈後の安定状態を表すことになる。

非線形共振　周期型の外乱に対し、非線形性を考慮すると骨格曲線に合わせて、良く知られた共振曲線が得られる。ただし、非線形性を考慮すると、この共振曲線には、固有周期近傍の主共振域だけでなく、振動数が固有振動数の 1/2、1/3 など 1/ n 分数調波で共振域がある。特に振動数 1/2 の領域において主共振域に次いで大きな応答を示す。また固有振動数の 2、3 倍等の高調波にも共振域が存在する。このように固有振動数近傍だけでなく、他の振動数領域でも共振する可能性があり、空間構造物の振動挙動に影響を与える。

振幅の動的ジャンプ現象と動座屈　共振曲線が曲がることによって動的不安定域が生じている。例えば、外乱の振動数を固定し、外乱振幅を徐々に大きくして応答値を求めると、外乱振幅と応答振幅の関係に不連続が生じ（図 1.4.12 の A-B）、その外乱振幅のとき、振幅が急激に大きくなる。この振動挙動は動的ジャンプと呼ばれている。また、骨格曲線が２回以上屈曲すると不安定域がさらに大きくなり、応答振幅が不連続となるだけでなく、振動中心が移動し、構造物は座屈した状態を示すことになる（図 1.4.13 の B'-C）。この現象は**動座屈**(Dynamic Buckling)と呼ばれ、骨格曲線が２回以上屈曲すると動座屈の可能性を持つことになる。

モード間のエネルギー移動　線形であれば、モードに関する振動方程式は分離しているため、モード間のエネルギー移動はない、しかしながら、非線形を考慮すると非線形項で連成するためエネルギーが移動し、モード振幅が増減する。このため、モードに対する刺激係数が小さいといっても、他のモードからエネルギーが移動する場合があり、それによって考慮外の変形が起こることがある。

分岐型の変位励起　静的解析で分岐座屈を生じる構造物は、動的にも分岐型の座屈を起こす可能性がある。例えば、ドームのような軸対称構造物に自重のような対称荷重が加わり、そのとき非軸対称分岐型座屈が生じる場合である。例えば、非軸対称の動荷重がなく、上下地震動に対し刺激係数がゼロとなる場合、非軸対称変位モードは生じないように思える。しかし、マシュー・

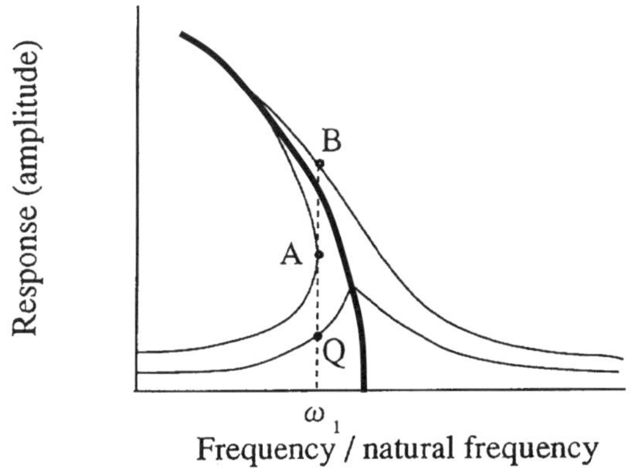

図 1.4.12　共振曲線と動的ジャンプ

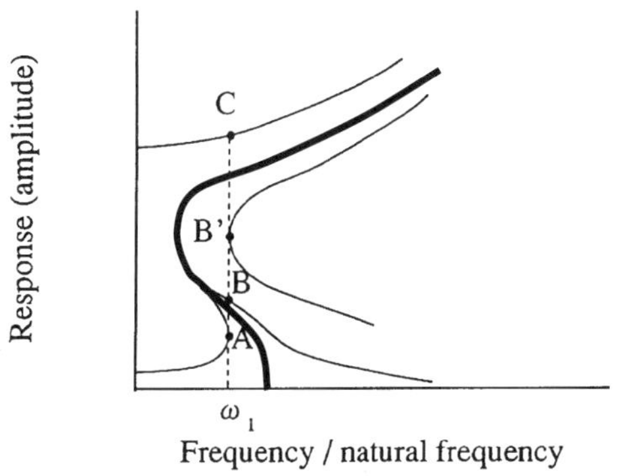

図 1.4.13　共振曲線と動的座屈

ヒル（Mathieu-Hill）のパラメトリック励振など[74, 75]によってエネルギー移動が起きると、その結果、非軸対称変位モードが生じ、動座屈を起こすことがある。このような現象が起きる可能性があるにもかかわらず、計算結果で非軸対称変形が生じなかった場合、不整を少し入れて解析を試みると良い。非軸対称の荷重をほんのわずかだけ付加することでも良いし、同じく極わずかな非軸対称初期変位を与えても良い。その結果、本来的にエネルギー流入が起こり、変位が急増するような系であれば、自動的に非軸対称変形は励起され、振幅は増大する。逆に、エネルギー移動がほとんど起きないような系では、極わずかな非軸対称荷重や形状初期不整は全体の挙動に影響を与えないから、不整のない系と何ら変わることのない挙動が得られるはずである。

動的不安定現象　動座屈現象の他にも不安定現象は存在する。例えば図 1.4.14 に示す風荷重を受ける平板の動的応答に関連して、フラッタ(Flutter)現象やダイバージェンス(Divergence)現象などがある。フラッタは振動しながら振幅 w が増大する現象であり、ダイバージェンスは振幅が単調に増加する現象である[74]。これらの発生条件は、釣合状態近傍での自由振動の固有方程式

$$\left| -\omega^2 \boldsymbol{M} + \boldsymbol{K} \right| = 0 \tag{1.4.42}$$

の解である固有振動数の二乗ω^2が下記の条件を満たすときである。

$$\omega^2 : \text{実数} \rightarrow \text{複素数}\ \ :\text{フラッタ}$$

$$\omega^2 : \text{正} \rightarrow 0\ \ :\text{ダイバージェンス}$$

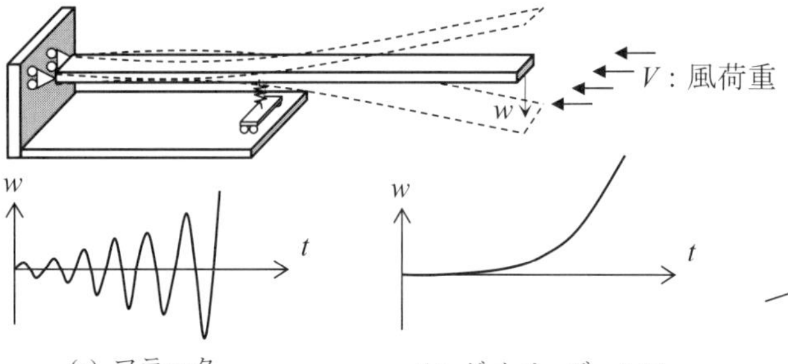

(a) フラッタ　　(b) ダイバージェンス

図 1.4.14　風荷重を受ける平板の不安定現象

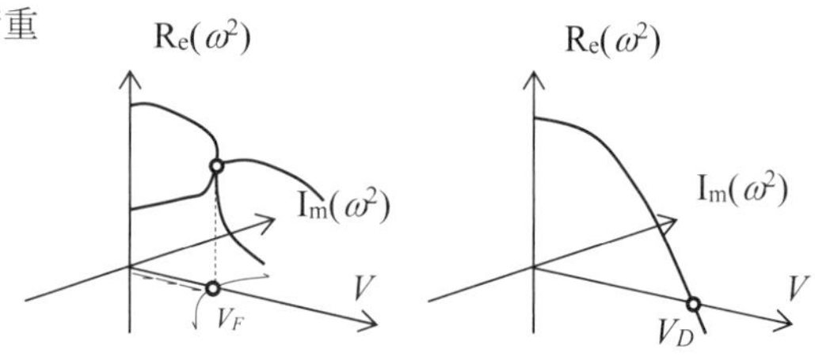

(a) フラッタ　　(b) ダイバージェンス

図 1.4.15　外力の大きさと固有振動数

固有振動数は質量、剛性以外に図 1.4.15 に示すように外力の大きさ V に依存する[76]。フラッタは式(1.4.42)に実数の重解が存在し、外力を増加させると固有振動数に虚部 $I_m(\omega^2)$が現れる V_F で生じる。ダイバージェンスは静的座屈の条件と同様で固有振動数が零となる V_D で生じる。これらの詳細な説明は本書の範囲を超えるのでここでは述べない。

材料非線形性　材料非線形を考慮することによっても、各種の数値計算上の問題が生じる。各構造物毎の材料非線形性の扱いは後章で詳細に説明する。ここでは、全体を通して問題となる点を概説する。急激な剛性の変化は数値計算上で誤差を生じさせる原因となる。特に、合応力―変位関係がバイリニア(Bi-Linear)、トリリニア(Tri-Linear)など、直線で表されるとき、剛性が変化する

部分で誤差が生じる。例えば、ブレースでは他の曲げ部材に比較して振動数が高いため、計算中に降伏応力を無視できないほど超過してしまうことがある。また、曲げ部材で塑性ヒンジや塑性領域が生じたとき、あるいはコンクリートシェルなどで亀裂が入ったような場合にも、収束過程に依存した数値計算上の誤差を生む。例えば、上記の塑性現象が生じた瞬間に、加速度波形に非常に高い周波数のノイズが観測されている。さらに、剛性がゼロの状態や不連続であったり、あるいは負の剛性を設定する場合は、解が収束しなかったり、発散したりする場合がある。このような状態に備えて、予備計算等を行い、解の不安定性と発散に関する情報を収集し、対処法を考えておく必要がある。

合応力—変位関係あるいは応力—ひずみ関係が曲線で表されるような場合でも、増分時間内の非線形性の扱いに注意し、収束計算を行っているか否か、あるいは何か誤差対策を行っているか否かを仕様書で確かめることが大切である。このような誤差が集積すると、理解できないような形で解が発散することがある。これらの誤差が解を発散させることのないように、また全体の挙動に影響を与えないように、解析パラメータや数値計算パラメータを十分に注意して選定する必要がある。

崩壊現象　材料非線形性を考慮すると幾何学非線性とは異なった不安定現象が観測される。局部的なメカニズムの出現や全体崩壊によって構造物が不安定になり、数値計算の精度が極端に落ちることがある。このようなメカニズムの出現によって接線剛性行列は特異となるが、動的解析では質量と減衰が存在するため、直ちに解が発散するということはない。しかし、それでも変位がかなり大きくなるため誤差が入り易い状態となる。例えば、陰解法による数値解析手法では、係数行列が疑特異となることもあり、その場合計算誤差が大きくなり、解が発散することもあり得る。

参考文献

1) 斎藤公男，岡田章，大空間建築の展開，Japanese Society of Steel Construction, Vol.15, pp.5-23, 1995.
2) 半谷裕彦，空間構造とその形態，日本建築学会近畿支部講演会テキスト，1997.
3) 坪井善勝記念講演会実行委員会，空間構造第1巻，ed. 青木繁，1993.
4) J. T. Oden, Finite Elements, Introduction, in Handbook of Numerical Analysis Vol. II: Finite Element Methods (Part I),P.G. Ciarlet and J.L.,Lions Ed., Elsevier Science Publishers,pp.3-15, 1991.
5) R. H. Gallagher, Finite Element Analysis :Fundamentals, Englewood Cliffs,New Jersey, USA, Prentice-Hall, 1976.
6) M. Turner, et al., Stiffness and Deflection Analysis of Complex Structures, Journal of Aerospace Sciencies, Vol.23, No.9, pp.805-823, 1956.
7) 例えば，渡部力，名取亮，小国力，数値解析と FORTRAN 第 3 版，丸善，1983.
8) K. J. Bathe, FINITE ELEMENT PROCEDURES IN ENGINEERING, Prentice-Hall, 1982.
9) 中村恒善，上谷宏二，建築構造力学の発展－応力解析の考え方－第 4 章　4.1　弾塑性解析法の現状，日本建築学会，p.374, 1988.
10) J. Bonet and R. D. Wood,Nonlinear Continuum Mechanics for Finite Element Analysis, Cambridge Unversity Press, 1997.
11) Henk van der Vorst, (緒方秀教訳)，超大型固有値問題の解法，日本応用数理学会 応用数理，Vol.8, No.4, pp.6-20, 1998.
12) A. C. Walker, A Method of Solution for Non-linear Simultaneous Algebraic Equations, International Journal for Numerical Method in Engineering, Vol.1, pp.177-180, 1969.
13) Y. Yokoo, T. Nakamura and K. Uetani, The Incremental Perturbation Method for Large Displacement Analysis of Elastic-Plastic Structures, International Journal for Numerical Method in Engineering, Vol.10, pp.503-525, 1976.
14) M. A. Crisfield, A Fast Incremental/Iterative Solution Procedure That Handle,Snap-through, Comp. & Struct., Vol.13, pp.55-62, 1981.
15) E. Riks, Buckling Analysis of Elastic Structures: A Computational Approach, in: Advances in Applied Mechanics, Vol. 34, E. van der Giessen and T.Y. Wu (Eds.), Academic Press, 1998.
16) M. Oritz and J.C. Simo, An Analysis of a New Class of Integration Algorithms for Elastoplastic Constitutive Relations, International Journal for Numerical Methods in Engineering, Vol.23, pp.353-366, 1986.
17) J. C. Simo, Algorithms for Static and Dynamic Multiplicative Plasticity that Preserve the Classical Return Mapping Schemes of the Infinitesimal Theory, Computer Methods in Applied Mechanics and Engineering, Vol.99, pp.61-112, 1992.
18) T. Takeda, M. A. Sozen and N. N. Nielsen, Reinforced Concrete Response to Simulated Earthquake, Journal of the Structural Division , ASCE, pp.19-26, 1970.

19) 武藤清, 構造物の動的解析, 丸善, 1976.

20) 柴田明徳, 最新 耐震構造解析, 最新建築学シリーズ, 森北出版, 2003.

21) 国土交通省中部地方整備局, 名古屋三の丸波　設計用入力地震動について, Web サイト, 入手先〈http://www.cbr.mlit.go.jp/eizen/policy/seismic/05.htm〉,（参照 2017-04-15）

22) 大熊武司, 神田順, 田村幸雄, 建築物の耐風設計, 鹿島出版会, 1996.

23) K. J. Bathe, E. L. Wilson, 菊池文雄訳, 有限要素法の数値計算, 科学技術出版社, 構造工学シリーズ⑥, 1979.

24) 戸川隼人, マトリクスの数値計算, オーム社, 1971.

25) K. J. Bathe and E. L. Wilson, Solution Method for Eigenvalue Problems in Structural Mechanics, International Journal for Numerical Methods in Engineering, Vol.6, pp.213-226, 1973.

26) G. Golub, The QR Algorithm; 50 Years Later Its Genesis by John Francis and Vera Kublanovskaya and Subsequent Developments, IMA Journal of Numerical Analysis, Vol.29, pp.467-485, 2009.

27) C. C. Paige, Computational Variants of the Lanczos Method for Eigenproblem, Journal of the Institute of Mathematics and its Applications, Vol.10, pp.373-381, 1972.

28) H. Voss, An Arnoldi Method for Nonlinear Eigenvalue Problems, BIT Numerical Mathematics, Vol.44 pp.387-401, 2004.

29) 西田晃, 小柳義夫, 大規模固有値問題のための Jacobi-Davidson 法とその特性について, 情報処理学会論文誌, Vol.41, No. SIG 8, pp.101-106, Nov. 2000.

30) 大網浩一, CQC 法におけるモード相関係数の簡便な近似式とその適用例, 日本建築学会構造系論文集, 第 515 号, pp.83-89, 1999.

31) 神田亮, 安達洋, 白井伸明, 中西三和, サブストラクチャ・オンライン応答実験法に適用する初期応力法に基づく陰な積分法, 日本建築学会構造系論文集, 第 473 号, pp.75-84, 1995.

32) S. Erlichier, L. Bonaventura and O. S. Bursi, The analysis of Generalized-α Method for Non-linear Dynamic Problems, Computational Mechanics, Vol.28, pp.83–104, 2002.

33) J. C. Simo and N. Tarnow, The Discrete Energy-Momentum Method, Conserving Algorithms for Nonlinear Elastodynamics, Journal of Applied Mathematics and Physics, Vol.43, pp.757–792, 1992.

34) 村田賢, 柴田良一, 新帯晃聖, 望月裕之, 大規模スペースフレームの動的解析に対する PC クラスタによる並列システムの開発 -その１　改良した反復解法による並列化動的解析手法の効果について-, 日本建築学会構造系論文集, pp.115-122, 第 542 号, 2001.

35) 酒井久和, 澤田純男, 土岐憲三, 収束計算を行わない動的非線形 FEM のための時間積分法, 土木学会論文集, No.507/I-30, pp.137-147, 1995.

36) 中島正愛, 石田雅利, 安藤和博, サブストラクチャ仮動的実験のための数値積分法 -サブストラクチャ法を用いた仮動的実験の開発-, 日本建築学会構造系論文報告集, 第 417 号, pp.107-117, 1990.

37) 神田亮, 扇谷匠己, 矢作貴, 丸太栄蔵, ハイブリッド振動法の制御アルゴリズムに関する研究 -無条件安定と等価な陽的積分法-, 日本大学生産工学部研究報告 A, 38 巻, 第 1 号, 2005.

38) 加藤史郎, 中澤祥二, 他, 入力低減型支持機構を有する大スパンドーム構造物の地震応答性状, 日本建築学会構造系論文集, 第 518 号, pp.57-64, 1999.

39) 日本ゴム協会, 設計者のための免震用積層ゴムハンドブック, 理工図書, 2000.

40) 菊池優, 北村佳久, 井上圭一, 上田正生, 履歴減衰型免震部材の復元力モデルに関する研究, 日本建築学会構造系論文集, 第 565 号, pp.63-71, 2003.

41) 山本雅史, 嶺脇重雄, 米田春美, 東野雅彦, 和田章, 高減衰積層ゴム支承の水平２方向変形時の力学特性に関する実大実験およびモデル化, 日本建築学会構造系論文集, 第 638 号, pp.639-645, 2009.

42) 飯塚真臣, 高岡栄治, ばねと剛体要素から成る積層ゴム用離散型力学モデル, 日本建築学会構造系論文集, 第 607 号, pp.81-85, 2006.

43) 山本祥江, 菊池優, 越川武晃, 上田正生, 並列多軸ばねを用いた積層ゴムの大変形挙動解析, 日本建築学会構造系論文集, 第 618 号, pp.81-88, 2007.

44) 高岡栄治, 極限地震入力を受ける免震建物の積層ゴム破壊時における終局挙動の解明, 京都大学博士論文, 2008.

45) Den Hartog, 谷口修訳, 機械振動論, コロナ社, 1946.
(デン・ハルトック著, 谷口修, 藤井澄二訳, 機械振動論, 改訂版, コロナ社)

46) 山口宏樹, 構造振動・制御, 共立出版株式会社, 1996.

47) 阿部雅人, 藤野陽三, マルティプル同調質量ダンパー(MTMD)の基本特性, 土木学会論文集, No.465, pp.87-96, 1993.

48) 阿部雅人, 孫利民, 山口弘樹, マルティプル TMD・TLD の特性の把握, 構造工学論文集, Vol.38A, pp.825-836, 1992.

49) 阿部雅人, 藤野陽三, マルティプル同調質量ダンパー(MTMD)の性能評価式, 土木学会論文集, No.465, pp.97-106, 1993.

50) 吉中進, 川口健一, 大スパン建築構造における分散型 MTMD に関する研究, 日本建築学会構造系論文集, 第 586 号, pp.123-130, 2004.

51) 吉中進, 分散型 MTMD による大スパン建築構造の振動制御に関する研究, 東京大学学位論文, 2007.

52) 山田聖志, 今泉局女, 形状初期不整が軸圧円筒殻の座屈性状に及ぼす影響, 日本建築学会構造系論文集, No.514, pp.155-161, 1998.

53) Y. Hangai and S. Kawamata, Analysis of Geometrically Nonlinear and Stability Problems by Static Perturbation Method, Report of Industrial Science, The University of Tokyo, Vol.22, 1973.

54) 日本機械学会, 計算力学ハンドブック（I 有限要素法 構造編）, 1998.

55) M. A. Crisfield, Non-linear Finite Element Analysis of Solids and Structures, John Wiley & Sons, 1991.

56) P. Wriggers and J. C. Simo, A General Procedure for the Direct Computation of Tuning and Bifurcation Points, International Journal for Numerical Methods in Engineering, Vol.30, pp.155-176,

1990.
57) 細野透, 弧長法による弾性座屈問題の解析, (その 1) 座屈点に於ける増分解の性質, 日本建築学会論文報告集, 第 242 号, pp.41.40, 1976, (その 2) 数値解析方法としての弧長法, 第 243 号, pp21-31, 1976.
58) 久田俊明, 野口裕久, 非線形有限要素法の基礎と応用, 丸善, 1995.
59) 佐藤稔夫. 中村恒善, 骨組構造の解析, 新建築学大系, 36, 彰国社, 1982.
60) E. Riks, An Incremental Approach to the Solution of Snapping and Buckling Problems, International Journal of Solids and Structures,Vol.15,pp.529-551, 1979.
61) O. C. ツィエンキーヴィッツ, R. L. テイラー, 矢川元基ほか訳, マトリックス有限要素法 Ⅰ, Ⅱ, 科学技術出版社, 1996.
62) W. T. Koiter, On the Stability of Elastic Equilibrium, Dissertation,Delft,Holland,1945, English Translation, NASA, TTF-10833, 1967.
63) J. M. T. Thompson, A General Theory for the Equilibrium and Stability of Discrete Conservative Systems, ZAMP, Vol.20, pp.797-846, 1969.
64) 児玉剛, 宮崎康行, エネルギ・モーメンタム法における運動方程式の導出手順と解釈について, 日本機会学会論文集(C 編), 69 巻, 684 号, 2004.
65) 例えば藤井文夫, 大崎純, 池田清宏, 構造と材料の分岐力学, コロナ社, pp.26-34, 2005.
66) MSC/NASTRAN ユーザガイド, 非線形解析ハンドブック, 日本エムエスシー, 1994
67) W. H. Wittrick and F. W. Williams, A General Algorithm for Computing Natural Frequencies of Elastic Structures, Quart. J. Mech. And Applied Math., Vol.24, pp.263-284, 1971.
68) M. Fujikake, A Simple Approach to Bifurcation and Limit Point Calculations, International Journal for Numerical Methods in Engineering, Vol.21, pp.183-191,1985.
69) S.H. Lee and D. N. Herting, Comment on ‘A Simple Approach to Bifurcation and Limit Point Calculations’, International Journal for Numerical Methods in Engineering, Vol.21, pp.1935-1937, 1985.
70) 西村督, 森迫清貴, 固有値問題の摂動展開による釣合経路上の臨界点予測手法, 日本建築学会構造系論文集, No.522, pp.45-50, 1999.
71) 西村督, 保存系の臨界点を予測するための固有値問題に対する摂動方程式の解, 第 51 回理論応用力学講演会, pp.97-98, 2002.
72) 西村督, 森迫清貴, 固有値問題の摂動展開による釣合経路上の臨界点予測解析, 計算工学講演会論文集,Vol.4, pp.681-684, 1999.
73) 西村督, 牧野歩美, 摂動法を用いた複合荷重を受ける弾性構造物の安定境界解析, 日本建築学会構造系論文集, 第 622 号, pp.95-102, 2007.
74) ボローチン, 中田和夫訳, 近藤誠治, 弾性系の動的安定, コロナ社, 1972.
75) 加藤史郎, 村田賢, 松岡理, 宮村篤典, 初期不整を有する回転殻の動的非線形解析 −その 3 初期不整を有する偏平球殻の動的座屈機構について−, 日本建築学会構造系論文報告

集, 第 304 号, pp.81-90, 1981.
76) 半谷裕彦, 建築構造力学の最近の発展 −応力解析の考え方−, 3.2 骨組構造物の安定解析, 日本建築学会, pp.316-320, 1988.

第２章　空間骨組構造

第１節　空間骨組構造物の力学的特性と解析手法

2.1.1　空間骨組構造物の形態と力学特性

空間骨組構造物は、写真 2.1.1 に示す立体トラスで代表されるように線状の部材（線材）を組み合わせる構造形式（骨組形式）で大空間を覆う構造物である [1]。このような構造形式は、コンクリートシェルと比べて軽量で工期も短く、膜構造物より剛性の面で優れているため、現在は多くの目的で設計・施工されている。空間骨組構造の形態は、1950 年以前はトラス構造の特徴を活かし、軸力抵抗型構造とした球状および円筒形状が用いられたが、コンピュータ技術の向上とともに、自由な形状の立体骨組構造が設計されるようになった。構成部材は鋼製トラス部材が一般的であるが、写真 2.1.1(c)の木質部材による立体トラスや写真 2.1.1(d)の鋼製張力材を用いた複合構造も設計されている。また、連続体シェルや膜構造物と異なり、局所的破壊に代表される離散系構造物特有の力学特性を持っている。一方、通常のビル型骨組構造では、部材は柱、大梁、小梁などに分類されるが、空間骨組構造物では部材に明瞭な階層構造が見られない場合がある。以上のように、空間骨組構造物は、他の構造形式には見られないような特徴をもつため、その構造解析と結果の評価・分析は、構造物の特徴を考慮して慎重に行う必要がある [2-7]。

(a) 単層ラチスドーム　(b) 複層立体トラス　(c) 木質トラス　(d) 張力導入複合構造

写真 2.1.1　空間骨組構造物

空間骨組構造物のスパン、ライズ、部材長、部材半開角等のパラメータ（特性値）と応答特性の関係については、種々の連続体近似式や略算式が提案されている。また、整形のラチスシェルなどでは、差分法などにより閉形解が得られている。連続体置換による方法は、例えば文献 4 を参照していただきたい。コンピュータが急速に発展する以前の成果は、ASCE のレポート [8] にまとめられている。これらの近似式や略算式は、構造設計の初期段階や、解析結果の解釈の段階で極めて重要であるが、構造設計の最終段階では、やはり部材レベルの解析が必要である。

本章では、空間骨組構造物の解析において基礎となる梁理論、現在一般的に用いられているモデル化手法と解析手法を紹介し、それらを使用する際の留意点を述べる。また、解析の際に生じる可能性のある問題点を列挙し、汎用ソフトウェアを適切に使用するためのテクニックと、解析結果の妥当性のチェック法を示す。ここでは、汎用ソフトウェアを用いることを前提とし、座屈後挙動解析、動的安定解析、感度解析など、一般のソフトウェアでは実行できないような解析については省略する。また、安定解析や弾塑性解析など、種々の解析法が考えられる分野については、多くの文献が紹介されているレビューを中心に参考文献を紹介する。

2.1.2　梁理論の概要

3 次元物体の応力解析の基本となる力学理論は 3 次元弾性論である。柱や梁といった骨組構造部材は、一般に構造設計で線材として扱う。いくつかの仮定を設けて、3 次元物体を 1 次元の線材でモデル化する理論を梁理論(Beam Theory)という。梁理論を解説した文献は非常に多い。例えば川井、藤谷は梁理論の変遷、梁理論で用いる仮定から導出される変位場を詳細に述べている [9]。

本項では文献 9 および藤井の文献 [10]を基に梁理論を解説する。

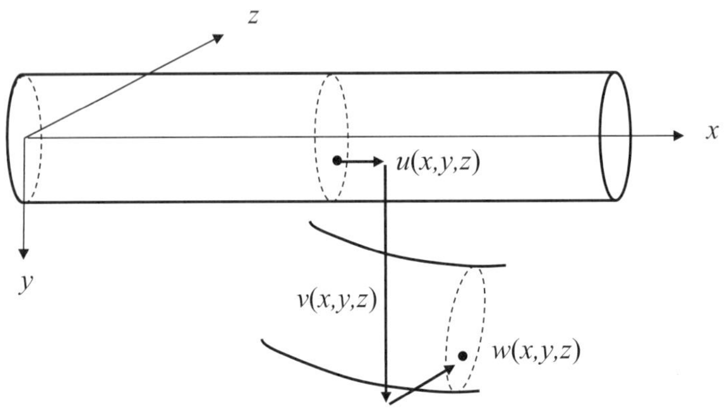

図 2.1.1　座標系と梁要素

図 2.1.1 に示す右手系の直交座標系 x-y-z と直線梁要素を考える。x 軸は断面の図心(Centroidal Axis)を通る軸とする。梁理論で用いる代表的な仮定を以下に記す。

a)　断面内無歪（剛断面）の仮定

横断面が変形しないという仮定であり、横断面の面内歪が零として表わされる。

$$\varepsilon_y, \varepsilon_z, \gamma_{yz} = 0 \tag{2.1.1}$$

b)　断面内無応力の仮定

横断面の面外応力に対して面内応力が十分小さく、面内応力が無視できるという仮定。

$$\sigma_y, \sigma_z, \tau_{yz} = 0 \tag{2.1.2}$$

c)　平面保持の仮定(Bernoulli-Euler の仮定)

変形前は図心軸に垂直であった横断面が、変形後も図心軸に対して垂直であるという仮定。

$$\gamma_{xy}, \gamma_{xz} = 0 \tag{2.1.3}$$

断面の寸法に対して部材の長さが長い場合は曲げ変形が卓越し、この条件を満足する。一方、太短い梁では曲げ変形に対してせん断変形が卓越するため、この条件が成り立たない。せん断変形に関する変位場は、本章 2.2.2 項の部材のモデル化／せん断変形で述べる。

d) 曲げ変形とねじり変形の独立性

各方向の変位が、曲げ変形とねじり変形による独立変位の重ね合わせで得られるという仮定。例えば軸方向変位 u に関しては、次式のように書くことができる。

$$u(x,y,z)=u_b(x,y,z)+u_t(x,y,z) \tag{2.1.4}$$

ここに u_b,u_t は、曲げ変形、ねじり変形による変位である。

以上の仮定から導出される変位場を説明する。三次元弾性論の歪－変位関係式は、次式で示される。

$$\varepsilon_x=\frac{\partial u}{\partial x}+\underline{\frac{1}{2}\left\{\left(\frac{\partial u}{\partial x}\right)^2+\left(\frac{\partial v}{\partial x}\right)^2+\left(\frac{\partial w}{\partial x}\right)^2\right\}} \qquad \varepsilon_y=\frac{\partial v}{\partial y}+\underline{\frac{1}{2}\left\{\left(\frac{\partial u}{\partial y}\right)^2+\left(\frac{\partial v}{\partial y}\right)^2+\left(\frac{\partial w}{\partial y}\right)^2\right\}}$$

$$\varepsilon_z=\frac{\partial w}{\partial z}+\underline{\frac{1}{2}\left\{\left(\frac{\partial u}{\partial z}\right)^2+\left(\frac{\partial v}{\partial z}\right)^2+\left(\frac{\partial w}{\partial z}\right)^2\right\}} \tag*{(2.1.5)～(2.1.7)}$$

$$\gamma_{xy}=\gamma_{yx}=\frac{\partial v}{\partial x}+\frac{\partial u}{\partial y}+\underline{\left(\frac{\partial u}{\partial x}\frac{\partial u}{\partial y}+\frac{\partial v}{\partial x}\frac{\partial v}{\partial y}+\frac{\partial w}{\partial x}\frac{\partial w}{\partial y}\right)} \qquad \gamma_{yz}=\gamma_{zy}=\frac{\partial w}{\partial y}+\frac{\partial v}{\partial z}+\underline{\left(\frac{\partial u}{\partial y}\frac{\partial u}{\partial z}+\frac{\partial v}{\partial y}\frac{\partial v}{\partial z}+\frac{\partial w}{\partial y}\frac{\partial w}{\partial z}\right)}$$

$$\gamma_{zx}=\gamma_{xz}=\frac{\partial u}{\partial z}+\frac{\partial w}{\partial x}+\underline{\left(\frac{\partial u}{\partial z}\frac{\partial u}{\partial x}+\frac{\partial v}{\partial z}\frac{\partial v}{\partial x}+\frac{\partial w}{\partial z}\frac{\partial w}{\partial x}\right)} \tag*{(2.1.8)～(2.1.10)}$$

ここに ε_x, ε_y, ε_z は垂直歪(Normal Strain)、γ_{xy}, γ_{yz}, γ_{zx} はせん断歪(Shear Strain)を表す。

一般の建築構造設計では、梁や柱の変形は微小変形とする場合が一般的である。微小変形の範囲では、式(2.1.5)～(2.1.10)の下線部の 2 次項は高次の微小量として無視する。このとき、剛断面の仮定の式(2.1.1)は、次式で示される。

$$\varepsilon_y=\frac{\partial v}{\partial y}=0\ ,\ \varepsilon_z=\frac{\partial w}{\partial z}=0\ ,\ \gamma_{yz}=\frac{\partial w}{\partial y}+\frac{\partial v}{\partial z}=0 \tag{2.1.11}$$

式(2.1.11)の第 1, 2 式から、y, z 方向変位は直交する 2 方向の座標で表わされる関数

$$v=v(z,x)\ ,\ w=w(x,y) \tag{2.1.12}$$

と書ける。このとき、式(2.1.11)の第3式と式(2.1.12)を満足する x に関する次式の関数 θ が存在しなければならない。

$$\theta = \theta(x) = \frac{\partial w}{\partial y} = -\frac{\partial v}{\partial z} \tag{2.1.13}$$

ここに θ は図心軸である x 軸回りの回転角であり、ねじれ角(Torsional Angle)と呼ばれている。式(2.1.13)を y, z に関して積分すると、y, z 方向の変位が次式で示される。

$$v(x,z) = v_0(x) - \theta(x)z\,,\ \ w(x,y) = w_0(x) + \theta(x)y \tag{2.1.14}$$

v_0, w_0 は図心位置の y, z 方向変位であり、たわみ(Deflection)とも呼ぶ。

曲げ変形時に平面保持の仮定の式(2.1.3)が成り立つとき、歪－変位関係式(2.1.8), (2.1.10)より

$$\gamma_{xy} = \gamma_{yx} = \frac{\partial v}{\partial x} + \frac{\partial u}{\partial y} = 0\ ,\ \gamma_{xz} = \gamma_{zx} = \frac{\partial w}{\partial x} + \frac{\partial u}{\partial z} = 0 \tag{2.1.15}$$

変形の独立性の仮定の式(2.1.4)から、曲げ変形では式(2.1.14)の図心のたわみ v_0, w_0 のみを対象とする。このとき、式(2.1.15)を満足する x 方向変位 u_b は次式で表わされる。

$$u_b(x,y,z) = u_0(x) - y\frac{dv_0(x)}{dx} - z\frac{dw_0(x)}{dx} \tag{2.1.16}$$

u_0 は図心位置の x 方向変位であり、伸び(Elongation)とも呼ぶ。また $\dfrac{dv_0(x)}{dx}, \dfrac{dw_0(x)}{dx}$ はたわみ角(Slope)と呼ばれる。

ねじり変形による x 方向変位 u_t は、式(2.1.14)右辺第2項を対象とし次式を満足する関数である。

$$\gamma_{xy} = \frac{\partial v}{\partial x} + \frac{\partial u_t}{\partial y} = -z\frac{d\theta(x)}{dx} + \frac{\partial u_t}{\partial y}\ ,\ \gamma_{xz} = \frac{\partial w}{\partial x} + \frac{\partial u_t}{\partial z} = y\frac{d\theta(x)}{dx} + \frac{\partial u_t}{\partial z} \tag{2.1.17}$$

純ねじれの釣り合いは

$$\frac{\partial \tau_{xy}}{\partial y} + \frac{\partial \tau_{zx}}{\partial z} = 0 \tag{2.1.18}$$

式(2.1.17)を式(2.1.18)に代入すると

$$\frac{\partial^2 u_t}{\partial y^2} + \frac{\partial^2 u_t}{\partial z^2} = 0 \tag{2.1.19}$$

式(2.1.19)はラプラス方程式(Laplace Equation)と呼ばれる方程式である。式(2.1.19)を満足する変位関数として

$$u_t(x,y,z)=\frac{d\theta(x)}{dx}\omega(y,z) \qquad (2.1.20)$$

が定義されている。ωは反り関数(Warping Function)と呼ばれている。x 方向の変位 u は式(2.1.16)と式(2.1.20)の和

$$u(x,y,z)=u_b(x,y,z)+u_t(x,y,z)=u_0(x)-y\frac{dv_0(x)}{dx}-z\frac{dw_0(x)}{dx}+\frac{d\theta(x)}{dx}\omega(y,z) \qquad (2.1.21)$$

で表わされる。式(2.1.14), 式(2.1.21)が梁理論から得られる変位場である。

2.1.3　実務設計における解析の概要

一般的な構造設計は、建築計画上の条件（地域性、用途、規模、形状など）や施工上の条件（工期、コスト、工法など）を満足するように架構形式、部材断面、接合方式を選定し、構造物の性能、安全性を数値解析あるいは実験で検証する行為であると言える。本節では、後者の数値解析の概要について解説する。

数値解析による検証を行う上で、検討すべき荷重の適切な設定と、それぞれの荷重に対する解析モデルの設定、解析手法の選定を総合的に判断することが重要である。架構の構造性能の検証は、長期荷重と短期荷重に対して行われる。一般に、長期荷重としては、固定・積載荷重、温度荷重、特殊荷重（可動機構など）などが挙げられ、短期荷重としては、積雪荷重、風荷重、地震荷重などが挙げられる。これらの荷重はビル型骨組と同様であるが、大空間構造物では座屈耐力に関する検証や施工時荷重を考慮した解析が必要となる。以下では、大空間構造物における主な解析に関して、留意点をまとめる。なお、解析モデルについては次節以降で詳しく解説する。

静的線形弾性解析　一般に地震荷重以外の荷重に対しては、静的線形弾性解析を行い、構造性能を検討する。以下に、解析上の主な留意点を荷重ごとに示す。

（１）固定・積載荷重

いわゆる長期荷重であり、主構造材レベルまで考慮した解析モデル（以下「フルモデル」）を用いた静的線形解析を行う。大空間構造物は、一般には十分な剛性を確保して設計されるため、この段階での大変形解析は不要である。開閉屋根を有する場合、開状態、閉状態および代表的な可動状態を設定して、静的線形解析を行う。可動状態に対して、滑り解析などを行う場合もある。

（２）温度荷重

大空間構造物はスパンが大きいため、可動支承などによる逃げを設けない場合には、温度荷重による付加応力の影響が大きい。解析では、温度荷重を与えられるソフトが一般的になってきて

いる。一般にはフルモデルで静的線形解析を行うが、仕上げ材を支持する二次部材などにも付加応力が生じるため、二次部材レベルまで考慮したフルモデルでの検証が必要な場合もある。

（３）特殊荷重

近年は、各種イベントに対応した可動機構がワイヤーなどを介して屋根に吊り下げられるケースが多い。このような場合、可動時の動荷重や衝撃力に対する検討も必要となる。これらの荷重は、静的な集中荷重に換算して、短期荷重として検討されることが多い。大空間構造物の屋根は上下振動モードが卓越する特性を持つため、地震時に吊り物の上下振動が励起される。そのため、大規模な可動機構の場合、固有値解析などで得られた振動特性を基に簡易的な質点系モデルや可動機構まで考慮したフルモデルにより動的に検討することもある。

（４）積雪荷重

多雪地域で膜屋根のような軽量な仕上げ材を用いた場合には、積雪荷重が架構にとって最もクリティカルな荷重になる。とくに屋根面の滑雪性や風による吹き溜まりなどが原因で偏載荷重となる場合があるので、積雪分布の設定には注意を払う必要がある。フルモデルにおける静的線形解析の他、後述する座屈解析による検証も必要な場合がある。

（５）風荷重

スパンが大きく屋根仕上げが軽量であると、風荷重の影響を受けやすい。一般には風洞実験で得られた風圧係数を基に静的な風荷重を設定し、フルモデルを用いた静的線形解析を行う。開閉屋根を持つ建築物は当然のことながら、入場口や搬入口などに大規模な開口がある場合は外圧だけでなく内圧も考慮する必要がある。最近では風洞実験のデータを基に時刻歴風荷重を作成し、地震と同様に風荷重に対する時刻歴応答解析を行うケースが増えてきている。この場合、複数の主構造部材を集約して部材数を減らした解析モデル（以下「簡易フルモデル」）を用いて解析する場合がある。地震荷重に対しても同様であるが、動的な解析を行う場合、無意味に節点数や部材数が多いと解析時間が長くなるだけでなく、架構全体の構造特性を把握できなくなる場合もあり、目的に応じた適切なサイズのモデル化が重要となる。

地震荷重に対する動的線形弾性解析　地震荷重による応答量は、屋根架構の性状のみでなく、地盤や支持架構の性状にも大きく依存する。そのため、まず簡易フルモデル（質点系モデルを用いる場合もある）により予備の固有値解析や時刻歴応答解析を行い、地震に対する架構性状を把握することが多い。このとき、支持架構のモデル化および支持架構と屋根面の接続条件には十分に注意を払う必要がある。入力地震波の選択も重要であり、観測波や告示で規定された模擬地震波（告示波）の他、建設地の地震特性を考慮した模擬地震波（サイト波）の採用は欠かせない。模擬地震波は地盤特性を反映しやすいこと、地盤の非線形性を考慮できることなどの利点がある。

大空間構造物は部材数が非常に多いことから、予備応答解析の結果を基に設定した静的地震力を用いてフルモデルによる静的線形解析を行い、部材の設計を行うことが多い。その場合、屋根架構は水平方向入力に対しても上下方向の応答が大きく励起される場合が多いため、静的地震力でも上下方向の荷重を同時に考慮する必要がある。最近ではコンピュータの解析能力が進んだこともあり、予備応答解析による静的線形解析を行わず、フルモデルを用いて時刻歴応答解析を行うことが多い。

一般に大空間構造物は公共性が高いことから、極めて稀に発生する地震動（レベル 2）相当の地震に対しても弾性範囲、あるいは弾性限範囲で設計することが多いため、地震時の時刻歴応答解析も線形弾性解析が一般的である。解析モデルは目的に応じて簡易モデルやフルモデルを用いる。しかし、耐震構造で支持架構が塑性域に入る場合、制振構造で支持架構の一部を積極的に塑性化させる設計では弾塑性解析が必要であり、その場合にはフルモデルを用いる。免震構造の場合は、免震層のねじれを確認できるモデル化を行う必要がある。

時刻歴応答解析の手法には、直接積分法とモーダル応答解析とがあるが、後者の場合、ビル型骨組より多くのモードを考慮しなければならない。また、平面規模の大きな大空間構造物では、入力地震波のずれ（位相差入力）を考慮した解析が必要となる。

座屈解析　スパンが大きくなると屋根架構の全体座屈も大きな問題となる。その場合、長期荷重のみでなく、積雪荷重（全載時および偏載時）も考慮して、フルモデルまたは簡易フルモデルを用いた線形座屈解析による検証が一般的である。設計荷重（一般には長期荷重）を基準とした比例載荷荷重を考え、最小の座屈荷重係数がほぼ 10 程度であれば、十分な座屈耐力があると判断できる [2)]。但し、幾何学的な非線形性が強い単層架構の場合には、増分型非線形解析による検証も合わせて行う必要がある。その際、製作、施工上の初期不整の影響も、解析モデルの座標あるいは荷重等に考慮する必要がある。最近では、地震時の動的座屈を検証した例も見られる。

施工時解析　施工中は、完成形とは異なる架構形式で荷重を処理しなくてはならない。例えば、スパン中央部にベント構台を設けると、完成時にはせん断力の小さな部位にも関わらず、大きなせん断力が作用する。また、足場などの仮設重量も一時的に作用する荷重となる。そのため、施工時の架構状態、荷重を整理した上で、各部材に付加応力が作用しないか検討する必要がある。施工手順によっては、二次部材にも大きな応力が作用する場合があるため、二次部材レベルまでモデル化したフルモデルで解析を行う必要がある。

第２章　空間骨組構造
第２節　モデル化

2.2.1　空間骨組構造の力学特性とモデル化

空間骨組構造は、面材で構成される連続体シェルや膜構造物と異なり、離散系構造物特有の力学特性を有する。例えば多種の部品で構成されるトラス部材では、部材間、特に接合部で剛性が不連続に変化し、部材内で局所的座屈が生じる可能性があり、接合部のモデル化に注意を要す。

第 2 節では、2.2.2 項で部材のモデル化として一般的な部材剛性、2.2.3 項で接合部のモデル化、2.2.4 項で境界条件のモデル化を述べる。特に接合部と境界条件のモデル化は、空間骨組構造に特化した事項である。

2.2.2　部材のモデル化

フルモデルによる静的弾性解析は、部材を 1 つの要素とした骨組モデルを用いて行われ、コンピュータの発展した現在では、計算時間・容量の問題を除いて、解析手法上の問題はない。ここでは、基本的事項として、部材の剛性行列の概要を述べる [11)]。

トラス要素　簡単のため平面トラスを想定し、部材座標系 x, y および節点変位 $u_1, \upsilon_1, \theta_1, u_2, \upsilon_2, \theta_2$ を、図 2.2.1 に示すように定める。弾性係数を E 、部材長を L 、断面積を A とすると、材端変位ベクトル $\{u_1, u_2\}^T$ に対応する部材座標系に関するトラス要素の剛性行列は、次のようになる。

$$\boldsymbol{K}_a^e = \frac{EA}{L}\begin{bmatrix} 1 & -1 \\ -1 & 1 \end{bmatrix} \qquad (2.2.1)$$

平面トラスでは節点変位の自由度は 2 であり、材軸方向単位ベクトルの系座標の 2 成分（方向余弦）からなる 2×4 の座標変換行列を $\boldsymbol{T}$ とすると、系座標に関する部材剛性行列は次のように書ける。

$$\boldsymbol{K}_a = \boldsymbol{T}^T \boldsymbol{K}_a^e \boldsymbol{T} \qquad (2.2.2)$$

立体トラスの場合には、$\boldsymbol{T}$ のサイズは 2×6 である。

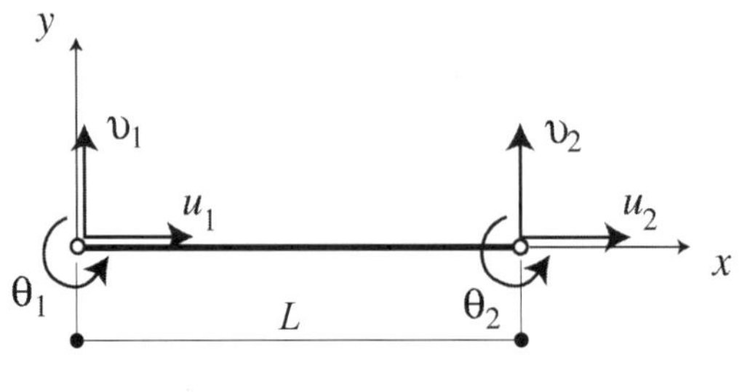

図 2.2.1　トラス・梁要素の座標系と節点変位

梁要素　簡単のため平面梁要素についてのみ示す。図 2.2.1 の xy 平面に垂直な z 軸まわりの断面 2 次モーメントを I_z とすると、平面梁要素の材端変位ベクトル $\{\upsilon_1, \theta_1, \upsilon_2, \theta_2\}^T$ に対応する要素剛性行列は、次のようになる。

$$\boldsymbol{K}_b^e = \frac{EI_z}{L^3}\begin{bmatrix} 12 & 6L & -12 & 6L \\ 6L & 4L^2 & -6L & 2L^2 \\ -12 & -6L & 12 & -6L \\ 6L & 2L^2 & -6L & 4L^2 \end{bmatrix} \tag{2.2.3}$$

ここで、軸方向変形の項はトラス要素と同じなので省略した。また、系座標への座標変換についてもトラス要素と同様である。

ねじり変形　立体骨組構造物では、ねじり剛性を与える必要がある。円筒などの閉断面部材では、断面のそりが小さくクーロン(Coulomb)の仮定が成立するため、サン・ブナン(Saint-Venant)のねじり（均等ねじり）を考えれば良い。図 2.2.2 は、ねじりモーメント（トルク）T_x の作用を受ける円筒の均等なねじり変形を表わしている。この場合、x 軸まわり回転角 $\theta^x(x)$ は x 軸方向に線形に変化するから、両端節点の x 軸まわりの回転角 θ_1^x, θ_2^x に関する剛性行列は、

$$\boldsymbol{K}_w^e = \frac{GJ}{L}\begin{bmatrix} 1 & -1 \\ -1 & 1 \end{bmatrix} \tag{2.2.4}$$

となる [11]。ここで、G は薄肉材料の面内せん断剛性であり、J は断面形状によって定まるねじり定数である。

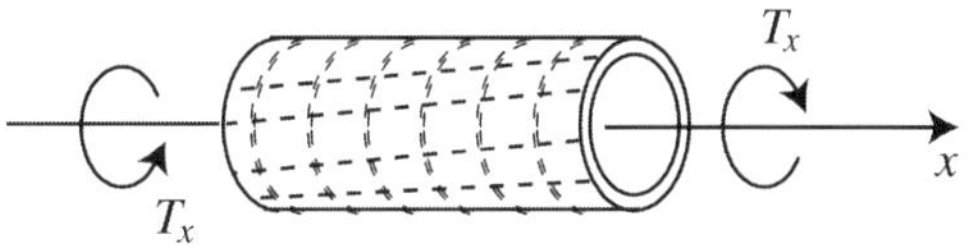

図 2.2.2　円筒部材のねじり変形

一方、H 型部材やチャンネル部材などの開断面部材の場合には、ワーピングに伴なう曲げねじりが重要となる [12]。曲げねじり剛性は、例えば H 型部材では、ねじりに伴ないフランジが曲げ変形することによる剛性である。ねじり率（x 軸まわり回転角の x 軸方向の変化率）を $\theta^{x}{}'(x)$ とし、両端の節点での値を $\theta_1^{x}{}', \theta_2^{x}{}'$ とする。断面のそり 2 次モーメントを I_w とし、$\theta^x(x)$ が x の 3 次関数であるものとすると、節点変位ベクトル $\{\theta_1^x, \theta_1^{x}{}', \theta_2^x, \theta_2^{x}{}'\}^T$ に関するねじりの剛性行列は次のようになる [12]。

$$\boldsymbol{K}_s^e = \frac{EI_w}{L^3}\begin{bmatrix} 12 & 6L & -12 & 6L \\ 6L & 4L^2 & -6L & 2L^2 \\ -12 & -6L & 12 & -6L \\ 6L & 2L^2 & -6L & 4L^2 \end{bmatrix} + \frac{GJ}{30L}\begin{bmatrix} 36 & 3L & -36 & 3L \\ 3L & 4L^2 & -3L & -2L^2 \\ -36 & -3L & 12 & -3L \\ 3L & -L^2 & -3L & 4L^2 \end{bmatrix} \tag{2.2.5}$$

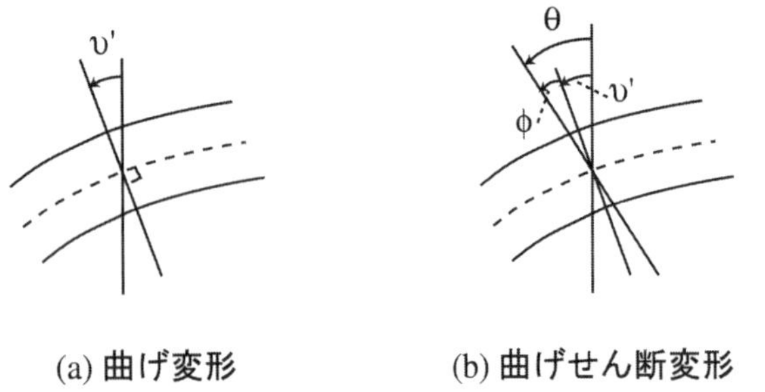

図 2.2.3　曲げとせん断変形をうける梁部材

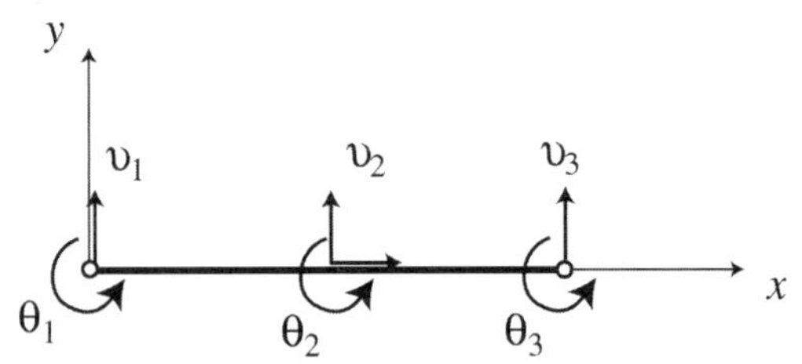

図 2.2.4　3 節点曲げせん断梁要素

また、断面が非対称な部材では、中立軸とせん断中心の位置が異なることに注意しなければならない。汎用有限要素解析プログラムでは、ワーピング係数を入力すると、ワーピングによるねじり変形とトルクが出力され、ワーピングの影響を判断できる [13)]。以上により曲げとねじりに関する部材座標系での剛性行列が得られると、トラスの場合と同様にして座標変換を行って系座標での部材剛性行列を求めることができる。

せん断変形　以上の定式化では、部材の材軸線と断面は変形後も直交するという仮定が成立するものとしてきた。しかし、部材長に比べて部材のせいが大きくなると、せん断変形に伴なって上記の直交性の保持が成立しなくなる。そのような場合には、せん断変形の効果を考慮したいわゆるチモシェンコ(Timoshenko)梁理論を用いるのが最も簡便である [11)]。

曲げに伴なうせん断変形は、部材のせい方向に曲線状に分布するが、チモシェンコ梁理論では、それを直線で近似する。図 2.2.3(a)は、直交性の保持が成立する場合の変形を描いたものであり、変形前の材軸線と直交していた断面は、断面後も材軸線に直交する。しかし、図 2.2.3(b)では、せん断変形のため、せん断変形角 $\phi(x)$ だけ傾いている。したがって、断面の回転角を $\theta(x)$ とすると、

$$\theta(x) = \upsilon'(x) + \phi(x) \tag{2.2.6}$$

である。また、材軸線から y だけ離れた点での材軸方向の変位 $u(x)$ は $-y\theta(x)$ であるから、材軸方向ひずみ $\varepsilon(x,y)$ およびせん断ひずみ $\gamma(x)$ は

$$\varepsilon(x,y) = -y\theta'(x), \qquad \gamma(x) = \upsilon'(x) - \theta(x) = -\phi(x) \tag{2.2.7a,b}$$

となる。このようなせん断変形を考慮した有限要素には多くのモデルが存在する。ここでは、図 2.2.4 に示すような 3 節点の要素を考え、材軸線の y 方向変位と断面の回転角を独立な 3 次関数で表す手法を紹介する。

要素の節点変位ベクトルは、$\{\upsilon_1,\theta_1,\upsilon_2,\theta_2,\upsilon_3,\theta_3\}^T$ であり、無次元化座標 $\xi = 2(x-L/2)/L$ を用いて形状関数を次のように定義する。

$$N_1 = -\frac{1}{2}\xi(1-\xi), \quad N_2 = (1+\xi)(1-\xi), \quad N_3 = \frac{1}{2}\xi(1+\xi) \tag{2.2.8a-c}$$

上式を用い、有限要素法の通常の定式化に基づき次のような剛性行列を得る。

$$
\boldsymbol{K}_s^e = \frac{EI_x}{L^3 c}\begin{bmatrix} 28 & 6L & -32 & 8L & 4 & -2L \\ 6L & (28c+1.6)L^2 & 8L & (-32c+0.8)L^2 & 2L & (4c+0.4)L^2 \\ -32 & 8L & 64 & 0 & -32 & -8L \\ 8L & (-32c+0.8)L^2 & 0 & (64c+6.4)L^2 & 8L & (-32c+0.8)L^2 \\ 4 & 2L & -32 & 8L & 28 & -6L \\ -2L & (4c+0.4)L^2 & -8L & (-32c+0.8)L^2 & -6L & (28c+1.6)L^2 \end{bmatrix} \tag{2.2.9}
$$

ここで、せん断有効断面積を A_s とすると、$c = 12EI_x / GA_s L^2$ であり、長方形断面では $A_s = (5/6)A$ である。

2.2.3　接合部のモデル化

空間骨組構造は、大空間建築の屋根構造としての機能性・経済性を追求から、巨大化、軽量化、薄肉化を目指すものとなり、座屈が重要な問題となる。その座屈には、骨組を構成する個材座屈のほか、少数の節点が移動する節点座屈、シェル座屈のような全体座屈がある [2)]。空間骨組構造のモデル化に当たっては、何を解析するのかを念頭に置き、それらが表現できるものでなくてはならない。本項では、空間構造骨組構造で代表的な接合部に焦点を当て、FEM 解析におけるモデル化と留意事項について記す。

空間骨組構造の接合部と設計上の留意点　空間骨組構造は棒状の部材で構成され、それらの多方向の部材は、空間に分布する接合部において集中し結合する。よって接合部には、イ）単純明快なメカニズム、ロ）部材からの引張力・圧縮力を剛強に伝達できること、ハ）部材長に対して小さいこと、ニ）容易に結合できること、ホ）誤差吸収機能をもつこと、などが求められる [14)]。

空間骨組構造で発生する事故の大半は接合部の耐力不足に関連しており [2)]、接合部の設計上最も注意すべき項目を以下に示す。

1) 接合部の偏心　部材の接合部への定着が、部材の軸線と偏心していたり、取付け角にずれがあると、部材および定着部に曲げモーメントを生じ、接合耐力や部材の座屈耐力を低下させる。
2) 接合剛性　接合剛性の不足は、部材の有効曲げ剛性、有効軸剛性、個材の座屈耐力の低下をもたらし、空間骨組構造全体の構造不安定をもたらす可能性がある。ねじ込み式接合で、締め付け（初期張力）が不足すると、引張軸力を受ける場合に曲げ剛性・曲げ耐力の低下や、繰り返し応力を受けた場合に、疲労耐力の低下をもたらす。
3) 疲労耐力　接合部には応力集中があり、疲労耐力が低下する可能性がある。接合部単体の安全性に関しては、鋳物等の特注品の接合部をはじめて採用する場合には、実験や FEM 解析などで、疲労耐力を照査する必要がある。

接合部と空間骨組構造の種類　空間構造骨組構造の種別は、全体的な形状、骨組パターン、レイヤー数、部材材料など様々な観点で分類できるが、ここでは典型的な接合部 [14)] による分類を行い、その接合部を採用した空間骨組構造例、上記の座屈問題以外の特記事項を表 2.2.1、図 2.2.5 に示す。

表 2.2.1　典型的な接合部と空間骨組構造の種類

	接合部	部材定着法	空間骨組構造の例	特記事項
1	鋳鋼製 ボールジョイント	ねじ込み式	お祭り広場	接合部単体の静的強度、疲労強度の確認
2	鋼製削り出し ボールジョイント	ねじ込み式	システムトラス	
3	鋼製 ボールジョイント	溶接接合	大・中・小規模 スペースフレーム	
4	アルミ製中実円筒	たたき込み	システムトラス	面内のねじれ座屈
5	円形ガセットの はさみ込み	ボルト接合	中・小規模 スペースフレーム	面内のねじれ座屈
6	折板	ボルト接合	小規模スペースフレーム	偏心による折板の変形
7	ガセットＰＬ	溶接接合 ボルト接合	大・中・小規模ダブルレイヤースペースフレーム	
8	部材どうしの直接接合	溶接接合	中・小規模 スペースフレーム	

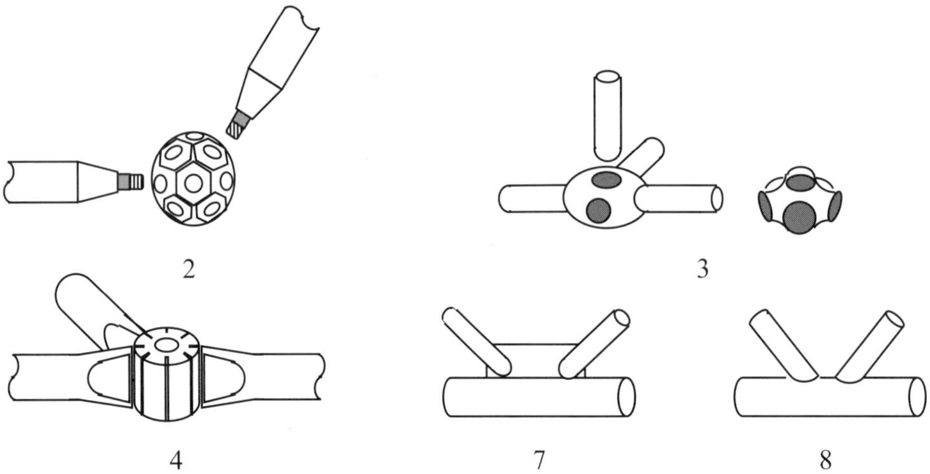

※図の番号は表内の番号に対応

図 2.2.5　接合部の例

接合部のモデル化　空間骨組構造を FEM 解析する主な目的は、骨組を構成する個材座屈、少数の節点が移動する節点座屈、シェル座屈のような全体座屈の照査といえる。接合部のモデル化はそれらの現象を表現できるものでなくてはならない。

表 2.2.2 に接合部のモデル化の代表例を示す。各部材の軸力線が接合部において 1 点に集中し、偏芯の問題が生じない条件下では、接合部は FEM モデルの部材節点で剛節またはピンとしてモデル化される。しかし、接合部がボールジョイントでねじ込み方式の場合（表 2.2.1 の 1,2）やアル

ミ製中実円筒のたたき込み方式のような場合（表 2.2.1 の 4）では半剛節とする場合もある。具体的には節点部に軸ばねや回転ばね要素を組み込んだモデル化や、ジョイントを剛域とみなし、部材端部に軸ばねや回転ばねを用いて、節点のねじれ座屈を表現するモデル化もある。

表 2.2.2　接合部の有限要素モデル例

	FEM モデル化の種類	特　徴
1	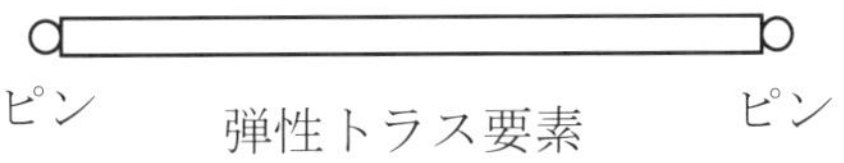	最も簡単なトラス部材のモデル化であり、両端ピンで軸力のみを伝達する。両端ピン条件の梁要素を用いる場合もある。
2	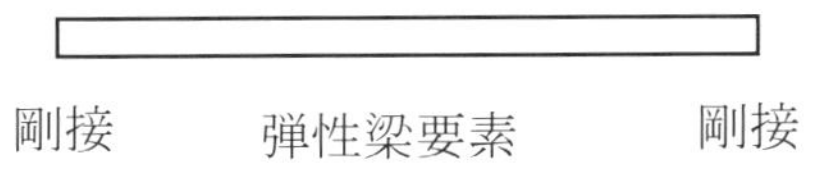	一般的な梁のモデル化であり、端部を剛接として $N_x, N_y, N_z, M_x, M_y, M_z$ の力を伝達する。棒材には梁要素を用いる。解析コードによっては、両材端で 6 方向の力の伝達を選択できるものもある。
3	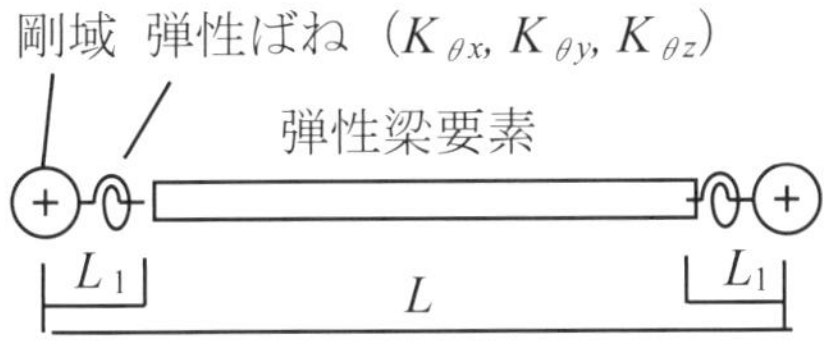	剛域、弾性回転ばね、棒材から構成される。ボールジョイント方式等の半剛接を回転ばねで表現している。部材長 L に対する剛域の長さ L_1 の影響を回転ばねに含め、接合部の特性を回転ばねの曲げ剛性だけで評価している例もある。
4	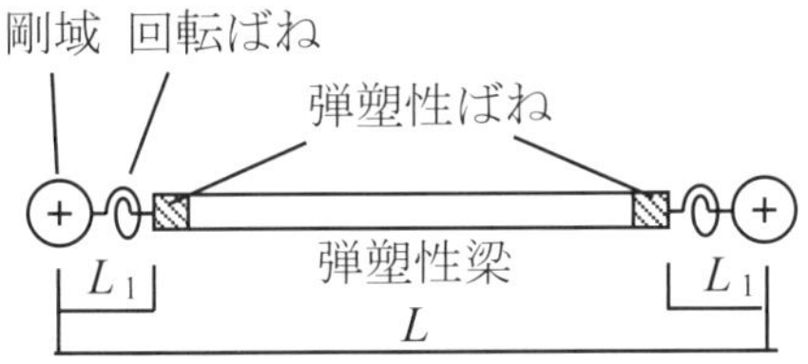	剛域、弾性並進ばね（1 成分）、弾性回転ばね（3 方向）、弾塑性梁要素から構成される。ボールジョイント方式等の半剛接を回転ばねで、ねじ部の軸方向の緩みを並進ばねで、部材の弾塑性挙動を弾塑性梁要素で表現している。
5	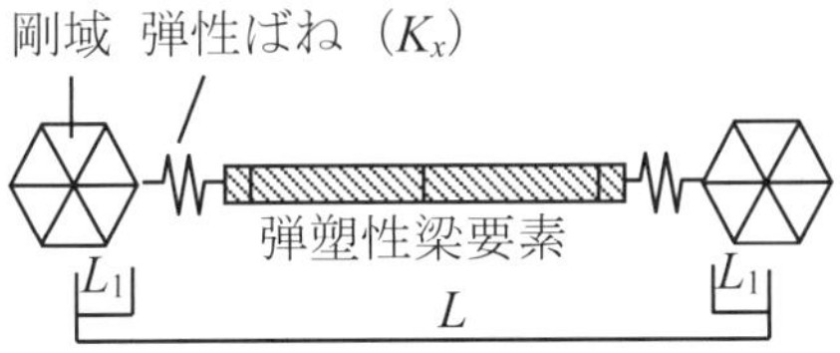	差込み型部材の円柱型接合部への接合を表現するために、剛域、弾性ばね、弾塑性梁要素から構成される。接合部の面内回転を表現する大きさを持った剛域と、差込み部ガタを弾性ばねで、部材面内外の剛性の相違を弾塑性要素で表現する。

空間骨組構造モデル化に関する定性的な留意点

□接合部の剛性の影響　一般に接合部の面外曲げ剛性が大きくなれば全体座屈荷重係数は大きくなり、部材の曲げ変形の影響も加わり、部材塑性化の影響が現れてくる。文献15,16では部材塑性化の影響を、材端に弾塑性回転ばねを加えたモデル化によって検討している。

□接合部の曲げ（回転）剛性について　単層ラチスドームの座屈荷重は、線形座屈、非線形座屈とも、偏平かつ個材が弾性座屈しにくい場合、具体的には、部材細長比 λ_0、部材半開角 θ_0、接合部の曲げ剛性を代表する量 κ によって定義される無次元化面外曲げ剛性 $\xi = 12\sqrt{2}/(\lambda_0\,\theta_0\sqrt{1+2/\kappa})$

が 2.0 以上のとき、部材両端に付けた回転ばね剛性の影響が大きいという報告[17, 18]がある。また、接合部の曲げ剛性は立体トラス全体としての初期剛性・初期座屈耐力には大きな影響を及ぼさないが、初期座屈後の靭性（耐力）への影響は大きいという報告[16]がある。

接合部の曲げ剛性は、設計ディテールを熟知した設計者判断で決められる場合のほか、実験によって決められる例[19, 20]もある。ところで、ボールジョイントによるねじ込み式の場合では、ボルトの締め付けトルクによって接合部の曲げ剛性が変化する場合もあるので注意を要する[20, 21]。曲げ剛性に関しては一般に、圧縮力を受ける場合には曲げ剛性が増加し、引張軸力の場合は曲げ剛性は減少する。

□接合部の大きさとねじれ座屈　ラチスシェルでは、接合部の形状がある程度大きい場合、節点の面内回転による座屈の可能性があり[19, 22, 23]、実際に円柱型接合部（図2.2.5の4）では、円筒の軸まわりに回転して面内座屈したねじれ座屈が報告されている[2, 24, 25]。ねじれ座屈は分岐座屈であり、飛び移り座屈型の全体座屈よりも低い荷重で発生することがあるため注意を要する。ねじれ座屈の発生条件については、接合部の大きさ、構成部材の面外剛性、面内剛性の相互関係から論じた研究がある[26, 27]。また、接合部の剛性と剛域を考慮したモデルによる解析では、形状初期不整として部材の材軸回りにねじれがある場合に特にねじれ座屈を起こしやすいことが報告[22]されている。

□接合部に生じる緩みについて　ねじ込み式や差込み式などの接合形式では、実際にねじが緩んでいたり、あるいはディテールの面から必然的に、接合部にわずかながら緩みが生じていたりする場合がある。一般には、軸方向の緩みの存在は、初期剛性を大きく低下させるものの、座屈荷重にはほとんど影響しないが、飛び移り座屈の場合には、緩みが大きいと、それに伴い最大耐力は低下するとの報告[15, 28, 29]がある。

2.2.4　境界条件のモデル化

支持条件全般　支承部のモデル化の違いは、構造物の応答量の大きさに影響を及ぼすため、モデル化に際しては実構造物の特性を精度良く評価できるように注意しなければならない。例えば、屋根型円筒ラチスシェルの支持条件と応答量の関係は、文献 2 の 3.2 節に詳しく述べられている。

一般には、支持条件のモデル化にあたって、屋根トラスを支持する境界構造の水平力は屋根トラスに伝達されないものと仮定する。そのため、屋根トラスと境界構造との連成効果を評価しなければならない場合は、屋根トラスと境界構造の一体解析モデルを作成・検討する必要がある。

通常、支持条件は、屋根トラス形状により以下のように大別される。

①スラストが生じない、勾配の小さな平板・寄棟・方形・切妻、およびライズの小さいアーチ

ライズが小さい場合には、鉛直荷重時に、円筒状屋根トラスの曲率や折板状屋根の折板間のなす角度に起因して生じる水平方向反力（スラスト）はそれほど大きくはならない。ライズの小さいアーチは、矩形の空間を覆うために用いられることが多い。支持形式としては、屋根トラスが 1 つの建物の 4 辺で支持される場合と、2 つの建物にまたがり 2 辺で支持される場合とが考えられ

る。それぞれの場合の代表的な支持条件を図 2.2.6, 2.2.7 に示す。

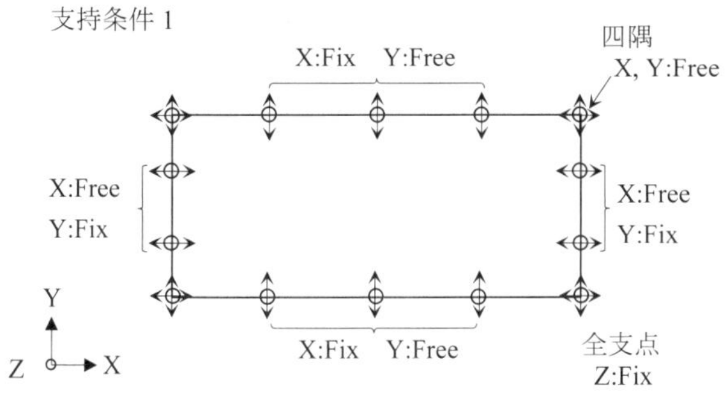

図 2.2.6　4 辺支持の場合の基本的な支持条件

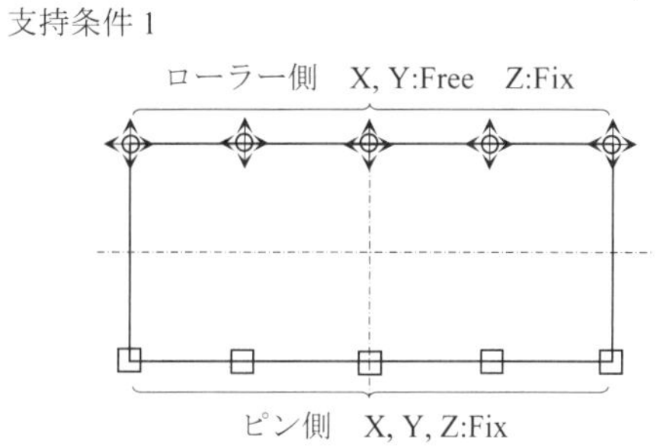

図 2.2.7　2 辺支持の場合の基本的な支持条件

②スラストが生じる勾配の大きな切妻、およびライズの大きいアーチ

屋根トラスに生じるスラストは下部構造によって支持される場合が多いため、支持条件としては、図 2.2.8, 2.2.9 に示すようにピン支持および屋根面外方向バネ支持が一般的である。

③ドーム

図 2.2.10 に示すように、水平方向の支持条件として、円周方向ピン＋半径方向ローラーとする場合が多い。このとき、屋根トラスとテンションリングや下部構造との取り合いを考慮し、これらを水平・鉛直のバネとして評価（図 2.2.11 参照）するか否かを検討する必要がある。

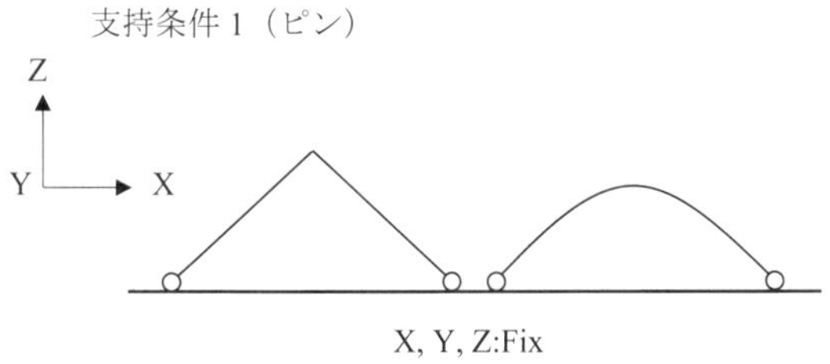

図 2.2.8　ピン支持条件

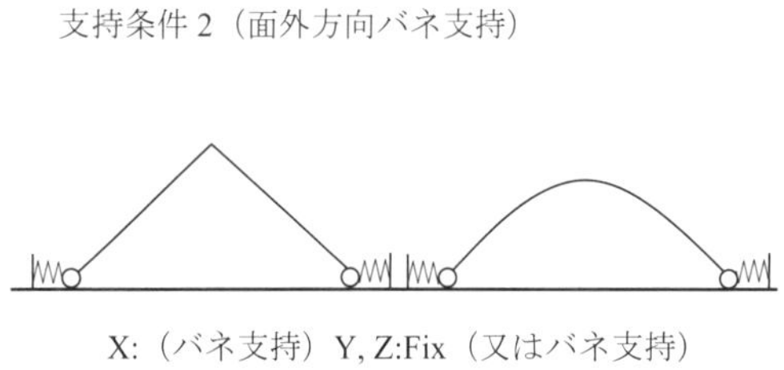

図 2.2.9　屋根面外方向バネ支持条件

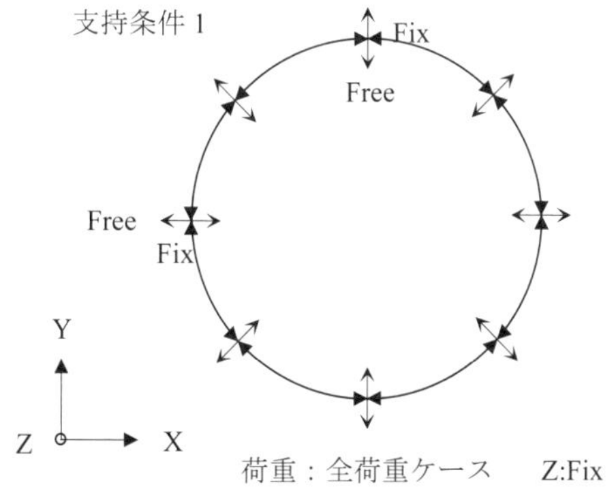

図 2.2.10　水平方向の支持条件

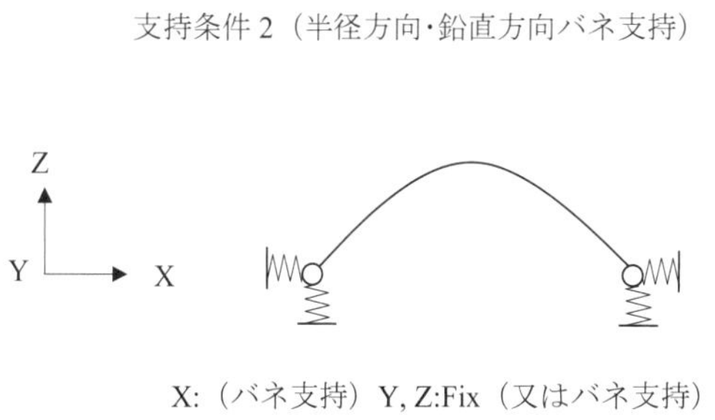

図 2.2.11　鉛直方向の支持条件

仮定と実際のディテール　解析上の境界条件としては、ピン・ローラー・バネおよびこれらの組合せが想定される。ピン仮定（図 2.2.12 参照）については、仮定と実状の差異は少ないが、ローラーとバネについては実際のディテールと施工まで配慮しなければならない。ローラー支持では、図 2.2.13 に示すローラー機構の構成要素であるテフロン等の摩擦係数やローラーとしての可動範囲に関する指定方法が肝要であり、また、バネ支持においては、RC 柱などの境界構造のバネ定数に対する評価方法の検討を要する。例えば、トラスの支点が RC 柱（□800x1200、長さ 10000 mm、ヤング係数 E=20 kN/mm^2、図 2.2.14 参照）の柱頭に据えられている場合、柱脚が剛で自立していると仮定すると、鉛直方向：1920 kN/mm、水平方向：柱強軸方向 6.9 kN/mm、柱弱軸方向 3.1 kN/mm のバネと評価できる。

仕上げ材との関係　屋根トラスには、構造骨組に屋根や天井等の仕上げ材が取り付けられるため、トラスのグリッドと仕上げ材のピッチを調整するために、二次部材として、母屋や胴縁が必要となる。これらの二次部材は鉄骨部材の場合が多く、構造解析時、これらの剛性を考慮しなければならない場合もある。また、パネル形式の仕上げ材についても同様の注意を要する。

例えば、仕上げ材が A 号互棒＋木毛板の場合（図 2.2.15 参照）、母屋受け材を介して母屋を配置するため、トラスのグリッドは母屋のピッチの制約を受けない。一方、ALC 版や折版の場合（図 2.2.16 参照）、母屋を直接トラス接合部で受けるため、トラスのグリッドを決定する際、母屋のピッチを考慮せざるを得ない。

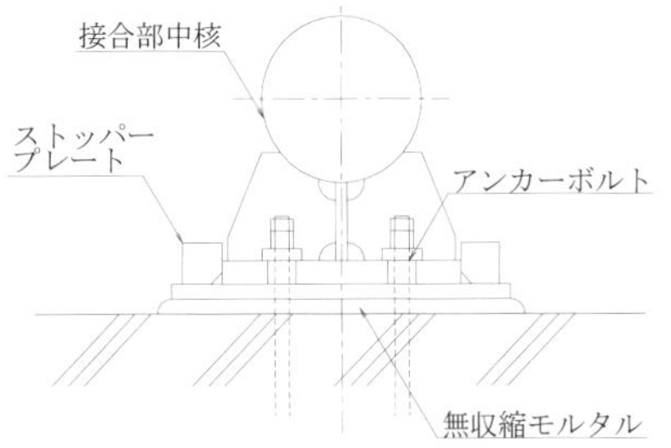

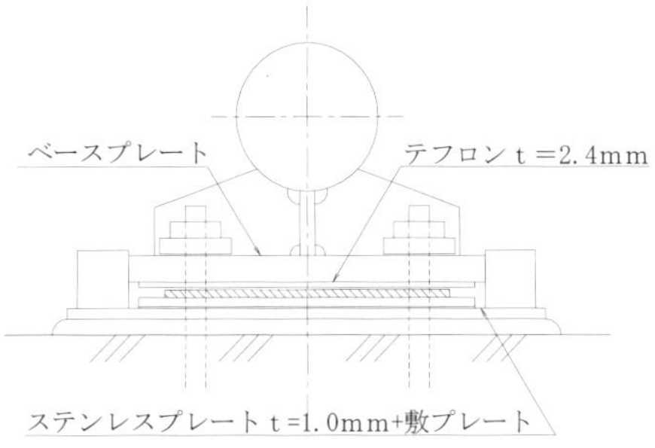

図 2.2.12　ピン支持ディテール　　図 2.2.13　ローラー支持ディテール

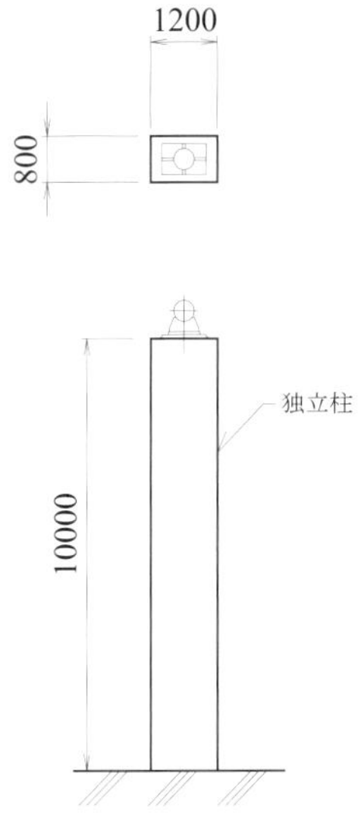

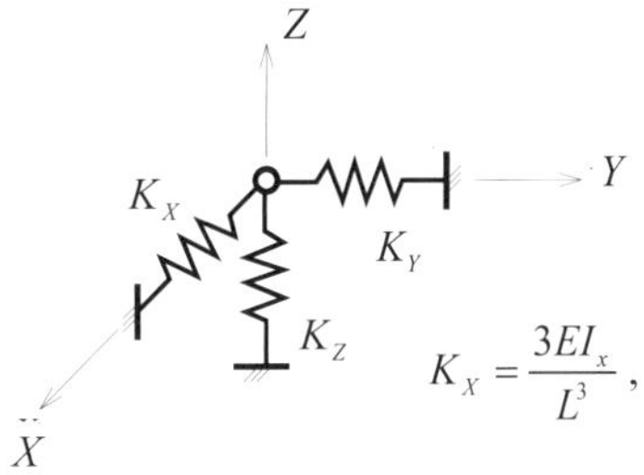

$$K_X = \frac{3EI_x}{L^3},\ K_Y = \frac{3EI_y}{L^3},\ K_Z = \frac{EA}{L}$$

E：柱のヤング係数
I_x：柱の強軸まわりの断面２次モーメント
I_y：柱の弱軸まわりの断面２次モーメント
A：柱の断面積
L：柱長さ

図 2.2.14　バネ支持ディテール

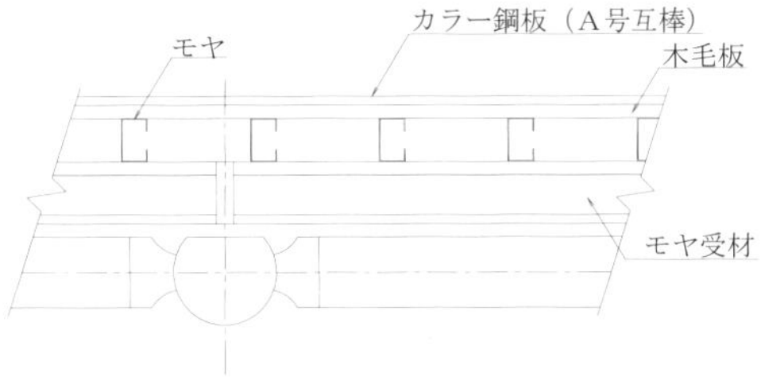

図 2.2.15　A 号互棒＋木毛板の場合

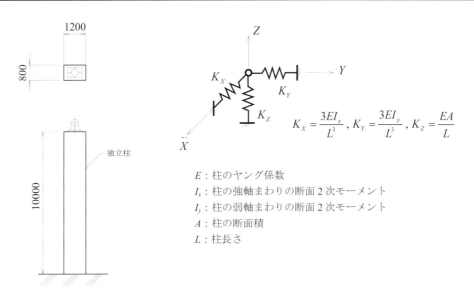

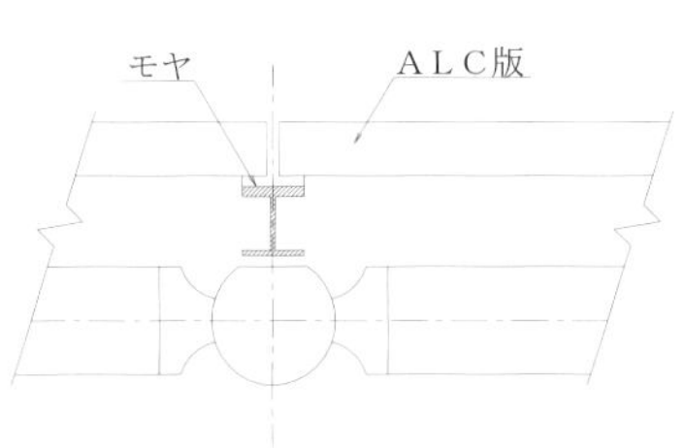

図 2.2.16　ALC 版や折版の場合

第２章　空間骨組構造
第３節　解析手法

2.3.1　空間骨組構造の解析方法

本節では、空間骨組構造の解析方法として、動的弾性解析、弾塑性解析、線形座屈解析・幾何学的非線形解析、張力導入時の解析の要点を紹介し、各解析方法の留意点を示す。なお静的弾性解析は本章 2.1.3 項で述べているので省略する。

2.3.2　動的弾性解析

固有値解析　固有値（固有円振動数の 2 乗）は構造物の剛性を代表する指標である。構造物が立地する地盤の卓越周期が分れば、それを避けるように構造物を設計するのが望ましい。また、下部構造物との連成効果を評価するときにも、上部と下部の固有値の関係が重要となる。さらに、厳密には質量分布が影響するが、構造物の安定性も自由振動の固有値から判断できる。

一方、固有モードは地震荷重作用時の応答量とその分布形状を推定するための重要な特性である。また、固有モード形から、静的荷重に対しても大きく変形する部分や、最も危険な静的載荷モードを推定することができる。通常の建築骨組では、上下動よりも水平動に対する応答量が大きくなるが、扁平な空間骨組では、上下動に対する応答量が卓越する。しかし、スパンに対するライズの比が大きくなると、水平動入力時の面外変形に伴う上下方向応答が大きくなる。このような応答特性を把握するためにも、固有モードは有用である。

まず､質量行列を定義する｡ここで､部材座標系と節点変位については静的解析と同様の図 2.2.1 の定義を用いる。部材の単位体積あたり質量を ρ とすると、平面トラス要素では、節点変位ベクトル $\boldsymbol{u}=\{u_1,\upsilon_1,u_2,\upsilon_2\}^T$ に対応する集中質量行列(Lumped Mass Matrix) $\boldsymbol{M}_a^{el}$ は次のようになる [11)]。

$$\boldsymbol{M}_a^{el}=\frac{\rho AL}{2}\begin{bmatrix}1&0&0&0\\0&1&0&0\\0&0&1&0\\0&0&0&1\end{bmatrix} \tag{2.3.1}$$

式(2.3.1)から分かるように､集中質量行列は､部材質量の半分ずつが両端の節点に存在する場合と等価である。

これに対し、整合質量行列(Consistent Mass Matrix)は、部材内の変位を両端節点の変位の線形式で近似したときの運動エネルギーの等価性を用いて導かれる。図 2.2.1 の x 軸方向変位を考え、$\xi=x/L$ の記号を用いるものとする。部材内の振幅が $u(\xi)$ で、円振動数が ω の調和自由振動を考えると、x 軸方向変位 $u(\xi)$ に関する部材の運動エネルギーは次式で表わされる。

$$
\begin{aligned}
V &= \int_0^1 \frac{1}{2}\omega^2 \rho A L u(\xi)^2 \mathrm{d}\xi \\
&= \int_0^1 \frac{1}{2}\omega^2 \rho A L \left[(1-\xi)(u_1)^2 + 2\xi(1-\xi)u_1 u_2 + \xi^2 (u_2)^2 \right] \mathrm{d}\xi \\
&= \frac{1}{2}\omega^2 \rho A L \left[\frac{1}{3}(u_1)^2 + \frac{2}{3}u_1 u_2 + \frac{1}{3}(u_2)^2 \right]
\end{aligned}
\tag{2.3.2}
$$

y 軸方向変位 $\upsilon(\xi)$ についても同様であり、調和振動時の運動エネルギーが $\frac{1}{2}\boldsymbol{u}^T \boldsymbol{M}_a^{ec} \boldsymbol{u}$ として表わされるという条件から、整合質量行列 $\boldsymbol{M}_a^{ec}$ は次のようになる [11)]。

$$
\boldsymbol{M}_a^{ec} = \frac{\rho A L}{6} \begin{bmatrix} 2 & 0 & 1 & 0 \\ 0 & 2 & 0 & 1 \\ 1 & 0 & 2 & 0 \\ 0 & 1 & 0 & 2 \end{bmatrix} \tag{2.3.3}
$$

平面梁要素では、部材内部での回転慣性の効果は考慮せず、節点変位ベクトル $\{\upsilon_1, \theta_1, \upsilon_2, \theta_2\}^T$ に対応する集中質量行列 $\boldsymbol{M}_b^{el}$ と整合質量行列 $\boldsymbol{M}_b^{ec}$ は次のようになる。

$$
\boldsymbol{M}_b^{el} = \frac{\rho A L}{2} \begin{bmatrix} 1 & 0 & 0 & 0 \\ 0 & 0 & 0 & 0 \\ 0 & 0 & 1 & 0 \\ 0 & 0 & 0 & 0 \end{bmatrix} \text{、} \quad \boldsymbol{M}_b^{ec} = \frac{\rho A L}{420} \begin{bmatrix} 156 & 22L & 54 & -13L \\ 22L & 4L^2 & 13L & -3L^2 \\ 54 & 13L & 156 & -22L \\ -13L & -3L^2 & -22L & 4L^2 \end{bmatrix} \tag{2.3.4a,b}
$$

ここで、剛性行列の場合と同様に、梁要素において軸方向変形の項は省略した。以上により部材座標系での質量行列が得られると、剛性行列の場合と同様にして座標変換を行って系座標での部材質量行列を求めることができる。また、ねじり剛性を考慮する場合でも、材軸まわりの回転慣性の効果は小さいため考慮しないことが多い。

梁要素でも、集中質量行列では、部材質量は半分ずつ両端の節点に配分される。一方、整合質量行列は、3 次関数の曲げ変形による運動エネルギーの等価性という意味で整合する質量行列であり、一般に集中質量行列より解析結果の精度は良い。しかし、集中質量行列を用いると、回転変位に関する項が全て 0 となり、静的縮約を行うことができるので、予備的な解析の段階では集中質量を用いることも有意義である。NASTRAN には、この他、整合質量行列と集中質量行列の中間的なものとして、連成質量行列が存在する [30)]。この行列は、並進、回転のそれぞれの成分は連成するが、相互には連成せず、単純な例では整合質量行列より精度の良い固有振動数が得られることが示されている。

振動解析では、剛性と質量の単位系の統一にとくに注意しなければならない。単位系は SI 単位が基本（質量は kg、長さはm、時間は s、力は N）であるが、汎用プログラムの仕様に応じて適切に与える必要がある。

汎用有限要素解析プログラムには、いくつかの固有値解析法が用意されている。代表的なものとしては、ヤコビ(Jacobi)法、ギブンス(Givens)法、ハウスホルダー(Householder)法、修正ギブンス法、修正ハウスホルダー法、インバースパワー法、スツルム(Strum)法付き修正インバースパワー法、ランチョス(Lanczos)法などが存在する。その概要は基礎編 1.3 節で述べられているため、ここでは省略する。その中で、ランチョス法は、**求める固有値の範囲あるいは数を指定でき、計算時間はサイズの 3 乗ではなく、サイズの 2 乗とバンド幅の積に比例する。また質量行列が非正則でも良く（縮約の必要がない）、大規模行列に適している**などの理由により、空間骨組構造物には最適な手法である [30]。

空間構造物は、いくつかの対称面を持つように設計されることが多い。そのため、固有値が重複しない場合には、固有モードは必ず対称面に対して対称あるいは逆対称となる。モードに対称性あるいは逆対称性が見られないときには、部材のモデル、支持条件、質量分布あるいは固有値解析におけるパラメータ設定に誤りがあるので、再チェックが必要である。

さらにモードの対称性に起因して、刺激係数が 0 となる入力方向が存在するため、刺激係数によっても入力データをチェックできる。例えば図 2.3.1 に示すような 2 つの対称面を有する構造物を考える。ここで、剛性・質量分布、支持条件も対称であるものとする。このとき、2 つの対称面に関するモードの対称性に応じて、表 2.3.1 に示すように、刺激係数が 0 となる入力方向が存在する。ここで、数値誤差により、厳密には 0 にならない場合があるので、適切な判断が必要である。また、一般に刺激係数が 0 とならない入力方向に対しても、モード形状によっては偶然微小な値となる場合もある。

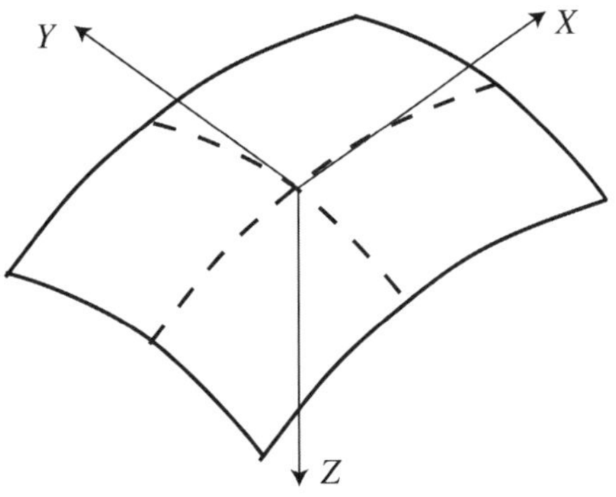

図 2.3.1　対称構造物の座標系

表 2.3.1　モードの対称性と刺激係数

xz 平面	*yz* 平面	刺激係数が 0 となる方向
対称	対称	x、y
対称	逆対称	y、z
逆対称	対称	x、z
逆対称	逆対称	x、y、z

ところで、上記のような対称性に起因する重複固有振動数については特別の配慮が必要である。部分球殻状空間骨組などでは、多くの固有振動数が重複する。また、空間骨組構造物の変位の自由度は大きいため、厳密に重複しなくても、多くの近接する固有振動数をもつ場合がある。固有振動数が重複する場合は、その重複度だけの固有モードの任意の線形結合も固有モードとなるため、固有値解析で得られる固有モードには一見して対称性が存在しないように思われる場合がある。地震入力に対する応答における固有モードの分担率を評価する際には、モードの対称性は極めて重要であるから、固有振動数が近接する場合にもモードの対称性が崩れないような固有値解析法を選択するべきである。

減衰行列　空間骨組構造物の動的特性をモデル化する際に最も問題となるのが減衰特性である。減衰の原因としては、部材材料の粘性、接合部での摩擦、地盤への逸散、2 次部材あるいは仕上げ材との摩擦等が存在する。また、塑性挙動を考慮するときには、履歴減衰も考えなければならない。しかし、これらの減衰の影響を正確に定量化するのは極めて困難であり、通常は剛性比例減衰あるいはレイリー減衰によって近似し、内部粘性減衰で代表して定式化される。その場合にも、最低次の固有モードに対する減衰定数などのパラメータの設定方法に任意性が残される。水平動および上下動によって励起されるモードそれぞれの最低次モードの減衰定数を指定する方法も考えられるが、最低次の固有振動数が大きく異なる場合などでは、そのような指定方法の理論的根拠は極めて不明確である [31)]。

過渡応答解析　過渡応答解析のための入力地震波として、通常、日本建築センター発行の標準 3 波（EL-CENTRO、TAFT、HACHINOHE 波）が用いられる。また、その立地地盤特有の地震波を加えることも多い。しかし、応答特性は入力地震波のスペクトル特性に大きく依存するため、滑らかな応答スペクトルに適合する模擬地震波を作成して入力波に加えることが望ましい。地震波の大きさは、水平動の場合、レベル 1 に対して 25 cm/s、レベル 2 に対して 50 cm/s で正規化することが多い。

応答解析法として、通常ニューマーク(Newmark)の β 法が用いられ、無条件安定な $\beta = 1/4$ とすることが多い。「無条件安定」は、積分誤差により解が発散しないことを意味するものであり、構造物が不安定になると当然応答量は発散する。また、発散しない場合にも、十分に精度のよい応答量を得るためには、固有振動数に応じて適切な時間増分を選択しなければならない。数種類の時間増分で解析して応答量がほとんど変化しないことを確認するのも有効であろう。NASTRAN では、中央差分法に基づきニューマークの β 法を修正した手法が用いられている。

一般に、空間骨組は近接する多くの固有振動数を持っているため、応答スペクトル法では精度の良い応答評価を行うことはできないと言われている。しかし、そのような場合にも、CQC 法（基礎編 1.3.6 項参照）を用いると、十分な精度の応答値を得ることができる [32)]。

その他考慮すべき点　地震荷重については、上下方向成分を考慮しなければならないこと以外は通常のビル型骨組の場合と同様の解析手順を用いることができる。しかし、空間骨組には層という概念が存在しないから、静的地震荷重の決定や応答量評価の際に、層せん断力などの概念を流用することの妥当性については慎重に検討しなければならない。また、上部構造物と下部構造物の連成についても注意が必要である [33)]。

さらに、レベル 2 を超えるような過大な地震動を入力して最大耐力を評価する際には、幾何学的非線形性および材料非線形性のため、不安定現象が生じ、応答が発散する場合がある。そのような場合の応答量は、形状の不整や地震動の変化に対して極めて敏感であるから、最大応答変位などの数値は信頼できず、意味をもたない。

2.3.3　弾塑性解析

弾塑性解析の必要性　空間骨組構造物は、それが地震時の避難所などに用いられる場合が多いなどの社会的理由と、座屈後の部材の塑性化に伴う急激な剛性低下を避けるなどの理由により、レベル 2 地震動作用時にも引張降伏あるいは個材座屈が生じないように設計されることが多い。しかし、予想を超える入力が作用した際の挙動についても把握しておくことは有意義であり、そのような場合に静的・動的弾塑性解析が行われる。

弾塑性解析のためのモデル化　空間骨組の剛性は、弾性範囲では部材を 1 つの梁要素でモデル化できる。しかし、塑性化は局所的に進展するため、精度の良い応答量を得る必要がある場合には、理想的には部材を 3 次元要素で細かく分割しなければならない。しかし、空間構造物は多くの部材を有するため、上記のようなモデル化は現実的ではない。

そこで、例えばピン接合では、部材を 1 つの要素として軸方向変形のみを考えるが、軸力と軸方向変形の関係に、座屈などの幾何学的非線形性や塑性化にともなう材料非線形性を含めたモデルが用いられる [34, 35]。また、部材中央に一般化塑性ヒンジを与える手法 [36]、部材を材軸方向に数個のファイバーによって分割して塑性ヒンジをモデル化する方法 [37]、部材を数個の梁要素に分割する方法などが存在する。しかし、部材の軸力と軸方向変形を理論的に決定することは困難である。また、部材を細分割すると自由度が数倍に大きくなるため、通常は実験で得られた軸力・材端変位関係を用いて部材の材料特性とすることが多い [35]。

圧縮載荷時の軸方向変位 d と軸力 N の関係は、細長比が大きいとき図 2.3.2(a)のようになる。図 2.3.2(a)では、点 a から N を増加させると、点 b で弾性部材座屈が生じ、点 c まで軸力の変化を伴なわずに変形が増加し、塑性化が発生する。その後は軸力が低下して点 d に達する。座屈後の N と d の関係は非線形であるが、破線 be のように直線で近似する場合もある。

一方、細長比が小さいとき（限界細長比程度のとき）には N と d の関係は図 2.3.2(b)のようになる。点 a から圧縮軸力を増加させると点 b に達して座屈の直後に塑性化が進行し、圧縮力が急激に減少する。その後、軸方向変位の増加に伴いほぼ一定の圧縮力となり点 c に達する。このよう

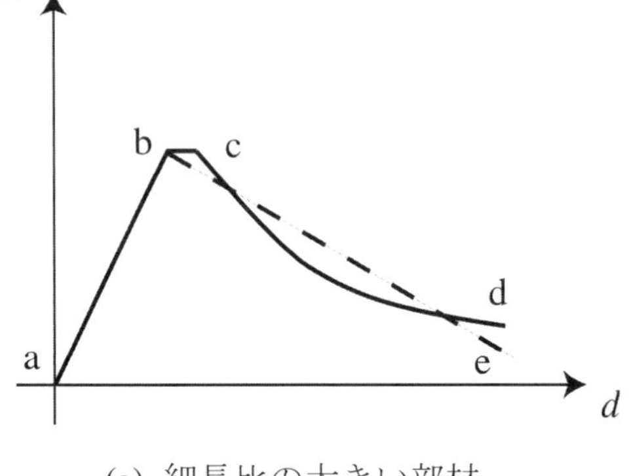

(a) 細長比の大きい部材

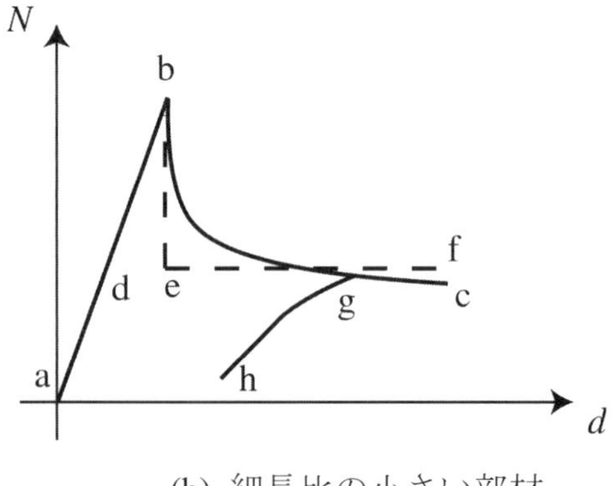

(b) 細長比の小さい部材

図 2.3.2　圧縮部材の軸力と伸びの関係

な非線形な関係は、破線 bef のように簡略化することもできる。このとき、点 b で塑性化が生じた後点 c までの圧縮力の減少量を不釣合い量として節点に与える方法や、部材中央に仮想の質点を与えて動的解析を行う手法が存在する。

ところで、圧縮負荷領域では、圧縮力は減少するため圧縮変形の増加する方向として、負荷方向が定義される。例えば、図 2.3.2(b)の点 g で圧縮ひずみを減少させて除荷が生じたとき、点 c ではなく点 h の方向へ応力状態が進行することを確認しなければならない。引張側については、バイリニアモデルを用いることが多いが、降伏棚の大きさ、2 次勾配の決定方法、トリリニア等、他のモデル化の必要性についても考慮する必要がある。

空間骨組は、多くの場合不静定構造物であるから、単材では軟化特性を示す場合にも、塑性化部材が少ない場合には、節点での拘束効果により塑性変形の集中現象は生じない。しかし、塑性化部材と座屈部材が増加して崩壊機構が成立するような場合や、1 つの部材の弾塑性座屈が他の部材の座屈を引き起こし、全体的な崩壊につながる場合には、静的解析を続けることは困難となり、それ以後の解析結果は信頼できなくなる。大変形を考慮した弾塑性解析法については、例えば文献 38 などを参照されたい。

なお、弾塑性解析を行うと、部材の不安定挙動に起因して全体座屈が生じる場合が多いが、そのような弾塑性座屈現象についてはここでは省略する。屋根型円筒ラチスシェル構造の弾塑性座屈解析法は、文献 2 の 4.2 節に紹介されている。

2.3.4　線形座屈解析・幾何学的非線形解析

幾何学的非線形解析の概要と意義　単層空間骨組では、部材の座屈を伴わない全体座屈が生じる場合があり、幾何学的非線形解析によって最大支持荷重を評価することができる。単層空間骨組の座屈解析については、文献 39 の A-3 節に詳しく述べられている。一方、2 層トラスでは、個材座屈は低い荷重レベルで生じる場合もあるが、全体座屈より以前に塑性化が生じることが多い。しかし、2 層トラスでも、部材降伏を無視して材料が線形弾性体であるものとして幾何学的非線形解析を行い、安全率を評価することがある。その場合の安全率はどのような意味をもつのか、明確な定義が必要となる。

これまで発表されている多くの研究では、空間骨組構造物の形状や境界条件と座屈性状の関係をパラメトリックスタディにより考察することに主眼がおかれてきた。例えば、屋根型円筒ラチスシェル構造の形状パラメータと座屈性状の関係は、文献 40 に詳しく述べられている。しかし、実際の設計段階では詳細な検討が必要である。

以下では、幾何学的非線形解析の一般的手法を紹介し、汎用パッケージで利用可能な手法を解説する。また、簡単な単層トラスを対象とし、汎用ソフトウェア MSC/NASTRAN V.70.5 を用いて解析の過程を例示し、結果の考察を行う。

幾何剛性行列　部材の軸力を N とすると、図 2.2.1 の部材座標系に対する材端変位 $\{u_1, \upsilon_1, u_2, \upsilon_2\}^T$ に関するトラス要素での幾何剛性行列 $\boldsymbol{K}^e_{Ga}$ は次式で表される[11]。

$$\boldsymbol{K}_{Ga}^{e} = \frac{N}{L}\begin{bmatrix} 0 & 0 & 0 & 0 \\ 0 & 1 & 0 & -1 \\ 0 & 0 & 0 & 0 \\ 0 & -1 & 0 & 1 \end{bmatrix} \tag{2.3.5}$$

材端変位 $\{\upsilon_1, \theta_1, \upsilon_2, \theta_2\}^T$ に関する平面梁要素の幾何剛性行列 $\boldsymbol{K}_{Gb}^{e}$ は次式で表わされる。

$$\boldsymbol{K}_{Gb}^{e} = \frac{N}{30L}\begin{bmatrix} 36 & 3L & -36 & 3L \\ 3L & 4L^2 & -3L & -L^2 \\ -36 & -3L & 36 & -3L \\ 3L & -L^2 & -3L & 4L^2 \end{bmatrix} \tag{2.3.6}$$

これらの行列に座標変換を行うことにより、全体座標系での部材幾何剛性行列が得られる。幾何剛性行列の導出には種々の定式化が存在するが、ここではその詳細は省略する。例えば、次のようなグリーン・ラグランジェ(Green-Lagrange)のひずみを用いた場合の接線剛性行列として平面梁要素の幾何剛性行列を導くこともできる[38)]。

$$\varepsilon_x = \left(\frac{\mathrm{d}u}{\mathrm{d}x}\right) + \frac{1}{2}\left(\frac{\mathrm{d}u}{\mathrm{d}x}\right)^2 + \frac{1}{2}\left(\frac{\mathrm{d}\upsilon}{\mathrm{d}x}\right)^2 \tag{2.3.7}$$

あるいは、剛接合骨組では、座屈たわみ角法に基づき幾何剛性行列を定めることもできる。

線形座屈解析では、幾何剛性行列を求める際に必要な部材長や軸力は、変形前の無応力状態での形状を用いて計算される。それに対し、非線形増分型の解析において、釣合い形状を逐次更新し、幾何剛性行列を再計算することも可能である。詳細については基礎編 1.4 節を参照していただきたい。

部材座屈　空間骨組の解析において、節点がピン接合の場合には、全体系の剛性行列に個材の変形の効果は現れないから、部材座屈は別途検定しなければならない。部材の座屈荷重係数は、次のオイラー座屈荷重で評価できる。

$$P_{cr} = \alpha\frac{\pi^2 EI}{L^2} \tag{2.3.8}$$

ここで、α は部材の接合条件で定まる係数であり、ピン接合トラスでは 1 である。上式より座屈応力が計算できるから、線材を用いて解析した場合にも、解析で得られる応力と座屈応力を比較することにより、個材座屈が生じているかどうか判定できる。システムトラスを用いた場合にも、接合部は完全なピンではないが、$\alpha=1$ とすることにより安全側の判定ができる。

部材の断面形状が 2 軸対称でない場合には、軸力が断面の剛性中心に作用しないため、偏心が生じる。このような場合には、座屈荷重はオイラー座屈荷重より小さくなるため、実験などによって得られる適切な値を用いて検定するべきである。

一方、接合部が剛接合の場合には、1 つの部材が単独で座屈して他の部材は全く変形しないと

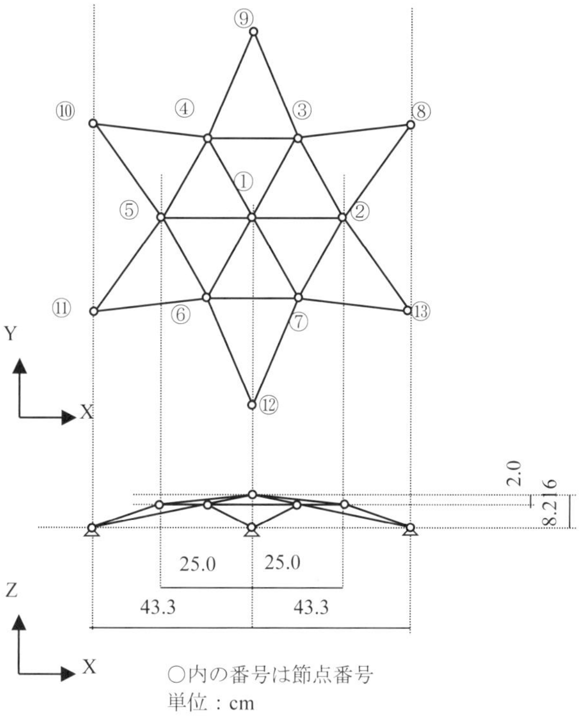

図 2.3.3　モデル図

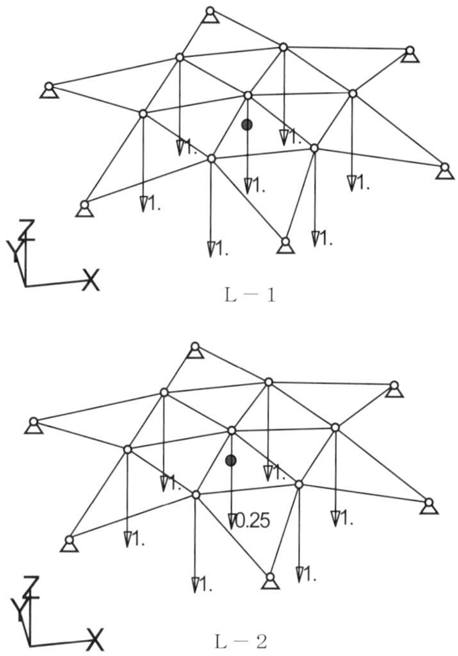

図 2.3.4　荷重モード

いう状況は発生し得ないので、個材座屈と全体座屈あるいは局所座屈を厳密に区別することはできなくなる。したがって、全体座屈の解析を行うことにより個材座屈も判定できる。しかし、幾何剛性行列を用いた解析では、部材内の変形を材軸方向座標の 3 次関数で表現することに相当するため、個材座屈の判定の精度は良好とはいえない。そのため、部材を 2 つ以上の要素に分割する必要がある。しかし、それに伴い計算量が増加するため、部材の再分割は行なわずに全体座屈のみ評価し、個材座屈は別途判定することも可能である。

線形座屈解析　大規模空間骨組構造物は、多くの自由度をもつため、幾何学的非線形解析を行ってその載荷能力を判定するためには多くの計算コストを要する。したがって、線形座屈解析によって最大支持荷重を求めることも多い。線形座屈解析では、部材の存在軸力による剛性低下は評価されるが、節点移動の効果は含まれない。単層骨組では、座屈に至る時点での変形（座屈前変形）が大きいため、線形座屈解析による座屈荷重係数は非線形解析によって得られる座屈荷重係数の数倍となることもあり、十分な安全率を考慮する必要がある。

図2.3.3に示すようなピン接合単層の24部材トラスに対して線形座屈解析を行った。弾性係数をE、全部材について一定の断面積をAとし、荷重係数はEA(=1.0×10^4 N)で正規化する。荷重モードは、図2.3.4に示すように、境界（⑧～⑬をX, Y, Z方向ピン支持）以外の全節点に下向きの同一荷重を作用させた場合（L-1）と、中央節点のみ他の節点の1/4とした場合（L-2）の2タイプとする。ここで、L-1, L-2モデルともに、荷重モードはXZ, YZ平面に関して対称である。また、固有値解析にはランチョス法を用いる。

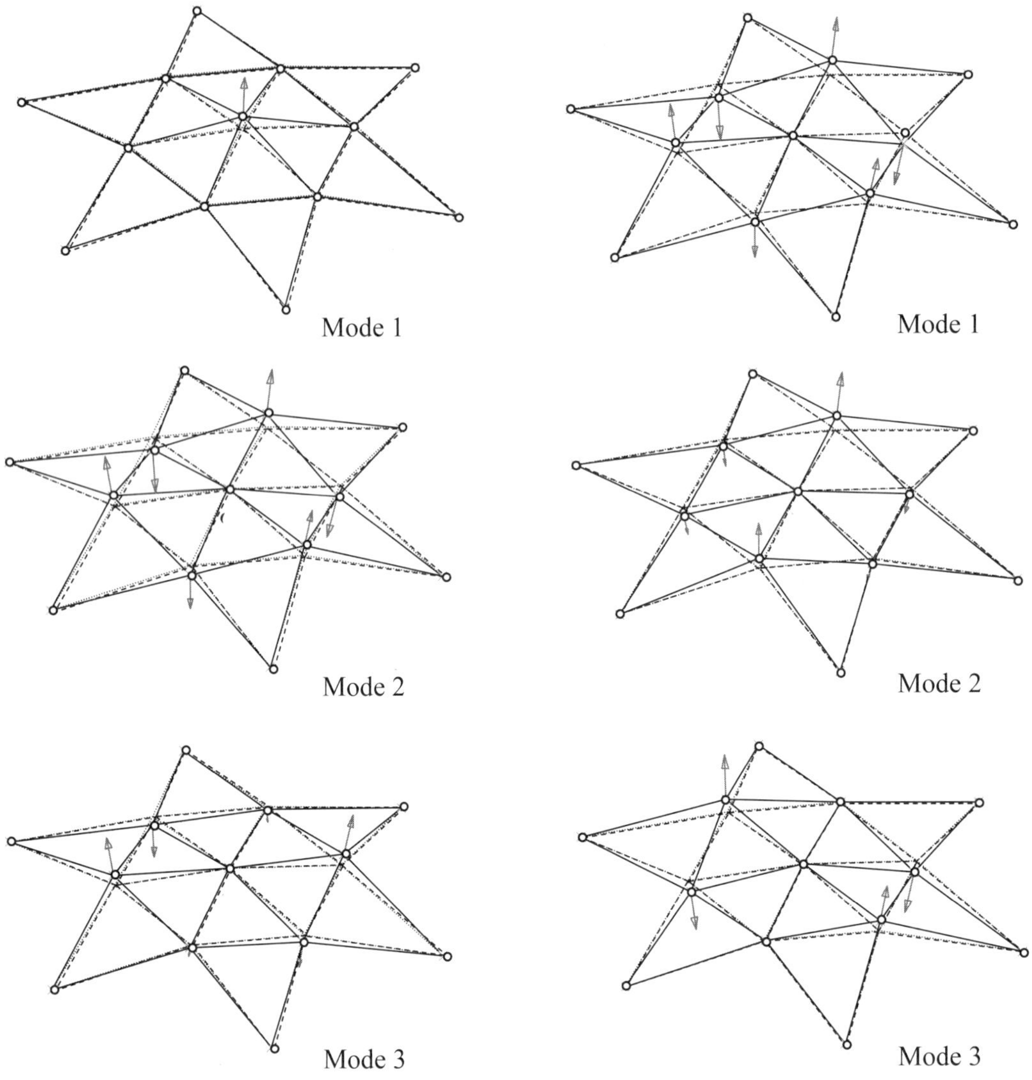

(a) L－１　　　(b) L－２

図 2.3.5　線形座屈モード

L-1、L-2 の各モデルについて、3 次までの固有値（座屈荷重係数）と固有モード（座屈モード）を表 2.3.2 および 2.3.3 に示す。また、座屈モードを図 2.3.5 に図示する。実際に座屈荷重係数として意味があるのは最小固有値であるが、線形座屈解析では誤差が大きい場合があることや、座屈荷重係数が重複あるいは近接する可能性があることから、3 次程度まで求めるのが望ましい。

L-1 モデルの 1 次モードは、*XZ*, *YZ* 両平面に関して対称であり、中央節点 1 は *Z* 軸方向に変位しているため、1 次の座屈荷重係数は極限点に対応していることが分かる。それに対し、2 次と 3 次のモードは、節点 1 が *Z* 軸方向に変位していないため、これらのモードは分岐点に対応する。ところで、2 次モードは *YZ* 平面に関して対称であるが、3 次モードには完全な対称性はみられな

表 2.3.2　L-1 モデルの線形座屈解析の固有値と固有ベクトル

固有値	Mode 1 : 1.469658E+01			Mode 2 : 1.872769E+01			Mode 3 : 2.305447E+01		
節点番号	X	Y	Z	X	Y	Z	X	Y	Z
1	0.0000	0.0000	1.0000	0.0000	0.0000	0.0000	0.0000	0.0000	0.0000
2	−0.0481	0.0000	−0.1595	−0.1730	0.0000	−1.0000	0.1648	0.0099	1.0000
3	−0.0240	−0.0416	−0.1595	0.0865	0.1498	1.0000	0.0101	−0.0584	−0.2761
4	0.0240	−0.0416	−0.1595	0.0865	−0.1498	−1.0000	0.0353	−0.1174	−0.7239
5	0.0481	0.0000	−0.1595	−0.1730	0.0000	1.0000	−0.1648	−0.0099	1.0000
6	0.0240	0.0416	−0.1595	0.0865	0.1498	−1.0000	−0.0101	0.0584	−0.2761
7	−0.0240	0.0416	−0.1595	0.0865	−0.1498	1.0000	−0.0353	0.1174	−0.7239

表 2.3.3　L-2 モデルの線形座屈解析の固有値と固有ベクトル

固有値	Mode 1 : 1.531180E+01			Mode 2 : 2.023247E+01			Mode 3 : 2.023247E+01		
節点番号	X	Y	Z	X	Y	Z	X	Y	Z
1	0.0000	0.0000	0.0000	0.0000	0.0000	0.0000	0.0000	0.0000	0.0000
2	−0.1729	0.0000	−1.0000	−0.0837	0.0327	−0.5080	−0.1630	−0.0222	−0.9894
3	0.0865	0.1498	1.0000	0.0820	0.1428	1.0000	−0.0387	0.0203	−0.0106
4	0.0865	−0.1498	−1.0000	0.0692	−0.0536	−0.4920	−0.0638	0.1534	1.0000
5	−0.1729	0.0000	1.0000	0.0837	−0.0327	−0.5080	0.1630	0.0222	−0.9894
6	0.0865	0.1498	−1.0000	−0.0820	−0.1428	1.0000	0.0387	−0.0203	−0.0106
7	0.0865	−0.1498	1.0000	−0.0692	0.0536	−0.4920	0.0638	−0.1534	1.0000

い。このような場合、3 次と 4 次の固有値が重複している可能性がある。

それに対し、L-2 モデルでは、3 次までの座屈点は全て分岐点であり、2 次と 3 次の固有値が重複している。この場合にも 2 次と 3 次のモードは完全な対称性を有さないが、1 次から 3 次までのモードは互いには線形独立である。

幾何学的非線形解析と安定解析　連続体であるシェル構造物と比較すると、空間骨組構造物には、特有の座屈形態が存在するため、安定解析を行う際には種々の留意を要する。したがって、空間骨組の座屈解析あるいは安定解析を行う際には、座屈形態に関する十分な知識が必要である。空間骨組は、連続体（シェル、スラブ構造）と離散系（ラチス構造）の中間的な存在であるから、その座屈形態には、連続体シェル構造から類推されるものと、ラチス構造特有のものが存在する。また、座屈形態の分類には、部材座屈、節点座屈、局所座屈、全体座屈などの現象面での分類と、極限点、分岐点などの力学的特性からの分類が存在する。ラチス構造の座屈として部材座屈（個材の曲げ座屈）と節点座屈（例えば節点の面外方向への飛移座屈）が挙げられる。

剛接合空間骨組の大変形解析では、並進変位はベクトル量として重ね合わせができるが、回転変位はベクトルの足し合わせによって更新できないので、回転量の定義や増分量の選択に注意しなければならない。NASTRAN では、回転角の更新に、ジンバル角(Ginbal Angle)あるいは回転ベクトル手法が用いられる [41)]。ジンバル角では、部材の剛体移動とともに移動する座標に関して順序をつけて回転させる。例えば、まず x 軸回りに回転させ、次に更新された y 軸回りに回転させ、最後に再度更新された z 軸回りに回転させるものとする。このとき、それぞれの軸回りの回転行列を $\boldsymbol{R}_x, \boldsymbol{R}_y, \boldsymbol{R}_z$ とすると、全体の回転行列 $\boldsymbol{R}$ は

$$\boldsymbol{R} = \boldsymbol{R}_z \boldsymbol{R}_y \boldsymbol{R}_x \tag{2.3.9}$$

で定義できる。この回転行列を用い、増分回転角は微小であるという仮定の下で回転角を更新する。回転ベクトル手法では、回転軸ベクトル $\boldsymbol{S}$ と回転量 ψ を用いて、回転ベクトル $\boldsymbol{\Psi}$ を

$$\boldsymbol{\Psi} = \psi \boldsymbol{S} \tag{2.3.10}$$

のように表わす。詳細は省略するが、この手法でも回転量の増分は微小であるものとする。

ところで、非線形増分解析におけるパラメータの増分量が適切でないと、回転量の増分が微小でない場合が生じる。例えばNASTRANでは、そのような場合に増分回転量を自動的に2分するオプションが存在する。

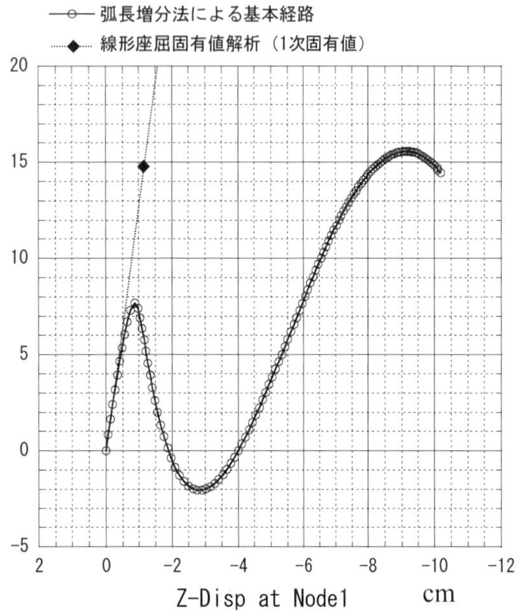

図 2.3.6　L-1 モデルの基本釣合い経路と線形座屈荷重係数

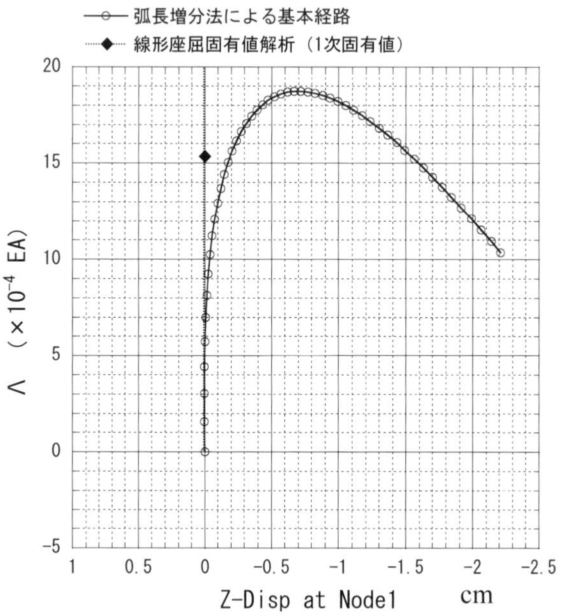

図 2.3.7　L-2 モデルの基本釣合い経路と線形座屈荷重係数

例として、線形座屈解析で用いた24部材単層トラスに対して幾何学的非線形解析により釣合い経路を追跡した。解析には弧長増分法を用い、弧長条件はクリスフィールド(Crisfield)法とした。L-1, L-2 のそれぞれの場合について、荷重係数 Λ と節点 1 の Z 軸の負方向変位（以後簡単のため U_Z と表記）との関係を図 2.3.6, 2.3.7 に示す。ここで、線形座屈解析による最低次の座屈荷重係数も示している。

線形座屈解析によると、座屈形態は、L-1 モデルでは極限点、L-2 モデルでは分岐点であった。図 2.3.6 から分かるように、L-1 では Λ の増加に伴い U_Z は増加し、荷重係数が $7.5\times10^{-4}EA$ 付近で

極限点に達している。これに対し、線形座屈荷重係数は 14.7×10^{-4}EA であるから、非線形釣合い経路解析で得られる極限点荷重係数は、線形座屈荷重係数の半分程度である。このように、線形座屈固有値だけで座屈点を判断するのは危険であり、扁平な単層立体骨組では、線形座屈固有値に加え、幾何学的非線形解析による基本経路解析を行わなければならない。

一方 L-2 では、線形座屈解析による低次の 3 つの座屈荷重係数は、全て分岐型に対応していた。ここで、1 次と 3 次は対称分岐点、2 次は非対称分岐点である。非線形釣合い経路解析の結果得られる Λ と U_Z の関係は図 2.3.7 に示したとおりである。ここで、Λ を増加させると、極限点に達するように見えるが、実際には $\Lambda = 8.2 \times 10^{-4}$ 付近で接線剛性行列の最小固有値が負になっている。このように、単に釣合い経路を追跡するだけでは分岐点を見逃してしまう場合があるので注意しなければならない。また、この例でも、非線形解析による座屈荷重係数は、線形座屈荷重係数の半分程度となっている。

増分法の選択と基本経路　釣合い経路を追跡する際、荷重増分法は計算コストの面から有効な方法であるが、極限点付近や極限点を越えた負勾配の釣合い経路を追跡することはできないので注意を要する。L-1 モデルについて、弧長増分法と荷重増分法での結果の比較を図 2.3.8 に示す。荷重増分法の場合には、極限点からジャンプが発生し、座屈後の安定な釣合い経路に移行している。また、弧長増分法を用いても必ずしも解が収束するとは限らない。収束しない場合にも、弧長の大きさや弧長条件式を変更することで解が収束する場合がある。図 2.3.9 は、L-2 モデルの基本経

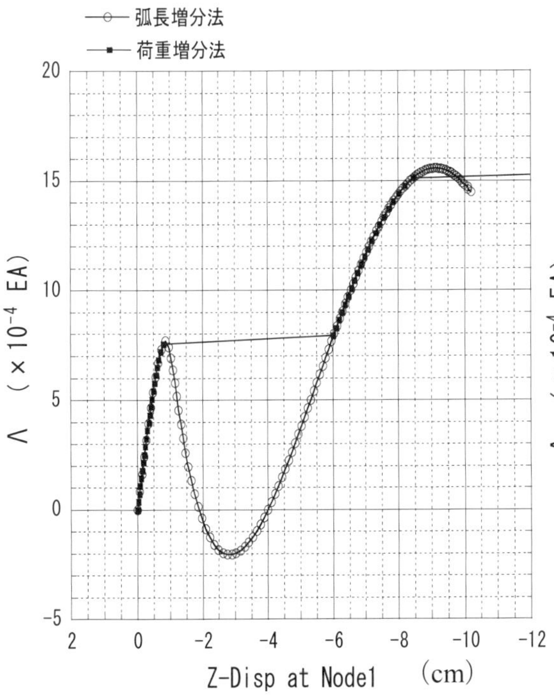

図 2.3.8　荷重増分法と弧長増分法

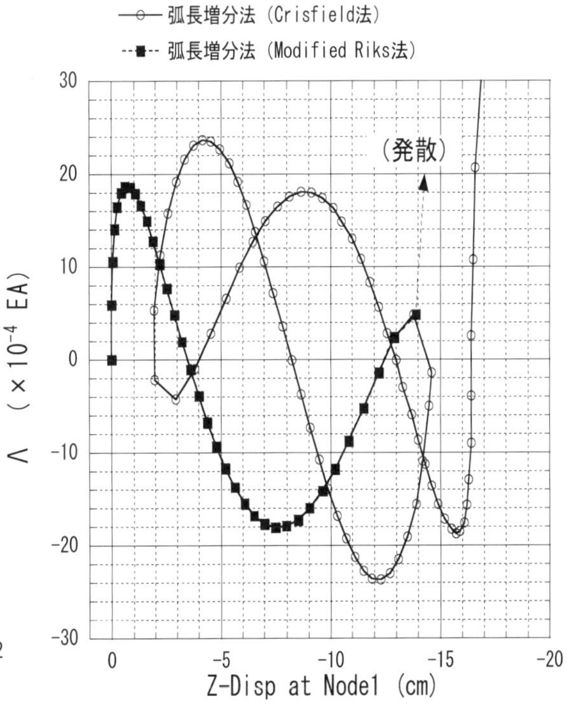

図 2.3.9　基本釣合い経路の追跡と弧長条件

路を表しており、弧長条件にクリスフィールド法を選択した場合には最後まで経路を追跡することができたが、修正リックス(Modified Riks)法の場合には、途中で発散してしまった。その原因としては、弧長を定める拘束方程式によって定義される拘束面が、釣合い経路と交わらなかったことが考えられる（基礎編 1.2 節参照）。

形状初期不整と基本釣合い経路　基礎編 1.4 節で述べたように、分岐型座屈を呈する場合の最大支持荷重係数は、非対称な形状不整に関して極めて敏感である。したがって、想定される形状不整を与えて釣合い経路解析を行うことにより、不整が存在する場合の最大支持荷重を求めることは、構造物の安全性を検定する上で重要である。

また、L-2 モデルの基本釣合い経路解析の例題で示したように、荷重係数の増加に伴い分岐点に達する場合には、接線剛性行列の最小固有値を各ステップでチェックする必要がある。しかし、汎用プログラムによってはそのようなオプションが存在しない場合もある。そこで、微小な形状初期不整を与えて釣合い経路解析を行って、不整の存在しない完全系の座屈荷重係数を推定することもできる。

再び図 2.3.3 のトラスを用いて、形状初期不整が釣合い経路に及ぼす影響を調べる。形状不整としては、線形固有値解析から得られた固有ベクトルの Z 方向成分を用いることにする。L-1 モデルでは、2 次の固有ベクトルを用い、L-2 モデルでは、1～3 次の固有ベクトルを用いる。最大不整量はライズの 2%とした。L-1, L-2 モデルの解析結果をそれぞれ図 2.3.10, 2.3.11 に示す。

L-1 の座屈点は極限点であるから、モード 2 のような逆対称な不整モードに対して最大支持荷重係数は敏感ではない。しかし、2%という不整量が十分に大きいため、不整の存在によって最初に現れる極限点の荷重係数は減少している。また、図 2.3.10 の変形図から、節点の不整の方向（図

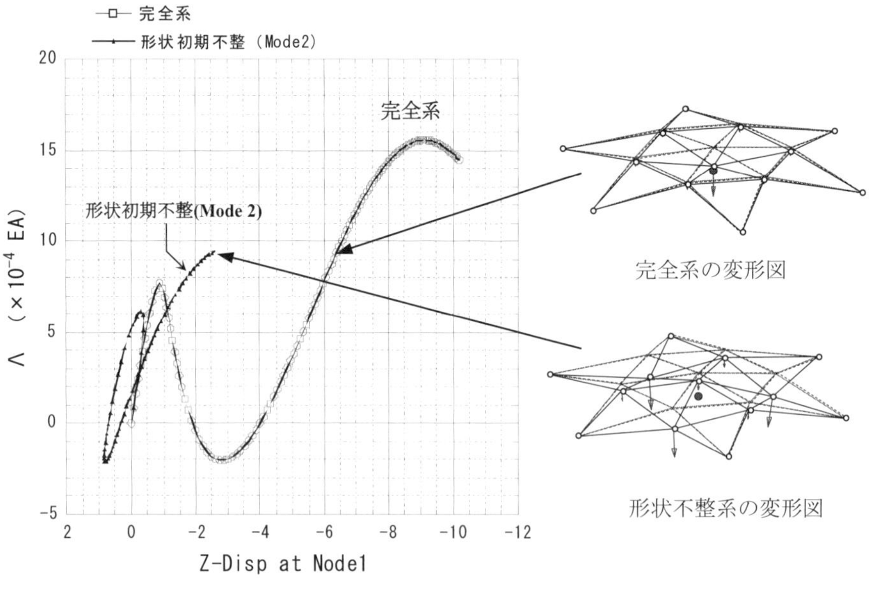

図 2.3.10　L-1 モデルの完全系と不整系の釣合い経路および変形図

2.3.5a の Mode 1 と反対の方向）に変位が増加している傾向がうかがえる。

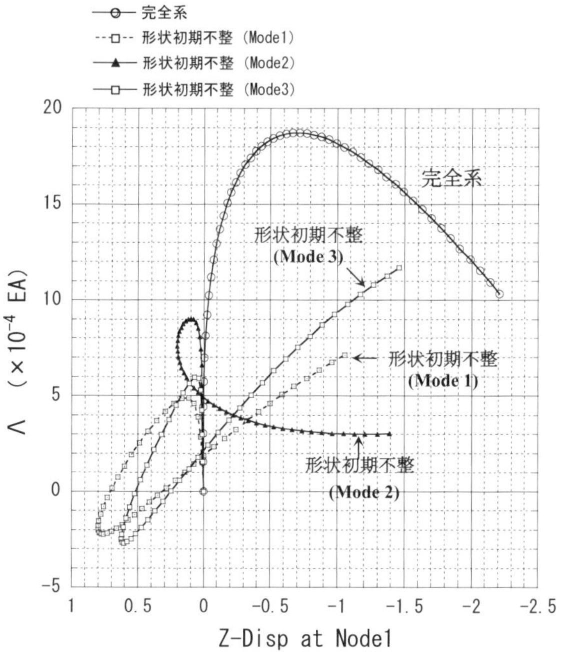

図 2.3.11　L-2 モデルの完全系と不整系の釣合い経路

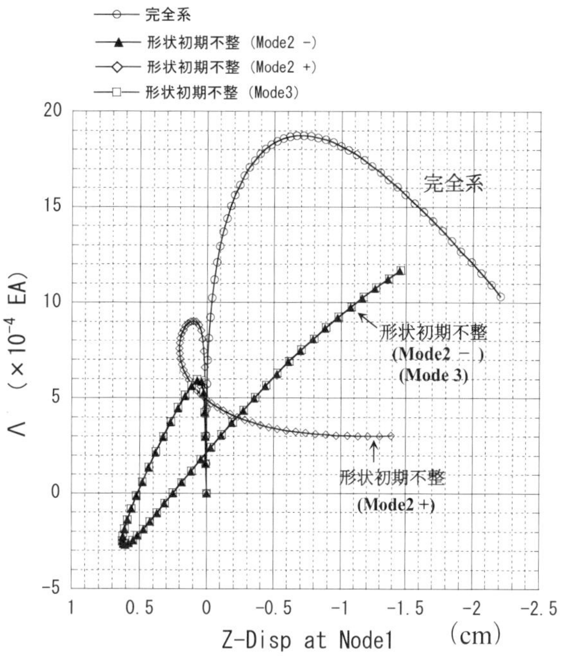

図 2.3.12　L-2 モデルの完全系と不整系の釣合い経路（2 次固有ベクトルの＋/－方向の不整）

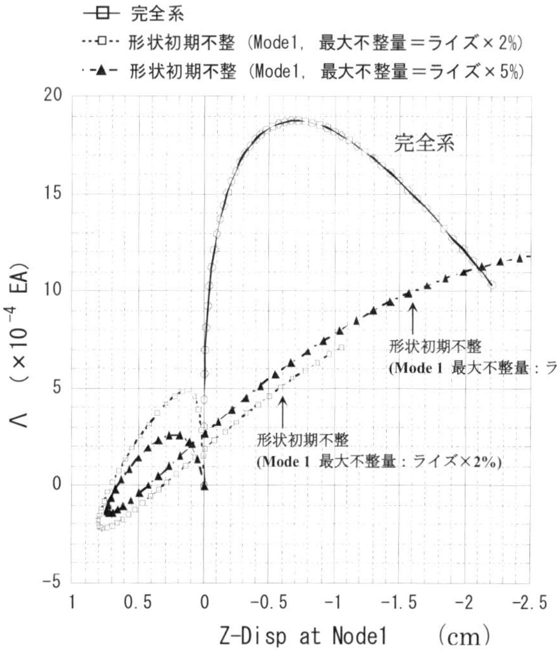

図 2.3.13　不整量を変化させた場合（L-2 モデル、1 次の固有ベクトルの不整）

一方、前述のように、L-2 の完全系では、極限点に達する前に、$\Lambda = 8.2 \times 10^{-4}$ 付近で対称分岐点に達している。したがって、最大支持荷重係数はモード 1, 3 では減少し、モード 2 では増加している。ここで、モード 2 は非対称分岐型のモードだから、荷重係数が増加する方向の不整が選ばれたものと予想される。

図 2.3.12 には、L-2 でモード 2 の＋と－の方向の不整を与えた結果を示す。＋の結果は図 2.3.11 にすでに示したものと同一である。モード 2 は非対称分岐型であるため、－方向の不整では最大支持荷重係数は減少している。また、このときの釣合い経路はモード 3 方向の不整とほぼ同一の経路となっている。この図より、極限点付近では弧長が自動的に小さくなっていることが分かる。不整系の解析では、弧長を十分に小さくし、到達し得ない釣合い経路に達してしまうことを避けなければならない。

最後に、L-2 でモード 1 方向の不整を与える場合について、最大不整が 2%と 5%に対する釣合い経路解析の結果を図 2.3.13 に示す。この結果より、不整が大きくなると最大支持荷重係数は減少することが分かる。

座屈解析・幾何学的非線形解析における問題点　座屈荷重係数は、言うまでもなく比例載荷の基準荷重に大きく依存するため、荷重の選択には十分な配慮が必要である。自重以外にも、地震荷重、風荷重などの想定される数種類の荷重パターンに対する安全性をチェックしなければならない。また、座屈形態も、構造物の形態だけではなく、荷重の分布に大きく依存する。さらに、局所座屈が全体座屈の引き金になることも多く、線形座屈解析では、実際の座屈形態を判断することはできない。幾何学的非線形解析や座屈解析では、解析結果は境界条件に大きく依存するため、境界条件の設定方法が重要となる。

接合部の変形は、それ自体の破壊に繋がるだけではなく、特に曲率の小さい曲面を形成するトラスの場合には、形態の変化に伴い載荷能力が大きく変化するため十分なチェックが必要である。

局部座屈は、数個のユニットで構成される部分が局所的に座屈するものであり、曲率の小さい単層トラス特有の現象である。このなかで、部材変形と比べて節点移動の卓越する座屈は、全体座屈と同様に接線剛性行列の固有値によりチェックできる。しかし、節点移動を伴わず、節点の回転と部材変形の卓越するいわゆる節点座屈は、ピン接合トラスでは判定できない。

2.3.5　張力導入複合構造の解析

本項では、**剛**な骨組部材と**柔**なケーブル材（あるいはロッド材）を組み合わせた張力導入複合構造（張弦梁構造）の解析における張力の取り扱いについて解説する。張弦梁はケーブルに意図的に張力を加えることで、弦材の応力、変形の制御を行う形式の構造物である。解析においては、ケーブル張力を

1. 弦材に節点荷重（外力）として与える方法
2. ケーブル材に負の温度荷重（ひずみ）で与える方法

が一般的である。ソフトウェアによっては、初期張力（応力）を直接与えることができるものも

ある。以下では、変形制御を行う場合の簡単な例題で、この 2 つの方法を比較する。なお、本例題は微小変形理論の範囲とし、大変形は考慮しない。

図 2.3.14 に示す張弦梁において、中央点変位 δ の上向きを正とし、δ の値を①: 0 cm, ②: 5 cm, ③: −5 cm とするために必要なケーブル張力を算出する。ここで、断面積 A、断面 2 次モーメント I、弾性係数 E は弦材で A = 100 cm^2, I = 20000 cm^4, E = 2.058×10^5 N/mm^2、束材で A = 25 cm^2, I = 1000 cm^4, E = 2.058×10^5 N/mm^2 、ケーブル材で A=2.0 cm^2, E=1.568×10^5 N/mm^2 とし、固定荷重を代表する節点荷重として中央に 196 kN を作用させる。

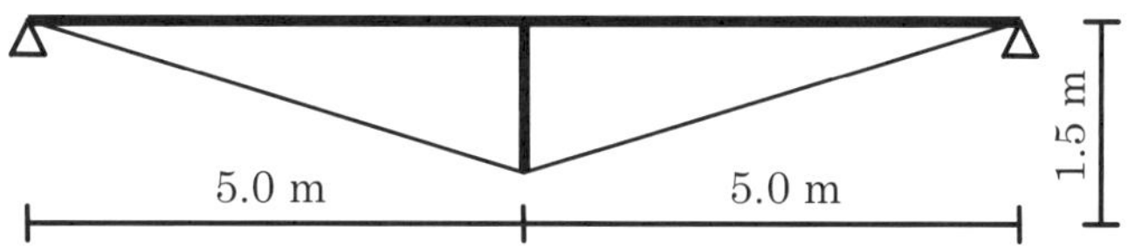

図 2.3.14　解析モデル

方法１．弦材に節点荷重（外力）として与える方法　図 2.3.15, 2.3.16 に示すように、ケーブル材を除いた解析モデルに固定荷重を与えた CASE1-1、単位張力 1.0 kN を与えた CASE1-2 を解析する。ここで、CASE1-1 の変位を下向きに δ_1、CASE1-2 の単位荷重に対する変位を上向きに $\Delta\delta_2$ とする。

中央変形を δ とするためには、

$$\delta = -\delta_1 + T_1 \Delta\delta_2 \tag{2.3.11}$$

を満足する張力 T_1 を求めれば良い。完成形の応力、変形は、(CASE1-1) + T_1 ×(CASE1-2)の重ね合わせにより求められる。表 2.3.4 に CASE1-1、1-2 の主な解析結果を、表 2.3.5 に中央点の変位を①～③とした場合の結果をまとめる。ここで、M は梁中央部での曲げモーメントである。表 2.3.5 より、中央部の変位はすべての場合で指定値に一致していることが分かる。ただし、指定した中央点変位が大きいときには、幾何学的非線形性の効果を考慮しなければならない。

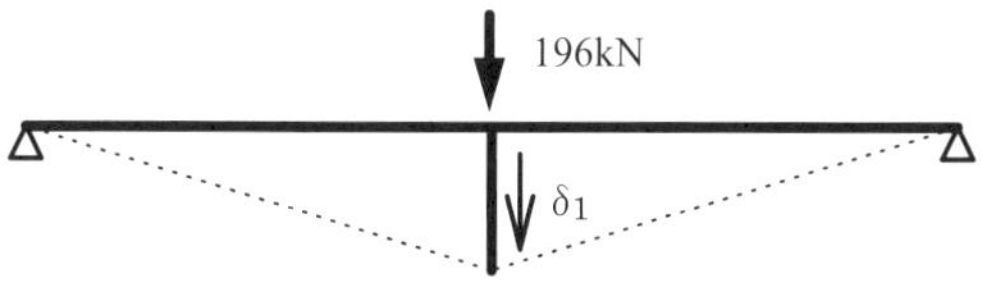

図 2.3.15　固定荷重時（CASE1-1）

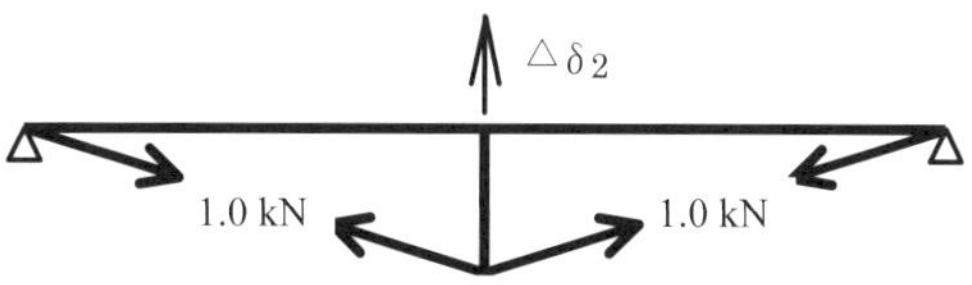

図 2.3.16　単位張力時（CASE1-2）

表 2.3.4　基本解析の結果（方法 1）

	中央変形 (cm)	張力 (kN)	弦材 M (kN·m)
CASE1-1	-9.921	0.0	490.0
CASE1-2	0.0291	1.0	-1.437

表 2.3.5　方法 1 による完成形の算出

		中央変形（cm）	張力（kN）	弦材 M（kN･m）	倍率T1
① 0cm	CASE1-1	-9.921	0.0	490.0	341.1
	CASE1-2	9.921	341.1	-490.0	
	完成形	0.000	341.1	0.0	
② 5cm	CASE1-1	-9.921	0.0	490.0	512.9
	CASE1-2	14.921	512.9	-737.0	
	完成形	5.000	512.9	-247.0	
③ -5cm	CASE1-1	-9.921	0.0	490.0	169.2
	CASE1-2	4.921	169.2	-243.1	
	完成形	-5.000	169.2	246.9	

方法２．ケーブル材に負の温度荷重（ひずみ）で与える方法　図 2.3.17, 2.3.18 に示すように、ケーブル材を含めた解析モデルに固定荷重を与えた CASE2-1、ケーブル材の張力が 1.0 kN となるような温度荷重を与えた CASE2-2 を解析する。ここで、CASE2-1 の変位を下向きに δ_3、CASE2-2 の単位荷重に対する変位を上向きに $\Delta\delta_4$ とする。

中央変形が δ となるためには、方法 1 の場合と同様に考えて、

$$\delta = -\delta_3 + T_2 \Delta\delta_4 \tag{2.3.12}$$

を満足する張力 T_2 を求めれば良い。完成形についても同様に、2 つのケースの重ね合わせで表すことができる。表 2.3.6 に CASE2-1、2-2 の主な解析結果を、表 2.3.7 に中央点の変位を①～③とした場合の結果をまとめる。表 2.3.5 と表 2.3.7 から、方法 1 と方法 2 のどちらの方法でも同じ完成形を作り出せることが分かる。

ここで、方法 2 を用いる場合には、表 2. 3. 7 からも分かるように、図 2. 3. 17 の段階でケーブルを仮締めした後にジャッキダウンを行うため、固定荷重によって自動的にケーブルに張力 T_0 が発生する。したがって、完成形でのケーブル張力は、固定荷重による初期張力と意図的に加えた張力（狭義のプレストレス）との和であり、上記で求めた完成形を実現するために必要なプレストレスは CASE1, 2 で代表されるような張力導入方法（施工方法）により異なる [42)]。

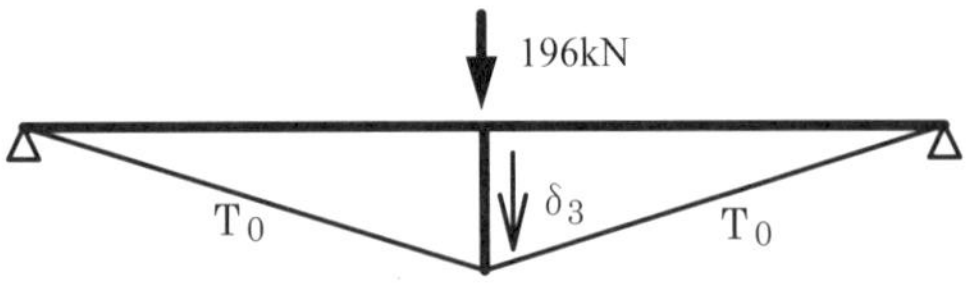

図 2.3.17　固定荷重時（CASE2-1）

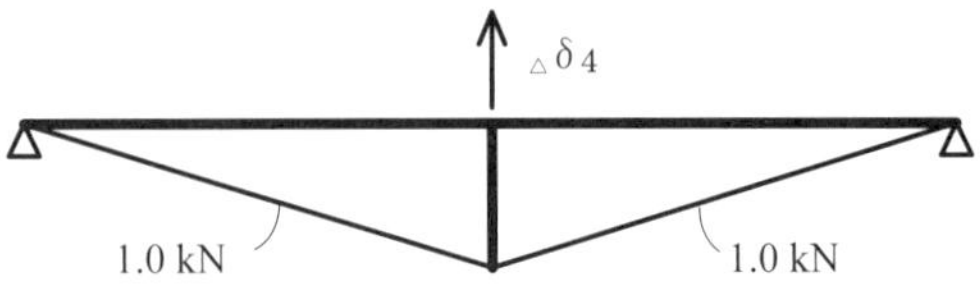

図 2.3.18　単位張力時（CASE2-2）

表 2.3.6　基本解析の結果（方法 2）

	中央変形（cm）	張力（kN）	弦材 M（kN･m）
CASE2-1	-6.611	113.8	326.5
CASE2-2	0.0291	1.0	-1.437

表 2.3.7　方法 2 による完成形の算出

		中央変形（cm）	張力（kN）	弦材 M（kN･m）	倍率T2
① 0cm	CASE2-1	-6.611	113.8	326.5	227.3
	CASE2-2	6.611	227.3	-326.5	
	完成形	0.000	341.0	0.0	
② 5cm	CASE2-1	-6.611	113.8	326.5	399.1
	CASE2-2	11.61071945	399.1	-573.5	
	完成形	5.000	512.9	-247.0	
③ -5cm	CASE2-1	-6.611	113.8	326.5	55.4
	CASE2-2	1.610719454	55.4	-79.6	
	完成形	-5.000	169.2	246.9	

張力導入のステップ解析を行う場合、ジャッキを使って直接張力を導入するときは図 2.3.16 や図 2.3.18 で示した方法を採用し、弦材にむくりをつけ、ジャッキダウンにより間接的に張力を導入するときは図 2.3.17 で示した方法を採用することになる。またベント位置に支持点を設けるなどの工夫も必要となる。

2.3.6　施工時解析

2.3.6.1　施工時解析の概要

空間骨組構造の施工では、工場で製作された部材を現場へ搬入し、現場で部材を組立てることにより大空間を実現する。空間構造物の特徴として、一般に部材数が多く、現場ではそれらを高所で組立てなければならないため、施工法によっては、工程、工費などに大きな差が生じる。また、施工法の選択は、施工中の架構および支保工の安全性、および施工後の架構の強度にも大きな影響を与える。これらのことからも、空間構造物を実際に製作するときには、形状、設計条件、境界条件、品質、安全、工期、コスト、敷地、仮設計画などの施工条件を計画段階で総合的に判断し、最適な工法を選定しなければならない。

施工法は、総足場工法、移動足場工法、ブロック工法、スライディング工法、リフトアップ工法などに分類される。実際の施工では、総足場工法を採用する場合が多いのが現状であるが、最近では架構の大型化などにともない、施工の合理化、仮設足場の省力化、安全性の向上などを意図して、総足場工法以外の施工法を採用する場合がある。

如何なる工法を採用するにしても、部品の組み立てに伴い、トラス架構の形態、境界条件、荷重条件は絶えず変化するので、施工中の架構は通常、全体の架構が完成した状態を想定して安全性を検討する設計時とは明らかに異なる条件下にある。したがって、施工中に発生する応力・変形・反力に対する空間骨組架構、下部構造、支保工などの安全性を検討するために、架構の組立てをシミュレートした施工時解析が必要な場合がある。

また、施工による残留応力・変形・反力が無視できず、施工完了時の応力・変形・反力と設計時に想定した値との差が大きくなる場合がある。その場合、施工中だけでなく、施工後の安全を確保するために、設計時に想定した種々の荷重条件における応力・変形・反力に、残留応力・変形・反力を累加して、構造設計全体を見直す必要がある。

このように、空間骨組構造を設計する際には、施工時解析が極めて重要である。本項では、例題を用いて汎用プログラムの 1 つである ADINA[43)]による施工時解析の方法について解説する。施工時解析では、建物の組立てプロセスや支保工の取付け、取外しのプロセスを部材の発生や消滅で再現し、ジャッキダウンは圧縮力のみだけ伝達可能なギャップ要素を使って再現する。そこで、部材の発生や消滅の過程を解析するための基礎式を、例題に基づき解説する。また、建物の組立て順序による応力・変形・反力の移り変りを比較する。施工時解析の詳細については、文献 3 の 4 節および、文献 4, 13 を参照されたい。

2.3.6.2　施工時解析の数値解析例

施工時解析が通常の応力解析と大きく異なる点は、建て方の状況に応じて形状が変るため、解析形状は 1 つでなく複数存在し、荷重条件、境界条件も変ってくることである。建て方の状況は実際には時間軸に対し連続的に移り変っていくが、施工時解析では施工順序と施工状況を考え、離散的な各 STEP において施工モデルとしてモデル化しなければならない。そして、各 STEP の施工モデル間の推移を部材の発生や消滅によって表す。以下では、ADINA を用いた施工時解析による部材の発生と消滅の解析におけるデータ入力方法を簡単な例題を使って解説し、施工時解析結果の検証例を紹介する。ただし、部材の発生と消滅が可能なソフトウェアであれば、ADINA でなくても同様の解析は可能である。

解析モデル　施工時解析モデルの初期形状は、図 2.3.19 に示す部材長さ l_a、l_b の 2 本の部材からなる 2 点支持モデルである。自重等は考慮しないものとし、下記の 4 つの状態を考える。

STEP 0：　力を加えていない状態
STEP 1：　部材 b を消滅させ、節点 2 に力 P を加えた状態
STEP 2：　節点 2 に P の力を加えたまま、部材 b を発生させた状態
STEP 3：　節点 2 に加えていた力 P を除荷した状態

入力データ　ADINA では、上記の施工時解析の STEP0 から STEP3 までの状態を 1 つの入力データとして作成することが可能である。この入力データにしたがって実行させると各々の STEP の応力、変形、反力が得られる。ADINA のデータ入力において必要な操作は下記のとおりである。

（1）節点の座標データ：STEP 0 から STEP 3 に関係する全ての節点の座標を入力する。
（2）部材の接続データ：STEP 0 から STEP 3 に関係する全ての部材の接続関係のデータを入力

する。部材を発生させたり、消滅させたりする場合、この部材の接続データに BIRTH コマンドと DEATH コマンドを使って指定する。例えば、ある部材を STEP1 に発生させ、STEP2 に消滅させようとする場合、その部材の BIRTH 値を 1、DEATH 値を 2 と指定する。

（３）境界条件 : 固定、ピン、ローラー等を指定する。

（４）荷重条件 : STEP0 から STEP3 までの荷重条件を TIMEFUNCTION を使って変えることができる。

施工時解析　ADINA の施工時解析での部材発生・消滅を図 2.3.19 の例で説明する。ただし、部材断面積 A_a, A_b は 10 cm^2、弾性係数 E_a, E_b は 2.058×10^{5}N/mm^2, l_a = 100, l_b = 300.048 cm とする。

STEP 1（部材 b を消滅）：部材 b はないものとして線形解析を行う。節点 2 では、外力 P と部材 a の内力が釣合い、部材 a は δ_a 伸びる。このとき、部材 a のひずみエネルギーは、$E_a A_a (\delta_a)^2 /(2l_a)$ である。

STEP 2（節点 2 に力 P を加えた状態で部材 b を発生）：発生する部材 b は、STEP 1 で δ_a 移動した節点 2 と 3 を結んだ部材となる。つまり、部材 b の部材長が STEP 0 の部材 b より δ_a だけ短くなっている。このときの部材 b の応力は 0、伸び δ_b も 0 で、部材 b のひずみエネルギーは 0 である。部材 a のひずみエネルギーは、STEP 1 と同様 $E_a A_a (\delta_a)^2 /(2l_a)$ である。

STEP 3（節点 2 に加えていた力 P を除荷した状態）：節点 2 は、安定な釣合いを保つために、部材 a と部材 b のひずみエネルギーの和が最小となる位置に移動する。ADINA の施工時解析で得られた結果は δ_a'= 0.012 cm である。

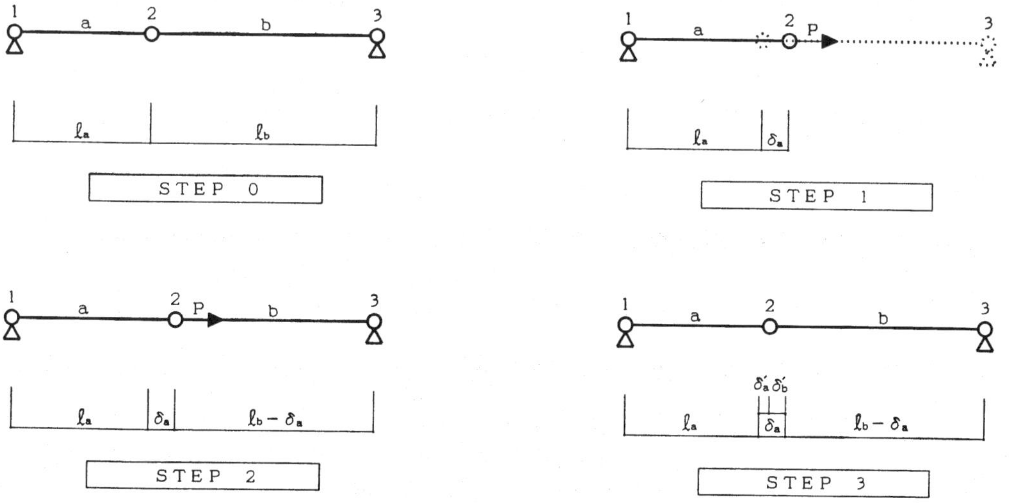

図 2.3.19　数値解析モデル

施工時解析の検証　ADINA の施工時解析の結果を検証するために、STEP 3 でのポテンシャルエネルギーが最小となる節点 2 の位置を求める。STEP 3 でのポテンシャルエネルギーは、荷重が作用していないので、ひずみエネルギーと等しくなり、

$$\Pi = \frac{E_a A_a (\delta_a')^2}{2l_a} + \frac{E_b A_b (\delta_b')^2}{2(l_b - \delta_a)} \tag{2.3.13}$$

となる。$\dfrac{\partial \delta_a'}{\partial \delta_b'} = -1$ を用いると、$\dfrac{\partial \Pi}{\partial \delta_b'} = 0$ より、

$$\frac{\delta_a'}{\delta_b'} = \frac{l_a E_b A_b}{(l_b - \delta_a) E_a A_a} \tag{2.3.14}$$

となる。式(2.3.14)に、ADINA の施工時解析の入力データおよび STEP 2 での変位 δ_a を代入し、δ_a' を求めると $\delta_a' = 0.012$ となり、ADINA の施工時解析の結果と同値となる。

2.3.6.3　ジャッキダウンをともなう施工時解析

空間構造物の施工方法には、前述のようにいくつかの方法があるが、実際には総足場工法が多く採用されていて、その工程の中にジャッキダウンのプロセスが入ってくる。本項では、ADINA によるジャッキダウンを伴なう施工時解析の例と、モデル化の注意点について紹介する。

ジャッキダウンをともなう施工時解析の例　解析モデルは、スパン 50 m の平板状トラスを構成する四角錐体ユニットの架構であり、次の 3 つの方法を考える。

方法①：　支持部近くの両側の支保工から順にジャッキダウンする方法
方法②：　中央の支保工からジャッキダウンする方法
方法③：　支保工を同時に少しずつジャッキダウンする方法

ジャッキダウンの方法による施工中の応力、反力の変化を検討したモデル解析結果を図 2.3.20 に示す。

施工時解析結果より、ジャッキダウンの方法によって、応力、反力はかなり異なっていることが分かる。また、方法によっては、トラス架構の自重だけでも支保工の応力が許容値を超える場合がある。さらに、一般的に設計時の斜材の応力は支持部近傍を除いて小さいので、ジャッキダウン中に支保工位置の斜材の応力が大きくなると斜材の応力が許容値を超える場合が考えられる。したがって、施工時解析により、部材、下部構造、支保工への応力集中と局部変形を起こさないようなジャッキダウンの順序、各段階のジャッキダウン量などを検討する必要がある。

ジャッキダウンのモデル化　ジャッキダウン時に一般に使用されるジャッキは、油圧式、手動式等があるが、いずれも圧縮応力のみ伝達可能で、引張応力を伝達しない部材としてモデル化する必要がある。

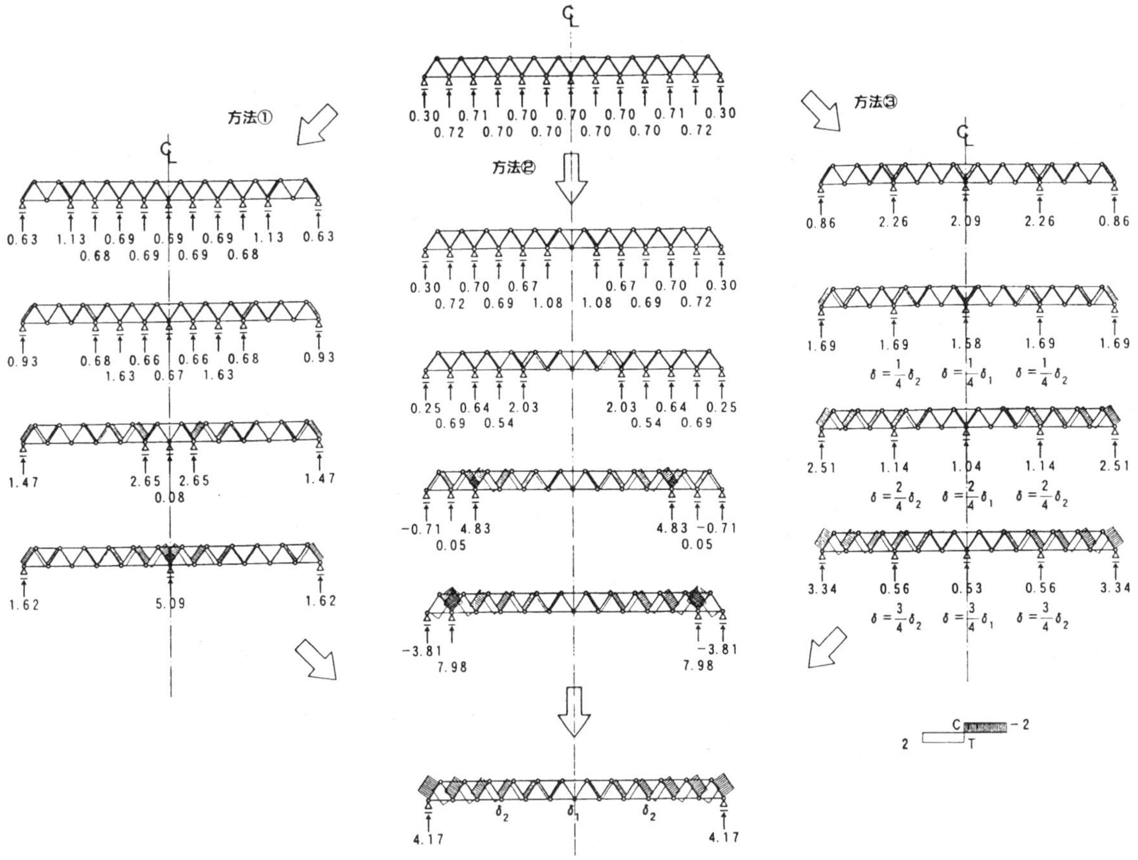

図 2.3.20　ジャッキダウン解析の結果

ADINA ではこのような特性を持つ部材としてギャップ要素がある。ADINA でジャッキダウンをともなう施工時解析を行う場合、ジャッキ部材をギャップ要素でモデル化する。ギャップ要素の入力方法は、一般の部材と同様に、部材の接続データ、部材断面積を入力し、それに加え、ジャッキダウンの量（GAPWIDTH）、発生（TBIRTH）・消滅（TDEATH）の STEP 番号を入力する。

ADINA では 1 本のジャッキに対し 1 つの GAPWIDTH しか与えられないため、複数の STEP に分けてジャッキダウンするためには、GAPWIDTH の異なるいくつかのジャッキを仮定し、発生と消滅を使ってそれぞれのジャッキの高さをモデル化しなければならない。つまり、1 本のジャッキに対して複数の GAPWIDTH、TBIRTH、TDEATH を組み合わせて施工時のモデル化を行う。

ところで、GAPWIDTH に入力するジャッキダウン量は、1 つ前の STEP の形状を基準にした値でなければならない。以下では、構造物のある節点が最初ジャッキで支持されており、STEP 1 で初期値より 2 cm、STEP 2 で初期値より 5 cm ジャッキダウンする過程を、2 種類のモデルによって解析して比較検討する。

モデル化①による施工時解析　GAPWIDTH の異なる 3 本のジャッキを考え、これらを以下のプロセスでジャッキを取り替えていく方法によって施工時解析を行う。

STEP 0：GAPWIDTH=0.0 のジャッキ①を発生させる。
STEP 1：ジャッキ①を消滅させ、GAPWIDTH=2.0 のジャッキ②を発生させる。
STEP 2：ジャッキ②を消滅させ、GAPWIDTH=3.0 のジャッキ③を発生させる。

この結果、節点がジャッキダウンに追随して変形する場合、その節点は STEP 1 で 2.0 cm 下がり、STEP 2 でその位置よりさらに 3.0 cm 下がる。最終的にその節点は初期値より合計 5.0 cm 下がり、始め想定した通りのジャッキダウンが行われる。

しかし、節点がジャッキダウンに追随せずジャッキより浮く場合、例えば、その節点が STEP 1 で 1.0 cm しか下がらないとすると、STEP 2 ではその位置からジャッキを 3.0 cm 下げることになり、初期値より合計 4.0 cm しかジャッキダウンされないことになる。この場合、最初に想定したジャッキダウンが正しく実行されなかったことを意味する。

モデル化②による施工時解析　GAPWIDTH の異なる 3 本のジャッキを考え、最初に全てのジャッキを発生させておき、以下のプロセスでジャッキを 1 本ずつ消滅させていく方法によって施工時解析を行う。

STEP 0：GAPWIDTH=0.0 のジャッキ①、GAPWIDTH=2.0 のジャッキ②と
GAPWIDTH=5.0 のジャッキ③を発生させる。
STEP 1：ジャッキ①のみを消滅させる。
STEP 2：ジャッキ②のみを消滅させる。

その結果、モデル化①で問題となった節点がジャッキダウンに追随しない場合を想定すると、節点が STEP 1 で 1.0 cm しか下がらなくても、STEP 2 の後にはジャッキ③のみしか存在せず、ジャッキ③はすでに 5.0 cm 下がっているので、最初に想定した量までジャッキダウンが行われたことになる。

このように、ジャッキダウンを伴う施工時解析では、モデル化によっては想定していた建て方とは異なった方法の施工時解析を行ってしまうことがある。しかし、施工時解析の結果の検証は困難であり、入力データの作成には細心の注意が必要である。

また、施工時解析でよく陥る問題には、施工中の構造物の安定・不安定性がある。最終形状では安定でも施工中には不安定となる場合が多々ある。ADINA では、STEP ごとに解析を行い、もし不安定になった場合、その STEP で計算は自動的に停止するようになっている。そして、簡単なエラーメッセージで不安定となった原因を知らせてくれる。しかし、構造物を安定化する方法は教えてはくれないので、これに関しては設計者が自ら考えなければならない。

参考文献

1) 斎藤公男, 小堀徹, スペースストラクチャーのデザイン, カラム, 83 号, 新日本製鐵, pp. 5-23, 1982.
2) 日本建築学会 シェル・空間構造運営委員会スペースフレーム小委員会編, 単層ラチスドームの安定解析-その現状と問題点-, 1989.
3) 日本建築学会 シェル・空間構造運営委員会空間骨組小委員会編, 二層立体ラチス構造の解析・設計・施工−その現状と問題点−, 1992.
4) 日本建築学会 シェル・空間構造運営委員会編, シェル・空間構造における不安定現象の解析の現状と課題, 第 7 回シェル空間構造セミナー, 1998.
5) R.B. Malla and R.L. Serrette, Double-layer Grids: Review of Static and Thermal Analysis Methods, Journal of Structural Engineering, Vol. 122, Issue 8, pp. 873-881, 1996.
6) R.B. Malla and R.L. Serrette, Double-layer Grids: Review of Dynamic Analysis Methods and Special Topics, Journal of Structural Engineering, Vol. 122, Issue 8, pp. 882-892, 1996.
7) 日本建築学会編, シェル・単層ラチス構造の振動解析 −地震・風応答と動的安定−, pp. 96-117, 1993.
8) Latticed structures: State-of-the-art report, The Task Committee on Special Structures of the Committee on Metals of the Structural Division, Proceedings of the American Society of Civil Engineers, Journal of the Structural Division, Vol.102(ST11), pp. 2197-2230, 1976.
9) 川井忠彦, 藤谷義信, 梁理論の精密化に関する二,三の試み（その 1）, 生産研究, 25 巻, 6 号, pp.211-220, 1973.
10) 藤井大地, 最近の建築構造解析理論の基礎と応用　第 1 章 骨組構造解析の基礎理論, 日本建築学会, pp.5-15, 2004.
11) 鷲津久一郎 他, 有限要素法ハンドブック I, 基礎編, 培風館, 1981.
12) 西野文雄, 連続体の力学(II), 土木工学大系, 彰国社, 1984.
13) 日本エムエスシー, MSC/NASTRAN ユーザガイド, 線形静解析, 1994.
14) 川口衞, 阿部優, 松谷宥彦, 川崎一雄, 建築構造のしくみ 力の流れとかたち, 彰国社, 1990.
15) 植木隆司, 向山洋一, 加藤史郎, 両端に回転ばねのある部材で構成される単層ラチスドームの線形および弾性座屈荷重　矩形平面形状をした裁断球殻状ドームについて, 日本建築学会構造系論文報告集, 第 411 号, pp. 117-129, 1990.
16) 植木隆司, 向山洋一, 加藤史郎, 両端に回転ばねのある部材で構成される単層ラチスドームの弾塑性座屈荷重　矩形平面形状をした裁断球殻状のドームについて, 日本建築学会構造系論文報告集, 第 448 号, pp. 47-58, 1993.
17) 日本建築センター編, CFRP 製立体トラスの構造安全性・耐火安全性に関する技術指導報告書, 1996.
18) 杉崎健一, 河村 繁, はめあい結合継手を有するアルミニウム合金製トラスの力学性状に関する研究　第 2 報 単層スペースフレームの終局耐力（その 1）, 日本建築学会大会学術講演梗概集, 構造 I, pp. 1551-1552, 1993.
19) 小田憲史, 半谷裕彦, 西田明美, 単層ラチスシェルの飛移座屈と接合部捩れ座屈の相関 −その 2：

基礎方程式と数値解析−, 日本建築学会大会学術講演梗概集, 構造 I, pp.1249-1250, 1991.

20) 植木隆司, 向山洋一, 庄村昌明, 加藤史郎, 単層ラチスドームの載荷試験および弾塑性座屈解析, 日本建築学会構造系論文報告集, 第 421 号, pp. 117-128, 1991.

21) 木村 衛, 小河利行, 対馬義幸, 鈴木敏郎, 小久保隆博, 金子洋文, 接合部の回転剛性が異なる四角錐立体トラスの斜め載荷実験, 日本建築学会大会学術講演梗概集, 構造 I, pp.1313-1324, 1993.

22) 半谷裕彦, 小田憲史, 西田明美, 単層ラチスシェルの飛移座屈と接合部振れ座屈の相関 −その 1：現象と解析モデル−, 日本建築学会大会学術講演梗概集, 構造 I, pp.1247-1248, 1991.

23) 岩田 衛, 和田 章, 大場高秋, 白井貴志, 部品構成された鋼管立体トラスの接合部の回転性能に関する研究, 日本建築学会構造系論文報告集, 第 391 号, pp.45-58, 1988.

24) 坂 壽二, 日置興一郎, ねじ込み接合で組み立てた立体トラスの座屈挙動, 日本建築学会論文報告集, 第 331 号, pp.1-9, 1983.

25) 大矢俊治, 近藤一雄, 小田憲史, 新谷晃崇, 半谷裕彦, 木造単層ラチスドームの振動および載荷実験 −その 2：載荷実験と破壊状況−, 日本建築学会大会学術講演梗概集, 構造 I, pp.1245-1246, 1991.

26) 大矢俊治, 小田憲史, 半谷裕彦, 単位ラチスドームの接合部振れ座屈実験, 日本建築学会大会学術講演梗概集, 構造 I, pp.1289-1290, 1993.

27) 杉崎健一, 河村 繁, 半谷裕彦, はめあい接合部を有するアルミニウム単層トラスの解析, 日本建築学会構造系論文集, 第 488 号, pp.97-106, 1996.

28) 西村 督, 森迫清貴, 小田憲史, 石田修三, 単層ラチスドームを構成する単位骨組の臨界挙動解析, 構造工学論文集, Vol.40B, pp.53-60, 1994.

29) 高島英幸, 原 隆, 加藤史郎, ボール接合単層ラチスドームの座屈荷重に関する研究 −その 2：ねじ込み部に緩み等がある場合−, 日本建築学会大会学術講演梗概集, 構造 I, pp.1419-1420, 1988.

30) 日本エムエスシー, MSC/NASTRAN ユーザガイド, 基礎動解析, 1994.

31) 加藤史郎, 中澤祥二, 嶺岸孝志, 減衰マトリクスの仮定法が大スパンドームの地震応答性状に与える影響について, 空間構造の耐震性能・評価をどう進めるか？, 平成 10 年度京都大学防災研究所共同研究集会, pp.111-125, 1998.

32) 大崎 純, 中村恒善, 瀧 正哉, 多成分設計用地震動に対する応答ひずみ-加速度制約設計トラス列生成法, 日本建築学会構造系論文集, 第 456 号, pp.39-50, 1994.

33) 谷口与史也, 坂 壽二, 立体ラチス構造の水平支持剛性と地震応答性状, 空間構造の耐震性能・評価をどう進めるか？, 平成 10 年度京都大学防災研究所共同研究集会, pp.127-139, 1998.

34) 和田 章, 向 秀元, 一方向大スパン複層円筒トラス構造物の地震応答解析, 日本建築学会構造系論文報告集, 第 413 号, pp. 87-96, 1990.

35) A. Hanaor, Analysis of Double Layer Grids with Material Non-linearities - A Practical Approach, Space Structures, Vol. 1, pp.33-40, 1985.

36) 多田元英, 応力制限機構を挿入した 2 層立体トラスの載荷能力に関する研究, 日本建築学会構造系論文報告集, 第 433 号, pp. 103-112, 1992.

37) 高島英幸, 柴田良一, 加藤史郎, スペースフレーム接合部の数値シミュレーション法, 日本建築学

会構造系論文集, 第 455 号, pp.105-111, 1994.

38) G. E. Blandford, Large Deformation Analysis of Inelastic Space Truss Structures, Journal of Structural Engineering, ASCE, Vol.122, Issue 4, pp.407-415, 1995.

39) 日本建築学会 シェル・空間構造運営委員会空間骨組構造小委員会編, 空間骨組構造 −形態・性能・生産−, 1995.

40) 日本建築学会 シェル・空間構造運営委員会空間骨組構造小委員会編, 屋根型円筒ラチスシェル構造の解析・設計, 1995.

41) 日本エムエスシー, MSC/NASTRAN ユーザガイド, 非線形解析ハンドブック, 1994.

42) 斎藤公男監修, ケーブル構造の基礎知識, 建築技術, 1 月号, pp.83-175, 1997.

43) ADINA R&D Inc., Theory and Modeling Guide Volume l: ADINA, Report ARD 99-7, 1999.

第3章　シェル構造

第1節　シェル構造の力学特性と解析手法

3.1.1 シェル構造の形態と力学特性

シェル(Shell)は英語で貝がらを意味し、シェル理論では、厚さが他の 2 方向の寸法に比べて非常に小さいわん曲した板として定義されている。

薄いわん曲した板が荷重に抵抗する大きな能力を有することは、貝がらや卵のからが薄いわりには大きな強度と剛性を示すことからも容易に想像できる。シェル構造の特徴は、幾何学的には曲面形状をなすこと、力学的には曲率の存在により面に垂直な荷重に対して面内応力によって抵抗しうるメカニズムを内包している点にある。面内応力だけが生じ、曲げのない応力状態を膜応力状態という。膜応力状態では、応力はシェルの厚さに均等に分布し全断面が有効に活用されて荷重に抵抗することができるので、構造物にとっては最も理想的な応力状態が実現されることになる。もちろん完全な膜応力状態というのはシェルが有限な境界を有する限り有り得ないのであって、ある程度の曲げの発生は避けられないものであるが、このような曲げによる応力や変形の乱れは、多くの場合境界のごく近傍にのみ発生し、境界を離れるにつれて急速に減衰する性質のものであることが知られている。シェルが薄い板厚にもかかわらず大きな空間を覆うことができるのは、この境界の曲げ応力を正しく処理することによって、ほぼ全面で膜応力状態が実現できるからである。

このようなシェル構造の力学特性は曲面の形状によって大きく異なるほか、荷重の作用状態や支持条件によっても著しく影響される。本項では、大空間屋根構造に用いられるシェル構造を幾何学的形態により分類した後、主として鉛直荷重（自重）を受ける場合を想定しその力学特性を形態別に概説する [1, 2]。

シェル構造の形態的分類　シェル構造の形態を曲面の形状により分類すれば、まず 1 方向にのみ曲率をもつ単曲面と 2 方向に曲率をもつ複曲面とに大別される。複曲面のうち、2 つの曲率が同じ方向に反っているものは正（曲率）曲面、それらが互いに反対方向に反っているものは負（曲率）曲面と呼ばれる。この意味から、単曲面が零（曲率）曲面と呼ばれることもある。

シェルの形状を表す指標として、式(3.1.1)で定義されるガウス曲率κがよく用いられる。

$$\kappa = \frac{1}{R_1} \cdot \frac{1}{R_2} \qquad (R_1, R_2 : \text{主曲率半径}) \tag{3.1.1}$$

これは互いに直交する 2 つの主曲率（最大および最小曲率）の積を表し、κの符号と上記の正曲面、零曲面および負曲面が対応する。

シェル曲面のうち、1 つの平面曲線（母線）を同じ平面内の 1 本の直線軸（回転軸）まわりに回転させて得られるものを回転曲面、1 つの平面曲線（母線）をこれと直交する別の平面曲線（導線）上を移動させてできるものを推動曲面と称している。

以上の形態的分類をまとめて示したのが図 3.1.1 であり、図 3.1.2 は大空間の屋根構造としてよく用いられるシェルの形態である。

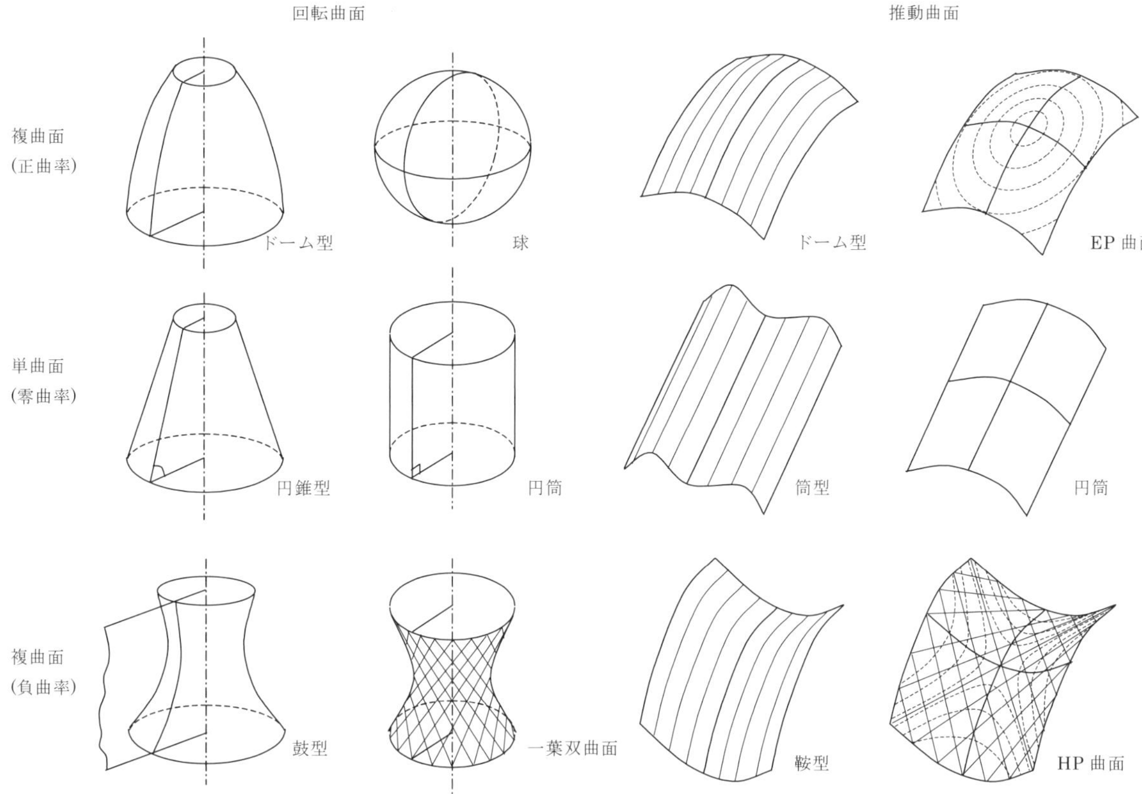

（文献「川口衛，阿部優，松谷宥彦，川崎一雄：建築構造のしくみ－力の流れとかたち，彰国社，1990」より引用）

図 3.1.1　シェルの形態的分類

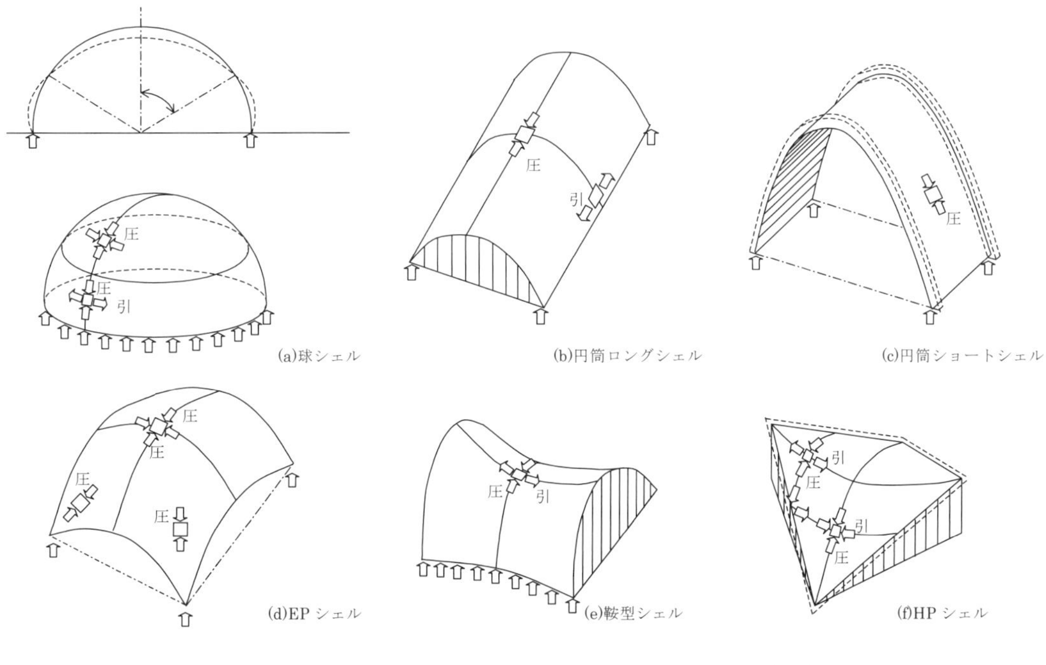

（文献「川口衛，阿部優，松谷宥彦，川崎一雄：建築構造のしくみ－力の流れとかたち，彰国社，1990」より引用）

図 3.1.2　代表的なルーフシェルの形態

単曲面シェルの力学特性　単曲面のシェル（ヴォールト）は長さ方向にははりとして、曲率方向にはアーチとして働く。横幅に対する長さの比によって長いシェル（ロングシェル）と短いシェル（ショートシェル）とに大別される。同じヴォールトでも、この両者では荷重抵抗メカニズムがまったく異なることに注意する必要がある。

筒形ショートシェル　下辺で連続的に支持されたヴォールトはアーチを横方向に連続させた形態であり、アーチと類似の性格を有している。その最も効率的な形態は自重によって面内圧縮だけが生じる逆懸垂形である。長さ方向のスパンが短いショートシェルでは、シェル下端部に剛な領域が形成され、この部分が傾斜ばりとして働き、シェル面より伝わるアーチ推力（スラスト）を受けることができる（図 3.1.3）。内部のシェルにはアーチと同様に圧縮応力だけが働き、座屈や荷重の変動による 2 次的な曲げ作用に抵抗するために必要な最小限の厚さを確保するだけで、極めて効率的な構造システムが形成される。

筒形ロングシェル　ショートシェルが主としてアーチ作用により抵抗するのに対し、ロングシェルは、はり作用により荷重に抵抗する（図 3.1.4）。全体として大きな成（せい）をもつヴォールトは、長さ方向の両端部で支持すれば、はりとしても効果的に使用することができる。この場合、荷重は支持端に向かって連続なせん断として伝えられていくので、端部には妻壁あるいはリブを設けてこれを受ける必要があり、これらは両端でヴォールトの断面を確実に保持する役割を果たす。ヴォールトをこのように用いる場合には、全体としての成の確保が重要であり、その断面形状は比較的自由度があってもよく、逆懸垂線の形態に忠実に従ってもあまり得るところがない。従って、実際上は幾何学的に単純で、解析や施工が容易であるという条件から、円弧断面あるいは折板と呼ばれる V 型断面（図 3.1.5）が用いられることが多い。

図 3.1.6 にはロングシェルが自重を受ける場合の主応力線が図示されており、単純ばりのそれと類似していることが分かる。鉄筋コンクリートシェルの補強筋は図のように引張りの主応力線に沿って入れるのが合理的であり、プレストレス力を導入することにより、可能なスパンをさらに大きくすることができる。

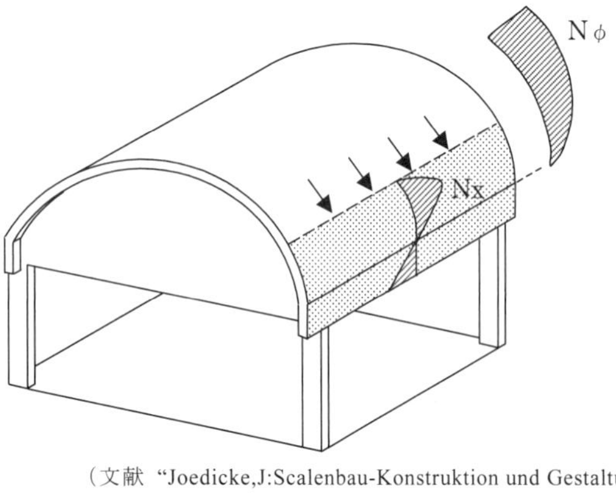

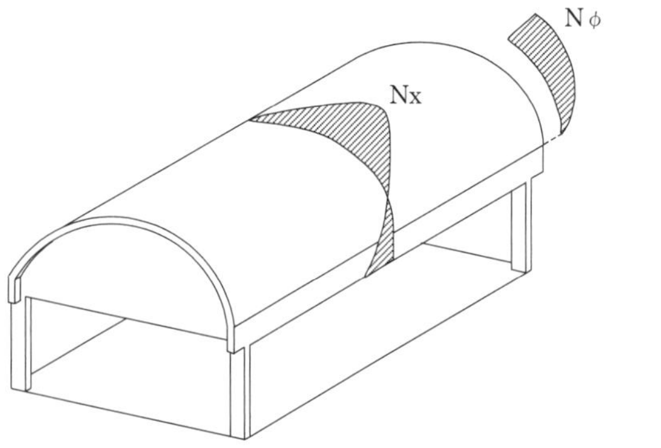

（文献 “Joedicke,J:Scalenbau-Konstruktion und Gestaltung, Karl Kramer Verlag Sttutgart,1962” より引用）

図 3.1.3　円筒ショートシェル　　図 3.1.4　円筒ロングシェル

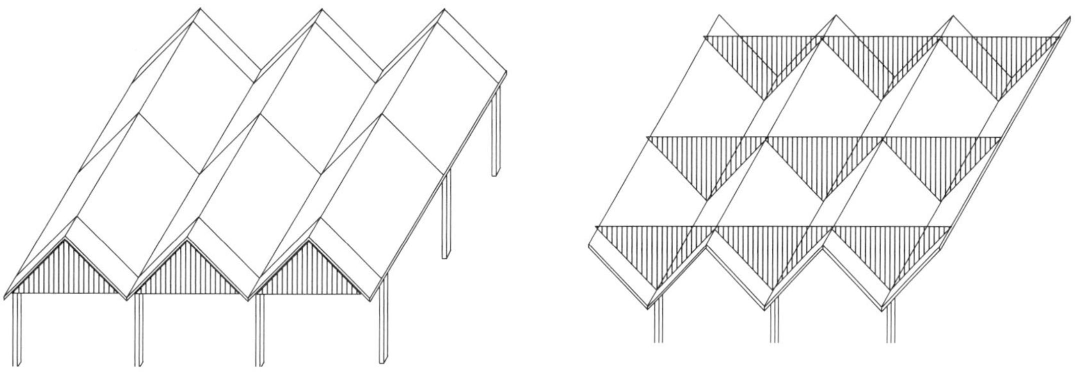

（文献“Engel,H.:Structural systems, Deutsche Verlags-Anstalt GmbH,Sttutgart,1967”より引用）

図 3.1.5　折板によるルーフ

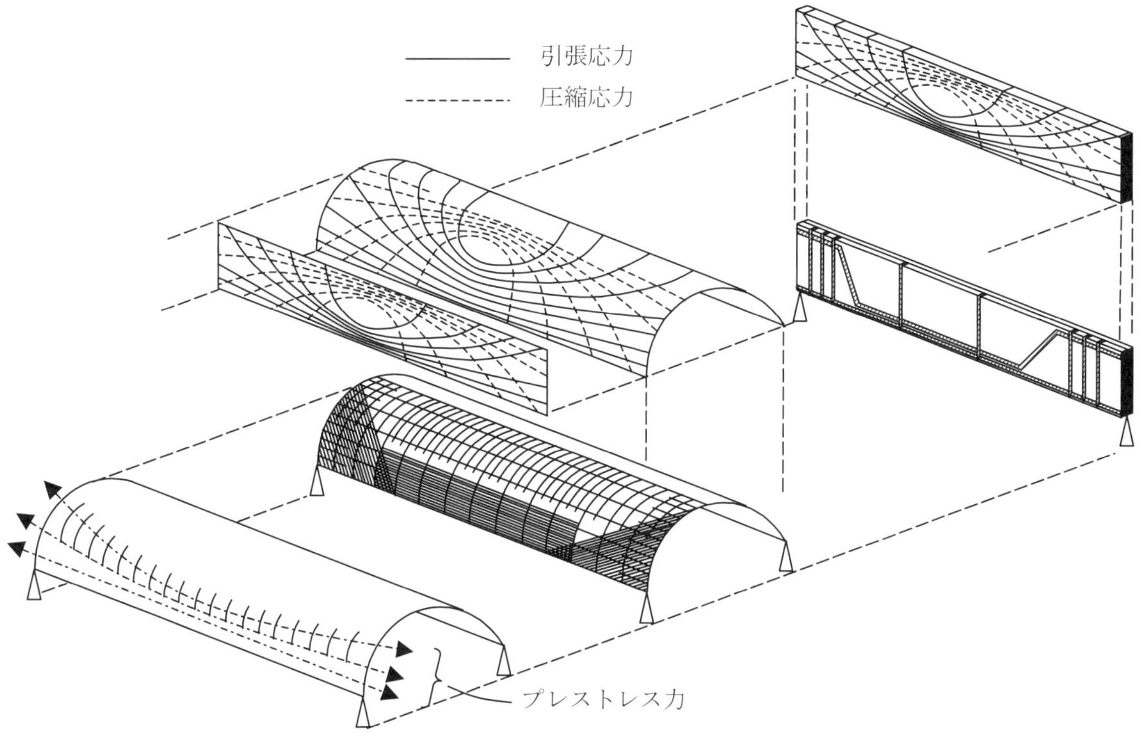

（文献“Schueller,W.:Horizontal-span building structures, John Wiley & Sons,1983”より引用）

図 3.1.6　ロングシェルの主応力線（自重作用時）

複曲面シェルの力学特性　2 方向に曲面をなす複曲面シェルは、単曲面のものよりも剛である。単曲面はその直線母線に沿って切り込みを入れれば簡単に平面に伸ばすことができるが、複曲面はいくら切り込みを入れても、これを平面に広げることはできないし、無理にそうしようとすると、いろいろな方向にひどい伸縮を生じてしまう。このことは、単曲面は曲げによって容易に変形できるが、複曲面は引張りあるいは圧縮の作用を伴わないと変形しないことを意味している。すべての構造材料は曲げに対するよりも引張りあるいは圧縮に対してより大きな抵抗能力を発揮することから、複曲面をなす形態は、単曲面の形態よりも、潜在的に大きな強度と剛性を有していることが直感的にも理解されよう。

ドーム（球形シェル）　複曲面シェルの構造作用を理解するためにドーム（球形シェル）を例にとって考察してみよう。ドームは円弧を垂直軸回りに回転して得られる回転曲面であり、その垂直断面は径線と呼ばれ、その水平断面は全て円であり、それらは緯線と呼ばれる。ドームでは、構造物のほぼ全面で曲げが発生せず、面内応力（膜応力）だけで荷重を支持する理想的な応力状態が実現可能である。

図 3.1.7 には、半球形シェルに一様な自重がかかった場合に関する応力のパターンが描かれている。まず、経線方向には頂部から周辺へかけて放射状の圧縮応力が分布している。経線応力と呼ばれるこの主応力線の形は放射状のアーチの集合に似ている。このアーチの形が懸垂線に一致しているならば、アーチは曲げを生じないで自重を伝えることができる。しかし、今の場合、アーチは半円形をなしており、懸垂線からは大きく外れている（図 3.1.8a)。従って、もしドームが単なるアーチの集合であったとしたら、厚さをドームの場合よりもはるかに大きくしない限り、アーチは懸垂線からのずれの向きに、すなわち頂部は下へ下部は外側へ変位して、崩壊してしまうであろう（図 3.1.8b)。しかし、ドームにおいては、フープ応力と呼ばれるもう 1 組の主応力線が緯線方向に走っていて、経線アーチがこのように変形するのを防止している。それらの応力は、アーチが内側へたわもうとする頂部付近では圧縮に、外側へはらみ出そうとする底部では引張りに作用する。このようなフープ応力の働きによって、ドームの経線応力は単純圧縮の状態に保たれる（図 3.1.8c)。フープ応力が圧縮から引張りに変わるところは、自重下では頂点からの開角が約 52° の緯線である。これより開角が小さい偏平なドームでは、応力は全て圧縮であるから、理論的には石造や無筋コンクリートのドームが可能である。

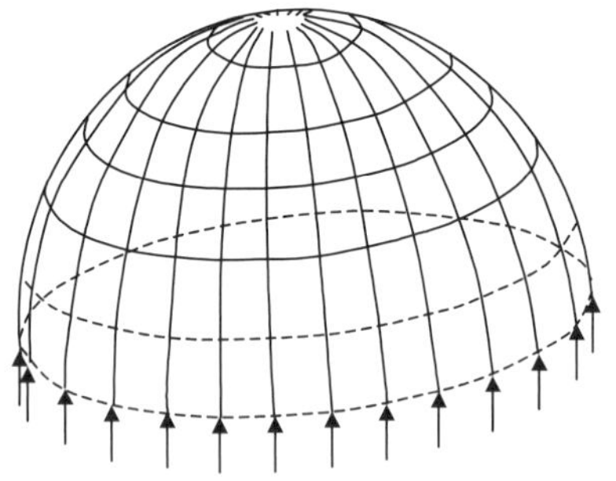

（文献 “Joedicke,J:Scalenbau-Konstruktion und Gestaltung, Karl Kramer Verlag Sttutgart,1962” より引用）

図 3.1.7　半球シェルの自重時応力

球形シェルの主応力のパターンはアーチ状の圧縮応力と周方向のフープ応力を含んだものとなる。従って、その支持構造は、アーチの場合と同様に、圧縮に対する反力を伝えうるものでなければならない。図 3.1.9 には、このような半球形シェルの支持方法が 2 つ示されている。(a)は経線の接線方向に反力が生じる形式であり、この場合の応力分布は膜応力状態にかなり近いものとなる。(b)は鉛直方向の反力のみで支えられるような支持方法であり、この場合には、アーチ応力の水平成分に抵抗するために、支持リング（引張りリング）が必要となる（図 3.1.9c)。

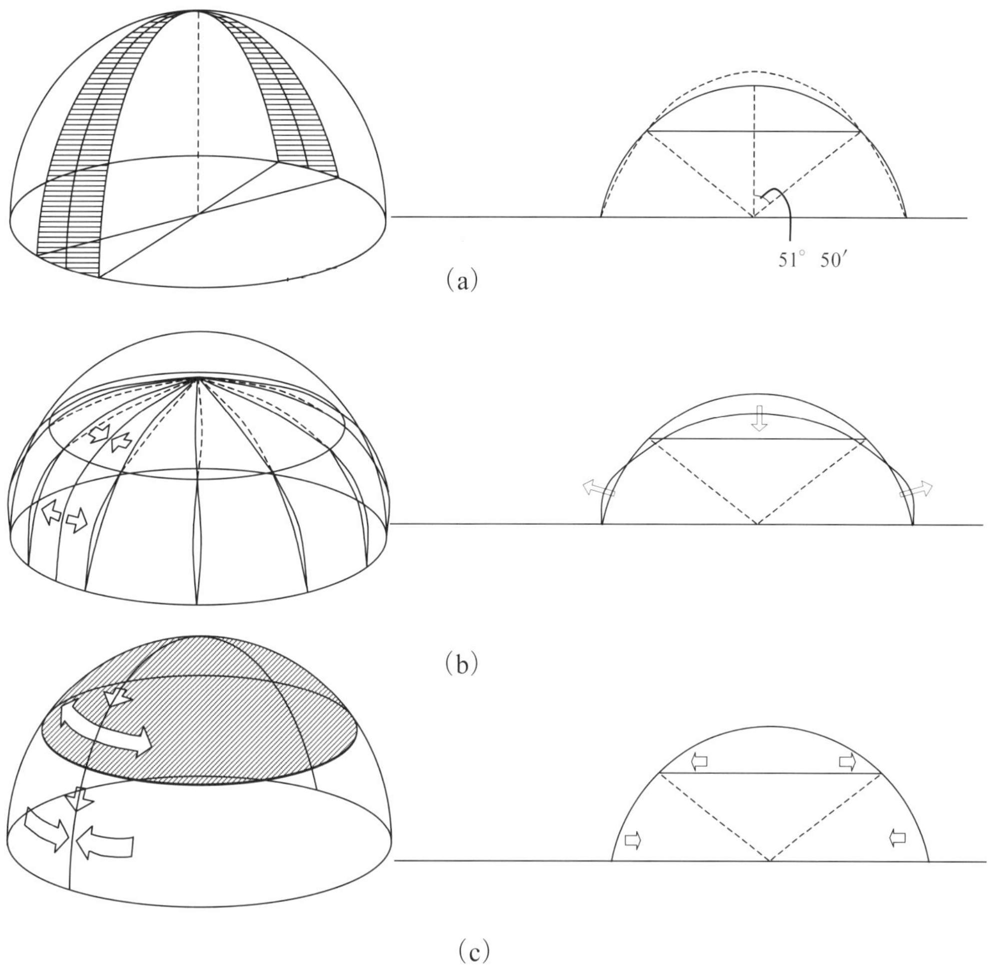

（文献 “Engel,H.:Structural systems, Deutsche Verlags-Anstalt GmbH,Sttutgart,1967” より引用）

図 3.1.8　半球シェルの応力

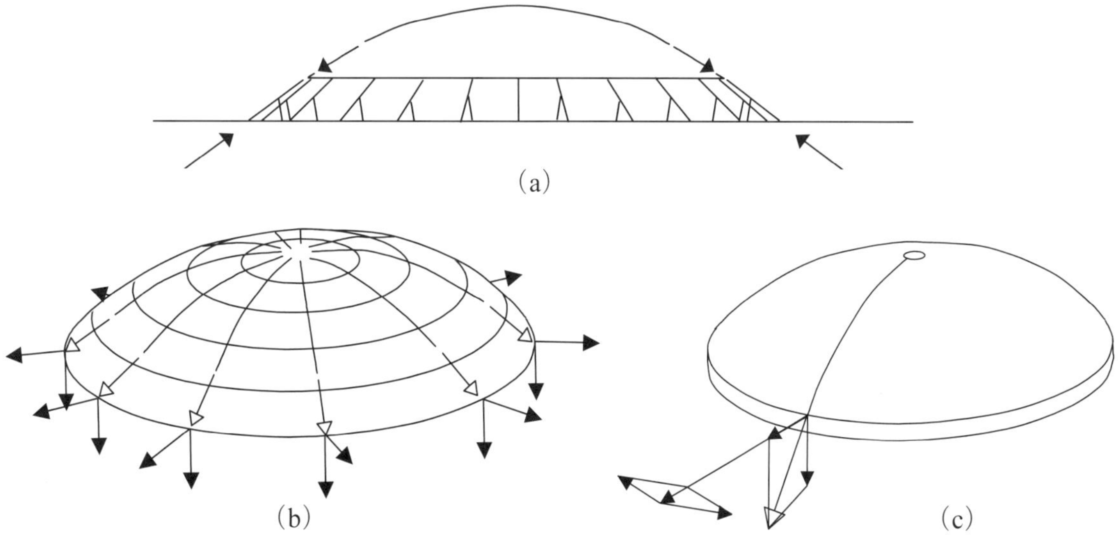

（文献 “Joedicke,J:Scalenbau-Konstruktion und Gestaltung, Karl Kramer Verlag Sttutgart,1962” より引用）

図 3.1.9　球形シェルの支持（1）

さらに、フープ応力によって生じる周方向の伸縮に対応するために、リングもシェルと等しく伸び縮みしなければならないことになる。実際には、膜応力だけでこのような条件を完全に満足させることはほとんど不可能であり、図 3.1.10 に変形イメージを示すように、支持部分の周辺には曲げ応力が生じることは避けられない。しかし、球形シェルの場合、このような曲げの発生はフープ応力による拘束が働いて、シェル内部には深く浸透せず、周辺近くの狭い領域に限られてくるので、シェルの大部分は膜応力状態に保たれることになる。

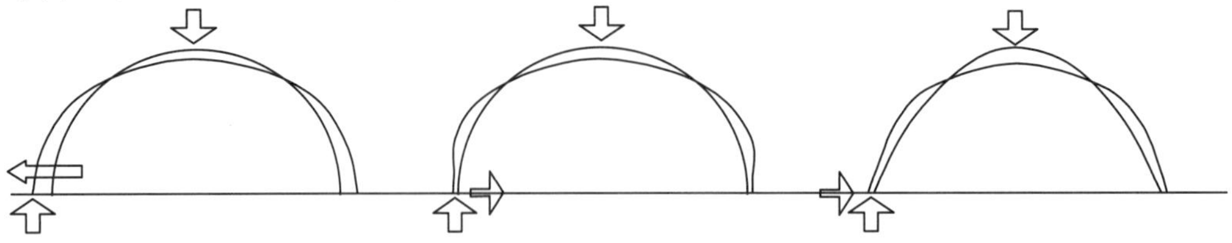

（文献 "Engel,H.:Structural systems, Deutsche Verlags-Anstalt GmbH,Sttutgart,1967" より引用）

図 3.1.10　球形シェルの支持（2）

推動シェル　図 3.1.2 の(d)から(f)は推動曲面がシェルに用いられた例である。推動シェルの母線と導線に放物線が用いられる場合、正曲率であれば楕円放物面シェル（Elliptic Paraboloidal Shell：略して EP シェル）、負曲率であれば双曲放物面シェル（Hyperbolic Paraboloidal Shell：略して HP シェル）となる。

正曲率をもつ推動シェルの構造作用は球形シェルに類似したものとして理解することができる。同図(d)のように、ドーム状のシェルが水平投影面上で四辺形に切り取られている場合、上部では偏平ドームに似て、経線および緯線の両方向に沿って圧縮応力が生じる。せん断が作用する周辺に近い部分では、ある量の曲げ応力が発生するが、この曲げの影響は球形シェルの場合と同じくシェル内部には広がらない。周辺に沿って作用するせん断に抵抗するために、妻壁あるいはリブを付加するか、またはシェル自体の厚さを周辺部分で大きくすることが必要となる。

負曲率を持つ形態(e)、(f)はアーチ状の最大曲率をもつ方向（アーチ方向）には圧縮に作用し、懸垂線状の最大曲率をもつ方向（吊り方向）には引張りに作用する傾向にある。この形態においては、支持条件がその構造作用を大きく支配する。

鞍型の形態(e)では、アーチ方向の圧縮力と吊り方向の引張り力を直接伝達できるような支持条件を実現することは実際にはかなり難しい。この形態を採用する場合にはむしろ、その両端部を 2 つの放物線状のアーチまたは妻壁で支持し、せん断によって荷重を伝達するのがよい。その構造作用は筒形ロングシェルと類似のものとなるが、吊り作用によって生じるスパン方向の引張り力が、はり作用によって生じる圧縮力を減少させるので、座屈に対する強度が高められるが、それにより必要な引張り補強筋の量は増す。

鞍型の形態(e)が、(f)のように直線母線に沿って支持されると、吊り方向に働く引張りが同じ大きさのアーチ方向に働く圧縮と組み合わされて、周辺に沿ってせん断のみが作用する応力状態が起こる（図 3.1.11）。このせん断に抵抗するためには、周辺に沿って直線状の支持ばりを設ければよい。荷重は直線に沿った純せん断として伝えられていくので、シェルの構造作用は壁板と非常によく似たものとなり、支持ばりの自重によってごくわずかの曲げ応力が生じる以外は、ほぼ全面にわたって膜応力状態が成立する。この HP シェルのユニットを直線辺に沿ってつなぎ合わせると、図 3.1.12 に示されるような様々なヴァリエーションの空間構成ができ上がる。この場合にも、各シェルユニットの周辺にせん断を伝える支持ばりを設けることによって、シェル内部の応力を膜応力に近い状態に保つことができる。

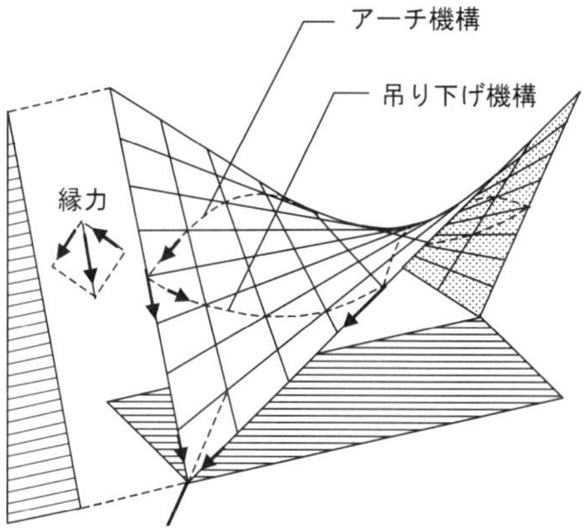

（文献 “Engel,H.:Structural systems, Deutsche Verlags-Anstalt GmbH, Sttutgart,1967” より引用）

図 3.1.11　HP シェルの応力

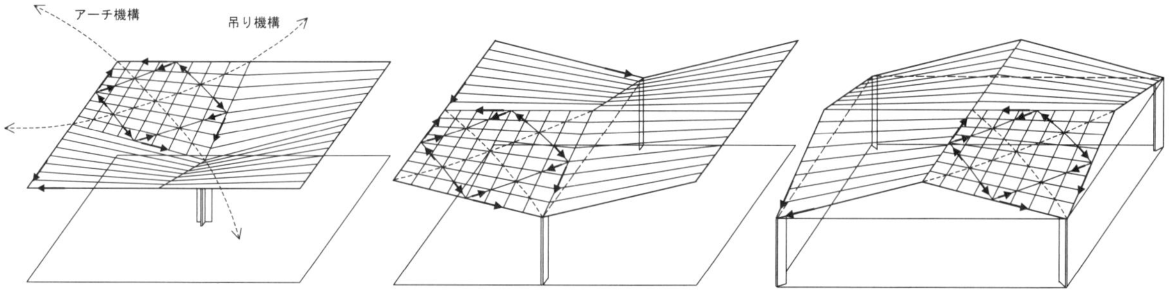

（文献 “Engel,H.:Structural systems, Deutsche Verlags-Anstalt GmbH,Sttutgart,1967” より引用）

図 3.1.12　HP シェルの組み合わせ

3.1.2 シェル理論と数値解析

現在、シェル構造物の設計においては、本書の主題である有限要素法による解析を利用することが一般的である。改めて示すまでもなく、有限要素解析では対象とする形状・境界条件・荷重条件等の設定に関する自由度が高く、後述するような各種の非線形挙動の追跡にもその威力を発揮する。

シェル構造物においては、基本的に曲面の連続体としての力の流れが、構造物全体の力学特性やデザインに直結している。そこでは、幾何学形状や荷重に対する応答性状、あるいは任意形状の曲面（あるいは折板構造も含める場合もあろう）の基本的な力学特性を十分に認識することが重要である。そのためには、既往の研究成果に基づくシェル理論や近似解を利用することが重要であり、それによって以下のような利益が得られる。

- 幾何学的に単純な形状の場合、基本的な荷重に対する特性を把握することができ、設計時の基本情報となる。
- 有限要素解析に際して、適切な要素の選択が可能となる。
- 有限要素解析における解の確認ができ、解析結果の定性的な理解に役立つ。

代表的なシェル理論についての分類を図 3.1.13 に示す。

- ・膜理論
- ・曲げ理論
  - ・円筒シェル→W.Flugge（フリューゲ）の理論
    - ↓ L.H.Donnell（ドンネル）の理論　(r/l >0.6 程度での矩形で簡略表現)
      - l ；軒のスパン
      - r ；曲率半径
  - ・回転シェル（軸対称）
    - 球形シェル　→ H.Reissner（ライスナー）の理論
      - 近似解
        - E.Reissner（ライスナー）→shallow
        - J.W.Gecheler（ゲッケラー）→ deep
    - （一般回転シェル → E.Meissner（マイスナー）　の理論）
  - ・偏平シェル等→ダブルフーリエ等による近似解法

図 3.1.13　代表的なシェル理論と解

シェルの幾何学的表示　シェルとは、厚さが他の 2 方向の寸法に比べて非常に小さいわん曲した板をいう。シェルの厚さを 2 等分する面を中央面といい、この面の形と各点の厚さを与えることにより、シェルを幾何学的に完全に表示することができる。いま、中央面上に主曲率線に沿って直交曲線座標を設け、中央面からの法線方向距離を z とすれば、シェル内の 1 点を 3 次元座標 (α,β,z) によって表示することができる。

シェルの応力　図 3.1.14 に示すような 2 対の相隣接する座標曲線 α = 一定および β = 一定によって切り取られたシェルの微小要素 $ds_\alpha ds_\beta$ を考える。要素の各断面は中央面に垂直であるとし、中央面の α および β 方向の主曲率半径を R_α および R_β、シェルの厚さを t と表す。

各断面に作用する応力を次のように定義する。まず α = 一定の断面において中央面から z の距離にある高さ dz なる微小要素に作用する垂直応力を σ_α、中央面に平行なせん断応力を $\tau_{\alpha\beta}$、中央面に垂直なせん断応力を $\tau_{\alpha z}$ とする。同様に β = 一定の断面に作用する応力を σ_β、$\tau_{\beta\alpha}$、$\tau_{\beta z}$ と表す。薄いシェルでは厚さ方向の垂直応力 σ_z は無視できる。

以上のように表記された応力成分を用いて、図 3.1.14 の微小要素の断面単位幅に作用する合応力および合モーメントが次のように定義される。

- 断面 α = 一定および β = 一定に作用する直応力

$$N_\alpha = \int_{-t/2}^{t/2} \sigma_\alpha \left(1+\frac{z}{R_\beta}\right) dz,\ N_\beta = \int_{-t/2}^{t/2} \sigma_\beta \left(1+\frac{z}{R_\alpha}\right) dz \tag{3.1.2}$$

- 断面 α = 一定および β = 一定に作用する面内せん断力

$$N_{\alpha\beta} = \int_{-t/2}^{t/2} \tau_{\alpha\beta} \left(1+\frac{z}{R_\beta}\right) dz,\ N_{\beta\alpha} = \int_{-t/2}^{t/2} \tau_{\beta\alpha} \left(1+\frac{z}{R_\alpha}\right) dz \tag{3.1.3}$$

- 断面 α = 一定および β = 一定に作用する面外せん断力

$$Q_\alpha = \int_{-t/2}^{t/2} \tau_{\alpha z} \left(1+\frac{z}{R_\beta}\right) dz,\ Q_\beta = \int_{-t/2}^{t/2} \tau_{\beta z} \left(1+\frac{z}{R_\alpha}\right) dz \tag{3.1.4}$$

- 断面 α = 一定および β = 一定に作用する曲げモーメント

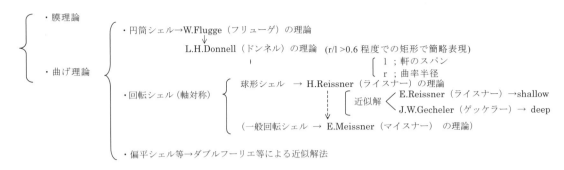

$$M_\alpha = \int_{-t/2}^{t/2} \sigma_\alpha z \left(1 + \frac{z}{R_\beta}\right) dz, M_\beta = \int_{-t/2}^{t/2} \sigma_\beta z \left(1 + \frac{z}{R_\alpha}\right) dz \tag{3.1.5}$$

- 断面 α = 一定および β = 一定に作用するねじりモーメント

$$M_{\alpha\beta} = \int_{-t/2}^{t/2} \tau_{\alpha\beta} z \left(1 + \frac{z}{R_\beta}\right) dz, M_{\beta\alpha} = \int_{-t/2}^{t/2} \tau_{\beta\alpha} z \left(1 + \frac{z}{R_\alpha}\right) dz \tag{3.1.6}$$

曲率を含む項 z/R_α および z/R_β は、中央面から z の距離にある高さ dz なる微小要素の幅が α = 一定なる断面では $ds_\beta(1+z/R_\beta)$ に、β = 一定なる断面では $ds_\alpha(1+z/R_\alpha)$ になることを考慮して付加されたものである。その結果、$\tau_{\alpha\beta}=\tau_{\beta\alpha}$ にも関わらず $N_{\alpha\beta} \neq N_{\beta\alpha}$ および $M_{\alpha\beta} \neq M_{\beta\alpha}$ となる。

このようにシェルに生じる応力としては、

N_α、N_β、$N_{\alpha\beta}$、$N_{\beta\alpha}$、Q_α、Q_β、M_α、M_β、$M_{\alpha\beta}$ および $M_{\beta\alpha}$

の 10 個が数えられる。これらのうち、N_α、N_β、$N_{\alpha\beta}$ および $N_{\beta\alpha}$ は膜応力と呼ばれ、Q_α、Q_β、M_α、M_β、$M_{\alpha\beta}$ および $M_{\beta\alpha}$ は曲げ応力と呼ばれる。これらの合応力および合モーメントの正方向が図 3.1.15 に示されている*注。

薄いシェルでは、厚さ t は曲率半径 R_α および R_β に比べて非常に小さいため、微小項 z/R_α および z/R_β は通常省略され、近似的に次式のように取り扱われる。

$$N_{\alpha\beta} \approx N_{\beta\alpha}, \quad M_{\alpha\beta} \approx M_{\beta\alpha} \tag{3.1.7}$$

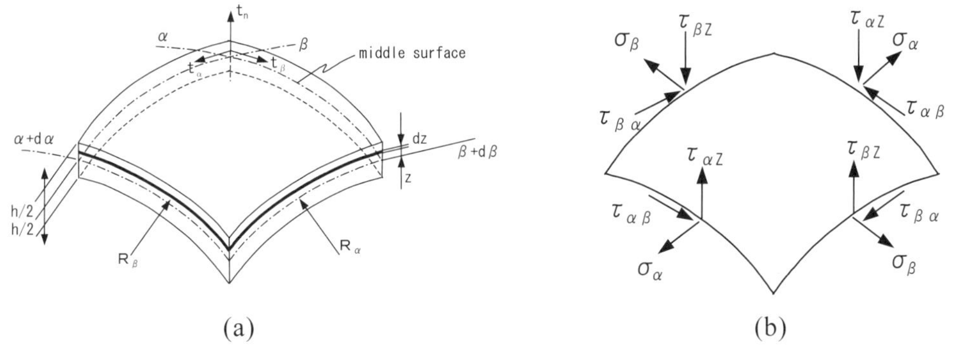

図 3.1.14　シェルの微小要素の応力

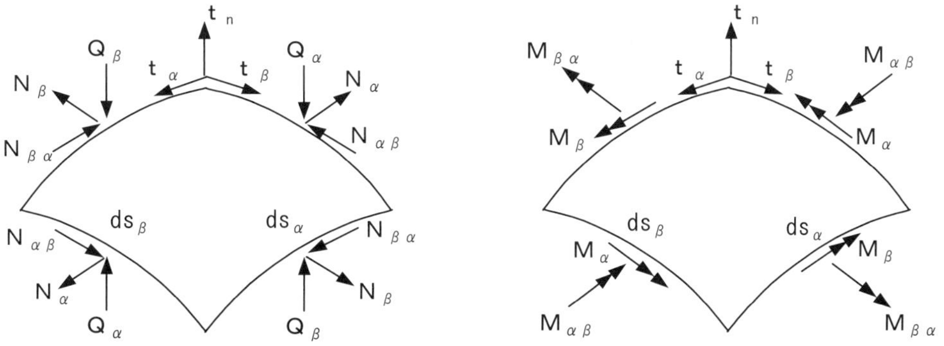

図 3.1.15　シェルの合応力表示

*注 この符号の規約は必ずしも統一されたものではない。ソフトウェアによっては異なる規約に従っている場合があるので、使用時にはマニュアルなどを注意深く読んで、確かめることが重要である。

膜理論と曲げ理論　シェル構造の力学特性として、膜応力だけで外力に抵抗する釣合い状態が存在しうること、適切な支持条件の下では曲げ応力の発生は境界のごく近傍に限られ、シェルの内部ではほぼ膜応力状態が成立しているとみなしうる場合が多いことは先にも述べた。このように膜応力が支配的である場合には、釣合い条件式から全ての曲げ応力を消去することによって、シェル理論は著しく簡略化される。まず、z 軸まわりのモーメントの釣合い条件式 $N_{\alpha\beta}ds_{\alpha}ds_{\beta}=N_{\beta\alpha}ds_{\beta}ds_{\alpha}$ より

$$N_{\alpha\beta} = N_{\beta\alpha} \tag{3.1.8}$$

が得られる。よって未知の応力は N_{α}、N_{β} および $N_{\alpha\beta}=N_{\beta\alpha}$ の 3 個となる。これら 3 個の膜応力を定めるのには 3 個の釣合い条件式で十分となり、この場合問題は静定であり、その解は容易に求められる。このようなシェルの近似理論を膜理論と言い、これに対して曲げ応力の存在を考慮した、より厳密なシェル理論を曲げ理論という。

曲げ剛性のない材料で構成される膜構造では膜理論が応力分布の正解を与えると考えることは妥当であるが、有限な曲げ剛性をもつシェル構造において膜理論が成立するためには、次の 3 つの条件が備わっていなければならない。

1. 外力が曲面上に連続的に分布していること
2. 曲面が連続で曲率の変化が緩やかであること
3. 境界条件が膜応力に対応する境界力を支え、かつ膜応力によって生じる境界変位を許容しうるものであること

現実には第 3 の条件を満足するような支持構造を実現することは不可能であって、境界の近傍では局部的な曲げ応力の発生は避けられない。また曲面の形態や荷重条件、支持条件によっては曲げ応力の発生がシェル全面に及ぶこともありうる。したがって、このような場合には曲げ理論の適用によって、応力の修正を行う必要がある。

シェル理論の基本仮定と分類　シェル理論は、本来 3 次元であるシェルの力学理論を、前述の幾何学的特性に基づいて 2 次元に縮約したものである。縮約の過程で、応力およびひずみの厚さ方向分布は、以下に示すいくつかの基本仮定を基に定義される。

1．　シェルの厚さ t は最小曲率半径 $R_{\min}$ に比べて十分に小さい。すなわち、$t/R_{\min} \ll 1$、ゆえに、$z/R_{\alpha} \ll 1$、$z/R_{\beta} \ll 1$（ラブ(Love)の第 1 近似 [3)]）。

2．　変形前に中央面に垂直な線素は、変形後も直線を保ち（直線保持の仮定）、その長さは不変である。したがって、厚さ方向の伸縮ひずみは $\varepsilon_z \fallingdotseq 0$ となる。

3．　変形前の中央面に垂直な線上の点は、変形後も変形後の中央面に垂直な線上にある（キルヒホフ(Kirchhoff)の仮定）。したがって、面外せん断ひずみは $\gamma_{\alpha z} \fallingdotseq 0$、$\gamma_{\beta z} \fallingdotseq 0$ となる。

4．　厚さ方向の垂直応力は他の応力成分に比べて小さく無視できる。すなわち、$\sigma_z \fallingdotseq 0$。

5．　ひずみおよび変位は小さく、ひずみの 2 次積は無視できる（微小変位の仮定）。

以上の仮定を総称してキルヒホフ・ラブ(Kirchhoff-Love)の仮定と呼び、これらの仮定に基づ

いて構成されるシェルの微小変形弾性論（線形理論）をラブの第1近似理論と称している[4)]。仮定3は初等はり理論におけるナビエ(Navier)の仮定に相当するものであり、この仮定を除外することによって、はりにおけるティモチェンコ(Timoshenko)理論、平板におけるミンドリン・ライスナー(Mindlin-Reissner)理論[5,6)]に対応する面外せん断変形を考慮したシェル理論が展開される。

以上の線形シェル理論に対して、仮定5の制限を除去し、回転の2次積を考慮したシェル理論は有限変形弾性論*注（幾何学的非線形理論）と呼ばれ、シェルの大変形時や座屈時の挙動の予測に用いられる[7)]。

有限要素解析の位置づけ　20世紀前半に体系化された古典シェル理論はシェル構造の普及・発展に大きな役割を果たしてきたが、実際に応用するとなると難解な微分方程式を解かなければならず、その適用範囲は円筒、球、円錐、偏平放物面などの幾何学的に単純な形状に限られていた。近年の有限要素法の進歩により、シェル理論や数学的解法に関する詳細な予備知識をさほど必要とせずに、複雑な形状をしたシェル構造の解析が比較的容易に行える状況が整えられた。古典シェル理論では解析が困難であった実務設計で遭遇する様々な複雑な問題に対しても容易に解を得ることが可能になり、設計の自由度の拡大をもたらした。後に詳述する幾何学的非線形理論による大変形・座屈挙動の追跡や材料非線形性を考慮した耐力・変形性能の評価などは有限要素法の進歩によって初めて可能になったと言える。しかし、本書でも繰り返し述べられているように、シェル構造は通常の骨組構造とは異なった力学的性状を示す場合が多いことから、既存のソフトウェアを安易に適用することは危険であり、その構造特性を十分に理解した上で解析を実行することが肝要である。

平面シェル要素の基礎式　シェル構造の有限要素解析に用いられる要素には多種のものが提案されている。それぞれの特徴や選択の基準については次節に示すが、シェル理論との基礎的関係を理解しておくことが大切であり、ここでは最も単純な平面シェル要素について、その概略を示す。

平面シェル要素の要素座標(x,y,z)を図3.1.16のようにxy面が要素平面に一致するようにとり、x、yおよびz方向の変位成分をそれぞれu、vおよびwと定義する。仮定2により要素内の任意点(x,y,z)における変位$\boldsymbol{u}$は式(3.1.9)のように表される。

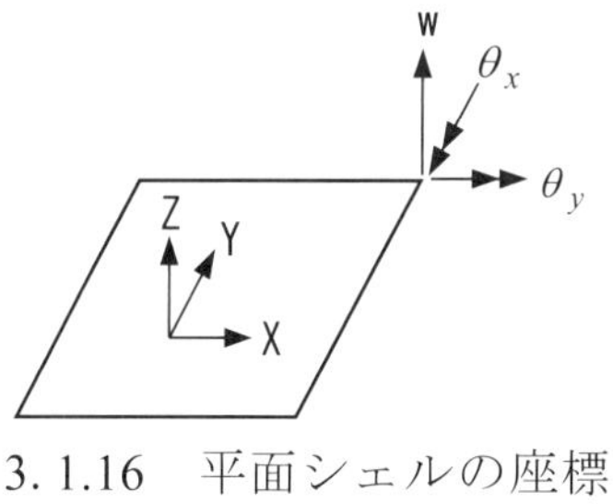

図3.1.16　平面シェルの座標

$$\boldsymbol{u}=\begin{Bmatrix} u(x,y,z) \\ v(x,y,z) \\ w(x,y,z) \end{Bmatrix}=\begin{Bmatrix} \bar{u}(x,y)-z\theta_x(x,y) \\ \bar{v}(x,y)-z\theta_y(x,y) \\ \bar{w}(x,y) \end{Bmatrix} \tag{3.1.9}$$

*注　正確には有限回転・微小ひずみ弾性論と呼ぶのが正しい。

ここに、$\bar{u}$、$\bar{v}$および$\bar{w}$は中央面のx、yおよびz方向変位成分を、θ_xおよびθ_yは中央面に立てた法線のyおよびx軸まわりの回転を表す。

要素内のひずみは3次元弾性論のひずみ—変位関係式を用いて、面内ひずみ$\boldsymbol{\varepsilon}_{in}$および面外ひずみ$\boldsymbol{\varepsilon}_{out}$に対してそれぞれ式(3.1.10)および式(3.1.11)のように表される。

$$\boldsymbol{\varepsilon}_{in}=\begin{Bmatrix}\varepsilon_x\\ \varepsilon_y\\ \gamma_{xy}\end{Bmatrix}=\begin{Bmatrix}\dfrac{\partial u}{\partial x}\\ \dfrac{\partial v}{\partial y}\\ \dfrac{\partial u}{\partial y}+\dfrac{\partial v}{\partial x}\end{Bmatrix}=\begin{Bmatrix}\dfrac{\partial \bar{u}}{\partial x}-z\dfrac{\partial \theta_x}{\partial x}\\ \dfrac{\partial \bar{v}}{\partial y}-z\dfrac{\partial \theta_y}{\partial y}\\ \left(\dfrac{\partial \bar{u}}{\partial y}+\dfrac{\partial \bar{v}}{\partial x}\right)-z\left(\dfrac{\partial \theta_x}{\partial y}+\dfrac{\partial \theta_y}{\partial x}\right)\end{Bmatrix} \tag{3.1.10}$$

$$\boldsymbol{\varepsilon}_{out}=\begin{Bmatrix}\gamma_{xz}\\ \gamma_{yz}\end{Bmatrix}=\begin{Bmatrix}\dfrac{\partial u}{\partial z}+\dfrac{\partial w}{\partial x}\\ \dfrac{\partial v}{\partial z}+\dfrac{\partial w}{\partial y}\end{Bmatrix}=\begin{Bmatrix}-\theta_x+\dfrac{\partial \bar{w}}{\partial x}\\ -\theta_y+\dfrac{\partial \bar{w}}{\partial y}\end{Bmatrix} \tag{3.1.11}$$

仮定2により厚さ方向の伸縮ひずみは$\varepsilon_z=0$である。

ミンドリン･ライスナーの平板理論[5, 6]や面外せん断変形を考慮したシェル理論では、面外変位$\bar{w}$と法線の回転θ_xおよびθ_yとは独立であると仮定し、面外せん断ひずみを式(3.1.11)により定義している(図3.1.17参照)。

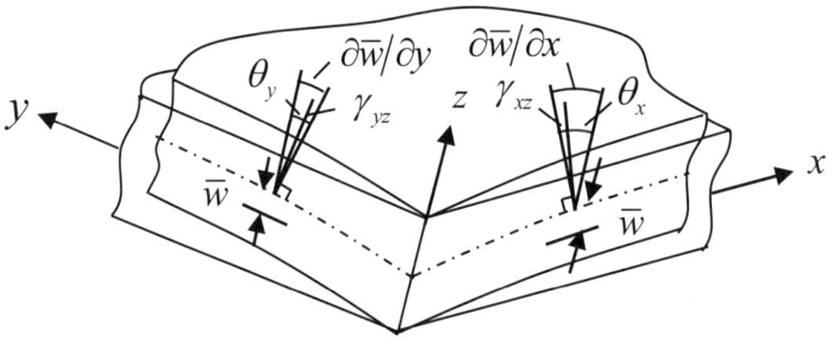

角度変化：たわみの微係数とせん断ひずみの差

図3.1.17　面外せん断ひずみ（ミンドリン･ライスナー理論）

キルヒホフの平板理論やラブの第1近似シェル理論では、キルヒホフの仮定（仮定3）を用いることにより、法線の回転は面外変位の微係数

$$\theta_x=\frac{\partial \bar{w}}{\partial x},\quad \theta_y=\frac{\partial \bar{w}}{\partial y} \tag{3.1.12}$$

によって与えられ、式(3.1.11)より面外せん断ひずみは

$$\gamma_{xz}=0,\quad \gamma_{yz}=0 \tag{3.1.13}$$

となる(図3.1.18参照)。

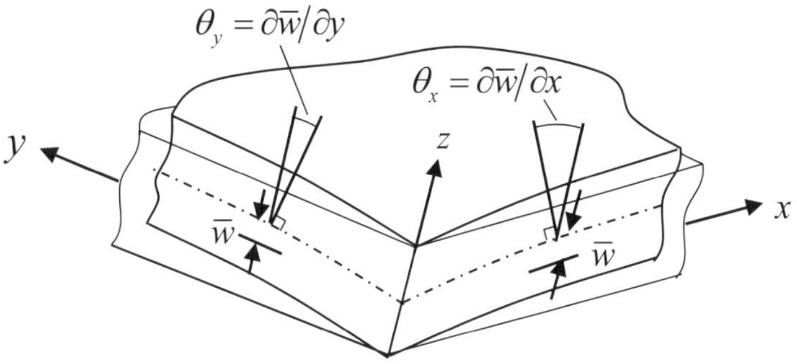

零せん断ひずみ－法線は変形後も中央面に垂直

図 3.1.18　面外せん断ひずみ（キルヒホフ理論）

有限変形シェル理論では、式(3.1.10)の代わりに回転の 2 次項を考慮した式(3.1.14)が用いられる [7)]。

$$\boldsymbol{\varepsilon}_{in} = \begin{Bmatrix} \varepsilon_x \\ \varepsilon_y \\ \gamma_{xy} \end{Bmatrix} = \begin{Bmatrix} \dfrac{\partial\overline{u}}{\partial x} + \dfrac{1}{2}\theta_x^2 - z\dfrac{\partial\theta_x}{\partial x} \\ \dfrac{\partial\overline{v}}{\partial y} + \dfrac{1}{2}\theta_y^2 - z\dfrac{\partial\theta_y}{\partial y} \\ \left(\dfrac{\partial\overline{u}}{\partial y} + \dfrac{\partial\overline{v}}{\partial x} + \theta_x\theta_y\right) - z\left(\dfrac{\partial\theta_x}{\partial y} + \dfrac{\partial\theta_y}{\partial x}\right) \end{Bmatrix} \tag{3.1.14}$$

ひずみが定義されると、要素内の応力は材料の応力―ひずみ関係式を用いて式(3.1.15)のように表される。

$$\boldsymbol{\sigma}_{in} = \begin{Bmatrix} \sigma_x \\ \sigma_y \\ \tau_{xy} \end{Bmatrix} = \boldsymbol{D}_{in}\boldsymbol{\varepsilon}_{in}, \quad \boldsymbol{\sigma}_{out} = \begin{Bmatrix} \tau_{xz} \\ \tau_{yz} \end{Bmatrix} = \boldsymbol{D}_{out}\boldsymbol{\varepsilon}_{out} \tag{3.1.15}$$

ここに、$\boldsymbol{D}_{in}$ および $\boldsymbol{D}_{out}$ は材料定数を含むマトリクスであり、等方弾性体では式(3.1.16)で与えられる。

$$\boldsymbol{D}_{in} = E\begin{bmatrix} \dfrac{1}{1-\nu^2} & \dfrac{\nu}{1-\nu^2} & 0 \\ \dfrac{\nu}{1-\nu^2} & \dfrac{1}{1-\nu^2} & 0 \\ 0 & 0 & \dfrac{1}{2(1+\nu)} \end{bmatrix}, \quad \boldsymbol{D}_{out} = E\begin{bmatrix} \dfrac{1}{2(1+\nu)} & 0 \\ 0 & \dfrac{1}{2(1+\nu)} \end{bmatrix} \tag{3.1.16}$$

ただし、E 、ν はヤング係数、ポアソン比を表す。

合応力および合モーメントは、式(3.1.15)を式(3.1.2)～式(3.1.6)に代入し、厚さ方向に積分することによって式(3.1.17)～式(3.1.19)のように得られる。

$$\begin{Bmatrix} N_x \\ N_y \\ N_{xy} \end{Bmatrix} = Et \begin{bmatrix} \dfrac{1}{1-\nu^2} & \dfrac{\nu}{1-\nu^2} & 0 \\ \dfrac{\nu}{1-\nu^2} & \dfrac{1}{1-\nu^2} & 0 \\ 0 & 0 & \dfrac{1}{2(1+\nu)} \end{bmatrix} \begin{Bmatrix} \dfrac{\partial \bar{u}}{\partial x} \\ \dfrac{\partial \bar{v}}{\partial y} \\ \dfrac{\partial \bar{u}}{\partial y} + \dfrac{\partial \bar{v}}{\partial x} \end{Bmatrix} \tag{3.1.17}$$

$$\begin{Bmatrix} M_x \\ M_y \\ M_{xy} \end{Bmatrix} = \frac{Et^3}{12} \begin{bmatrix} \dfrac{1}{1-\nu^2} & \dfrac{\nu}{1-\nu^2} & 0 \\ \dfrac{\nu}{1-\nu^2} & \dfrac{1}{1-\nu^2} & 0 \\ 0 & 0 & \dfrac{1}{2(1+\nu)} \end{bmatrix} \begin{Bmatrix} -\dfrac{\partial \theta_x}{\partial x} \\ -\dfrac{\partial \theta_y}{\partial y} \\ -\left(\dfrac{\partial \theta_x}{\partial y} + \dfrac{\partial \theta_y}{\partial x} \right) \end{Bmatrix} \tag{3.1.18}$$

$$\begin{Bmatrix} Q_x \\ Q_y \end{Bmatrix} = Et \begin{bmatrix} \dfrac{\lambda}{2(1+\nu)} & 0 \\ 0 & \dfrac{\lambda}{2(1+\nu)} \end{bmatrix} \begin{Bmatrix} -\theta_x + \dfrac{\partial \bar{w}}{\partial x} \\ -\theta_y + \dfrac{\partial \bar{w}}{\partial y} \end{Bmatrix} \tag{3.1.19}$$

ここに、λは断面形状に依存する係数で、均質なシェルでは 5/6 となる。

ミンドリン・ライスナーの平板理論や面外せん断変形を考慮したシェル理論では、面外せん断力は式(3.1.19)より直接得られる。

キルヒホフの平板理論やラブの第 1 近似シェル理論では、面外せん断力を式(3.1.19)により計算しようとするとゼロになってしまうので、モーメントの釣合い式

$$Q_x = \frac{\partial M_x}{\partial x} + \frac{\partial M_{xy}}{\partial y}, \quad Q_y = \frac{\partial M_{xy}}{\partial x} + \frac{\partial M_y}{\partial y} \tag{3.1.20}$$

を用いて間接的に計算することになる。

3.1.3 設計手法の概要

ここでは鉄筋コンクリートシェルを対象として、設計手法の概要を示す。

1）基本的な形状、支持条件の設定

自重作用時のシェル面の基本的な力の流れと支持部での断面力を大略把握する。形状により、初期段階ではシェル理論による検討が定性的傾向の把握には有用である。

2）応力解析の実行

形状、断面、境界条件の設定後、各組み合わせ荷重に対して、設定した断面による

応力解析を実行する。地震荷重以外の荷重に対しては、一般に静的線形弾性解析で十分である場合が多い。形状により、膜応力が支配的である場合等、シェル理論による解析が十分に適用可能な場合と、有限要素解析が必要な場合に分けられる。有限要素解析の場合には断面力表示が必須となる。

3）配筋の検討

主応力・主曲げモーメントを求め、引張応力に対して有効な鉄筋の断面積を鉄筋コンクリートスラブや柱材の断面算定式を準用して求める（鉄筋比は釣合鉄筋比以下としてよい）[8]。配筋方向は施工とのバランスを考慮し、可能な限り引張主方向に設定する。各組み合せ荷重に対して、特に、常時荷重に関してはコンクリートにクラックが生じないような断面構成とする（具体的な鉄筋量の決定法についてはここでは触れないが、実配筋は別として、断面算定の段階では、引張側の鉄筋の存在応力に大きく期待することのないように留意する）。

4）断面の修正・配筋の修正

必要に応じて、断面の修正、配筋の修正を行う。部分球形シェルのように、自重作用時に下部に引張のフープストレスが生じる構造の場合には、プレストレス導入などを検討し、解析することが必要となる。この場合、プレストレス要素を使用するか、等価な温度ひずみとしてモデル化することも可能である。また、ＰＳ材を個別にモデル化し、プレストレスの分布や導入過程を詳細にシミュレーションすることも行われる。

シェル構造においては、全断面が圧縮応力状態となるように曲面自体が効率良く外荷重に抵抗する機構を保有しているが、その反面、限界を超えた場合の破壊は脆性的である場合が多く、留意する必要がある。これらのシェル特有の問題や、特に耐震性能の評価には、後述の有限要素解析がその威力を発揮する。

そのほかに留意事項としては、裾ばりや縁ばりのモデル化などや、前述の支持部近傍の曲げ応力の処理、板厚が急変している部位での面外せん断変形への注意が必要である。また、構造物の健全性のためには、クリープや乾燥収縮によるクラック、変形の進行に対する十分な対策が求められる。

3.1.4 非線形解析の位置付け

前項に示したように、シェル構造は一般に合理的な耐荷機構を有しており、線形弾性解析によって設計しても十分である場合が多いが、場合によっては比較的低い存在応力度で座屈を生じるケースや、特に鉄筋コンクリートシェルでは、過大な荷重が作用して、コンクリートのクラックによる応力の再配分や鉄筋の降伏などの材料非線形挙動を生じる場合を想定しておくことが必要となる。また、薄肉のシェル構造では変形がある程度大きくなることが想定され、幾何学的な非線形性を考慮する必要が生じる場合がある。座屈のような不安定現象も幾何学的な非線形性を伴った現象となることも多く、また、幾何学的非線形性と材料非線形性が同時に現れる複合非線形性が問題となることも多い。

このように、シェル構造物の非線形領域での力学的挙動の評価や、さらには終局状態までの追跡による最大耐力や破壊モードの評価は重要な問題である。このことは、この種の構造が防災拠点や産業用施設としてのより高い安全性を要求されることにも大いに関係している。また、その評価に際しては、シェルの形状や支持条件、あるいは荷重によって、問題になる現象が大きく影響を受けることを心に留めたい。なお、これらの個々の現象、解析手法、事例については後節で示すので、十分に理解されたい。

第３章　シェル構造
第２節　モデル化

3.2.1　シェル構造の形態とモデル化

シェル構造はその性質上、幾何学的な形状や作用する外力の種類によって力学的な性状が大きく異なり、任意形状のシェルにおいては力の流れがさらに複雑となる。特に、曲面の境界部分の構造（補剛リブなど）のモデル化や局所的な曲げ応力の発生、開口部を有する場合の応力集中部位の取り扱いには注意を要する。ルーフシェルにおいては一般に、スパン・ライズ比および曲率半径・板厚比が構造特性上の指標となるが、この点に関しても、他の構造と同様に、解析結果が構造計画の中でのフィードバックの要因となることが多く、精度の確保や結果の評価に際して、解析モデルの適切な設定は重要である。

実際の構造物においては、上部構造としてのシェル構造体の挙動は支持構造体との関係で力学特性は大きく異なり、解析計画において大きな意味を持つ。この点に関する一般的な留意事項を以下に示す。

・シェル構造と支持構造物との結合度が高い場合（剛結など）

局所的な応力集中の可能性がある場合、または基礎部の問題で不同沈下の可能性がある場合、シェル部の応力分布の評価には特に留意する。

・支持構造物との結合度が低い場合（単純支持等でスラストを支持体に伝達しない場合など）

シェル部の変形による内部応力の変化の正確な把握と、補剛リング等のモデル化に留意する。

前述のように、有限要素法を用いて解析を実行する前に、構造物全体の力学的な特性を把握しておく（複雑な曲面の場合には大まかな力の流れを予想しておく）。ただし、外力に対する抵抗メカニズムの把握に際しては、特に境界条件や下部構造のモデル化に関して、用いる仮定と実際の構造物の状況とが必ずしも一致しない場合もあるので、注意する必要がある。

3.2.2　有限要素の選択

シェル構造のような連続体の有限要素解析では、解析対象の力学的な特性や解析の目的を明確にした上で、適切な要素を選択することが重要である。個々の解析において要求される精度を確保し、適切に解析結果を評価するには、要素の特性を十分に把握することが必要である。

本項では、シェル構造のような連続体の解析に適用される要素の特性について概要を示す。さらに、シェル構造のモデル化に用いられる要素の分類に加えて、厚板や隅角部の取り扱いや応力集中部位などの要素分割に関連して、平面応力や立体要素まで、各種要素の適用範囲について整理する[9-14)]。

要素の分類　板・シェル構造物の有限要素解析に用いられる要素の形状と変位成分による分類を以下に示す。

(1) 平面要素（三角形、四辺形）

・平面応力要素（面外方向の応力が生じない）

・平面ひずみ要素（面外方向のひずみが生じない）

(2) 板曲げ要素（三角形、四辺形）

・キルヒホフ要素（面外せん断ひずみを無視）

・ミンドリン要素（面外せん断ひずみを考慮）

(3) シェル要素（三角形、四辺形）

・平面シェル要素

・曲面シェル要素
（シェル理論に基づく要素、アイソパラメトリックシェル要素）

(4) 軸対称要素

・軸対称シェル要素

・軸対称ソリッド要素（三角形リング、四辺形リング）

(5) ソリッド要素（四面体、六面体）

それぞれの要素の形状と応力成分もしくは断面力成分を図 3.2.1 に示す。板状の構造体の有限要素解析に関しては、平板や曲面板を含め、種々の要素が提案されている。表 3.2.1 に、板･シェル構造の解析に用いられる要素について、その種類と適用範囲、および基礎となる理論や主な留意事項をまとめて示した。表に示すように、平板の解析に対しても、平板要素だけでなく、例えば、アイソパラメトリック退化シェル要素のようなシェル要素が用いられることも多い。これはモデル化の際の適用範囲が広いことや、非線形解析への適用が容易であることにもよる。同表では、平面ひずみ要素や、構造体と荷重が回転対称体の場合に用いられる軸対称要素には触れていないが、それらの要素も適用範囲内においては、解析の効率も良く、便利に用いられる。

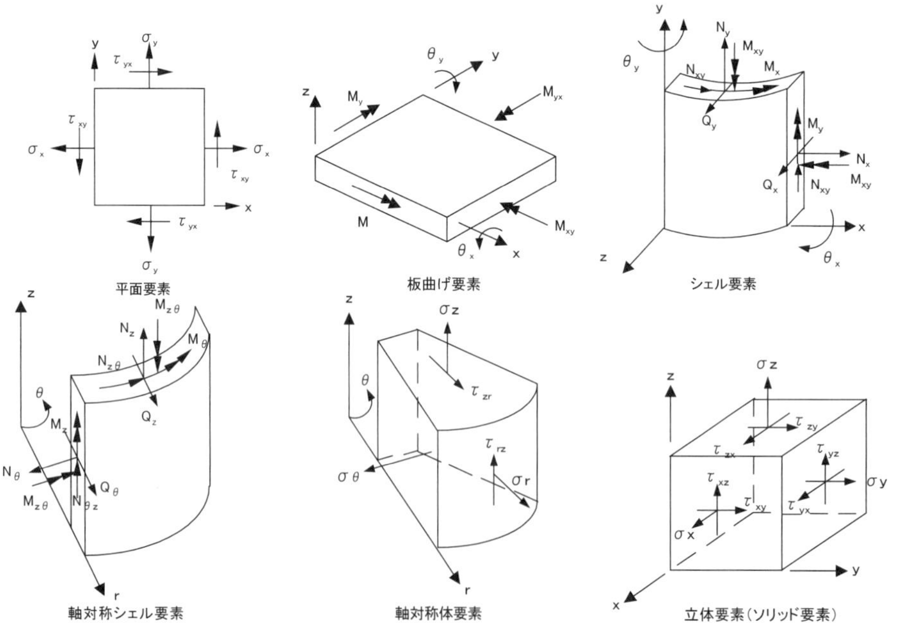

図 3.2.1　板・シェル構造物の解析に用いられる要素の形状

表 3.2.1　板構造の解析に用いられる要素の概念

解析対象（形状や荷重状態）		要素種別と適用範囲（節点の変位と一般的名称）	節点での変位成分	基礎となる、あるいは関連する理論
二次元的な板状のもの（平面） 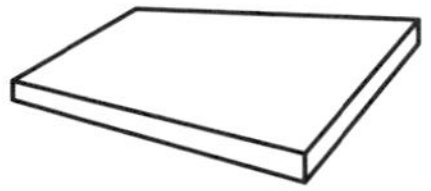 [plate(英)]	面内力を受ける  [シャイベ（独）]	平面応力要素 plane stress element (membrane element)	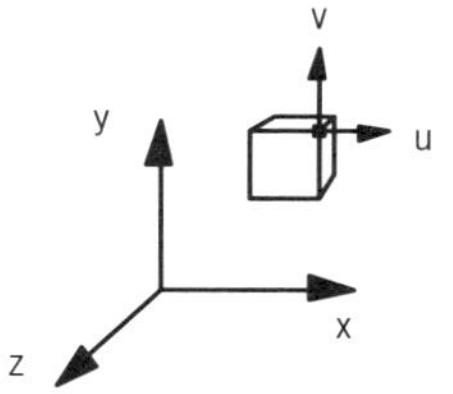	(2-Dimensional Theory of Elasticity)
	面外方向の並進力や面外曲げ *1 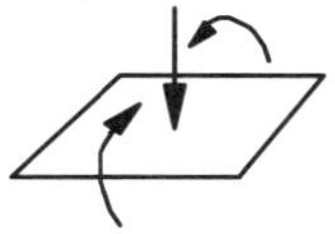 [プラッテ（独）]	板曲げ要素 plate bending element ・面外せん断変形なし ex)薄肉 ・面外せん断変形を考慮 ex)厚肉	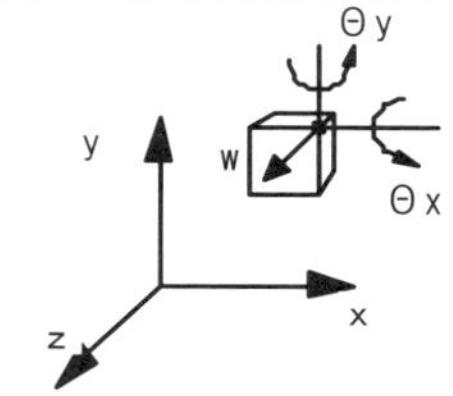	Discrete Kirchhoff Theory Mindlin-Reissner Theory
曲面板（一定あるいは変化する曲率を有する） 	面内力、面外方向の並進力、面外曲げのいずれか、もしくは組み合わせ	平面シェル要素 *2 flat shell element アイソパラメトリック退化シェル要素 Isoparametric de-genarated shell elem. 曲面シェル要素 *4 curved shell element シェル理論に基づく要素 *3	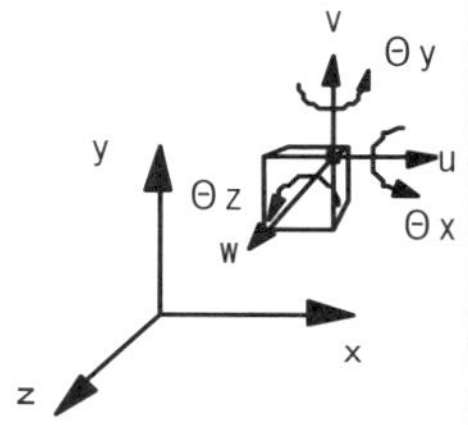	*(一般には、Mindlin-Reissner理論とのカップリングによるものが多く用いられる)* Isoparametric degenerated solid approach *6 *(板構造の弾塑性解析における汎用性が高い)* ex) shallow shell theory
厚肉や変厚、あるいは隅肉部を有する構造で、3次元的な応力状態が問題となるもの 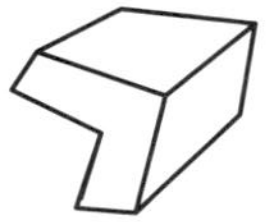	各方向の任意の並進力	ソリッド要素(3次元) Isoparametric solid element	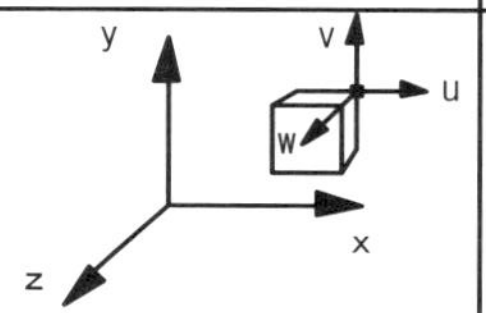	(3-Dimensional Theory of Elasticity)

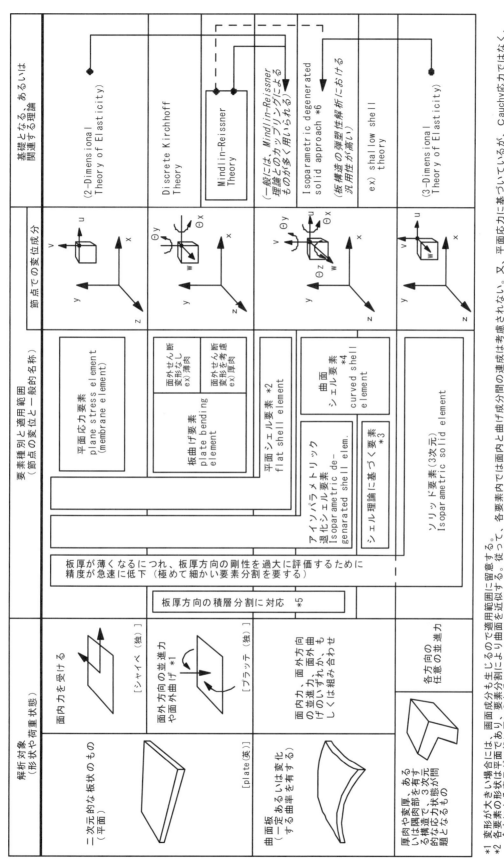

（要素種別欄の注記）板厚が薄くなるにつれ、板厚方向の剛性を過大に評価するために精度が急速に低下（極めて細かい要素分割を要する）

（要素種別欄の注記）板厚方向の積層分割に対応　*5

*1 変形が大きい場合には、画面成分も生じるので適用範囲に留意する。
*2 各要素の形状は平面であり、要素分割により曲面を近似する。従って、各要素内では面内と曲げ成分間の連成は考慮されない。又、平面応力に基づいているが、Cauchy応力ではなく、合力による表示が一般に用いられる。
*3 形状が円筒などに規定した定式化のものや、曲線座標への変換による一般の形状に適用可能なものもある。厚さ方向の数値積分は不要となる。
*4 シェル理論による高精度の要素や、高次のアイソパラメトリックシェル要素を用いると、連続的な形状で応力分布も連続的な場合には少ない要素で良い解が得られるが、形状や弾塑性解析において応力やひずみに局所的な応答が生じると、連続性の維持のために逆に表現性が悪くなる場合もある。
*5 積層板(異方性を含む)の解析、弾塑性解析における板厚方向の塑性化の進行の表現に用いられる。
*6 シェル中央面に関する法線の直線保持を仮定し、法線方向の応力を無視する。

ＲＣシェルの解析における鉄筋の評価について　鉄筋コンクリートシェルを有限要素解析する場合、解析領域に対して、まず、断面全体をコンクリートと仮定したシェル要素を用いて要素分割する。次に鉄筋のモデル化であるが、鉄筋要素を別の要素として個別にモデル化する場合と、コンクリートの中に分布させて、鉄筋コンクリート要素として取扱う場合とがある（図 3.2.2)。鉄筋コンクリートシェルや平板では、比較的連続したグリッド状の配筋を対象とすることが多く（図 3.2.3)、コンクリートによる要素の剛性マトリクスに対し、鉄筋の剛性を重ね合わせて評価することが一般的である。この場合、さらに 2 つの方法がある。まず、コンクリート要素を厚さ方向に層分割して、応力や弾塑性性状を考慮し、2 方向の鉄筋は平面応力場を仮定して、等価な層として独立に剛性を評価し、重ね合わせる。この方法は、平板要素やシェル要素で一般的に用いられる手法である。一方、平面応力場として鉄筋のグリッドを、層分割しない親要素に直接重ね合わせることも可能である。

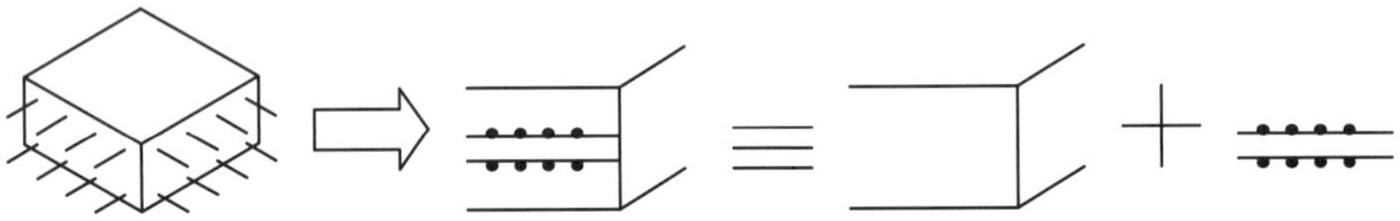

図 3.2.2　RC 平板における鉄筋の表現の模式図

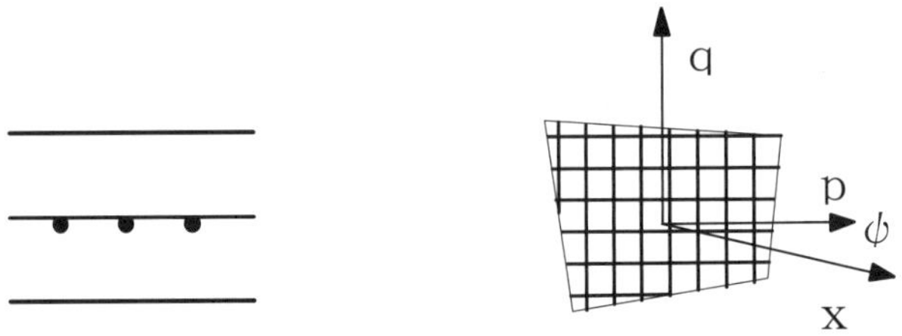

図 3.2.3　グリッド状の鉄筋要素の模式図

要素に起因する誤差　有限要素解析を実行する際の数値誤差として、要素に起因するものがある。まず、要素分割の粗密と使用する要素の変位関数との関係で、変形場、あるいは、応力場の空間的な表現性に関する精度の問題がある。これは特に、境界や載荷位置近傍、および応力集中部位などにおいて特に留意する必要がある。

一方、連続体の対象領域を有限個の要素で分割する際に、要素内の内挿関数に使用する関数の表現性には限界があり、本来の解析対象である連続体の変位場の表現には限界がある。このことによる誤差も存在し、これはロッキングと呼ばれ、要素種別や解析種別によりそれぞれ分析されている。シェルや平板の解析においては、せん断ロッキング(Shear Lock)現象が主要な問題となる。これは、曲げによる面内変位が卓越するモデルにおいて、その剛性を過大評価してしまう問題であり、結果的に要素のせん断剛性を高めに評価してしまい、変位と応力を過小評価する場合がある。これは、特に薄肉の場合に顕著であり、モデルの形状と応力状態に依存する。基本的には、要素中心とせん断剛性を評価する積分点位置のずれにより発生し、要素分割と変位関数、積分方法とも密接に関係する。せん断ロッキングの回避の方法としては、要素の積分における次数を低減する、いわゆる次数低減積分による方法があり [15]、効果がある。また、非適合要素を用いる方法もある。これは、変位が節点のみで連続であり、その 1 回微分が不連続な要素であり、適切に用いれば良い解が得られるが、解の収束が保証されていないので注意が必要である。

連続体の有限要素解析における手順に関する基本的事項　以下に、連続体の解析を実行する際、どのような手順で行えば良いのか、また、その時、どのような点に注意すべきか、これらに関する一般的な留意事項を以下に示す。

1）解析対象、問題の明確化（設定する条件、用いる仮定の明確化）
・解析目的、各種条件等のデータソース
・解くべき構造物、あるいはその一部分に関する形状、材料、境界条件等
・実行する解析種別毎の把握（線形、非線形、定常、非定常、モーダル等）
・対応する外部条件の把握（荷重、外部温度条件、強制変位等）

2）解析に関する記述（問題に関する記述に対する解析者の意向）
・解析メッシュ：境界条件、サブストラクチャーやオートメッシュ等の適用
・モデルの対称性と対応する境界条件の設定
・要素の選択：対象領域に適応する要素種別の選択、特殊な要素の必要性
・荷重条件：物体力、慣性力、外部環境条件の表現
・各種の非線形性の表現：幾何学的非線形性、材料非線形性、およびそれらの複合、極大点後の挙動、分岐挙動等

3）求解方法
・静的解析：連立一次方程式の解法、固有値解析方法、非線形方程式の解法、
・動的解析：直接積分法またはモーダル法、固有値解析方法、定常または過渡応答

4）結果およびその評価（解析結果に対する明確な判断）
・結果の種別：変位、ひずみ、応力、固有値、温度、等
・評価位置と値：節点または積分点、応力度または合応力
・診断：非線形問題における収束状況等の情報と現象との関連の工学的な判断

多くの汎用有限要素解析ソフトの初期の開発目的が機械・航空分野での構造解析であったため、シェルのような連続体の解析では、これら汎用ソフトが有効に利用できる問題が多く、特に線形問題に関しては、各種ソフトによる解析結果間に大きな差異はないと言えよう。一方、非線形では、汎用ソフトや研究用に開発された個別のソフトが適宜用いられることが多く、そのため、米国においては、公的なプロジェクトにおける非線形解析では、2 つ以上のコードによるチェックが要求されることもある。なお、これらの汎用ソフトは主として金属系の連続体への適用には定評があるが、コンクリートのような材料の非線形問題には、個別に開発されたコードや、汎用コードに対して何らかの改造やユーザーサブルーチンの併用等が望ましい場合も多い。

第３章　シェル構造
第３節　解析方法

3.3.1　シェル構造の線形解析

3.3.1.1　応力解析

応力解析の目的　シェル構造物に対する線形応力解析の主な目的として、一般に以下のものが挙げられる。

・計画段階における構造物の抵抗メカニズムの概略の確認と評価

・形状・板厚等の詳細な評価、端部・境界近傍での曲げモーメントや応力値の評価、補剛部材等の検討

・RC シェルにおける配筋の検討や、鋼板とコンクリートの合成構造シェルにおける鋼板の検討

・プレストレスを用いる場合の概略挙動予測とＰＳ材の配置検討

・不同沈下や、形状初期不整が応力分布に与える影響の検討

上記の目的の中でも、本章 3.1 節で示したように、自重作用時の膜応力状態と、境界近傍の曲げ応力状態の把握は重要である。図 3.3.1 に示す膜理論の解によれば、屋根型円筒シェルでは、軒部分のせん断力を処理する機構として裾ばりが必要であり、逆に裾ばりが変形を拘束することから曲げが生じる。また、球形シェルでは、下部のフープストレスを処理するための拘束が必要であり、リングやプレストレス導入が求められる。このような基本的な応力分布性状を十分に把握した上で、詳細な解析を実行する必要がある。

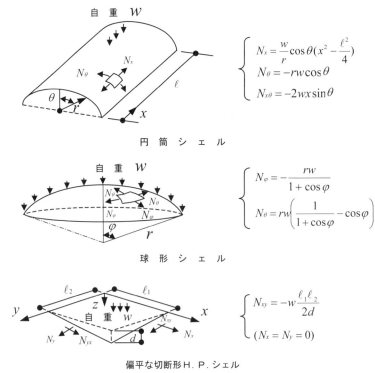

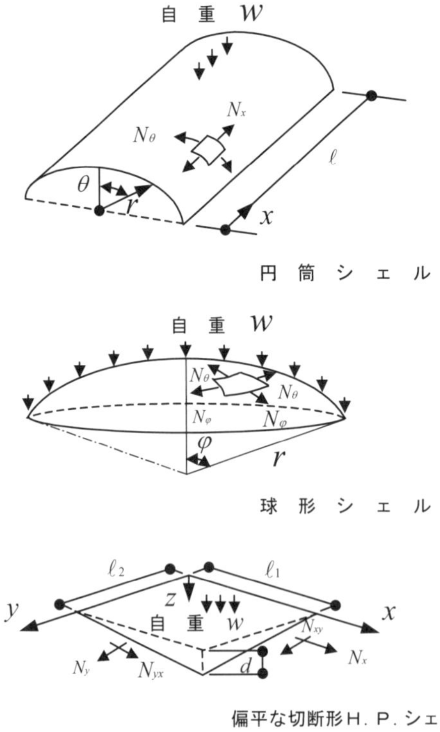

$$\begin{cases} N_x = \dfrac{w}{r}\cos\theta\left(x^2 - \dfrac{\ell^2}{4}\right) \\ N_\theta = -rw\cos\theta \\ N_{x\theta} = -2wx\sin\theta \end{cases}$$

$$\begin{cases} N_\varphi = -\dfrac{rw}{1+\cos\varphi} \\ N_\theta = rw\left(\dfrac{1}{1+\cos\varphi} - \cos\varphi\right) \end{cases}$$

$$\begin{cases} N_{xy} = -w\dfrac{\ell_1\ell_2}{2d} \\ (N_x = N_y = 0) \end{cases}$$

図 3.3.1　代表的な幾何学形状シェルの膜応力

モデル化における留意点 [15-18)]

(1) 応力分布性状と要素分割

目的に合せて適切な精度の解析を行い、応力や変位を求めることが第一段階であり、前述のように、このことは、シェル構造物の有限要素解析においては特に重要である。具体的には、対象とするシェル構造物が、軸対称であるのか、また厚肉なのか薄肉なのか、その特徴と解析目的とに合わせて解析モデルを選択すべきである。以下に、シェル構造物をはじめとする連続体の解析におけるモデル化に関連して、留意すべき事項を列挙する。

a) 使用要素（精度の観点からは、要素の変位関数の次数に留意）

　　シェルの場合には、面内作用と曲げ作用をカップルした要素を用いる

b) 応力集中部の要素分割（荷重作用部や支持部近傍、開口部周辺、剛性変化部等）

c) 要素形状と精度の問題（要素のアスペクト比等）

d) 異種の要素間の接合部

本章 3.2.2 項に示したような要素の分類のほかに、実際の数値解析に際しては、選択した要素の次数が解析精度に大きな影響を与える。図 3.3.2 には典型的な 1 次と 2 次要素の例を示すが、面内変形場や面外変形場を表す変位関数の最高次数により、要素内の応力関数も決まる。少なくとも、軸力やせん断力、曲げモーメントは、仮定した変形場より次数が、1 次から 2 次低い関数となることを理解しておく必要がある。

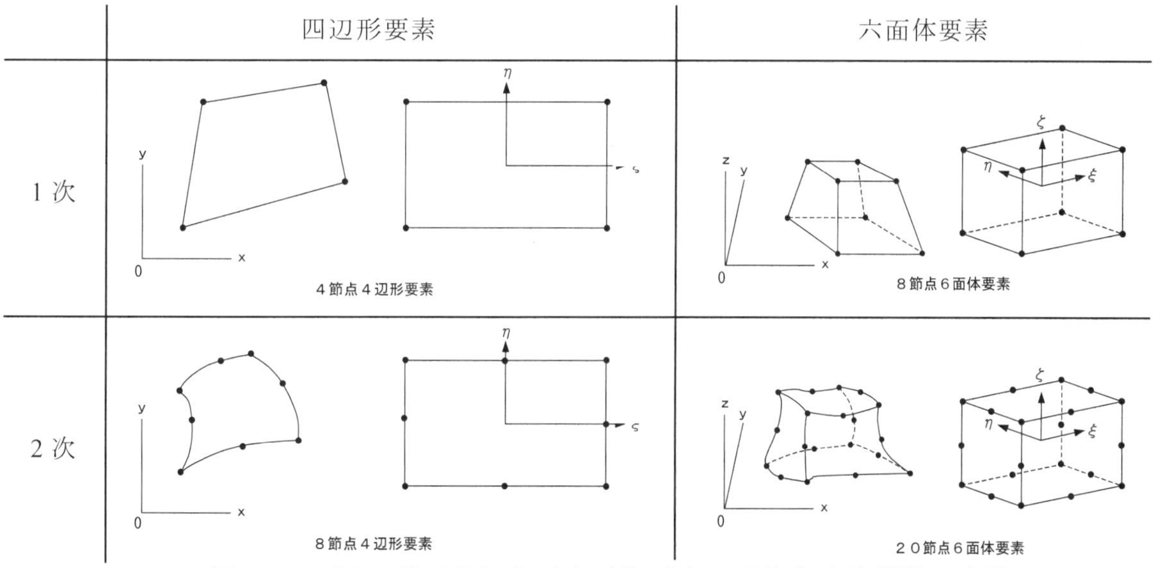

図 3.3.2　四辺形要素および六面体要素の形状と変位関数の次数

図 3.3.3 には、周辺固定の偏平な部分球形シェルが静水圧を受ける場合の曲げモーメントを示すが、固定境界部分で大きな曲げモーメントが発生し、境界から離れるにしたがって急速に減少する。図中には、1 次要素で分割した解析結果がプロットされているが、細かい要素分割を要することが理解される。図 3.3.4 には、図 3.3.1 に示した代表的な形状のシェルに対する 2 次要素による要素分割の例を示す。曲げモーメントのピークや変動を表現する際の要素分割には、要素の次数と分割数を十分に検討する必要がある。

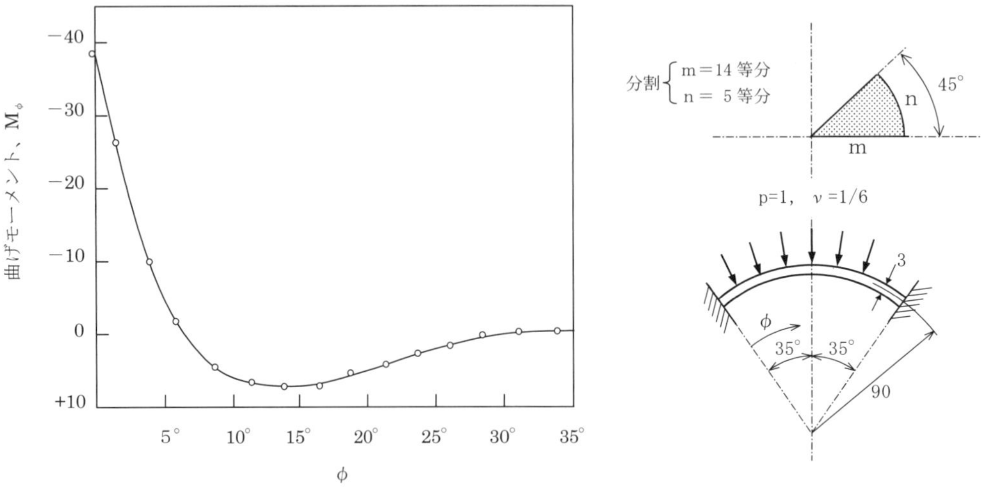

図 3.3.3　静水圧を受ける周辺固定部分球形シェルの曲げモーメント[15)]

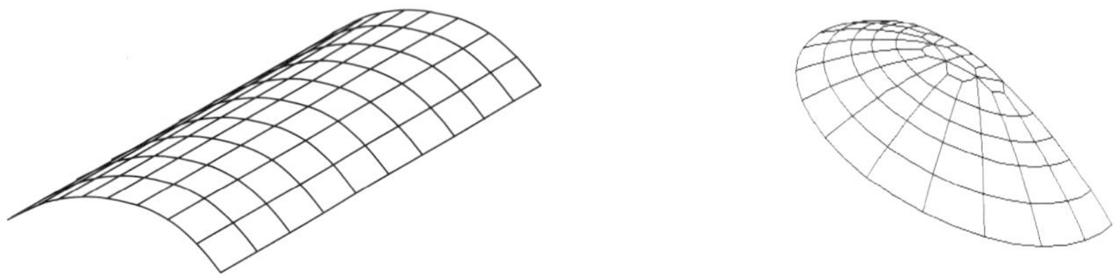

(a)円筒シェル　(b)球形シェル

図 3.3.4　シェル要素による要素分割例

(2) 板曲げやシェル要素を用いた場合の面外せん断変形の影響

周辺単純支持された平板が等分布荷重を受ける場合の変形を図 3.3.5 に示す。幅/板厚比による面外せん断変形の影響と、面外せん断変形を考慮した要素の適応性が示されている。

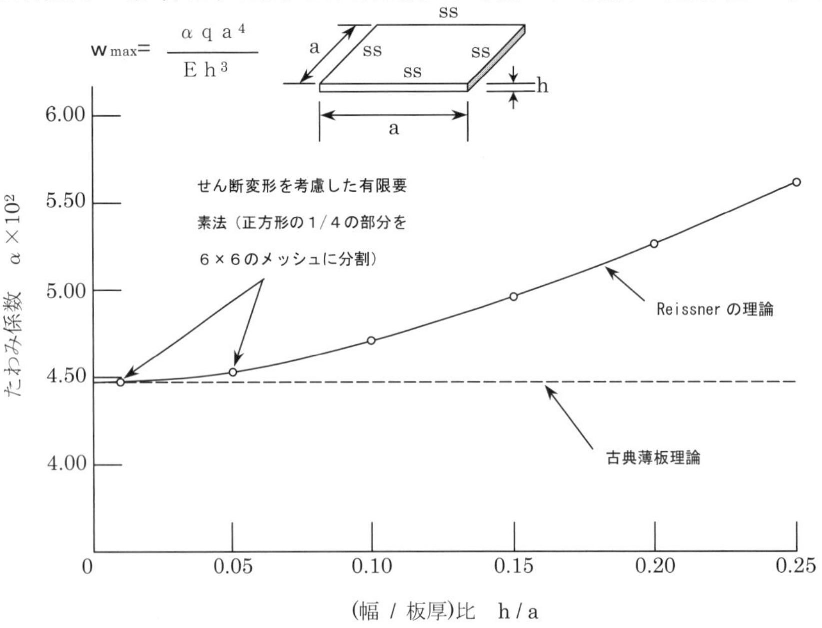

図 3.3.5　平板における面外せん断変形の影響[17)]

（3）隅角部のモデル化（剛域、ソリッド要素との併用）

隅角部を有する構造を板やシェル要素でモデル化する際、変形を過大評価する可能性があり、留意する必要がある。図 3.3.6 には隅角部を板やシェル要素でモデル化した場合と、隅角部周辺を 3 次元ソリッド要素でモデル化し、剛体に近い要素をシェル要素に接合した場合を模式的に示す。また、最近では計算機の飛躍的な記憶容量と計算速度の向上により、目的に応じて図 3.3.7 に示すように、3 次元ソリッド要素による全体解析も可能となっている。

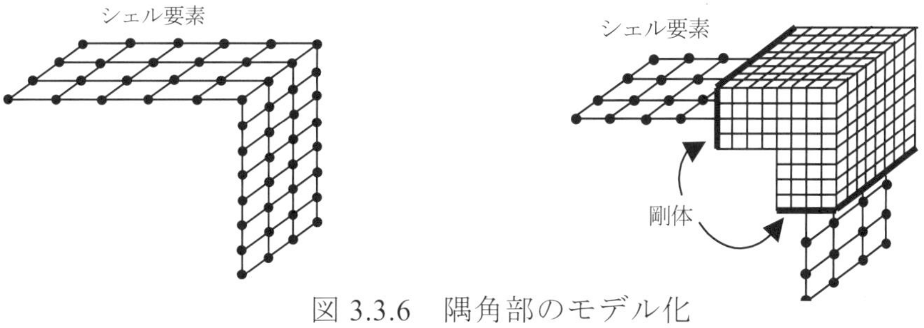

図 3.3.6　隅角部のモデル化

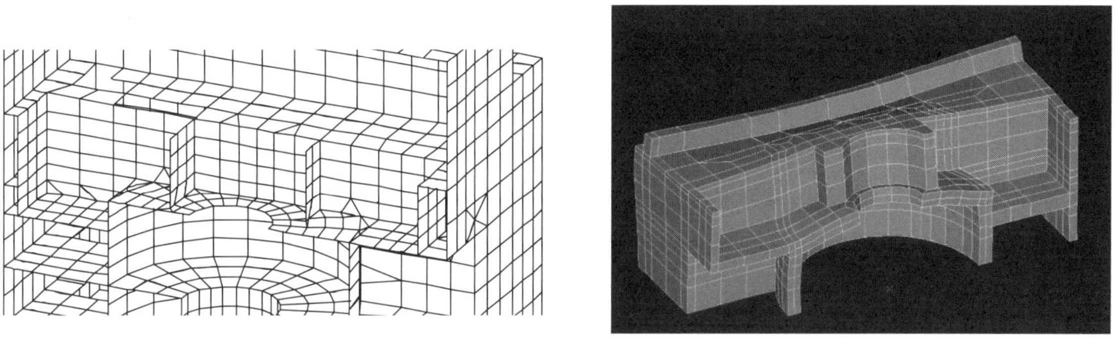

(a)シェル要素による例　(b)3 次元ソリッド要素による例

図 3.3.7　RC 容器構造の解析モデル

（4）板曲げやシェル要素とビーム要素の組み合わせ

一般的なＲＣ床版に取り付いたはりやリブなどをモデル化する場合、面材をシェルや板要素でモデル化し、はりやリブをはり要素として解析する場合、剛性の評価や図心のずれに留意する必要がある。例えば、図心のずれをモデル化する場合には、板やシェル要素と、はりの図心にシフトしてモデル化したはり要素を剛に接合することでも可能となる（図 3.3.8 参照）。

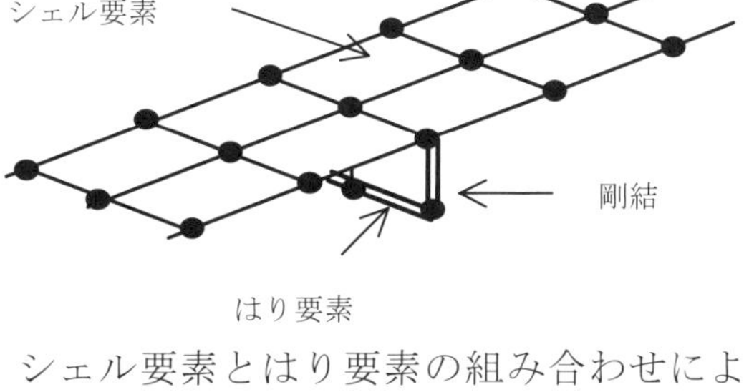

図 3.3.8　シェル要素とはり要素の組み合わせによるモデル

線形応力解析結果の評価における留意点

(1) 形状と幾何学的非線形性の影響

薄肉シェルや偏平シェルにおいては、線形応力解析結果は一つの目安であることを認識することが必要である。即ち、幾何学的非線形性が顕著となるケースが多く、その際には有限変形理論に基づいた解析が必要となる。また、耐荷能力を確認する際にも、座屈性状は対象とするシェルの形状と荷重形態との兼ね合いにより大きく異なり、対象によっては、弾塑性性状を考慮する必要が生じることもあるので注意が必要であるが、これらは後続の 3.4.1 項にて詳しく述べることとする。

(2) 初期不整の影響、敏感度 [19-22]

シェル構造物の応力分布や座屈耐力評価という点に関しては、**初期不整**が及ぼす影響が一つの問題として古くから取り上げられている。初期不整は構造物自身に含まれる形状や材料特性などの不完全性の総称であるが、これら初期不整や不測の初期応力等の存在が構造物の応力分布性状や座屈耐力に大きな影響を与える事実は良く知られている。また、弾性座屈が主要な問題とならないシェルに対しても、初期不整が応力の空間分布性状を乱し、部分的な破壊の要因となることもあり、このような対象とする構造物の力学特性を十分に把握した上で、適切な評価が望まれる。図 3.3.9 は、HP の冷却塔シェルが帯状の初期不整を有する場合の自重作用時の断面力の変動を示す。

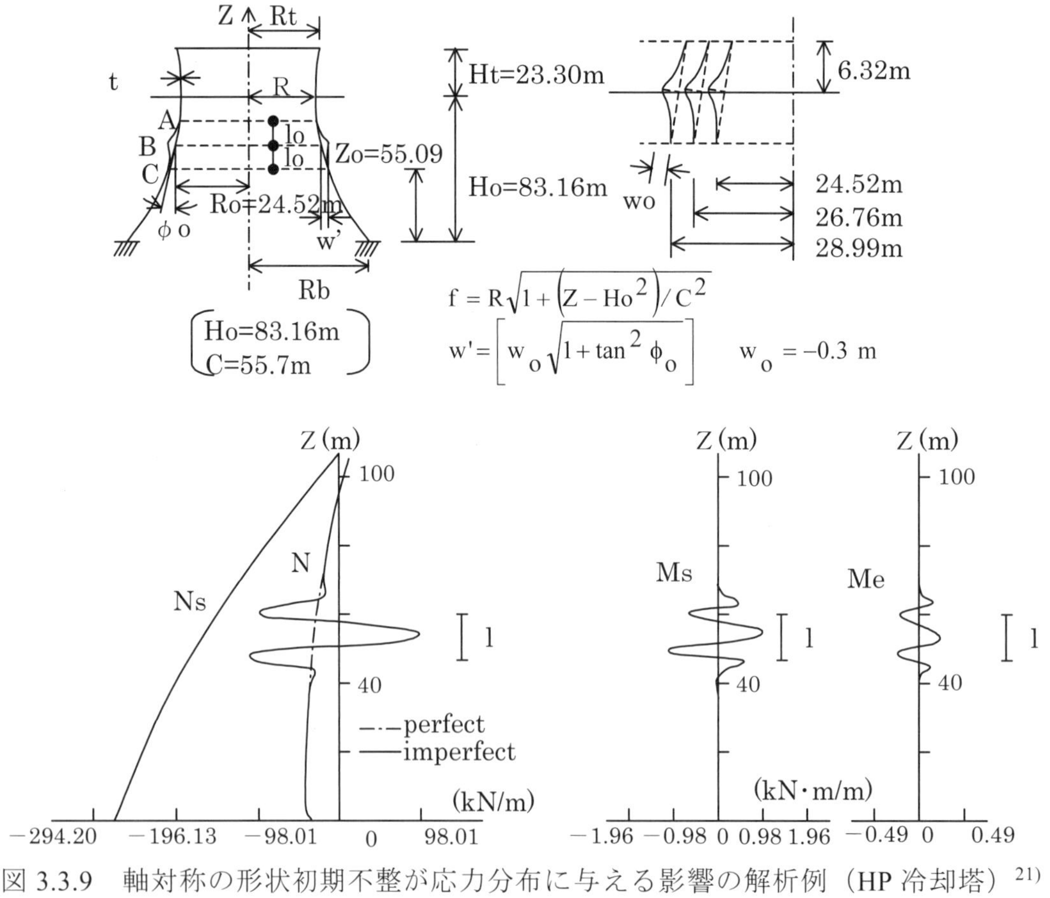

図 3.3.9　軸対称の形状初期不整が応力分布に与える影響の解析例（HP 冷却塔）[21]

3.3.1.2 振動解析

シェル構造物の振動解析では、応力解析と同様、シェル構造物の基本的および特徴的な振動性状を把握することが重要である。これらに関しては既往の研究成果をまとめた文献を参照されたい[23-26]。以下、有限要素法による解析手法を中心に概説する。

シェル構造物の振動解析を行う場合、まず、基礎編 1 章で示した振動方程式の各項の作成方法に関して理解しておく必要がある。解析方法の違い、特に有限要素法では使用する要素の違いや、質量項の違いなどで解の精度が影響され、結果が異なる場合がある。ここでは、各項の基本的な作成方法とその特徴について述べる。次に、構造物の固有振動数と振動モードを求める固有値問題、また、地震や風荷重が加わる場合の時刻歴応答解析について、その解析手法と結果の評価法について考える。

線形振動解析に際しての一般的事項　シェル構造物の振動挙動を支配する方程式は、一般に、偏微分方程式で記述される。この種の偏微分方程式の解析解は、限られた形状と境界条件で得られているが、複雑な形状や境界条件を有する構造物では、解析解が得られることはほとんどない。そこで、コンピュータによる数値解析を用いるわけであるが、ここでは各種の方法で偏微分方程式を代数方程式に変換し、この代数方程式を解くことになる。この代数方程式に変換することを方程式の離散化という。この離散化した方程式によって、連続的な変数、例えば変位や応力が任意に設定した節点で決定される。節点以外の領域は、この節点での値を用いて内挿することになる。離散化するための手法として、レーリー・リッツ(Rayleigh-Ritz)法、ガラーキン(Galerkin)法、差分法などがあるが、その中でも変位を未知変数として採用する有限要素法が、市販の解析ソフトでは広く用いられている。離散化する場合、多くの仮定が用いられており、シェル構造物の解析を行う際、この仮定を良く知っておく必要がある。もちろん、支配方程式そのものにも仮定があり、それらを十分に理解し、離散化時の仮定と合わせて、解析しようとしている構造物に適合しているかどうかを検討しなければならない。

シェル構造物の線形振動解析を行う主な目的は、一般に以下のようである。

1. シェル構造物の固有周期、固有振動数の把握
2. 各固有周期に対する刺激係数の検討
3. 振動モードの検討
4. 地震波の応答スペクトルを用いた応答値の予測
5. 低次モードを用いたモーダルアナリシスを行い、振動状態を検討する。変位や応力などの応答値の最大値を把握する。
6. 時刻歴応答解析を行い、振動状態を検討する。
7. 特に、地震時用静的荷重が適切であるかどうかを確認する。
8. 設計用地震波に対する時刻歴応答解析結果を分析し、シェル構造物が設計許容範囲か否かを検討する。

9.　シェル屋根架構部分と下部構造との相互作用の検討

シェル構造物の耐荷機構は、静的荷重に対しては、面内力、つまり軸方向向力によって形成される。一般的に、曲げモーメントは境界付近で局部的にしか発生しない。断面設計は、これらの静的荷重に対する応力を用いて行われる場合が多い。従って、シェル構造物が、振動時に、静的荷重と同様な変形状態や応力状態を示せば、断面設計は適切に行われたと言える。しかしながら、変形状態が、静的解析時と大きく異なる場合、特に、曲げモーメントが境界付近以外に大きく出現する場合は、断面設計は不適切であったことになる。言葉を換えれば、動的挙動を反映した地震時用の静的荷重を用いていなかったことになる。このことを確認することも、振動解析を実行するための大きな目的の一つと言えよう。

線形の振動方程式　ここでは、有限要素法による振動解析法について述べる。有限要素法を用いて離散化した線形の振動方程式は、以下のように表される。

$$\boldsymbol{M}\ddot{\boldsymbol{y}} + \boldsymbol{C}\dot{\boldsymbol{y}} + \boldsymbol{K}\boldsymbol{y} = -\boldsymbol{M}\boldsymbol{I}_X\ddot{u}_g - \boldsymbol{M}\boldsymbol{I}_Y\ddot{v}_g - \boldsymbol{M}\boldsymbol{I}_Z\ddot{w}_g + \boldsymbol{P}_S \tag{3.3.1}$$

ここで、$\boldsymbol{M}$は質量マトリクスであり、$\boldsymbol{C}$ は減衰マトリクス、$\boldsymbol{K}$ は剛性マトリクスを表す。右辺は第 1 項から第 3 項までが地震による外力であり、第 4 項の $\boldsymbol{P}_S$ は構造物に直接加わる外力である。各項について以下に概説する。

有限要素の変形と応力　有限要素法を用いた剛性マトリクスについての説明は、前節のモデル化と応力解析で述べているのでそちらを参照されたい。ここでは、少し、視点を変えて有限要素の変形と応力について考える。理解し易いので、ここでは、はり要素を用いて説明する。

はりの静的挙動を支配する線形微分方程式は、

$$EI_y\frac{d^4w}{dx^4} = -P_w(x) \tag{3.3.2}$$

で表される。ここで右辺の荷重項をはりに加わる等分布荷重であるとすると、たわみ $w(x)$は両辺を積分することによって、x に関する 4 次式になることが理解できる。さて、一般にはりの有限要素で用いるたわみ関数であるが、これは節点の数と、その節点における自由度の取り方に依存している。一般的なはり要素では、両端の面外変位２つと回転角 2 つを未知変数にとることによって、たわみ関数は 3 次の多項式となっている。このことは、等分布荷重に対するたわみを正確に表していないことになる。つまり、3 次関数は面外から要素に直接加わる荷重に対して正確に表現できないことを意味する。荷重が複雑であれば、さらに精度が落ちる。これに対応するために有限要素法では、要素を幾つか繋ぐことによって精度を確保する。つまり、複雑に変形する場合は、その部分には細かく要素を連結する必要があることが理解できる。シェル要素内の変形場は、節点の数と節点における自由度の数に依存する。内部節点を含めて、節点数が多いほど高次の変形に対応する。従って、それだけ要素を粗く連結しても精度が確保されることになる。

次に、要素内の応力について考える。変位と同様、はり要素を用いることにする。はりの面内力である軸力は以下で表される。

$$N(x) = \int_A E\varepsilon_x dA = \int_A E\frac{du}{dx}dA \tag{3.3.3}$$

軸力は、軸方向変位の一回微分を含む。一般的なはり要素は軸方向変位を 1 次式で表す場合が多く、この場合、軸力は要素内では一定値となる。次に、曲げモーメントは、

$$M(x) = \int_A Ez\varepsilon_x dA = -EI_y\int_A \frac{d^2w}{dx^2}dA \tag{3.3.4}$$

となり、たわみ関数の 2 回微分を含む。はり要素の場合、たわみ関数は 3 次式で表されるため、結果的に、曲げモーメントは 1 次式となり、要素内では直線的な変化となる。このように、要素内の変形場や応力の精度は、使用する要素の変位関数によって決定されることを理解しておく必要がある。

質量項　質量の大小は、構造物の固有周期に影響を及ぼす。また、その分布は振動モードに影響を与える。固有周期は減衰と共に、外乱の応答スペクトル特性と関連して、応答値に直接影響する。そのため、質量項を計算するためのデータは、慎重に選択、設定すべきである。

質量マトリクスには、集中質量系と分布質量系がある。その違いについて、簡単なモデルを用いて理解しよう。実際にシェル構造物の解析で使われている有限要素は、節点の多い複雑な要素であるため、ここで説明する要素のように陽な形で積分できず、数値積分を用いることになる。もちろん、剛性項においても、これらの要素は数値積分を用いて剛性を求めている。

最初は、最も単純な平面応力を表す三角形要素で説明する。まず、集中質量系では、要素の全質量を W とすると、要素の質量マトリクスは、全質量を各節点に分配すると次式のように書ける。

$$\boldsymbol{m}_e = \frac{W}{3}\begin{bmatrix} 1 & 0 & 0 & 0 & 0 & 0 \\ 0 & 1 & 0 & 0 & 0 & 0 \\ 0 & 0 & 1 & 0 & 0 & 0 \\ 0 & 0 & 0 & 1 & 0 & 0 \\ 0 & 0 & 0 & 0 & 1 & 0 \\ 0 & 0 & 0 & 0 & 0 & 1 \end{bmatrix} \tag{3.3.5}$$

次に、分布系の質量マトリクスを三角形要素について求める。形状関数$\boldsymbol{N}$を用いて、質量マトリクスを表現すると次式となる。ただし、要素の板厚tを一定とし、ρを単位体積質量とする。

$$\boldsymbol{m}_e = \rho t \iint \boldsymbol{N}^T \boldsymbol{N} dxdy \tag{3.3.6}$$

上式の積分を実行すると、要素の質量マトリクスは次式となる。

$$\boldsymbol{m}_e = \frac{W}{3}\begin{bmatrix} 0.5 & 0 & 0.25 & 0 & 0.25 & 0 \\ 0 & 0.5 & 0 & 0.25 & 0 & 0.25 \\ 0.25 & 0 & 0.5 & 0 & 0.25 & 0 \\ 0 & 0.25 & 0 & 0.5 & 0 & 0.25 \\ 0.25 & 0 & 0.25 & 0 & 0.5 & 0 \\ 0 & 0.25 & 0 & 0.25 & 0 & 0.5 \end{bmatrix} \tag{3.3.7}$$

以上のように、集中質量系と分布質量系とでは、要素質量マトリクスは大きく異なる。

減衰項　一般に広く使用されている減衰は、モード減衰である。このモード減衰は、減衰のない系の固有モードで座標変換したとき、減衰マトリクスが対角化されることを利用する。その中でも、レーリー (Rayleigh)減衰は最も良く利用されており、次式で表される。

$$\boldsymbol{C} = a_0 \boldsymbol{M} + a_1 \boldsymbol{K} \tag{3.3.8}$$

上式を振動モードで展開すると、第i次のモード減衰は、

$$h_i = \frac{1}{2}\left(\frac{a_0}{\omega_i} + a_1 \omega_i\right) \tag{3.3.9}$$

となり、右辺第1項が振動数逆比例型、第2項が振動数比例型となる。モード減衰として第i次と第j次のモードに対して各々減衰定数をh_iとh_jに設定すれば、係数a_0とa_1は次式となる。これらを式(3.3.8)に代入することによって減衰マトリクスが得られる。

$$a_0 = \frac{2\omega_i\omega_j(h_j\omega_i - h_i\omega_j)}{\omega_i^2 - \omega_j^2} \qquad a_1 = \frac{2(h_i\omega_i - h_j\omega_j)}{\omega_i^2 - \omega_j^2} \tag{3.3.10, 11}$$

剛性比例型減衰として、次式で表されるケルビン(Kelvin)減衰がある。

$$\boldsymbol{C} = a_1 \boldsymbol{K} \tag{3.3.12}$$

第 i 次のモード減衰定数 h_i は次式のようになり、係数 a_1 も容易に得られる。

$$h_i = \frac{1}{2} a_1 \omega_i \quad ; \quad a_1 = \frac{2h_i}{\omega_i} \tag{3.3.13}$$

モード減衰では、設定したモード以外のモードに対して、減衰値が固有振動数によって自動的に設定されているという点に留意されたい。自動的に設定された減衰定数が大きくなり、本来、励起されるべきはずのモードが、減衰して生じない状態になってしまうことがある。このような不合理が生じないため、減衰定数の値を決めるモードは振動数や刺激係数に良く注意して選択すべきである。

地震荷重と外力　地震荷重項は、質量マトリクスが得られていれば、式(3.3.1)の右辺第 1 項から 3 項までで求められる。シェル構造物では、一般に 3 方向に広がりがあるため、3 方向の地震荷重が必要となる。

外力には、構造物に直接加わる荷重であり、構造物の自重、積載荷重、雪荷重、風荷重などである。線形振動解析では、静的結果と線形の振動解析結果とを重ね合わせれば良いので、一般には必要ではない。非線形振動解析を行う場合は、静的荷重によって構造物の動特性が変化するため、非線形振動解析を行う前に、静的荷重を考慮する必要がある。

外力項には、質量項と同様に、節点集中型と分布荷重型とがある。荷重を節点に集中させる型では、要素に加わる全荷重を節点の支配面積比によって分配する。また、分布荷重型は、次のように要素の形状関数 $\boldsymbol{N}$ を用いて、荷重ベクトル $\boldsymbol{P}^T$ として得られる。

$$\boldsymbol{P}^T = \int \boldsymbol{N}^T \gamma dV + \int \boldsymbol{N}^T p dA \tag{3.3.14}$$

ここで、γ は要素の単位体積当たりの重量であり、p は要素の表面に加わる荷重である。

固有値問題の解析　最初の解析は、固有値問題を解いて、シェル構造物の固有周期と振動モードを把握することから始まる。外乱と減衰項のない自由振動を表す方程式は、式(3.3.1)より、次式で与えられる（代表的な数値解法については基礎編 1.3 節を参照されたい）。

$$\boldsymbol{M}\ddot{\boldsymbol{y}} + \boldsymbol{K}\boldsymbol{y} = \boldsymbol{0} \tag{3.3.15}$$

ここで、上式の解を次式で仮定すると、

$$\boldsymbol{y} = e^{i\omega t}\boldsymbol{\Psi} \tag{3.3.16}$$

次のような固有値問題が得られる。ここで、ωは角振動数であり、$\boldsymbol{\Psi}$は振動モードを示す。

$$\boldsymbol{K\Psi} = \omega^2 \boldsymbol{M\Psi} \tag{3.3.17}$$

モーダルアナリシス　刺激係数を考慮して使用するモードを選択した後、モーダルアナリシスを実行すると良い。数個のモードで振動時の最大変位応答や応力の最大値が予測できる。固有値問題と組み合わせて、シェル構造物の設計パラメータ、例えば、板厚、全重量、シェルの曲率等を変化させて解析する。設計パラメータに対する各最大応答値の敏感度が分析できると共に、後で実行する時刻歴応答解析のおおよその結果が予測される。解析手法については、基礎編 1.3 節で述べられている。また、手元に、モーダルアナリシスを実行するソフトがない場合は、応答スペクトルを用いて、近似的に応答最大値を求めても良い。

時刻歴応答解析　市販ソフトの時刻歴応答解析では、ニューマーク(Newmark)のβ法が多く用いられている。この手法の概説は、基礎編 1.3 節で述べた。数値計算用のパラメータの設定は、解の精度に影響を及ぼすので、慎重に選択すべきである。特に、増分時間Δtの選択は、計算の効率とも関連するので、刺激係数や外乱のスペクトル形状などを考慮して、選定する必要がある。また、一般に、ニューマークのβ法のパラメータβは無条件安定である 0.25 を用いるのが良い。

屋根型のシェル構造物では、上下地震動についても解析を行う必要があり、そのため 3 方向の応答解析を実行すべきである。特に平面が対称でないときは、水平 2 方向同時入力に関する振動解析は行うべきである。重心と剛心がずれ、ねじれを伴う振動状態が予想されるときは、特に加振方向に注意すべきである。

結果の評価　結果の評価を行う前に、解析対象構造物に類似しているシェル形状に関する既往の解析結果を分析することから始めると良い。この分析によって、解析対象構造物のおおよその変形状態、応力状態の把握は、解析結果を評価する上で、大いに役立つことになる。

シェル構造物の線形振動解析を行う主な目的は前述した。これらの項目に従って、解析結果を評価するための留意点を述べる。

１．シェル構造物の固有周期、固有振動数の把握

シェル構造物の固有周期と振動モードを把握すると共に、シェルの板厚の変化、構造物重量の変化に対する固有周期の敏感性の検討を行う。固有値問題を解析するに当たって、解析手法の選択が大切である。屋根型のシェル構造物は一般に固有値が近接して存在し、しかも、シェルの形状から同時固有値もあり得る。高次モードになっても、固有値は大きくならないため、多くの固有値と固有モードが得られる手法が必要となる。このことを考慮して、固有値問題の解析手法を選択すべきである。

2．各固有周期に対する刺激係数を検討する。
　刺激係数を分析し、各振動モードを 3 方向に分類し、刺激係数とレーリー減衰の各次モードに対する値を確認する。ドームに類似な 2 重曲率シェルは、高次モードに大きな刺激係数を有する場合があり、その高次モードが励起される可能性が生じる。そこで高次モードに大きな刺激係数を有していないかどうかを確認する。
3．振動モードを検討する。
　最初に、低次の振動モードを検討し、局所的に大きな変位を生じていないか検討する。次に、刺激係数の大きな振動モードについても、その振動形状を確認し、曲げモーメントが大きく出現する可能性があるかどうかを検討する。
4．地震波の応答スペクトルを用いて、応答値の予測を行う。
5．低次モードを用いたモーダルアナリシスを行い、振動状態を検討する。変位や応力などの応答値の最大値を把握する。
6．時刻歴応答解析を行い、振動状態を検討する。
　特に、高次モードが出現し、境界付近以外に、比較的大きな曲げモーメントが出現するか否かを確認する。この境界付近以外に出現する曲げモーメントが断面設計に影響するか否か判断する。
7．特に、地震時用静的荷重が適切であるかどうかを確認する。
　時刻歴応答解析を行い、その分析結果を基に、水平動用地震時荷重、上下動用地震時荷重が適切であったかどうか分析する。
8．設計用地震波に対する時刻歴応答解析結果を分析し、シェル構造物が設計許容範囲か否かを検討する。
9．シェル屋根架構部分と下部構造物との相互作用の検討
　下部構造物との相互作用を考慮しなければならないのか、または、反力の値のみで良いのかを検討する。下部構造との相互作用を考慮しなければならないとき、数値計算上、多くの注意が必要である。例えば、シェル部分と下部構造の剛性値の大きな違いによる計算誤差の発生、周期が大きく異なる二つの構造物におけるレーリー減衰などの減衰項の扱いである。

参考のために、図 3.3.10 には、RC の屋根型円筒シェルと球形シェルに関して、固有振動数と固有モードを求めた例を示す。

非線形振動と動座屈　シェル構造物は、振動振幅が大きくなると非線形挙動を呈するようになる。例えば、固有周期が伸びたり、あるいは、モード間のエネルギー移動、非線形共振など、さらに動座屈現象、フラッタなどの動的不安定現象などである。これらの現象を理解した上で、非線形解析を実行し、その結果を正確に分析、検討しなければならない。これらの非線形挙動の概略は基礎編 1 章に述べた。詳細は文献 27 を参照されたい。

薄いシェル構造物の最終耐力を得るためには、幾何学的非線形性を、また、鉄筋コンクリ

ートシェル構造物では、材料非線形性による剛性低下などを考慮する必要がある。無論、非線形振動解析では､これら二つの非線形性を同時に考慮した解析が行われなければならない。

幾何学非線形性による非線形挙動の特徴の一つに、固有周期の変動がある。例えば、ドーム状のシェル構造物に静的荷重が加わると、静的荷重がない場合に比較して、低次の固有周期が長くなる。同じく、シェルの振動振幅が大きくなると、一般に周期が伸びる。また、非線形振動では、共振域が広がり、主共振以外に、1/n 分数調波と呼ばれる振動数域にも共振[28, 29)]が見られるようになる。いづれにしても、振動振幅が大きくなるに従って、非線形挙動が出現するようになる。

非線形挙動の一つに、動座屈現象がある。これは、振動しながら静的座屈現象に類似した座屈形状を呈する。静的に座屈するシェル構造物は、この動座屈を生じる可能性があるので解析結果を注意すべきである。詳細は文献 29-31 を参照されたい。

円筒シェル

解析モデル
スパン･ライズ比：1/5.24
板厚：8.0cm

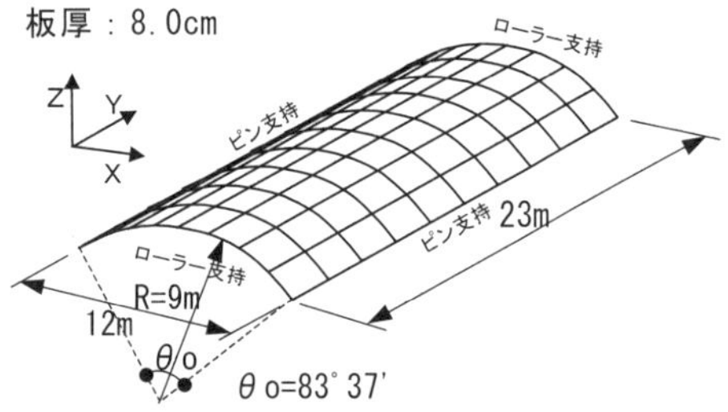

固有値

Mode	固有振動数(Hz)
1	6.77
2	6.83
3	11.0
4	11.6
5	11.9
6	16.1
7	16.5
8	17.0
9	18.0
10	18.4

球形シェル

解析モデル
スパン･ライズ比：1/15
板厚：中央部 1.0m～端部 2.5m

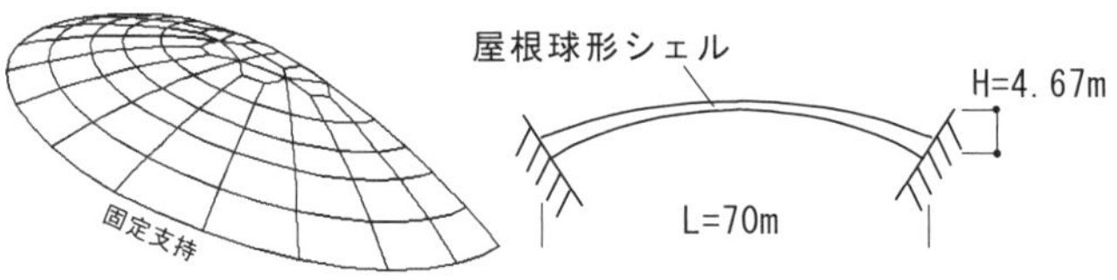

固有値

Mode	固有振動数(Hz)
1	6.17
2	6.56
3	8.29
4	10.0
5	11.5
6	13.8
7	15.5
8	17.6
9	19.5
10	20.3

固有モード

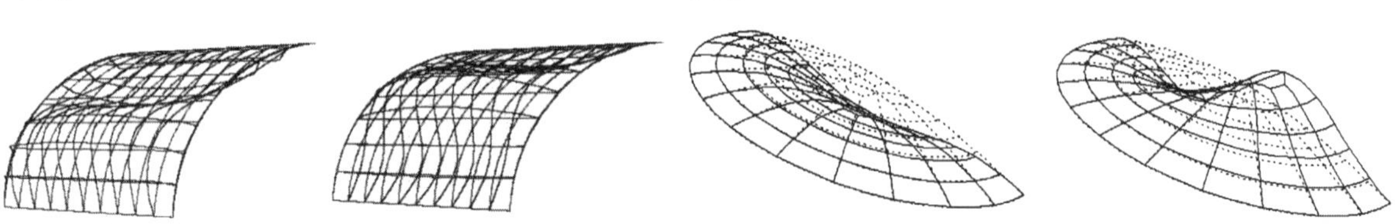

１次モード　２次モード　１次モード　２次モード

図 3.3.10　固有振動数と固有モードの計算例

3.3.1.3　線形座屈解析

線形座屈解析では、「構造体に生ずる変位は微小であるため、形態の変化は構造体の力学特性に影響を及ぼさない程度に小さいものとする」と仮定している。したがって外力と変位の関係は線形にあるものとして座屈耐力の計算が行われる。この仮定の限界については次項にて述べる。

有限要素法を用いて解析する場合に解析者が注意しなければならない点は、応力解析のところでも述べたように適切な要素分割を施すということである。特に座屈解析では解析者が予想だにしない座屈モードが最低次のモードとして現れてくることが一般的である。そのため、解析者は変形に対する自由度をできる限り増やしてデータを作成する必要がある。

このことを例題を通して考えてみる。図 3.3.11 に示すような軸圧縮を受ける円筒シェルの線形座屈耐力を求める。幾何学的な境界条件は上下加力辺において固定ローラー支持とし、材料定数は鋼管を想定した弾性定数を設定している。

この問題では軸対称な構造物に軸対称荷重が作用するので、線形解析レベルで発生する変位および応力もまた軸対称になるはずである。したがって、線形計算では周方向の分割は必要最低限で十分である。またこのような構造を対象とした「軸対称要素」というものも従来より用いられている。いずれにしろ解析者は計算時間やメモリ容量などを考えてできる限り要素分割は少なくしようするのが一般的である。しかしながら、この変位や応力の軸対称性は座屈時において一般には崩れてしまうことに注意しなければならない。つまり座屈による非軸対称な変形モードを表現しうる自由度数が座屈解析時には必要となる。

そこで、この問題に対して分割数をパラメータとして解析を行った結果を示す。解析結果として初期剛性ならびに最低次の座屈耐力を表 3.3.1 に、対応する座屈モードを図 3.3.12 に示す。なお、用いた有限要素は 4 節点アイソパラメトリックシェル要素であり、実際の解析は周方向に 1/2 としたモデルも用いて行っている。

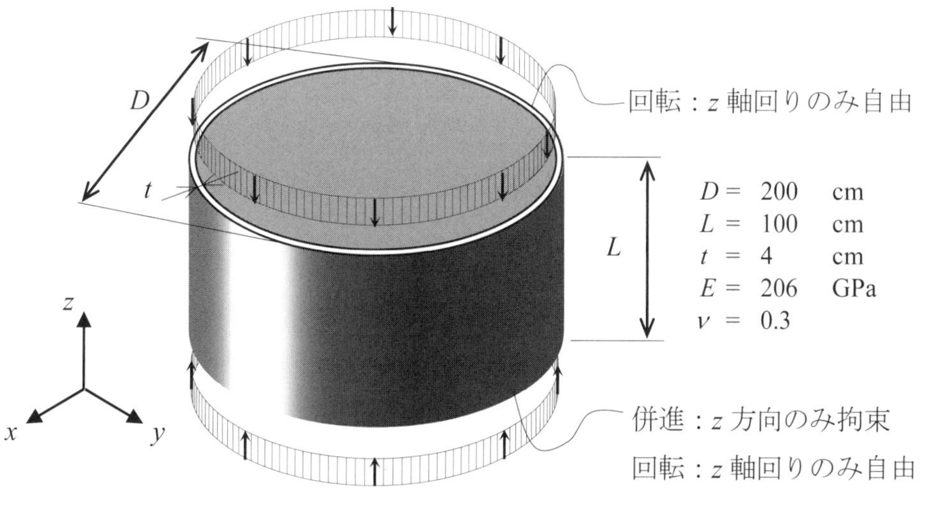

図 3.3.11　純圧縮を受ける円筒シェル

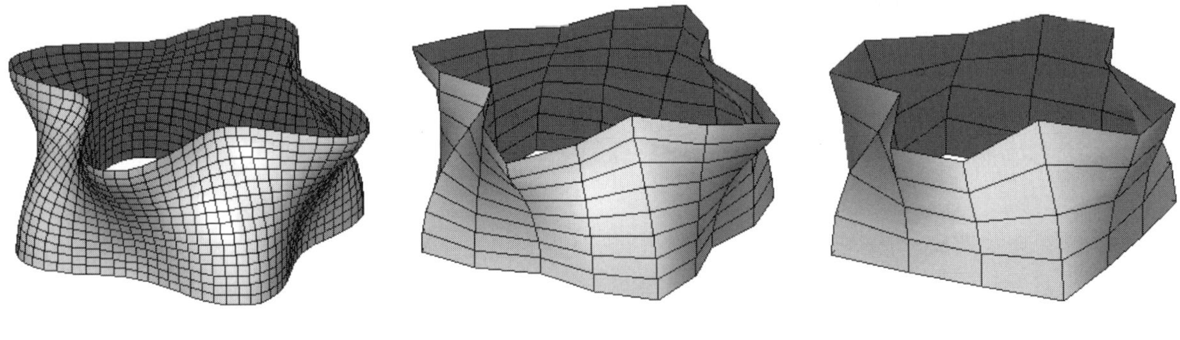

分割Ⅰ　分割Ⅱ　分割Ⅲ

図 3.3.12　各モデルに対する 1 次座屈モード

表 3.3.1　各モデルに対する諸元と初期剛性および 1 次座屈耐力

モデル名	分割Ⅰ	分割Ⅱ	分割Ⅲ
分割数（周×軸方向）	80×16	16×8	12×4
全自由度数	3292	340	132
平均バンド幅	94	49	24
初期剛性(kN/cm)	50.29(1.0)	49.20(0.978)	48.31(0.961)
線形座屈耐力(kN)	828.0(1.0)	1210.0(1.461)	1721.6(2.079)

この結果から明らかなように、振動解析の項で提示した振動モードと同様に、一般にシェル構造の最低次の座屈モードは複雑な形態をとる。これが柱やラーメン架構の場合と極めて異なる点である。すなわち柱の座屈問題では一般に最低次の座屈モードが最も単純な変形パターンを示すが、シェル構造の場合には単純な変形パターンを示すモードが必ずしも最低次の座屈モードではないことに注意しなければならない。

また上記例でも分るように、初期剛性は周方向の要素分割数の影響をほとんど受けないのに対して、最低次の座屈耐力は周方向の要素分割に大きく影響される（各値の括弧内は分割Ⅰモデルを 1.0 とした時の各モデルの比率を示す)。この理由は座屈モードから理解されるように要素分割が真の座屈モードを表現しうる程度に細分化されていなければならないという当然の理由による。使用するシェル要素の種類によっても異なるが、ここで用いたような低次の要素ならば、概ね座屈半波長を 10 分割、最低でも 5 分割程度は必要である。ちなみに、上記の分割Ⅰは、周方向 80 分割で、周方向の座屈波数が 4 であるから、座屈半波長あたりの分割数は、80/8=10 分割となっている。高次のシェル要素（例えば、8 節点シェル要素など）を用いることにより分割数は少なくても十分な精度が得られるので、分割数のチェックなどではこれを利用することも有益である。ただし、通常同一モデルにて弾塑性解析も行う場合には低次要素で分割を細かくする方法が妥当である場合が多い。

3.3.2 シェル構造の幾何学的非線形解析

3.3.2.1　静的非線形座屈および座屈後解析

線形座屈解析と非線形座屈解析　前項で示した線形座屈解析は、外力と変位の関係は線形にあるものと仮定して座屈耐力を予測する方法であった。これは前項で示した具体例のように座屈に至るまでの変位が微小であると考えられる問題では有効な方法である。しかしながら、シェル構造では変位が微小であるという仮定が成立しない場合が多く、その場合には線形座屈解析のみで座屈耐力を予測することは適当ではなく、本項で述べるような手順により座屈耐力を算定する必要がある。

幾何学的非線形性を考慮した場合には増分解析にて釣合い点を逐次算定していき、座屈点の定義である次の 2 式を満足する点$(\boldsymbol{u},\lambda)$を求めることが必要となる（基礎編 1.4 節参照）。

$$\boldsymbol{K}_T(\boldsymbol{u})\boldsymbol{\phi}=\boldsymbol{0} \quad \text{かつ} \quad \boldsymbol{G}(\boldsymbol{u},\lambda)=\boldsymbol{R}(\boldsymbol{u})-\lambda\boldsymbol{P}=\boldsymbol{0} \tag{3.3.18,19}$$

これを具体的に有限要素法を用いて解析した結果が図 3.3.14 である。解析対象は図 3.3.13 に示す鉛直等分布荷重を受ける部分円筒シェルである。図中、●は増分解析により求められた釣合い点$(\boldsymbol{u},\lambda)$、○、△、□は図 3.3.15 に示す各モードに対して、各釣合い点において求めた推定座屈耐力を$(\boldsymbol{u},\mu\lambda)$としてプロットしたものである。座屈点は釣合い点を結んだ荷重変位曲線と推定座屈耐力推移線が交差する点（図中▲）として求められ、その時の耐力が真の座屈耐力であると判断される。

このような非線形座屈解析が必要な理由は、この解析結果からも明らかなように、

- 推定座屈耐力は変形が進行するに伴い次第に低下する。
- 微小な変位段階において最低次であるモードが必ずしも座屈点における最低次モードとはならない（図 3.3.14 では当初は△に対応するモードが最低次モードであったが、座屈点では○に対応するモードが最低次モードとなっている）。

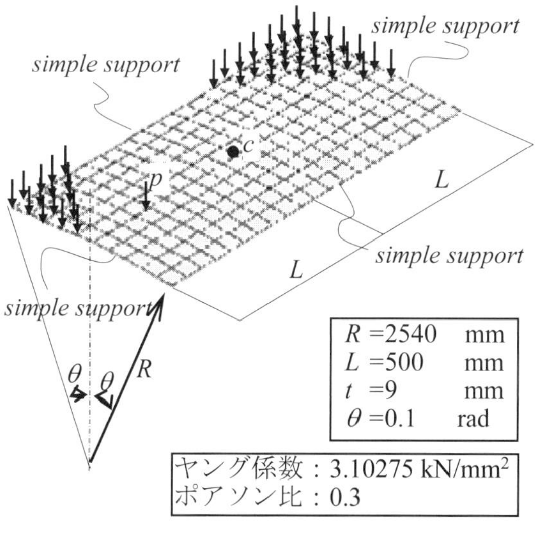

図 3.3.13　鉛直等分布荷重を受ける部分円筒シェル

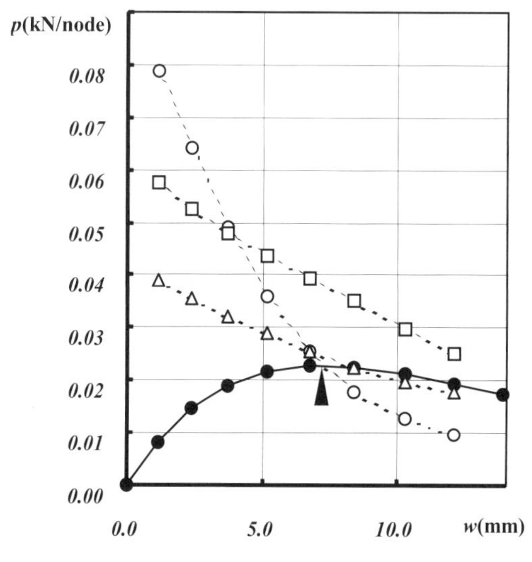

図 3.3.14　座屈耐力の推移

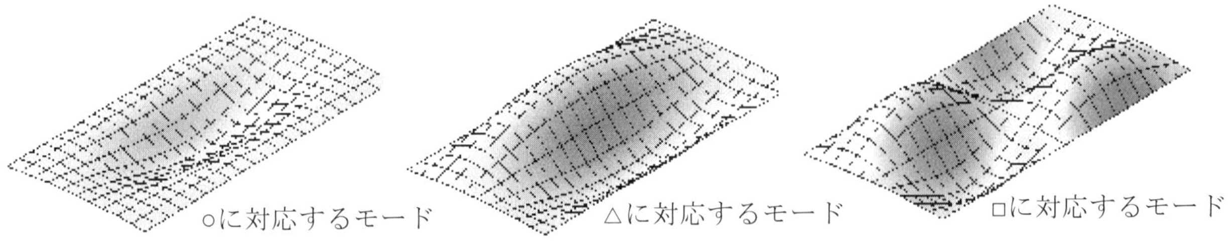

図 3.3.15　○, △, □に対応する固有（座屈）モード

などが挙げられる。これらはいずれも幾何学的非線形性が原因であり、シェル構造のような面内力を主たる応力伝達機構とする構造の場合には、変形による曲率の変化がシェル構造自身の挙動に大きく影響することに起因している。したがって、対象となる荷重レベルが幾何学的非線形域まで考慮した場合どの程度に相当するのかを判断しない限り、安易に線形計算のみでその力学特性を把握することはできない。このため、シェル構造の座屈耐力を算定する場合には幾何学的非線形性を考慮した解析により求めるべきであると考えた方がよい。

座屈形式および座屈後解析　シェル構造では、柱の座屈とは異なり、様々な座屈形式が発生する可能性がある。座屈点は次のように分類される。

- 極限点
- 分岐点
  - 非対称分岐点
  - 対称分岐点
    - 安定対称分岐点
    - 不安定対称分岐点

あるいは、座屈および座屈後の現象面から分類する方法によれば（文献 32)、

- 分岐座屈
- 飛び移り座屈 ┐
- 屈服座屈 ┘ 極限点

となる。どちらかと言えば、前者が数学的、後者が工学的な分類方法である。後者において、**飛び移り座屈と屈服座屈は幾何学的非線形性により釣合い経路上に極大点が生じることによる座屈現象であり、これらは共に前者の分類では極限点という範疇に属する。**また分岐座屈は、基本釣合い経路（Fundamental Path あるいは Primary Path などと呼ばれる）から別の釣合い経路（Secondary Path などと呼ばれる）へ移行する座屈であり、その移行する状態あるいは移行した後の状態からさらに細かく分類すれば、対称および非対称分岐座屈あるいは安定対称および不安定対称分岐座屈が存在する。ちなみに柱の座屈は安定対称分岐座屈形式である。

このような分類を行う必要性は座屈後の挙動を追跡する時に生ずる。また座屈後の挙動を追跡することは様々な意義が挙げられるが、シェル構造の設計を遂行する上での意義として

は、

　　最大耐力後もその耐力をある程度維持する構造と最大耐力後急激に耐力劣化する構造では余裕度（許容応力度設計上の安全率や耐震設計上の Ds 値などの概念と同じもの）は異なるべきである。

という点が挙げられる。すなわち、シェル構造では材料的には弾性であっても座屈後において急激な耐力劣化を起こす場合があり、このような場合には通常のラーメン構造と比べて設計上の余裕度をかなり大きくしなければ甚大な被害が生じる可能性がある。つまり、合理的な余裕度の設定のために座屈後の挙動を設計者は把握していなければならないということである。

次に、実際にシェル構造の座屈後挙動を数値解析により求める場合の取り扱い上の注意点について具体例を通して説明する。

飛び移り座屈・屈服座屈　ここではまず、シェル構造は幾何学的非線形性を考慮して解析するという前提から、その中で最も基本的な座屈現象である飛び移り座屈について説明する。

飛び移り座屈の例として、図 3.3.16 に示す中央に集中荷重を受ける部分円筒シェルを取り上げる。

ここでは恣意的に飛び移り座屈現象が生じるように 1/4 のみを実際の解析対象部分とし、これを 4 節点シェル要素を用いて 10×10 に分割している。また基礎編 1.2 節で述べた増分解析における制御方法としては弧長法を採用し、反復計算の方法にはニュ

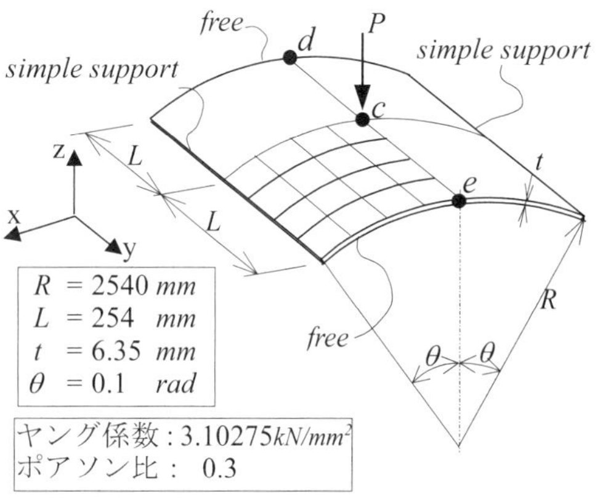

図 3.3.16　集中荷重を受ける円筒シェル

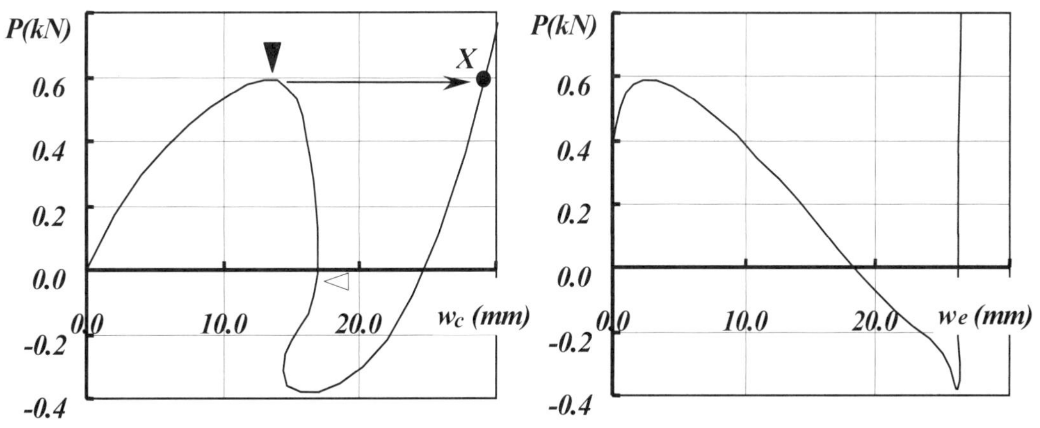

(a)　w_c：中央点(c)における変位　　　(b)　w_e：点 e における変位

図 3.3.17　荷重変位関係

ートン・ラフソン法を用いている。

図 3.3.17 に荷重変位関係を示し、(a)は荷重と荷重点での鉛直変位の関係を、(b)は荷重と自由辺上の点の鉛直変位との関係を示す。この結果に見られるようにシェル構造における荷重変位関係は複雑な曲線によって表される。このような荷重変位関係で、荷重の増分を与えて解析する荷重増分法では極大点（図中の▼）以降の釣合いを求めることが不可能となる。逆に中央変位の増分を与えて解析する方法では図中の△で示す点以降解析不可能となる。この理由は、それぞれの点の近傍で“より大きな荷重”あるいは“より大きな中央変位”に対応する釣合い点が存在しないためである。このため、ここでは弧長法を用いて解析を行っている。なお、このような荷重変位関係を有する構造では、実現象として極大点から図中の点 ***X*** までジャンプ（飛び移る）する挙動が観察される。このことが、この座屈現象のことを飛び移り座屈と呼んでいる理由である。ただし、同じ形態を有する構造体でもわずかな条件の違いにより分岐座屈形式となる場合もあるので注意しなければならない。詳細は後述する分岐座屈を参照されたい。

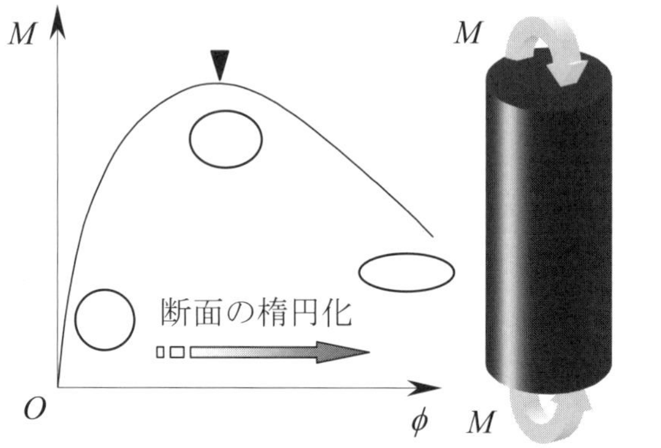

図 3.3.18　荷重変位関係と断面形状の変化

屈服座屈の座屈点は、数学的な分類においては飛び移り座屈と同じであることは前に述べた。実際の現象として知られる例として、曲げを受ける円筒シェルが挙げられる。多くの人々が体験して知っているように、ゴムホースやストローなどを曲げる場合、ある程度以上の曲げを加えると、当初円形であった断面が楕円形になる現象 [33,34]である。ゴムホースを 1 本のはりとして考えた場合、断面が楕円形になることは、はりとしての断面 2 次モーメントおよび断面係数が小さくなることを意味し、その結果曲げ剛性および曲げ耐力が小さくなる。このため断面の楕円化がある程度以上進行すると、ゴムホースはそれまでの曲げを維持できなくなり、曲げ耐力は低下する。ただし、この場合もシェル厚が薄い場合には次に述べる分岐座屈形式となる。したがって、飛び移り座屈同様、固有モードの形を観察しながら解析を行っていく必要があることは言うまでもない。

分岐座屈　次に、実際の構造物で最も出現頻度が高い分岐座屈を取り上げる。具体例を通してその解析上の注意点について述べる。まず分岐座屈の共通点は、基本釣合い経路から別の釣合い経路へ移行する座屈形式である。したがって、前述した 2 つの座屈形式（基本釣合い経路上の極大点）のように単純に弧長法などを利用して釣合い経路を求めていく方法では、今の場合解析不可能となる（実際の数値解析では多くの場合解は発散してしまう）。つまり分岐座屈問題では別の釣合い経路上へのスムーズな移行が重要な課題となる。このスムーズな移行を達成するためには、

I　基本釣合い経路上の分岐点の正確な把握　　（正確な臨界点の算出）

II　分岐後の変形パターンの正確な把握　　　（正確な固有モードの算出）

が要求される。つまり、I：いつ座屈するのか？、II：どの方向に変形が進行するのか？ということである。これを達成するために分岐座屈解析は次のような手順を踏む。

I　基本釣合い経路上の臨界点（接線剛性マトリクスの固有値が零となる点）を求める。

I－①　所定の増分量に対して幾何学的非線形性を考慮した解析を行う。

I－②　得られた釣合い点で固有値解析を行う。

上記のI－①および②を接線剛性マトリクスが特異となるまで繰り返す。特異点およびそこでの固有モードが求められたならば、座屈モードベクトルと荷重モードベクトルのスカラー積をとり、この値が非零であれば飛び移り座屈または屈服座屈、零であれば分岐座屈と判断する。前者であれば弧長法によりそのまま解析を続行することができるが、後者の場合には、弧長法を用いても臨界点以降の釣合いを求めることは困難となるので、以下の手順IIを実行する。

II　臨界点にて計算された固有モードを形状初期不整として解析モデルに組み込む。

これにより座屈後に成長する変形パターン（変形が進行する方向）を一義的なものとする。この時の初期不整の最大振幅はシェル厚の 1/100 程度とする場合が多い。このような形態的な不整を与える代わりに荷重の不整を与える場合もある。

以上のことを踏まえ、具体的な例題における分岐座屈後の挙動を追跡することを試みる。

例題　分岐座屈１　最初に対称分岐座屈に対する例題を示す。解析対象は＜飛び移り座屈＞で用いたものと同じである（図 3.3.16 参照）。ただし、先の解析では飛び移り座屈するように恣意的に 1/4 のみを解析対象としたが、ここでは対象全体を解析モデルとして解析を行う。釣合い経路の算定は基本的に先の例と同じ方法に依っている。

上記の手順に沿って解析を行っていく。

手順I：基本釣合い経路上の臨界点を求める。

増分解析（＋反復計算）と固有値解析により臨界点を求める。図 3.3.19 にこの結果を示す。図中○で示したものが増分解析により得られた釣合い点であり、□で示すものが固有値解析による各変位段階での座屈耐力である。この両者の交点（図中▼にて表示）が真の臨界点であることから、極大点に達する以前に別の臨界点が存在していることが分る。この時の座屈モードは図 3.3.20 に示すような yz 平面に対して逆対称の変形パターンとなっている。この座屈モードをみると、荷重点での荷重方向の値（中央点での z 方向成分）はほぼ零であり $\boldsymbol{\varphi}^T \boldsymbol{P} = 0$ が成り立つ。このことからこの臨界点は分岐座屈点であるという結論が見出される。

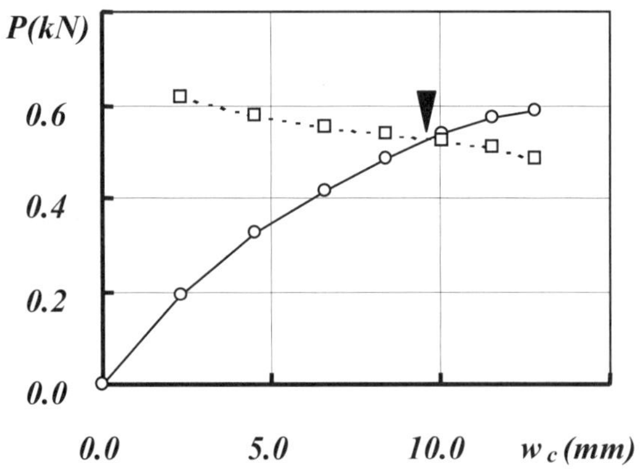

図 3.3.19　最低次座屈耐力の推移

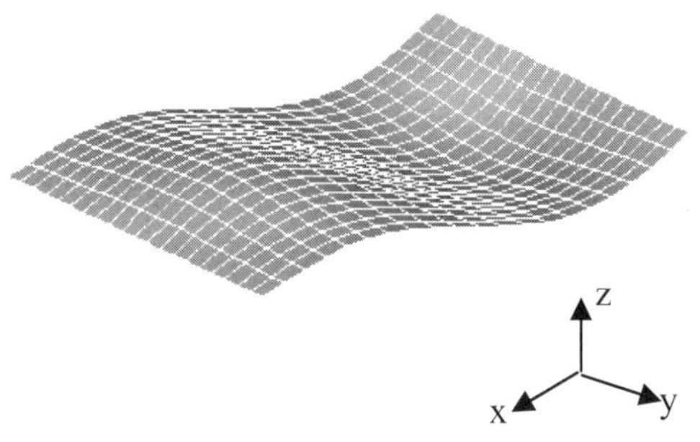

図 3.3.20　座屈モード

手順 II：固有モードを形状初期不整として解析モデルに組み込み増分解析を行う。

図 3.3.20 の座屈モードをその最大振幅がシェル厚の 1/100 となるように解析モデルの初期形状に組み込み、この形態を初期形状として増分解析をやり直す。この結果を図 3.3.21 に示す。図中○および□で示す結果が今回の解析結果であり、細線は**飛び移り座屈**の項で示した結果である。また図中の各点（A-D）における鉛直変位分布を図 3.3.22 に示す。荷重変位関係において解析 I で求めた臨界点あたりで○と細線がズレ始めており、この臨界点前後の鉛直変位の分布状態（図 3.3.22 の A,B）から分るように、対称な変位分布から非対称な変位分布へと変化している。これは、対称な変形パターンとなる基本釣合い経路から非対称な変形パターンとなる分岐経路へ移行したことを示す。

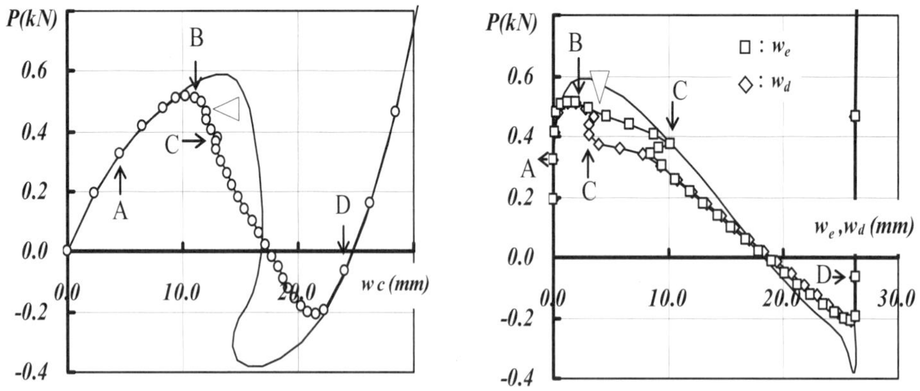

(a)　w_c：中央点 c における変位　　(b)　w_e, w_d：点 e,d における鉛直変位

図 3.3.21　分岐座屈後の荷重変位関係

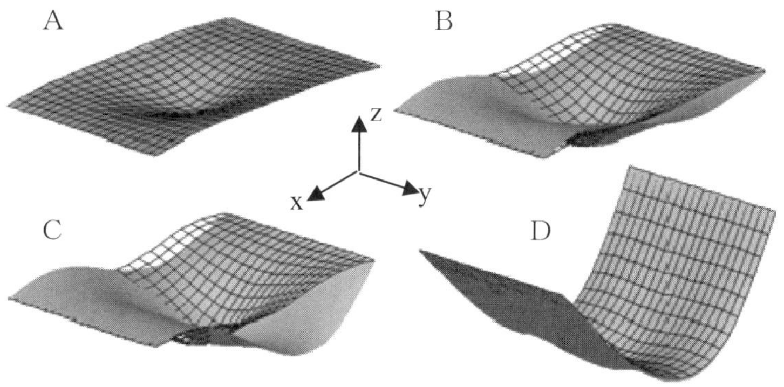

（メッシュは 1/4 解析モデルによる結果）
図 3.3.22　各変位段階の鉛直変位分布（×50）

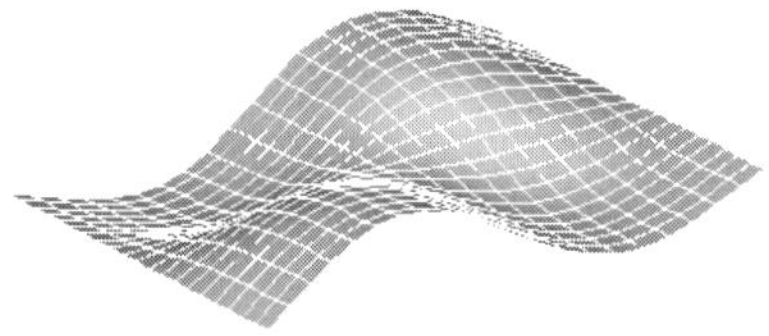

図 3.3.23　第 2 座屈時の座屈モード

なお、この解析例では、II の解析において分岐点を越えた後に再度解析不能となった（図 3.3.21 の△）。これは分岐後の釣合い経路（Secondary Path）上にさらなる臨界点が存在するためである。シェル構造ではこのような座屈後の座屈（通常 2 次座屈と呼ばれる）という現象が存在する場合がある。これを解く最も単純な方法は解析不能となる直前に固有値解析を行い、座屈モードを求め、これを初期不整として追加して解析する方法である。今の場合で言えば、解析 II で用いた座屈モード（図 3.3.20）と点△の直前で固有値解析により求めた固有モード（図 3.3.23）をそれぞれシェル厚の 1/100 となるように初期不整として解析モデルに組み込み、改めて増分解析を実行する方法である。図 3.3.21 の△以降はこの方法により求めたものである。既に述べたように対称な変位分布(A)から *yz* 平面に非対称な変位分布(B)、さらに *zx* 平面についても非対称な変位分布(C)を経過し、最終的に再度対称な変位分布(D)へ移行していく様子が見られる。このように増分解析の途中段階で解析不能に至った場合、その直前の状態で固有値解析を行うことは非常に意味がある。

例題　分岐座屈２　次に非対称分岐座屈に対する例題を示す。解析対象は図 3.3.24 に示す偏心圧縮を受ける円筒シェルである。偏心量が大きくシェル厚が十分厚い場合には分岐座屈形式ではなく屈服座屈形式となるが、ここでは分岐座屈形式となるように偏心量およびシェル厚を設定している。先の例と同様に分岐座屈の場合の解析手順どおり実際に解析を行う。

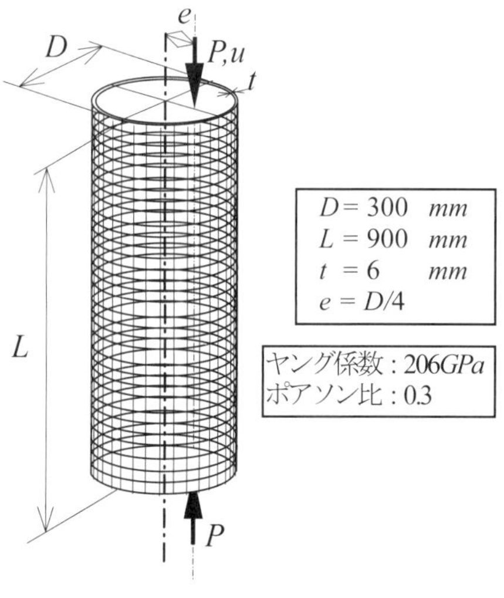

図 3.3.24　偏心圧縮を受ける円筒シェル

手順 I：基本釣合い経路上の臨界点を求める。　図 3.3.25 に結果を示す。図中●で示したものが増分解析

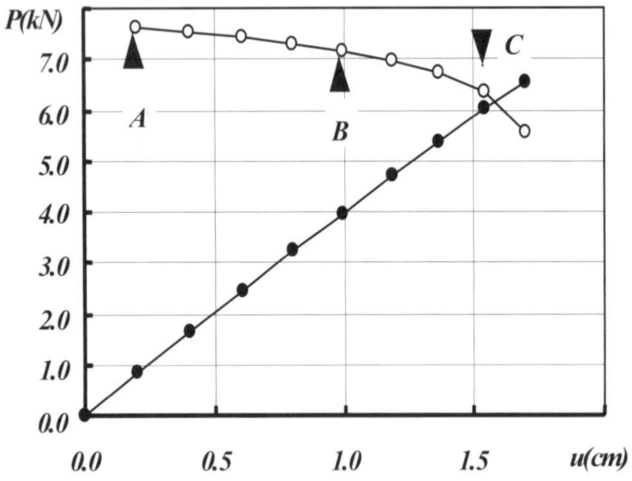

図 3.3.25　荷重変位関係と推定座屈耐力の推移

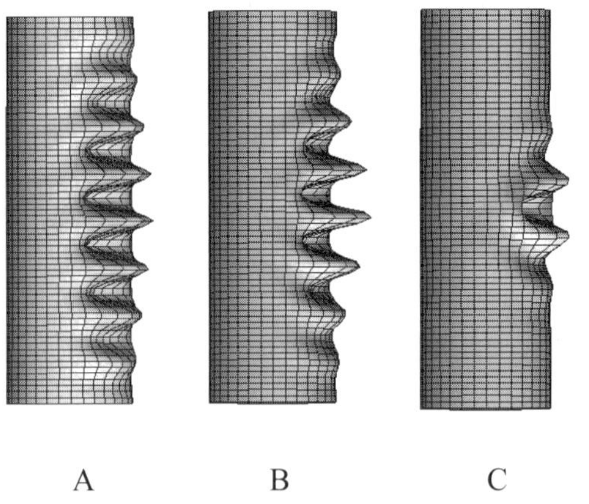

図 3.3.26　各変位段階における座屈モード

により得られた釣合い点であり、○で示すものが固有値解析による各変位段階での推定座屈耐力である。また図 3.3.26 は各変位段階での 1 次座屈モードである。この場合、荷重変位関係はほぼ線形（直線的）関係にあるが、推定座屈耐力および固有モードは変位が大きくなるにつれ変化している。このように荷重変位関係だけでは幾何学的非線形性の影響の有無を判断することはできない。

真の座屈耐力は荷重変位関係と推定座屈耐力推移線が交差する点であり、この時の固有モード（図 3.3.26 の C）が真の座屈モードとなる。この座屈モードをみると、先の例と同様、荷重点における荷重方向のモードの振幅値はほぼ零であり、$\boldsymbol{\varphi}^T \boldsymbol{P} = 0$ が成り立ち、この臨界点が分岐座屈点であるということが分る。

手順 II：固有モードを形状初期不整として解析モデルに組み込み増分解析を行う。

図 3.3.26 の C の座屈モードをその最大振幅がシェル厚の 1/50 となるように解析モデルの初期形状に組み込み、この形態を初期形状として増分解析をやり直す。ただし、この例題では初期不整を与える場合座屈モードの**符号**にも重要な意味がある。すなわち、得られた座屈モード（図 3.3.26 の C）をそのまま初期不整として組み込んだ場合と座屈モードを正負逆にしたモード（右図）を与えた場合では座屈後の荷重変位関係は異なるものとなる。具体的に解析した結果を図 3.3.28 に示す。図中○は図 3.3.26 の C で示す座屈モードを初期不整として組み込んだ結果であり、細線は図 3.3.27 のモードを初期不整として組み込んだ結果（負モデル）である。また負モデルの結果を拡大して示したものが図 3.3.29 である。

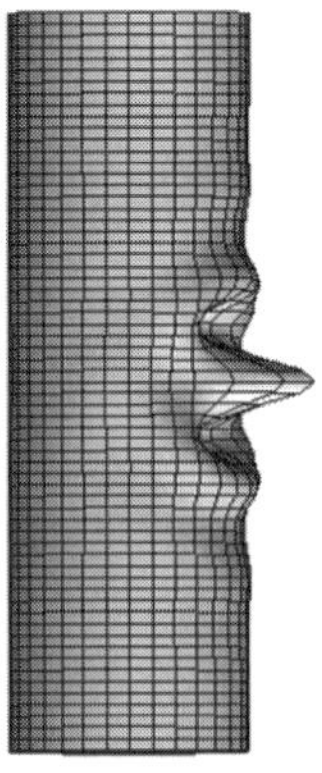

図 3.3.26 の C を
反転したモード

図 3.3.27　座屈モード

両者ともほぼ同じ荷重レベルで基本釣合い経路からの逸脱が見られるがその後の挙動は異なるものとなっており、負モデルでは複雑な経路を一旦たどり最終的に正モデルの経路へと変化している。このように座屈モードの符号にも力学的な意味がある場合、この臨界点は非対称分岐座屈点であると言う。したがって、解析者は固有値解析により得られた座屈モードを初期不整として与える場合、初期不整の振幅の大きさ（絶対値）のみならずその符号まで意識して与える必要がある。

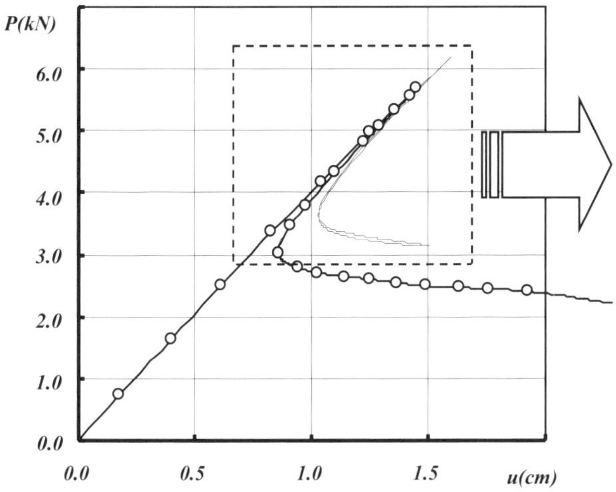

図 3.3.28 座屈モードの符号の影響

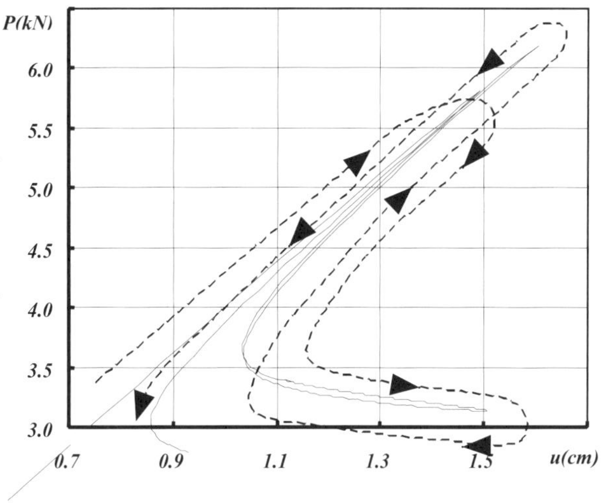

図 3.3.29 負モデルの荷重変位関係(拡大)

形状初期不整の影響と座屈後解析における初期不整振幅の設定 分岐座屈形式の場合座屈後解析を行う場合には、形状初期不整など何らかの外乱を与える必要があることは前述したとおりである。これらの不整は、構造物の力学特性に影響を及ぼし、一般には不整のない構造の場合に比し、座屈耐力を低下させる。ここでは座屈後の挙動を追跡する上での適切な初期不整量、すなわち対象とする座屈モードに対してどの程度の振幅を与えて解析するのが妥当であるかを考えてみる。座屈後挙動を解析する目的に、座屈後に急激な耐力低下が現れるか否かという点を明らかにすることが挙げられた。この観点から言えば初期不整による座屈耐力の低下はさほど問題とはならない。図 3.3.30 は上記の問題で初期不整を $t/50$, $t/10$, $t/5$ として解析した結果である。座屈耐力は初期不整の影響により急激に減少しているが、座屈後の荷重変位関係はどの結果もほぼ同様となっている。つまり、初期不整のないシェルの座屈耐力を手順 I によって求め､座屈後の耐力低下挙動を $t/100$~$t/10$ 程度の初期不整を導入したモデルいずれか 1 体を解くことにより、対象構造の座屈時の特性は把握することができる。したがって、座屈後に急激な耐力低下が現れるか否かという座屈後挙動を解析する目的から言うならば、設定すべき不整量について、さほど神経質にならなくてもよいと考えられる。

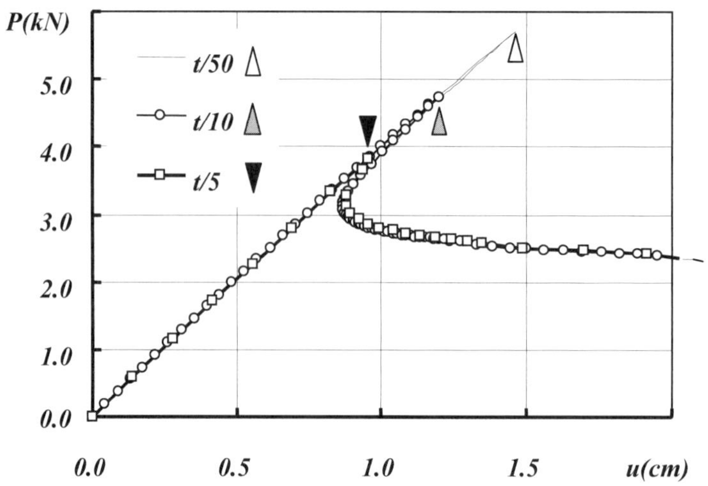

図 3.3.30　初期不整量の影響

3.3.3　シェル構造の材料非線形解析

弾塑性問題などの材料非線形問題は、通常のラーメン構造でもかなり一般的に解析されていることから、前項までに示した幾何学的非線形問題よりは理解し易い読者が多いと思われる。通常の 1 次元部材（柱はりなど）のような（垂直）応力成分として材軸の 1 方向のみを考えるモデルでは、断面に作用する応力とひずみの関係は、素材の引張試験における応力ひずみ関係が直接的に適用される。それに対して、シェル構造のような面的な広がりを有する構造の場合には、少なくとも平面応力状態（2 方向に引張や圧縮応力が作用するような多軸応力状態）を考えなければならず、そのために柱はりなどに比べ多少複雑な仮説や計算が必要となる。

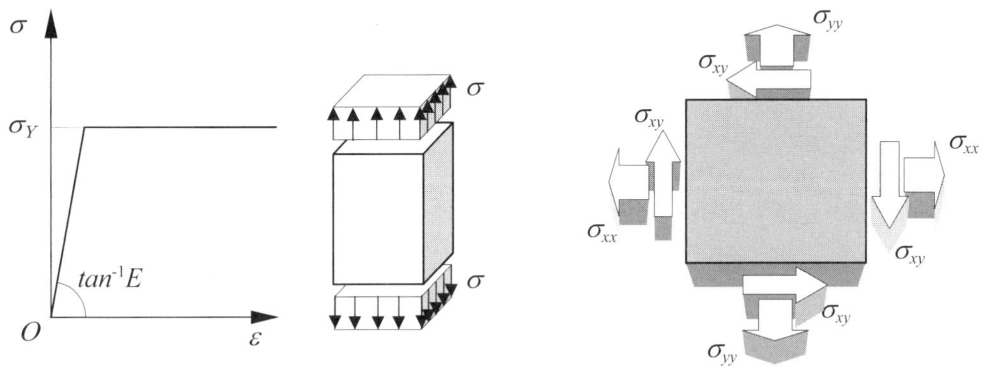

図 3.3.31　1 軸応力状態と多軸応力状態

降伏条件式　多軸応力状態における弾塑性判定を行うために降伏条件式が導入される。この仮説における考え方は、「応力の不変量」[35)]を用いて降伏条件式を記述するというものである。この不変量とは、ある応力状態が与えられた時に、用いている座標系とは関係のない応力の大きさを示す値のことである。このように応力の不変量を用いて降伏条件式を表すことにより、応力がどのような座標系で記述されていても与えられた応力に対する弾塑性判定が変化することはなくなる。この**不変量**というものを簡単に式で説明する。記述の簡略化のために 2 次元問題として式を展開する。今、ある平面に応力$\boldsymbol{\sigma}$が作用しているものとし、これを x,y 座標系で表現すると$\boldsymbol{\sigma} = \langle \sigma_{xx} \quad \sigma_{yy} \quad \tau_{xy} \rangle$として表示されるものとする。このときの主応力は

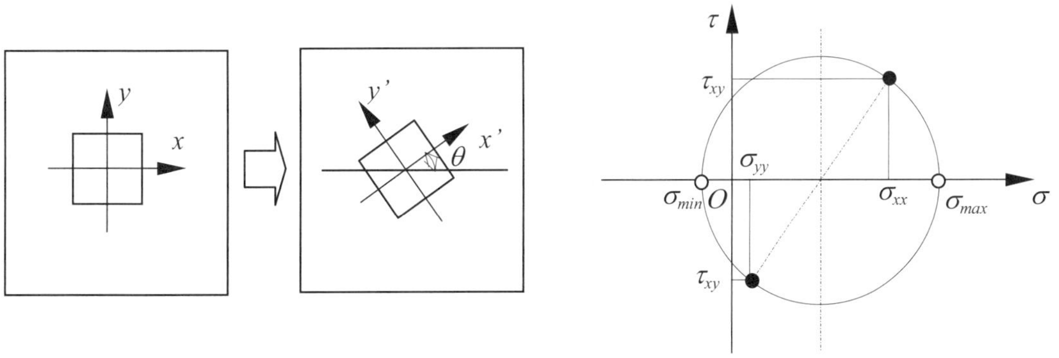

図 3.3.32　モールの応力円

モールの応力円より、

$$\sigma_{\max}, \sigma_{\min} = \frac{\sigma_{xx} + \sigma_{yy}}{2} \pm \frac{\sqrt{(\sigma_{xx} - \sigma_{yy})^2 + 4\tau_{xy}{}^2}}{2} \tag{3.3.20}$$

となる。この主応力は記述に用いる座標系に依存しないから、他の x', y' 座標系で表現された場合でも同じ値とならなければならない。したがって上式の右辺第1項および第2項ともに、作用応力が如何なる座標系で記述されようとも一定でなければならない。つまり、ある座標系で記述された時にその成分を用いて計算された以下の値は、別の座標系成分で計算しても同じ値となり変化しない。これはそれぞれが円の中心位置および円の半径長を示していることからも明らかである。

$$\text{モールの応力円の中心座標} = \sigma_{xx} + \sigma_{yy} = \sigma_{x'x'} + \sigma_{y'y'} = \text{座標系に依存しない量} \tag{3.3.21a}$$

$$\text{同半径長} = (\sigma_{xx} - \sigma_{yy})^2 + 4\tau_{xy}{}^2 = (\sigma_{x'x'} - \sigma_{y'y'})^2 + 4\tau_{x'y'}{}^2 = \text{座標系に依存しない量} \tag{3.3.21b}$$

$$\text{ただし、}\ \sigma_{xx} \neq \sigma_{x'x'},\quad \sigma_{yy} \neq \sigma_{y'y'} \tag{3.3.21c}$$

以上の展開では 2 次元問題として式を示したが、一般的な 3 次元の場合でも不変量の考え方は全く同様である。ただし 3 次元問題では主応力は次のように計算されるのが一般的である。すなわち、応力を応力成分からなるマトリクスで表現し、このマトリクスの固有値を求めることによって主応力を求める方法である [36)]。

$$|\boldsymbol{\sigma} - \lambda \boldsymbol{I}| = \begin{vmatrix} \sigma_{xx} - \lambda & \tau_{xy} & \tau_{zx} \\ \tau_{xy} & \sigma_{yy} - \lambda & \tau_{yz} \\ \tau_{zx} & \tau_{yz} & \sigma_{zz} - \lambda \end{vmatrix} = 0 \tag{3.3.22}$$

これより、λに対する 3 次方程式が得られる。

$$\lambda^3 - J_1\lambda^2 - J_2\lambda - J_3 = 0 \tag{3.3.23}$$

ここに、

$$J_1 = \sigma_{xx} + \sigma_{yy} + \sigma_{zz},\ J_2 = -(\sigma_{yy}\sigma_{zz} + \sigma_{zz}\sigma_{xx} + \sigma_{xx}\sigma_{yy}) + \tau_{yz}{}^2 + \tau_{zx}{}^2 + \tau_{xy}{}^2,\ J_3 = \det(\boldsymbol{\sigma}) \tag{3.3.24abc}$$

である。ここで先の例題と同様に、「主応力は、座標系に依存せず、作用応力が如何なる座標系で記述されようとも一定でなければならない」ことを考慮すると、上記の 3 次方程式の係数 J_1, J_2, J_3 もまた変化しないことが分る。そこでこれらの係数を座標系に依存しない量という意味で「不変量」と呼んでおり、さらに 3 者を区別する意味で、J_1 を第 1 不変量、J_2 を第 2 不変量、J_3 を第 3 不変量と呼んでいる。

以上のことから降伏条件式は、これらの不変量の関数として次式で表される。

$$\varphi \equiv \varphi(J_1, J_2, J_3) = \text{const.} \tag{3.3.25}$$

例題　理解を深めるために先と同じ問題における主応力を、マトリクスを用いた表現で求めてみる。

$$\begin{vmatrix} \sigma_{xx}-\lambda & \tau_{xy} \\ \tau_{xy} & \sigma_{yy}-\lambda \end{vmatrix} = 0 \tag{3.3.26}$$

これからλに対する 2 次方程式が得られ、

$$\lambda^2 - (\sigma_{xx}+\sigma_{yy})\lambda + \sigma_{xx}\sigma_{yy} - {\tau_{xy}}^2 = 0,\quad J_1 = \sigma_{xx}+\sigma_{yy},\quad J_2 = -\sigma_{xx}\sigma_{yy} + {\tau_{xy}}^2,\quad J_3 = 0 \tag{3.3.27}$$

この式をλに対して解くと先の式(3.3.20)と同一の結果が求められる。

$$\lambda = \frac{\sigma_{xx}+\sigma_{yy}}{2} \pm \frac{\sqrt{(\sigma_{xx}-\sigma_{yy})^2 + 4{\tau_{xy}}^2}}{2} \tag{3.3.28}$$

また、J_1が不変ということから、上式の第 1 項が不変であり、J_1およびJ_2が不変ということから、

$$(\sigma_{xx}-\sigma_{yy})^2 + 4{\tau_{xy}}^2 = (\sigma_{xx}+\sigma_{yy})^2 + 4(-\sigma_{xx}\sigma_{yy} + {\tau_{xy}}^2) = {J_1}^2 + 4J_2 = \text{不変} \tag{3.3.29}$$

となり、式(3.3.21)と一致する結論が得られる。

塑性流れ則　降伏後の材料の取り扱いにおいても仮説が設けられている。これは一般に塑性流れ則と呼ばれるもので、概念的には降伏後、ひずみの塑性成分がどのように進展するかを規定するものである。通常は、関連する流れ則(Associate Flow 理論)と呼ばれるものが用いられている。

現在までに提案されている様々な仮説は、対象とする材料によって、あるいは対象とする挙動によって適切かどうかが判断されるので注意を要する。以下では鋼材を対象とした場合およびコンクリートなどを対象とした場合の材料特性の一般的な取り扱いについて説明する。

3.3.3.1　金属系材料の取り扱い－鋼管－

ミーゼスの降伏条件式　鋼材に代表される金属系材料では主としてミーゼス(von Mises)の降伏条件式[37)]が用いられる。この降伏条件式では「偏差応力」あるいは「応力の偏差成分」が用いられる。ミーゼスの降伏条件式は、金属系の材料に静水圧のみが作用する場合、その材料は常に弾性状態を保持するという実験的事実から考えられたものであり、そのため作用している応力状態が *x, y, z* 座標系成分を用いて表されるものとすれば、これから静水圧に対応する成分である平均応力 $\sigma_m = \frac{1}{3}(\sigma_{xx}+\sigma_{yy}+\sigma_{zz})$ を除去した応力、つまり偏差応力によっ

て降伏判定が可能であると仮定している。

$$\sigma' = \begin{bmatrix} \sigma'_{xx} & \tau'_{xy} & \tau'_{zx} \\ \tau'_{xy} & \sigma'_{yy} & \tau'_{yz} \\ \tau'_{zx} & \tau'_{yz} & \sigma'_{zz} \end{bmatrix} = \sigma - \sigma_m I = \begin{bmatrix} \sigma_{xx} - \sigma_m & \tau_{xy} & \tau_{zx} \\ \tau_{xy} & \sigma_{yy} - \sigma_m & \tau_{yz} \\ \tau_{zx} & \tau_{yz} & \sigma_{zz} - \sigma_m \end{bmatrix} \tag{3.3.30}$$

なお、この平均応力は応力の第 1 不変量に 1/3 を乗じたものであるから座標系に依存しない量であることは言うまでもない。さらに、本項の序文で述べたように降伏条件式は応力度の不変量で記述されるべきであるという考え方から、この偏差応力の第 2 不変量を求め、この値がある所定の値を超えたとき材料は降伏すると仮定することによりミーゼスの降伏条件式が得られる。つまり、ミーゼスの降伏条件式は 3 つの不変量のうち第 3 不変量の影響を無視したものであり、次のように形式上表現することができる。

$$\phi \equiv \phi(J_1, J_2) = const. \quad \text{あるいは、} \phi \equiv \phi(J'_2) = const. \tag{3.3.31}$$

例題　先の 2 次元問題に対してミーゼスの降伏条件式を具体的に求めてみる。まず、$\boldsymbol{\sigma} = \langle \sigma_{xx} \quad \sigma_{yy} \quad \tau_{xy} \rangle$ に対する偏差応力を具体的に示すと、平均応力は $\sigma_m = \frac{1}{3}(\sigma_{xx} + \sigma_{yy} + 0) = \frac{1}{3}(\sigma_{xx} + \sigma_{yy})$ となることから、

$$\sigma' = \begin{bmatrix} \frac{2}{3}\sigma_{xx} - \frac{1}{3}\sigma_{yy} & \tau_{xy} & 0 \\ \tau_{xy} & \frac{2}{3}\sigma_{yy} - \frac{1}{3}\sigma_{xx} & 0 \\ 0 & 0 & -\frac{1}{3}\sigma_{xx} - \frac{1}{3}\sigma_{yy} \end{bmatrix} \tag{3.3.32}$$

となる。ここで σ_{zz} は零であっても σ'_{zz} は零とならないことに注意する。これより、偏差応力に対する第 2 不変量 J'_2 は、

$$J'_2 = \frac{1}{3}\left(\sigma_{xx}{}^2 - \sigma_{xx}\sigma_{yy} + \sigma_{yy}{}^2\right) + \tau_{xy}{}^2 \tag{3.3.33}$$

となり、結局平面応力場におけるミーゼスの降伏条件式の原型が次のように得られる。

$$J'_2 = \frac{1}{3}\left(\sigma_{xx}{}^2 - \sigma_{xx}\sigma_{yy} + \sigma_{yy}{}^2\right) + \tau_{xy}{}^2 = \text{const.} \tag{3.3.34}$$

実際のミーゼスの降伏条件式は、さらに 1 軸状態の場合 ($\sigma_{yy}=\sigma_{xy}=0$) には通常の素材試験（1 軸引張試験）の結果に対応しなければならないことを踏まえ、

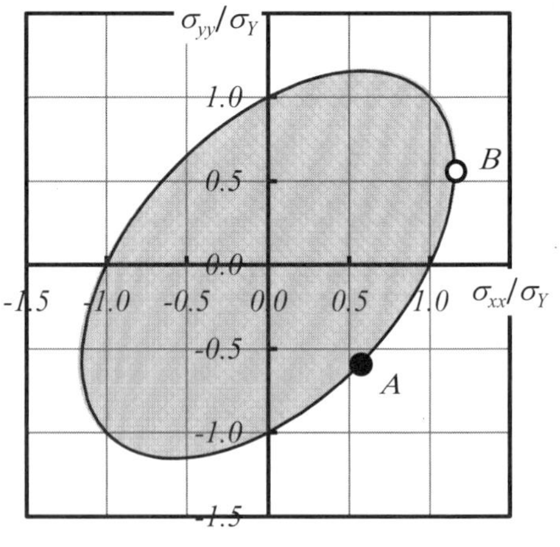

図 3.3.33　ミーゼスの降伏条件

$$\phi = \sqrt{\sigma_{xx}{}^2 - \sigma_{xx}\sigma_{yy} + \sigma_{yy}{}^2 + 3\tau_{xy}{}^2} - \sigma_Y = \overline{\sigma} - \sigma_Y = 0 \tag{3.3.35}$$

で与えられる。ここにσ_Yは 1 軸引張試験における降伏応力度であり、$\bar{\sigma}$をミーゼスの相当応力と呼ぶ。これを図化したものが図 3.3.33 である。楕円状の輪郭がミーゼスの降伏条件式であり、これに囲まれた部分が弾性範囲（応力存在許容範囲）ということになる。これから理解されるように、σ_{xx}/σ_Yが 1.0 以下でも降伏する場合（点 A）があったり、逆にこの値が 1.0 以上でも降伏しない場合（点 B）がある。これが多軸応力の影響である。

このように板、シェルあるいは固体の場合には、発生している全ての応力が降伏条件に関与することに注意しなければならない。このことは解析対象をモデル化する際、特に注意しなければならない。このことを単純な事例で示す。

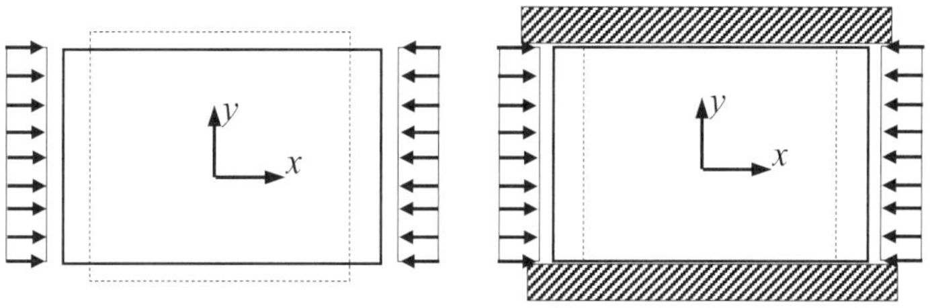

図 3.3.34　圧縮力を受ける鋼板

例題　図 3.3.34 のような圧縮力を受ける 2 種類の鋼板の降伏圧縮力を求める。なお、両鋼板は、形態は同じであるが、加力方向と直角な辺上の境界条件のみが異なる。

まず、加力方向と直角な辺が自由辺の場合を考えると、この場合鋼板内部の応力は加力方向（x 方向）成分の垂直応力度のみとなる。したがって、式(3.3.35)で$\sigma_{yy}=\tau_{xy}=0$ とすると、

$$\phi=\sqrt{\sigma_{xx}{}^2-\sigma_{xx}\times 0+0^2+3\times 0^2}=\sigma_{xx}\Leftrightarrow\sigma_Y \qquad (3.3.36)$$

となり、応力の x 方向成分がσ_Yになった段階で降伏する。一方、y 方向変位が拘束された場合には、$\tau_{xy}=0$ は自由辺モデル同様成り立つが、**ポアソン比の影響により応力の y 方向成分σ_{yy}は零とはならず、ひずみの y 方向成分ε_{yy}が零となる。**降伏する瞬間までは弾性状態にあるから、$\varepsilon_{yy}=0$ という条件よりσ_{yy}は、弾性時の応力ひずみ関係からσ_{xx}を用いて次のように求められる。

$$\begin{Bmatrix}\sigma_{xx}\\ \sigma_{yy}\end{Bmatrix}=\frac{E}{1-\nu^2}\begin{bmatrix}1 & \nu\\ \nu & 1\end{bmatrix}\begin{Bmatrix}\varepsilon_{xx}\\ \varepsilon_{yy}\end{Bmatrix}=\frac{E}{1-\nu^2}\begin{bmatrix}1 & \nu\\ \nu & 1\end{bmatrix}\begin{Bmatrix}\varepsilon_{xx}\\ 0\end{Bmatrix}\quad \text{より、}\ \sigma_{yy}=\nu\sigma_{xx} \qquad (3.3.37)$$

これを式(3.3.35)に代入すると次式を得る。

$$\phi=\sqrt{\sigma_{xx}{}^2-\sigma_{xx}\times(\nu\sigma_{xx})+(\nu\sigma_{xx})^2+3\times 0^2}=\sqrt{1-\nu+\nu^2}\,\sigma_{xx}\Leftrightarrow\sigma_Y \qquad (3.3.38a)$$

より具体的に確認するためにポアソン比をν=0.3 とすれば、

$$\phi=\sqrt{1-0.3+0.09}\sigma_{xx}\cong 0.89\sigma_{xx}\Leftrightarrow\sigma_Y \quad \text{より} \qquad \sigma_{xx}=\frac{1}{0.89}\sigma_Y=1.12\sigma_Y \tag{3.3.38b}$$

となる。結局、応力の x 方向成分 σ_{xx} が 1.12σ_Y となった段階で降伏することになる。

両者を比較すると、y 方向変位を拘束したモデルでは、y 方向変位を拘束しないモデルに比較し、降伏耐力が 1.12 倍になることを意味している。このことは対象となる構造物のモデル化に際し、実際とは異なる境界条件を設定した場合大きな誤差を生み出すことを示している。

塑性流れ則　これは塑性論の中で最も抽象的な概念であり、ここでは詳細な説明は省略するが、結論から言えば、一般に鋼材では関連する流れ則が用いられる。これは塑性ひずみの成長は現時点での応力点での降伏曲面に対する法線方向に生じるという仮説である。特にミーゼスの降伏条件式と同時に用いられる場合 J_2Flow 理論と呼ばれる場合もある。そこでこの J_2Flow 理論を具体的に表現してみる。

基礎編 1.2.4 項で述べたように関連する流れ則によれば、塑性ひずみ増分 $\Delta\varepsilon_{ij}^p$ は、

$$\Delta\varepsilon_{ij}^p=\Delta\zeta\frac{\partial\phi}{\partial\sigma_{ij}} \qquad \text{ここに、}\zeta\text{: 塑性進展パラメータ}^{*\text{注}} \tag{3.3.39}$$

として表現される[39]。ただし、

$$\varepsilon_{ij}^p=\varepsilon_{ij}-\varepsilon_{ij}^e=\text{全ひずみ}-\text{弾性ひずみ} \tag{3.3.40}$$

である。記述の簡略化のために 2 次元問題 $\boldsymbol{\sigma}=\langle\sigma_{xx}\quad\sigma_{yy}\quad 0\rangle$ の場合を考えることとして、式(3.3.39)に式(3.3.35)を代入する。ただし、

$$\begin{aligned}\frac{\partial\phi}{\partial\sigma_{xx}}&=\frac{\partial}{\partial\sigma_{xx}}\left(\sqrt{{\sigma_{xx}}^2-\sigma_{xx}\sigma_{yy}+{\sigma_{yy}}^2}-\sigma_Y\right)\\&=\frac{2\sigma_{xx}-\sigma_{yy}}{2\sqrt{{\sigma_{xx}}^2-\sigma_{xx}\sigma_{yy}+{\sigma_{yy}}^2}}=\frac{3}{2}\frac{\sigma'_{xx}}{\bar{\sigma}}\end{aligned} \tag{3.3.41a}$$

であり、同様に、

$$\frac{\partial\phi}{\partial\sigma_{yy}}=\frac{3}{2}\frac{\sigma'_{yy}}{\bar{\sigma}}, \qquad \frac{\partial\phi}{\partial\sigma_{xy}}=0 \tag{3.3.41bc}$$

である。したがって、塑性ひずみ増分は次式で与えられることになる。

$$\begin{Bmatrix}\Delta\varepsilon_{xx}^p\\\Delta\varepsilon_{yy}^p\\\Delta\gamma_{xy}^p\end{Bmatrix}=\Delta\zeta\frac{3}{2\bar{\sigma}}\begin{Bmatrix}\sigma'_{xx}\\\sigma'_{yy}\\0\end{Bmatrix} \tag{3.3.42}$$

すなわち、J_2 Flow 理論では塑性ひずみ増分ベクトルは偏差応力ベクトルに平行となることが

注*　本来塑性論は速度表現であり、式(3.3.39)は $\mathrm{d}\varepsilon_{ij}^p=\mathrm{d}\zeta\frac{\partial\phi}{\partial\sigma^{ij}}$ として表現されるべきである。ただし、ここでは増分区間で積分した形式で示してある。詳細は文献 38 を参照のこと。

理解される。読者はこのベクトルが図 3.3.33 の降伏条件に直交することを確認して欲しい。

ひずみ硬化則　一般に金属系材料はひずみ硬化の特性を有する。ひずみ硬化の考え方には大きく 2 種類あり、1 つが等方硬化則と呼ばれるものであり、もう 1 つが移動硬化則と呼ばれるものである。ここでは図および概念式を用いてそれぞれの特徴を示す。

等方硬化則(Isotropic Hardening)　これは名前が示すごとく、硬化が等方的に生じるというものである。この等方的にということを明らかにするために先の 2 次元のミーゼスの降伏曲面を用いることにすれば、図 3.3.35a のように表すことができる。図中、実線が硬化した後の降伏曲面を、細線は初期降伏曲面である。降伏曲面がいずれの方向に対しても同様に拡大されていることが分る。つまり等方硬化則は「降伏曲面の膨張」として説明される。したがって、1 軸応力問題を考えると図 3.3.35b のようになる。まず、引張によって降伏すると、ひずみ硬化により降伏曲面が**膨張**する。ある程度塑性変形が進行した後、圧縮する方向に加力すると、弾性除荷し、その後膨張した降伏曲面に交差するまでは弾性状態を維持するということになる。したがって等方硬化則を組み込んだミーゼスの降伏条件式は、

$$\phi = \bar{\sigma}(\sigma_{ij}) - \sigma_Y(\bar{\varepsilon}^p) = 0 \tag{3.3.43}$$

となる。ここで、$\bar{\varepsilon}^p$ は相当塑性ひずみと呼ばれるものであり、式(3.3.39)中の塑性進展パラメータζと物理的に同じ意味を持つ。

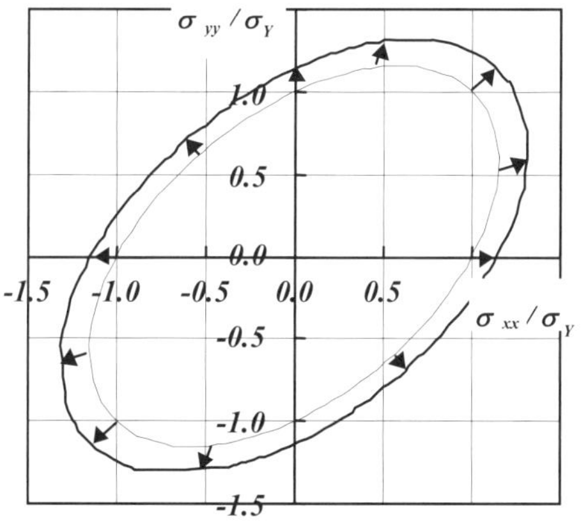

(a)　σ_{xx}-σ_{yy} 平面

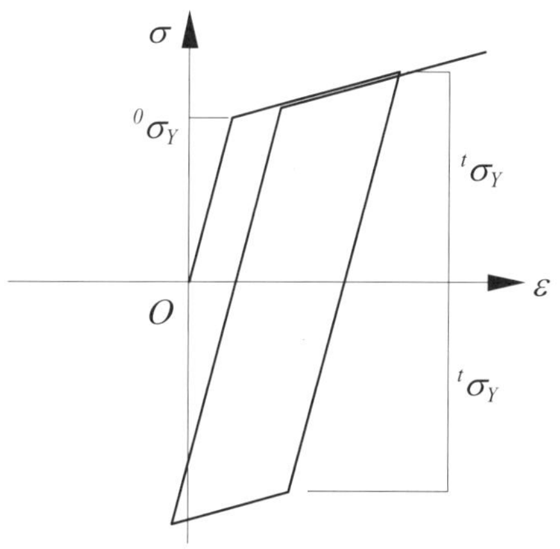

(b)　1 軸応力状態

図 3.3.35　等方硬化則

移動硬化則(Kinematic Hardening)　ここでも先の 2 次元のミーゼスの降伏曲面を用いることにすれば、移動硬化則は図 3.3.36a のように表すことができる。図中、実線が硬化した後の降伏曲面を、細線は初期降伏曲面を示す。この硬化則は初期の降伏曲面が大きさを変えず移動することによって応力が上昇する（降伏曲面の移動）という仮説である。ここでも先と同

様 1 軸応力問題を考えると図 3.3.36b のようになる。まず、引張によって降伏すると、ひずみ硬化により降伏曲面が**移動**する。ある程度塑性変形が進行した後、圧縮する方向に加力すると、弾性除荷し、その後移動した降伏曲面に交差するまでは弾性状態を維持するということになる。したがって移動硬化則を組み込んだミーゼスの降伏条件式は、

$$\phi = \overline{\sigma}(\eta_{ij}) - \sigma_Y = 0 \quad , \qquad ここに、\eta_{ij} = \sigma_{ij} - \alpha_{ij} \tag{3.3.44}$$

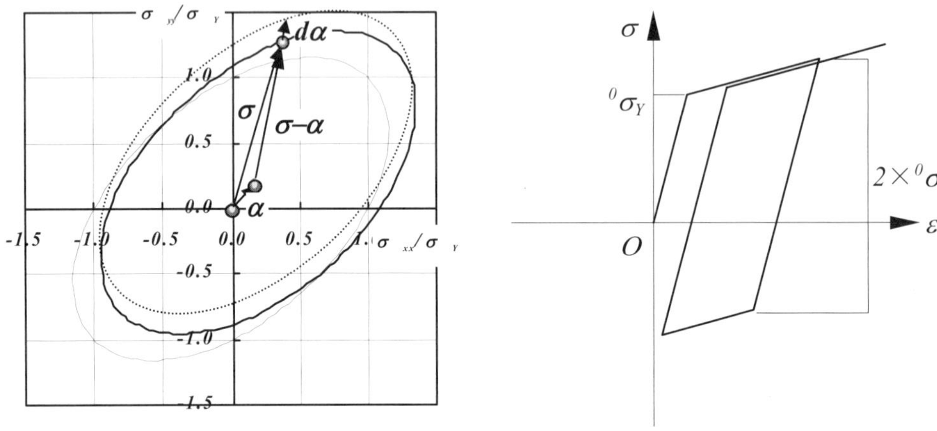

(a)　σ_{xx}-σ_{yy} 平面(Ziegler 則)　　　　(b)　1 軸応力状態

図 3.3.36　移動硬化則

となる。またこの移動の方法（上式中の α_{ij} の決定方法）にはプラガー(Prager)則 [40, 41]、ツィーグラー(Ziegler)則 [42] と呼ばれる 2 種類の考え方が提案されている。これらは次式のように表される。

$$プラガー則：d\alpha_{ij} = cd\varepsilon_{ij}^{p} \Rightarrow d\alpha_{ij} = d\gamma \frac{\partial \phi}{\partial \sigma_{ij}} \tag{3.3.45a}$$

$$ツィーグラー則：d\alpha_{ij} = d\gamma_z (\sigma_{ij} - \alpha_{ij}) \tag{3.3.45b}$$

ここに、$d\gamma$ あるいは $d\gamma_z$ は共に塑性進展パラメータ $d\zeta$ に移動硬化則に対する硬化係数を乗じたものに相当する。これらの説明および比較は文献 37 に詳細に行われているのでここでは省略するが、プラガー則はある条件下において整合性が失われることもあり、現在のところツィーグラー則が一般に用いられている。

実際の汎用コードではさらに等方硬化則と移動硬化則を組み合わせた混合（複合）硬化則も用意されており、解析者は最も適切なものを選択することとなる。この選択にあたっては、設定したパラメータにより硬化則を定義し、図 3.3.36b で示すような例えば棒（トラス）要素などにこれを適用し、1 軸応力問題を解くことで自分が設定したパラメータの意味を確認することは有意義である。特に、プラガー則とツィーグラー則では与えるべき硬化係数の大き

さの意味が異なるので注意を要する（詳細は文献 37 参照）。

3.3.3.2　鉄筋コンクリートシェルの取扱い

<u>考慮すべき非線形特性と解析の目的</u>　弾塑性解析の目的の一つとして、部材や構造物の非線形領域での力学的挙動の評価や、さらに終局状態までの追跡による耐力や破壊モードの評価などが挙げられる。鉄筋コンクリート構造物においては一般に、荷重の増加に伴い、コンクリートのひび割れ・鉄筋の降伏・コンクリートの圧縮破壊といった局所的な損傷の進展により材料的な非線形性を示す。シェル構造の特徴的な例として、材料的な非線形性に加え幾何学的非線形性が同時に影響する複合非線形性が問題となる場合が多い。図 3.3.37 にはその例として、典型的な中規模の屋根型円筒シェルが鉛直荷重を受ける場合の解析例を示す。

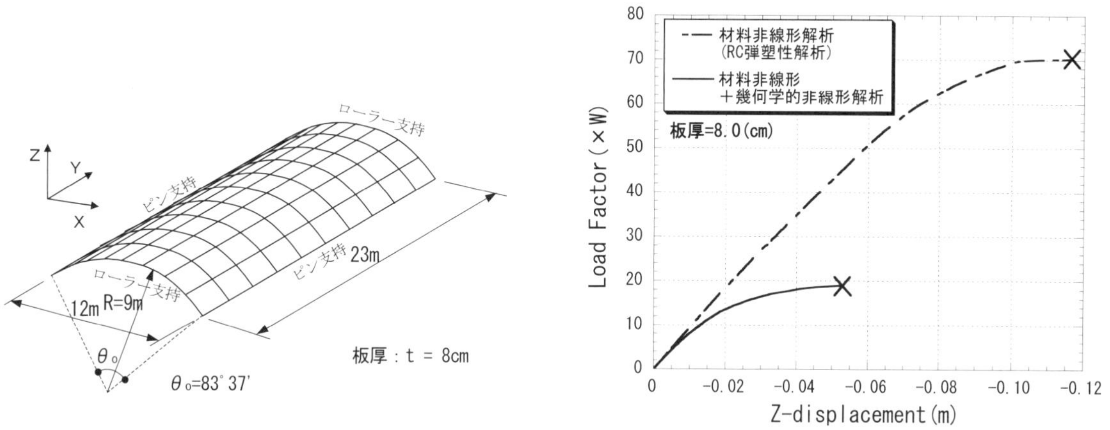

図 3.3.37　屋根型円筒シェルの複合非線形の事例

ここでは、鉄筋コンクリート板・シェルの材料非線形解析のための基本的事項について示す。一般に、鉄筋コンクリート部材に対して、破壊に至るまで荷重を増加させると、曲げ破壊が卓越するような対象では、一般的に次のような現象が現れる。

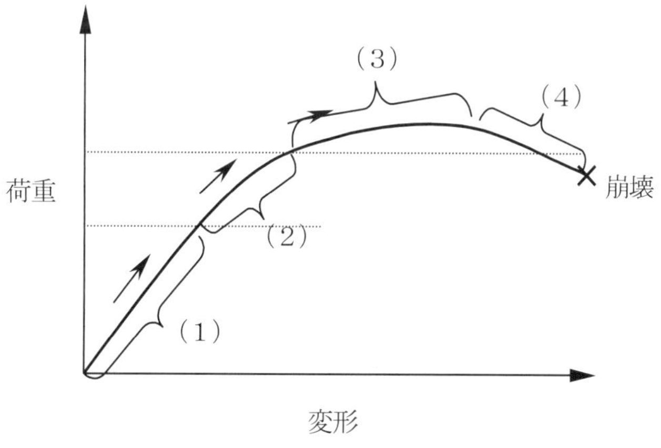

図 3.3.38　鉄筋コンクリート部材の荷重—変位関係

まず、荷重を増加させると、図 3.3.38 の領域 1）の間に、ひび割れが局所的に発生するが、全体的には弾性的に挙動する。領域 2）ではひび割れ領域が進展し、ひび割れ幅も増大する。同時に内部の応力の再配分が顕著となり鉄筋の塑性化が進展する。これに伴い塑性変形が増大し、荷重－変位曲線の非線形性が増大する。領域 3）の圧縮応力場においてコンクリートのひずみが限界ひずみに到達し、圧壊および軟化する領域が広がり、最大耐力を示して変形が急増する（ただし、せん断破壊する系では変形が進行せず、引き続いて急速に崩壊へ至る）。領域 4）では荷重への抵抗能力が減少し、不安定領域に移行し崩壊に至る。ここでは、このような現象を予測するために考慮すべき材料特性やモデル化について示す。なお、前述のようにこれらの非線形性の発生は、シェルの形態に大きく依存するので、留意する必要がある。

コンクリート材料の弾塑性特性　1 軸の圧縮状態を考察すると、図 3.3.39 に示すように、圧縮応力の増加に伴い、基本的には荷重の小さな段階から非線形性を示すものの、モデル化する上ではほぼ線形弾性とみなすことが可能な領域から始まり、次第に剛性の低下が顕著となり圧縮強度に到達する。その後、圧縮強度を越えてひずみ軟化領域に入り、やがて圧縮破壊である限界点（図中×）に達する。圧縮強度までの応力–ひずみ関係は、折れ線や種々の提案された曲線によりモデル化される。ひずみ軟化領域に関しては、数値解析上の観点からも単純なものが望ましく、直線で表されることもある。なお、図に示すように、コンクリートの応力—ひずみ関係は強度にも大きく依存する。

コンクリートを微視的に見れば、大きく分けて骨材とモルタルの構成要素からなり、微細構造も不均質な材料であり、従ってひずみや応力もミクロには不均一である。以後取り扱うモデルは、平均的な応力－ひずみ関係を想定することが可能な領域として、大まかに最大骨材寸法の数倍程度での議論となることが一般的である[43)]。このことは、コンクリート系の部材に対する有限要素解析において、要素分割や損傷の進展等の結果を評価する際、十分に認識しておかなければならない。

ところで、材料の構成方程式は 3 次元で評価することが理想的ではあるが、材料実験による値も 3 次元応力場でのデータは限定され、かつ複雑であり、コンクリートのような複合材料では 3 次元での妥当な構成方程式のモデル化は至難である。従って、解析対象部位とその応力分布によっては 2 次元応力場をベースに検討することが多く、板・シェルの解析でも、板厚方向にスライスした面での 2 次元の応力場で考えることが一般的であり、曲げ問題では妥当である。

多軸（1 軸に対して多軸と呼ぶ）圧縮応力下では、周囲の拘束力により、内部の微細な破壊の進展・連結・増大に伴う体積増加が抑制され、剛性、強度共に増加する傾向がある。この現象に関しては、分析する対象の形状・補強・荷重等による応力状態から適切に評価する必要がある（コンクリートの一般的な材料試験は 1 軸で実施され図 3.3.39 に例示される）。

圧縮破壊（圧壊）のクライテリアとしては応力、ひずみ、あるいはひずみエネルギーに基づくもの等が提案されているが、一般には主応力により記述した降伏曲面（破壊曲面）によりモデル化することが多い（静水圧効果を考慮して、ドラッカー･プラガー(Drucker-Prager)の降伏条件等が用いられることが多い）。降伏曲面は降伏関数により応力空間に関して定義されるが、ひずみ硬化がある場合には、初期降伏以後にこの曲面は変化する。

次に引張領域についてであるが、2 軸引張状態においては、ひび割れ発生の応力基準として 1 軸引張強度を用いることで良い近似となり、1 軸引張 1 軸圧縮状態においては 1 軸引張強度よりも小さい引張主応力でひび割れが発生する。図 3.3.40 には、Kupfer の実験結果により得られた 2 軸応力下におけるコンクリートの破壊曲面のモデル化の例を示す [44)]。

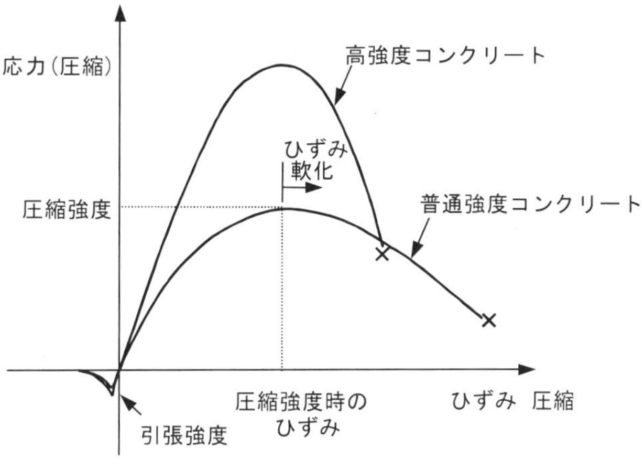

図 3.3.39　1 軸応力—ひずみ関係

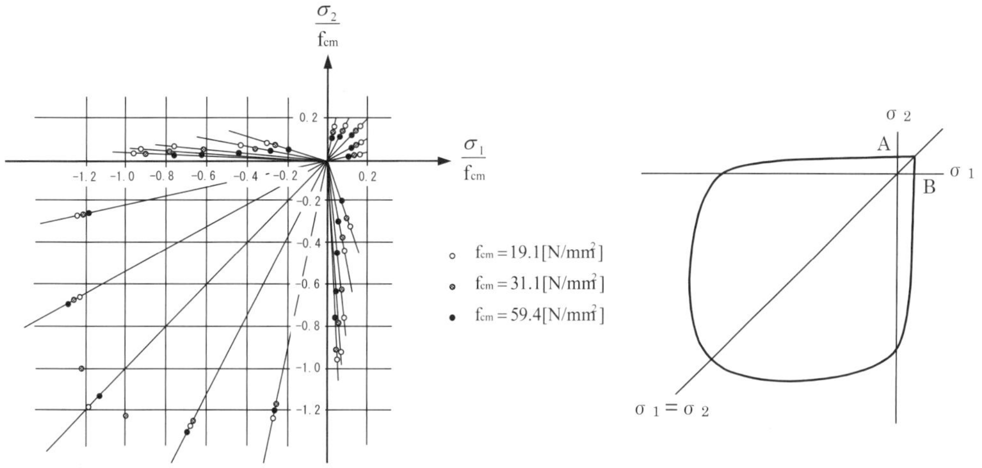

図 3.3.40　コンクリートの破壊曲面のモデル化 [44)]

引張力による破壊であるひび割れのクライテリアとして、一般に引張強度や最大の引張ひずみが用いられる。引張主応力が支配的な場合には、1 軸引張強度をひび割れ発生の応力基準とすることで良い近似となる。また、引張主応力と同等以上の圧縮主応力が存在する場合には、1 軸引張強度よりも小さい主応力でひび割れが発生する現象をモデル化するために、応力基準に加えてモール-クーロン(Mohr-Coulomb)の降伏条件を適用することができる。

有限要素解析におけるひび割れのモデル化[45-48]　有限要素解析においてひび割れを取り扱う方法として、要素内のひび割れを平均化して扱い、ひび割れを要素の剛性低下等で表現する分布ひび割れモデルと、ひび割れの発生を要素間の分離によって表現する離散ひび割れモデルがある（図 3.3.41）。板・シェルの解析においては一般に、ひび割れが比較的なだらかな応力勾配で広く分布することから、前者の分布ひび割れモデルを用いることが多く、以下この分布ひび割れモデルについて示す。コンクリートシェルの弾塑性解析では、後に示すように、要素を厚さ方向で層分割して、それぞれの層では平面応力場として、ひび割れを表現することが一般的である。そこでは、2 つの主応力に対して、最大 2 方向のひび割れを考える。それらのひび割れは直交し、また、一度発生したひび割れの向きは当該要素の除荷により閉じることがあっても、その方向は変化せず、固定して取り扱うことが一般的である。

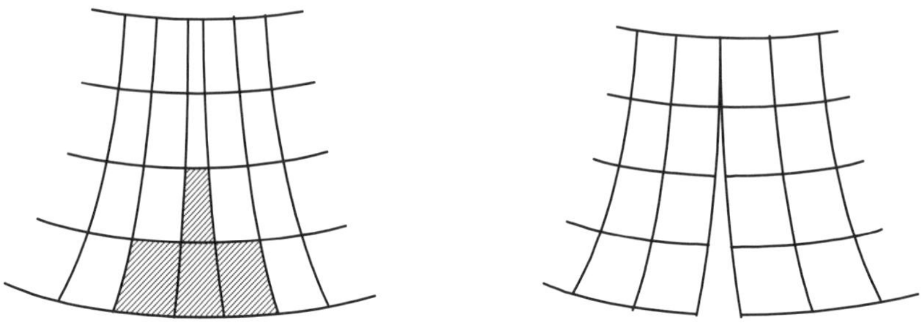

図 3.3.41　ひび割れモデル

次に構成方程式であるが、等方性材料に関して、引張破壊のクライテリアにより 1 方向にひび割れが発生した場合には、ひび割れ方向とその直交方向を主軸とする直交異方性材料として扱うことになる。2 次元の応力場では、最大の引張主応力が引張強度を超えた時点で、引張主応力と直交方向にひび割れが発生するものと考えることが多い。

ひび割れ後のコンクリートの具体的な構成方程式の例を以下に示す。まず、破壊曲面により、コンクリートに 1 方向のひび割れが発生したと判定されると、その積分点での応力とひずみの関係を式(3.3.46)のように設定することが多い(ひび割れ直交方向の応力を σ_1 とする)。

$$\begin{Bmatrix}\sigma_1\\ \sigma_2\\ \tau_{12}\\ \tau_{13}\\ \tau_{23}\end{Bmatrix}=\begin{bmatrix}0&0&0&0&0\\ 0&E&0&0&0\\ 0&0&{}_cG_{12}&0&0\\ 0&0&0&{}_cG_{13}&0\\ 0&0&0&0&{}_cG_{23}\end{bmatrix}\begin{Bmatrix}\varepsilon_1\\ \varepsilon_2\\ \gamma_{12}\\ \gamma_{13}\\ \gamma_{23}\end{Bmatrix} \quad (3.3.46)$$

ひび割れ発生による応力再配分は、増分解析において次のように評価される。即ち、ひび割れ発生と判定した積分点を有する要素のひび割れ直交方向の内力が低下し、隣接する要素へ等価な節点力として開放されることとなる。また、その時点で発生する不釣合力は、増分の各ステップにおける収束計算により解消される（後述するテンションスティフニング効果は、この応力の開放の遅れとしてモデル化される）。また、一般的には、ひび割れの発生によりせん断剛性も同時に低下させることになるが、その際には、解析対象の特性を考慮し、適宜実験データをモデル化して各せん断剛性を評価することが必要となるが、これらについては後述する。さらに、1 方向に入ったひび割れに直交する方向にもひび割れの発生が判定されると、その方向の弾性係数もゼロとして表現する。なお、ひび割れ後のせん断剛性は、弾性剛性に対して一定の低下率や引張主ひずみの関数として低下させるモデルなどが適用される。

板・シェルにおけるひび割れ進展解析では、実際には板厚方向を層分割した要素を用いて解析をすることが多く、その場合、各層のひび割れの評価は面内の応力により評価される。面外せん断成分に関しては、面内成分に関する評価を厚さ方向へ集約した後に、別途要素全体について評価することが多い。以下、面内問題についての取り扱いを具体的に示す。

前項に示したひび割れモデルでは、一度入ったひび割れは、その評価点である要素内の各積分点において固定され、その後、除荷されてひび割れが閉じてもその直交方向の剛性は回復するものの、方向および、過去に経験した最大ひずみを記憶して劣化特性を表現することが一般的である。また、2 方向のひび割れが発生する場合、それらは直交すると仮定しており、この場合構成方程式は比較的明確に規定される。

他にも、分布ひび割れモデルにおいても、2 方向のひび割れが直交しない、斜交ひび割れが用いられることもある。直交ひび割れは、正負繰返し載荷を受ける壁の面内せん断や平板の曲げのように、直交するひび割れで適切にモデル化できる場合には良好な結果が得られる。曲げとせん断のように、異なるモードでのひび割れが混在し、ひび割れが斜交するような場合や熱応力によるひび割れなど、異なった応力発生要因の連成などでは、斜交ひび割れは有効と考えられる[49)]。

鉄筋の弾塑性特性　鉄筋のモデル化では、1 次元のモデル化により比較的簡単な構成方程式が得られる。鉄筋に用いられる一般的な構造用鋼材に関する 1 軸の応力—ひずみ関係は図 3.3.42 のように示される。弾性領域に続いて降伏が発生し、急速に塑性流動が起き、ひずみ硬化領域に入り最大強度を示した後に破断する。この関係は鋼材の材質に依存し、明瞭な降伏棚を示さないものもある。数値計算に用いられる特性として、降伏点を境とした 2 直線のバイリニアモデルを用いることが多い。

鋼材の材料特性は、弾性範囲と降伏のクライテリアである降伏曲面と、各領域における構成方程式により表現される。詳細については、本章 3.3.3.1 項を参照されたい。なお、降伏曲面としては、加工硬化を考慮し、全領域にて引張りと圧縮降伏応力が等しいミーゼスの降伏条件等が適用可能である。

鉄筋のモデル化に当たっては、1 次元のモデル化により比較的簡単な構成方程式を得ることができ、コンクリートのひび割れのモデル化と同様に、配筋方向をひび割れ平行方向とみなせば、鉄筋の 1 次元の構成方程式は板やシェルの面内の要素座標系と同様の座標変換で展開することが可能となる。

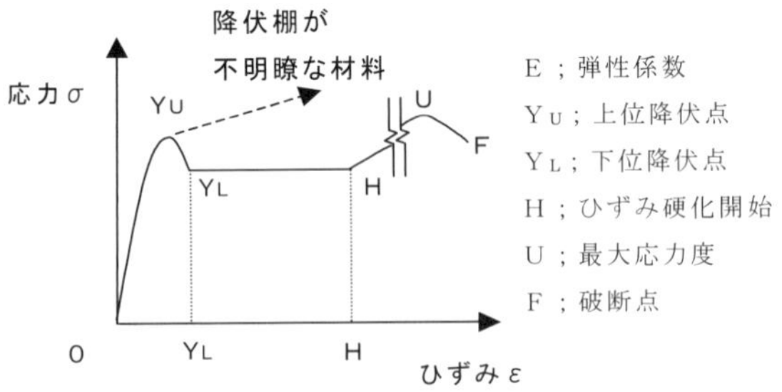

a) 代表的な鋼材の一軸の応力－ひずみ関係

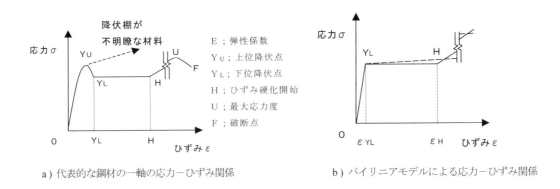

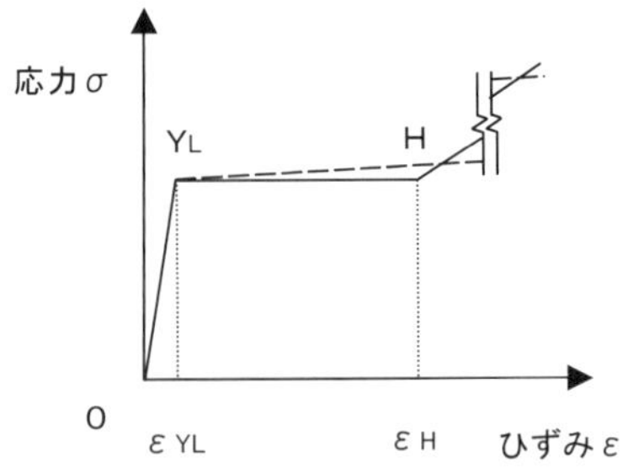

b) バイリニアモデルによる応力－ひずみ関係

図 3.3.42　鋼材の応力–ひずみ関係とそのモデル化

鉄筋コンクリート部材としての非線形特性　鉄筋コンクリート部材の弾塑性挙動は、コンクリートが典型的な複合材料であり、局所的に複雑な破壊の発生・進展が生じ、また鉄筋の付着という現象が関与する。それらを解析に取り込むために、以下に示すようなモデルが提案されている(例えば､いくつかの文献レビューが紹介されており､参照されたい [43,45-46,48,50-51])。以下に概説するモデルは、実験を基にした分析により提案・利用されているものであり、解析対象の形状や荷重状態、応力分布性状などの力学的な特性を踏まえて適切にモデル化する必要がある。

(1) テンションスティフニング

鉄筋コンクリート部材の弾塑性解析では、コンクリートおよび鉄筋それぞれの材料特性をモデル化する以外に、コンクリートと鉄筋間の付着特性をモデル化する必要がある。図 3.3.43 に示すように、鉄筋コンクリート要素に引張力を作用させると、鉄筋コンクリート部材の応力がひび割れ発生後直ちに鉄筋へ再配分されるわけではなく、ひび割れが発生していない領域での付着により、鉄筋が降伏するまでの間、コンクリートも応力を負担する。これはひび割れがある間隔を持って発生し、進展することによる。解析においては、上述の付着による応力負担分をコンクリート要素の引張特性に重ね合わせて均質にモデル化することが一般的に行われ、テンションスティフニング（引張剛性効果）と呼ばれる。

ＲＣ構造の弾塑性解析においては、その力学特性と荷重条件によっては、テンションスティフニングのモデル化により、ひび割れ進展以後の挙動に大きな影響を与える場合があり、実際の解析においては充分に留意されたい。図 3.3.44a には、実験を基に提案されている代表的な特性を示す [51]。横軸のひび割れひずみに対する引張主応力の残存を、引張強度の比で縦軸に示したものである。

汎用ソフトを利用するにあたっては、図 3.3.44b に示すような直線のモデル、折れ線近似、あるいは特定や任意の曲線を設定することのできるものがあり、それぞれ、解析対象の力学的性質や、配筋状況、材料定数を検討して設定する。

（2）せん断剛性低減係数

鉄筋コンクリート部材のせん断剛性がひび割れ発生によって低下する現象をモデル化するためのパラメータとして、せん断剛性低減係数と呼ばれるものがある。これは主として次の 2 つの現象をモデル化するために構成関係に取り込まれる。図 3.3.45 に示すように、コンクリート中の骨材のかみ合い（Aggregate Interlock）と、ひび割れ面を通る鉄筋の抵抗によるダボ作用（Dowel Action）によるせん断伝達である。実際の数値解析においては、ひび割れ後の要素のせん断ひずみとせん断応力の関係であるせん断剛性の変化により表現することが一般的であり、弾性のせん断剛性に対する低下率の形で設定することが多い。この値の設定には、実験値に基づいて一定値に低下させる、あるいはひずみの関数として低下させるなどの方法が用いられることが多いが[52, 53]、解析対象の力学的性質に応じて適切に考慮する必要がある。また、シェルや板要素による場合、面外せん断については、現状では明確なモデル化に至る分析はなされていないと言える。

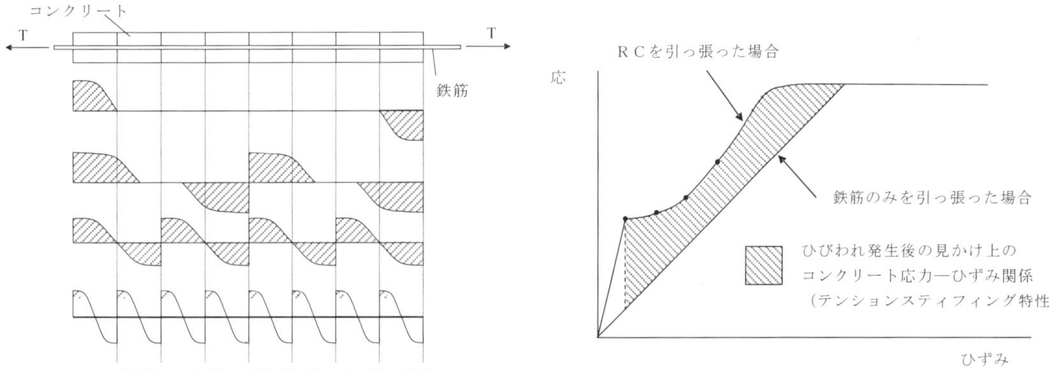

ひび割れの分散に伴う付着応力度の変化

図 3.3.43　引張応力下の鉄筋コンクリート部材と付着[50)]

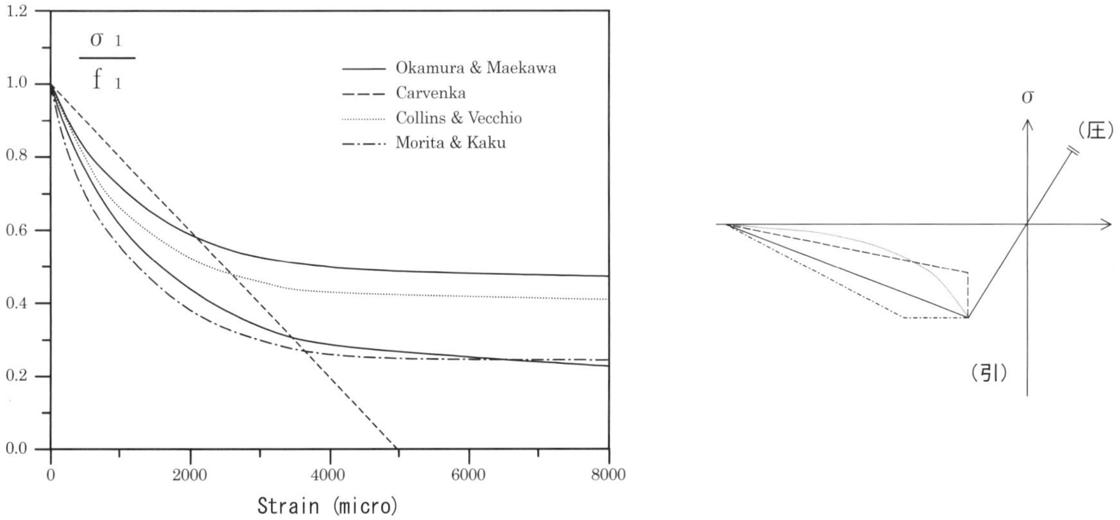

(a)　(b)

図 3.3.44　テンションスティフニングの代表的なモデル[51)]

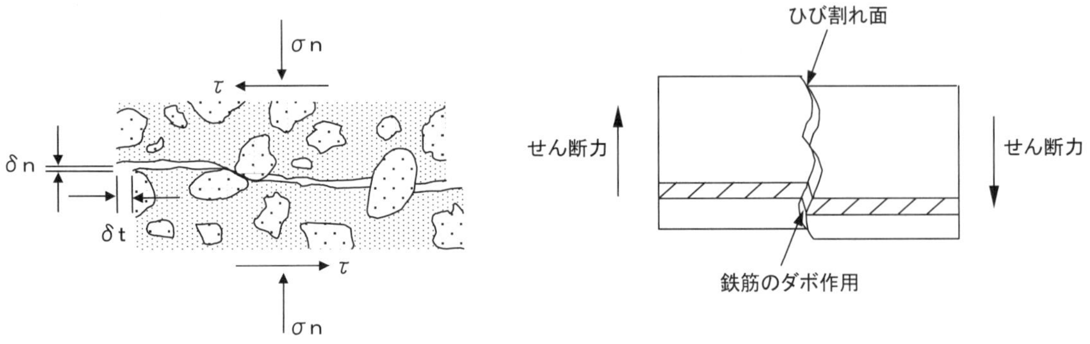

a)コンクリート中の骨材のかみ合い　　b)ひび割れ面を通る鉄筋の抵抗

図 3.3.45　ひび割れ面におけるせん断伝達のメカニズム

(3) 圧縮強度低減係数

部材内部において、コンクリートの圧縮強度は前述のようにコンクリートの拘束の影響により変化する。また、ひび割れたコンクリートの圧縮強度もひび割れ発生前に比べて低下することが分析されており、その効果をモデル化する場合がある。図 3.3.46 には、コンクリートで通常考慮する 1 軸の圧縮側の応力－ひずみの関係に対して、側方のひび割れによって剛性・強度共に低下している様子を模式的に示したものである [46]。数値解析においてはひび割れたコンクリートに対して、圧縮強度低減係数と呼ばれる係数で圧縮強度を一律に低下させることや、ひび割れ直交方向のひずみの関数として表現することが行われるが、汎用ソフトでは考慮できないことも多い。ひび割れ後に圧縮破壊が生じるような対象の終局耐力の評価などでは注意が必要である。

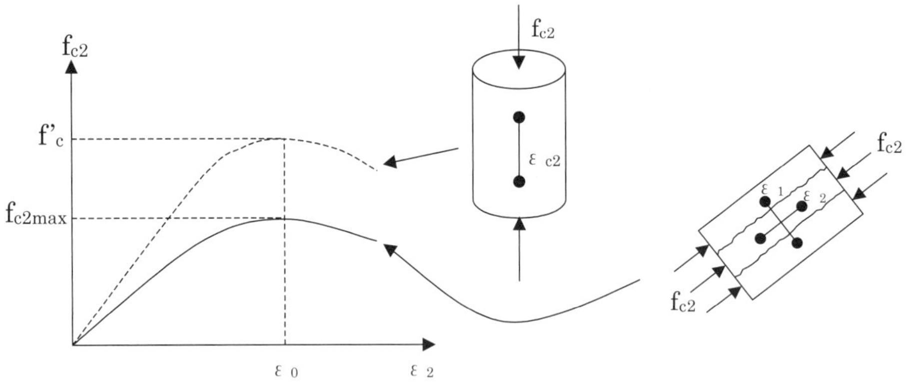

図 3.3.46　ひび割れたコンクリートの圧縮特性 [46]

繰り返し荷重に対する解析　地震や波浪といった、本来動的な正負繰り返しの載荷に対する応答を検討する場合について考える。まず、実験的には、種々の構造部材に対して、静的な繰り返し試験が精力的に実施されており、数値解析的にもその評価・予測を目的に検討がなされてきた。なお、動的な問題については、復元力特性や材料特性、さらに破壊モードなどの点で、静的なものとの違いが存在すると考えられ、現在の研究テーマとなっている。解析に際しては、繰り返しに対するコンクリートと鋼材の特性を適切にモデル化し、解析することが必要となる。コンクリートに関しては複雑な現象を示し、実験的にも研究途上である。また、鋼材に関しても、バウシンガー効果（引張力を作用させ降伏後に除荷し、圧縮力を加えて降伏させると、初期の降伏応力よりも小さい応力レベルで塑性流れを生じる現象）に関しても、等方硬化則では表現できず、移動硬化則を用いる必要がある。

鉄筋コンクリート部材の材料非線形性にはひび割れの発生・進展の取り扱いや圧縮、引張、せん断の特性や鉄筋との付着など、それぞれが関連するものもあり、金属のような結晶材料の塑性のように、数理塑性論を基にして発展してきた理論と必ずしも適合する訳ではない。また、金属の塑性においても、一様な応力状態で単調載荷などの特殊な場合を除けば、一般に、載荷・除荷・再載荷が生じており、応力－ひずみ関係はそれらの履歴に依存する。コンクリートの場合にはさらに複雑な履歴を描くこととなる。

このように本質的に経路依存する材料非線形問題の解析においては、増分塑性理論と呼ばれるものが一般的に用いられる。これは、材料の非線形特性に対してステップ毎の増分で載荷経路に沿って解析を進めるものである。

地震国である日本では、繰り返し荷重に対する静的、あるいは動的な弾塑性解析に対する必要性は高く、今後に期待されるところも多い。例えば、格子状に配置された棒材によるモデルにより、軸方向のみの応力—ひずみ関係式を用いて、多軸応力下のコンクリートの挙動を表現し、主ひずみ方向に依存しない応力評価により繰り返し挙動を解析する試みが行われている[54)]。また、数理塑性論に基づくモデルも幾つか提案されている。

塑性解析におけるクライテリア　板・シェル系の構造の弾塑性解析において、降伏関数 F は、応力による基準を考慮する場合、3 次元の応力成分 6 個から σ_z を省略して、

$$F = F\left(\sigma_x, \sigma_y, \tau_{xy}, \tau_{zx}, \tau_{yz}\right) = 0 \tag{3.3.47}$$

となるが、コンクリート材料などでは面外せん断応力の影響を陽に表示することは、実験値との整合性からも困難な点が多い。また、板厚方向における弾塑性性状を表現するための積層アプローチでは、それぞれの層については平面応力状態を想定し、面外せん断を考慮しない場合も多い。その場合には、各要素内の積分点で

$$F = F\left(\sigma_x, \sigma_y, \tau_{xy}\right) = 0 \tag{3.3.48}$$

を評価し、面外せん断に関しては、必要に応じて、別途に合力による適当なクライテリアを設定することも可能である。また、平板の場合、次式のように、板の断面力によるクライテリアの表示も用いられることがある。

$$F = F\left(M_X, M_Y, M_{XY}, Q_X, Q_Y\right) = 0 \tag{3.3.49}$$

一般に鉄筋コンクリート構造の弾塑性解析において考慮すべき材料特性、およびモデル化に関して、図 3.3.47 に整理したものを示す。

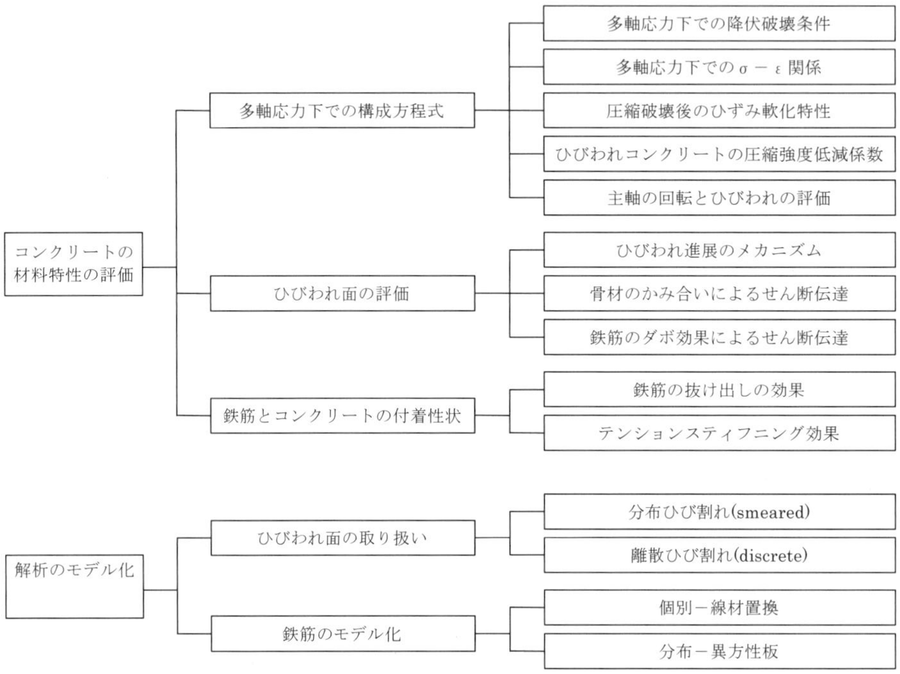

図 3.3.47　鉄筋コンクリート構造の弾塑性解析において考慮すべき項目　（文献 55 より転載）

鉄筋コンクリート構造の弾塑性性状は、対象とする構造や荷重の種別によっても異なり、それぞれ、材料・部材実験や解析手法に関する多くの先駆的な研究成果がある。特に数値解析への適用に関する分野は急速な進展を見せており、その歴史・現状・問題点などに関する概要紹介もなされており [56-59]、参照されたい。

圧縮応力下のコンクリートにおける降伏関数の適用　本章 3.3.3.1 項に示すように、数理塑性論は主として金属材料を対象として発展し、広く弾塑性解析に用いられている。一方、典型的な複合材料であるコンクリートのように、ひび割れを伴う材料の破壊条件に対しても、圧縮応力下に関して塑性論を適用し、引張応力下におけるひび割れを組み合わせることによりモデル化することが可能である。

・ドラッカー・プラガー（Drucker-Prager）の降伏条件の適用例

ドラッカー・プラガーの降伏条件は、静水圧軸を中心軸とし、3 軸等引張応力を頂点とする円錐を示すものである。これは、塑性時の変形が体積変化の関数として表わされたものであり、コンクリートなどに適用されることが多い。

$$F\left(\{\sigma\}\right)=\alpha J_1+\sqrt{J_2'}-k=0 \tag{3.3.50}$$

α, k ；定数

J_1 ；応力の第 1 不変量

J_2' ；偏差応力

なお、面外せん断を考慮した板を想定すると、

$$J_1=\sigma_x+\sigma_y \tag{3.3.51a}$$

$$J_2'=\frac{1}{2}\left\{\sigma_x'^2+\sigma_y'^2+2\left(\tau_{xy}^{\ 2}+\tau_{zx}^{\ 2}+\tau_{yz}^{\ 2}\right)\right\} \tag{3.3.51b}$$

圧縮を受けるコンクリートを考慮した場合、

$$k=\left(\frac{1}{\sqrt{3}}-\alpha\right)\left|\sigma_y\right| \tag{3.3.52}$$

とおくと、1 軸応力下における σ-ε との対応を考え、式（3.3.50）は、

$$F\left(\{\sigma\}\right)=\frac{\alpha J_1+\sqrt{J_2'}}{\dfrac{1}{\sqrt{3}}-\alpha}-\left|\sigma_y\right|=0 \tag{3.3.53}$$

と表示することができる。

弾塑性解析における主な誤差要因について　前項まで、鉄筋コンクリート部材の弾塑性挙動における材料非線形性の特徴とそのモデル化の概要について示した。実際の数値解析においては、それらの点を適宜評価することが重要となる。その際、有限要素法による弾塑性解析では、以下のような問題が数値解析において生じることがあるので注意されたい。

・増分解析に伴う問題（増分方法、収束性など）

・材料の軟化による除荷の評価に伴う問題

この中でも、材料の軟化に伴う問題は、増分方法や用いる要素特性、要素サイズとも密接に関係し、破壊の進展領域の評価などに影響を与える可能性がある。これらは、解析対象の力学的性質にも大きく依存する問題であり、留意する必要がある [60)]。

ＲＣシェルの非線形解析の検証　材料、幾何学的、およびそれらの複合非線形問題に対する

有限要素解析の応用研究は古くから精力的に進められており、シェル構造物に関する研究も多い。一方、非線形解析の結果、あるいはソフトウェアの信頼性の検証においては、ある程度単純な問題（形状、材料特性、現れる非線形現象の意味で）に対しては、誤差を定量的に比較することも可能である。しかし、使用するソフトが採用する材料構成則や数値解法などの組み合せによる総合的な性能、さらにはユーザの技術力にも依存して解が大きく影響を受けることも事実である。このことは、非線形解析の目的やニーズを考えると重要な課題となっており、RC シェルの場合は特に留意する必要があろう。一般に RC 部材の弾塑性解析において問題となる項目を以下に列挙する。

・ 解析対象の力学的特性によって顕在化する問題が異なる（例えばせん断圧縮モードによる脆性破壊）
・コンクリート特有の性質に関する最新の知見が反映されているとは言えない
・同一のコードでも、結果が計算条件の設定に依存する（利用者の技術力にも大きく関係）
・充分に力学特性が把握できない問題への適用には問題が残る
・適用範囲の判断が必要とされる

RC部材の弾塑性などのように、材料構成則と数値解析上の問題が絡み、かつ、対象の力学的性質に依存する問題では、個別の問題による評価が必要となることも多い。これは、特に、数値解析による予測耐力が現実よりもかなり上回る場合もあるので、特に留意する必要があろう。

非線形問題においては、実務設計者が汎用のソフトを利用する際に、以下のような問題点が指摘されている。

・信頼性	：	結果の差異、求解精度、靭性評価
・モデル設定	：	材料構成則が複雑、標準がない
・コスト，期間	：	モデル設定・解析・評価までの労力大
・その他	：	結果判断が困難、重ね合わせができない 断面算定とのリンクが困難、適用範囲が狭い

第３章　シェル構造
第４節　数値解析例

3.4.1　ＲＣシェルの静的な耐荷力に関する評価事例

ＲＣ球形シェルの静的耐荷力に関する実験・解析　ここでは、RC の埋設式球形ドーム屋根をモデル化した試験体について、外圧に対する破壊実験[61)]を対象として、弾塑性解析の実施例を示す（図 3.4.1）。このような構造には、覆土などの上載荷重に対して大きなスパンを実現するため、圧縮力の支配的なＲＣドームが最適であるが、薄肉で低ライズであることが機能上およびコスト上要求される。したがって耐荷能力の評価は重要となり、そこでは、ＲＣの弾塑性および大変形を考慮する必要がある。以下、汎用ソフトウェアによる静的耐荷力解析を試みた結果について示す（ソフトウェアは DIANA[62)] を使用）。

（1）解析対象

模型実験では図 3.4.1 で模式的に示されるように、一様な圧力荷重の載荷可能な実験装置[61)]が用いられている。試験体は、想定実機のドーム屋根の 1/20 縮小モデルとして作成されている（図 3.4.2 参照）。ドーム屋根の端部は剛体とし、固定部の変形の影響を受けないように考慮されている。ライズ－スパン比は、1／16 に設定されている。

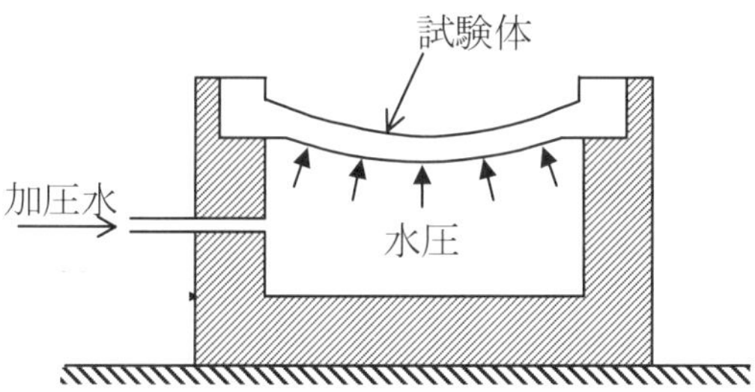

図 3.4.1　試験装置の概要

表 3.4.1　実験ケース

ライズ H（cm）	スパン D（cm）	H／D	曲率半径 R（cm）	ドーム中央部 厚さ t (cm)
22.5	360.0	1／16	731.3	4.67

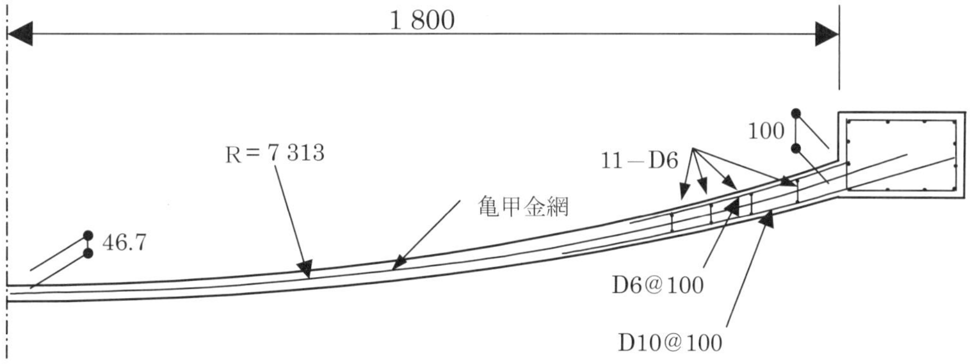

図 3.4.2　実験供試体の構造図[61)]

供試体は基本的に無筋のモルタルを用い、中央部には乾燥収縮等によるひび割れを防止する亀甲金網が、端部には供試体運搬時等のための補強鉄筋が配置されている。供試体に使用したモルタルと鉄筋の材料定数は表 3.4.2 に示すとおりである。

表 3.4.2　モルタルおよび鉄筋の材料定数

	圧縮強度 (N/mm²)	引張強度 (N/mm²)	ヤング係数 (kN/cm²)	ポアソン比
モルタル	41.19	3.08	1814.23	0.167
鉄筋	343.23	343.23	20594.0	—

（2）解析方法

解析モデルとしては、板厚方向に 11 個の積分点を有する厚肉シェル要素を用い、実験供試体の中央に配置された亀甲金網は無視し、外周部の鉄筋については考慮されている。また屋根端部の境界条件は固定としている。図 3.4.3 に要素分割を示す。

解析にあたり、材料非線形性として①モルタルの等価 1 軸応力－ひずみ関係（複合非線形特性の確認のためにバイリニアと単純化）、②モルタルの 2 軸応力状態での破壊曲面、③ひび割れ発生後の残留ひび割れ剛性、④ひび割れ発生後のせん断剛性の低減係数、⑤鉄筋の 1 軸応力－ひずみ関係を考慮した。図 3.4.4 には設定したモルタルと鉄筋の材料モデルを示す。

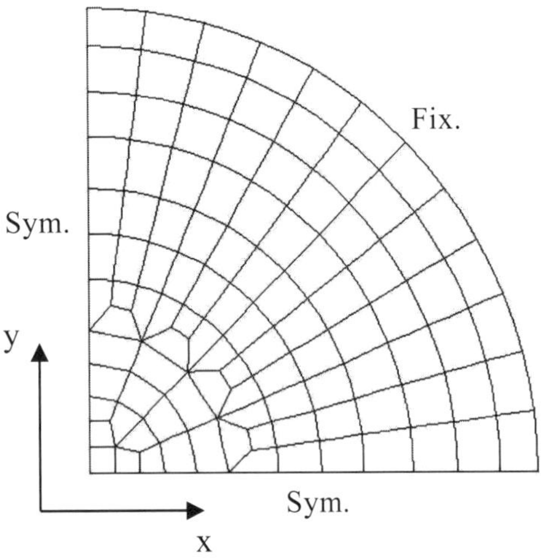

図 3.4.3　要素分割

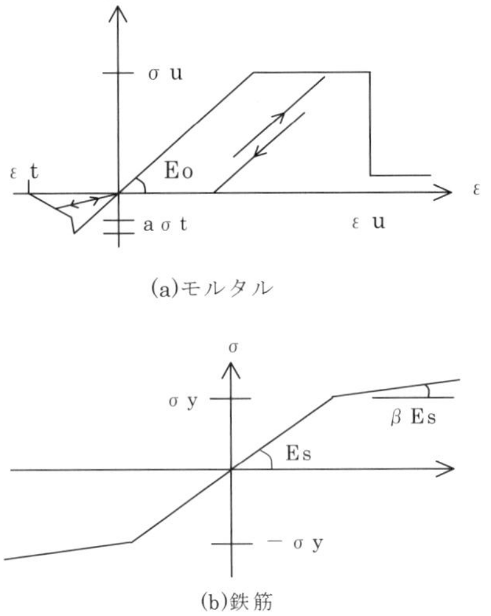

図 3.4.4　材料モデル

（3）解析結果

模型実験より得られるドーム屋根の破壊性状および破壊荷重について、材料非線形と幾何学的非線形を考慮したシミュレーションを行い、複合非線形解析の妥当性を評価した例を図 3.4.5 に荷重—変位関係で示す。

実験による破壊荷重は 379(kN/m²)で、複合非線形解析による破壊荷重は 417(kN/m²)となり、両者は良く対応している。

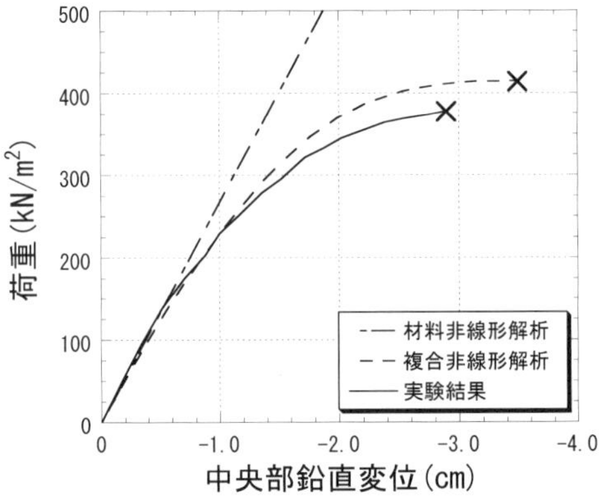

図 3.4.5　荷重変位曲線

(4) まとめ

一般にＲＣシェルの静的な耐荷力の実験と解析の比較においては困難な問題が多く存在する。例えば、実験自体にも、ばらつきが大きいことが挙げられる。この種の実験においては、破壊までの安定した載荷を確保すること、明快な境界条件の実現、また、形状や板厚の初期不整の抑制・把握などが特に重要となる。解析においてはそれらの実験での状況を的確に把握してモデル化すること、および、弾塑性性状にあわせ、大変形を良好に数値解析に組み込むことが重要となる。この点に関しては、国内で系統的な実験が精力的に実施され、多くの知見が得られているので参照されたい[63-66]。

ここで示した例では、汎用ソフトにより、単純な材料構成則を用いて解析したものであるが、上述の実験における載荷方法が明確で、境界条件の実現や初期不整管理の点などで、解析におけるモデル化が容易な事例と考えられる。

3.4.2　シェル要素の構造部材への適用例

構造部材のうち鉄骨構造部材はH形鋼部材、箱型断面部材あるいは円形鋼管などのように薄板にて構成されるものが多く、これらを数値解析する場合には多くの場合シェル要素が用いられる。通常有限要素法は実験の代用（仮想的な実験）として使用されることが多い。加えて、有限要素法などの数値解析は、実験では表現不可能なモデルを敢えて設定することや、実験では取り出し不可能な要因のみを抽出することにより、実験結果の分析や事象の原因究明を可能とする面も有している。ここでは、このような構造部材の数値解析を行う上での注意点や数値解析の持つメリットについて、純圧縮を受ける円形鋼管の弾塑性座屈解析例を通して述べる。

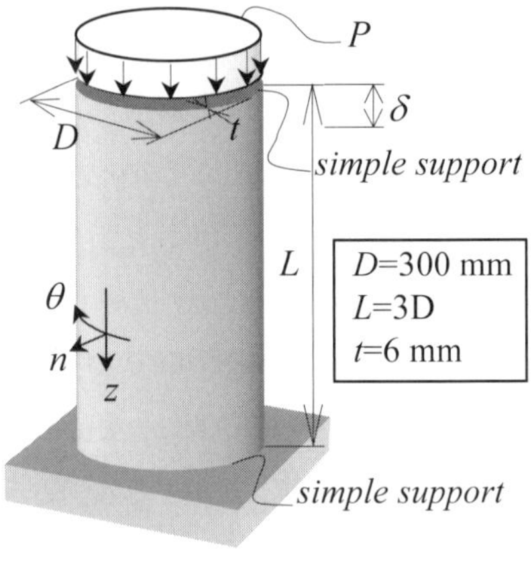

図 3.4.6　純圧縮を受ける円形鋼管

例題：　実験結果からの材料特性データの決定方法の１例

降伏後の挙動を明らかにしようとする場合には、材料特性の設定が数値解析上極めて重要である。鋼構造では通常次のような仮定が用いられていることは既に述べた。

- ミーゼスの降伏条件式
- 関連する流れ則
- 等方硬化則（単調載荷時）、移動硬化則（正負交番載荷時）

また、降伏後の応力度-ひずみ度関係としては、バイリニア型、トリリニア型またはラウンドハウス型と呼ばれるものがある。この選択は解析対象部材に応じて慎重に決定しなければならない。引張試験などの材料試験結果は、もちろんのこと、対象実験結果（あるいは類似した実験結果）をも参考として決定する必要がある。ここでは、実験結果を踏まえて、これらのパラメータを決定する方法について述べる。

円形鋼管の場合にはその製作過程から鋼管内部にかなりの残留応力が作用している。この残留応力の影響を考慮し、応力－ひずみ関係は図 3.4.7 に示すものを用いる。この関係は種々の表現が可能であるが、ここでは次式で表されるものを用いている。

$$\sigma = \alpha\sigma_y + H\varepsilon + (1-\alpha)\sigma_y\left(1-e^{-\beta\varepsilon}\right) \qquad (3.4.1)$$

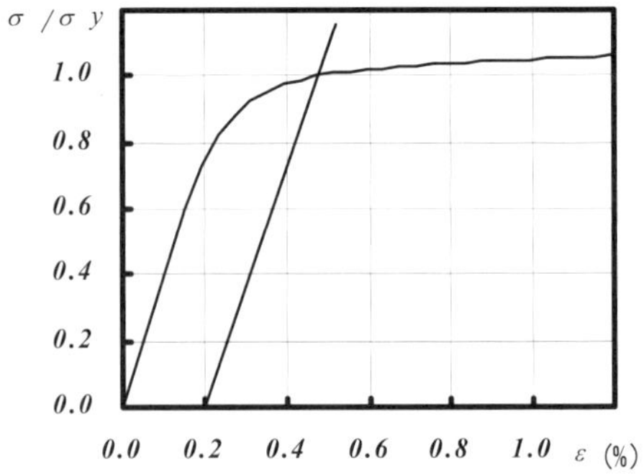

図 3.4.7　応力－ひずみ関係

上式中の係数α, βおよび H を実験結果を踏まえて決定する。すなわち、以下のような手順による。

① 実験を行う際に、座屈波形などの影響を受けにくい箇所に 2 軸ひずみゲージ（対象部材によっ

ては 3 軸ゲージを使用）を添付し、各変位段階において測定を行う。

② 式(3.4.1)中の係数を適宜仮定し、各ステップのひずみ値から応力度を求める。

③ 応力度から平面保持などの適当な仮定を設け断面内で積分し軸力などを算出する。

④ 得られた軸力とロードセルで測定された荷重を比較し対応関係をチェックする。

なお、上記以外に計算に用いた仮定は、

(i) 鋼管においては平面応力場（$\sigma_n = 0$; σ_n は板厚方向の応力成分）を設定し、さらに鋼管は純圧縮を受けることから応力およびひずみの主方向はそれぞれ材軸(z)方向、周(θ)方向に平行とする。

(ii) 降伏後における数値解法としては基礎編 1.2 節に示したリターン・マッピング・アルゴリズムを採用する。

などである。このようにして得られた結果を図 3.4.8 に示す。図中、○が計算結果を、△がロードセルによる結果である。降伏耐力付近で若干の差異は認められるが、全体的に両者はよく対応している。また、図 3.4.9 には周方向・軸方向の応力度成分の関係を示す。円形鋼管に純圧縮を加えた場合には周方向応力度は常に零とならなければならない、という特徴をこの結果は表している。上記 2 つの結果からここで用いている応力ーひずみ関係は妥当であることが分かる。なお、手順②のひずみ度から応力度を計算する方法は文献 67 では専用のプログラムを用いて行っているが、汎用のプログラムを用いる場合には、例えば単位長さを有する正方形の 1 要素のみを用いて、一旦ひずみを節点変位に直し、これを強制変位として入力し計算することで得られる。

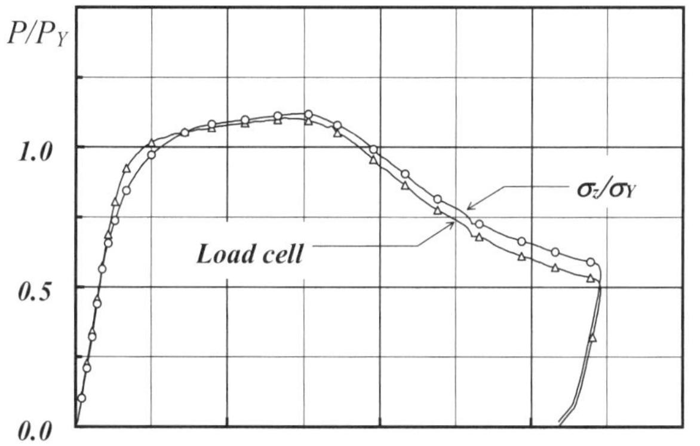

図 3.4.8　荷重変位関係

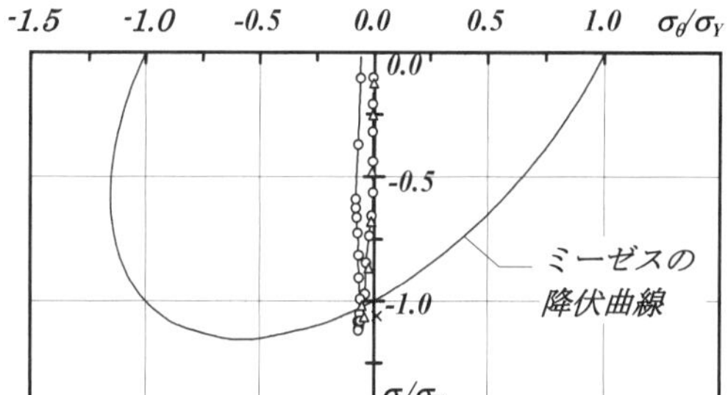

図 3.4.9　周方向軸方向応力度関係

この方法以外に、実験と同等の解析モデルに仮定した材料特性データを直接用い、実験結果と解析結果を比較する方法もあるが、その場合には数値解析法に混在する様々な仮定の影響が明らかではないのであまり好ましい方法とは言えない。上記の方法により、与えられたひずみから応力度を算定することができ、実験と数値解析の構成則（材料特性）のみに関する整合性を図る、あるいは検証することが可能となる。または特定の実験を模擬することが目的ではない場合には、既往の研究の中で自分が対象としている問題に近いモデルを探し出し、その中で一般的に用いられているモデル化を参照することも重要である。

例題：実験結果分析のための数値解析（シェル要素を用いた例）

実験結果には様々な因子の影響が含まれるため、研究ではこれらの影響をひとつずつ明らかにする努力が払われている。このような分析を行う上で現在多くの研究論文で数値解析が行われている。例えばコンクリート充填円形鋼管構造（以下 CFT 構造）では、鋼管とコンクリートの負担耐力比が分析上極めて重要である。そのためこれを分析するための特殊な実験などが行われている[67-69]。しかしながら、実際の CFT は鋼管とコンクリートの相互作用による挙動への影響が非常に大きく、上記の特別な加力形式や試験体などだけでは十分な分析は困難となる。

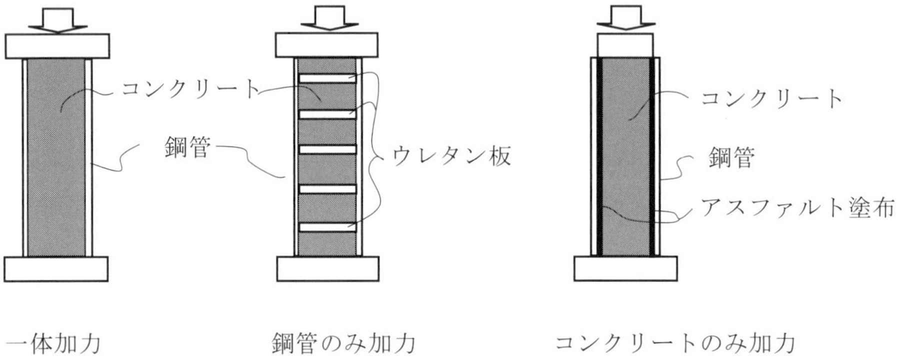

図 3.4.10　従来行われてきた相互作用解明のための実験的手法

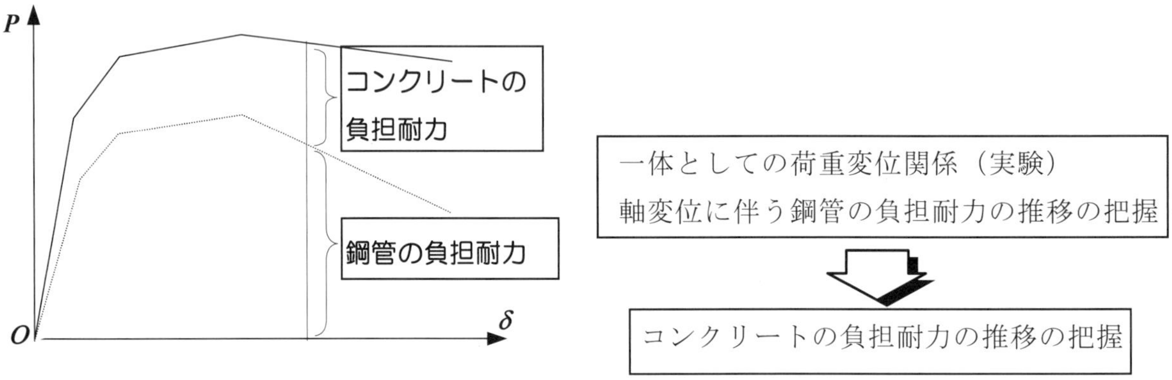

図 3.4.11　CFT の荷重変位関係

CFT を解析する場合、鋼管とコンクリート両者ともモデル化し、数値解析することも考えられるが、鋼管内部に充填されたコンクリートは 3 軸応力状態となり、このような応力状態下におけるコンクリートの力学特性は十分に明らかにされているとは言えない。したがって、この不明なコンクリートの力学特性を何らかの手法で明らかにする必要があり、そのためにも鋼管の各変位レベルでの挙動を明らかにすることは意味がある。すなわち、前述の中空鋼管同様、鋼管の局部座屈などの損傷を受けていない部分（中央部など）では応力およびひずみの主方向はそれぞれ材軸方向、周方向に平行であるとする。この仮定より、前述の例題と同じ方法により、鋼管の材軸方向、周方向応力が計算され、得られた材軸方向応力度から各変位レベルにおける鋼管の負担耐力が求められる。この結果を用いてコンクリートの負担耐力の推移もまた求められることになる。

また、計算された鋼管の周方向応力度σ_θから鋼管側壁に作用する圧力ρが次式から計算できる。

$$\rho = \sigma_\theta \frac{t}{R} \tag{3.4.2}$$

ここに、R, t は鋼管断面の半径および板厚である。この鋼管に発生する周方向応力はコンクリートを締め付ける効果（コンファインド効果）をもたらし、見かけ上のコンクリート強度を上昇させる効果がある。そこでこの周方向応力と先に求めたコンクリートの負担耐力より見かけ上のコンクリート強度の関係が以下のように求められる。なお、グラフの縦軸、横軸はシリンダー試験（1 軸応力状態）によるコンクリート強度で無次元化して表示している。

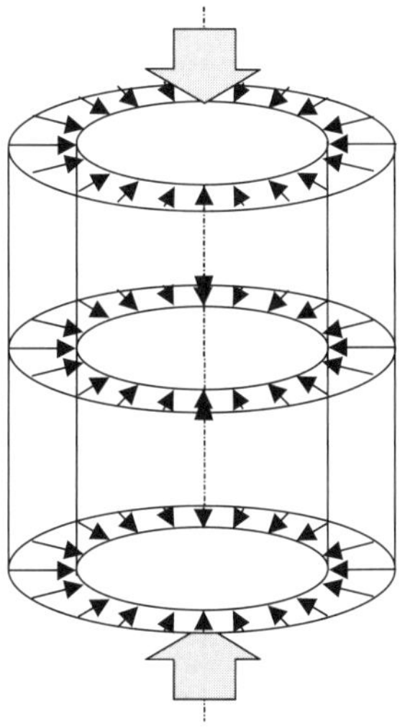

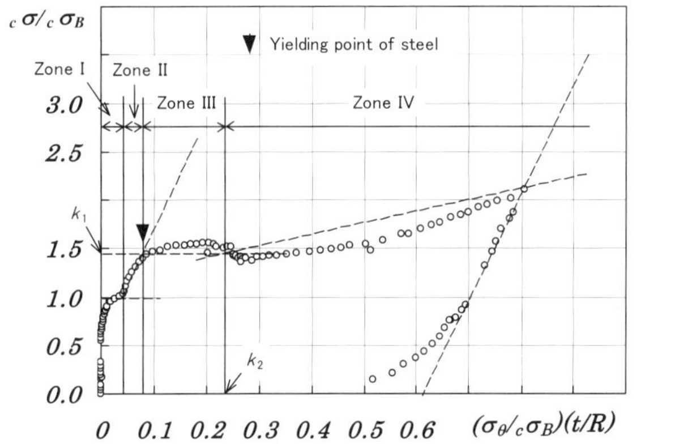

見かけ上のコンクリート強度と側圧の関係

図 3.4.12 コンファイド効果によるコンクリートの見かけ上のコンクリート強度の上昇

一方、コンクリートの体積膨張による側圧が鋼管の径厚比および鋼種に関わらず一定の規則により鋼管に作用すると仮定すれば、CFT における鋼管の挙動は、軸圧縮力と内部側圧を同時に受ける鋼管の挙動を求めることにより明らかにされる（詳細は文献 67 を参照）。そこで、鋼管のみを考えて径厚比をパラメータとして解析した結果が図 3.4.13 である。通常の純圧縮のみを受ける鋼管とは異なり、側圧の影響により釣合い経路上に 2 つの極大点（▽と▼）が現れている。

以上により、限定された対象の解析ではあるが、CFT としての鋼管およびコンクリートのそれぞれの力学特性が明らかとなる。これまでの結果を用いて CFT 全体の荷重変位関係を求めることが可能となり、実際に求めたものが図 3.4.14 である。図中、●は CFT 一体加力実験結果であり、細線は鋼管のみによる解析結果、○はその結果に先に求めた見かけ上のコンクリート強度を用いて求めたコンクリートの負担耐力を加えたものである。図 3.4.11 の関係など詳細な実験結果の分析は 1 体の試験体（径厚比 D/t=33，鋼種 HT590）を用いて行ったものであるにも関わらず、図 3.4.14b に示す異なる径厚比の場合も○および●で示した結果はよく対応しており、これまで述べた解釈および仮定が比較的一般的に成り立っていることを示している。*注 1

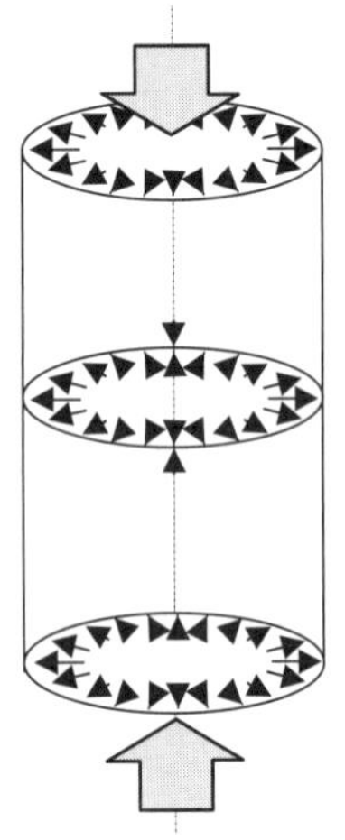

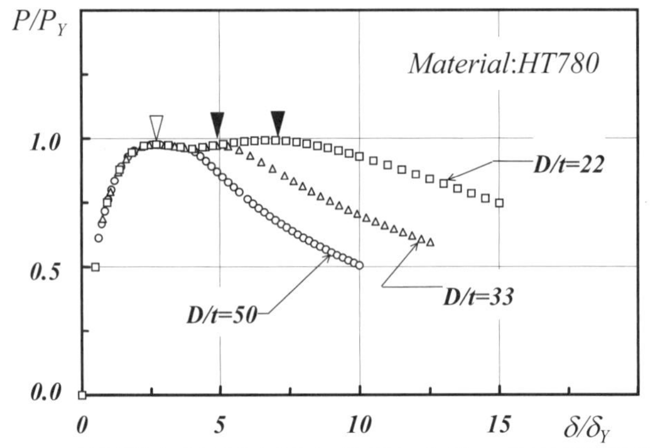

軸圧縮と側圧を同時に作用した時の荷重変位関係

図 3.4.13　鋼管のみによる径厚比をパラメータとした解析結果

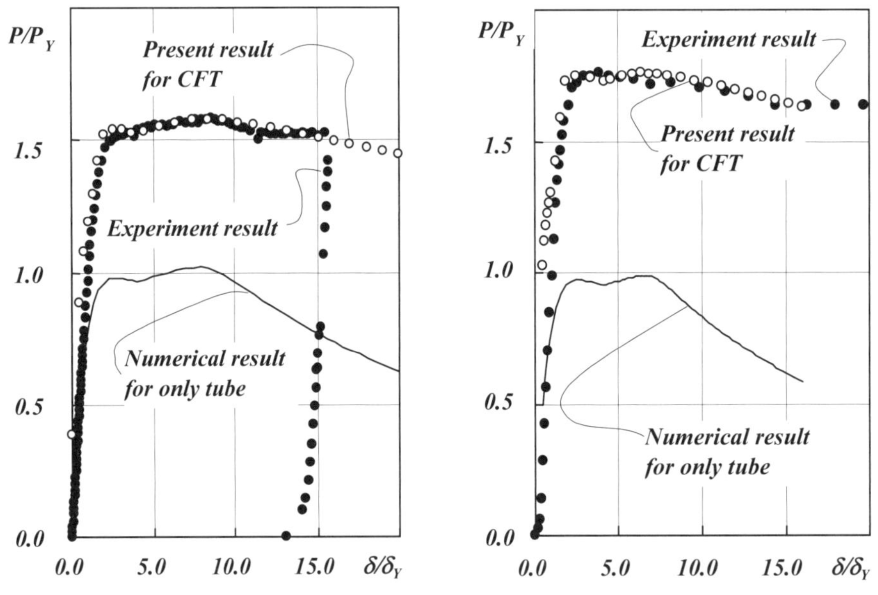

(a) D/t=33　　(b) D/t=50

図 3.4.14　CFT 部材の荷重変位関係の予測およびその妥当性(HT590 シリーズ)*注 2

このように、数値解析の利用は単純な仮想的な実験にとどまらず、分析のためのモデル化を設定することにより強力なツールとなり得るものと考えられる。

*注 1　ただし、ここで示した結果自体は、高張力鋼管および普通コンクリートからなる試験体について求めたものであり、軟鋼や鋼強度コンクリートなどからなる試験体については成り立つとは限らないことに注意する。

*注 2　文献 67 では HT780 シリーズにおいても比較検討しており妥当性を確認している。

参考文献

1) J. Joedicke, Shell Construction, Bijutsu Shuppan-sha, Tokyo, 1963.
2) 坪井善勝, 曲面構造 -シェル理論とその応用-, 丸善, 1965.
3) A. E. H. Love, A Treatise on the Mathematical Theory of Elasticity, 4th ed., Dover Publication, New York, 1944.
4) W. T. Koiter, A Consistent First Approximation in the General Theory of Thin Elastic Shells, Proceedings of Symposium in the Theory of Thin Elastic Shells, Delft, North Holland, Amsterdam, pp.12-33, 1960.
5) E. Reissner, The Effect of Transverse Shear Deformation on the Bending of Elastic Plates, Journal of Applied Mechanics, Vol. 12, pp.69-76, 1945.
6) R. D. Mindlin, Influence of Rotatory Inertia and Shear on Flexural Motions of Isotropic Elastic Plates, Journal of Applied Mechanics, Vol. 18, pp.41-49, 1951.
7) J. L. Sanders Jr., Nonlinear Theories for Thin Shells, Quarterly Applied Mathematics, Vol.21, pp.21-36 , 1963.
8) 日本建築学会, 鉄筋コンクリート構造計算規準・同解説 -許容応力度設計法-, 1999.
9) O. C. Zienkiewicz and R. L. Tailor, The Finite Element Method-Forth Ed. Vol.1, McGraw-Hill, 1989.
（矢川元基ほか訳, マトリックス有限要素法 I, 科学技術出版社, 1996.）
10) T. J. R. Hughes and E. Hinton, Finite Element Methods for Plates and Shell Structures-Vol.1 Element Technology, Pineridge Press, 1986.
11) R. H. Gallagher, Finite Element Analysis - Fundamentals, Prentice-Hall, 1975.
12) S. Ahmad, B. M. Irons and O.C. Zienkiewicz, Analysis of Thick and Thin Shell Structures by Curved Finite Elements, Int. J. Numerical Methods in Engineering, Vol. 2, pp.419-451, 1970.
13) T. J. R.Hughes and M. Cohen, The 'Heterosis' Finite Element for Plate Bending, Computers and Structures, Vol.9, pp.445-450, 1978.
14) E. Hinton and D. R. J. Owen, Finite Element Programming, Academic Press, 1977.
15) 鷲津久一郎, 宮本博, 山田嘉昭, 山本善之, 川井忠彦編, 有限要素法ハンドブック I 基礎編, 培風館, 1981.
16) O. C. Zienkiewicz and R. L. Tailor, The Finite Element Method-Forth Ed. Vol.2, McGraw-Hill, 1989.
（矢川元基ほか訳, マトリックス有限要素法 II, 科学技術出版社, 1996.）
17) 栖原二郎, 平板の曲げ理論（コンピュータによる構造工学講座）, 培風館, 1972.
18) 日本コンクリート工学協会, コンクリート構造物の設計に FEM 解析を適用するためのガイドライン, 1989.
19) C. R. Calladine, Structural Consequences of Small Imperfections in Elastic Thin Shells of Revolution, International Journal of Solids and Structures, Vol.8, pp.679-697, 1972.
20) J. G. A. Croll, F. Kaleli, K. O. Kemp and J. Munro, A Simplified Approach to the Analysis of Geometrically Imperfect Cooling Tower Shells, Engineering Structures, Vol.1, pp.92-99, 1979.

21) 加藤史郎, 武藤厚, 村田賢, 宮村篤典, 形状初期不整のあるシェル構造物の設計に関する考察, 日本建築学会構造系論文報告集, 第 359 号, pp.74-83, 1986.
22) 武藤厚, 村田賢, 松岡理, 加藤史郎, 不規則な形状初期不整を考慮した回転シェルの応力分布と分岐座屈荷重の統計的解析, 日本建築学会構造系論文報告集, 第 394 号, pp.105-117, 1988.
23) 日本建築学会, シェル・単層ラチス構造の振動解析 −地震, 風応答と動的安定−, 1993.
24) 日置興一郎, 屋根形円筒シェルの線形振動理論の定式化, 日本建築学会構造系論文集, 第 533 号, pp.115-120, 2000.
25) 国枝次郎, 球形シェルの軸対称自由振動時の近似解, 京大防災研究所年報, 第 26 号, B-1, pp.1-9, 1983.
26) 日本建築学会, 多次元入力地震動と構造物の応答, 1998.
27) ボローチン, 中田和夫, 近藤誠治共訳, 弾性系の動的安定, コロナ社, 1972.
28) 戸田盛和, 振動論（新物理学シリーズ 3）, 培風館, 1968.
29) 村田賢, 安江博, 周期外乱を受ける偏平アーチの動座屈, 日本建築学会構造系論文集, 第 469 号, pp.71-80, 1995.
30) N. C. Hung, Axisymmetric Dynamic Snap-Through of Elastic Clamped Spherical Shells, AIAA Journal, Vol.7, No.2, pp.215-220, 1969.
31) 加藤史郎, 村田賢, 松岡理, 初期不整を有する回転殻の動的非線形解析, 日本建築学会論文報告集, 第 274 号, pp.17-27, 1978.
32) 成岡昌夫, 中村恒善, 骨組構造解析法要覧, 培風館, 1976.
33) L. G. Brazier, On the Flexure of Thin Cylindrical Shells and Other Thin Shells, Proceedings of the Royal Society of London Series A, Vol.116, No. 773, pp. 104-114, 1927.
34) P. Seide and V. I. Weingarten, On the Buckling of Circular Cylindrical Shells under Pure Bending, Journal of Applied Mechanics, Vol.28, No.1, pp.112-116, 1961.
35) W. フリューゲ, 後藤学訳, テンソル解析と連続体力学, ブレイン図書出版, 1979.
36) P. チャドウィック, 後藤学訳, 連続体力学, ブレイン図書出版, 1979.
37) 山田嘉昭, 塑性・粘弾性, 有限要素法の基礎と応用シリーズ 6, 培風館, 1992.
38) M. Oritz and J. C. Simo, An Analysis of a New Class of Integration Algorithms for Elasto-plastic Constitutive Relations, International Journal for Numerical Methods in Engineering, Vol.23, pp.353-366, 1986.
39) J. C. Simo, Algorithms for Static and Dynamic Multiplicative Plasticity that Preserve the Classical Return Mapping Schemes of the Infinitesimal Theory, Computer Methods in Applied Mechanics and Engineering, Vol.99, pp.61-112, 1992.
40) W. Prager, The Theory of Plasticity: A Survey of Recent Achivements, Proceedings of the Institution of Mechanical Engineers, Vol.169, No.41, pp.3-19, 1955.
41) W. Prager, A New Method of Analyzing Stress and Strains in Work-Hardening Solids, Journal of

Applied Mechanics, Vol.23, pp.493-496, 1956.

42) H. Ziegler, A Modification of Prager's Hardening Rule, Quarterly of Applied mathematics, Vol.17, No.55, pp.55-65, 1959.

43) 前川宏一, 長谷川俊昭, コンクリートの構成則の研究動向と課題, コンクリート工学, Vol.32, No.5, 1994.

44) H. Kupfer, H. K. Hilsdorf. and H. Rush, Behavior of Concrete under Biaxial Stresses, ACI Journal, Vol. 66, No. 8, pp.656-666, 1969.

45) 鈴木紀雄, コンクリート構造物の設計手法としての FEM 解析(その 12), コンクリート工学, Vol. 31, No. 9, pp.76-81, 1993.

46) F. J. Vecchio and M. P. Collins, The Modified Compression-Field Theory of Reinforced Concrete Elements Subjected to Shear, ACI Journal, No.83, pp.219-231, 1986.

47) A. C. Scordelis, Finite Element Analysis of Reinforced Concrete Structures, Proceedings of the Speciality Conference on Finite Element Method in Civil Engineering, Montreal, 1972.
（野口博抄訳, 鉄筋コンクリート構造物の有限要素法による解析, コンクリート・ジャーナル, Vol.12, No.9, pp.68-80, 1974.）

48) 岡村甫, 前川宏一, 鉄筋コンクリートの非線形解析と構成則, 技報堂出版, 1991.

49) A. Mutoh and H. Itoh, A Method for Evaluation of Fire Resistance of Concrete Structures - Outline of a Numerical Analysis Method and Examples -, Finite Elements in Engineering and Science, Balkema, pp.111-120, 1997.

50) 森田司郎, 藤井栄, 有限要素解析における付着モデルの現状と今後の課題, RC 構造の有限要素解析に関するコロキウム論文集, JCI-C8, pp. 35-42, 1984.

51) 日本コンクリート工学協会・破壊力学の応用研究委員会, 破壊力学の応用研究委員会報告書, pp.117-140, 1993.

52) R. S. H. Al-Mahaidi, Nonlinear finite element analysis of reinforced concrete deep members, Report No. 79-1, Dept. of Struct. Eng., Cornell Univ., 1979.

53) J. G. Rots, G. M. A. Kusters and P. Nauta, Variabele Reductiefactor voor de Schuifweerstand van Gescheurd Beton, Rapport nr. BI-84-33, TNO, 1984.

54) 加藤史郎, 大屋誠, 前田佐登男, 吉野文雄, 放射・環状形格子モデルによるコンクリートの構成方程式の定式化とＲＣシェルの有限要素解析への応用, 構造工学論文集, Vol.44B, pp.441-454, 1998.

55) 上田眞稔, コンクリート構造物の設計手法としての FEM 解析(その 6), コンクリート工学, Vol.30, No.10, pp.94-99, 1992.

56) H. Nilson, State-of-the-Art Report on Finite Element Analysis of Reinforced Concrete, ASCE, 1982.

57) RCFEM 研究会抄訳, 鉄筋コンクリートの有限要素解析に関する研究の現状, コンクリート工学, Vol. 23, No.12, pp.38-63, 1985.

58) C. Meyer and H. Okamura, Finite Element Analysis of Reinforced Concrete Structures, ASCE, 1986.

59) 白井伸明, コンクリート構造物とFEM解析, コンクリート工学, Vol.30,　No.6, pp.86-93, 1992.
60) 日本建築学会, 構造物の崩壊解析（基礎編）, 応用力学シリーズ4, 1997.
61) 後藤貞雄, 中村正文, 中澤亨, 黒田正信, 世界初の埋設式ＬＮＧ地下タンクの開発と建設, コンクリート工学, Vol. 35, No.2, pp.18-25, 1997.
62) TNO Building and Construction Research, DIANA User's Manual(R.7), 1998.
63) 日本建築学会連続体構造小委員会編, 鉄筋コンクリートシェル耐荷力実験資料集（その1）鉛直荷重を受ける部分円筒シェル, 日本建築学会, 1993.
64) 真下和彦, 野口昌也, 集中荷重を受けるＲＣ屋根形円筒シェルの耐力に関する研究 -境界条件の影響-, 日本建築学会構造系論文集, 第474号, pp.137-145, 1995.
65) 中川智也, 芦田泰成, 高山誠, 半谷裕彦, 鉄筋コンクリート任意形状シェルの弾塑性性状, 日本建築学会構造系論文集, 第513号, pp.127-134, 1998.
66) M. Takayama and Y. Hangai, Experiments of the Effect of Loading Condition on Buckling Behavior of Reinforced Concrete Cylindrical Shells, Proceedings of the IASS International Symposium 1995, Vol.1, pp.425-432, 1995.
67) 鈴木敏郎, 元結正次郎, 太田秀彦, 純圧縮を受けるコンクリート充填円形鋼管短柱の力学的特性に関する研究, 日本建築学会構造系論文集, 第499号, pp.123-129, 1997.
68) 佐藤孝典, 円形断面の充填鋼管コンクリート構造におけるコンファインド効果のメカニズムとそのモデル化, 日本建築学会構造系論文報告集, 第452号, pp.149-158, 1993.
69) 日本建築学会, コンクリート充填鋼管構造設計施工指針, 1997.

第４章　張力構造

第１節　張力構造の力学特性と解析手法

4.1.1　張力構造の形態と力学特性

吊り屋根式ケーブル構造

国立代々木競技場[*1]

ケーブルネット構造

ミュンヘンスタジアム（ドイツ）[*2]

サスペンション膜構造

ミレニアムドーム（イギリス）[*3]

空気膜構造

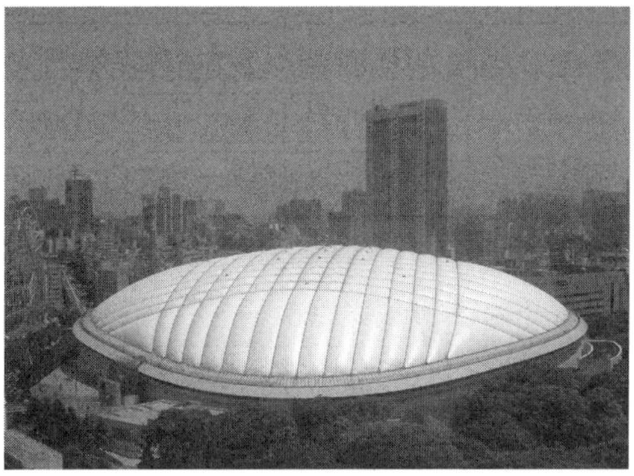

東京ドーム[*4]

写真 4.1.1　張力構造の代表例

張力構造　空間を構成するための構造において、引張材が中心的素材として用いられ、その強度と剛性が構造挙動に対して支配的な役割を果たしているような構造方式は張力構造(Tension Structure)と呼ばれる。テンション構造も同義である。張力構造に用いられる材料として代表的なものに、線材のケーブル（Cable）と面材の膜（メンブレイン、Membrane）があげられる。いずれの材料も引張力のみを負担し、圧縮はもちろん曲げやせん断に対しても全く抵抗できないことが他の材料とは際だって異なる特徴で、このことが張力構造の持つ、軽快さ、強靱さに加え、浮遊感、緊張感、不安定感、透明感や連続感といった趣を建築造形に与えている。

[*1] 出典：https://ja.wikipedia.org/wiki/国立代々木競技場#/media/File:Yoyogi-National-First-Gymnasium-01.jpg
[*2] 出典：https://ja.wikipedia.org/wiki/ミュンヘン・オリンピアシュタディオン#/media/File:Olympiastadion_Muenchen.jpg
[*3] 出典：https://ja.wikipedia.org/wiki/膜構造#/media/File:Canary.wharf.and.dome.london.arp.jpg
[*4] 出典：https://ja.wikipedia.org/wiki/ファイル:Tokyo_dome.JPG

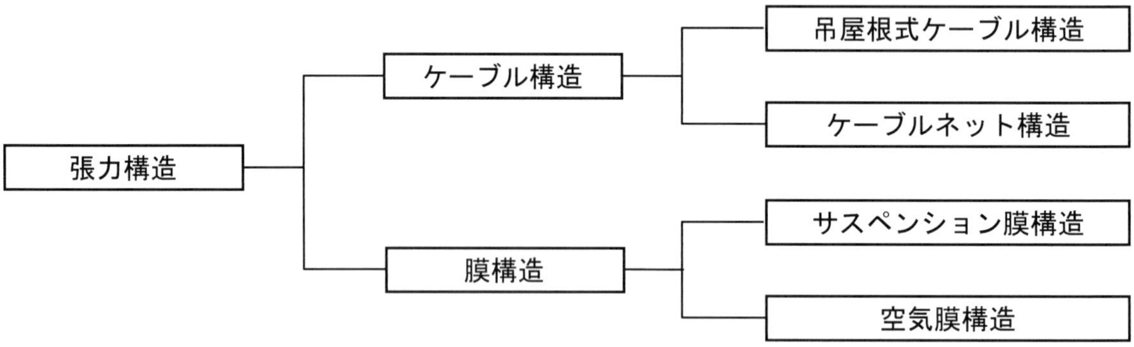

図 4.1.1　張力構造の分類

張力構造の分類　図 4.1.1 に張力構造をその構造形式の違いに応じて分類したものを示し、写真 4.1.1 にその分類に対応する代表的な例を示している。一般に張力構造はケーブル構造と膜構造に大別される。さらに、ケーブル構造は吊り屋根式ケーブル構造とケーブルネット構造とに、膜構造はサスペンション膜構造と空気膜構造とに分類することができる。このほかにも、ケーブルと膜の組み合わせによるケーブル膜構造、スペースフレームと膜の組み合わせによる骨組膜構造、ケーブルと圧縮部材とを組み合わせたテンセグリティー構造やテンションストラット構造などがあり、上記の分類に必ずしも明確に対応しないものもある。特に最近では、ケーブル、膜、骨組を自由に組み合わせることによって、従来の構造形式にとらわれない様々な新しい構造形式が考案されるようになりつつある。

張力構造の力学特性　張力構造では部材に生じる軸力や面内断面力による力の釣合がそのまま構造形態に反映され、曲げやせん断を負担することのできる部材により構成される一般的な構造物と異なり、実現可能な構造形態がある意味で限定されたものになる。すなわち、通常の構造物では、予め構造形状が与えられ、これに設計荷重を作用させて構造解析を行うのに対して、張力構造ではまずその構造形状を決定するための形状決定問題を解く必要があり、風などの設計荷重に対する安全性の検討はその後に行われるのが一般的である。この形状決定の過程は他の構造物の構造設計の過程にはない、張力構造に特有のもので、導入する張力の大きさや導入の順序の決定法についての理論的な裏付けを持った一般的な解析の方法は、現在もなお研究が進められている。また、張力構造の構造材であるケーブルや膜の持つ非抗圧性（圧縮力に抵抗できない性質）は、荷重レベルの小さい段階から一種の材料非線形性を考慮する解析を要請し、併せて特に膜材の場合には、張力により時間の経過に伴って変形が進行したり、導入された張力が弛緩したりする現象を検討するために膜材を粘弾性体として扱うことが必要される時もある。こうしたことは張力構造の設計をより複雑なものにしており、これらについての研究も進められている。

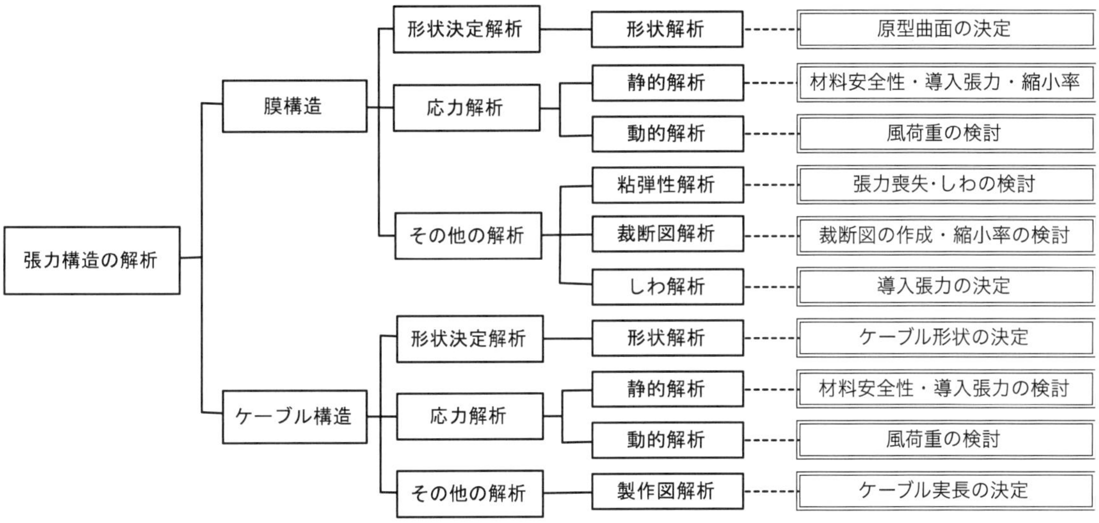

図 4.1.2　張力構造の解析

4.1.2 解析と設計の概要

張力構造の構造解析　張力構造の構造解析として必要となる解析項目を膜構造とケーブル構造とに分けて図 4.1.2 に示す。膜構造の解析項目に示されている、粘弾性解析、裁断図解析、しわ解析の 3 つの項目は同じ張力構造でもケーブル構造の場合には考慮することのない、膜構造に特有の項目である。張力構造は図 4.1.3 に示しているように外力の大きさと変形量との関係が本質的に非線形となる特殊な構造と言うことができる。また、膜構造、ケーブル構造ともに形状決定解析と応力解析が必要となる。このように形状決定解析は張力構造の解析に特有のもので、特殊な場合を除けば他の構造形式にはない解析項目である[*5]。

膜構造の構造解析　膜構造では、最初に形状決定解析が必要となる。これは前述したように、要求されている境界条件を満足し、かつ張力の場のみで形成されるような膜曲面を決めるための解析で、通常はここで等張力曲面を求める。応力解析は、静的解析と動的解析に分かれ、静的解析では設定された膜曲面に雪荷重や風荷重を設計荷重として載荷し安全性を検討する他、導入張力の大きさを検討し、導入張力により時間とともに膜が伸びる分を予め吸収して裁断するための裁断図の縮小率と呼ばれる量を決めるための検討を行う。膜構造物の場合、地震力に対する検討は膜を支える支持構造部分の安全確認のために必要となり、膜本体に対しては膜材自身が軽量であるためあまり必要とはされないのが普通である。動的な設計荷重として最も注意を必要とするのは風荷重、中でも膜面に沿って作用する風荷重に対する検討で、フラッター等の自励振動現象が起こらないことを確認しておくことも必要となる。また、膜構造に用いられる膜材は設計張力に

*5　形態抵抗構造物である空間構造の場合、その形態そのものの決定は構造設計の良し悪しを決める大きな要素である。そのため、この章で記述する張力構造以外の形式、具体的にはシェル構造やスペースフレーム構造の場合にも、目的とする応力や変形を実現するためにそれらの形状や構成要素の組み方を決定するための特殊な解析を行うことも考えられる。こうした解析も形状決定解析と位置づけることができる。

対して粘弾性的な挙動を呈するため、これに対する変形や応力変化の予測を行い、張力の喪失やしわの発生に対する検討のために、粘弾性解析を行うことが必要とされる場合がある。

ケーブル構造の構造解析　膜構造と同様、ケーブル構造の場合にも最初に構造形状を決定するための形状決定解析が必要となる。ケーブルが単独に一方向ケーブルとして用いられることはほとんどなく、普通は多方向ケーブル構造として他のケーブルと連結して用いられるか、膜と組み合わせて用いられることが多い。膜とともに用いられるときには膜形状の決定解析の一部としてケーブルの形状が決定されるが、ケーブルネット構造や吊りケーブル構造などのようにケーブルのみで主構造が構成されている場合にはケーブルを線材構造要素として取り扱う必要があり、その場合には個々に工夫された特殊な構造解析が必要とされる場合がある。静的な応力解析では材料安全性の検討のための自重、積載荷重、静的換算地震力、風荷重に対する検討を行う他、形状を維持するための必要導入張力の検討が重要な検討項目となる。動的な応力解析では、地震力の動的影響を考える必要がある場合には主として支持部分の検討となり、膜構造の場合と同様、ケーブル自身の重量が比較的に軽量のため、その安全性の検討に際しては考慮する必要がない場合が多い。ケーブルが膜材と組み合わせて用いられる場合には風荷重による不安定振動を考慮した検討を行うことが必要となる場合もある。

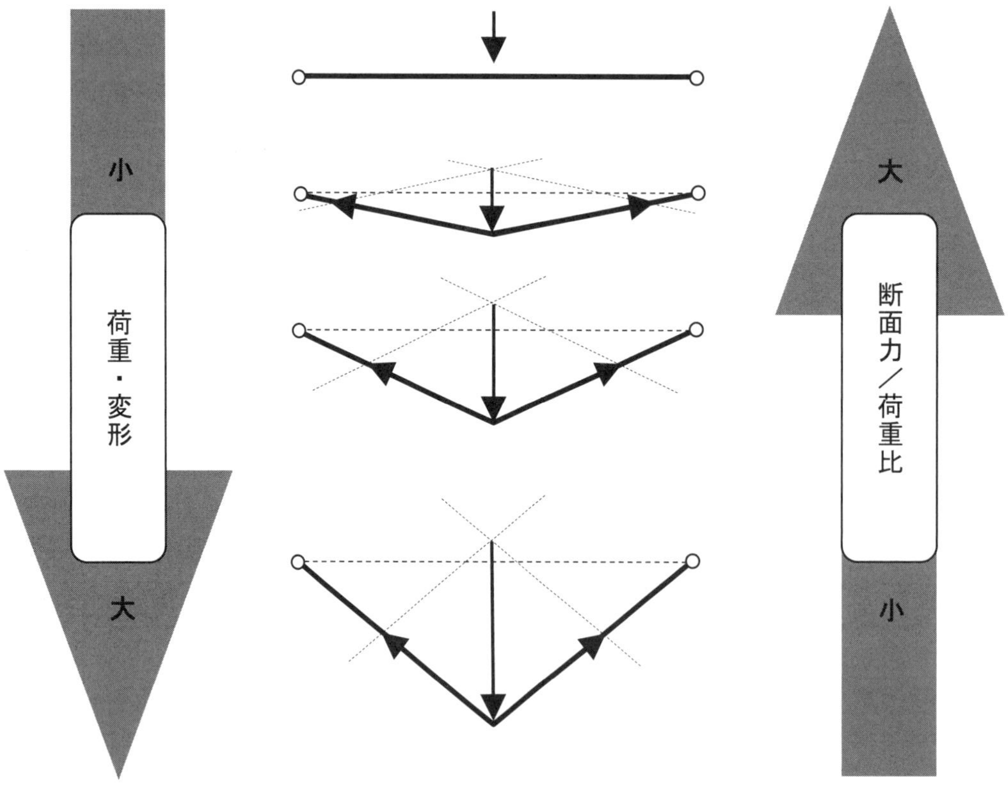

図 4.1.3　面外力に対するケーブルの抵抗機構

第4章　張力構造
第2節　張力構造のモデル化

4.2.1 張力構造のモデル化

ケーブル構造、膜構造のいずれもその構造曲面は一般に複雑であり、このことは建築としての張力構造の魅力の源泉でもある。しかし構造解析の側面から見ると、設計荷重も曲面形状に沿った複雑なものになり、理論的な基礎式を解析的に解くことは非常に困難であり、通常は数値的手法による近似解析を用いることになる。その数値解析手法には差分法やガラーキン法なども用いられることもあるが、それらはもっぱら研究の道具として用いられることが多く、実用的には有限要素法が最も多く用いられる。その際に、張力構造の持ついくつかの特殊性を考慮したモデル化が場合に応じて必要となる。それは、有限変形性、非抗圧性、材料非線形性、粘弾性の 4 項目である。以下、項目別に述べる。

微小変形と有限変形　曲げや面外せん断に対する剛性を持たない張力構造が、面外の荷重に対して抵抗するのは、変形によって変化する形状に応じて面内断面力の面外方向成分が発生することによる。図 4.2.1 に平面ケーブルを例にとってこの機構を示している。荷重がかかるとケーブルは変形し、その結果ケーブル断面に生じている軸力の軸方向と直交方向の成分が発生しこれが荷重に対する抵抗力となる。つまり、ケーブルは変形することによって初めて荷重に対して抵抗することができるようになる。実際には、構造としての形を安定的に保持したり、外力に対する剛性を確保するために、ケーブルや膜には初期張力が導入される。このような構造を解析するためには、変形の効果を力の釣合に取り入れることが必要であり、通常の微小変形理論ではなく、有限の変形効果を考えることのできる有限変形理論に基づいた方法で取り扱うことが必要となる。

非抗圧性　張力構造は曲げや面外せん断に対して抵抗しない。従って張力構造を解析するためにはこのことを考慮した解析が必要となる。そのためには、有限要素の選択の段階で面内断面力のみをもつ膜要素やトラス要素を用いることができるが、通常の曲げを含む有限要素によりモデル化し、曲げ剛性を極端に小さく設定するような方法によっても解析することができる。ただ、後者の方法による場合には、本来不必要な曲げの自由度を持たせた解析を行うことになるので、その分不要な自由度を抱えたままで解析を行うことになり効率的ではない。

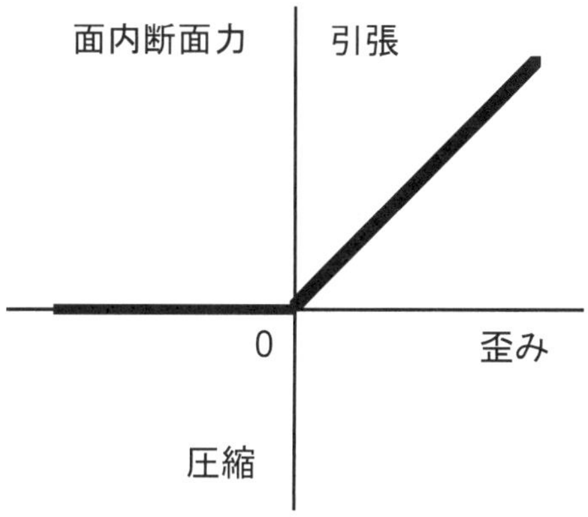

図 4.2.1　張力構造部材の材料特性

また、張力構造の場合、ケーブル、膜、いずれも引張力に対してのみ抵抗し、圧縮力に対しては抵抗することができない。この様子を図 4.2.1 に示している。このことを構成方程式に予め組み込んで非線形問題として解析することも可能だが、図からも分かるように構成関係は勾配が不連続となり解析的に扱いにくいばかりか、実用的観点からは部材ひずみが無抵抗の圧縮領域に入ることを考慮した解析を行うよりも、圧縮にも抵抗する通常のトラス要素や膜要素を用いた解析を行い、部材に圧縮力が生じた場合には設計変更を行なうなどの修正を施す方法によった方がより現実的であり扱いも簡明となる場合が多い。

材料非線形性　ケーブルは鋼線をよって作られており、膜はガラス繊維による織布を樹脂コーティングした材料である。こうした材料が引張力を受けるとき、力が増大するにつれてより線や織布が緊張し、いずれも荷重がかかっていない状態と荷重がかかった後の状態とではその断面内で材料の構成に不可逆的な変化が起こる。このことはケーブルや膜材が材料としてもつ力学特性の重要な特性で、これがこれらの材料に見かけ上の材料非線形特性をもたらす要因となる。ケーブルの場合にはこうした現象が認められるが、荷重のごく低い状態でわずかに生じるものであるため、実際の設計では無視して扱うことが多いが、膜材の場合には低荷重領域から高荷重領域まで、設計荷重領域の広い領域でこうした現象が起こり、そのために大きな非線形性を呈するためにこの影響を無視することができない。また、膜材の場合にはさらに、この材料非線形性が縦糸と横糸の応力比によって変化し、扱いを更に複雑なものにしているが（本章 4.3 節の図 4.3.6 を参照）、膜材に生じる応力を正しく把握するためには避けて通ることのできないことがらである。

粘弾性　ケーブルや膜は、張力が入っている状態で時間の推移とともに材料が伸びる粘弾性挙動を示す。ケーブルの場合には素材が単一の鋼材であるためにこの影響は比較的少ないが、膜材の場合には、材料が樹脂コーティングされた織布であるために、応力状態の把握や裁断図作成などの側面から無視することができないことが多い。粘弾性には、一定の荷重に対して時間の推移とともに変形が進行するクリープと、一定の変位やひずみが与えられている状態で応力が弛緩するリラクゼーション（応力緩和）があるが、この分類はあくまでも材料の粘弾性挙動を理論的に扱う場合の区分けであって、実際にはクリープ、リラクゼーションの両方が同時に生じる。張力構造の構造解析にはこうした影響を考慮する必要があるが、材料非線形特性と同様、ケーブルよりも膜材に顕著に起こり、このことはしわや弛みの発生の原因となる。膜材の裁断図作成の段階から正しく考慮しておくことが望まれる。

その他　膜材の場合は縦糸、横糸からなる織布にコーティングを施して製作されており、縦糸方向と横糸方向の剛性は一般には異なる値を持つ。したがって、理論的には直交異方弾性体として扱うことになるが、このことは等方弾性体として解析することのできる他の構造と異なる点となる。

4.2.2 有限要素の選択

張力構造では、有限要素法は応力解析に用いられるだけでなく、前述の形状解析にも用いられる。形状解析のために用いられる有限要素はケーブル構造の場合、多くは通常のトラス要素、膜の場合には通常の面要素から曲げ抵抗を取り除いた膜要素であり、応力解析に対しても同じ形状の要素が用いられることが多い。膜要素としては、面内断面力だけに抵抗する三角形要素や四辺形要素が多く用いられ、その他、問題に応じて曲面要素やアイソパラメトリック要素なども用いることができるが、三角形要素か四辺形要素で十分であろう。一般に三角形要素は、複雑な曲面への対応もよく、必要に応じて要素数を増やすことも簡単なので適用性は広いが、応力解析で三角形要素では対応しにくい場合もあり、四辺形要素の方が都合の良いこともある。回転体曲面を解析の対象とする場合には、軸対称回転要素を用いると自由度が減少して扱いが簡単になる場合がある。

第４章　張力構造
第３節　解析方法

4.3.1　形状解析

4.3.1.1　膜構造物の形状解析

膜構造の設計の始めに重要な作業は境界構造の間に張られる膜の形状を決めることである。形状解析とは、膜の形状決定を行なうための解析のことであり、膜構造の形状解析には等張力曲面を用いることが多い[1,2]。等張力曲面とは任意の膜面上の点において、あらゆる方向に一定の張力が作用している曲面のことをいう。力学的には、曲面上の任意の切断面に対して切断面と垂直な方向に作用する垂直応力だけが存在し、せん断力は存在しない曲面である。膜構造における等張力曲面を求める理由は、等張力曲面が与えられた境界のなかで張られる曲面の中でポテンシャルエネルギーが一番小さく安定していることと、膜材料は織布材料なのでクリープが生じ易く、最終的に等張力状態になろうとするが、他の曲面ではその時に曲面に無理な応力が生じることを回避するためである。

等張力曲面を求める問題は、張力が指定された時の曲面形状（座標値）を求める問題であり、一般の応力解析のように与えられた形状（座標値）の下で応力を求める問題とは手続きが反対となるので、工学的には逆問題といわれる問題の一つである。また等張力曲面は、数学的には与えられた境界の下に張られる曲面の面積が極小となるので、等張力を求める問題は極小曲面問題と呼ばれている。またプラトーは、石鹸膜実験を行なって極小曲面の研究を行なったので、極小曲面問題はプラトー問題とも言われている。写真 4.3.1 に石鹸膜実験を載せている。

ここでは、膜構造の形状解析法に関して、等張力曲面を求める方法と極小曲面を求める方法の二種類について述べる。前者の方法は等張力曲面を求める立場から力学的な解法であり、後者の方法は極小曲面を求める立場から数学的な解法である。さらに、形状解析の計算上の問題点について述べる。

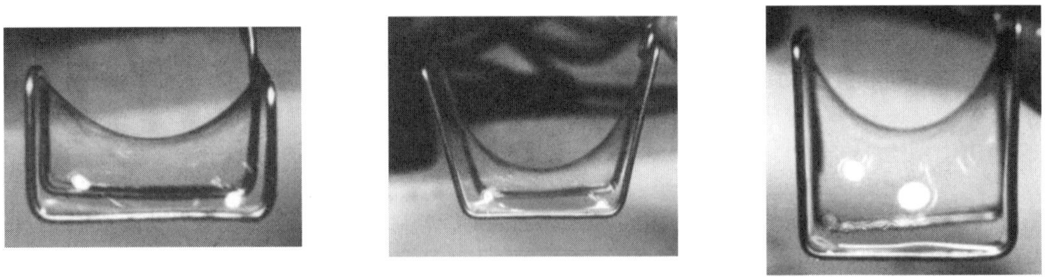

写真 4.3.1　石鹸膜実験による極小曲面の作成

等張力曲面を求める方法　ここでは膜の形状解析について、等張力曲面を求める力学的立場からの解法を示す。前述のように数学的厳密性からいえば等張力曲面は極小曲面とは等価であり、極小曲面を直接求めればよいのであるが、極小曲面を求める解法は式の展開が複雑であることと、解が収束しにくいとの理由から実用的にはここで示すような等張力曲面を求める略算解法を用いることが多い。

この略算解法は、弾性剛性がない弾性体の初期応力がなすポテンシャルエネルギーを停留化することにより等張力曲面を求める方法であり、本章 4.3.3 項の膜応力の応力・変形解析とも密接な関係にある。一般の膜構造では境界条件が任意であるので、数値解析手法としては有限要素法が用いられる。したがって、ここでは三角形の有限要素を用いた形状解析法について述べる。

変形前の曲面（初期曲面）から変形後の曲面（等張力曲面）までの変形量を未知数とする。

解析に用いる記号を以下に定義する。

X_{0i}, Y_{0i}, Z_{0i} ：変形前の節点 i の座標

X_i, Y_i, Z_i ：変形後の節点 i の座標

u_i, v_i, w_i ：節点 i の変位量（初期曲面から等張力曲面への変化）

$\boldsymbol{u}, \boldsymbol{v}, \boldsymbol{w}$ ：要素内部の変位量（初期曲面から等張力曲面への変化）

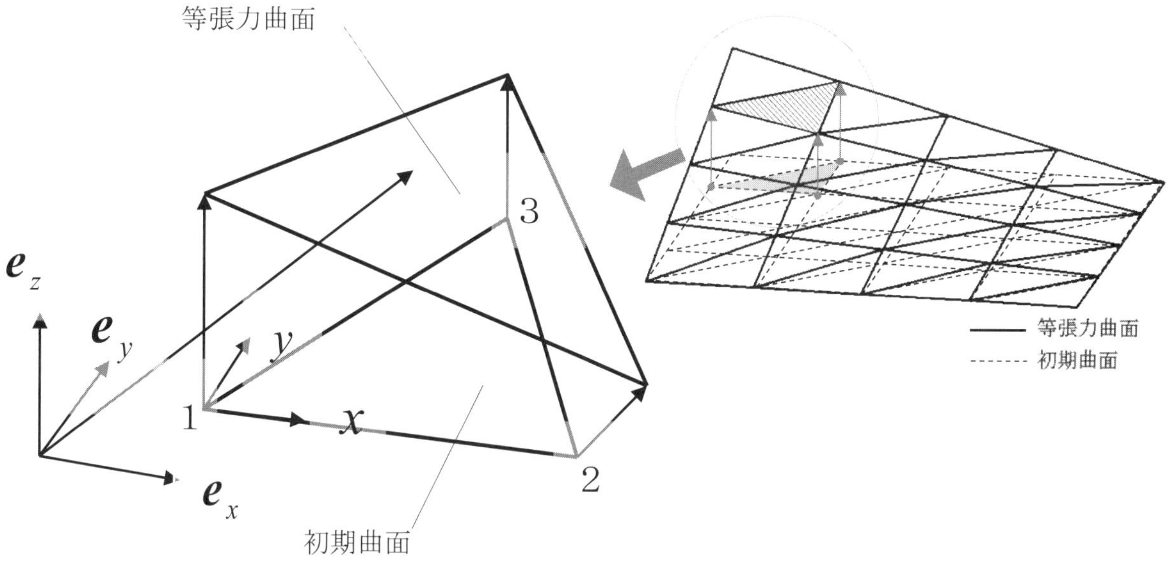

図 4.3.1　記号の説明

上の座標と変位量をベクトルで表わす。

$$\boldsymbol{x}_{0e} = \left\{ X_{01}\ X_{02}\ X_{03}\ Y_{01}\ Y_{02}\ Y_{03}\ Z_{01}\ Z_{02}\ Z_{03} \right\}^T \tag{4.3.1a}$$

$$\boldsymbol{x}_{e} = \left\{ X_1\ X_2\ X_3\ Y_1\ Y_2\ Y_3\ Z_1\ Z_2\ Z_3 \right\}^T \tag{4.3.1b}$$

$$\boldsymbol{u}_{e} = \left\{ u_1\ u_2\ u_3\ v_1\ v_2\ v_3\ w_1\ w_2\ w_3 \right\}^T \tag{4.3.1c}$$

$$\boldsymbol{u} = \left\{ u\ v\ w \right\}^T \tag{4.3.1d}$$

要素が三角形平面の場合、$\boldsymbol{u}$ と $\boldsymbol{u}_e$ との関係は初期曲面上に定義される要素座標(x, y)を用いて次式のように表される。すなわち、初期曲面の節点座標を参照して、等張力曲面は節点変位で与えられる。これは三角形定ひずみ要素を用いた通常の応力・変形解析の変位場の表現と変わらない。

$$\boldsymbol{u} = \boldsymbol{U}(x, y)\ \boldsymbol{u}_e \tag{4.3.2}$$

ここに

$$\boldsymbol{U} = \boldsymbol{N}(x, y) \cdot \boldsymbol{B} \tag{4.3.3}$$

$$\boldsymbol{N}(x, y) = \begin{bmatrix} 1 & x & y & \cdot & \cdot & \cdot & \cdot & \cdot & \cdot \\ \cdot & \cdot & \cdot & 1 & x & y & \cdot & \cdot & \cdot \\ \cdot & \cdot & \cdot & \cdot & \cdot & \cdot & 1 & x & y \end{bmatrix} \tag{4.3.4}$$

$$\boldsymbol{B} = \begin{bmatrix} \boldsymbol{A}^T & \cdot & \cdot \\ \cdot & \boldsymbol{A}^T & \cdot \\ \cdot & \cdot & \boldsymbol{A}^T \end{bmatrix} \tag{4.3.5}$$

$$\boldsymbol{A} = \frac{1}{\Delta} \begin{bmatrix} X_{02}Y_{03} - X_{03}Y_{02} & Y_{02} - Y_{03} & X_{03} - X_{02} \\ X_{03}Y_{01} - X_{01}Y_{03} & Y_{03} - Y_{01} & X_{01} - X_{03} \\ X_{01}Y_{02} - X_{02}Y_{01} & Y_{01} - Y_{02} & X_{02} - X_{01} \end{bmatrix} \tag{4.3.6}$$

$$\Delta = \begin{vmatrix} 1 & X_{01} & Y_{01} \\ 1 & X_{02} & Y_{02} \\ 1 & X_{03} & Y_{03} \end{vmatrix} = 2\Delta_e \ , \quad (\Delta_e \text{は三角形の面積}) \tag{4.3.7}$$

ここで後の式表現の準備のために、上式 $\boldsymbol{u}$ の x、y に関する偏微分を求めておく。

$$u_x = \partial u/\partial x = \{\cdot \ 1 \ \cdot \ \cdot \ \cdot \ \cdot \ \cdot \ \cdot \ \cdot\}\boldsymbol{B}\ \boldsymbol{u}_e = \boldsymbol{b}_{ux}{}^T\boldsymbol{B}\ \boldsymbol{u}_e \tag{4.3.8a}$$

$$u_y = \partial u/\partial y = \{\cdot \ \cdot \ 1 \ \cdot \ \cdot \ \cdot \ \cdot \ \cdot \ \cdot\}\boldsymbol{B}\ \boldsymbol{u}_e = \boldsymbol{b}_{uy}{}^T\boldsymbol{B}\ \boldsymbol{u}_e \tag{4.3.8b}$$

$$v_x = \partial v/\partial x = \{\cdot \ \cdot \ \cdot \ \cdot \ 1 \ \cdot \ \cdot \ \cdot \ \cdot\}\boldsymbol{B}\ \boldsymbol{u}_e = \boldsymbol{b}_{vx}{}^T\boldsymbol{B}\ \boldsymbol{u}_e \tag{4.3.8c}$$

$$v_y = \partial v/\partial y = \{\cdot \ \cdot \ \cdot \ \cdot \ \cdot \ 1 \ \cdot \ \cdot \ \cdot\}\boldsymbol{B}\ \boldsymbol{u}_e = \boldsymbol{b}_{vy}{}^T\boldsymbol{B}\ \boldsymbol{u}_e \tag{4.3.8d}$$

$$w_x = \partial w/\partial x = \{\cdot \ \cdot \ \cdot \ \cdot \ \cdot \ \cdot \ \cdot \ 1 \ \cdot\}\boldsymbol{B}\ \boldsymbol{u}_e = \boldsymbol{b}_{wx}{}^T\boldsymbol{B}\ \boldsymbol{u}_e \tag{4.3.8e}$$

$$w_y = \partial w/\partial y = \{\cdot \ \cdot \ \cdot \ \cdot \ \cdot \ \cdot \ \cdot \ \cdot \ 1\}\boldsymbol{B}\ \boldsymbol{u}_e = \boldsymbol{b}_{wy}{}^T\boldsymbol{B}\ \boldsymbol{u}_e \tag{4.3.8f}$$

$$\frac{\partial \boldsymbol{u}}{\partial x} = \frac{\partial \boldsymbol{U}}{\partial x}\boldsymbol{u}_e = \boldsymbol{U}_x\boldsymbol{u}_e \tag{4.3.9q}$$

$$\frac{\partial \boldsymbol{u}}{\partial y} = \frac{\partial \boldsymbol{U}}{\partial y}\boldsymbol{u}_e = \boldsymbol{U}_y\boldsymbol{u}_e \tag{4.3.9b}$$

さて等張力曲面の汎関数は次式で定義される。

$$\Pi = \int \boldsymbol{\varepsilon}^T \cdot \boldsymbol{\sigma}_0 \, dxdy = \int (\sigma_{x0}\varepsilon_x + \sigma_{y0}\varepsilon_y + \sigma_{xy0}\varepsilon_{xy}) \, dxdy \tag{4.3.10}$$

ここに

$$\boldsymbol{\varepsilon} = \left\{ \varepsilon_x \quad \varepsilon_y \quad \varepsilon_{xy} \right\}^T \tag{4.3.11}$$

$$\varepsilon_x = u_x + \frac{1}{2}(u_x{}^2 + v_x{}^2 + w_x{}^2) \tag{4.3.12a}$$

$$\varepsilon_y = v_y + \frac{1}{2}(u_y{}^2 + v_y{}^2 + w_y{}^2) \tag{4.3.12b}$$

$$\varepsilon_{xy} = \frac{1}{2}(v_x + u_y) + \frac{1}{2}(u_x u_y + v_x v_y + w_x w_y) \tag{4.3.12c}$$

$$\boldsymbol{\sigma}_0 = \left\{ \sigma_{x0} \quad \sigma_{y0} \quad \sigma_{xy0} \right\}^T = \left\{ n \quad n \quad 0 \right\}^T \tag{4.3.13}$$

式(4.3.13)の n は初期張力（膜張力）である。

式(4.3.10)はひずみに依存しない（初期応力のみで弾性係数がゼロの）応力がなす内部仕事を表すものである。通常の応力・変形解析であれば外力項が存在するが、サスペンション膜に代表される膜構造の形状解析においては境界形状に強制変位を与えて解を求めることが多いため、外力項を省略している。空気膜構造のように内圧が介在する場合には外力項が付与される。

また、上述のひずみ項は先に求めておいた $\boldsymbol{u}$ の x、y に関する偏微分を用いて具体的に次式のように表される。

$$\varepsilon_x = \boldsymbol{b}_{ux}{}^T \boldsymbol{B} \boldsymbol{u}_e + \frac{1}{2} \boldsymbol{u}_e{}^T \boldsymbol{U}_x{}^T \boldsymbol{U}_x \boldsymbol{u}_e \tag{4.3.14a}$$

$$\varepsilon_y = \boldsymbol{b}_{vy}{}^T \boldsymbol{B} \boldsymbol{u}_e + \frac{1}{2} \boldsymbol{u}_e{}^T \boldsymbol{U}_y{}^T \boldsymbol{U}_y \boldsymbol{u}_e \tag{4.3.14b}$$

$$\varepsilon_{xy} = \frac{1}{2}(\boldsymbol{b}_{vx}{}^T + \boldsymbol{b}_{uy}{}^T) \boldsymbol{B} \boldsymbol{u}_e + \frac{1}{2} \boldsymbol{u}_e{}^T \boldsymbol{U}_x{}^T \boldsymbol{U}_y \boldsymbol{u}_e \tag{4.3.14c}$$

さらに上式の変分をとる。

$$\delta \boldsymbol{\varepsilon} = \left\{ \delta\varepsilon_x \quad \delta\varepsilon_y \quad \delta\varepsilon_{xy} \right\}^T = \boldsymbol{V} \cdot \delta \boldsymbol{u}_e \tag{4.3.15}$$

ここに

$$\boldsymbol{V} = \begin{bmatrix} \boldsymbol{b}_{ux}{}^T \boldsymbol{B} + \boldsymbol{u}_e{}^T \boldsymbol{U}_x{}^T \boldsymbol{U}_x \\ \boldsymbol{b}_{vy}{}^T \boldsymbol{B} + \boldsymbol{u}_e{}^T \boldsymbol{U}_y{}^T \boldsymbol{U}_y \\ \frac{1}{2}(\boldsymbol{b}_{vx}{}^T + \boldsymbol{b}_{uy}{}^T) \boldsymbol{B} + \frac{1}{2} \boldsymbol{u}_e{}^T (\boldsymbol{U}_x{}^T \boldsymbol{U}_y + \boldsymbol{U}_y{}^T \boldsymbol{U}_x) \end{bmatrix} \tag{4.3.16}$$

次に汎関数の変分を考える。

$$\delta\Pi = \int \delta \boldsymbol{\varepsilon}^T \cdot_\sigma \sigma_0\, dxdy = \delta \boldsymbol{u}_e{}^T \int \boldsymbol{V}^T \boldsymbol{\sigma}_0\, dxdy \tag{4.3.17}$$

結局 $\delta\Pi = 0$ より停留式は次式となる。

$$\int \boldsymbol{V}^T \boldsymbol{\sigma}_0\, dxdy = 0 \tag{4.3.18}$$

この式は未知数である節点変位量 $\boldsymbol{u}_e$ に関する方程式となっているが、反復するために増分式を求める。

$$\int d(\boldsymbol{V}^T \boldsymbol{\sigma}_0)\, dxdy = \int (\boldsymbol{V}^T \cdot d\boldsymbol{\sigma}_0 + d\boldsymbol{V}^T \cdot \boldsymbol{\sigma}_0)\, dxdy = \int d\boldsymbol{V}^T \cdot \boldsymbol{\sigma}_0\, dxdy \tag{4.3.19}$$

ところで

$$\begin{aligned}\int d\boldsymbol{V}^T \boldsymbol{\sigma}_0\, dxdy &= \int \left[\boldsymbol{U}_x{}^T \boldsymbol{U}_x d\boldsymbol{u}_e \quad \boldsymbol{U}_y{}^T \boldsymbol{U}_y d\boldsymbol{u}_e \quad \frac{1}{2}(\boldsymbol{U}_y{}^T \boldsymbol{U}_x + \boldsymbol{U}_x{}^T \boldsymbol{U}_y) d\boldsymbol{u}_e \right] \boldsymbol{\sigma}_0\, dxdy \\ &= \boldsymbol{K}\, d\boldsymbol{u}_e\end{aligned} \tag{4.3.20}$$

ここに

$$\boldsymbol{K} = \left\{ \boldsymbol{U}_x{}^T \boldsymbol{U}_x \sigma_{x0} + \boldsymbol{U}_y{}^T \boldsymbol{U}_y \sigma_{y0} + \frac{1}{2}(\boldsymbol{U}_y{}^T \boldsymbol{U}_x + \boldsymbol{U}_x{}^T \boldsymbol{U}_y) \sigma_{xy0} \right\} d\boldsymbol{u}_e \tag{4.3.21}$$

したがって

$$\int d(\boldsymbol{V}^T \sigma)\, dxdy = \boldsymbol{K} d\boldsymbol{u}_e \tag{4.3.22}$$

したがって増分方程式は次式となる。

$$\boldsymbol{K}\, d\boldsymbol{u}_e = d\boldsymbol{f}_e^* \tag{4.3.23}$$

ここに $d\boldsymbol{f}_e^*$ は不釣り合い量であり、次式で定義される。

$$d\boldsymbol{f}_e^* = -\int \boldsymbol{V}^T \boldsymbol{\sigma}_0\, dxdy \tag{4.3.24}$$

式（4.3.23）が各ステップの増分式であり、 $d\boldsymbol{f}_e^*$ が０に近くなるまで反復させると、その時の座標値が等張力曲面を表すものとなる。

次ステップへの反復において、$(i+1)$ステップの座標値は、（i）ステップの座標値と変位増分との和をとることにする。

$$\boldsymbol{x}_e^{(i+1)} = \boldsymbol{x}_e^{(i)} + d\boldsymbol{u}_e \tag{4.3.25}$$

極小曲面を求める方法　ここでは精算解法として極小曲面を用いた形状解析を述べる。極小曲面とは先にも述べたように、空間におかれた境界の中に張られる曲面の中で、面積が極小となる曲面のことである。極小曲面を求めるためには、汎関数として曲面積を用いる方法が簡単である。

等張力曲面と同じく、三角形の有限要素を用いた形状解析法について述べる。

極小曲面の形状は最終的には曲面の座標値を求めることであるので、解析の未知数として座標値それ自体とする方法がある。しかし本項では、構造設計者が変形量になれていることを考慮して、初期曲面から最終の極小曲面までの変形量を未知数としている。

解析に用いる記号を図 4.3.1 および以下に定義する。式中で定義した座標系は要素座標系である。

X_{0i}, Y_{0i}, Z_{0i} ：初期曲面上の節点 i の座標

X_0, Y_0, Z_0 ：初期曲面上の要素内部の座標

X_i, Y_i, Z_i ：極小曲面上の節点 i の座標

X, Y, Z ：極小曲面上の要素内部の座標

u_i, v_i, w_i ：節点 i の変位量（初期曲面から極小曲面への変化）

u, v, w ：要素内部の変位量（初期曲面から極小曲面への変化）

上記の座標と変位量をベクトルで表わす。

$$\boldsymbol{x}_{0e} = \left\{X_{01}\ X_{02}\ X_{03}\ Y_{01}\ Y_{02}\ Y_{03}\ Z_{01}\ Z_{02}\ Z_{03}\right\}^T \tag{4.3.26a}$$

$$\boldsymbol{x}_0 = \left\{X_0\ Y_0\ Z_0\right\}^T \tag{4.3.26b}$$

$$\boldsymbol{x}_e = \left\{X_1\ X_2\ X_3\ Y_1\ Y_2\ Y_3\ Z_1\ Z_2\ Z_3\right\}^T \tag{4.3.26c}$$

$$\boldsymbol{x} = \left\{X\ Y\ Z\right\}^T \tag{4.3.26d}$$

$$\boldsymbol{u}_e = \left\{u_1\ u_2\ u_3\ v_1\ v_2\ v_3\ w_1\ w_2\ w_3\right\}^T \tag{4.3.26e}$$

$$\boldsymbol{u} = \left\{u\ v\ w\right\}^T \tag{4.3.26f}$$

まず極小曲面上の内部座標 $\boldsymbol{x}$ と $\boldsymbol{x}_e$ を、初期曲面の内部座標 $\boldsymbol{x}_0$ と変位 $\boldsymbol{u}$ で表すと

$$\boldsymbol{x} = \boldsymbol{x}_0 + \boldsymbol{u} \tag{4.3.27}$$

$$\boldsymbol{x}_e = \boldsymbol{x}_{0e} + \boldsymbol{u}_e \tag{4.3.28}$$

次に、式（4.3.26b）と（4.3.26f）中の $\boldsymbol{x}_0$ および $\boldsymbol{u}$ と、$\boldsymbol{x}_{0e}$ および $\boldsymbol{u}_e$ の関係は、要素が三角形平面で表されるものとすると、それぞれ次式となる。

$$\boldsymbol{x}_0 = \boldsymbol{U}(x,y)\boldsymbol{x}_{0e} \tag{4.3.29}$$

$$\boldsymbol{u} = \boldsymbol{U}(x,y)\ \boldsymbol{u}_e \qquad \text{(4.3.2)再掲}$$

ここに、$\boldsymbol{U}(x,y)$ は式（4.3.3)と同様である。

したがって、極小曲面の座標 $\boldsymbol{x}$ は、次式により求められる。

$$\boldsymbol{x} = \boldsymbol{U}(x,y)\boldsymbol{x}_e = \boldsymbol{U}(x,y)(\boldsymbol{x}_{0e} + \boldsymbol{u}_e) \tag{4.3.30}$$

次に後の式表現の準備のために、上式 $\boldsymbol{x}$ の x、y に関する偏微分を求めておく。

$$\frac{\partial \boldsymbol{x}}{\partial x}=\frac{\partial \boldsymbol{U}}{\partial x}\boldsymbol{x}_e=\boldsymbol{U}_x\boldsymbol{x}_e \tag{4.3.31a}$$

$$\frac{\partial \boldsymbol{x}}{\partial y}=\frac{\partial \boldsymbol{U}}{\partial y}\boldsymbol{x}_e=\boldsymbol{U}_y\boldsymbol{x}_e \tag{4.3.31b}$$

さて極小曲面の汎関数は曲面の面積であり、これは微分幾何学より次式で定義される。

$$\Pi=\int Hdxdy=\int\sqrt{g_{xx}g_{yy}-{g_{xy}}^2}\,dxdy \tag{4.3.32}$$

ここに

$$H=\sqrt{g_{xx}g_{yy}-{g_{xy}}^2} \tag{4.3.33}$$

ここで、極小曲面の座標値を (X, Y, Z) で表すと、g_{xx} 等は、曲面の第一基本計量として次式で定義される [2)]。曲面の第一基本計量とは、曲面に関する二つのパラメータに関する接線ベクトルの内積によって表現される量である。

$$g_{xx}=\frac{\partial X}{\partial x}\frac{\partial X}{\partial x}+\frac{\partial Y}{\partial x}\frac{\partial Y}{\partial x}+\frac{\partial Z}{\partial x}\frac{\partial Z}{\partial x} \tag{4.3.34a}$$

$$g_{yy}=\frac{\partial X}{\partial y}\frac{\partial X}{\partial y}+\frac{\partial Y}{\partial y}\frac{\partial Y}{\partial y}+\frac{\partial Z}{\partial y}\frac{\partial Z}{\partial y} \tag{4.3.34b}$$

$$g_{xy}=\frac{\partial X}{\partial x}\frac{\partial X}{\partial y}+\frac{\partial Y}{\partial x}\frac{\partial Y}{\partial y}+\frac{\partial Z}{\partial x}\frac{\partial Z}{\partial y} \tag{4.3.34c}$$

これらを三角形の節点変位同様に、変位量 $\boldsymbol{u}_e$ で表すことを考える。まず、

$$g_{xx}=\frac{\partial \boldsymbol{x}}{\partial x}\frac{\partial \boldsymbol{x}}{\partial x},\ g_{yy}=\frac{\partial \boldsymbol{x}}{\partial y}\frac{\partial \boldsymbol{x}}{\partial y},\ g_{xy}=\frac{\partial \boldsymbol{x}}{\partial x}\frac{\partial \boldsymbol{x}}{\partial y} \tag{4.3.35}$$

したがって上式を、式（4.3.30）を用いて表すと

$$g_{xx}={\boldsymbol{x}_e}^T{\boldsymbol{U}_x}^T\boldsymbol{U}_x\boldsymbol{x}_e \tag{4.3.36a}$$

$$g_{yy}={\boldsymbol{x}_e}^T{\boldsymbol{U}_y}^T\boldsymbol{U}_y\boldsymbol{x}_e \tag{4.3.36b}$$

$$g_{xy}={\boldsymbol{x}_e}^T{\boldsymbol{U}_x}^T\boldsymbol{U}_y\boldsymbol{x}_e \tag{4.3.36c}$$

次に第一基本計量のベクトル表示を次の形で示す。

$$\boldsymbol{g}=\left\{g_{xx}\quad g_{yy}\quad g_{xy}\right\}^T \tag{4.3.37}$$

後の計算のために上式の変分をとると、

$$\delta\boldsymbol{g}=\left\{\delta g_{xx}\quad \delta g_{yy}\quad \delta g_{xy}\right\}^{T}=\boldsymbol{V}\cdot\delta\boldsymbol{x}_e \tag{4.3.38}$$

ここに

$$\boldsymbol{V}=\begin{bmatrix} 2\boldsymbol{x}_e{}^T\boldsymbol{U}_x{}^T\boldsymbol{U}_x \\ 2\boldsymbol{x}_e{}^T\boldsymbol{U}_y{}^T\boldsymbol{U}_y \\ \boldsymbol{x}_e{}^T(\boldsymbol{U}_x{}^T\boldsymbol{U}_y+\boldsymbol{U}_y{}^T\boldsymbol{U}_x) \end{bmatrix} \tag{4.3.39}$$

さらに

$$\boldsymbol{h}=\frac{1}{2H}\boldsymbol{D}\boldsymbol{g} \tag{4.3.40}$$

とおく。ここに

$$\boldsymbol{D}=\begin{bmatrix} 0 & 1 & 0 \\ 1 & 0 & 0 \\ 0 & 0 & -2 \end{bmatrix} \tag{4.3.41}$$

次に汎関数の変分を考える。まず H の第一変分をつくる。

$$\begin{aligned}\delta H &= \delta\sqrt{g_{xx}g_{yy}-g_{xy}{}^2}=\frac{1}{2H}(\delta g_{xx}g_{yy}+g_{xx}\delta g_{yy}-2g_{xy}\delta g_{xy}) \\ &=\left\{\delta g_{xx}\quad \delta g_{yy}\quad \delta g_{xy}\right\}\cdot\frac{1}{2H}\begin{bmatrix} 0 & 1 & 0 \\ 1 & 0 & 0 \\ 0 & 0 & -2 \end{bmatrix}\begin{Bmatrix} g_{xx} \\ g_{yy} \\ g_{xy} \end{Bmatrix} \\ &=\delta\boldsymbol{g}^T\cdot\boldsymbol{h}=\delta\boldsymbol{x}_e{}^T\boldsymbol{V}^T\cdot\boldsymbol{h}\end{aligned} \tag{4.3.42}$$

上式を式(4.3.32)の変分式に代入すると

$$\delta\Pi=\delta\boldsymbol{x}_e{}^T\int\boldsymbol{V}^T\boldsymbol{h}dxdy \tag{4.3.43}$$

結局 $\delta\Pi=0$ より停留式は次式となる。

$$\int\boldsymbol{V}^T\boldsymbol{h}dxdy=0 \tag{4.3.44}$$

この式は未知数である節点変位量 $\boldsymbol{u}_e$ の非線形方程式となっている。

次にこの非線形方程式をニュートン・ラフソン法を用いて解く。上式の増分式を求めるため、まず被積分項を求める。

$$\int d(\boldsymbol{V}^T\boldsymbol{h})dxdy=\int(\boldsymbol{V}^T\cdot d\boldsymbol{h}+d\boldsymbol{V}^T\cdot\boldsymbol{h})dxdy \tag{4.3.45}$$

ところで

$$\int \boldsymbol{V}^T \cdot d\boldsymbol{h}\, dxdy = \int \boldsymbol{V}^T \cdot \frac{\boldsymbol{D}}{2H^2}(d\boldsymbol{g}H - \boldsymbol{g}dH)dxdy = \boldsymbol{K}_1\, d\boldsymbol{x}_e \tag{4.3.46}$$

ここに

$$\boldsymbol{K}_1 = \int \left(\frac{1}{2H}\boldsymbol{V}^T\boldsymbol{D}\boldsymbol{V} - \frac{1}{H}\boldsymbol{V}^T\boldsymbol{h}\boldsymbol{h}^T\boldsymbol{V}\right) dxdy \tag{4.3.47}$$

また

$$\begin{aligned}\int d\boldsymbol{V}^T \cdot \boldsymbol{h}\, dxdy &= \int \left[2\boldsymbol{U}_x{}^T\boldsymbol{U}_x d\boldsymbol{x}_e \quad 2\boldsymbol{U}_y{}^T\boldsymbol{U}_y d\boldsymbol{x}_e \quad (\boldsymbol{U}_y{}^T\boldsymbol{U}_x + \boldsymbol{U}_x{}^T\boldsymbol{U}_y)d\boldsymbol{x}_e \right] \cdot \boldsymbol{h}\, dxdy \\ &= \boldsymbol{K}_2 d\boldsymbol{x}_e\end{aligned} \tag{4.3.48}$$

ここに

$$\boldsymbol{K}_2 = \int \left\{ 2\boldsymbol{U}_x{}^T\boldsymbol{U}_x h_1 + 2\boldsymbol{U}_y{}^T\boldsymbol{U}_y h_2 + (\boldsymbol{U}_y{}^T\boldsymbol{U}_x + \boldsymbol{U}_x{}^T\boldsymbol{U}_y) h_3 \right\} dxdy \tag{4.3.49}$$

したがって

$$\int d(\boldsymbol{V}^T\, \boldsymbol{h}) dxdy = \boldsymbol{K} d\boldsymbol{x}_e \tag{4.3.50}$$

ここに

$$\boldsymbol{K} = \boldsymbol{K}_1 + \boldsymbol{K}_2 \tag{4.3.51}$$

である。これが停留式(4.3.44)の増分式に用いる剛性行列である。また式(4.3.28)より

$$d\boldsymbol{x}_e = d\boldsymbol{u}_e \tag{4.3.52}$$

したがって式(4.3.52)を式（4.3.50）に代入すると

$$\boldsymbol{K}\, d\boldsymbol{u}_e = d\boldsymbol{f}_e^* \tag{4.3.53}$$

ここに $d\boldsymbol{f}_e^*$ は不釣り合い量であり、次式で定義される。

$$d\boldsymbol{f}_e^* = -\int \boldsymbol{V}^T \boldsymbol{h}\, dxdy \tag{4.3.54}$$

式（4.3.53）が各ステップの増分式であり、 $d\boldsymbol{f}_e^*$ が０に近くなるまで反復させると、その時の座標値が極小曲面を表すものとなる。次ステップへの反復において、(i+1)ステップの座標値は、（i）ステップの座標値と変位増分との和をとることになる。

形状解析上の問題点

（１）収束性

形状解析では、前項までで説明した等張力曲面を求める方法か極小曲面を求める方法のいずれの方法を用いても、解の収束性は悪い。極小曲面を求める方法の場合には、境界形状や初期曲面の設定によっては、解が発散することも多い。このため、全体の体積を一定にする方法[1)]や、節点自由度の方向を規定する方法[2)]等が考えられている。解が発散することは、極小曲面のもつ数学的な性質に起因するものであると考えられている。

（２） 要素分割

要素分割の方法は一般的な有限要素法の場合と同様、曲面全体を均等な三角形となるように分割することが望ましい。ケーブル境界の場合には、ケーブルの移動によってケーブル要素と近接三角形の要素が重ならないように、あらかじめ注意して分割する必要がある。

（３）要素分割数と収束性の関係

分割数が多くなればなるほど収束性は悪くなる。この理由は、計算自由度が増すために計算誤差が累積するのではなく、（１）項で述べたように、極小曲面の性質に起因するものと考えられる。

（４）元来解がない場合がある

境界形状によっては、元々等張力曲面が存在しない場合がある。このような時は、いくら分割や初期曲面を換えても収束はしないので、注意が必要である。

（５）安定解と不安定解

一般的には極小曲面の収束解は面積が極小値をとる。等張力曲面においては、その力学的な全ポテンシャルエネルギーが極小値をとることに対応し、石鹸膜として物理的に存在する曲面を与える。しかし、形状解析の初期曲面の取り方によっては石鹸膜では存在し得ない不安定解（この場合、面積は極小値をとらない）に収束することがあるので、注意する必要がある。

4.3.1.2　ケーブル構造の形状解析

対象とするケーブル構造においては、例えばケーブルネットや吊り構造に代表されるように、一般的に部材の数に比べて自由度の数が多く、力学的に不安定であって、任意荷重に対して部材の剛体変位のみで構成されるリンク運動が生じる。このことはケーブル構造における形状解析の必要性と重要性を考える上で大きな意味を持つ。そこで、まず架構の節点自由度の数、部材数と釣合マトリクスのランクの関係から、従来の架構の分類を不安定架構の領域に拡張し、線形理論の範囲において、静定・不静定、安定・不安定の観点から架構を分類したものを図 4.3.2 に示して、その力学的特性を明らかにする。

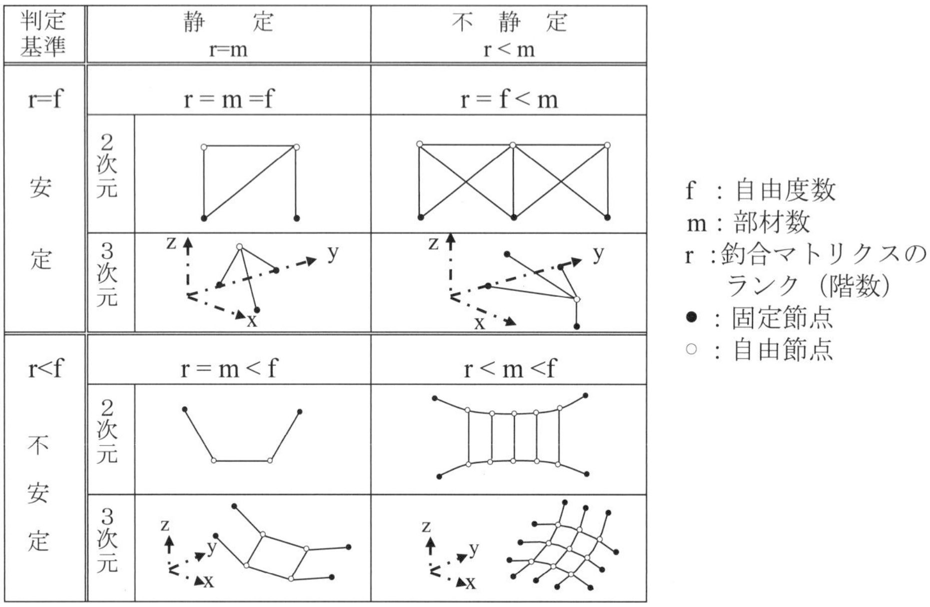

判定基準
静　定
r=m
不　静　定
r < m
r=f
r = m =f
r = f < m
安
定
2次元
3次元
z
y
x
r<f
r = m < f
r < m <f
不
安
定
f　: 自由度数
m : 部材数
r　:釣合マトリクスのランク（階数）
● : 固定節点
○ : 自由節点

図 4.3.2　架構の分類

ケーブル構造における適合条件式を式(4.3.55)、釣合方程式を式(4.3.56)とする。

$$\boldsymbol{e} = \boldsymbol{E}^T\boldsymbol{d} \tag{4.3.55}$$

ここで、$\boldsymbol{e}$: 部材変形ベクトル($m\times1$)、$\boldsymbol{d}$: 節点変位ベクトル($f\times1$)、

$$\boldsymbol{F} = \boldsymbol{E}\boldsymbol{P} \tag{4.3.56}$$

ここで、$\boldsymbol{F}$: 節点外力ベクトル($f\times1$)、$\boldsymbol{P}$: 内力ベクトル($m\times1$)

$\boldsymbol{E}$: 釣合マトリクス($f\times m$) ($f>m$)

ケーブルネット等の曲面構造の一般的形状に対しては、釣合マトリクスのランクは r =rank[$\boldsymbol{E}$] <m<f となることから式(4.3.55)と(4.3.56)の同次方程式の解として、式(4.3.57), (4.3.58)を得る。

式(4.3.55)の同次方程式より $\begin{matrix} r\{ \\ m-r\{ \end{matrix}\overset{\quad r \qquad f-r}{\left[\begin{array}{c:c} E_{11}^T & E_{21}^T \\ \hdashline E_{12}^T & E_{22}^T \end{array}\right]}\left\{\begin{array}{c} d_1 \\ \hdashline d_2 \end{array}\right\}\begin{matrix} \}r \\ \}f-r \end{matrix} = \{0\}$、ここで $\left[E_{11}^T\right] \neq [0]$。変形すれば、

解を得る。

$${}^r\{d_1\} = -{}^r[{}^rE_{11}{}^T]^{-1}\,{}^r[{}^{f-r}E_{21}{}^T]^{f-r}\{d_2\}, \qquad \{d_2\}：任意 \tag{4.3.57}$$

式(4.3.56)の同次方程式より $\begin{matrix} & r & m-r & & \\ r\{ & E_{11} & E_{12} & p_1 & \}r \\ f-r\{ & E_{21} & E_{22} & p_2 & \}m-r \end{matrix}$ $\begin{bmatrix} E_{11} & E_{12} \\ E_{21} & E_{22} \end{bmatrix} \begin{Bmatrix} p_1 \\ p_2 \end{Bmatrix} = \{0\}$、ここで $[E_{11}] \neq {}^{f}[0]$。変形すれば、解を得る。

$$ {}^{r}\{P_1\} = -{}^{r}[{}^{r}E_{11}]^{-1}\,{}^{r}[{}^{m-r}E_{12}]^{m-r}\{P_2\}, \qquad \{P_2\}：任意 \tag{4.3.58} $$

これらの式(4.3.57), (4.3.58)がケーブル構造における形状解析と構造解析の基礎的理念の論拠になっており、物理的解釈は次のようになる。

i)　ケーブル構造では部材の伸びなし変形［剛体（リンク）変位モード］を生じ、リンク運動が可能なメカニズムが存在することを意味しており、これにより局部荷重や逆対称荷重などの追加荷重（固定荷重を除く外力）によって、構造形態が大きく変化する。

ii)　ケーブル構造は節点外力との釣合いに関係しない自己釣合いの応力状態が存在し、各ケーブルに与えられた所定の初期張力（プレストレス）と固定荷重に対して、固有の釣合可能な形状と応力分布が存在する。

以上の 2 つの命題に対して、日本建築学会「ケーブル構造設計指針・同解説」（1994 年）[3)]は、ケーブル構造の完成形状は固定荷重に対して、各ケーブルが所定の張力（初期張力）状態で釣合うように設定し、特に、構造の形状がケーブルの張力分布と深く関わるものにあっては、初期形状解析を行うとしている。さらに、節点外力や支点移動などに起因するケーブルの張力消失等による不安定現象が生じないように必要な剛性を確保し、各ケーブルの初期張力（プレストレス）を設定し、施工方法や施工順序を考慮した設計を行うとし、特に、ケーブルの張力導入方法や導入順序に対しては構造物の性状を十分に検討し、実情に応じて適切な設計上の措置を講じるとしている。ケーブルネットの形状解析の手法は、釣合方程式に基づく方法[4, 5)]、密度法による方法[6, 7)]などがあり、それぞれ優れた解析手法であるが、ここでは、1970 年代に真柄らによって提案され、その後実用化された混合型変分原理に基づく解析手法[8, 9)]について説明する。

交点クランプ型ケーブルネットの解析法　形状解析の基礎式は任意の不静定部材を切断し、そこにターンバックルなどの張力調整用制御部材を配置し、一対のプレストレス荷重を作用させると切断点の距離の変化による外力仕事が発生する。したがって、ポテンシャル関数は次式のように表わされる。

$$ \Pi_I = -\sum_{i=1}^{f} F_i D_i - \sum_{q=1}^{s} {}_{o}p_q \cdot d_q(D_i) + \sum_{k=1}^{n}\left[p_k \cdot \delta_k(D_i) - \frac{L_k}{2EA_k} p_k{}^2 \right] \tag{4.3.59} $$

ここに、F_i：固定荷重に相当する節点外力、D_i：節点変位、${}_{o}p_q$：切断部分に与えられる一対のプレストレス力（引張力の場合を正とする）、q：切断すべき不静定（Redundant）部材の指標、s：直接にプレストレスを受ける切断部分の数（$s \leq m-r$）、n：切断部材以外の部材の数、$\delta_k(D_i)$：切断部材以外の部材の長さの変化

$$ \delta_k(D_i) = \sqrt{\overline{X}^2(u) + \overline{Y}^2(v) + \overline{Z}^2(w)} - \sqrt{\overline{X}_0{}^2 + \overline{Y}_0{}^2 + \overline{Z}_0{}^2} \tag{4.3.60} $$

$d_q(D_i)$ ：プレストレスが導入される切断部材の両端の節点間距離の変化

$$d_q(D_i) = -\left\{\left(\sqrt{\overline{X}^2(u)+\overline{Y}^2(v)+\overline{Z}^2(w)}\right)_q - \left(\sqrt{\overline{X}_0{}^2+\overline{Y}_0{}^2+\overline{Z}_0{}^2}\right)_q\right\} \tag{4.3.61}$$

ここで、

$$\left.\begin{aligned} &\overline{X}_0 = X_j - X_i,\ \overline{Y}_0 = Y_j - Y_i,\ \overline{Z}_0 = Z_j - Z_i \\ &\overline{X}(u) = (X_j - X_i) + (u_j - u_i) \\ &\overline{Y}(v) = (Y_j - Y_i) + (v_j - v_i) \\ &\overline{Z}(w) = (Z_j - Z_i) + (w_j - w_i) \end{aligned}\right\} \tag{4.3.62}$$

X_i, Y_i, Z_i および X_j, Y_j, Z_j は初期仮定形状における i, j 節点の座標値

u_i, v_i, w_i および u_j, v_j, w_j はそれぞれ i, j 節点の X, Y, Z 方向の節点変位

式(4.3.59)において変分を受ける独立変数は、部材軸力 p_k および節点変位 D_i である。

まず、部材軸力に関する停留条件

$$\partial \Pi_I / \partial p_k = 0 \quad (k = 1, 2, \cdots, n) \tag{4.3.63}$$

より切断部材以外の部材の構成方程式を得る。

また、節点変位に関する停留条件

$$\partial \Pi_I / \partial D_i = 0 \quad (i = 1, 2, \cdots, f) \tag{4.3.64}$$

より切断部分の両側の節点に加えられるプレストレス荷重 ${}_0p_i$ を含めた釣合式が得られる。

すべり交点型ケーブルネットの解析法　ケーブルの交点クランプをゆるめて曲面内のすべりに対して自由とすれば、ケーブル張力はケーブル毎に一定となり、等張力ケーブルネットとなる。以下では、こうしたケーブルネットに対して節点外力の項を考慮し、周辺からプレストレスを導入する場合の形状解析を行う。

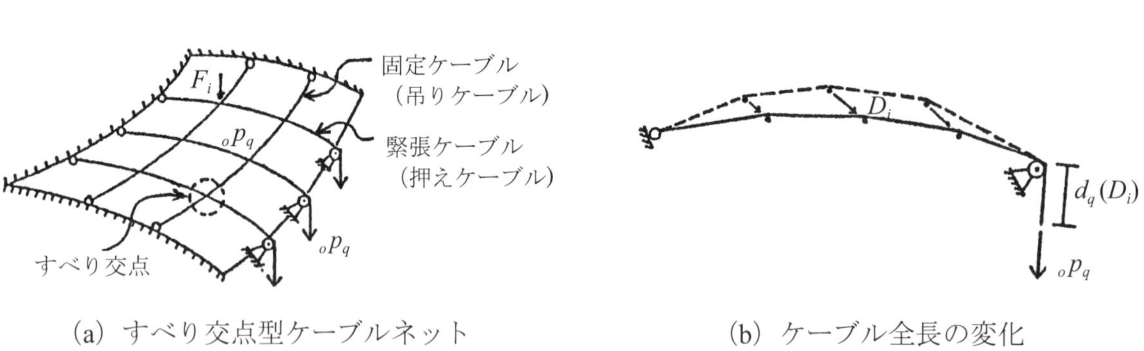

(a) すべり交点型ケーブルネット　　　(b) ケーブル全長の変化

図 4.3.3　すべり交点型ケーブルネットのプレストレス

図 4.3.3 に示すように周辺に作用したプレストレス荷重がそのままプレストレスの導入点の張力となることから、ポテンシャル関数は次式で与えられる。

$$\Pi_{II} = -\sum_{i=1}^{f} F_i D_i - \sum_{q=1}^{h} \left\{ {}_o p_q d_q(D_i) \right\} + \sum_{r=1}^{l} \left\{ p_r \delta_r(D_i) \right\} - \sum_{r=1}^{l} \left\{ \frac{p_r{}^2 L_r}{2EA_r} \right\} \tag{4.3.65}$$

ここで、F_i : ケーブル交点に作用する外力（一定とみなす）、D_i : ケーブル交点座標の移動量、${}_o p_q$: 緊張ケーブルの緊張力（ケーブル全長にわたって一定）、$d_q(D_i)$: 緊張ケーブルの支点間の全長の変化、h : 緊張ケーブルの本数、p_r : 固定ケーブルの軸力（ケーブル全長につき一定）、$\delta_r(D_i)$: 固定ケーブルの全長の伸び、A_r , L_r : 固定ケーブルの断面積、全長、ℓ : 固定ケーブルの本数、d, δ_r はともにケーブル全長にわたる長さの変化である。ケーブル交点で区切られた区間の長さの変化は次式で与えられる。

$$d_q(D_i) = -\sum_{g=1}^{n} \left(\sqrt{\overline{X}^2(u) + \overline{Y}^2(v) + \overline{Z}^2(w)} - \sqrt{\overline{X}_0{}^2 + \overline{Y}_0{}^2 + \overline{Z}_0{}^2} \right)_g$$

$$\delta_r(D_i) = -\sum_{g=1}^{n'} \left(\sqrt{\overline{X}^2(u) + \overline{Y}^2(v) + \overline{Z}^2(w)} - \sqrt{\overline{X}_0{}^2 + \overline{Y}_0{}^2 + \overline{Z}_0{}^2} \right)_g \tag{4.3.66}$$

ここで、n, n' は 1 本のケーブルの、交叉ケーブルで仕切られた区間の数である。

式(4.3.65)の停留条件 $\partial \Pi_{II} / \partial D_i = 0$ より、釣合式が得られる。また、$\partial \Pi_{II} / \partial p_r = 0$ より、固定ケーブルの応力－変位関係式

$$\delta_r(D_i) - \frac{L_r}{EA_r} p_r = 0 \text{ , } \; r = 1, \; \cdots, \; \ell \; ; \; \; i = 1, \; \cdots, f \tag{4.3.67}$$

が得られる。

4.3.2　張力構造の材料特性

4.3.2.1　膜の材料特性

はじめに　膜構造建築物用膜材料は基材の平織物とその両面上に塗布された軟質合成樹脂のコーティング材料から構成されている。平織物の応力－ひずみ特性（以下伸長特性）の主要因子は糸の３次元単位平織物構造の寸法および糸そのものの伸長特性である。膜材料の伸長特性の特徴である異方性と非線形性は伸長開始直後に現れ、非線形性の最も強い範囲は一軸破断応力の20%までの範囲に現れる。この応力範囲では異方性および非線形性は、平織物の変形特性と糸の伸長特性が支配的に、さらにコーティング材料の変形特性およびコーティング材料と平織物の相互作用も関係して現れると考えられる。こうして現れた非線形性状はたて糸、よこ糸方向の応力の比によって変化し、やや複雑な性状を示す場合もある。膜材料は伸長の繰り返しで非線形性は次第に弱くなるが、収斂伸長曲線においても非線形性は残る[10]。

本項でとりあげるPTFE(Polytetrafluoroethylene) コーティングのガラス繊維平織物(膜材料A種)は、昨今多くの恒久的大型膜構造建築物に使用されており工学的にも最重要膜材料となっている。そしてこの膜材料が他の膜材料に比較して上述の応力範囲での非線形性を非常に強く現わす。膜構造設計では一般に一軸破断応力の25%までの応力範囲の伸長曲線を対象とする。初期伸長および繰り返し後のいずれの伸長曲線を用いるにも、上述の応力範囲の非線形性を膜構造応力変形解析にどのように考慮するかについて着目した研究は重要な課題である。

したがって、膜材料の非線形性や粘弾性を単位平織構造モデルで表現する研究[11-15]、二軸伸長曲線を直接考慮して材料非線形膜構造応力変形解析を行う研究[16]が成されてきた。しかし、一般には実際の設計で用いられる膜構造解析にこの非線形性は考慮されておらず、割線による単純な線形近似の下で直交異方性線形弾性理論が適用されているのが実情である。この線形弾性理論の適用は、非線形伸長曲線に対する割線による近似の明らかな誤差を生み、どの応力比の伸長曲線を採用するか、割線を決める伸長曲線上の基準点の決め方、および割線を用いた弾性定数算定方式等につき任意性が存在する問題を残している。

以下、次の順番で述べていく。はじめに、膜材料の試験方法や特質を述べ、その後、膜の材料非線形性を取り扱う手法を歴史順に3つ説明する。最後に、簡単に剪断弾性係数をとりあげる。

膜材料試料とその二軸伸長曲線　膜構造建築物に多く使用されている膜材料（膜材料A種）の要目を表4.3.1、断面を写真4.3.2に示す。基布のガラス繊維はEガラスで呼び径3μmのフィラメントである。150本のフィラメントでストランドとし、その4本の集束体よこ糸の糸間隔はそれぞれ約1.0, 1.4mm程度である。写真4.3.2に示したように糸は平織による曲がりをもつが、その度合いを織クリンプ率（糸の織縮み率）

表 4.3.1　膜材料要目

糸	ガラス繊維
コーティング材料	PTFE*注
糸本数（タテ/ヨコ）	10.0/7.3
1軸引張破断強さ (T_0)(N/cm)（タテ/ヨコ）	1666/1176
1軸引張破断伸び（タテ/ヨコ）	0.09/0.14

*注 Polytetrafluoroethylene

$C=\left(d_0/d-1\right)\times 100$　(%) で表すと（図 4.3.4）、これと上述の糸間隔とで平織の空間構造形態を表せる。ここに、d はよこ糸の間隔で、d_0 はよこ糸間隔 d にあるたて糸の長さである。試料のたて糸、よこ糸の C の測定値はそれぞれ約 1.7、4.7 程度である。

写真 4.3.2 および他の拡大写真の観察から、コーティング材料は糸の周囲近傍においてのみ繊維間に侵入しているが、それより内側の繊維間には侵入していないことが分かる。このことと、糸に 45° の方向の伸長には平織物自体はほとんど剛性を示さないことから、その方向の細長い試験体を伸長して得られる伸長曲線は繊維による複合効果の大きく入り込まないコーティング材料自体の伸長特性をほぼ表すと考えられる。そのような試験体（幅 3cm、クランプ間 20cm）の伸長曲線（引張速度毎分 4mm）は最大応力 490N/cm まで次第に立ち上がる非線形性を示したが、その最小傾斜角接線から引張剛性（応力／ひずみ）を求めると約 450N/cm であった。なお、応力は膜材料の初期の単位幅あたりの引張力と定義する。

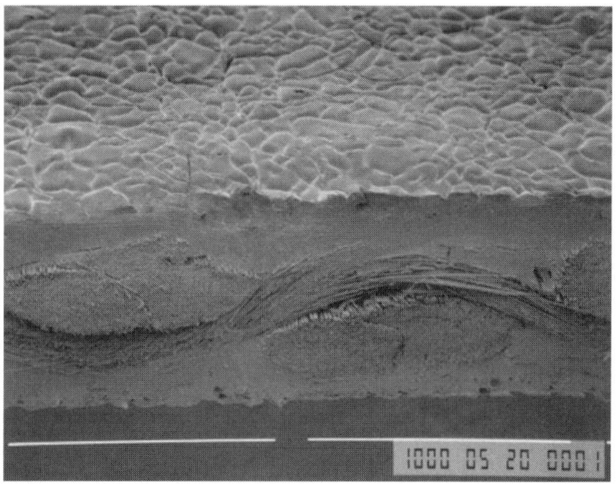

写真 4.3.2　膜材料の拡大断面写真（ヨコ糸の断面）

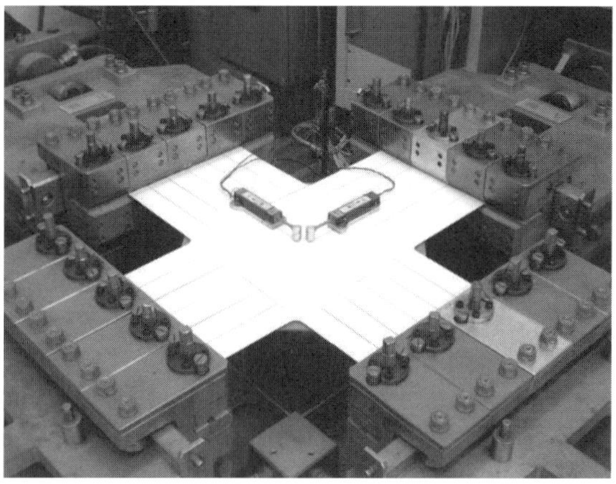

写真 4.3.3　二軸引張試験機

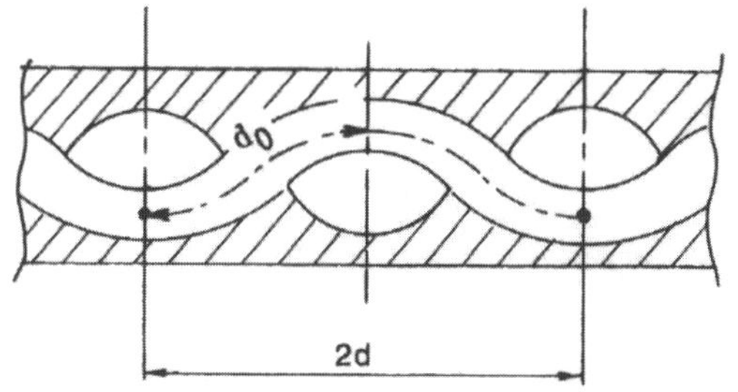

図 4.3.4　糸の織縮み

二軸伸長曲線の測定は写真 4.3.3 の試験機を用い一軸破断応力の約 20％の 288N/cm までの応力範囲で行った。試験体は二軸引張試験用が図 4.3.5 の左図、一軸引張試験用が図 4.3.5 の右図である。各軸方向の対向するクランプは互いの等距離移動で伸長を与える。クランプ部は試験体幅方向に自己滑動をする 5 個に分割されている。試験機の各軸のロードセルで荷重を測定し図 4.3.5 に示した初期試験体幅 40cm で除して応力とした。各軸方向のひずみは針を取りつけた直線型ポテンショメータを試験体中央部（写真 4.3.3）に差し込み同時に計測した。

二軸引張試験は次のように自動定応力比制御で進行する。まず試料の一方の糸方向に一定引張速度（クランプ間毎分 4mm。ひずみ速度は毎分 0.0053）を与える。試験機上のこの方向を A 方向と呼ぶ。同時に他方の糸方向にはあらかじめ設定した応力比を常に維持するように伸長する。この方向を B 方向と呼ぶ。ここに応力比は $T_x : T_y$ で表し、特に x、y 方向の一軸伸長の応力比は便宜上それぞれ 1 : 0、0 : 1 と表す。A、B 方向をどの糸方向にするかは、応力比条件により相対的に大きい応力の糸方向を A 方向に選ぶ。ただし応力比 1 : 1 の時はA方向をたて糸方向と定める。A，B方向それぞれの応力を T_A, T_B、ひずみを $\varepsilon_A, \varepsilon_B$ で表すと、この二軸引張方式によれば応力—ひずみ関係 $T_A = T_A(\varepsilon_A, \varepsilon_B)$ $T_B = T_B(\varepsilon_A, \varepsilon_B)$ において応力比を $R = T_A / T_B$ とおいた変形様式下では、得られる各軸の測定伸長曲線は A 軸方向で $T_A = T_A(\varepsilon_A, R)$ 、B 軸方向で $T_B = T_B(\varepsilon_B, R)$ と表される。応力比 1 : 1、2 : 1、1 : 2、1 : 0、0 : 1 で測定した試料（各応力比で 3 体）の一軸、二軸伸長曲線を図 4.3.6 に示す。

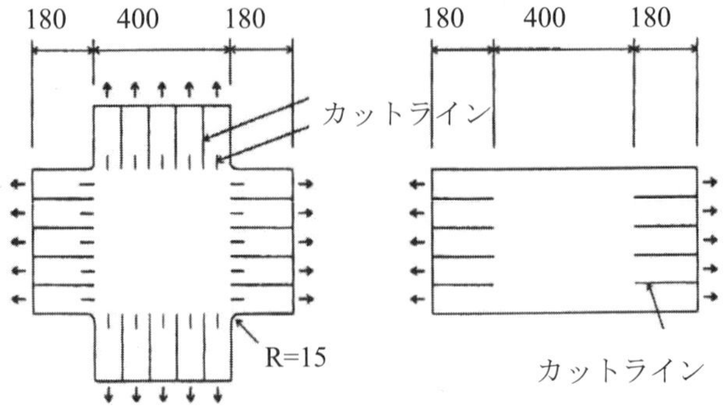

図 4.3.5　二軸（左）および 一軸（右）引張試験の試験体

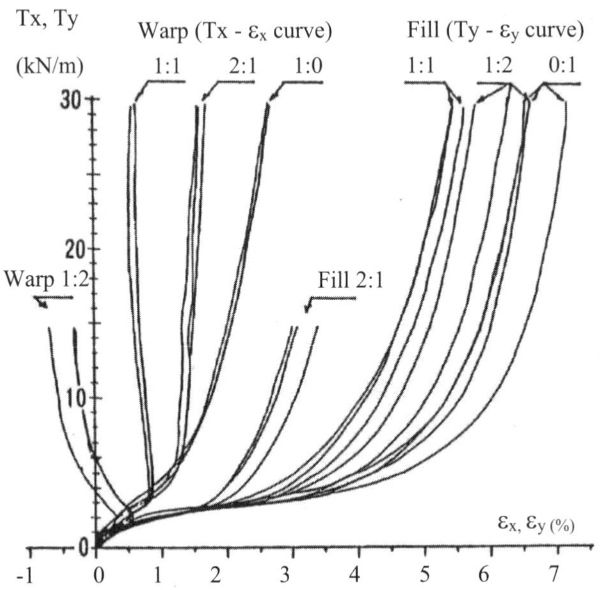

図 4.3.6　一軸二軸伸長曲線

図 4.3.6 をみると、よこ糸方向伸長曲線は測定応力範囲全域で大きく曲がる傾向を示し、その曲率は一軸伸長に近づくほど大きくなる。たて糸方向伸長曲線はおよそ応力 8kN/m までの応力範囲でのみ非直線性を示し、応力比 1 : 2 や 1 : 1 の場合はこの応力範囲で急に屈曲する性状を示す。伸長曲線はどの応力状態でもほぼ共通に、応力 3.5kN/m 以下の範囲に変曲点をもち、伸長開始から変曲点までは弱い非直線性を示し、変曲点で急に強く非直線性を示すかまたは変曲点を超えた後はおよそ応力 10kN/m までの応力範囲で非直線性を示してからほぼ直線性状を示す。このように膜材料は顕著な異方性と非線形性を示し、かつ、その性状が応力比に依存するという特有の伸長特性をもつ。

二軸材料特性の考察　膜材料は図 4.3.7 に示すような内部構造形態をもっている。その断面において、膜の引張力は、コーティング材料によって一部を負担しているが、主に平織物で負担され、膜の剪断力は主にコーティング材料で負担されると考えて良い。この膜材料がたて糸およびよこ糸方向の一軸あるいは二軸引張力を受けるときの各糸方向の伸長曲線は前述のように特有の非線形性を示す。

この非線形性は、初期に伸長するときには強く現れる。代表的な膜材料である四フッ化エチレン樹脂コーティングのガラス繊維平織物が、前述のとおり各糸方向に同じ引張応力を常に維持するように制御されつつ繰り返し二軸引張を受けた場合に示す応力－ひずみ曲線を図 4.3.8 に示す。横軸はひずみ（たて糸方向ε_x、よこ糸方向ε_y）、縦軸は膜応力（たて糸方向T_x、よこ糸方向T_y）である。この図から、この膜材料が顕著な異方性を持ち、特に初期伸長において特有の強い材料非線形性およびその応力比依存性を示し、かつ顕著な粘弾性[17,18]を示すことが分かる。

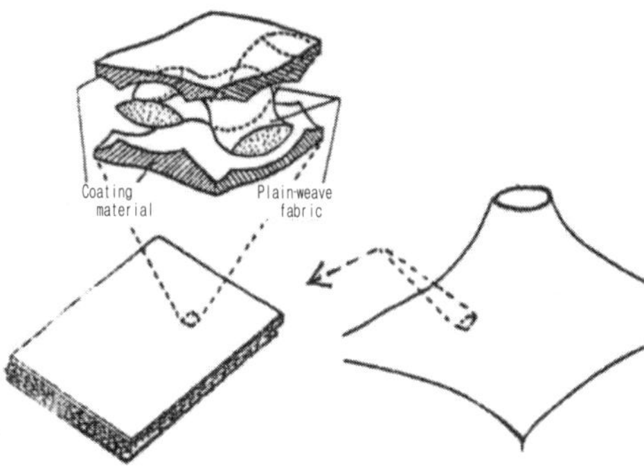

図 4.3.7　膜材料の模式図

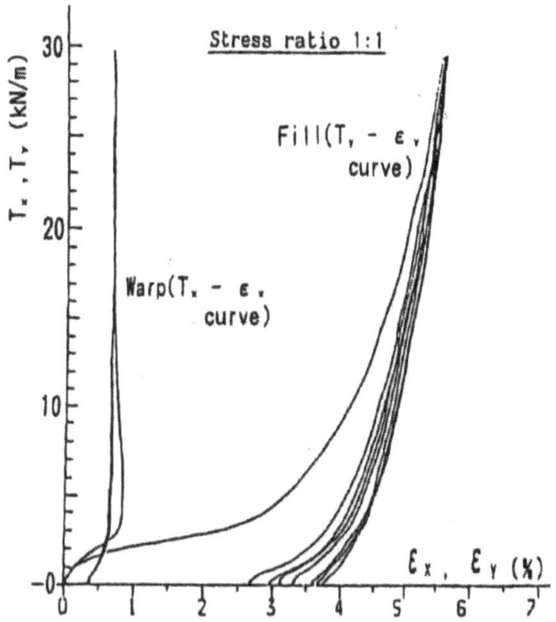

図 4.3.8　代表的膜材料の二軸伸長曲線

図 4.3.8 の初期伸長の二軸伸長曲線を対象にして再びその特性を考察してみる。たてよこ両糸方向について、およそ 3～5kN/m までの低い応力の範囲では伸長剛性が格段に小さい。また、これより大きい応力の範囲では剛性は急速に変化してガラス繊維糸そのものの大きな剛性に漸近している。低応力域で伸長剛性が小さく推移するこの性状は、たて糸方向ではおよそ１％までのひずみの範囲で、よこ糸方向ではおよそ 3.5%までのひずみの広い範囲で現れている。

以上の非線形の伸長特性は、この種の膜材料に特有のものであって、一般の建築構造材料にはみられない特性であるといえる。コーティングされた平織物である膜材料のもつこの伸長特性は、動物の身体組織膜（例えば皮膚）の伸長曲線にみられる特性によく似ている。

膜材料Ａ種の基布（ガラス繊維平織物）は、図 4.3.4 と図 4.3.7 にみられるように、普通はたて糸とよこ糸とでクリンプ（織縮み）が異なるものである。クリンプのこの相違が主因となって、この膜材料の二軸伸長曲線は、上述のように特に引張応力の小さな領域（0～5kN/m）において顕著な非線形性を示す。この材料非線形性が大きな特徴である。

この図から、伸長曲線は伸長の繰り返しにより次第に線形性をもつようになることも明らかである。設計では、このような非線形、非弾性な特性に対応して、膜構造の応力解析には線形近似の弾性解析が実施されるのが普通であり、そのための弾性定数が日本膜構造協会標準試験[19]によって算定されている。

また、膜材料A種のように特徴ある非線形二軸伸長特性をビジュアルに示す方法が提案されている[20]。各種の応力比の下での二軸伸長曲線を測定して、それらの上のデータつまり各応力比条件での応力とひずみを$T_x - T_y - \varepsilon_x$座標系および$T_x - T_y - \varepsilon_y$座標系でプロットする。こうして得られる各座標系での曲面（図 4.3.9）はいわば二軸伸長特性曲面とも表現できる。この曲面は､図4.3.6を3次元的に表現したものであり、使い方は以下で示す。

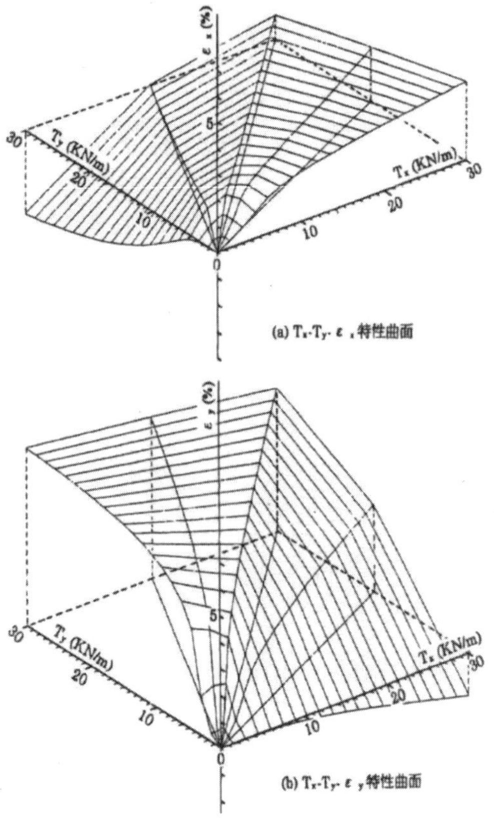

図 4.3.9　二軸伸長特性曲面

弾性定数算定式　膜材料の二軸伸長曲線を適当に割線を定めて線形化して、膜構造の線形弾性応力変形解析を実施する場合に必要なる弾性定数の算定法が提案され[21]、適用されている[19]。その算定法を次に説明する。

たて、よこ糸方向を各々x、y軸方向とし、各方向の応力とひずみをT_x, T_yおよび$\varepsilon_x, \varepsilon_y$で表す。応力－ひずみ関係式は

$$\begin{aligned} T_x &= E_{11}\varepsilon_x + E_{12}\varepsilon_y \\ T_y &= E_{21}\varepsilon_x + E_{22}\varepsilon_y \end{aligned} \tag{4.3.68}$$

ここに $E_{11} = E_x t/\nu$, $E_{22} = E_y t/\nu$, $E_{12} = E_{21} = \nu_{xy} E_x t/\nu = \nu_{yx} E_y t/\nu$ および $\nu = 1 - \nu_{xy}\nu_{yx}$ であり、ν_{xy}, ν_{yx} はポアソン比である。

ここで$T_x/T_y = R$（一定値）とおいて整理すると、式(4.3.68)は次式のようになる。

$$\begin{aligned} T_x &= \left(E_{11}E_{22} - E_{12}^{\ 2} \right)\varepsilon_x \Big/ \left(E_{22} - RE_{12} \right) \\ T_y &= \left(E_{11}E_{22} - E_{12}^{\ 2} \right)\varepsilon_y \Big/ \left(E_{11} - E_{12}/R \right) \end{aligned} \tag{4.3.69}$$

例えば図 4.3.6 の一回目の載荷の測定された応力－ひずみ曲線のように 5 ケース（N=5）の荷重比に対応する曲線を適当に線形化する。この線形化直線上の点の示す応力とひずみの値が i 番目の荷重比に対応して $\left(T_{xi}, \varepsilon_{xi}\right)$, $\left(T_{yi}, \varepsilon_{yi}\right)$ のように得られ、これがN組だけ測定データとして

得られる。そこで式(4.3.68)を用いて 2 乗和

$$S=\sum_{i=1}^{N}\left\{\left(E_{11}\varepsilon_{xi}+E_{12}\varepsilon_{yi}-T_{xi}\right)^2+\left(E_{12}\varepsilon_{xi}+E_{22}\varepsilon_{yi}-T_{yi}\right)^2\right\} \tag{4.3.70}$$

を作り、最小二乗法を適用して、

$$\frac{\partial S}{\partial E_{11}}=\frac{\partial S}{\partial E_{22}}=\frac{\partial S}{\partial E_{12}}=0 \tag{4.3.71}$$

とすれば、未知数 E_{11}, E_{12} および E_{22} すなわち $E_x t$, $E_y t$, ν_{xy} および ν_{yx} が算定できる。

多段線形近似による弾性定数算定法 [20, 22]

前述したように膜材料の応力 - ひずみ曲線は顕著な非線形性を示す場合があり、そのためにより精度よく膜構造応力変形解析を実行するためには何らかの方策が必要である。その一つとして提案されている多段線形近似法について概要を説明する [20]。

図 4.3.9 の二軸伸長特性曲面における T_x, T_y を M 段に分割し、応力比を $R=T_x/T_y$ で定義する。図 4.3.9 に示した二軸伸長特性曲面は、R が一定となるように行った試験による伸長曲線で表した結果である。M 段に分割した応力とひずみの値および R が一定の線で挟まれた区間から図 4.3.9 の二軸伸長特性曲面に小さな領域を指定することができる。この領域を線形近似区域と呼ぶことにし、図 4.3.10 にその模式的な図を示す。

この図が示すように、ある R の値とその隣り合う R によって挟まれた曲面上に応力を多段に分割することで、区分された曲面 ACDB が決定される。この曲面上で、

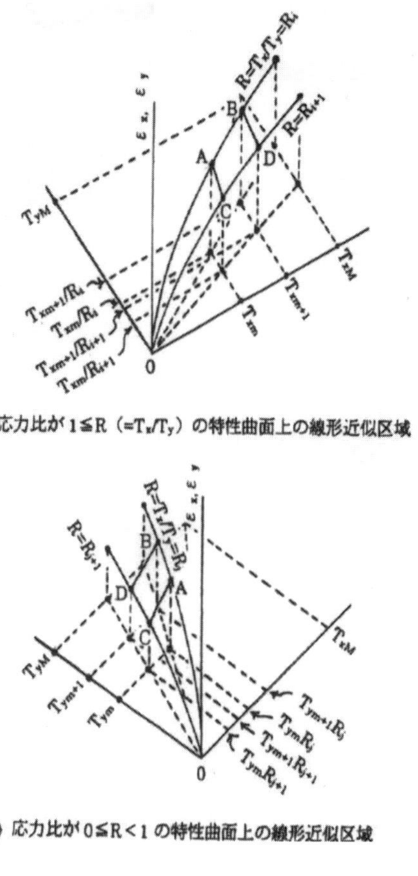

(a) 応力比が 1≦R (=Tx/Ty) の特性曲面上の線形近似区域

(b) 応力比が 0≦R<1 の特性曲面上の線形近似区域

図 4.3.10　二軸伸長特性曲面の 1 区画（模式図）

$$\begin{Bmatrix} T_x \\ T_y \end{Bmatrix}=\begin{bmatrix} E_{xx} & E_{xy} \\ E_{xy} & E_{yy} \end{bmatrix}\begin{Bmatrix} \varepsilon_x \\ \varepsilon_y \end{Bmatrix}+\begin{Bmatrix} e_x \\ e_y \end{Bmatrix} \tag{4.3.72}$$

なる線形関係式を満たすと考える。この式を線形近似区域で適用する線形応力－ひずみ構成式とする。この式を、A, B, C, D の各点で、計算から得られる応力と実験値応力の差の二乗が最小になるように決定する。応力差の二乗の和を S とし、A, B, C, D 点をそれぞれ i=1, 2, 3, 4 で表すと、

$$S=\sum_{i=1}^{4}\left\{\left(T_x-E_{xx}\varepsilon_x-E_{xy}\varepsilon_y-e_x\right)^2+\left(T_y-E_{yx}\varepsilon_x-E_{yy}\varepsilon_y-e_y\right)^2\right\} \tag{4.3.73}$$

となる。この式で例えば $i=2$ の時、B 点における $T_x, T_y, \varepsilon_x, \varepsilon_y$ の値を用いることを意味する。このＳを最小にするための弾性パラメータ E_{xx}, E_{xy}, E_{yy} は式(4.3.72)を満たす。

$$\frac{\partial S}{\partial E_{xx}}=\frac{\partial S}{\partial E_{yy}}=\frac{\partial S}{\partial E_{xy}}=\frac{\partial S}{\partial e_x}=\frac{\partial S}{\partial e_y}=0 \tag{4.3.74}$$

すなわち式(4.3.74)を解くことで式(4.3.72)の近似弾性パラメータが近似的に算定される。

織構造格子モデルによる構成則　H.J.Schock により提案された格子モデルを拡張した織構造格子モデルを用いて構成方程式を誘導する方法が提案されている[14)]。織構造格子モデルは、膜材料を構成する織布とコーティング材を 3 次元トラスに置換したもの（図 4.3.11 参照）であり、モデルの幾何形状によってクリンプ交換、すなわち幾何学的非線形性を表現し、トラス部材の履歴特性によって材料非線形性を表現する。膜材料の示すクリープ・応力緩和などの時間依存性は織構造格子モデルを構成するトラス材に 4 要素フォークト(Voigt)モデルを援用し、粘性特性を考慮した弾塑性構成方程式に拡張されている。さらに、より粘性特性を精度よく表現するために、4 要素フォークトモデルから、6 要素フォークトモデル[15)]（図 4.3.12 参照）に拡張した。6 要素フォークトモデルはマクスウェル要素とフォークト要素の直列結合から成っている。弾塑性挙動はマクスウェルバネ要素で、粘性挙動はマクスウェルバネ要素のダッシュポットおよびフォークト要素で表される。マクスウェルバネ要素を増やし、複雑な粘性挙動を表現している。

織構造格子モデルの各部材に対する時刻 Δt 秒後の増分型構成方程式は

$\Delta\sigma=\sigma(t_{j+1})-\sigma(t_j),\quad \Delta t=t_{j+1}-t_j$　のとき

$$\Delta\sigma=E_T\Delta\varepsilon+f \tag{4.3.75}$$

ここで $\Delta\varepsilon$ は 6 要素フォークトモデル全体の増分ひずみである。更に $\Delta\varepsilon$ は各要素のひずみ成分の和として次のように表されている。

$$\Delta\varepsilon=\Delta\varepsilon_{g1}+\Delta\varepsilon_{g2}+\Delta\varepsilon_i \tag{4.3.76}$$

ただし

$\Delta\varepsilon_{g1}$ はマクスウェル要素の弾塑性増分ひずみ成分、$\Delta\varepsilon_{g2}$ はマクスウェル要素の粘性増分ひずみ成分、$\Delta\varepsilon_i$ は i 番目のフォークト要素の粘弾性増分ひずみ成分である。

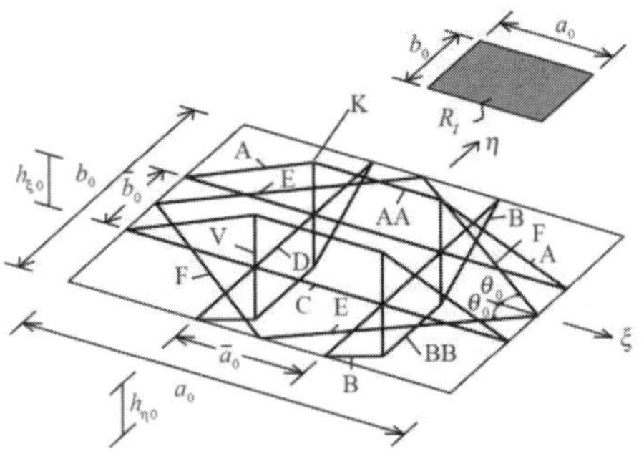

図 4.3.11　織構造格子モデル

$$E_T=\left[C_g+\frac{C_g}{2}T_g\Delta t+\sum\left(1-\frac{T_i}{\Delta t}+\frac{T_i}{\Delta t}e^{-\frac{\Delta t}{T_i}}\right)C_i\right]^{-1} \tag{4.3.77a}$$

$$f = -E_T\left[\frac{\Delta t}{T_g}C_g\sigma(t_j) + \sum\left(1-e^{-\frac{\Delta t}{T_i}}\right)C_i\left\{\sigma(t_j) - \frac{\varepsilon_i(t_j)}{C_i}\right\}\right] \qquad (4.3.77b)$$

C_g　各部材の区分的弾性定数の逆数

T_g　マクスウェル要素の緩和時間

C_i　コンプライアンス

T_i　フォークト要素の遅延時間

なお、この織構造格子モデルを構成する部材の材料定数は一軸・二軸引張試験および剪断試験結果から推定される。粘性に関する諸定数の推定には膜材料のクリープおよび緩和試験が用いられる。ここでは材料定数の説明は割愛する。

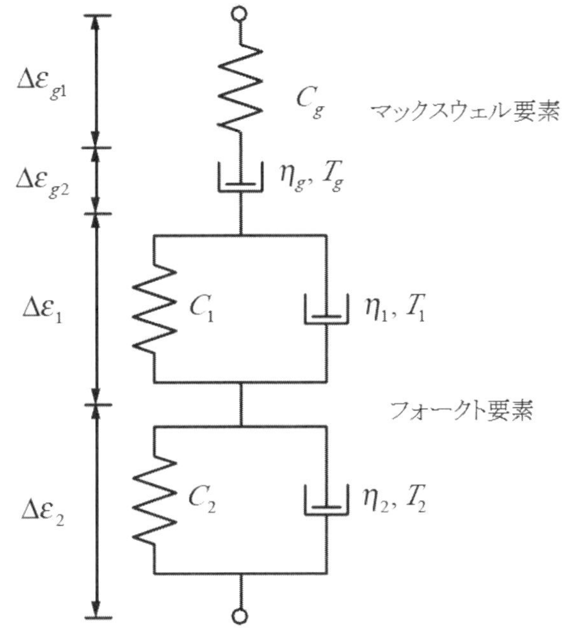

図 4.3.12　6 要素フォークトモデル [110)]

剪断弾性定数の算定　膜材料の剪断変形特性についての詳しい調査は既になされている。これについては、文献 23, 24 を参照されたい。更に、膜材の剪断弾性定数の算定のための試験方法も標準化されている [25)]。

4.3.2.2　膜構造用フィルムの材料特性

はじめに　膜構造物の一つとして、ETFE フィルムを用いた建築物が建設されている。ETFE フィルムは一般の膜材料とは、力学的な特性が違う。そこで、ETFE フィルムに関する既往の研究成果を以下に示す。なお、ETFE 樹脂の基本特性 [26]、および、ETFE フィルムの基本的な特性 [27]については、それぞれの文献に記載されているので、それを参照していただきたい。

一軸引張特性　ETFE フィルムは ETFE 樹脂単一材料である。一般的な膜材料のような糸を織った基布がない。そのため、力学的な特性は一般的な膜材料とは違う。図 4.3.13 に一軸引張試験の結果を示す。試験法の詳細は、文献 28 を参照していただきたい。ひずみが約 2%で第 1 降伏点が、約 15%で第 2 降伏点が見られる。破断ひずみは 400%を超えている。膜材料の伸び特性である図 4.3.6 との比較から、大きく違うことが確認できる。

また、一軸引張試験の引張速度、つまり、ひずみ速度を変えた時の伸び特性の違いを図 4.3.14 に示す。ひずみ速度が速いと、降伏点が高くなることがわかる。

二軸引張特性　次に、ETFE フィルムの二軸引張特性に注目する。ここでは、単調載荷試験と弾性定数試験法 [19]に基づく試験法の 2 つの試験結果を示す。

図 4.3.15 に二軸引張試験片形状を示す。この試験片を使って単調載荷試験を行なった。その結果を図 4.3.16 に示す。ただし、最大応力は 19.6MPa、応力比は(1:1)、(1:0)、(0:1)、(2:1)、(1:2)の 5 通りである。この結果からは、応力比に依存した結果が得られているのがわかる。

この結果を、ミーゼスの降伏条件に基づき、相当応力と相当塑性ひずみを用いて表した結果を図 4.3.17 に示す。相当塑性ひずみ 5%以上で多少の差異はあるものの、応力比に依存せず、ほぼ同一の関係を示していることがわかる。すなわち、均質な材料特性を示している。

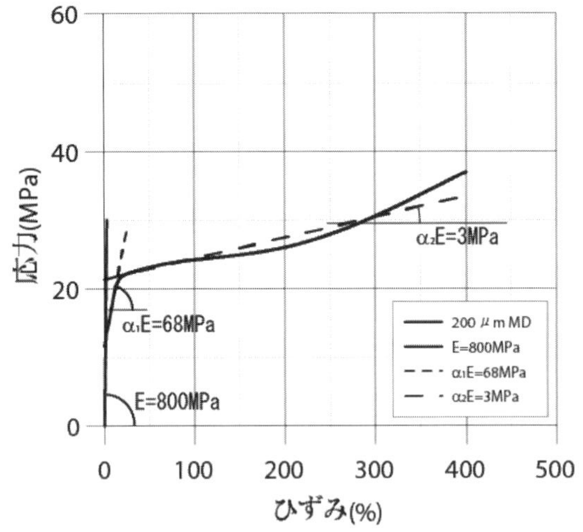

(a) 全ひずみ領域

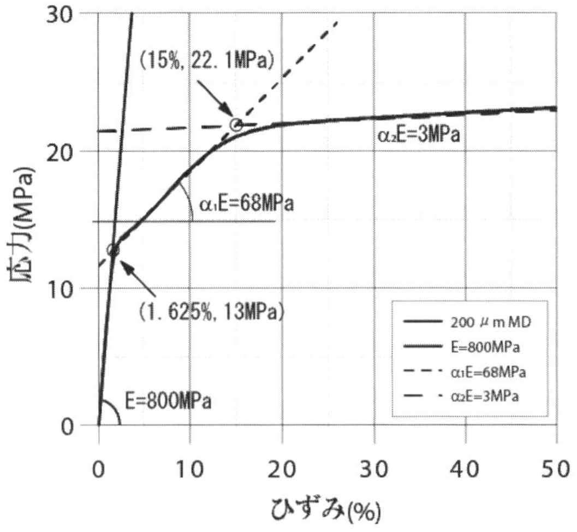

(b) 低ひずみ領域

図 4.3.13　ETFE フィルムの一軸伸び特性

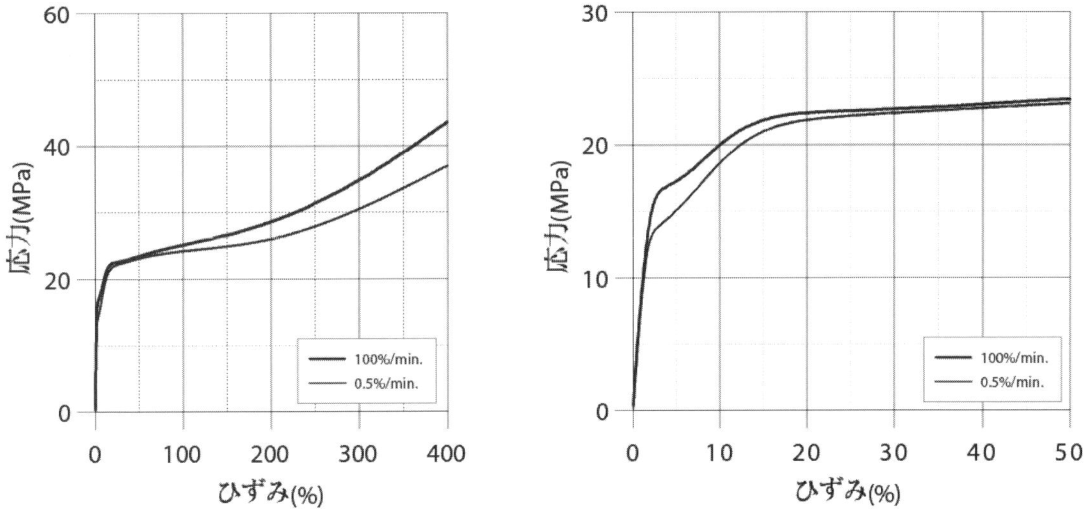

(a) 全ひずみ領域　　(b) 低ひずみ領域

図 4.3.14　ひずみ速度の違いによる ETFE フィルムの一軸伸び特性

ここで、相当応力 $\bar{\sigma}$ と相当塑性ひずみ $\bar{\varepsilon}^{pl}$ はそれぞれ、

$$\bar{\sigma}=[\sigma_x{}^2-\sigma_x\sigma_y+\sigma_y{}^2+3\tau_{xy}{}^2]^{1/2} \tag{4.3.78}$$

$$\bar{\varepsilon}^{pl}=\int d\bar{\varepsilon}^{pl} \tag{4.3.79}$$

$$d\bar{\varepsilon}^{pl}=\frac{2}{\sqrt{3}}\left[(d\varepsilon_x{}^{pl})^2+d\varepsilon_x{}^{pl}d\varepsilon_y{}^{pl}+(d\varepsilon_y{}^{pl})^2+\frac{1}{4}(d\gamma_{xy}{}^{pl})\right]^{1/2} \tag{4.3.80}$$

ここに、σ_x，σ_y は MD 方向および TD 方向の応力、τ_{xy} はせん断応力、$d\bar{\varepsilon}^{pl}$ は塑性増分ひずみである。なお、塑性増分ひずみは増分ひずみ $d\varepsilon$ から弾性増分ひずみ $d\varepsilon^{el}$ の成分を差し引いたものである。つまり、

$$d\varepsilon^{pl}=d\varepsilon-d\varepsilon^{el} \tag{4.3.81}$$

膜材料の二軸引張特性について、日本膜構造協会によって、弾性定数試験法 [19]が定められている。ここでは、その試験法に基づいて試験を行なった結果を表 4.3.2 に示す。なお、最大応力は 8.8 kN/m とした。

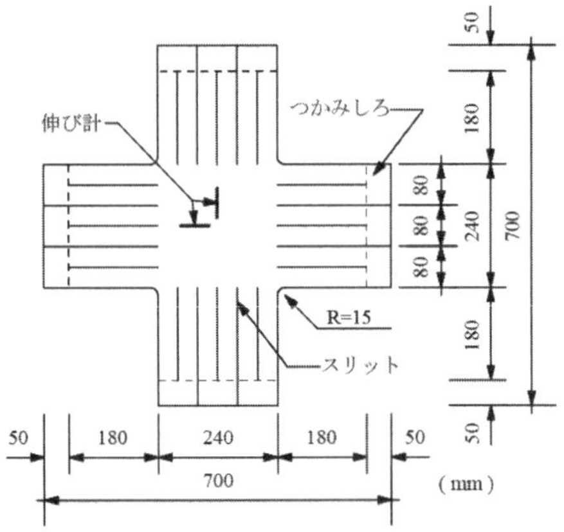

図 4.3.15　二軸引張試験片形状

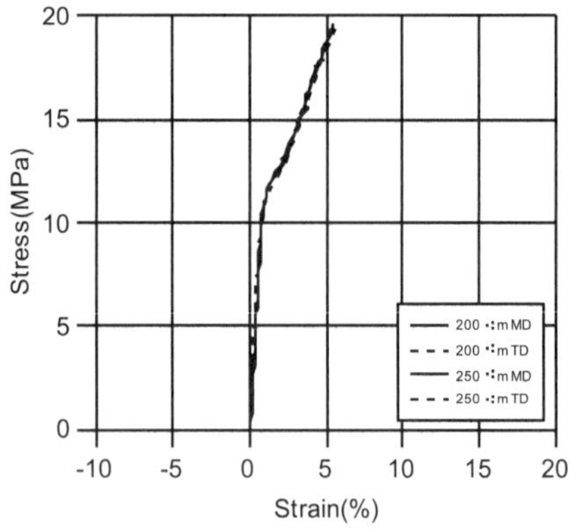

(a) 応力比（1 : 1）

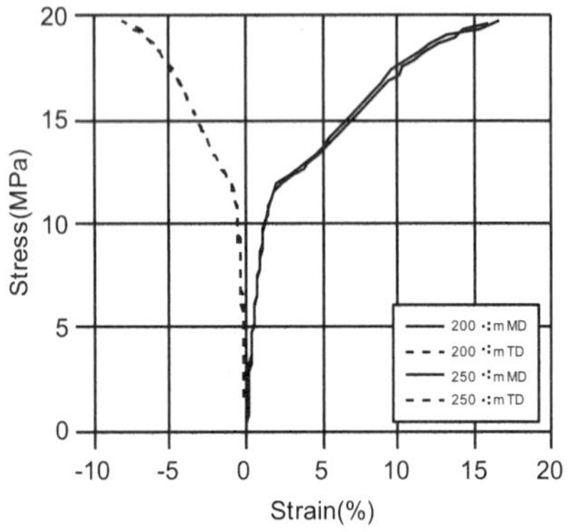

(b) 応力比（1 : 0）

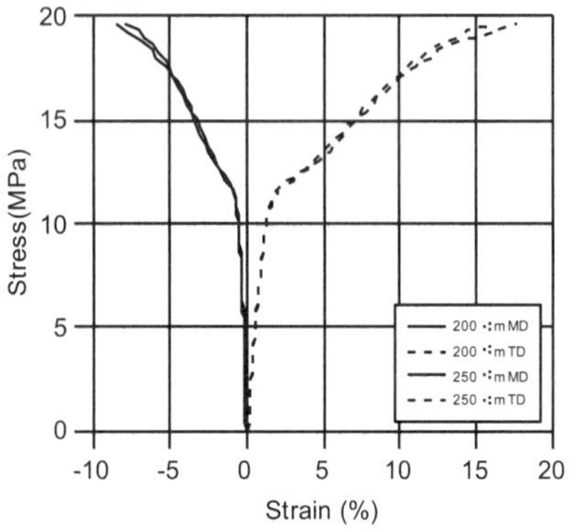

(c) 応力比（0 : 1）

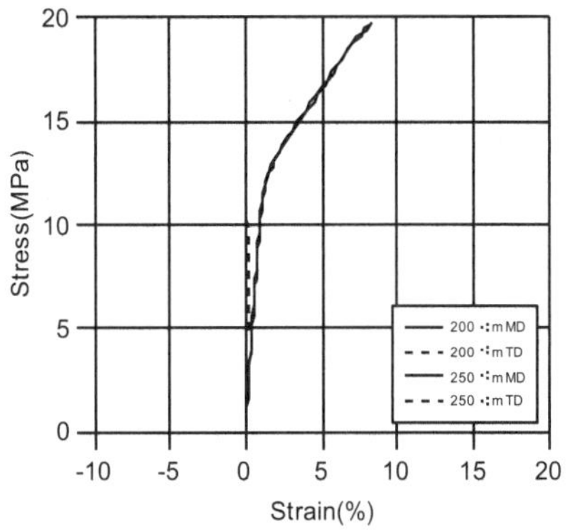

(d) 応力比（2 : 1）

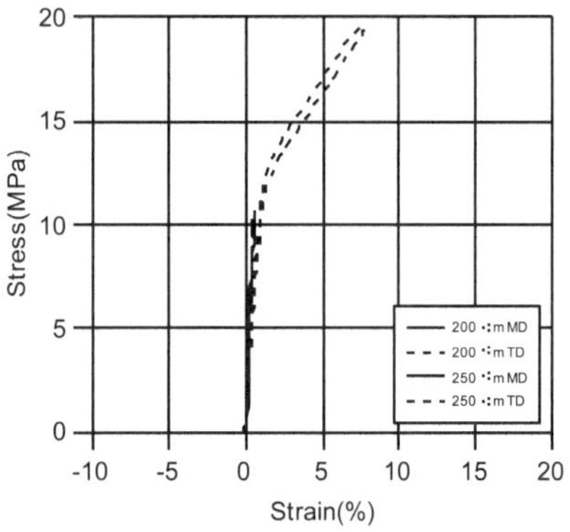

(e) 応力比（1 : 2）

図 4.3.16　ETFE フィルムの二軸引張試験結果

せん断特性　二軸引張特性の弾性定数試験法と同様に、日本膜構造協会によって、面内せん断試験法[25)]が定められている。ここでは、その試験法に基づいて試験を行なった結果を表 4.3.2 に示す。なお、初期張力は 1.2MPa とした。

等方性材料の場合、弾性定数とポアソン比からせん断剛性を求めることができる。求めたせん断剛性を表 4.3.2 に示す。せん断剛性試験から得られたせん断剛性は、等方性材料とみなした場合の 72%と小さい値を示すことがわかった。

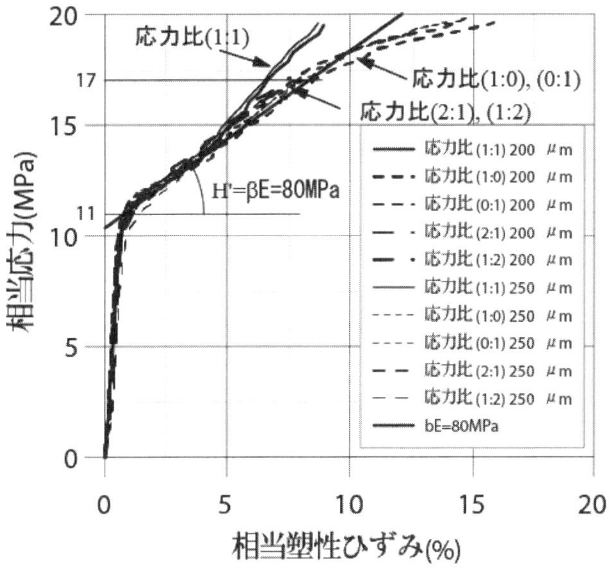

図 4.3.17　ETFE フィルムの相当応力・相当塑性ひずみの関係

表 4.3.2　日本膜構造協会の試験法による結果

項目	試験結果	等方性
弾性定数 E_x, E_y (MPa)	800	←
ポアソン比 n_x, n_y	0.45	←
せん断剛性 G (MPa)	200	276

クリープ特性　ETFE フィルムは ETFE 樹脂でできている高分子材料であることから、一般的な高分子材料と同様に粘性特性を示す。ここでは、粘性特性のクリープ特性に注目する。張力レベルを変えて実施したクリープ試験結果を図 4.3.18 に示す。張力レベルによって、クリープ量は違うものの、72 時間を経過後もクリープ量の増加傾向が見られる。

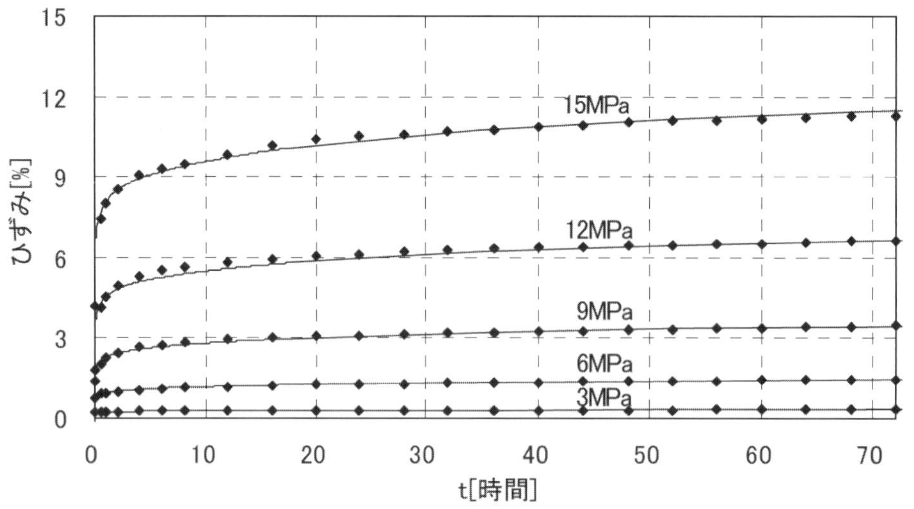

図 4.3.18　ETFE フィルムのクリープ試験結果

さらに、動的粘弾性試験から、粘弾性特性 [29, 30]を確認している。動的粘弾性試験とは、試験片に周期的なひずみを与え、それによって生じる応力と位相差から、粘弾性特性を特定する。この時、温度を変えることにより、各温度における特性を把握し、これらの結果から、図 4.3.19 および 4.3.20 に示す温度・時間換算関係（シフトファクター）および緩和弾性率を得る。

この実験結果を表現可能な一般化マクスウェル要素の定数を推定し、30 年後のクリープ量（図 4.3.21）や特定の温度環境下のクリープ量（図 4.3.22）を予測している。

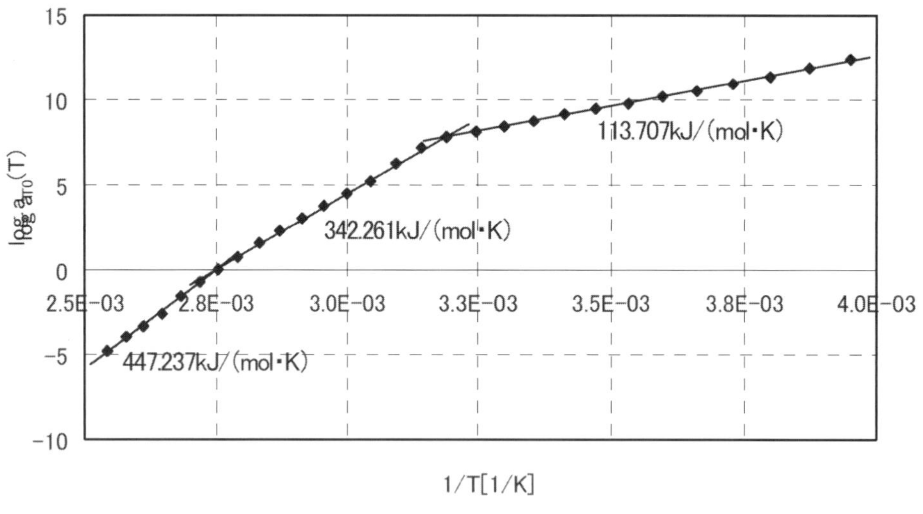

図 4.3.19　温度・時間換算則で使用するシフトファクター

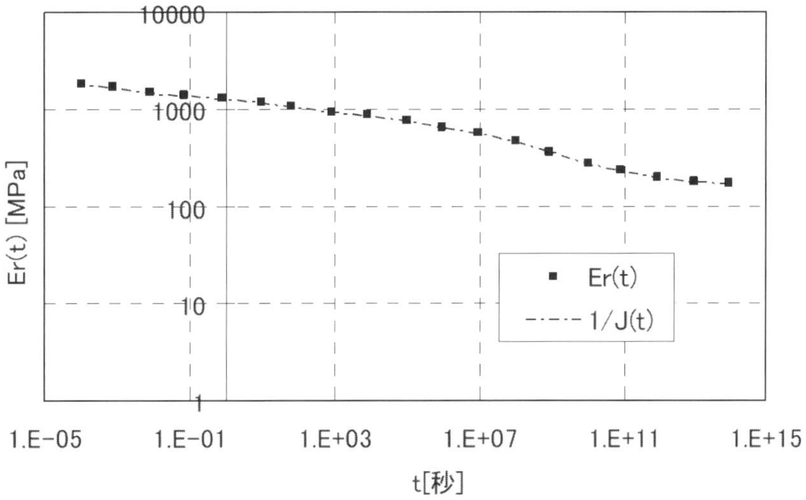

図 4.3.20　緩和弾性率 Er(t)

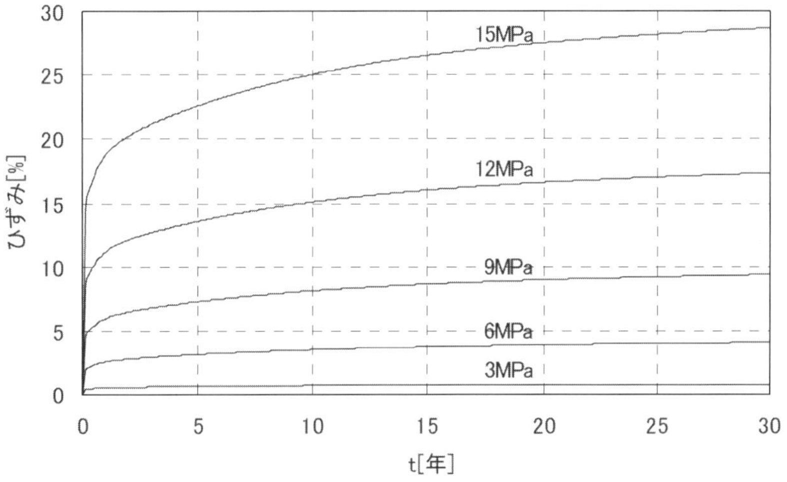

図 4.3.21　30 年間のクリープ量予測（23℃）

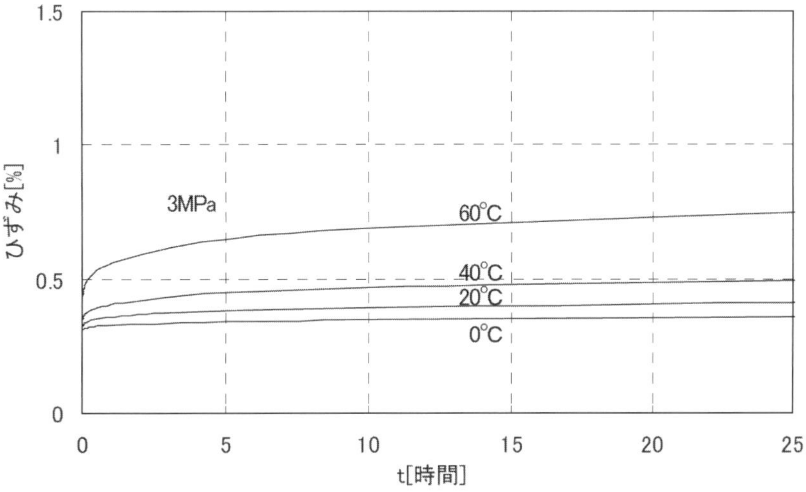

図 4.3.22　温度の違いによるクリープ量予測

4.3.2.3　ケーブルの材料特性

ケーブルとは、「高強度の鋼製の細い線材（素線）を多数束にした構成を持つ材料で、もっぱら引張応力を受けることを目的として製作された部材」を指す [3)]。図 4.3.23 に建築分野で最も適用例の多い二種のケーブル材料（ストランドロープ・スパイラルロープ）について素線構成を示す。[31)]

図 4.3.23　建築で用いられる代表的なケーブルの素線構成

ケーブルは、一般の構造部材とは異なる特有の性質を有する。以下にケーブルの特性を一般のケーブル構造の設計上の問題と関連づけると共に、数値解析面で留意すべき事項について述べる。

非抗圧性　膜材料にもみられる性質であり、圧縮、せん断、曲げに抵抗できず、材軸方向の引張力のみにより力を伝えることができるということであり、固有の解析的課題が発生する。すなわち圧縮力下で部材の抵抗を無視する非抗圧解析であり、材料非線形解析（弾塑性解析）の手法を適用できることから、理論的にも解析手法的にも既に確立されているといっても良いだろう [3)]。ケーブルに導入される PS（ここでは死荷重時の張力、すなわち初期張力を PS あるいはプレストレスと称す）と架構の剛性の間の相関性が無視できる場合には、簡略的に図 4.3.24 に示す応力-歪関係を用いて、付加荷重時の応力と形状の変化量を求めることも可能である。

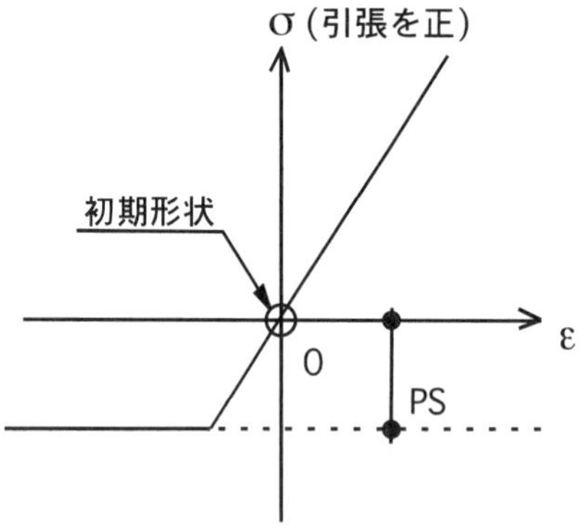

図 4.3.24　非抗圧性のモデル化

初期伸び　低応力時（破断荷重の 5～10%以下）に弾性剛性の約 50～70%程度の低い伸び剛性を示す現象である。これは、かご状に編まれた素線が互いに密着することによる見かけの伸びである。したがって素線数が多く、ロープ構成が複雑であるほど初期伸びは大きくなる。例えばスパイラルロープに比べて、ストランドロープの初期伸びは大きい。

初期伸びの量は、ケーブルの製作時のプレストレッチング処理（ケーブルの破断荷重の 40～50%程度の張力を加え、素線同士の密着度を高める処理）により低減可能であるが、完全に消失させることはできない。「ケーブル構造設計指針[3)]（以下「ケーブル指針」）」では、初期伸びの標準値が示されている（図 4.3.25）。

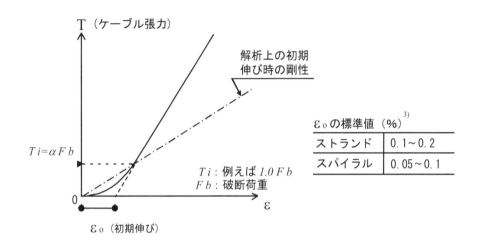

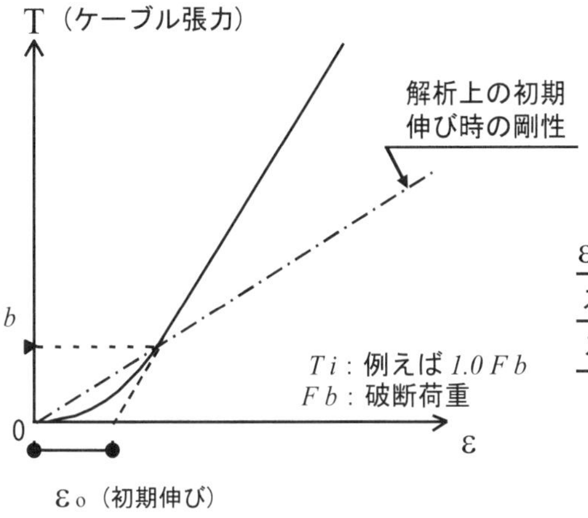

εoの標準値（%）[3)]

ストランド	0.1～0.2
スパイラル	0.05～0.1

図 4.3.25　初期伸びのモデル化

膜材の押えケーブルやブレースの様に、初期張力が破断荷重の 5～10%程度に設定されている場合には、低剛性の影響を把握しておく必要がある。この場合は、張力により伸び剛性を変化させる材料非線形的な解析が必要となる。また、施工面で後述する**材長指定**[32, 33)]に基づいてケーブルの取付や PS 導入を行う施工法を採用する場合、目標とする形状と応力状態を精度よく得るためには、初期伸びの量や低張力時の弾性係数を予め把握しておくことが重要となる。

ここで初期伸び時の弾性係数 E_1 は、通常の弾性係数 E、初期伸び歪 ε_0、初期伸びの範囲の張力 T_i、ケーブル断面積 A を用いると次式で表される。

$$E_1 = \frac{T_i}{\varepsilon_0 A + T_i / E} = \frac{\alpha \bar{\sigma}_u}{\varepsilon_0 + \alpha \bar{\sigma}_u / E} \tag{4.3.82}$$

ただし、$\alpha = T_i / F_b$，　$F_b = \bar{\sigma}_u A$

F_b ：破断強度

$\bar{\sigma}_u$ ：より効率を考慮した素線強度

ここで、スパイラルロープを対象として、E_1の値を求めてみる。式(4. 3. 82)に、E=1.6×10^5 N/mm^2、$\bar{\sigma}_u$=1570 N/mm^2 ×0.88（より効率）、α=0.1、ε_0=0.001 を代入すると E_1≒7. 35×10^4 N/mm^2 となり、標準値の約 1/2 となる。

非線形性　ケーブル構造の中には、張力が形状と大きく関係するものがある。また初期形状を崩すような付加荷重が加わると、大きな伸びなし変形が生じるものもある。

この種の構造では、初期張力状態での釣合形状を求めるための**形状解析**や、張力による剛性変化、変形後の釣合条件を考慮した**形状非線形（幾何学的非線形）解析**が必要となる。これらの解析手法は既に汎用化され、実設計にも供することが可能である。

クリープ　ケーブルのクリープは、ケーブル構造によっては無視できない場合があり、初期張力の低下や変形の増大など、構造性能にも大きな影響を及ぼすことがある。クリープひずみの量は、「ケーブル指針 [3)]」および「建築構造ケーブル設計施工指針 [34)]」において、長期許容引張力以下の応力水準で、クリープひずみの標準値として 150μ（スパイラルロープ）、250μ（ストランドロープ）が示されている。

一般のケーブル構造の場合、これらのクリープひずみ量は、常時荷重時のケーブルひずみ量の約 5～8%程度であること、施工時の PS 導入作業中の 1 時間程度でクリープひずみの大部分が出現するため容易に対応できることから、設計上問題となることは少ない [34)]。

疲労・腐食　ケーブルは同断面積のロッド（丸鋼棒）に比べて表面積が大きいため、疲労や腐食に対する注意が必要となる。建築物にケーブルを使用した場合では、橋梁のハンガーケーブルのように活荷重を考慮する必要が少ないため、疲労の対象は風による振動が主となる。

この場合、卓越振動モードと張力変動の関係、ケーブルの配置場所と渦励振の発生の可能性、さらにケーブルの疲労限（最大応力と最小応力の差）が 215～245N/mm^2 と一般鋼材の許容応力と同等以上あること [3)]等を勘案して、疲労に関する検討の必要性を見極めておくことが重要となる。一方、腐食に関しては、屋内プールのような腐食環境下での使用にあたっては、被覆ケーブルの使用が考えられるが、解析上では、接合部におけるメカニズムの詳細な検討以外には、特別な解析手法は必要ではない。

高強度、 低剛性、軽量性　ケーブルは引張強度が 1470～1770N/mm^2 の鋼線を束ねたもので、他の鋼材に比べると著しく高い引張強度を有する。このため、軽量架構が実現しやすい反面、これらの諸特性を踏まえた、**PS の設定**、**形状の決定**、**剛性・安定性の確保**、**反力の処理**、**ケーブルの取付方法**などの、構造計画面の課題に対する検討が重要となる。

PS の設定は、上述したケーブルの非抗圧性とも深く関わる項目で、ケーブル構造特有の課題である。PS 量の大きさは、張力消失の回避、初期伸びの範囲の回避（図 4.3.25 参照）、ケーブルの直線性の確保、応力・変形制御効果、架構剛性の付加、補剛効果などのケーブル構造毎に定められる目標に応じて適切に設定されるべきであり、それぞれに応じた解析が必要となる。これらの内、架構剛性の付加以外に対しては、通常線形解析により PS の設定が可能である。

形状がケーブルの形状や剛性と大きく関わる構造では、造形性・機能性以外に構造性能の観点から、形状決定を行う必要がある。形状解析（本章 4.3.1.2 項参照）は、このような目的のために使用される。

剛性・安定性の確保のためには、導入 PS 量の増加、曲率の増大、補剛材の挿入などが、構造システムに応じて採用される。

安定性については**動的安定性**と、剛な部材の**座屈安定性**が課題となる。**動的安定性**については、空間構造は動的不安定性が起こり難いとされている。これは空間構造は橋梁と異なり立体抵抗性を有していること、また自励的振動は面外方向の剛性が低い構造に限ってのみ発生すること、等による。また風速変動に起因するガスト応答に関しては、固有周期を固有値解析で求めた後、その値によって必要に応じて風の振動周期との関係から、個別に検討する必要もあろう。この点については、地震の上下動についても同様の対応が可能である。一方、**座屈安定性**については、構造形式によっては詳細な検討が必要となる。この場合、線形座屈解析手法や、大変形解析と初期不整モード法を併用することによる座屈安全率の設定手法などが使用できるであろう。張弦梁構造（図 4.3.26）のように、ケーブルと比較的剛な部材を組合わせた構造では、ケーブルによる剛な部材の座屈補剛効果や適正な座屈長さの設定に関して、形状や束本数、剛性比等をパラメーターにした座屈性状の評価が必要となる。

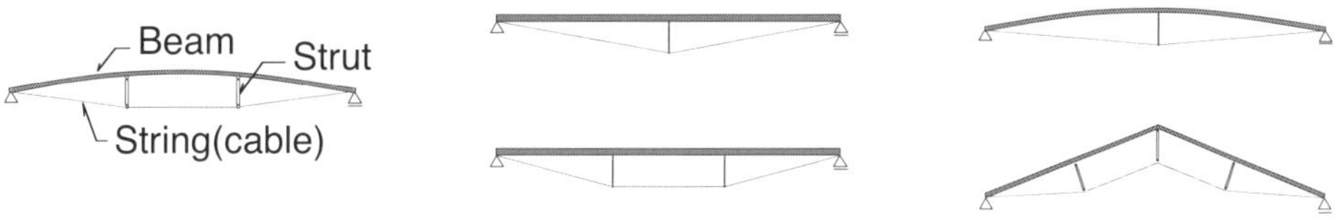

図 4.3.26　張弦梁構造の部材構成

反力の処理は、導入 PS 量の保持や変形の抑制等の点でケーブル構造では重要な検討事項であるが、一般の構造と同様の解析手法で対応が可能である。

ケーブル取付方法は、主に施工時におけるケーブルの取付けに関する課題である。ストリングへの張力導入方法は、**張力指定**と**材長指定**に大別できる。**張力指定**に基づく張力導入方法は、ジャッキを用いてストリングを引き込んで長さを短くしながら張力を導入する方法で、導入張力が正確に管理できる反面、ジャッキ設置用のスペースの確保や導入作業の段取等の制約を受ける。一方**材長指定**に基づく張力導入方法は、完成時のストリング長と張力から予め求めた無張力時の長さを有したストリングを、低張力状態で取付け、取付後の施工により受動的に張力を発生させることを特徴とする方法であり、軽微なケーブル長の調整機構などディテール上の制約が比較的小さく、施工も容易であるなどの利点を有する。反面、仕上荷重の正確な把握や低張力時のケーブル長の調整方法の確立等が必須となる。施工計画の策定時には、ディテールの簡素化や施工性の向上や施工コストの削減の観点から、材長指定による張力導入の可能性を探ることが重要となる。また、ケーブル取付時の張力をできるだけ小さく抑えることも施工計画時の課題である。

ケーブル構造の施工計画時において、完成時に目標とする形状とケーブル張力を得るために有用な解析手法として**逆工程解析** [32, 33, 35]がある。これは目標とする応力と形状から施工過程を逆にたどりながら解析を行い、ケーブル取付時のケーブル長や施工中の応力と変形の推移と管理値を求めるものである。この際施工中に大きな変形を伴わない構造に関しては、線形解析の結果を重ね合わせることにより施工中の挙動が推定できるが、大きな形状変化やケーブル張力の消失等が生じる場合には、幾何学的非線形や非抗圧性能を考慮する必要がある。

長尺性、運搬性、柔軟性、溶接不可、端末金物のコスト大　高張力鋼の素線を束ねたケーブルは溶接接合が不可能で、ケーブル端部の定着金物や中間部の接合金物が必要となること、さらにケーブル本体のコストに比べて、ケーブル端末部（特にソケット）や接合金物のコストが極めて高価であること等を考え合わせると、次のようなディテール設計や施工に関わる課題が得られる。

- ケーブルをできるだけ切断しないで、連続的に使用し、端末金物の数を少なくすると共に、ケーブル中間部において他部材と接合する金物の数の削減と規模の縮小を図る。
- 端末および中間部の金物には、誤差吸収、長さ調整、ケーブルの把握等の機能を組込む必要があるが、施工方法（材長管理・PS 導入・誤差吸収）と関連づけることにより、これら機構の単純化と削減を図る。

これらの課題に対しては、通常の解析で対応が可能であるが、サドル部のようにケーブルと中間部金物の間で滑りを許容するディテールに対しては、滑動力と摩擦力を考慮しながら金物両端におけるケーブル張力の差を解放できる解析モデル [36]を工夫する必要がある。

4.3.3 応力･変形解析

4.3.3.1　概説

応力･変形解析の特徴と数値解析法　張力構造は構造材である膜やケーブルに生じる引張軸力系の部材力により、形状の安定と荷重に抵抗するという大きな特徴を有する。すなわち、RC 部材や鉄骨部材に比べ、曲げや圧縮の部材力による形状安定機能や荷重耐荷能力が殆どない。したがって、構造的に不安定で成立しない構造材の状態に引張軸力系の部材力を導入することで、幾何剛性を発生させて張力構造としての安定な形態を得る。

このような張力構造は通常の曲げ･圧縮抵抗機構のある構造やトラス構造に比べると以下の点に注意が必要である。

(1) ある常時的な荷重下での適切な初期張力の存在により初期形状の安定性を確保する。

(2) 大きな変位に伴って生じる部材力の方向変化による荷重抵抗機構(幾何剛性)を期待する構造形式を取る。

(3) したがって、張力構造の応力･変形解析では、微小変形ではなく、少なくとも幾何剛性効果を取り入れた解析が要求される。

なお、解析対象により材料非線形性の考慮あるいは影響が強く現われる強風時の時刻歴応答解析をしなければならないこともある。

(1)は初期形状解析に大きく関わった内容である。(2), (3)から判るように張力構造解析には線形剛性のみを用いた解析が存在しない。一般的にこれらの応力･変形の特徴を把握する数値解析には、有限要素法による離散化近似計算法が利用される。しかし、従来の構造物の応力解析に用いる考え方では正確な評価が難しい。通常の線形･非線形の応力解析と同様な解析技術の工夫に加え、要素分割に伴う応力集中の影響や部材が曲げ力と圧縮力に抵抗できないので、膜面上に発生するリンクリング(皺)あるいはケーブルの緩みなどの事象が存在し、種々の数値実験を重ね問題設定とモデル化の検証を慎重に進めなければならない[37, 38]。

応力･変形解析と形状解析の関係　張力構造物のデザイン形状は一般に任意に与えることはできない。この理由はある常時的荷重下での初期張力のバランスで初期形状が決定されるためである。したがって、張力構造物の応力･変形解析は必然的に形状解析結果とリンクしたものとなる。つまり、意匠設計者がイメージするデザイン形状は通常そのままでは実現できず、結果的に意匠設計者がイメージしたデザイン形状に、より近い形態になるよう適切な初期張力を指定するという作業が必要となる。これを設計原形曲面の設定という。実務上、個々の部材毎に初期張力を指定することが不可能なため、より現実的な仮定を導入する。例えば膜構造では、ある常時的荷重下で初期形状曲面が**等張力曲面**ないしは**異方張力曲面(2 方向の張力比一定)**であるという単純化した条件を設定し、**初期張力と常時的荷重下での釣合い状態が成立し得る初期形状**を探索することになる。

張力構造の応力･変形解析を実施する際に必要な情報はこれらの初期形状解析結果を前提にした次の内容にまとめることができる。

(1) 初期形状情報（節点座標）

(2) 常時的な荷重情報

(3) 初期張力情報

(4) 部材断面情報（膜･ケーブルの断面､剛性､自重情報など）

(1), (2), (4)は通常、構造物の応力解析に必要な内容である。張力構造の応力･変形解析では、(2), (3)がより重要となる。また、初期形状解析で用いられた有限要素分割の情報や数値結果を大きな加工なしに(できればそのまま)応力･変形解析で利用することも解析精度の向上と迅速な解析作業に必要不可欠である。つまり、初期形状解析で提示される情報を基に応力･変形解析の結果、各有限要素分割が適切な要素のアスペクト比や大きさになるよう工夫が必要となる[39]。

初期張力導入による幾何学的非線形性と部材力による剛性効果　ここでは初期張力および変形後の部材力が剛性(幾何剛性)にどのように効いてくるかを図 4.3.27a に示す初期形状のケーブル(全部材同一長さ, 同一断面積)を用いた簡単な例題で確認する。条件は以下の通りである。

(1) ひずみ－変位関係：グリーンのひずみ

(2) 構成式　　　　　：線形

(3) 釣合い式　　　　：初期形状を基準

これらの条件の下で鉛直方向荷重と頂部変位の関係は式(4.3.83)のように導くことができる。

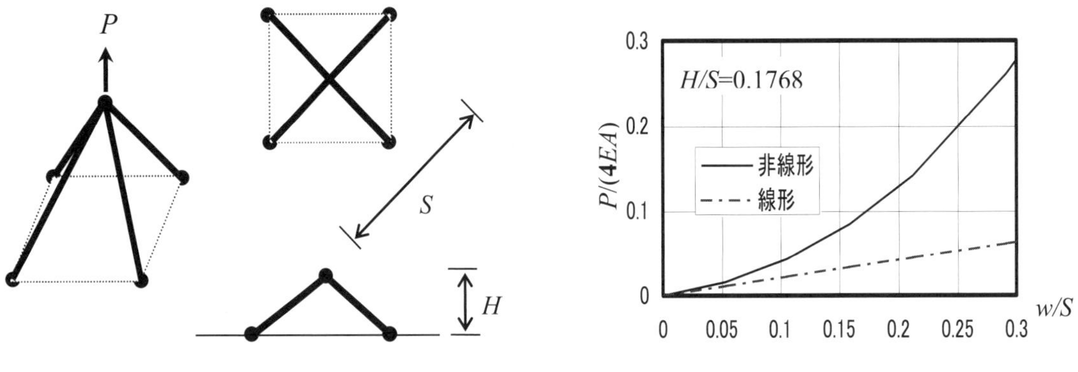

a. ケーブル構造モデル　　　b. 頂部変位／荷重関係

図 4.3.27　簡単な軸対称ピラミッド形状の頂部変位／荷重関係に及ぼす非線形効果

$$P/4EA = (H/L)^2 (w/L) + 3/8 \cdot (S/L)^2 (H/L)(w/L)^2 + 1/32 \cdot (S/L)^4 (w/L)^3 \tag{4.3.83}$$

ただし、L：ケーブルの初期部材長さ、w：鉛直変位、P：鉛直方向荷重、EA：軸剛性 である。

この頂部変位と荷重の関係をグラフにすると図 4.3.27b のようになる。縦軸、横軸各々無次元化した荷重、無次元化した頂部変位である。得られたグラフより、線形結果と比較して**幾何剛性**(非線形項)の影響が荷重量の増加と共に大きくなることが理解できる。身近な他の例としては初期張力のある弦の振動がある。この場合、運動方程式は弦が変形することに伴う初期張力に起因する幾何剛性による復元力と慣性力のバランスの形式になっている。

なお、ここではケーブル構造モデルについての幾何剛性効果を説明したが、膜構造モデルにおいても同様な機構で幾何剛性効果が現れる。このような剛性効果を構造剛性として積極的に利用することで、安定した張力構造物が成り立つ。

材料非線形性の取り扱い　厳密にみれば、張力構造の構造材である膜やケーブルおよび膜とケーブルの接合部に用いられている材料は何らかの材料非線形性を有している。材料非線形性が無視できない場合には適当なモデルを導入する必要がある。しかし、通常、解析を簡略化するため線形とみなす場合が多い。ただし、膜材上のリンクリング発生やケーブルの緩みなどの膜・ケーブルが圧縮力に抵抗できないことは、広い意味においてバイリニア型の材料特性を有する材料非線形の問題として取り扱う場合が多い[19)]。

荷重の取り扱い　荷重は通常の設計行為で取り扱っている静的な荷重をまず考える。想定荷重には、自重、地震力(慣性力)、内圧、風圧力、雪荷重、設備荷重などがあり、それ自体としては従来の構造物に作用させるものと変わるものではない。ただし、内圧・風圧力は曲面の法線方向に作用させることに注意する。一般に法線方向の設定は初期形状で定義される方向を用いることが多い。なお、風荷重のように本来動的な荷重を静的荷重に置換する際には、構造体への影響が大きくなる側に設定するよう配慮すべきである。詳細は、建築学会編：建築物荷重指針・同解説(2004)[40)]を参照のこと。なお、極めて変位が大きく、圧力ないしその他の荷重作用方向が初期形状の法線方向と見なすことができない場合がある。このときは変形後の形状で定義し、基礎方程式を立て直さなければならない。このような荷重を従動力(Follower Force)という。

さらに、張力構造は軽量である特徴から、動的な風荷重の影響を確認しなければならないこともある。時刻歴応答解析の風荷重としては、風洞実験による風速データや多次元自己回帰法を用いた変動風速データ等がある。より厳密な応答結果を得るには、構造と流体の相互作用を考慮した連成解析が望ましい。しかし、現状、簡易に時刻歴応答結果を得るには、風洞実験や多次元自己回帰法等による風速データの利用が有効である。この場合、空気に対する付加質量効果を考慮することに注意が必要となる(詳しくは本章4.4.2項参照のこと)。

4.3.3.2　有限要素法による定式化と解析技術

ここでは有限要素法の定式化と具体的な解析技術を示す。定式化においては最も簡単でよく利用されている膜要素とケーブル要素の行列成分内容を明示する。構造解析プログラムの開発を経験したことのある技術者であれば、提示した考え方と要素マトリクスを参考に初歩的な張力構造解析用プログラムが作成できる。

ここでは、以下の条件に基づく基本式を示す。

釣合い式　：**初期形状での釣合い（仮想仕事式）**
ひずみ－変形関係：**グリーンのひずみ**
構成式　：**線形**

採用する有限要素は、膜部とケーブル部に分けた次の要素を採用する。

膜要素　　　：三角形一次要素

ケーブル要素：一次元線形要素（トラス要素）

特殊な場合を除き、少なくともこの組み合わせによる離散化において、解析結果の特別な不都合（実験事実との大きな差異）を経験することはない。他の要素を利用した場合の定式化は文献 41-43, 38 等が参考になる。

釣合い式と近似解法　仮想仕事の原理より、釣合い式は次式で与えられる。

$$\boldsymbol{F}(\boldsymbol{u},\boldsymbol{f},\lambda)=\int_V \boldsymbol{B}^*(\boldsymbol{u})^T\ \ \boldsymbol{\sigma}(\boldsymbol{u})\ \ dV-\lambda\boldsymbol{f}=\boldsymbol{0} \tag{4.3.84}$$

ここで、$\boldsymbol{\sigma}$:応力ベクトル（初期応力含む）, $\boldsymbol{u}$:変位ベクトル, $\boldsymbol{f}$:荷重モードベクトル, λ:荷重パラメータであり、V は対象領域を意味する。$\boldsymbol{B}^*$はひずみ増分と変位増分の関係行列である。仮想仕事の原理による釣合い式の導出については第 1 章を参照されたい。

この釣合い式は変位 $\boldsymbol{u}$ に関して非線形項を持つため、通常、反復計算解法を通して近似解を決定する必要がある。

さて、非線形方程式(4.3.84)を近似的に解くために、釣合い状態（初期値）$\boldsymbol{u}$ に対して $\boldsymbol{u}+\Delta\boldsymbol{u}$ で満足する釣合い状態の追跡を考える。$\boldsymbol{u}+\Delta\boldsymbol{u}$ を式(4.3.84)に代入し、$\boldsymbol{u}$ の周りにテーラー展開する。ここで、$\Delta\boldsymbol{u}$ の二次以上の高次項を無視することで線形化すると $\Delta\boldsymbol{u}$ に関する次の一次方程式が得られる。

$$\boldsymbol{K}(\boldsymbol{u})\Delta\boldsymbol{u}=\lambda\boldsymbol{f}-\int_V \boldsymbol{B}^*(\boldsymbol{u})^T\boldsymbol{\sigma}(\boldsymbol{u})\ \ dV \tag{4.3.85}$$

上式の右辺は節点の不釣合い力ベクトルである。右辺第一項は外力、第二項は各要素の節点に生じる部材端力である。反復計算解法は式(4.3.85)より $\Delta\boldsymbol{u}$ を求め、次式のように初期値 $\boldsymbol{u}$ を順次更新しながら、結果的にこの不釣合い力ベクトルのノルムが十分小さくなるまで操作を繰り返す。

$$\boldsymbol{u}\leftarrow\boldsymbol{u}+\Delta\boldsymbol{u} \tag{4.3.86}$$

なお、式(4.3.85) における $\boldsymbol{K}(\boldsymbol{u})$（接線剛性行列）は次のように分解することができる。

$$\boldsymbol{K}(\boldsymbol{u})=\boldsymbol{K}_{\mathrm{G}}(\boldsymbol{u})+\boldsymbol{K}_{\mathrm{S}}(\boldsymbol{u}) \tag{4.3.87}$$

ここで、$\boldsymbol{K}_{\mathrm{G}}(\boldsymbol{u})$ は幾何剛性行列、$\boldsymbol{K}_{\mathrm{S}}(\boldsymbol{u})$は通常の微小変形に対する剛性（線形剛性）と大変形に対する接線剛性行列（初期変位行列、大変位行列等を含む）である（以降、線形+大変位剛性行列と表現）。$\boldsymbol{K}_{\mathrm{G}}(\boldsymbol{u})$、$\boldsymbol{K}_{\mathrm{S}}(\boldsymbol{u})$は各々以下のように定義される。

$$\boldsymbol{K}_{\mathrm{G}}(\boldsymbol{u})=\int_V \frac{\partial\boldsymbol{B}^{*T}}{\partial\boldsymbol{u}}\ \ \boldsymbol{\sigma}(\boldsymbol{u})\ dV \tag{4.3.88}$$

$$\boldsymbol{K}_{\mathrm{S}}(\boldsymbol{u}) = \int_V \boldsymbol{B}^*(\boldsymbol{u})^T \quad \frac{\partial \boldsymbol{\sigma}(\boldsymbol{u})}{\partial \boldsymbol{u}} dV \tag{4.3.89}$$

なお、式(4.3.88)を見れば判るように、幾何剛性行列は応力 $\boldsymbol{\sigma}$ が与えられて初めて生じる剛性項であり、式(4.3.89)の $\boldsymbol{B}^*(\boldsymbol{u})$の定数項に関わる部分が線形剛性(線形弾性剛性)である。

ここで、式(4.3.85)と(4.3.86)は非線形方程式(4.3.84)を解くためのニュートン・ラフソン法による繰返し計算処理の基本式そのものであることに気付くであろう。このように張力構造の応力･変形解析は原則非線形解析を実施することになる。線形解析の範囲は、線形剛性と初期張力による幾何剛性のみを用いたときに考えられ、力学的挙動のオーダー評価に用いる。また、幾何剛性項のみの利用は線形の形状解析に適用できる[44)]。

以上の式は一般的な張力構造の解析に必要な静的な基礎式である。張力構造の構造形式により、膜要素やケーブル要素を各々単独に用いる、あるいは膜要素とケーブル要素の組み合わせによる構成を考える。各要素は局所座標系より一要素における釣合い式(4.3.84)と増分変位の線形化式(4.3.85)を求め、しかるべき全体座標系に座標変換後、通常の重ね合わせ処理から構造全体の離散化された力の釣合い式(システム方程式)を構成する。以下に、膜要素とケーブル要素に分けて一要素の具体的な離散化式を記述する。

膜要素の場合　三角形一次要素の離散化

図 4.3.28 に示すように曲面を三角形要素で覆い、一つの代表的な要素を取り出す。代表要素の局所座標系における節点変位 $\tilde{\boldsymbol{u}}_{\mathrm{M}}$ を次のように定義する。

$$\tilde{\boldsymbol{u}}_{\mathrm{M}} = (u_1, v_1, w_1, u_2, v_2, w_2, u_3, v_3, w_3)^T \tag{4.3.90}$$

ただし、u_i, v_i, w_i は各々x, y 方向および面外の変位である。添え字 i (i =1,2,3)は節点番号 i における局所座標 (x_i, y_i, z_i) に対応する。要素内の変位 $\bar{\boldsymbol{u}}_{\mathrm{M}}$ は形状関数を用いることにより、局所座標における変位成分を $u(x,y)_{\mathrm{M}}, v(x,y)_{\mathrm{M}}, w(x,y)_{\mathrm{M}}$ とおくと以下のように表現できる。

$$\bar{\boldsymbol{u}}_{\mathrm{M}} = \left[u(x,y)_{\mathrm{M}},\quad v(x,y)_{\mathrm{M}},\quad w(x,y)_{\mathrm{M}}\right]^T = \boldsymbol{M}(x,y)\,\tilde{\boldsymbol{u}}_{\mathrm{M}} \tag{4.3.91}$$

形状関数 $\boldsymbol{M}(x, y)$は次式で与えられる。

$$\boldsymbol{M}(x,y) = \frac{1}{2S}\left[\left(a_1 + b_1 x + c_1 y\right)\boldsymbol{I},\ \left(a_2 + b_2 x + c_2 y\right)\boldsymbol{I},\ \left(a_3 + b_3 x + c_3 y\right)\boldsymbol{I}\right] \tag{4.3.92}$$

ただし、$\boldsymbol{I}$ は単位行列(3×3)であり、a_i, b_i, c_i は以下の通りである。

$$a_i = x_j y_k - x_k y_j,\quad b_i = y_j - y_k,\quad c_i = x_k - x_j \tag{4.3.93}$$

なお、各添字は i = 1,2 のとき j = 2,3、k = 3,1 とそれぞれ循環する整数値を採る。S は∆123 の要素面積である。ここで、a_i, b_i, c_iの幾何学的な意味を明確にするために、節点 1 を原点とし、辺 1, 2

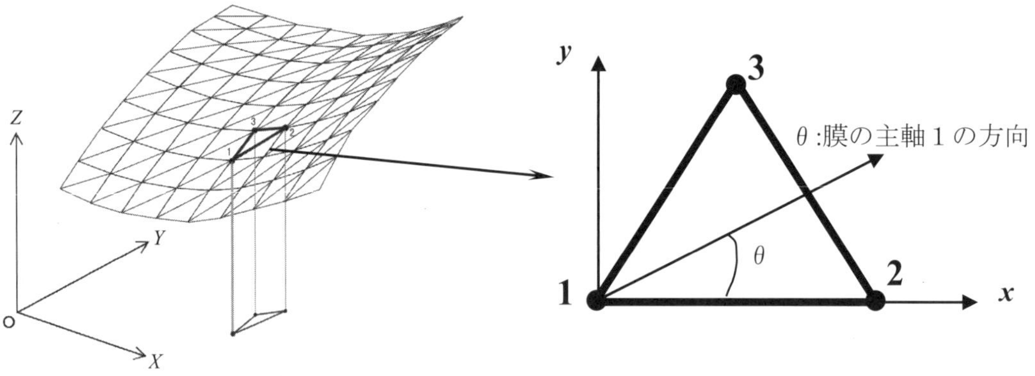

図 4.3.28　要素の局所座標系の定義

上に軸 x を配置したときの局所座標表現を用いた以下の α, β, γ を定義する。

$$
\begin{aligned}
&\gamma = |\overrightarrow{12}|,\ \alpha = \overrightarrow{12} \cdot \overrightarrow{13} \big/ |\overrightarrow{12}|,\ \beta = |\overrightarrow{12} \times \overrightarrow{13}| \big/ |\overrightarrow{12}| \\
&\therefore 1\ \left(0,0,0\right),\ 2\ \left(\gamma,0,0\right),\ 3\ \left(\alpha,\beta,0\right),\ S = \beta\gamma/2
\end{aligned}
\tag{4.3.94}
$$

この α, β, γ を用いると形状関数は次式のように表現できる。

$$
\boldsymbol{M}(x,y) = \frac{1}{2S}\left[\left\{\ \gamma\beta - \beta x + \left(\alpha - \gamma\right) y\right\}\boldsymbol{I},\ \left(\beta x - \alpha y\right)\boldsymbol{I},\ \gamma y \boldsymbol{I}\right] \tag{4.3.95}
$$

ここで、膜ひずみ $\boldsymbol{\varepsilon}_{\mathrm{M}}$ の定義（ひずみ－変位関係）は次のグリーンのひずみを採用する。

$$
\boldsymbol{\varepsilon}_{\mathrm{M}} = \begin{Bmatrix} \varepsilon_x \\ \varepsilon_y \\ \varepsilon_{xy} \end{Bmatrix} \equiv \begin{Bmatrix} \dfrac{\partial u}{\partial x} + \dfrac{1}{2}\left(\left(\dfrac{\partial u}{\partial x}\right)^2 + \left(\dfrac{\partial v}{\partial x}\right)^2 + \left(\dfrac{\partial w}{\partial x}\right)^2\right) \\ \dfrac{\partial v}{\partial y} + \dfrac{1}{2}\left(\left(\dfrac{\partial u}{\partial y}\right)^2 + \left(\dfrac{\partial v}{\partial y}\right)^2 + \left(\dfrac{\partial w}{\partial y}\right)^2\right) \\ \dfrac{\partial v}{\partial x} + \dfrac{\partial u}{\partial y} + \left(\dfrac{\partial u}{\partial x}\right)\left(\dfrac{\partial u}{\partial y}\right) + \left(\dfrac{\partial v}{\partial x}\right)\left(\dfrac{\partial v}{\partial y}\right) + \left(\dfrac{\partial w}{\partial x}\right)\left(\dfrac{\partial w}{\partial y}\right) \end{Bmatrix} \tag{4.3.96}
$$

膜のひずみ－変位関係行列 $\boldsymbol{B}_{\mathrm{M}}$ は、式(4.3.91)と(4.3.95)を式(4.3.96)に代入して整理すると、次式のように導くことができる。

$$
\boldsymbol{B}_{\mathrm{M}}\left(\tilde{\boldsymbol{u}}_{\mathrm{M}}\right) = \begin{bmatrix} 1 & 0 & 0 \\ 0 & 0 & 0 \\ 0 & 1 & 0 \end{bmatrix} \boldsymbol{M}_x + \begin{bmatrix} 0 & 0 & 0 \\ 0 & 1 & 0 \\ 1 & 0 & 0 \end{bmatrix} \boldsymbol{M}_y + \frac{1}{2} \begin{Bmatrix} 1 \\ 0 \\ 0 \end{Bmatrix} \tilde{\boldsymbol{u}}_{\mathrm{M}}{}^T \boldsymbol{M}_x{}^T \boldsymbol{M}_x + \frac{1}{2} \begin{Bmatrix} 0 \\ 1 \\ 0 \end{Bmatrix} \tilde{\boldsymbol{u}}_{\mathrm{M}}{}^T \boldsymbol{M}_y{}^T \boldsymbol{M}_y + \begin{Bmatrix} 0 \\ 0 \\ 1 \end{Bmatrix} \tilde{\boldsymbol{u}}_{\mathrm{M}}{}^T \boldsymbol{M}_x{}^T \boldsymbol{M}_y \tag{4.3.97}
$$

ただし、$\boldsymbol{M}_x, \boldsymbol{M}_y$は次の内容である。

$$\boldsymbol{M}_x \equiv \frac{\partial}{\partial x}\boldsymbol{M}(x,y) = \frac{1}{2S}\left(b_1\boldsymbol{I}, b_2\boldsymbol{I}, b_3\boldsymbol{I} \right) = \frac{1}{2S}\left(-\beta\boldsymbol{I}, \beta\boldsymbol{I}, \boldsymbol{0} \right) = \left(-\frac{1}{\gamma}\boldsymbol{I}, \frac{1}{\gamma}\boldsymbol{I}, \boldsymbol{0} \right) \quad (4.3.98)$$

$$\boldsymbol{M}_y \equiv \frac{\partial}{\partial y}\boldsymbol{M}(x,y) = \frac{1}{2S}\left(c_1\boldsymbol{I}, c_2\boldsymbol{I}, c_3\boldsymbol{I} \right) = \frac{1}{2S}\left((\alpha-\gamma)\boldsymbol{I}, -\alpha\boldsymbol{I}, \gamma\boldsymbol{I} \right) = \left(\frac{\alpha-\gamma}{\beta\gamma}\boldsymbol{I}, -\frac{\alpha}{\beta\gamma}\boldsymbol{I}, \frac{1}{\beta}\boldsymbol{I} \right)$$

(4.3.99)

同様に式(4.3.84)で用いているひずみ増分と変位増分を結びつける行列 $\boldsymbol{B}^*_{\mathrm{M}}$は次のように導かれる。

$$\boldsymbol{B}^*_{\mathrm{M}}(\tilde{\boldsymbol{u}}) = \begin{bmatrix} 1 & 0 & 0 \\ 0 & 0 & 0 \\ 0 & 1 & 0 \end{bmatrix}\boldsymbol{M}_x + \begin{bmatrix} 0 & 0 & 0 \\ 0 & 1 & 0 \\ 1 & 0 & 0 \end{bmatrix}\boldsymbol{M}_y + \begin{Bmatrix} 1 \\ 0 \\ 0 \end{Bmatrix}\tilde{\boldsymbol{u}}_{\mathrm{M}}{}^T\boldsymbol{M}_x{}^T\boldsymbol{M}_x + \begin{Bmatrix} 0 \\ 1 \\ 0 \end{Bmatrix}\tilde{\boldsymbol{u}}_{\mathrm{M}}{}^T\boldsymbol{M}_y{}^T\boldsymbol{M}_y + \begin{Bmatrix} 0 \\ 0 \\ 1 \end{Bmatrix}\tilde{\boldsymbol{u}}_{\mathrm{M}}{}^T\boldsymbol{M}_{xy}$$

(4.3.100)

ただし、$\boldsymbol{M}_{xy}$は次の内容である。

$$\boldsymbol{M}_{xy} = \boldsymbol{M}_x{}^T\boldsymbol{M}_y + \boldsymbol{M}_y{}^T\boldsymbol{M}_x \quad (4.3.101)$$

構成式は以下の通りである。

$$\boldsymbol{\sigma}_{\mathrm{M}}(\tilde{\boldsymbol{u}}_{\mathrm{M}}) = \boldsymbol{D}\boldsymbol{\varepsilon}_{\mathrm{M}}(\tilde{\boldsymbol{u}}_{\mathrm{M}}) + \boldsymbol{\sigma}_{\mathrm{M}0}, \qquad \boldsymbol{\sigma}_{\mathrm{M}}(\tilde{\boldsymbol{u}}_{\mathrm{M}}) = \left(\sigma_x, \sigma_y, \sigma_{xy}\right)^T \quad (4.3.102)$$

ただし、$\boldsymbol{\sigma}_{\mathrm{M}0}$は初期張力ベクトルである。なお、$\boldsymbol{D}$は局所座標系の構成行列であり、主軸系における構成行列 $\boldsymbol{D}^*$との関係は次のように与えられる。

$$\boldsymbol{D} \equiv \boldsymbol{H}^T\boldsymbol{D}^*\boldsymbol{H} \quad (4.3.103)$$

ここで、直交異方性を考慮した主軸方向の $\boldsymbol{D}^*$は以下の成分を持つ。

$$\boldsymbol{D}^* \equiv \begin{bmatrix} \dfrac{E_1}{1-\nu_1\nu_2} & \dfrac{\nu_1 E_2}{1-\nu_1\nu_2} & 0 \\ \dfrac{\nu_2\ E_1}{1-\nu_1\nu_2} & \dfrac{E_2}{1-\nu_1\nu_2} & 0 \\ 0 & 0 & G_{12} \end{bmatrix} \quad (4.3.104)$$

E_i：ヤング係数、ν_i：ポアソン比、G_{12}：せん断剛性である。なお、直交異方性の条件により、

$$\frac{E_1}{\nu_1} = \frac{E_2}{\nu_2} \quad (4.3.105)$$

が成り立つ。また、$\boldsymbol{H}$は主軸系から局所座標系への座標変換行列であり、図 4.3.28 に示すように

主軸方向との角 θ を定義すると以下の成分内容を持つ。

$$\boldsymbol{H} = \begin{bmatrix} \cos^2\theta & \sin^2\theta & -\sin\theta\cos\theta \\ \sin^2\theta & \cos^2\theta & \sin\theta\cos\theta \\ 2\sin\theta\cos\theta & -2\sin\theta\cos\theta & \cos^2\theta - \sin^2\theta \end{bmatrix} \tag{4.3.106}$$

ここで、膜の主応力とその方向は、膜要素の局所座標系で求まった応力を座標変換することにより算定する。そのときの座標変換行列は、主応力方向が求まれば式(4.3.106)の形式をそのまま用いることができる。主応力に関する計算はリンクリング処理にも利用される。

最終的に式(4.3.88)に対応する一要素の幾何剛性行列 $\boldsymbol{k}_{\mathrm{G}}(\tilde{\boldsymbol{u}}_{\mathrm{M}})_{\mathrm{M}}$ は以下のように求めることができる。

$$\boldsymbol{k}_{\mathrm{G}}(\tilde{\boldsymbol{u}}_{\mathrm{M}})_{\mathrm{M}} = \int_V \left\{ \boldsymbol{M}_x{}^T \boldsymbol{M}_x \sigma_x(\tilde{\boldsymbol{u}}_{\mathrm{M}}) + \boldsymbol{M}_y{}^T \boldsymbol{M}_y \sigma_y(\tilde{\boldsymbol{u}}_{\mathrm{M}}) + \boldsymbol{M}_{xy} \sigma_{xy}(\tilde{\boldsymbol{u}}_{\mathrm{M}}) \right\} dV$$

$$= S \left\{ \boldsymbol{M}_x{}^T \boldsymbol{M}_x N_x(\tilde{\boldsymbol{u}}_{\mathrm{M}}) + \boldsymbol{M}_y{}^T \boldsymbol{M}_y N_y(\tilde{\boldsymbol{u}}_{\mathrm{M}}) + \boldsymbol{M}_{xy} N_{xy}(\tilde{\boldsymbol{u}}_{\mathrm{M}}) \right\} \tag{4.3.107}$$

ここで、N_x, N_y, N_{xy} は各々 x, y 方向およびせん断に関する単位長さ当たりの膜力であり、応力ベクトルに膜の厚さ t を乗じた以下の成分を持つ。

$$\boldsymbol{N}(\tilde{\boldsymbol{u}}_{\mathrm{M}}) = t\,\boldsymbol{\sigma}_{\mathrm{M}}(\tilde{\boldsymbol{u}}_{\mathrm{M}}), \qquad \boldsymbol{N}(\tilde{\boldsymbol{u}}_M)^T = \left(N_x, N_y, N_{xy}\right) = \left(t\sigma_x, t\sigma_y, t\sigma_{xy}\right) \tag{4.3.108}$$

同様に一要素の線形＋大変位剛性行列 $\boldsymbol{k}_{\mathrm{S}}(\tilde{\boldsymbol{u}}_{\mathrm{M}})_{\mathrm{M}}$ は式(4.3.89)より以下の通りである。

$$\boldsymbol{k}_{\mathrm{S}}(\tilde{\boldsymbol{u}}_{\mathrm{M}})_{\mathrm{M}} = t\,S\,\boldsymbol{B}_{\mathrm{M}}^*(\tilde{\boldsymbol{u}}_{\mathrm{M}})^T \boldsymbol{D}\,\boldsymbol{B}_{\mathrm{M}}^*(\tilde{\boldsymbol{u}}_{\mathrm{M}}) \tag{4.3.109}$$

膜要素内の存在応力と等価な節点材端力ベクトル $\boldsymbol{f}_{\mathrm{M}}$ は、一要素に適用した仮想仕事式から導いた釣合い式(4.3.84)より、次式で評価する。

$$\boldsymbol{f}_{\mathrm{M}}(\tilde{\boldsymbol{u}}_{\mathrm{M}}) = t\,S\,\boldsymbol{B}_{\mathrm{M}}^*(\tilde{\boldsymbol{u}}_{\mathrm{M}})^T \boldsymbol{\sigma}_{\mathrm{M}}(\tilde{\boldsymbol{u}}_{\mathrm{M}}) = S\,\boldsymbol{B}_{\mathrm{M}}^*(\tilde{\boldsymbol{u}}_{\mathrm{M}})^T \boldsymbol{N}(\tilde{\boldsymbol{u}}_{\mathrm{M}}) \tag{4.3.110}$$

なお、三角形要素は膜面に作用する内圧処理の際、節点力に変換するのに都合がよい。

ケーブル要素の場合　一次要素(トラス要素)の離散化

図 4.3.29 に示すように膜要素の場合と同様に局所座標系を考え、ケーブル節点変位ベクトル $\tilde{\boldsymbol{u}}_{\mathrm{C}}$ は次のように定義する。

$$\tilde{\boldsymbol{u}}_{\mathrm{C}} = \left(u_1, v_1, w_1, u_2, v_2, w_2\right)^T \tag{4.3.111}$$

ただし、u_j はケーブル軸方向、v_j, w_j は適当に決めた右手系直交座標軸の方向成分である。添え字 j (= 1,2)は節点番号 j における局所座標 (x_j, y_j, z_j) に対応する。ケーブル要素内の変位 $\bar{\boldsymbol{u}}_{\mathrm{C}}$ は形状

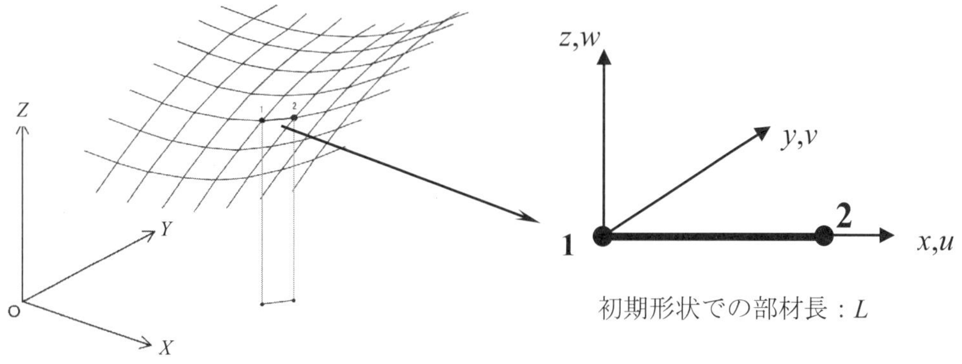

図 4.3.29　ケーブル要素の局所座標系の定義

関数を用いることにより、局所座標における変位成分を $u(x,y)_C$, $v(x,y)_C$, $w(x,y)_C$ とおくと以下のように表現できる。

$$\bar{\boldsymbol{u}}_C = \left[u(x,y)_C, v(x,y)_C, w(x,y)_C\right] = \boldsymbol{C}(x,y)\tilde{\boldsymbol{u}}_C \tag{4.3.112}$$

ここで、形状関数行列 $\boldsymbol{C}(x,y)$は次式の内容とする。

$$\boldsymbol{C}(x,y) = \left[\frac{L-x}{L}\boldsymbol{I} \quad \frac{x}{L}\boldsymbol{I}\right] \tag{4.3.113}$$

ただし、L は初期形状での部材長である。この式より局所座標における節点 1, 2 の座標は次のように与えられる。

$$\text{節点}\ 1(0,\ 0,\ 0)\ ,\quad \text{節点}\ 2\ (L,\ 0,\ 0) \tag{4.3.114}$$

ケーブルひずみ $\boldsymbol{\varepsilon}_C$ の定義(ひずみ－変位関係)にも次のグリーンのひずみを採用する。

$$\boldsymbol{\varepsilon}_C \equiv \frac{\partial u}{\partial x} + \frac{1}{2}\left(\left(\frac{\partial u}{\partial x}\right)^2 + \left(\frac{\partial v}{\partial x}\right)^2 + \left(\frac{\partial w}{\partial x}\right)^2\right) \tag{4.3.115}$$

ケーブルのひずみ－変位関係行列 $\boldsymbol{B}_C$ は式(4.3.112)と(4.3.113)を式(4.3.115)に代入し、次式を導く。

$$\boldsymbol{B}_C(\tilde{\boldsymbol{u}}_C) = \frac{1}{L}(-1,\ 0,\ 0,\ 1,\ 0,\ 0) + \frac{1}{2L^2}\tilde{\boldsymbol{u}}_C{}^T\begin{bmatrix}\boldsymbol{I} & -\boldsymbol{I}\\ -\boldsymbol{I} & \boldsymbol{I}\end{bmatrix} \tag{4.3.116}$$

同様にケーブルのひずみ増分－変位増分行列 $\boldsymbol{B}_C^*$ も次のように導かれる。

$$\boldsymbol{B}_C^*(\tilde{\boldsymbol{u}}_C) = \frac{1}{L}(-1,\ 0,\ 0,\ 1,\ 0,\ 0) + \frac{1}{L^2}\tilde{\boldsymbol{u}}_C{}^T\begin{bmatrix}\boldsymbol{I} & -\boldsymbol{I}\\ -\boldsymbol{I} & \boldsymbol{I}\end{bmatrix} \tag{4.3.117}$$

式(4.3.87)に対応するケーブルの一要素の接線剛性行列 $\boldsymbol{k}(\tilde{\boldsymbol{u}}_{\mathrm{C}})_{\mathrm{C}}$ を分離した幾何剛性行列 $\boldsymbol{k}_{\mathrm{G}}(\tilde{\boldsymbol{u}}_{\mathrm{C}})_{\mathrm{C}}$ と線形＋大変位剛性行列 $\boldsymbol{k}_{\mathrm{S}}(\tilde{\boldsymbol{u}}_{\mathrm{C}})_{\mathrm{C}}$ の各成分は以下のように求めることができる。

$$\boldsymbol{k}_{\mathrm{G}}(\tilde{\boldsymbol{u}}_{\mathrm{C}})_{\mathrm{C}} = \frac{A\sigma_{\mathrm{C}}(\tilde{\boldsymbol{u}}_{\mathrm{C}})}{L}\begin{bmatrix} \boldsymbol{I} & -\boldsymbol{I} \\ -\boldsymbol{I} & \boldsymbol{I} \end{bmatrix} \tag{4.3.118}$$

$$\boldsymbol{k}_{\mathrm{S}}(\tilde{\boldsymbol{u}}_{\mathrm{C}})_{\mathrm{C}} = \frac{AE_{\mathrm{C}}}{L}\begin{bmatrix} \boldsymbol{J} & -\boldsymbol{J} \\ -\boldsymbol{J} & \boldsymbol{J} \end{bmatrix} \tag{4.3.119}$$

ただし、A は要素内一定のケーブル断面積、E_{C} はケーブルのヤング係数、σ_{C} はケーブル軸応力である。$\boldsymbol{J}$ は次の行列成分を持つ。

$$\boldsymbol{J} = \begin{bmatrix} \left(\frac{u_1-u_2}{L}-1\right)^2 & \left(\frac{u_1-u_2}{L}-1\right)\left(\frac{v_1-v_2}{L}\right) & \left(\frac{u_1-u_2}{L}-1\right)\left(\frac{w_1-w_2}{L}\right) \\ \left(\frac{v_1-v_2}{L}\right)\left(\frac{u_1-u_2}{L}-1\right) & \left(\frac{v_1-v_2}{L}\right)^2 & \left(\frac{v_1-v_2}{L}\right)\left(\frac{w_1-w_2}{L}\right) \\ \left(\frac{w_1-w_2}{L}\right)\left(\frac{u_1-u_2}{L}-1\right) & \left(\frac{w_1-w_2}{L}\right)\left(\frac{v_1-v_2}{L}\right) & \left(\frac{w_1-w_2}{L}\right)^2 \end{bmatrix} \tag{4.3.120}$$

ケーブル要素内の存在応力と等価な節点材端力ベクトル $\boldsymbol{f}_{\mathrm{C}}$ は、一要素の釣合い式(4.3.84)より次式で評価する。

$$\boldsymbol{f}_{\mathrm{C}}(\tilde{\boldsymbol{u}}_{\mathrm{C}}) = AL\,\boldsymbol{B}^{*}_{\mathrm{C}}(\tilde{\boldsymbol{u}}_{\mathrm{C}})^{T}\,\boldsymbol{\sigma}_{\mathrm{C}}(\tilde{\boldsymbol{u}}_{\mathrm{C}}) \tag{4.3.121}$$

応力－ひずみ関係（構成式）は次の線形式を用いる。

$$\boldsymbol{\sigma}_{\mathrm{C}}(\tilde{\boldsymbol{u}}_{\mathrm{C}}) = \mathrm{E}_{\mathrm{C}}\,\boldsymbol{\varepsilon}_{\mathrm{C}}(\tilde{\boldsymbol{u}}_{\mathrm{C}}) + \boldsymbol{\sigma}_{\mathrm{C0}} \tag{4.3.122}$$

ただし、$\boldsymbol{\sigma}_{\mathrm{C0}}$ はケーブル初期張力（応力）である。

以下に、ケーブル要素の局所座標系の設定例を示す。はり要素の方向指定と同様に要素毎に k 節点と呼ばれる特別な点を全体座標系上にあらかじめ設定すると便利である。つまり、次式のように局所座標系の基底ベクトルを定義する。

$$\boldsymbol{e}_x = \frac{\overrightarrow{12}}{|\overrightarrow{12}|}, \quad \boldsymbol{e}_z = \frac{\overrightarrow{12} \times \overrightarrow{1k}}{|\overrightarrow{12} \times \overrightarrow{1k}|}, \quad \boldsymbol{e}_y = \boldsymbol{e}_z \times \boldsymbol{e}_x \tag{4.3.123}$$

ここに、1, 2, k は、ケーブルの節点 1, 2 および k 節点を表わす。$\boldsymbol{e}_x$, $\boldsymbol{e}_y$, $\boldsymbol{e}_z$ はケーブル要素の局所座標系 x, y, z 方向における単位ベクトルの全体座標系表現である。これにより、$\overrightarrow{12}$ の方向に局所座標系の軸 x、$\overrightarrow{12} \times \overrightarrow{1k}$ の方向に局所座標系の軸 z を定めた右手系直交座標軸が決められる。

局所座標系と全体座標系　上述に示した膜要素、ケーブル要素における局所座標系 (x, y, z) から全体座標系 (X, Y, Z) への座標変換を考えよう。ここに変換行列を $\boldsymbol{T}$ とすると代表要素 e の局所座標系接線剛性行列 $\boldsymbol{k}$ と全体系の接線剛性行列 $\boldsymbol{K}_e$ の関係が以下のように与えられる。

$$\boldsymbol{K}_e = \boldsymbol{T}^T \boldsymbol{k}\, \boldsymbol{T} \tag{4.3.124}$$

座標変換行列 $\boldsymbol{T}$ は、三角形膜要素の場合 $\boldsymbol{T}_{\mathrm{M}}$、ケーブル要素の場合 $\boldsymbol{T}_{\mathrm{C}}$ とおくと以下の通りである。

$$\boldsymbol{T}_{\mathrm{M}} = \begin{bmatrix} \boldsymbol{\lambda} & \mathbf{0} & \mathbf{0} \\ \mathbf{0} & \boldsymbol{\lambda} & \mathbf{0} \\ \mathbf{0} & \mathbf{0} & \boldsymbol{\lambda} \end{bmatrix},\ \boldsymbol{T}_{\mathrm{C}} = \begin{bmatrix} \boldsymbol{\lambda} & \mathbf{0} \\ \mathbf{0} & \boldsymbol{\lambda} \end{bmatrix},\ \boldsymbol{\lambda} = \begin{bmatrix} \lambda_{xX} & \lambda_{xY} & \lambda_{xZ} \\ \lambda_{yX} & \lambda_{yY} & \lambda_{yZ} \\ \lambda_{zX} & \lambda_{zY} & \lambda_{zZ} \end{bmatrix} \tag{4.3.125}$$

ここで、λ_{aB} は軸 B と軸 a とのなす角度の方向余弦である。

全体系で評価された一要素の接線剛性行列 $\boldsymbol{K}_e$ は通常の重ね合わせ処理により構造全体の剛性 $\boldsymbol{K}$ を評価し、反復計算式(4.3.85)に帰着させる。

膜要素、ケーブル要素への分布荷重の節点荷重表現　有限要素に分割された構造物の節点に対する外荷重表現は全体座標系で考える方が便利である。

一つの膜要素（三角形一次要素の場合）への分布外力は、基本的に 1/3 ずつ各節点に分担されるものと考える。そこで、ある膜要素の各構成節点への分布外荷重の一般的な全体座標系表現は次のようになる。

$$\boldsymbol{F}_{\mathrm{M}e} = \frac{\rho_{\mathrm{M}}}{3} S \begin{Bmatrix} 0 \\ 0 \\ -1 \end{Bmatrix} + \frac{\rho_{\mathrm{M}}}{3g} S\,\boldsymbol{\alpha} + \frac{S\,p_i}{3}\boldsymbol{n}_e + \frac{W_{\mathrm{snow}}}{3} S\left|n_3\right| \begin{Bmatrix} 0 \\ 0 \\ -1 \end{Bmatrix} + \frac{1}{3}\boldsymbol{n}_e S\, C_p\, q \tag{4.3.126}$$

$\boldsymbol{n}_e$ は対象膜要素の外向き単位法線ベクトルであり、全体座標系を考慮した次式が与えられる。

$$\boldsymbol{n}_e = (\overrightarrow{12} \times \overrightarrow{23}) / |\overrightarrow{12} \times \overrightarrow{23}| = \begin{Bmatrix} n_1 \\ n_2 \\ n_3 \end{Bmatrix} \tag{4.3.127}$$

$\rho_{\mathrm{M}}, \boldsymbol{\alpha}, g, p_i, W_{\mathrm{snow}}, C_p, q$ は各々、単位面積当たり膜自重, 地震時震度ベクトル（3 成分）, 重力加速度, 内圧, 雪荷重（水平投影面積当たり）, 風力係数（外側−内側）, 風力係数を定義する基準速度圧である。式(4.3.126)において、第１項：自重、第２項：地震荷重、第３項：内圧、第４項：雪荷重、第５項：風荷重項 を意味する。ここで、全体座標系と要素座標系および単位法線ベクトル $\boldsymbol{n}_e$ の関係は図 4.3.30 に示す通りである。なお、式(4.3.126), (4.3.127)は初期形状を基準に設定する。

ケーブル要素の場合にも同様に全体座標系で考える。ケーブル要素は節点が２つあるため、両節点に 1/2 ずつ分担されるとする。ケーブルの場合、要素内分布外力は自重ないしは地震力のみであり、以下の式で与えられる。

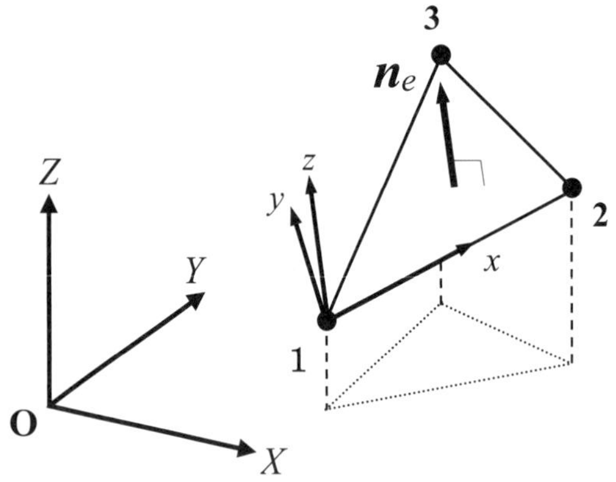

図 4.3.30　膜要素の法線方向と全体座標系の関係

$$F_{Ce} = \frac{\rho_C}{2} L \begin{Bmatrix} 0 \\ 0 \\ -1 \end{Bmatrix} + \frac{\rho_C}{2g} L \boldsymbol{\alpha} \tag{4.3.128}$$

ここに、ρ_C を単位長さ当たりのケーブル自重であり、第１項：自重、第２項：地震荷重とする。

なお、その他考えられる荷重、例えば、設備荷重による節点集中荷重等は全体座標系で別途与えればよい。

固有値解析　上述の定式化は静的な応力･変形解析の方法を扱っている。しかしながら、自然外力による動的効果に対してはある程度の認識を持つべきであろう。固有値解析は考えている系で卓越すると考えられる振動モードと固有振動数を把握しておく上で実施する方が望ましい。この時の前提は、ある静的荷重(時間平均的荷重)下で接線剛性をもって線形挙動するとみなすことである。既に示したように、ある静的荷重下での接線剛性が求まっているため、固有値解析自身は質量行列を設定するのみで簡単に実施できる。要素の質量行列は、通常、要素節点に均等配分すること(集中質量：三角形一次要素の場合３節点に３等分、ケーブル一次要素の場合２節点に２等分)で十分に対処できる。

時刻歴応答解析　張力構造系は主に膜･ケーブル材から構成するため、一般の構造物に比べてかなり軽量である。それゆえ、風による何らかの不安定的振動現象には極力注意すべきであろう。しかしながら、この現象の予測には流体と構造体の相互作用に基づく振動依存外力(空力的付加減衰、空力的付加剛性ないしは付加剛性の裏返しとしての空力的付加質量効果)およびその評価(例えば文献 45)を必要とする。現段階では流体との相互作用を考慮した数値解析 [39]、あるいは相似律を満足させた風洞実験での調査 [46]もあるが、評価が難しい。したがって、個別の検討はともかくとして多様な形態についてその効果を議論する必要である。また、風洞実験により確認された自励的振動の発生は乱れの小さい一様流中のものを扱っている。通常、自然風は乱れが強く、風速変動に伴う強制振動的な現象が発生するため、自励的な振動は一様流を用いた風洞内ほどには起りにくい状況であると考えられる。

時刻歴応答挙動の定量的把握には、多次元自己回帰法を用いた変動風速データ[47)]に基づく非線形時刻歴応答解析の試みもある。通常、変動風速データは基準位置の風速データを基に、鉛直方向の位相差の相関を考慮した高さ方向の風速データを用いる。しかし、張力構造の規模の大きさを考慮すると、奥行き方向や水平方向の位相差の相関を考慮した風速データの作成が必要となる。さらに、時間ステップ毎の非線形解析を実施する上で、張力構造表面の風圧係数の設定や空気による付加質量の効果の導入も考えなければならない。

4.3.3.3　解析上の注意事項

リンクリング(皺)などの問題と取り扱い　膜材料やケーブル材料は基本的に引張力のみに抵抗する。荷重状態によっては圧縮部材応力が釣合い上必要となる場合もあり得るが、材料的に圧縮力には抵抗できないため、膜の場合は皺(しわ)が、ケーブルの場合は緩みが起こる。

膜に発生する皺は圧縮力を許容しない材料がその圧縮応力を開放するために引き起こす応力再配分による物理現象であり、一種の座屈現象とみなせる。このような皺発生は膜構造物にとって次の点で問題となる。

(1) 局部的な大変形を起しやすい。

(2) 膜材の大きな皺は材料の大きな屈曲を発生し易く、膜材の折れ曲がりによる強度低下を招きやすい。

(3) 膜材の皺の発生部分に雨水などがたまり易く、汚れの原因となる。

皺の解析において、応力の再配分の結果、思わぬ部材に大きな応力が集中し、膜構造物の構造解析結果の信頼性を左右する場合がある。すなわち、皺の発生に関しては構造的に解析上把握する必要性のある重要な事項の一つである。

膜に発生する皺の判定条件は次の通りである。膜応力は主膜応力成分(最大主応力：N_{P1}、最小主応力 N_{P2})に分解される。主応力成分とは膜応力成分のせん断成分が0となる方向の直応力成分のことを指す。膜応力の主応力成分と局所座標系応力成分(N_x, N_y, N_{xy})の間には次の関係がある。

$$N_{P1}, N_{P2} = \frac{N_x + N_y}{2} \pm \sqrt{\left(\frac{N_x - N_y}{2}\right)^2 + N_{xy}{}^2} \tag{4.3.129}$$

皺の判定は最小主応力成分が負になることで表現される。すなわち、皺が発生する条件(リンクリング発生条件)は次式で与えられる。

$$N_{P2} = \frac{N_x + N_y}{2} - \sqrt{\left(\frac{N_x - N_y}{2}\right)^2 + N_{xy}{}^2} < 0 \tag{4.3.130}$$

あるいは、膜応力表現を整理すると次のようになる。

$$N_x N_y < N_{xy}{}^2 \qquad (4.3.131)$$

これらのことから皺を考慮した実用的応力･変形解析上の手順は概ね次のようにする[39)]。

① 通常の応力解析の実施。

② 要素毎にリンクリング発生の確認。

③ 皺が発生している要素（$N_{P2} < 0$）があれば、主応力 N_{P2} 方向の剛性を低下（E_2=0 あるいは 1/100 以下にオーダーを下げる）させて再計算する。その際、せん断剛性 G を G=0 などのように不用意に低下させると数値的に不安定になる場合があるので注意を要する。一般的に皺発生後、初期のせん断剛性をそのまま用いても大きな問題は生じない。

ケーブルに発生する緩みの場合は、圧縮力が作用したとき軸剛性を同様に低下させる。しかし、1/10 もしくは 1/100 ぐらいオーダーを下げるだけで、$E_C = 0$ とすべきではない。

このように圧縮力が作用した時に剛性を低下させる操作を剛性変化法という。

変動風速データを用いた動的解析（時刻歴応答解析）の非圧縮性材の処理に対して、剛性変化法

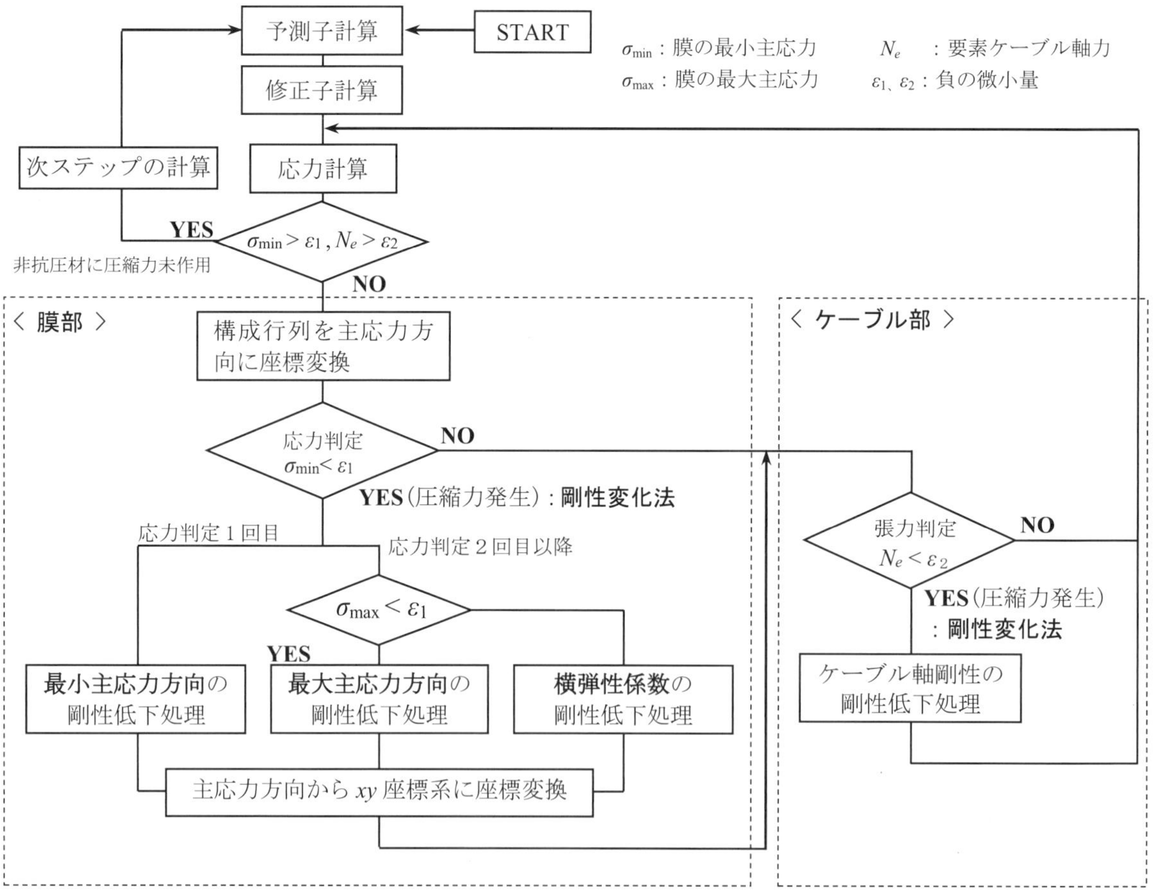

図 4.3.31　張力構造における動的計算のアルゴリズム（剛性変化法を導入したニューマーク法）

による計算手順を図 4.3.31 に示すように考えるとよい[48]。図中の予測子・修正子計算は、非線形計算で用いられるニューマーク法の手順である[49]。注意すべき点は、膜要素・ケーブル要素の主応力・軸力に対する負の判定基準を 0.0（零）とするのではなく、張力オーダーの 1/10～1/100 を目安にした微小な負の値以下を圧縮力が作用したと判断することである。0.0 を負の判定基準にすると数値的に不安定な状況が発生する場合がある。なお、剛性変化法の操作を構造全体で数回繰返しても無視できない負の主応力やケーブル軸力が発生する場合には、計算時間の対応により次ステップに処理を先送りすることも考える。

要素分割方法　膜要素の場合、形状解析結果を受けて応力解析に移る場合が多い。それゆえ、要素分割については形状解析の注意事項と共通する部分が多く、以下のようにまとめられる。

(1) 膜部分については、できるだけ均等な有限要素となるように分割し、偏平な尖った形状はできるだけ避ける配慮が必要である。

(2) 1節点に集まる頂点の数に大きな差がないようにする。これは要素の頂点数に比例して要素内の分布外力が集中する可能性による。

(3) リンクリング解析を材料非線形問題として扱うとき、要素分割の粗さが大きいと解析途中の皺発生時に数値的な不安定状態を示す場合がある。また、方向性を持たせたような要素分割配置によっても同様な事態が起こることもある。この理由は皺発生に伴う応力再配分による隣接要素への影響が、荒い要素分割であると要素の大きさおよび配置に依存するためである。

ケーブル要素処理の場合も膜要素の処理に準じる。

計算結果の検討方法　有限要素法による数値解析結果は、**構造体・荷重・境界条件の正しいモデル化の下で、入力データが正しい場合**にのみ数値的な近似解としての意味が生じる。定評のあるソフトウェアを用いた解析結果であるからといって、数値解析結果自体の保証はなにもない。したがって、構造解析者は数値解析により得られた結果をブラックボックスとして鵜呑みにせず、対象構造物をトラス、はりあるいは板などの簡単なモデルに縮約し、そのモデルの解析結果を基準に有限要素法により得られた変形ないしは部材力のオーダーが概ね納得できるものであるかどうか検討・判断することが必要不可欠である。さもなくば、構造解析者は単なる**定評のあるソフトウェアのオペレーター**の役割しか果たさないであろう。それゆえ、構造解析者は自らの構造解析技術を総動員し、近似解の結果を評価する何らかの価値判断を示すべきである。例えば、細長い（長方形平面）偏平な空気膜構造物であれば、屋根面を 1 方向（短辺方向が一般的）の放物線面ないしは円弧と近似して簡易モデルの解析解を求める。この簡易モデルの解析解により屋根面のライズ／スパン比と内圧の関係から部材力や変形のオーダーを把握することができる。これらの解析解と得られた近似解との比較を通して解析の妥当性を検証する（簡略計算のモデルは構造解析者各自の知識と経験により異なる。このような検討は、構造解析者自身の得た数値解析結果の妥当性に確信を持つことができる作業である[45, 46]）。

第４章　張力構造
第４節　新しい解析理論

4.4.1 膜構造の形状・裁断図同時解析
4.4.1.1　形状解析と裁断図解析

張力構造の応力・変形解析と形状解析の関係は、本章 4.3.3 項で既に説明した。形状解析により安定形態の設計原型曲面が決定されると、次に、平面上に存在する無応力状態の張力材(膜・ケーブル材等)、特に膜材は、設計原型曲面に対応させて如何に曲面形状を表現するかに焦点が置かれる。通常、平面膜材を立体裁断して裁断線に沿って溶着あるいは縫合により接合することで、連続した想定曲面が形成される。一般に裁断線は曲面上の２点間を結ぶ最短距離の曲線を選択することになる。この曲線には測地線の利用が多い [50-53]。測地線により平面展開された平面図(裁断図)は、伸縮性のない素材であれば、張力導入後の曲面形態が設計原型曲面と一致する。しかし、一般に膜材は樹脂でコーティングされた伸縮性を有する異方性の織布である。つまり、想定曲面と張力導入時の膜材曲面座標の偏差量を考慮した経験則や新たな数値計算に基づく調整を実施して、最終的な裁断図を得ることになる。

従来、このように形状解析と裁断図解析は別々に扱われ、経験則等の導入により裁断図が決定されてきた。ここに離散化技術で形状解析を行い、同じ解析データを用いて裁断図解析、引き続き静・動的な応力変形解析を実施するのであるならば、形状解析と裁断図解析を同時に行う方が偏差量の調整を必要としない精度のよい裁断図が得られることになる。本項では以上の観点から近年注目されている形状・裁断図同時解析の最適化技術を説明する。

離散化技術を用いた膜構造の形状・裁断図同時解析の先駆的な研究は、坪田ら [54, 55]、八木ら [56]、大崎ら [57, 58]の研究がある。坪田らは裁断図の形状を決定するパラメータとして平面上に存在する無応力状態の膜面上に設定した三角形要素の辺長を選択し、想定応力状態の釣合い曲面を満足する裁断図の座標値を直接探索する手法を提案している。八木らは同時解析の発想に基づき、裁断図形状の節点座標値を設計変数に、想定形状の設計応力状態に近い釣合い状態から探索する手法を提案している。大崎らは設計原型曲面形状を指定しかつ膜応力指定値の偏差量を最小あるいはコンプライアンス最小にする形状・裁断図同時解析による裁断膜形状を求める解析方法を示した。これらの解析は直交異方性弾性範囲で行っている。また、坪田らの離散化手法を除き、これらの数値計算では通常の変位仮定有限要素法を基本とする。

本項では座標仮定有限要素法 [59, 60]を用いた膜構造の形状・裁断図同時解析 [48, 61]を概説する。座標仮定有限要素法は通常の変位仮定に属する離散化定式化であり、想定曲面の全体座標値を直接設計変数(未知量)としている。変位仮定有限要素法による形状・裁断図同時解析との違いは、変位を未知量とするのではなく、平面上にある無応力状態の直交直線座標系をパラメータに全体座標値を直接未知量とするところにあり、数値解析上、次の３つの点に特徴がある。

（１）局所座標と全体座標の座標変換を必要としない設定ができる。

（２）織布膜材の直交異方性は、ロール状に巻きこまれた帯状の直交異方性膜を基準に設定するので、想定曲面上で繊維方向を改めて定める必要がない。
（３）得られた平面上に存在する裁断図をそのまま利用して、連続した静的･動的数値計算の移行が可能である。
なお､ここで説明する有限要素法を用いると補強ケーブルを導入した形状･裁断図同時解析にも適用可能である。

4.4.1.2　座標仮定有限要素法による離散化定式化

形状･裁断図同時解析を説明する前に、基本となる座標仮定有限要素法の離散化定式化を示す。定式化では仮想仕事式に基づく釣合い式を採用し、構成式は線形範囲で考えることにする。ひずみはグリーンのひずみを用いる。

有限要素は膜部とケーブル部に分けて次の要素を取りあげる。

膜要素　　　：三角形要素（一次要素）、アイソパラメトリック矩形要素（双一次要素）

ケーブル要素：一次元線形要素（トラス要素）

これらの要素は曲げ力を伝達しないものとして利用することができる。ケーブル要素は変位仮定と同様にそのままトラス要素としても用いることが可能である。なお、アイソパラメトリック矩形要素を拡張すれば、アイソパラメトリック６面体要素の定式化にも展開することができる。ただし、直接曲げひずみを考慮する定式化、例えばはり要素や板要素あるいはシェル要素には、座標仮定有限要素法による離散化定式化の構成が不可能である。

釣合い式とグリーンのひずみ　仮想仕事の原理より釣合い式は式(4.3.84)の変位ベクトル $\boldsymbol{u}$ の代わりに、釣合い形態の位置ベクトル $\boldsymbol{X}$ で表現すると同形式の次式で与えられる。

$$\boldsymbol{F}\left(\boldsymbol{X},\boldsymbol{f},\lambda\right)=\int_V \boldsymbol{B}^*\left(\boldsymbol{X}\right)^T\boldsymbol{\tau}\left(\boldsymbol{X}\right)dV-\lambda\boldsymbol{f}=\boldsymbol{0} \tag{4.4.1}$$

ここで、$\boldsymbol{\tau}$:応力ベクトル(初期応力含む), $\boldsymbol{f}$:荷重モードベクトル, λ:荷重パラメータ, V:対象領域である。$\boldsymbol{B}^*$ はひずみ増分と変位増分の関係行列である。この式では位置ベクトル $\boldsymbol{X}$ に関して非線形項を有するので、ヤコビ(Jacobi)行列を導いて通常のニュートン・ラフソン系の反復計算手順により近似解を決定する。

式(4.4.1)の具体的な非線形項はグリーン(Green)とサン・ブナン(St.-Venant)によって導入された次式に示すグリーンのひずみテンソル γ_{ij} から得られる。

$$\boldsymbol{\gamma}=\left[\gamma_{ij}\right],\quad \gamma_{ij}=\frac{1}{2}\left(\delta_{\alpha\beta}\frac{\partial X_\alpha}{\partial x_i}\frac{\partial X_\beta}{\partial x_j}-\delta_{ij}\right)\qquad\left(i,\,j=1,2,3\right) \tag{4.4.2}$$

ただし、変位成分 u_i は $u_i=X_i-x_i\ (i=1,2,3)$（$\boldsymbol{u}=\boldsymbol{X}-\boldsymbol{x}$）、$\boldsymbol{X}$ の成分が $X_i\ (i=1,2,3)$、無応力状態の位置ベクトル $\boldsymbol{x}$ の成分が x_i（共に直交直線座標）で与えられる。δ_{ij} はクロネッカのデルタである。

α, β は総和規約に従う。式(4. 4. 2)に $X_i = x_i + u_i$ を導入すると通常の変位を基準とする本章 4.3 節で示した式(4.3.96)のグリーンのひずみが得られる。なお、ここでは変位概念を用いないので境界条件のない無応力状態の膜はどの位置に設定しても構わない。

ここで、式(4.4.2)とその増分式は次式のように表現する。

$$\gamma = \boldsymbol{B}(\boldsymbol{X})\boldsymbol{X} + \boldsymbol{C} \quad (\boldsymbol{C}\text{:定数ベクトル}), \qquad \delta\gamma = \boldsymbol{B}^*(\boldsymbol{X})\delta\boldsymbol{X} \tag{4.4.3a,b}$$

式(4.4.1)を解くための接線剛性行列 $\boldsymbol{K}$ は、次式で与えられる。

$$\frac{\partial \boldsymbol{F}}{\partial \boldsymbol{X}} = \boldsymbol{K}(\boldsymbol{X}) = \boldsymbol{K}_{\mathrm{G}}(\boldsymbol{X}) + \boldsymbol{K}_{\mathrm{S}}(\boldsymbol{X}) \tag{4.4.4}$$

ここで、$\boldsymbol{K}_{\mathrm{G}}$ と $\boldsymbol{K}_{\mathrm{S}}$ は各々幾何剛性行列と線形＋大変位剛性行列であり、変位仮定と同形式で与えられる。ただし、$\boldsymbol{K}_{\mathrm{S}}$ は変位仮定とは異なり線形項と大変位剛性項を合わせた行列であり、陽な形で２つの成分に分離することができない。

<u>膜要素の場合(1)</u>　三角形一次要素の離散化式

図 4.4.1 に示すように三角形膜要素に対する代表要素の釣合い式(4.4.1)と接線剛性行列式(4.4.4)の離散化式を導く。

まず、要素に関係するベクトル、すなわち平面上に存在する無応力状態の膜要素内位置ベクトル $\boldsymbol{x}$（直交直線座標）とそのときの要素節点位置ベクトル $\bar{\boldsymbol{x}}$、安定(釣合い)形態の要素内位置ベクトル $\boldsymbol{X}$（直交直線座標）と要素節点位置ベクトル $\bar{\boldsymbol{X}}$ の成分を式(4.4.2)の座標の添え字表現(x_1, x_2)(x_3=0)と(X_1, X_2, X_3)をそれぞれ(x, y)と(X, Y, Z) と表現することで次のように定義する。

$$\overset{2\times1}{\boldsymbol{x}} = \begin{Bmatrix} x \\ y \end{Bmatrix}, \quad \overset{6\times1}{\bar{\boldsymbol{x}}} = \begin{Bmatrix} x^1 \\ x^2 \\ x^3 \\ y^1 \\ y^2 \\ y^3 \end{Bmatrix}, \quad \overset{3\times1}{\boldsymbol{X}} = \begin{Bmatrix} X \\ Y \\ Z \end{Bmatrix}, \quad \overset{9\times1}{\bar{\boldsymbol{X}}} = \begin{Bmatrix} X^1 \\ X^2 \\ X^3 \\ Y^1 \\ Y^2 \\ Y^3 \\ Z^1 \\ Z^2 \\ Z^3 \end{Bmatrix} \tag{4.4.5a-d}$$

ここで、$(\ )^j$ は節点 j の$(\ )$成分を意味する。

いま、要素内の安定形態の位置座標(X, Y, Z)を次の一次仮定で与える。

$$X = \beta_1 + \beta_2 x + \beta_3 y, \ Y = \beta_4 + \beta_5 x + \beta_6 y, \ Z = \beta_7 + \beta_8 x + \beta_9 y \tag{4.4.6a-c}$$

一般に織布膜は工場で製作された膜帯をロール状に巻かれた状態になっている。通常、ロール方向とその直交方向に繊維方向が設定される。

式(4. 4. 6)の β_i (i = 1,2,…,9)は一般化座標(未定定数)である。三角形要素の各節点 1, 2, 3 の無応

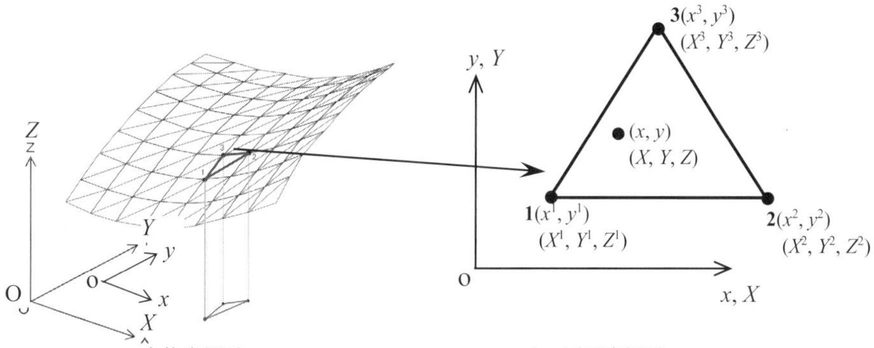

a.　全体座標系　　　b.　平面座標系

図 4.4.1　局所座標系と全体座標系の関係（三角形要素）

力状態の座標値を代入すると次式が与えられる。

$$\begin{aligned} X^1 &= \beta_1+\beta_2 x^1+\beta_3 y^1 & Y^1 &= \beta_4+\beta_5 x^1+\beta_6 y^1 & Z^1 &= \beta_7+\beta_8 x^1+\beta_9 y^1 \\ X^2 &= \beta_1+\beta_2 x^2+\beta_3 y^2\,, & Y^2 &= \beta_4+\beta_5 x^2+\beta_6 y^2\,, & Z^2 &= \beta_7+\beta_8 x^2+\beta_9 y^2 \\ X^3 &= \beta_1+\beta_2 x^3+\beta_3 y^3 & Y^3 &= \beta_4+\beta_5 x^3+\beta_6 y^3 & Z^3 &= \beta_7+\beta_8 x^3+\beta_9 y^3 \end{aligned} \tag{4.4.7}$$

三角形要素 123 の面積 S は次式となる。

$$S=\frac{1}{2}\begin{vmatrix} 1 & x^1 & y^1 \\ 1 & x^2 & y^2 \\ 1 & x^3 & y^3 \end{vmatrix} \tag{4.4.8}$$

したがって、一般化座標は全体座標で表現できる。

$$\begin{Bmatrix}\beta_1\\ \beta_2\\ \beta_3\end{Bmatrix}=\frac{1}{2S}\begin{bmatrix}2A_1 & 2A_2 & 2A_3\\ b_1 & b_2 & b_3\\ a_1 & a_2 & a_3\end{bmatrix}\begin{Bmatrix}X^1\\ X^2\\ X^3\end{Bmatrix},\quad \begin{Bmatrix}\beta_4\\ \beta_5\\ \beta_6\end{Bmatrix}=\frac{1}{2S}\begin{bmatrix}2A_1 & 2A_2 & 2A_3\\ b_1 & b_2 & b_3\\ a_1 & a_2 & a_3\end{bmatrix}\begin{Bmatrix}Y^1\\ Y^2\\ Y^3\end{Bmatrix},\quad \begin{Bmatrix}\beta_7\\ \beta_8\\ \beta_9\end{Bmatrix}=\frac{1}{2S}\begin{bmatrix}2A_1 & 2A_2 & 2A_3\\ b_1 & b_2 & b_3\\ a_1 & a_2 & a_3\end{bmatrix}\begin{Bmatrix}Z^1\\ Z^2\\ Z^3\end{Bmatrix} \tag{4.4.9a-c}$$

ここで、

$$a_i=x^k-x^j,\quad b_i=y^j-y^k,\quad 2A_i=x^j y^k-x^k x^j \tag{4.4.10a-c}$$

ひずみ $\boldsymbol{\gamma}$ は式(4.4.2)と(4.4.6)より次式で与えられる。

$$\boldsymbol{\gamma}=\begin{Bmatrix}\gamma_x\\ \gamma_y\\ \gamma_{xy}\end{Bmatrix}=\begin{Bmatrix}\dfrac{1}{2}\left\{\left(\dfrac{\partial X}{\partial x}\right)^2+\left(\dfrac{\partial Y}{\partial x}\right)^2+\left(\dfrac{\partial Z}{\partial x}\right)^2-1\right\}\\ \dfrac{1}{2}\left\{\left(\dfrac{\partial X}{\partial y}\right)^2+\left(\dfrac{\partial Y}{\partial y}\right)^2+\left(\dfrac{\partial Z}{\partial y}\right)^2-1\right\}\\ \left(\dfrac{\partial X}{\partial x}\right)\left(\dfrac{\partial X}{\partial y}\right)+\left(\dfrac{\partial Y}{\partial x}\right)\left(\dfrac{\partial Y}{\partial y}\right)+\left(\dfrac{\partial Z}{\partial x}\right)\left(\dfrac{\partial Z}{\partial y}\right)\end{Bmatrix}=\begin{Bmatrix}\dfrac{1}{2}\left(\beta_2{}^2+\beta_5{}^2+\beta_8{}^2-1\right)\\ \dfrac{1}{2}\left(\beta_3{}^2+\beta_6{}^2+\beta_9{}^2-1\right)\\ \beta_2\beta_3+\beta_5\beta_6+\beta_8\beta_9\end{Bmatrix}=\frac{1}{2}\begin{Bmatrix}\beta_2{}^T\beta_2+\beta_5{}^T\beta_5+\beta_8{}^T\beta_8-1\\ \beta_3{}^T\beta_3+\beta_6{}^T\beta_6+\beta_9{}^T\beta_9-1\\ \beta_2{}^T\beta_3+\beta_3{}^T\beta_2+\beta_5{}^T\beta_6+\beta_6{}^T\beta_5+\beta_8{}^T\beta_9+\beta_9{}^T\beta_8\end{Bmatrix} \tag{4.4.11}$$

ひずみ増分 $\delta\boldsymbol{\gamma}$ も同様に次式で与えられる。

$$\delta\gamma = \delta\begin{Bmatrix}\gamma_x\\ \gamma_y\\ \gamma_{xy}\end{Bmatrix} = \begin{Bmatrix}\beta_2\delta\beta_2+\beta_5\delta\beta_5+\beta_8\delta\beta_8\\ \beta_3\delta\beta_3+\beta_6\delta\beta_6+\beta_9\delta\beta_9\\ \beta_3\delta\beta_2+\beta_2\delta\beta_3+\beta_6\delta\beta_5+\beta_5\delta\beta_6+\beta_9\delta\beta_8+\beta_8\delta\beta_9\end{Bmatrix}$$

$$= \begin{Bmatrix}\delta\beta_2{}^T\beta_2+\delta\beta_5{}^T\beta_5+\delta\beta_8{}^T\beta_8\\ \delta\beta_3{}^T\beta_3+\delta\beta_6{}^T\beta_6+\delta\beta_9{}^T\beta_9\\ \frac{1}{2}\left(\delta\beta_2{}^T\beta_3+\delta\beta_3{}^T\beta_2+\delta\beta_5{}^T\beta_6+\delta\beta_6{}^T\beta_5+\delta\beta_8{}^T\beta_9+\delta\beta_9{}^T\beta_8\right)\end{Bmatrix} \tag{4.4.12}$$

構成式は次式の通りである。

$$\boldsymbol{\tau} = \boldsymbol{D}\gamma \tag{4.4.13}$$

ただし、$\boldsymbol{\tau}=(\tau_x, \tau_y, \tau_{xy})^T$ は応力ベクトルであり、$\boldsymbol{D}$ の成分は次式で与えられる。

$$\boldsymbol{D} = \begin{bmatrix}d_{11} & d_{12} & d_{13}\\ d_{21} & d_{22} & d_{23}\\ d_{31} & d_{32} & d_{33}\end{bmatrix} \tag{4.4.14}$$

敢えて異方性膜材料を考慮すると、

$$\boldsymbol{D} = \boldsymbol{H}^T\boldsymbol{D}^+\boldsymbol{H} \tag{4.4.15}$$

ここで、E_1, E_2：主軸方向 1, 2 のヤング係数、ν_1, ν_2：主軸方向のポアソン比、G_{12}：せん断剛性、θ は主軸方向と要素のローカル座標とのなす角度とおくと、$\boldsymbol{D}^+$と $\boldsymbol{H}$ は次式で与えられる。

$$\boldsymbol{D}^+ = \begin{bmatrix}a_{11} & a_{12} & a_{13}\\ a_{21} & a_{22} & a_{23}\\ a_{31} & a_{32} & a_{33}\end{bmatrix},\quad \boldsymbol{H} = \begin{bmatrix}\cos^2\theta & \sin^2\theta & -\sin\theta\cos\theta\\ \sin^2\theta & \cos^2\theta & \sin\theta\cos\theta\\ 2\sin\theta\cos\theta & -2\sin\theta\cos\theta & \cos^2\theta-\sin^2\theta\end{bmatrix}$$

$$a_{11} = \frac{E_1}{1-\nu_1\nu_2},\quad a_{12} = \frac{\nu_1E_2}{1-\nu_1\nu_2},\quad a_{21} = \frac{\nu_2E_1}{1-\nu_1\nu_2},\quad a_{22} = \frac{E_2}{1-\nu_1\nu_2},\quad a_{33} = G_{12} \tag{4.4.16a-g}$$

ただし、繊維方向は直交座標系の軸 x と軸 y 方向に一致させることになるので $\theta = 0$ で与える。

以上の準備の下に全体座標 $\boldsymbol{X}$(位置ベクトル)を未知量とした仮想仕事式は次式で与えられる。

$$\int_V \delta\gamma(\boldsymbol{X})^T\boldsymbol{\tau}(\boldsymbol{X})dV = \delta\boldsymbol{X}^T\boldsymbol{f} \tag{4.4.17}$$

ここで、$\delta\mathbf{X}$ は座標増分ベクトルである。

要素内のひずみ−座標関係行列 $\boldsymbol{B}$ は要素節点位置ベクトル $\bar{\boldsymbol{X}}$ の関数となり、ひずみと座標の関係は式(4.4.3)より次式で与えられる。なお、ベクトルと行列上の数値は行列の大きさを意味する。

$$\overset{3\times1}{\gamma} = \overset{3\times9}{\boldsymbol{B}}\left(\bar{\boldsymbol{X}}\right)\overset{9\times1}{\bar{\boldsymbol{X}}} - \overset{3\times1}{\boldsymbol{C}} \tag{4.4.18}$$

ひずみ増分−座標増分関係行列 $\boldsymbol{B}^*(\bar{\boldsymbol{X}})$ は次式のように定義する。

$$\delta\gamma = \delta\boldsymbol{B}(\bar{\boldsymbol{X}})\bar{\boldsymbol{X}} + \boldsymbol{B}(\bar{\boldsymbol{X}})\delta\bar{\boldsymbol{X}} \equiv \boldsymbol{B}^*(\bar{\boldsymbol{X}})\delta\bar{\boldsymbol{X}} \tag{4.4.19}$$

式(4.4.17)にひずみ−座標関係とひずみ増分−座標増分関係式(4.4.18)と(4.4.19)を導入すると次式が得られる。

$$\delta\bar{\boldsymbol{X}}^T\left(\int_V \boldsymbol{B}^*(\bar{\boldsymbol{X}})^T\boldsymbol{\tau}(\bar{\boldsymbol{X}})dV - \bar{\boldsymbol{f}}\right) = 0 \tag{4.4.20}$$

したがって、$\delta\bar{\boldsymbol{X}}$ の任意性より式(4. 4. 1)に対応する釣合い式が次式のように得られる。

$$\int_V \overset{9\times3}{\boldsymbol{B}^*}(\bar{\boldsymbol{X}})^T \overset{3\times1}{\boldsymbol{\tau}}(\bar{\boldsymbol{X}})dV - \overset{9\times1}{\bar{\boldsymbol{f}}} = \overset{9\times1}{\boldsymbol{0}} \tag{4.4.21}$$

ただし、$\bar{\boldsymbol{f}}$ は代表要素の節点に作用する外力ベクトルである。

三角形要素に対するひずみ−座標関係行列 $\boldsymbol{B}(\bar{\boldsymbol{X}})$ とひずみ増分−座標増分関係行列 $\boldsymbol{B}^*(\bar{\boldsymbol{X}})$ の具体的な成分内容を導くことにする。式(4.4.11)に式(4.4.9)を代入し、整理すると次式が得られる。

$$\gamma = \frac{1}{8S^2}\begin{bmatrix} \tilde{\boldsymbol{X}}^T\tilde{\boldsymbol{b}}\tilde{\boldsymbol{X}} & \tilde{\boldsymbol{Y}}^T\tilde{\boldsymbol{b}}\tilde{\boldsymbol{Y}} & \tilde{\boldsymbol{Z}}^T\tilde{\boldsymbol{b}}\tilde{\boldsymbol{Z}} \\ \tilde{\boldsymbol{X}}^T\tilde{\boldsymbol{a}}\tilde{\boldsymbol{X}} & \tilde{\boldsymbol{Y}}^T\tilde{\boldsymbol{a}}\tilde{\boldsymbol{Y}} & \tilde{\boldsymbol{Z}}^T\tilde{\boldsymbol{a}}\tilde{\boldsymbol{Z}} \\ \tilde{\boldsymbol{X}}^T\tilde{\boldsymbol{c}}\tilde{\boldsymbol{X}} & \tilde{\boldsymbol{Y}}^T\tilde{\boldsymbol{c}}\tilde{\boldsymbol{Y}} & \tilde{\boldsymbol{Z}}^T\tilde{\boldsymbol{c}}\tilde{\boldsymbol{Z}} \end{bmatrix} - \frac{1}{2}\begin{Bmatrix}1\\1\\0\end{Bmatrix} \quad = \frac{1}{8S^2}\bar{\boldsymbol{X}}^T\begin{bmatrix}\hat{\boldsymbol{b}}\\ \hat{\boldsymbol{a}}\\ \hat{\boldsymbol{c}}\end{bmatrix}\bar{\boldsymbol{X}} - \frac{1}{2}\begin{Bmatrix}1\\1\\0\end{Bmatrix} \tag{4.4.22}$$

ここで、$\tilde{\boldsymbol{X}} = (X^1, X^2, X^3)^T$，$\tilde{\boldsymbol{Y}} = (Y^1, Y^2, Y^3)^T$，$\tilde{\boldsymbol{Z}} = (Z^1, Z^2, Z^3)^T$ であり、それぞれ安定形態における三角形代表要素節点 1, 2, 3 の座標 X, Y, Z の成分を持つベクトルであり、$\boldsymbol{a} = (a_1, a_2, a_3)$ と $\boldsymbol{b} = (b_1, b_2, b_3)$ （式(4.4.10)に定義)を用いると、

$$\tilde{\boldsymbol{a}} = \boldsymbol{a}^{\mathrm{T}}\boldsymbol{a},\quad \tilde{\boldsymbol{b}} = \boldsymbol{b}^{\mathrm{T}}\boldsymbol{b},\quad \tilde{\boldsymbol{c}} = \boldsymbol{a}^{\mathrm{T}}\boldsymbol{b} + \boldsymbol{b}^{\mathrm{T}}\boldsymbol{a},\quad \hat{\boldsymbol{a}} = \begin{bmatrix}\tilde{\boldsymbol{a}} & \boldsymbol{0} & \boldsymbol{0}\\ \boldsymbol{0} & \tilde{\boldsymbol{a}} & \boldsymbol{0}\\ \boldsymbol{0} & \boldsymbol{0} & \tilde{\boldsymbol{a}}\end{bmatrix},\quad \hat{\boldsymbol{b}} = \begin{bmatrix}\tilde{\boldsymbol{b}} & \boldsymbol{0} & \boldsymbol{0}\\ \boldsymbol{0} & \tilde{\boldsymbol{b}} & \boldsymbol{0}\\ \boldsymbol{0} & \boldsymbol{0} & \tilde{\boldsymbol{b}}\end{bmatrix},\quad \hat{\boldsymbol{c}} = \begin{bmatrix}\tilde{\boldsymbol{c}} & \boldsymbol{0} & \boldsymbol{0}\\ \boldsymbol{0} & \tilde{\boldsymbol{c}} & \boldsymbol{0}\\ \boldsymbol{0} & \boldsymbol{0} & \tilde{\boldsymbol{c}}\end{bmatrix},\quad \boldsymbol{C} = \frac{1}{2}(1, 1, 0)^T$$

で与えられ、ひずみ−座標とひずみ増分−座標増分関係の離散化式は次の通りに導くことができる。

$$\overset{3\times1}{\gamma} = \frac{1}{8S^2}\left(\overset{1\times9}{\bar{\boldsymbol{X}}^T}\ \overset{3\times(9\times9)}{\boldsymbol{Q}}\ \overset{9\times1}{\bar{\boldsymbol{X}}}\right) - \overset{3\times1}{\boldsymbol{C}},\qquad \overset{3\times(9\times9)}{\boldsymbol{Q}} = \begin{bmatrix}\overset{9\times9}{\hat{\boldsymbol{b}}}\\ \overset{9\times9}{\hat{\boldsymbol{a}}}\\ \overset{9\times9}{\hat{\boldsymbol{c}}}\end{bmatrix},\qquad \overset{3\times9}{\boldsymbol{B}}(\bar{\boldsymbol{X}}) = \frac{1}{8S^2}\overset{1\times9}{\bar{\boldsymbol{X}}^T}\ \overset{3\times(9\times9)}{\boldsymbol{Q}} \tag{4.4.23}$$

$$\delta\gamma = \frac{1}{4S^2}\bar{\boldsymbol{X}}^T\boldsymbol{Q}\delta\bar{\boldsymbol{X}} \quad\rightarrow\quad \overset{3\times9}{\boldsymbol{B}^*}(\bar{\boldsymbol{X}}) = \frac{1}{4S^2}\overset{1\times9}{\bar{\boldsymbol{X}}^T}\ \overset{3\times(9\times9)}{\boldsymbol{Q}} \tag{4.4.24}$$

ここで注意することは、

$$\boldsymbol{B}\left(\bar{\boldsymbol{X}}\right)=\boldsymbol{B}\left(\bar{\boldsymbol{x}},\bar{\boldsymbol{X}}\right)=\frac{1}{8S^2}\bar{\boldsymbol{X}}^T\boldsymbol{Q}\left(\bar{\boldsymbol{x}}\right),\qquad \boldsymbol{B}^*\left(\bar{\boldsymbol{X}}\right)=\boldsymbol{B}^*\left(\bar{\boldsymbol{x}},\bar{\boldsymbol{X}}\right)=\frac{1}{4S^2}\bar{\boldsymbol{X}}^T\boldsymbol{Q}\left(\bar{\boldsymbol{x}}\right)$$

であり、無応力の平面状態の膜情報（要素節点位置ベクトル）と安定形態の要素節点位置ベクトルとの関係が示されている。したがって、三角形代表要素の離散化釣合い式は次のように導くことができる。

$$\boldsymbol{F}\left(\bar{\boldsymbol{X}},\bar{\boldsymbol{x}},\bar{\boldsymbol{f}}\right)=\frac{t}{4S}\left(\overset{(9\times9)\times3}{\boldsymbol{Q}^T}\ \overset{9\times1}{\bar{\boldsymbol{X}}}\right)\overset{3\times3}{\boldsymbol{D}}\left[\frac{1}{8S^2}\left(\overset{1\times9}{\bar{\boldsymbol{X}}^T}\ \overset{3\times(9\times9)}{\boldsymbol{Q}}\ \overset{9\times1}{\bar{\boldsymbol{X}}}\right)-\overset{3\times1}{\boldsymbol{C}}\right]-\overset{9\times1}{\bar{\boldsymbol{f}}}=\overset{9\times1}{\boldsymbol{0}} \tag{4.4.25}$$

ここで、t は膜厚である。$\boldsymbol{K}_{\mathrm{G}}$ を幾何剛性行列、 $\boldsymbol{K}_{\mathrm{S}}$ を線形+大変形剛性行列とすると式(4.4.4)より次のように与えられる。

$$\boldsymbol{K}_{\mathrm{G}}\left(\boldsymbol{X}\right)=\int_V\frac{\partial\boldsymbol{B}^{*T}}{\partial\boldsymbol{X}}\boldsymbol{\tau}\,dV=tS\frac{\partial\boldsymbol{B}^{*T}}{\partial\boldsymbol{X}}\boldsymbol{\tau}\ ,\qquad \boldsymbol{K}_{\mathrm{S}}(\boldsymbol{X})=\int_V\boldsymbol{B}^{*T}\frac{\partial\boldsymbol{\tau}}{\partial\boldsymbol{X}}dV=tS\boldsymbol{B}^{*T}\frac{\partial\boldsymbol{\tau}}{\partial\boldsymbol{X}} \tag{4.4.26}$$

この式より要素接線剛性行列の各節点成分の離散化式は次式の通りに得られる。

$$\overset{9\times9}{\boldsymbol{K}_{\mathrm{G}}}\left(\bar{\boldsymbol{X}}\right)=\frac{t}{4S}\overset{(9\times9)\times3}{\boldsymbol{Q}^T}\ \overset{3\times1}{\boldsymbol{\tau}},\qquad \overset{9\times9}{\boldsymbol{K}_{\mathrm{S}}}(\bar{\boldsymbol{X}})=\frac{t}{16S^3}\left(\overset{(9\times9)\times3}{\boldsymbol{Q}^T}\ \overset{9\times1}{\bar{\boldsymbol{X}}}\right)\overset{3\times3}{\boldsymbol{D}}\left(\overset{1\times9}{\bar{\boldsymbol{X}}^T}\ \overset{3\times(9\times9)}{\boldsymbol{Q}}\right) \tag{4.4.27}$$

膜要素の場合(2)　アイソパラメトリック矩形要素（双一次要素）の離散化式

三角形一次要素と同様に、図 4.4.2a に示すように四角形膜要素を想定する。膜材の基本位置は境界条件のない平面上にある無応力状態で与える。ここでも大文字と小文字は、それぞれ安定（釣合い）形態の 3 次元直交直線座標と無応力状態の平面直交直線座標とする。無応力状態の要素内位置ベクトル $\boldsymbol{x}$ と要素節点位置ベクトル $\bar{\boldsymbol{x}}$、安定形態の要素内位置ベクトル $\boldsymbol{X}$ と要素節点位置ベクトル $\bar{\boldsymbol{X}}$ を以下のように定義する。

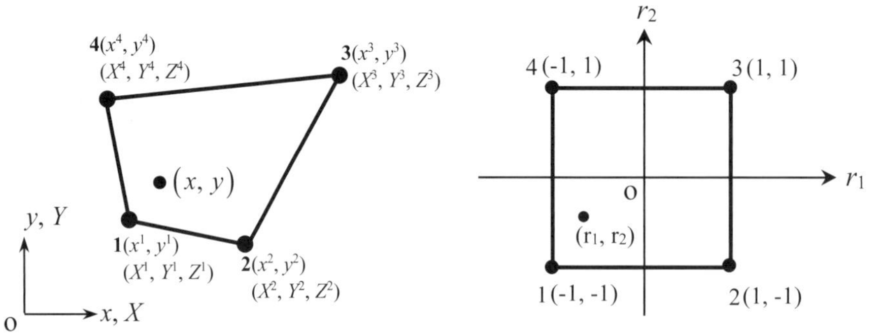

a.　平面（形態）座標系　　　b.　基準座標系

図 4.4.2　矩形要素の座標

$$\overset{2\times1}{\boldsymbol{x}} = \begin{Bmatrix} x \\ y \end{Bmatrix},\quad \overset{8\times1}{\bar{\boldsymbol{x}}} = \begin{Bmatrix} x^1 \\ x^2 \\ x^3 \\ x^4 \\ y^1 \\ y^2 \\ y^3 \\ y^4 \end{Bmatrix},\quad \overset{3\times1}{\boldsymbol{X}} = \begin{Bmatrix} X \\ Y \\ Z \end{Bmatrix},\quad \overset{12\times1}{\bar{\boldsymbol{X}}} = \begin{Bmatrix} X^1 \\ X^2 \\ X^3 \\ X^4 \\ Y^1 \\ Y^2 \\ Y^3 \\ Y^4 \\ Z^1 \\ Z^2 \\ Z^3 \\ Z^4 \end{Bmatrix} \qquad (4.4.28a\text{-}d)$$

$\boldsymbol{x}$と$\bar{\boldsymbol{x}}$および$\boldsymbol{X}$と$\bar{\boldsymbol{X}}$の関係は次式で与えられる。

$$\overset{2\times1}{\boldsymbol{x}} = \overset{2\times8}{\tilde{\boldsymbol{N}}}\ \overset{8\times1}{\bar{\boldsymbol{x}}} \qquad (4.4.29)$$

$$\overset{3\times1}{\boldsymbol{X}} = \overset{3\times12}{\boldsymbol{N}}\ \overset{12\times1}{\bar{\boldsymbol{X}}} \qquad (4.4.30)$$

ここで、

$$\overset{2\times8}{\tilde{\boldsymbol{N}}} = \begin{bmatrix} \overset{1\times8}{\tilde{\boldsymbol{N}}^1} \\ \overset{1\times8}{\tilde{\boldsymbol{N}}^2} \end{bmatrix} = \begin{bmatrix} N_1 & N_2 & N_3 & N_4 & 0 & 0 & 0 & 0 \\ 0 & 0 & 0 & 0 & N_1 & N_2 & N_3 & N_4 \end{bmatrix} \qquad (4.4.31)$$

$$\overset{3\times12}{\boldsymbol{N}} = \begin{bmatrix} \overset{1\times12}{\boldsymbol{N}^1} \\ \overset{1\times12}{\boldsymbol{N}^2} \\ \overset{1\times12}{\boldsymbol{N}^3} \end{bmatrix} = \begin{bmatrix} N_1 & N_2 & N_3 & N_4 & 0 & 0 & 0 & 0 & 0 & 0 & 0 & 0 \\ 0 & 0 & 0 & 0 & N_1 & N_2 & N_3 & N_4 & 0 & 0 & 0 & 0 \\ 0 & 0 & 0 & 0 & 0 & 0 & 0 & 0 & N_1 & N_2 & N_3 & N_4 \end{bmatrix} \qquad (4.4.32)$$

ただし、

$$N_1 = \frac{1}{4}(1-r_1)(1-r_2),\quad N_2 = \frac{1}{4}(1+r_1)(1-r_2),\quad N_3 = \frac{1}{4}(1+r_1)(1+r_2),\quad N_4 = \frac{1}{4}(1-r_1)(1+r_2) \qquad (4.4.33a\text{-}d)$$

式(4.4.30)より、

$$\frac{\partial}{\partial x_i}\boldsymbol{X} = \frac{\partial}{\partial x_i}\begin{Bmatrix} X_1 \\ X_2 \\ X_3 \end{Bmatrix} = \frac{\partial}{\partial x_i}\boldsymbol{N}\overline{\boldsymbol{X}} = \frac{\partial \boldsymbol{N}}{\partial r_k}\frac{\partial r_k}{\partial x_i}\overline{\boldsymbol{X}} = \left(\frac{\partial \boldsymbol{N}}{\partial r_1}\frac{\partial r_1}{\partial x_i} + \frac{\partial \boldsymbol{N}}{\partial r_2}\frac{\partial r_2}{\partial x_i}\right)\overline{\boldsymbol{X}} \tag{4.4.34}$$

ここで、

$$\frac{\partial \boldsymbol{N}}{\partial r_1} = \frac{1}{4}\begin{bmatrix} -(1-r_2) & 1-r_2 & 1+r_2 & -(1+r_2) & 0 & 0 & 0 & 0 & 0 & 0 & 0 & 0 \\ 0 & 0 & 0 & 0 & -(1-r_2) & 1-r_2 & 1+r_2 & -(1+r_2) & 0 & 0 & 0 & 0 \\ 0 & 0 & 0 & 0 & 0 & 0 & 0 & 0 & -(1-r_2) & 1-r_2 & 1+r_2 & -(1+r_2) \end{bmatrix} = \begin{bmatrix} \boldsymbol{S}_1^1 \\ \boldsymbol{S}_1^2 \\ \boldsymbol{S}_1^3 \end{bmatrix} \tag{4.4.35}$$

$$\frac{\partial \boldsymbol{N}}{\partial r_2} = \frac{1}{4}\begin{bmatrix} -(1-r_1) & -(1+r_1) & 1+r_1 & 1-r_1 & 0 & 0 & 0 & 0 & 0 & 0 & 0 & 0 \\ 0 & 0 & 0 & 0 & -(1-r_1) & -(1+r_1) & 1+r_1 & 1-r_1 & 0 & 0 & 0 & 0 \\ 0 & 0 & 0 & 0 & 0 & 0 & 0 & 0 & -(1-r_1) & -(1+r_1) & 1+r_1 & 1-r_1 \end{bmatrix} = \begin{bmatrix} \boldsymbol{S}_2^1 \\ \boldsymbol{S}_2^2 \\ \boldsymbol{S}_2^3 \end{bmatrix} \tag{4.4.36}$$

また、

$$\boldsymbol{r} = (r_1,\ r_2)^T \tag{4.4.37}$$

とおくと、

$$\overset{2\times2}{\boldsymbol{J}} = \begin{bmatrix} J_{11} & J_{12} \\ J_{21} & J_{22} \end{bmatrix} = \frac{\partial \boldsymbol{x}}{\partial \boldsymbol{r}} = \begin{bmatrix} \dfrac{\partial x_1}{\partial r_1} & \dfrac{\partial x_1}{\partial r_2} \\ \dfrac{\partial x_2}{\partial r_1} & \dfrac{\partial x_2}{\partial r_2} \end{bmatrix} = \begin{bmatrix} \tilde{\boldsymbol{S}}_1^1\overline{\boldsymbol{x}} & \tilde{\boldsymbol{S}}_1^2\overline{\boldsymbol{x}} \\ \tilde{\boldsymbol{S}}_2^1\overline{\boldsymbol{x}} & \tilde{\boldsymbol{S}}_2^2\overline{\boldsymbol{x}} \end{bmatrix} \tag{4.4.38}$$

$$\overset{2\times2}{\boldsymbol{J}^{-1}} = \begin{bmatrix} J_{11} & J_{12} \\ J_{21} & J_{22} \end{bmatrix}^{-1} = \frac{\partial \boldsymbol{r}}{\partial \boldsymbol{x}} = \begin{bmatrix} \dfrac{\partial r_1}{\partial x_1} & \dfrac{\partial r_1}{\partial x_2} \\ \dfrac{\partial r_2}{\partial x_1} & \dfrac{\partial r_2}{\partial x_2} \end{bmatrix} = \begin{bmatrix} J_{11}{}^* & J_{12}{}^* \\ J_{21}{}^* & J_{22}{}^* \end{bmatrix} \tag{4.4.39}$$

ここで、

$$\frac{\partial}{\partial r_i}\boldsymbol{x}^e = \frac{\partial}{\partial r_i}\begin{Bmatrix} x_1 \\ x_2 \end{Bmatrix} = \frac{\partial}{\partial r_i}\tilde{\boldsymbol{N}}\overline{\boldsymbol{x}}^e \tag{4.4.40}$$

$$\frac{\partial}{\partial r_1}\tilde{\boldsymbol{N}} = \begin{bmatrix} -(1-r_2) & 1-r_2 & 1+r_2 & -(1+r_2) & 0 & 0 & 0 & 0 \\ 0 & 0 & 0 & 0 & -(1-r_2) & 1-r_2 & 1+r_2 & -(1+r_2) \end{bmatrix} = \begin{bmatrix} \tilde{\boldsymbol{S}}_1^1 \\ \tilde{\boldsymbol{S}}_1^2 \end{bmatrix} \tag{4.4.41}$$

$$\frac{\partial}{\partial r_2}\tilde{\boldsymbol{N}} = \begin{bmatrix} -(1-r_1) & -(1+r_1) & (1+r_1) & 1-r_1 & 0 & 0 & 0 & 0 \\ 0 & 0 & 0 & 0 & -(1-r_1) & -(1+r_1) & (1+r_1) & 1-r_1 \end{bmatrix} = \begin{bmatrix} \tilde{\boldsymbol{S}}_2^1 \\ \tilde{\boldsymbol{S}}_2^2 \end{bmatrix} \tag{4.4.42}$$

したがって、式(4.4.34)は次のようになる。

$$\frac{\partial}{\partial x_i}\boldsymbol{X}=\frac{\partial}{\partial x_i}\begin{Bmatrix}X_1\\X_2\\X_3\end{Bmatrix}=\left(\begin{bmatrix}\boldsymbol{S}_1^1\\\boldsymbol{S}_1^2\\\boldsymbol{S}_1^3\end{bmatrix}J_{1i}{}^{*}+\begin{bmatrix}\boldsymbol{S}_2^1\\\boldsymbol{S}_2^2\\\boldsymbol{S}_2^3\end{bmatrix}J_{2i}{}^{*}\right)\bar{\boldsymbol{X}}^e \tag{4.4.43}$$

これらの準備の下に代表要素に対する離散化釣合い式と接線剛性行列の成分を導く。

ひずみ-座標関係行列 $\boldsymbol{B}$ とひずみ増分-座標増分関係行列 $\boldsymbol{B}^*$は座標 $\boldsymbol{X}$ の関数となり、ひずみと座標の関係とひずみ増分と座標増分の関係は式(4.4.2)より、式(4.4.11)と(4.4.12)と同様に考えると次式のように与えられる。

$$\overset{3\times1}{\boldsymbol{\gamma}}=\overset{3\times12}{\boldsymbol{B}}\left(\bar{\boldsymbol{X}}\right)\overset{12\times1}{\bar{\boldsymbol{X}}}-\overset{3\times1}{\boldsymbol{C}} \tag{4.4.44}$$

$$\delta\boldsymbol{\gamma}=\delta\boldsymbol{B}\left(\bar{\boldsymbol{X}}\right)\bar{\boldsymbol{X}}+\boldsymbol{B}\left(\bar{\boldsymbol{X}}\right)\delta\bar{\boldsymbol{X}}\equiv\boldsymbol{B}^*\left(\bar{\boldsymbol{X}}\right)\delta\bar{\boldsymbol{X}} \tag{4.4.45}$$

具体的なひずみ-座標関係行列 $\boldsymbol{B}\left(\bar{\boldsymbol{X}}\right)$ とひずみ増分-座標関係行列 $\boldsymbol{B}^*\left(\bar{\boldsymbol{X}}\right)$ を求める。つまり、ひずみ-座標とひずみ増分-座標増分関係の離散化式は次の通りである。

$$\begin{aligned}\boldsymbol{\gamma}=\begin{Bmatrix}\gamma_x\\\gamma_y\\\gamma_{xy}\end{Bmatrix}&=\bar{\boldsymbol{X}}^T\frac{1}{2}\begin{bmatrix}\boldsymbol{Q}_{11}^{11}+\boldsymbol{Q}_{11}^{22}+\boldsymbol{Q}_{11}^{33}\\\boldsymbol{Q}_{22}^{11}+\boldsymbol{Q}_{22}^{22}+\boldsymbol{Q}_{22}^{33}\\\boldsymbol{Q}_{12}^{11}+\boldsymbol{Q}_{21}^{11}+\boldsymbol{Q}_{12}^{22}+\boldsymbol{Q}_{21}^{22}+\boldsymbol{Q}_{12}^{33}+\boldsymbol{Q}_{21}^{33}\end{bmatrix}\bar{\boldsymbol{X}}-\frac{1}{2}\begin{Bmatrix}1\\1\\0\end{Bmatrix}\\&=\bar{\boldsymbol{X}}^T\begin{bmatrix}\frac{1}{2}\sum_{k=1}^{3}\boldsymbol{Q}_{11}^{kk}\\\frac{1}{2}\sum_{k=1}^{3}\boldsymbol{Q}_{22}^{kk}\\\frac{1}{2}\sum_{k}^{3}\left(\boldsymbol{Q}_{12}^{kk}+\boldsymbol{Q}_{21}^{kk}\right)\end{bmatrix}\bar{\boldsymbol{X}}-\frac{1}{2}\begin{Bmatrix}1\\1\\0\end{Bmatrix}=\bar{\boldsymbol{X}}^T\begin{bmatrix}\frac{1}{2}\boldsymbol{R}_{11}\\\frac{1}{2}\boldsymbol{R}_{22}\\\frac{1}{2}\boldsymbol{R}_{12}\end{bmatrix}\bar{\boldsymbol{X}}-\frac{1}{2}\begin{Bmatrix}1\\1\\0\end{Bmatrix}=\bar{\boldsymbol{X}}^T\boldsymbol{R}\bar{\boldsymbol{X}}-\boldsymbol{C}\end{aligned} \tag{4.4.46}$$

ここで、

$$\boldsymbol{Q}_{i\ j}^{\alpha\alpha}=\left(\boldsymbol{S}_1^{\alpha}J_{1i}{}^{*}+\boldsymbol{S}_2^{\alpha}J_{2i}{}^{*}\right)^T\left(\boldsymbol{S}_1^{\alpha}J_{1j}{}^{*}+\boldsymbol{S}_2^{\alpha}J_{2j}{}^{*}\right) \tag{4.4.47}$$

つまり、

$$\overset{3\times1}{\boldsymbol{\gamma}}=\left(\overset{1\times12}{\bar{\boldsymbol{X}}^T}\ \overset{3\times(12\times12)}{\boldsymbol{R}}\ \overset{12\times1}{\bar{\boldsymbol{X}}}\right)-\overset{3\times1}{\boldsymbol{C}} \tag{4.4.48}$$

$$\overset{3\times(12\times12)}{\boldsymbol{R}}=\begin{bmatrix}\frac{1}{2}\sum_{k=1}^{3}\boldsymbol{Q}_{1\,1}^{kk}\\ \frac{1}{2}\sum_{k=1}^{3}\boldsymbol{Q}_{2\,2}^{kk}\\ \frac{1}{2}\sum_{k}^{3}\left(\boldsymbol{Q}_{1\,2}^{kk}+\boldsymbol{Q}_{2\,1}^{kk}\right)\end{bmatrix},\qquad \overset{3\times12}{\boldsymbol{B}}\left(\boldsymbol{X}\right)=\overset{1\times12}{\bar{\boldsymbol{X}}^{T}}\ \overset{3\times(12\times12)}{\boldsymbol{R}},\qquad \overset{3\times1}{\boldsymbol{C}}=\frac{1}{2}\begin{Bmatrix}1\\1\\0\end{Bmatrix}\qquad(4.4.49\text{a-c})$$

ゆえに、

$$\delta\gamma=\boldsymbol{B}^{*}\left(\bar{\boldsymbol{X}}\right)\delta\bar{\boldsymbol{X}}\quad\rightarrow\quad\overset{3\times12}{\boldsymbol{B}^{*}}\left(\bar{\boldsymbol{X}}\right)=2\,\overset{1\times12}{\bar{\boldsymbol{X}}^{T}}\ \overset{3\times(12\times12)}{\boldsymbol{R}}\qquad(4.4.50)$$

ここで注意することは、

$$\boldsymbol{B}\left(\bar{\boldsymbol{X}}\right)=\boldsymbol{B}\left(\bar{\boldsymbol{x}}_{0},\bar{\boldsymbol{X}}\right)=\bar{\boldsymbol{X}}^{T}\boldsymbol{R}\left(\bar{\boldsymbol{x}}_{0}\right)\ ,\qquad\boldsymbol{B}^{*}\left(\bar{\boldsymbol{X}}\right)=\boldsymbol{B}^{*}\left(\bar{\boldsymbol{x}}_{0},\bar{\boldsymbol{X}}\right)=\bar{\boldsymbol{X}}^{T}\boldsymbol{R}\left(\bar{\boldsymbol{x}}_{0}\right)\qquad(4.4.51)$$

であり、平面上にある無応力の膜要素情報（要素節点位置ベクトル）と安定形態の要素位置ベクトルとの関係が与えられる。したがって、離散化釣合い式は次のように導くことができる。

$$\boldsymbol{F}\left(\bar{\boldsymbol{X}},\bar{\boldsymbol{x}},\bar{\boldsymbol{f}}\right)=\int_{V}2\left(\overset{(12\times12)\times3}{\boldsymbol{R}^{T}}\ \overset{12\times1}{\bar{\boldsymbol{X}}}\right)\overset{3\times3}{\boldsymbol{D}}\left[\left(\overset{1\times12}{\bar{\boldsymbol{X}}^{T}}\ \overset{3\times(12\times12)}{\boldsymbol{R}}\ \overset{12\times1}{\bar{\boldsymbol{X}}}\right)-\overset{3\times1}{\boldsymbol{C}}\right]dV-\overset{12\times1}{\bar{\boldsymbol{f}}}=\overset{12\times1}{\boldsymbol{0}}\qquad(4.4.52)$$

$\boldsymbol{K}_{\mathrm{G}}$ を幾何剛性行列、 $\boldsymbol{K}_{\mathrm{S}}$ を線形+大変形剛性行列とすると式(4.4.4)より次のように与えられる。

$$\overset{12\times12}{\boldsymbol{K}_{\mathrm{G}}}\left(\bar{\boldsymbol{X}}\right)=\int_{V}2\ \overset{(12\times12)\times3}{\boldsymbol{R}^{T}}\ \overset{3\times1}{\boldsymbol{\tau}}\,dV\ ,\qquad\overset{12\times12}{\boldsymbol{K}_{\mathrm{S}}}(\bar{\boldsymbol{X}})=\int_{V}4\left(\overset{(12\times12)\times3}{\boldsymbol{R}^{T}}\ \overset{12\times1}{\bar{\boldsymbol{X}}}\right)\overset{3\times3}{\boldsymbol{D}}\left(\overset{1\times12}{\bar{\boldsymbol{X}}^{T}}\ \overset{3\times(12\times12)}{\boldsymbol{R}}\right)dV\qquad(4.4.53)$$

なお、積分は数値積分を行う必要がある。数値積分には Gauss の 2 点積分で十分であり、 $dV=\left\|\boldsymbol{J}\right\|dr$ の処理をする。

ケーブル要素の場合　一次要素（トラス要素）の離散化式

図 4.4.3 に示すようにケーブル要素を想定する。膜要素と同様に大文字と小文字は安定形態の直交直線座標と無応力状態の平面直交直線座標である。軸 $x\,(=s)$ はケーブル要素上に一致させ、要素の端点を 1 と 2 とする。通常の有限要素技術における定式化の通りに以下の仮定を与える。

$$X=\alpha_{1}+\alpha_{2}s,\quad Y=\alpha_{3}+\alpha_{4}s,\quad Z=\alpha_{5}+\alpha_{6}s\qquad(4.4.54\text{a-c})$$

α_{i} $(i\!=\!1,2,\ldots,6)$ は一般化座標（未定定数）である。各節点の座標値を代入すると

$$\begin{aligned}&X^{1}=\alpha_{1}+\alpha_{2}s^{1}\ ,\quad Y^{1}=\alpha_{3}+\alpha_{4}s^{1}\ ,\quad Z^{1}=\alpha_{5}+\alpha_{6}s^{1}\\&X^{2}=\alpha_{1}+\alpha_{2}s^{2}\ ,\quad Y^{2}=\alpha_{3}+\alpha_{4}s^{2}\ ,\quad Z^{2}=\alpha_{5}+\alpha_{6}s^{2}\end{aligned}\qquad(4.4.55\text{a-f})$$

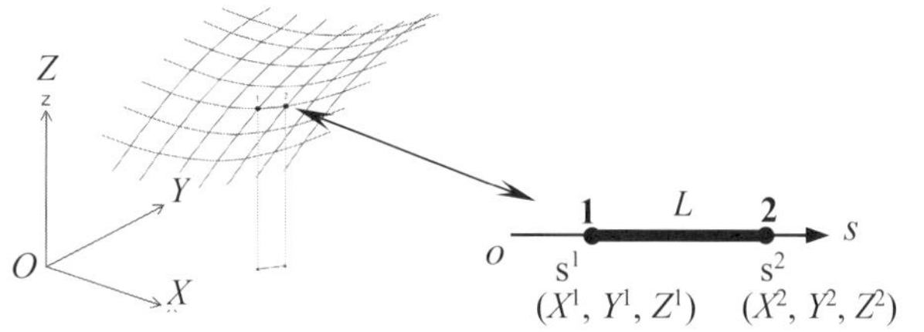

a. 構造条件導入後の構造形態　　b. 平面上の自然(無応力)状態

図 4.4.3　ケーブル要素の全体座標系と局所座標系の関係

ケーブル要素 1-2 の部材長さ L は次式で与えられる。

$$L = s^2 - s^1 \tag{4.4.56}$$

したがって、

$$\begin{bmatrix}\alpha_1\\ \alpha_2\end{bmatrix} = \frac{1}{L}\begin{bmatrix}s^2 & -s^1\\ -1 & 1\end{bmatrix}\begin{bmatrix}X^1\\ X^2\end{bmatrix},\quad \begin{bmatrix}\alpha_3\\ \alpha_4\end{bmatrix} = \frac{1}{L}\begin{bmatrix}s^2 & -s^1\\ -1 & 1\end{bmatrix}\begin{bmatrix}Y^1\\ Y^2\end{bmatrix},\quad \begin{bmatrix}\alpha_5\\ \alpha_6\end{bmatrix} = \frac{1}{L}\begin{bmatrix}s^2 & -s^1\\ -1 & 1\end{bmatrix}\begin{bmatrix}Z^1\\ Z^2\end{bmatrix} \tag{4.4.57}$$

ひずみ $\boldsymbol{\gamma}$ は次式で与えられる。

$$\boldsymbol{\gamma} = \gamma = \frac{1}{2}\left\{\left(\frac{\partial X}{\partial s}\right)^2 + \left(\frac{\partial Y}{\partial s}\right)^2 + \left(\frac{\partial Z}{\partial s}\right)^2 - 1\right\} = \frac{1}{2}\left(\alpha_2{}^2 + \alpha_4{}^2 + \alpha_6{}^2 - 1\right) = \frac{1}{2}\left(\alpha_2{}^T\alpha_2 + \alpha_4{}^T\alpha_4 + \alpha_6{}^T\alpha_6 - 1\right) \tag{4.4.58}$$

ひずみ増分 $\delta\boldsymbol{\gamma}$ は次式のようになる。

$$\delta\boldsymbol{\gamma} = \delta\gamma = \delta\alpha_2{}^T\alpha_2 + \delta\alpha_4{}^T\alpha_4 + \delta\alpha_6{}^T\alpha_6 \tag{4.4.59}$$

構成関係式は次式の通りである。

$$\tau = E\gamma \tag{4.4.60}$$

ただし、τ と E はそれぞれ軸応力とヤング係数である。

これらの準備の下にひずみ−座標関係行列 $\boldsymbol{B}$ は要素節点座標 $\bar{\boldsymbol{X}}$ の関数となり、ひずみと座標の関係は式(4.4.57)と(4.4.58)より、次式のように与えられる。

$$\overset{1\times1}{\boldsymbol{\gamma}} = \overset{1\times6}{\boldsymbol{B}}\left(\bar{\boldsymbol{X}}\right)\overset{6\times1}{\bar{\boldsymbol{X}}} - \overset{1\times1}{\boldsymbol{C}} \tag{4.4.61}$$

したがって、次式のように定義されるひずみ増分−座標増分関係行列 $\boldsymbol{B}^*(\boldsymbol{X})$ が導かれる。

$$\delta\boldsymbol{\gamma} = \delta\boldsymbol{B}\left(\bar{\boldsymbol{X}}\right)\bar{\boldsymbol{X}} + \boldsymbol{B}\left(\bar{\boldsymbol{X}}\right)\delta\bar{\boldsymbol{X}} \equiv \boldsymbol{B}^*\left(\bar{\boldsymbol{X}}\right)\delta\bar{\boldsymbol{X}} \tag{4.4.62}$$

具体的なひずみ−座標関係行列 $\boldsymbol{B}\left(\bar{\boldsymbol{X}}\right)$ とひずみ増分−座標関係行列 $\boldsymbol{B}^*\left(\bar{\boldsymbol{X}}\right)$ を求める。つまり、ひずみ−座標とひずみ増分−座標増分関係の離散化式は次式の通りである。

$$\boldsymbol{\gamma} = \frac{1}{2L^2}\left[\tilde{\boldsymbol{X}}^T\boldsymbol{H}\tilde{\boldsymbol{X}} \quad \tilde{\boldsymbol{Y}}^T\boldsymbol{H}\tilde{\boldsymbol{Y}} \quad \tilde{\boldsymbol{Z}}^T\boldsymbol{H}\tilde{\boldsymbol{Z}}\right] - \frac{1}{2} = \frac{1}{2L^2}\bar{\boldsymbol{X}}^T\boldsymbol{G}\bar{\boldsymbol{X}} - \frac{1}{2} \tag{4.4.63}$$

ここで、$\tilde{\boldsymbol{X}}=(X^1,\ X^2)^T$，$\tilde{\boldsymbol{Y}}=(Y^1,\ Y^2)^T$，$\tilde{\boldsymbol{Z}}=(Z^1,\ Z^2)^T$，$\bar{\boldsymbol{X}}=(X^1,\ X^2\ Y^1,\ Y^2,\ Z^1,\ Z^2)^T$，

$$\boldsymbol{H}=\begin{bmatrix}1 & -1\\ -1 & 1\end{bmatrix},\quad \boldsymbol{G}=\begin{bmatrix}\boldsymbol{H} & \boldsymbol{0} & \boldsymbol{0}\\ \boldsymbol{0} & \boldsymbol{H} & \boldsymbol{0}\\ \boldsymbol{0} & \boldsymbol{0} & \boldsymbol{H}\end{bmatrix},\quad \boldsymbol{C}=\frac{1}{2} \tag{4.4.64}$$

ゆえに、

$$\overset{1\times1}{\gamma}=\frac{1}{2L^2}\left(\overset{1\times6}{\bar{\boldsymbol{X}}}{}^T\overset{6\times6}{\boldsymbol{G}}\overset{6\times1}{\bar{\boldsymbol{X}}}\right)-\overset{1\times1}{\boldsymbol{C}}\quad\rightarrow\quad \overset{1\times6}{\boldsymbol{B}}\left(\bar{\boldsymbol{X}}\right)=\frac{1}{2L^2}\overset{1\times6}{\bar{\boldsymbol{X}}}{}^T\overset{6\times6}{\boldsymbol{G}} \tag{4.4.65}$$

$$\delta\gamma=\boldsymbol{B}^*\left(\bar{\boldsymbol{X}}\right)\delta\bar{\boldsymbol{X}}\quad\rightarrow\quad \overset{1\times6}{\boldsymbol{B}^*}\left(\bar{\boldsymbol{X}}\right)=\frac{1}{L^2}\overset{1\times6}{\bar{\boldsymbol{X}}}{}^T\overset{6\times6}{\boldsymbol{G}} \tag{4.4.66}$$

したがって、ケーブル代表要素の離散化釣合い式は次式のように得られる。

$$\boldsymbol{F}\left(\bar{\boldsymbol{X}},\bar{\boldsymbol{x}},\bar{\boldsymbol{f}}\right)=\frac{EA}{L}\left(\overset{6\times1}{\boldsymbol{G}}{}^T\overset{6\times1}{\bar{\boldsymbol{X}}}\right)\left[\frac{1}{2L^2}\left(\overset{1\times6}{\bar{\boldsymbol{X}}}{}^T\overset{1\times6}{\boldsymbol{G}}\overset{6\times1}{\bar{\boldsymbol{X}}}\right)-\overset{1\times1}{\boldsymbol{C}}\right]-\overset{6\times1}{\bar{\boldsymbol{f}}}=\overset{6\times1}{\boldsymbol{0}} \tag{4.4.67}$$

$\boldsymbol{K}_{\mathrm{G}}$ を幾何剛性行列、 $\boldsymbol{K}_{\mathrm{S}}$ を線形+大変形剛性行列とすると式(4.4.4)より、次のように与えられる。

$$\overset{6\times6}{\boldsymbol{K}_{\mathrm{G}}}\left(\bar{\boldsymbol{X}}\right)=\frac{A}{L}\overset{6\times6}{\boldsymbol{G}}{}^T\overset{1\times1}{\boldsymbol{\tau}},\qquad \boldsymbol{K}_{\mathrm{S}}(\bar{\boldsymbol{X}})=\frac{AE}{L^3}\overset{6\times6}{\boldsymbol{G}}{}^T\overset{6\times1}{\bar{\boldsymbol{X}}}\overset{1\times6}{\bar{\boldsymbol{X}}}{}^T\overset{6\times6}{\boldsymbol{G}} \tag{4.4.68}$$

4.4.1.3　座標仮定有限要素法による応力･変形解析

上述で求めた代表要素の離散化釣合い式と接線剛性方程式($\boldsymbol{K}=\boldsymbol{K}_{\mathrm{G}}+\boldsymbol{K}_{\mathrm{S}}$)を用いて、張力構造全体の離散化された釣合い式と接線剛性方程式を構成し、境界条件導入後、$\left\|\Delta\hat{\boldsymbol{X}}_{t+1}\right\|<<1$ となるまで次の通常の収束計算が実施される。

$$\overset{n\times n}{\hat{\boldsymbol{K}}}\left(\hat{\boldsymbol{X}}_k\right)\overset{n\times1}{\Delta\hat{\boldsymbol{X}}_{k+1}}=\overset{n\times1}{\hat{\boldsymbol{f}}}-\overset{n\times m}{\hat{\boldsymbol{B}}^*}\left(\hat{\boldsymbol{X}}_k\right)^T\overset{m\times1}{\hat{\boldsymbol{\tau}}}\left(\hat{\boldsymbol{X}}_k\right) \tag{4.4.69}$$

$$\hat{\boldsymbol{X}}_{t+1}\leftarrow\hat{\boldsymbol{X}}_t+\Delta\hat{\boldsymbol{X}}_{t+1} \tag{4.4.70}$$

ここで、n : 未知変数の数，$\hat{\boldsymbol{K}}$: 正則な全体接線剛性，$\hat{\boldsymbol{B}}^*$: ひずみ増分－座標増分関係行列，$\hat{\boldsymbol{f}}$: 全体荷重ベクトル　であり、得られた釣合い状態の形態座標 $\hat{\boldsymbol{X}}$ (未知量ベクトル) より式(4.4.3a)と構成式を用いることで応力状態 $\hat{\boldsymbol{\tau}}$ を把握する。

簡単な膜構造とケーブル構造モデルを用い、上述の離散化による静的な順解析を示す。解析モデルは図 4.4.4 (Model-A) と 図 4.4.5 (Model-B) に示す HP (Hyperbolic Paraboloid) 型の形態を構成する張力構造を想定する。膜とケーブル共に境界部を固定として与えた。Model-A は膜構造モデル

である。Model−B はケーブル構造モデルである。膜構造 Model−A の膜帯と接続情報と要素分割図を図 4.4.4b, c に示す。膜帯は 6 つのピースに分ける。ここでは三角形要素を採用し、材料定数等を表 4.4.1 に示す。図 4.4.4c に示す平面上にある膜帯は対称条件を導入するので全体の 1/4 領域を解析対象とし、膜帯ごとに原点を設定して直交異方性方向を軸 x と軸 y に一致させる。ケーブル構造 Model−B のケーブル接続情報は図 4.4.4b に示す通りである。境界部を固定して境界間に配置する 10 本のケーブル上に節点を設ける。使用した材料定数等は表 4.4.2 にまとめる。Model−B は全体領域で計算する。

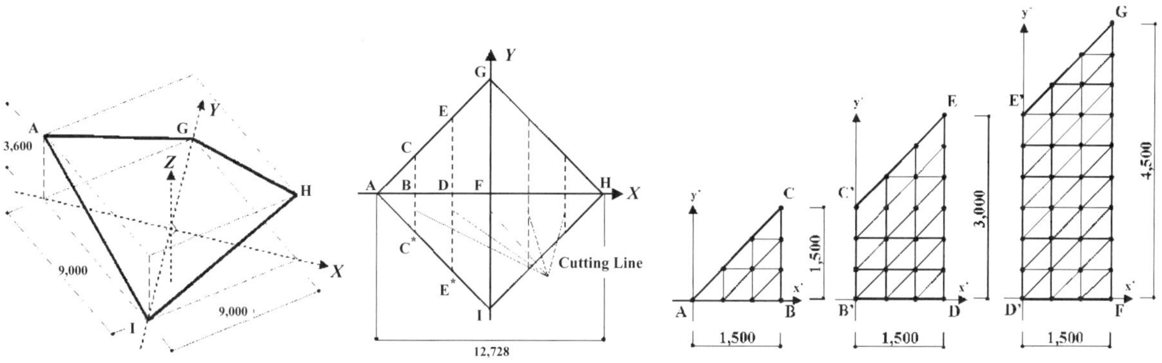

a．HP構造境界形状　　b．膜帯と接続情報　　c．自然状態における分割された膜帯の要素分割図

図4.4.4　Model−A（膜構造解析モデル）　unit: cm

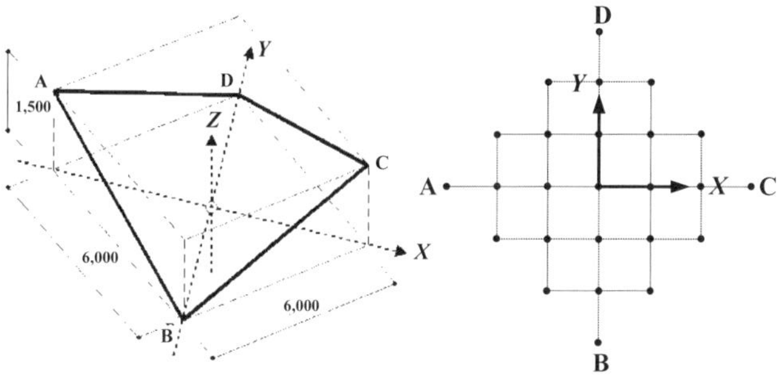

a．HP構造境界形状　　b．ケーブルと接続情報

図4.4.5　Model−B（ケーブル構造解析モデル）
unit: cm

表4.4.1　膜材料定数（Model−A）

膜厚	$t = 0.08$ cm
縦弾性係数 (x-方向 E_x, y 方向 E_y)	$E_x \cdot t = 2\,138.0$ N/cm $E_y \cdot t = 6\,453.0$ N/cm
ポアソン比	$\nu_{xy} = 0.29$ $\nu_{yx} = 0.87$
横断性係数	$G_{xy} \cdot t = 559.0$ N/cm
自重	12.75×10^{-4} N/cm^2

表 4.4.2　ケーブル材料定数（Model−B）

一要素長さ	1 000 cm
弾性係数	$E=1.373 \times 10^{-7}$ N/cm^2
ケーブル断面積	$A=0.7$ cm^2
自重	5.688×10^{-2} N/cm

膜構造の解析（Model−A）　図 4.4.4 で設定する境界条件の下、表 4.4.1 の膜材料に膜帯の接合情報を与えた数値結果 Case−1 は、図 4.4.6 のように対称性を考慮した全体の 1/4 領域で示す。結果図の要素重心に表示した線とその長さは要素面内の主応力方向と大きさを意味する。次に数値結果 Case−2 として図 4.4.4b の左から 2 枚目と 5 枚目の無応力状態の膜帯に対し、軸 x 方向の縮小率を

80%で設定して計算した。主応力分布と形態形状の結果はCase−1と同様に対称性が得られるので全体の1/4曲面部上の図4.4.7に示す。

ケーブル構造の解析(Model-B)　図4.4.5で設定する境界条件の下、表4.4.2のケーブル材料に接続情報を与えた数値結果Case−1を図4.4.8に示す。結果図の部材太さは軸力値に対応させている。図4.4.9に示す数値結果Case−2は、図中○印の部材長さをCase−1の計算より80%短く設定した場合である。

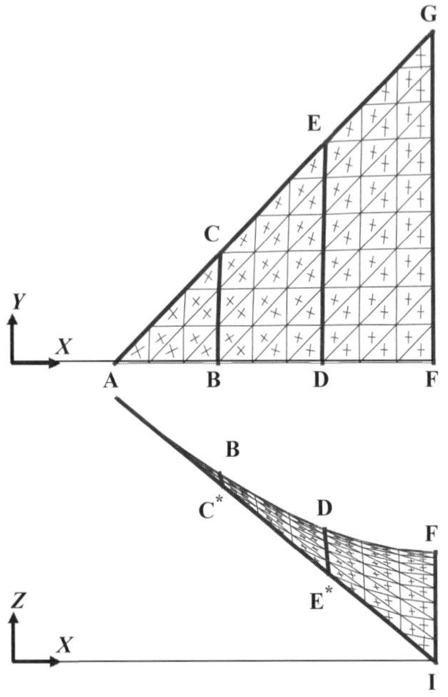

図4.4.6　計算結果Model−A(Case−1)

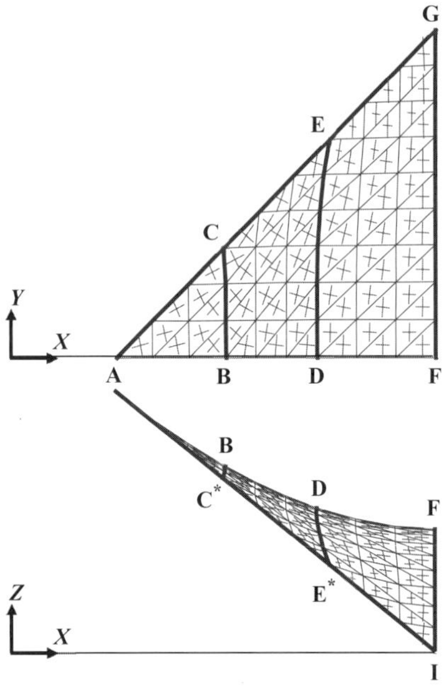

図4.4.7　計算結果Model−A(Case−2)

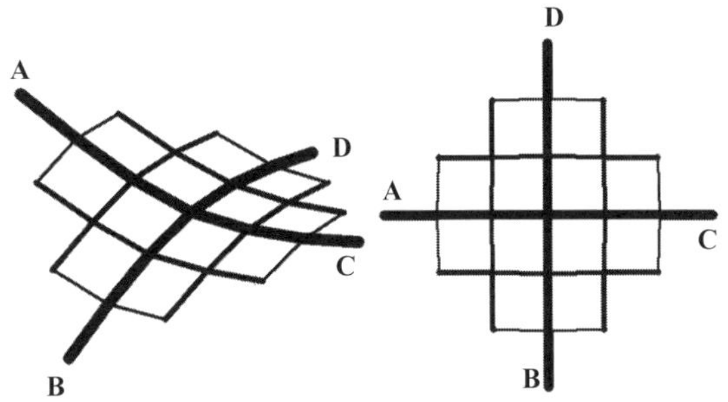

図4.4.8　計算結果Model−B(Case−1)

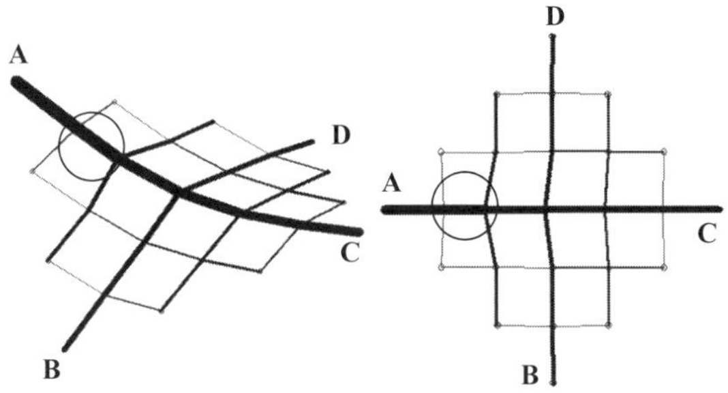

図4.4.9　計算結果Model−B(Case−2)

近似解の評価と考察　本定式化による形状解析は文献44の解と比較し、一致した近似解が得られることを確認している。ケーブル構造や膜構造の解析も文献62の簡単なモデルの解と比較して同一解を得ている。また、ケーブル要素は圧縮力に抵抗すると仮定すればトラス要素である。このトラス要素に対し、一要素で構成された構造モデルが従来の変位仮定と同じ離散化式になることを示している。さらには非線形性が強く表れる正六角形立体トラス構造モデル(半谷トラス)の解析を行い、基本パスと分岐パス両方において従来の変位仮定とまったく同じ数値解が得られたことも確認した[59]。つまり座標仮定による解と従来の変位仮定による解は完全に一致する。

ここで示した解析例では、膜構造とケーブル構造を分けて示した。HP 曲面形態の膜構造では立体裁断した 6 つの膜ピースに分けた平面状の膜帯に接合(縫合)情報を設定して解析した。HP 型形態のケーブル構造では 10 本のケーブルピースに分け、接合情報を設定して計算した。非線形方程式の解法は接線剛性行列利用によるニュートン・ラフソン法を採用する。両モデル共に境界座標以外の初期値を全て零としても安定的に収束解が得られる。もちろん形状解析で得られた座標値を初期値に採ればより速く収束する。しかし、初期値による収束回数の差に大きな違いはない。また、要素数が多くなったとしても解析上安定的に収束解が得られる。膜材やケーブル材に縮小率を与えた解析では各部材の寸法不整の影響により形状と軸力や応力に乱れが確認できた。なお、これらの解析モデルでは初期張力の設定をしていない。初期張力を設定する場合、応力値を与えるのではなく、初期ひずみを設定する方法をとる。

以上の結果から以下のことがまとめられる。

1. 膜要素とケーブル要素に対して座標仮定有限要素技術による離散化定式化を示した。幾何学的非線形性を考慮した離散化式はシンプルな形式で与えられる。
2. 定式化と解析結果から、局所部材情報と想定構造の境界座標により一般形状解析ができる。
3. 膜構造において、安定形態の座標値を直接未知量としているので、無応力状態の境界部の平面座標をパラメータに裁断線決定の最適化解析にも応用できる可能性が示せた。
4. ケーブルの設置や膜の縫合による初期不整による評価が可能である。
5. 得られた張力構造形態から連続して応力・変形解析へと進められるので、設定された裁断図の状態で応力・変形解析が可能である。

なお、離散化式の幾何剛性項を利用して等張力や異方張力による線形範囲の形状解析も可能である。また、膜とケーブルを併用した構造あるいは張力材と一般構造材を併用した構造の解析に対しても適用可能である[60]。

これらの幾何学的非線形解析において重要なことは平面上に存在する無応力状態の張力材の座標に対し、要素関係式から系全体の関係式に組み込む際、座標変換が一切必要ない設定が可能なことである。これらの内容は解析イメージがシンプルに実現象(施工)と対応し、張力構造すべての構造評価を統一的に行うことが可能であり、複合ケーブル構造や複合張力構造にも展開ができることが判る。

4.4.1.4　形状・裁断図同時解析の定式化

座標仮定有限要素法を利用した形状・裁断図同時解析(最適化)の定式化を以下に示す。定式化された最適化では大域的最適解を得る必要があるので、数理計画法の一つである準ニュートン(QN：Quasi-Newton)法や逐次二次計画(SQP: Sequential Quadratic Programming)法を採用する。

最適化問題①(応力指定)　境界条件と膜応力状態を設定した設計曲面の最適化を示す。設計曲面の最適化対象要素における膜応力 $\boldsymbol{\sigma}$ と想定膜応力 $\boldsymbol{\sigma}_0$ との差の平方和を目的関数とする次の問題を設定する [56, 57]。

$$\begin{aligned} &\text{Minimize} \quad f\left(\boldsymbol{x}^*\right)=\sum_{e=1}^{m}\frac{1}{2}\left(t\boldsymbol{\sigma}_e-t\boldsymbol{\sigma}_{e0}\right)^T\left(t\boldsymbol{\sigma}_e-t\boldsymbol{\sigma}_{e0}\right) \\ &\text{subject to} \quad t\boldsymbol{\sigma}^L \le t\boldsymbol{\sigma}_e \le t\boldsymbol{\sigma}^U \quad \left(e=1,2,\cdots,m\right) \end{aligned} \tag{4.4.71a,b}$$

ここで，m：対象となる膜材の総膜要素数，$\boldsymbol{x}^*$：対象となる膜材の自然状態における裁断線を決定する節点座標値ベクトル(設計変数)，t:膜厚　である。式(4.4.71b)は要素毎の膜応力の上下限値を既定する。本来、式(4.4.71a)の無制約条件により計算することができるが、この制約条件式を導入することで安定的に収束解が得られる。

最適化問題②(形状指定)　設計者がイメージする設計原型曲面と実際に得られる釣合い曲面との偏差量を最小化する次の問題を考える。目的関数は最適化対象とする釣合い曲面の全体系での座標値ベクトル $\boldsymbol{X}$ と決定した設計原型曲面座標値 $\boldsymbol{X}_0$ との差の平方和とする [57]。

$$\begin{aligned} &\text{Minimize} \quad f\left(\boldsymbol{x}^*\right)=\sum_{e=1}^{k}\frac{1}{2}\left(\boldsymbol{X}_e-\boldsymbol{X}_{e0}\right)^T\left(\boldsymbol{X}_e-\boldsymbol{X}_{e0}\right) \\ &\text{subject to} \quad t\boldsymbol{\sigma}^L \le t\boldsymbol{\sigma}_e \le t\boldsymbol{\sigma}^U \quad \left(e=1,2,\cdots,m\right) \end{aligned} \tag{4.4.72a,b}$$

ここで、k：対象となる指定形状を与える節点の総数である。式(4.4.72a)は形状指標の目的関数である。つまり得られる釣合い曲面は目標形状を満足しても、曲率変化があるので一般的に全曲面領域の応力が一定値になるとは限らない。ここに制約条件式(4.4.72b)を与える。

裁断線の設定法　初期の裁断図形状より、上述で示した形状･裁断図同時解析①、②を行う際、裁断線の決め方、つまり設計変数の採り方が重要になる。有限要素法の考え方より要素分割数を細かくすれば正確な応力状態が得られる。しかし、要素分割を細かくすると裁断線上の節点も増え、それらを設計変数とすると $\boldsymbol{x}^*$の成分数が増えることになり計算時間も増大する。設計変数の数を抑えて裁断線を決定するために裁断線上の節点以外の節点を固定すると、裁断線に沿った要素が潰れることが起こる。潰れることを避けるため、膜帯内の要素再配置を行う手順もある。ここでは要素再配置処理を行わない一番単純な裁断線決定の計算手順の例を示す。具体的には裁断線上の節点の移動のみで処理をする。ただし、裁断線上の節点移動で解を得るためには要素潰れを回避するため、要素の大きさをある程度大きく設定しなければならない。また、裁断線上の節点の座標値をすべて設計変数にすると、計算時間の問題と解析モデルにより滑らかな裁断線が得られないこともある。そこで、裁断線としてスプライン曲線を利用し、その制御点の座標を設計変数とする。つまり、スプライン曲線の利用は膜帯の裁断線以外の節点を固定して設計変数の数を抑えることと滑らかな裁断線が確実に得られることへと繋がる。数値計算例では制御点 4 の 3 次スプライン関数を採用する [63]。

4.4.1.5　形状･裁断図同時解析の数値例

上述の最適化問題①(応力指定)と②(形状指定)の数値例を示す。解析モデルは、図 4.4.10a 鳥瞰図に示す直線と円弧境界を有する HP(Hyperbolic Paraboloid)曲面の鞍型構造モデルである。周囲境界は固定とする。ライズ H=1 500 ～ 6 000 mm まで 500 mm 間隔で 10 ケースの計算例を示す。膜帯の接続情報は初期裁断図形状を用いた図 b に示す通りである。解析では構造モデルの対称性により A-B-H-G に囲まれた領域(ハッチング部)を対象とする。図 c は三角形要素と矩形要素の分割疎密比較に用いる初期裁断形状の平面膜帯分割モデル図である。三角形要素の分割モデルは T1(18 要素,16 節点), T2(72 要素,49 節点), T3(288 要素,169 節点)を準備する。矩形要素についても三角形要素に対応させ、R1(9 要素,16 節点), R2(36 要素,49 節点), R3(144 要素,169 節点)を準備する。数値計算では平面膜帯の 4 つの裁断線(A-B, C-D, E-F, G-H)を各々上述した 3 次スプライン曲線と仮定してその制御点を設計変数とする。なお、平面上の要素分割モデルの内部節点は固定とする。ただし、境界部と形状指定の節点座標位置を除き、構造モデルの曲面における各節点には拘束条件を与えない。採用した材料定数は表 4.4.3 に示す。形状指定の目標形状は幾何剛性項のみを用いた線形形状解析により得られる A-G-L ライン上の節点位置とする。応力制約条件式(4.4.71b)と(4.4.72b)に対して $2 \leq t\sigma_e \leq 4$(N/mm) と上下限値を与える。応力制約の評価点は要素重心位置とした。

<u>**固有値解析と解の収束状況**</u>　最適化問題②(形状指定)において、ライズ H = 2 000, 3 000, 4 000 mm の 3 タイプの計算を行った。図 4.4.11 は要素の疎密(T1, T2, T3, R1, R2, R3 : 図 4.4.10c)のモデルにより得られた解形態に対して固有値解析を行い、要素分割レベルと固有周期の関係を調べたものである。節点数 49 の要素分割モデル T2, R2 と節点数 169 の T3, R3 に対する解形態の固有周期に大きな差が認められない。応力指定についても同傾向を示した。したがって、以後、節点数をできるだけ抑えることを考え、T2 と R2 を採用する。

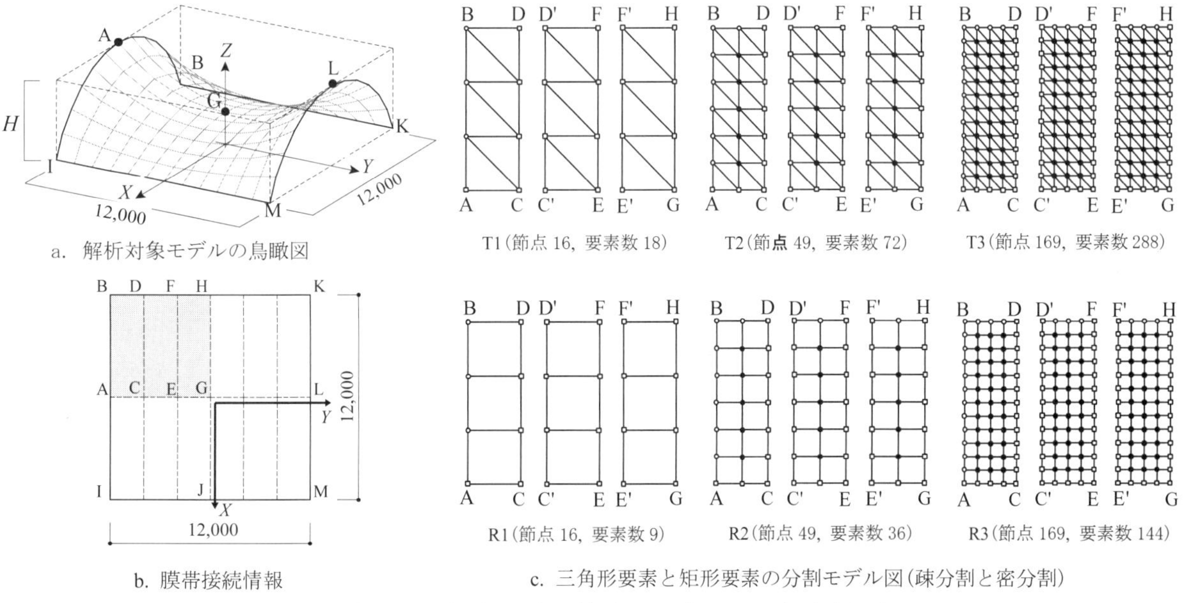

図 4.4.10　鞍型構造膜モデル(解析モデルと要素分割図)

表 4.4.3　膜材料定数

膜厚	$t = 0.8$ mm
縦弾性係数	$E_x t = 645.3$ N/mm $E_y t = 213.8$ N/mm
ポアソン比	$\nu_{xy} = 0.9055$ $\nu_{yx} = 0.3000$
せん断剛性	$G_{xy} t = 55.9$ N/mm
単位質量	$\rho = 1.215 \times 10^{-6}$ kg/mm^2

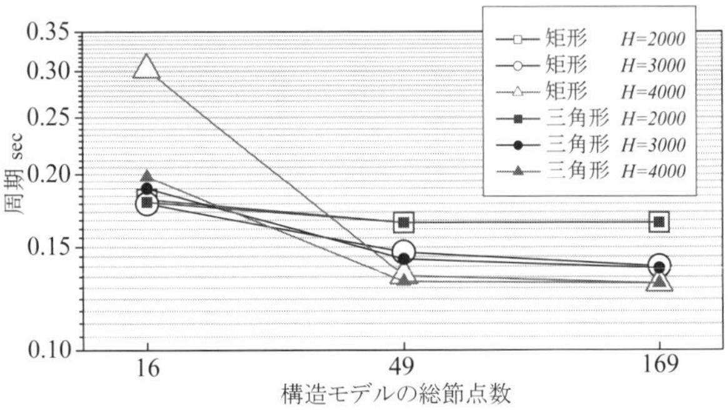

図 4.4.11　要素分割レベルと固有周期の関係（形状指定）

まず、要素分割モデル T2 と R2 による裁断線の評価と解形態の比較の前に、応力指定と形状指定に対する解の収束状況を表 4.4.4 に示す。矩形要素ではライズ H が高くなるに従い、収束回数の増加が比較的緩やかであり、$H = 6\,000$ mm まで安定した解析が可能である。一方、平面上の内部節点を固定する要素分割モデル T2 と R2 を使用する解形態の比較を示す。応力指定と形状指定の同時最適化において、ライズ H が低い計算では収束状況がよく、ライズ H を上げると収束回数が極端に増加する。応力指定はライズが $H = 4\,000$ mm 以降、形状指定はライズ $H = 4\,500$ mm 以降解析不可になった。ただし、材料定数の違いによっても変動が認められる。

表 4.4.4　各解法による解の収束結果（○：解析可能，×：解析不可）

ライズ　H　mm		1 500	2 000	2 500	3 000	3 500	4 000	4 500	5 000	5 500	6 000
応力指定	三角形要素 T2	○	○	○	○	○	×	×	×	×	×
	矩形要素　R2	○	○	○	○	○	○	×	×	×	×
形状指定	三角形要素 T2	○	○	○	○	○	○	×	×	×	×
	矩形要素　R2	○	○	○	○	○	○	○	○	○	○

最適化問題①（応力指定 $t\sigma_{e0} = 3$　(N/mm)）の無制約条件の計算において要素分割モデル T2 と R2 では、各々$H = 2\,500$ mm と 3 000 mm まで収束解が得られた。解法は QN 法を用いている。また、R3 モデルを用いたスプライン曲線の制御点を設計変数とする場合（Control Point：CP）と裁断線上の各節点を設計変数とする場合（Nodal Point：NP）の最適化問題①の計算も行っている。CP では $H = 3\,000$ mm まで解が得られる。NP では $H = 4\,000$ mm まで解が得られる。NP による裁断線はこの解析モデルの場合、ライズを上げても滑らかな曲線であった。ただし、NP は CP より設計変数の数に対応して 3 倍以上の収束時間を要する。つまりライズが高くなるに従い、計算時間が増大する。これらの解の比較図を示す。図 4. 4. 12、4. 4. 13 は応力指定の $H = 2\,500$ mm と 3 500 mm に対する解析結果の膜面 A–G ラインと G–H ラインの比較である。$H = 2\,500$ mm（図 4. 4. 12）は全てのケースで解が得られた。$H = 3\,500$ mm（図 4. 4. 13）は T2 と R2 モデルによる比較である。凡例記号は、応力：応力指定、T2, R2, R3：分割モデル名（図 4. 4. 10c 参照）、CP, NP：設計変数の種別（各々スプライン関数の制御点と裁断線上のすべての節点の意味）、$t\sigma_{e0} = 3$　(N/mm)：目標応力値、(2 – 4) N/mm：制約条件式(4.4.71b)と(4.4.72b)の上下限値、QN：QN 法使用（他 SQP 法使用）である。

裁断図および釣合い形状を図 4.4.14 と 4.4.15 に示す。図 4.4.14 は応力指定の解析結果（H =3 500 mm）である。図 4.4.15 は形状指定の解析結果（H =4 000 mm）である。各図を説明すると、a 矩形要素による裁断図、b 三角形要素による裁断図および c 矩形要素と三角形要素による裁断図の比較、d 各裁断図より構成された構造モデルの鳥瞰図、e 膜面の応力情報の表 である。各問題共に主応力の分布状況を調べると応力集中を示す部位はない。図 4.4.16 に形状指定の解析結果（H = 2 500, 4 000 mm）に対する構造モデルの膜面 A-G ラインと G-H ラインの解の比較を示す。また、参考に H = 6 000 mm の裁断図と鳥瞰図を図 4.4.17 に示す。

数値結果の分析と考察　本構造モデルに対する形状･裁断図同時解析は、境界付近に曲率が大きく変化するポイントがあり、ライズの与え方により単純な HP 曲面を構成しているにも関わらず、要素の大きさに関係して数値計算上、比較的困難な問題となっている。ここでは座標仮定有限要素法を用い、簡易な手順により構造形態と裁断線を同時に決定することを第一に考えている。

まず、制約条件の評価点を要素重心位置に設定したことを説明する。三角形要素と矩形要素を比較した場合、図 4.4.10 で示した要素分割モデルでは、評価点が三角形要素の方が倍の数になり不利に働く。しかし、要素の性質上、三角形要素が一定ひずみであり要素間に応力の大きなギャップが生じる。特に曲率変化が大きいポイント付近では著しく、要素重心で評価するより収束値が得られにくい。この結果を受け、両要素の要素重心を制約条件の評価点とした。

要素分割 T2 と R2 を標準解析用のモデルに採用した理由は固有値解析の結果だけではなく、表 4.4.4、図 4.4.14 と 4.4.15 からも判るように、三角形要素の解析結果が平面上の膜帯内部点を固定しているため、ライズを高くすると要素潰れが生じて解析不可能に陥ることになる。つまり要素数を増やした場合、疎な要素分割よりも解が得られない。

要素分割数の疎密による解への影響は応力指定裁断図決定問題の結果、図 4.4.12 と 4.4.13 に示す通りである。ここでは構造モデルの A-G, G-H ラインの比較を示している。ライズが低い場合

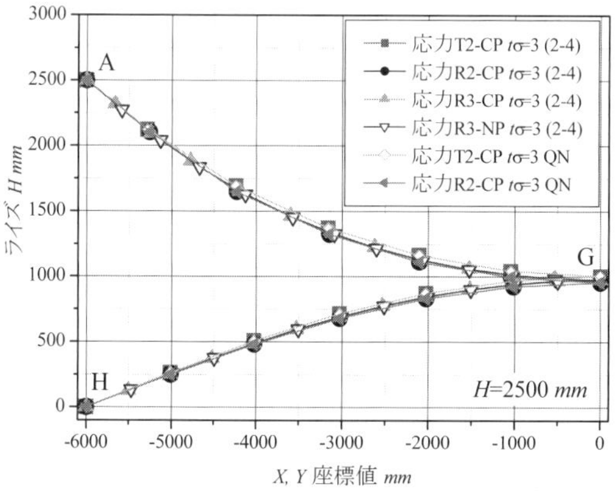

図 4.4.12　応力指定で得られた構造モデルにおける A-G, H-G ラインの形状比較 H= 2 500 mm

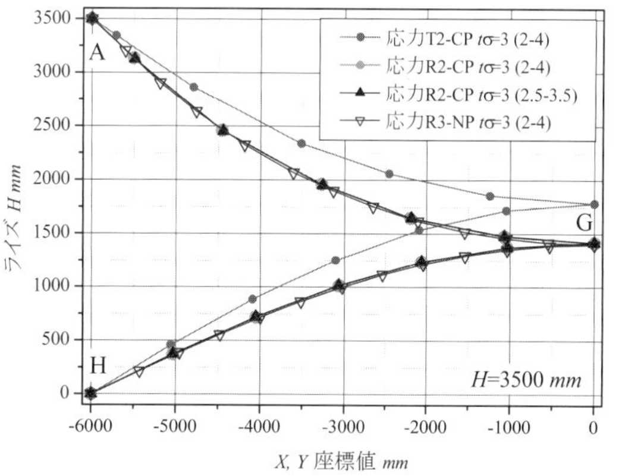

図 4.4.13　応力指定で得られた構造モデルにおける A-G, H-G ラインの形状比較 H= 3 500 mm

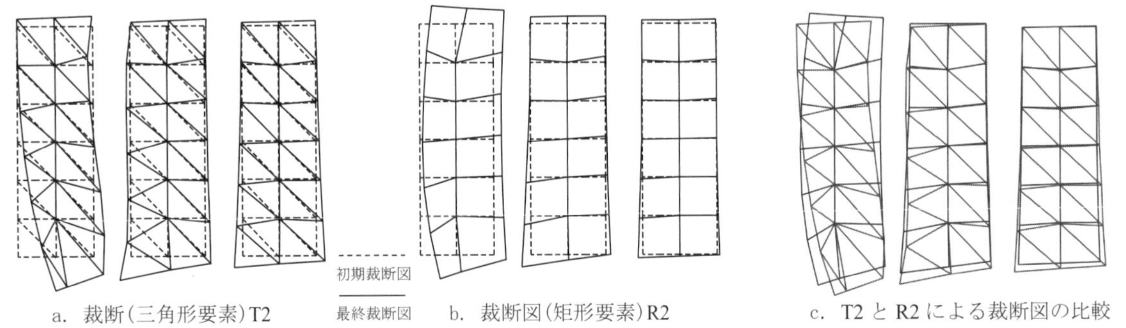

a. 裁断(三角形要素)T2　　b. 裁断図(矩形要素)R2　　c. T2 と R2 による裁断図の比較

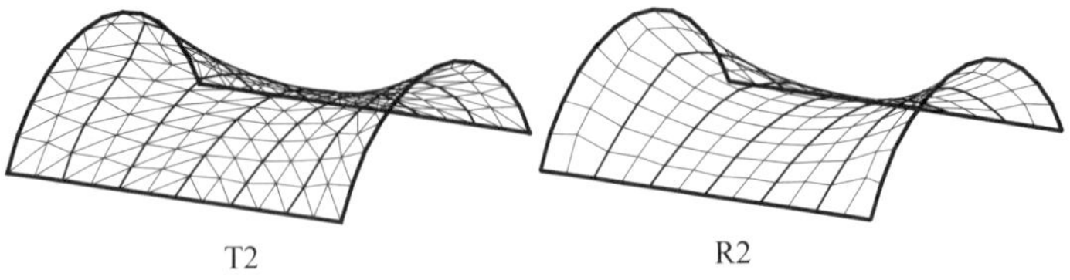

d. R2 と T2 による裁断図より構成された空間形態の比較(鳥瞰図)

e. 構成された空間構造形態膜面の応力情報

	三角形要素		矩形要素	
	σ max	σ min	σ max	σ min
目的応力	3.000			
平均値	3.446	2.373	3.159	2.837
最大値	4.000	2.935	3.740	3.039
最小値	2.736	2.000	2.884	2.263
標準偏差	0.371	0.294	0.158	0.181

図 4.4.14　応力指定問題の裁断図解析結果(T2,R2)　$H = 3\,500$

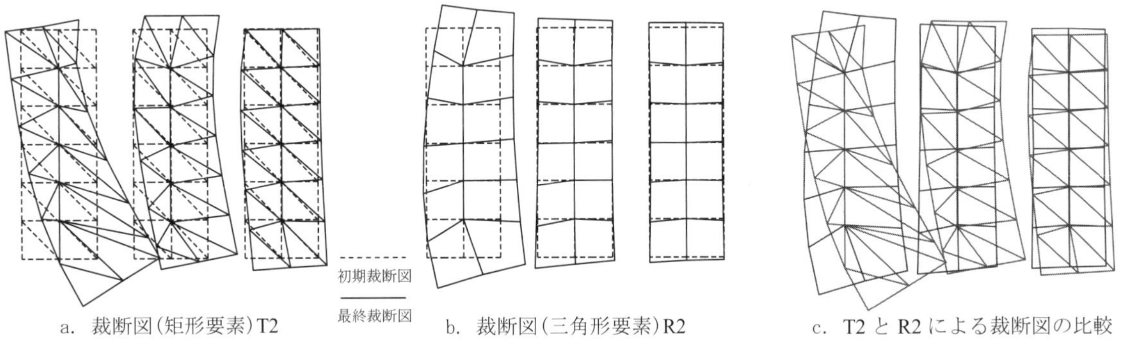

a. 裁断図(矩形要素)T2　　b. 裁断図(三角形要素)R2　　c. T2 と R2 による裁断図の比較

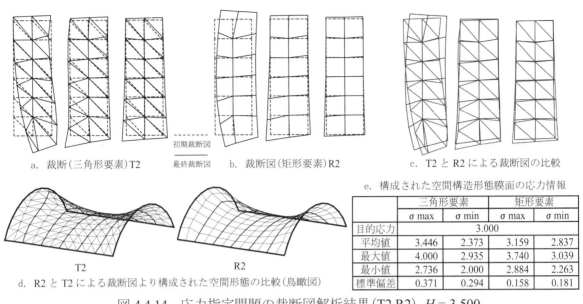

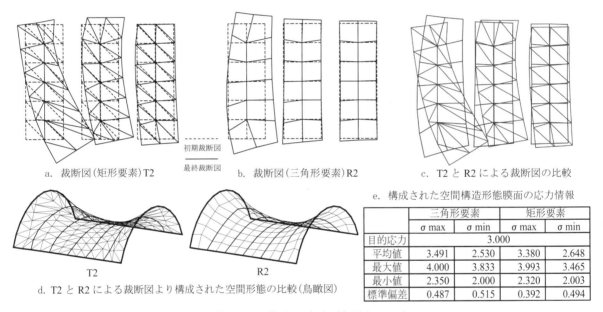

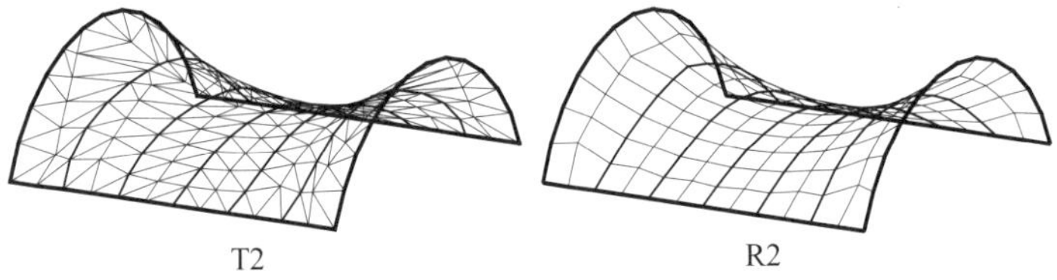

d. T2 と R2 による裁断図より構成された空間形態の比較(鳥瞰図)

e. 構成された空間構造形態膜面の応力情報

	三角形要素		矩形要素	
	σ max	σ min	σ max	σ min
目的応力	3.000			
平均値	3.491	2.530	3.380	2.648
最大値	4.000	3.833	3.993	3.465
最小値	2.350	2.000	2.320	2.003
標準偏差	0.487	0.515	0.392	0.494

図 4.4.15　形状指定問題の裁断図解析結果(R2,T2)　$H = 4\,000$

($H = 2\,500$ mm)、三角形要素(T2)と矩形要素(R2, R3)はほぼ同一値を得る。しかし、ライズが高くなる($H = 3\,500$ mm)と矩形要素(R2, R3)は同一値を示すが、三角形要素(T2)は異なる値となった(図 3 $H = 2\,500$ mm でもこの傾向は若干現われている. T3 では解析不可)。これらの結果より、三角形要素の利用は、一定ひずみであるので要素が大きいと曲率変化が大きい部分で応力表現が厳しくなった可能性がある。したがって、測地線とは異なる曲線による応力表現可能な裁断線を追跡したと考えている。

無制約条件応力指定・裁断図決定問題では三角形要素分割 T2 が $H = 3\,000$ mm まで、矩形要素分割 R2 が $H = 2\,500$ mm まで収束解を得た。制約条件を指定応力値の前後($2 \le {}_t\sigma_e \le 4$)を設定した制

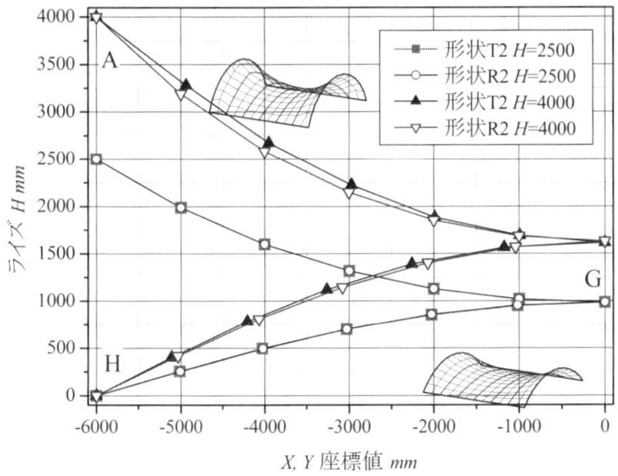

図 4.4.16　形状指定裁断図決定の各要素モデルより得られた空間膜構造形態の A–G, H–G ラインの形態比較
H=2 500, 4 000, T2, R2

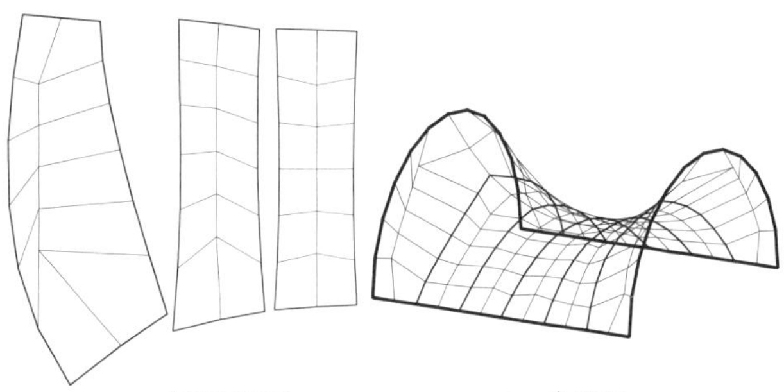

図 4.4.17　形状指定裁断図決定解析より得られた裁断図と空間膜構造形態鳥瞰図
H= 6 000, R2

約条件付応力指定裁断図決定問題では逆に矩形要素分割 R2 が $H = 4\,000$ mm、三角形要素分割 T2 が $H = 3\,500$ mm まで収束解を得る。しかし、制約条件を厳しく設定すると三角形要素では解が得られなくなる。

制約条件を厳しくしても矩形要素では対応でき、結果も図 4.4.13 に示すように一致する。制約条件付形状指定裁断線決定問題では、応力指定と同じように、低ライズ($H = 2\,500$ mm)の場合、両要素分割(T2, R2)による結果は一致する。しかし、高ライズ($H = 4\,000$ mm)の結果において A-G ラインが指定形状であるにも関わらず、三角形分割 T2 では一致しない。

以上の結果から次のことがまとめられる。曲率が大きく変化する部位がある構造モデルを数値計算する場合、既往研究で多用されている三角形要素による分割モデルの利用は十分な注意を要する。必要最小限の要素分割モデルの利用において矩形要素による分割は三角形要素より優れている。ただし、平面上の膜面内部の点を固定せず、要素再配置を行えばその限りではないが、要素再配置は計算負荷を増やす。なお、裁断線をスプライン曲線に置き換えることで設計変数の低減が図れる。しかし、応力指定の CP と NP のライズ H による計算可能範囲の結果を調べると、逆にスプライン曲線の持つ特性が裁断線に影響を与える傾向が読み取れる。

4.4.1.6　まとめ

本項では座標仮定有限要素法を利用した膜構造の形状・裁断図同時解析の考え方とその数値計算例を示し、近似解の妥当性と計算上の特性を明らかにしてきた。数値計算例では周囲境界固定の鞍型サスペンション膜構造を対象に裁断図と膜構造形態を示し、ライズ H の変化に対応して解析手順の有効性と解析モデルの限界を示した。サスペンション膜構造の他に重要なもう一つの構造形式である空気膜構造に対しても同様にここで示した解析手順が適用可能である。ただし、空気膜構造の内圧処理では収束計算過程で形態変化に対応させて逐次膜面の負担面積に比例させた各節点の外力(面外方向)ベクトルの向きと大きさを変化させなければならない。外力負担面積の算定では三角形要素の場合、平面を構成するので幾何学的な関係から簡単に求めることができるが、矩形要素の場合、同一平面上に節点を構成しないので近似的な処理が必要になる。つまり、矩形要素分割が疎の場合に解析上影響がでる可能性がある。

膜構造では規模が大きくなるとケーブルによる補強が重要になる。補強ケーブルを導入した膜構造に対する形状･裁断図同時解析を行う場合､ここで示した膜要素とケーブル要素を用いた計算を実施すればよい。膜とケーブルおよび骨組部材を混合させた複合構造の数値計算例は文献 48 に示されているので参照されたい。また、裁断図解析で得られた裁断線では施工上溶着あるいは縫合により接合させるため、通常、接合部の剛性が大きくなる。接合部の剛性が無視できない場合､簡易的な解析では付加剛性分をケーブル要素の配置により対応させる方法をとることがある。しかし、構造規模が大きい場合、その部分の剛性を正しく評価することが生じる。ここで説明した解析手順と数値結果では、要素分割をできるだけ粗くした要素分割を採用している。したがって、要素が粗い場合、溶着部の評価が難しい。今後、要素分割を密にした際の要素再配置の技術導入を考える必要があるだろう [64)]。要素の再配置技術の確立と導入は形状･裁断図解析で重要になると考える。この技術に関しては既に容器のスロッシング解析等で一般的に広く利用されており、それらの技術をここで示した手順に導入することは可能である。

以上より、座標仮定有限要素法を用いた形状と裁断図同時解析の有効性と妥当性が示せ、今後の課題も整理した。

4.4.2 変動風速データを用いた膜の付加質量効果

4.4.2.1　膜構造の時刻歴応答解析

膜やケーブル(張力材)を主要構成材とする膜構造は大空間建築物の構造形態として多くの採用例が見られる。このような張力材は従来の構造材とは異なり、初期状態が形状不確定な無応力状態で存在するので、あらかじめ張力(初期張力)を導入し、構造剛性を確保しなければならない。このことから既に説明したように通常の応力･変形解析をする前に､初期形状解析や裁断図解析などの張力構造独特の数値計算が必要となる。本項ではこれらの数値計算に加え、張力材の軽量性や面外方向の曲げ剛性がほぼ無視できることで、風荷重の評価および風荷重作用時の膜材表面振動による周辺空気の影響を考慮する時刻歴応答(動的)解析について概説する。膜構造の付加質量効果とはこの膜材表面振動に伴い、膜が周辺空気から受ける影響のことを指す。

風荷重を考慮した厳密な解析では流体と弾性体の連成解析が必要になる。最近、数値計算技術が向上し、ALE(Arbitrary Lagrangian Eulerian)法に代表される境界面追跡型やImmersed Boundary Method, Immersed Finite Element Method, Fictitious, Domain Methodなどの境界面捕捉型の方法が盛んに研究されている[65, 66]。しかし、膜構造の特殊性により現状のモデル化技術や計算コストを考慮すると模型実験で得られた風圧データ、あるいは多次元自己回帰法を用いた変動風速シミュレーションによる風速データ等を利用する時刻歴応答解析が現実的である。ただし、模型実験は剛体模型によるモデルを用いることになるだろう。ここでの説明では時刻歴応答解析時に使用する風荷重として変動風速シミュレーションによる風速データを採用し、付加質量を考慮した膜構造の非線形時刻歴応答解析の一つの考え方を示す[47]。

付加質量の算出は音響工学や機械工学分野で幅広く研究が行われてきた[67, 68]。建築分野はそれらの考え方を利用･応用した付加質量の扱いが多い。正岡ら[69]は剛境界で支持された平面矩形膜と疑似HP曲面膜の自由振動実験を実施し、付加質量効果の確認および非線形応答解析の付加質量を実験値から推定することで概ね実験結果と対応した数値結果を示している。浅見[70]はばねと膜で板を支持した試験体を用いて､気圧変化による固有周期の変化から付加質量を算出している。陳ら[71]は膜張力の測定装置の開発で、理論的な空気の付加質量の評価を無限平面境界板の放射インピーダンスの利用で得ている。黒川らと小河ら[72, 73]は円形剛板が振動する際の付加質量算出式によるデータに基づき、剛模型実験で得られた圧力データを用いてモード毎に付加質量を考慮したモーダル時刻歴応答解析を示している。さらに小河ら[74]は薄板の自由振動実験を通して付加質量を定量的に評価し、2つの解法を用いて定常振動する平面膜に作用する付加質量の算出と高次振動時の付加質量の性状を明らかにしている。

本項では文献47, 75, 76の考え方に沿って､文献67, 73で示された付加質量の算出法を採用した非線形時刻歴応答計算の手順を紹介する[77, 78]。ただし、付加質量の算出方法が異なれば、当然数値結果も異なる。今後、膜構造の力学性状を捉える上で、付加質量の評価方法の確立とその付加質量を用いた時刻歴応答計算による性状把握の研究が重要になるであろう。

4.4.2.2　非線形運動方程式

形状・裁断図同時解析などによる形態解析後の安定形態を初期値（時刻 $t=0$）として時刻歴応答解析を実施する。その際、系全体の非線形離散化運動方程式は次式で与えられる。

$$\boldsymbol{M}\ddot{\boldsymbol{u}}(t)+\boldsymbol{C}\dot{\boldsymbol{u}}(t)+\boldsymbol{S}(\boldsymbol{u},\boldsymbol{f},\lambda)=\boldsymbol{F}(t) \tag{4.4.73}$$

ここで、$\boldsymbol{M}$：質量行列，$\boldsymbol{C}$：減衰行列，$\boldsymbol{S}(\boldsymbol{u},\boldsymbol{f},\lambda)$：静的な非線形平衡方程式（$\boldsymbol{f}$：静的荷重モード，$\lambda$：静的荷重パラメータ），$\boldsymbol{u}(t)$：変位ベクトル，$\dot{\boldsymbol{u}}(t)$：速度ベクトル，$\ddot{\boldsymbol{u}}(t)$：加速度ベクトル，$\boldsymbol{F}(t)$：時間 t に依存した動的荷重ベクトル である。時刻歴応答解析では、式(4.4.73) にニューマーク法などの直接数値積分法を用いて力学的挙動を追跡する [48)]。

4.4.2.3　付加質量の算定

膜構造の付加質量は膜面に接する空気が構造体振動時に反力として膜材に付与される質量と仮定する。付加質量の算定は、音響工学分野で用いられる円形平板の振動に付与する流体の質量を用い、構造モデルの振動モード形状毎に算出する。円形平板の付加質量 Δm_i ($i=1, \ldots, n_i$ ：i 次モードの山の数) は次式で与えられる [67)]。

$$\Delta m_i=\frac{8}{3}n_i\rho a_i^3 \tag{4.4.74}$$

ここで、ρ：空気密度（$1.22\times10^9 kg/mm^3$），a_i：i 次モードの一山あたりの有効半径 である。有効半径は文献 67, 73 に沿って解析モデルの平面投影面積を円面積に換算して求めることにする。ここでは図 4.4.18 に示す周囲を固定した鞍型サスペンション膜構造を解析モデルとして変換手順を示す。モデルの振動モード形状は形態解析後の安定形態におけるモード形状とし、接線剛性行列に対する固有値解析により算出する。この解析モデルの場合、各モード形状に対する有効半径 a_i の評価は図 4.4.19 に示す通りである（上：節点凹凸表現の平面図，下：モード形状鳥瞰図）。図

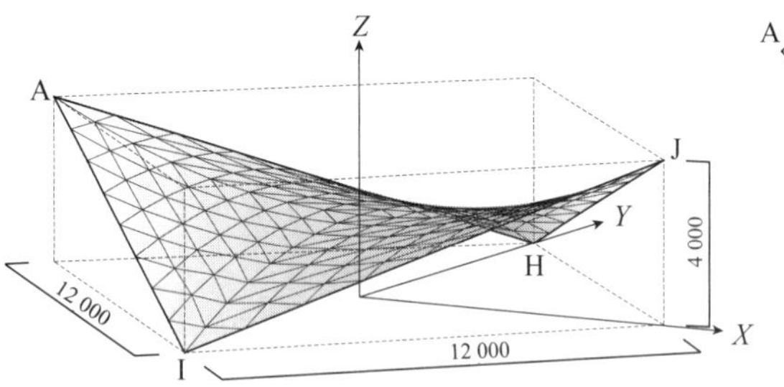

図 4.4.18　解析モデル（鳥瞰図）unit : mm

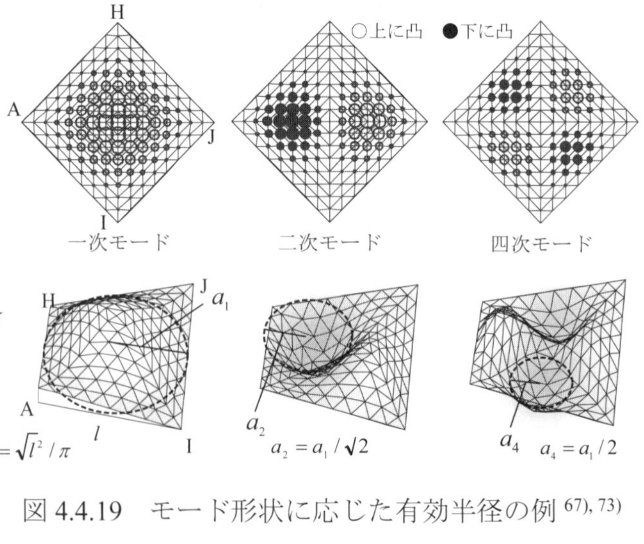

図 4.4.19　モード形状に応じた有効半径の例 [67), 73)]

に示すように、a_1はlを有する一次モードの有効半径であり、a_1を基準に各モードの有効半径a_iを順次決定する。

振動モード毎の付加質量$\varDelta m_i$は解析モデル全体に付与し、各要素に受ける付加質量の算出後、i次モードの付加質量行列$\varDelta \boldsymbol{M}_i$を構成する。したがって、付加質量行列$\varDelta \boldsymbol{M}_i$および分離付加質量を統合させた一般化付加質量行列$\varDelta \boldsymbol{M}^*$は以下のように与えられる。

$$\varDelta \boldsymbol{M}^* = \sum_{i=1}^{s} \boldsymbol{\Phi}^T \varDelta \boldsymbol{M}_i \boldsymbol{\Phi} \tag{4.4.75}$$

$$\varDelta \boldsymbol{M}_i = \begin{bmatrix} \varDelta m_{i-1} & & & \mathbf{0} \\ & \varDelta m_{i-2} & & \\ & & \ddots & \\ \mathbf{0} & & & \varDelta m_{i-M} \end{bmatrix} \tag{4.4.76}$$

ここで、M: 全自由度数, $\boldsymbol{\Phi}$: モード行列, s : モーダル付加質量の考慮次数　である。次数sは付加質量を無視した構造体の動的挙動に対する卓越モードにおいて、付加質量を考慮した時刻歴応答解析後の付加質量効果が強く表れているモード次数までとする。

式(4.4.75)に再度モード行列$\boldsymbol{\Phi}$を用いて座標変換を行い、各モードの付加質量を考慮した構造物全体の付加質量行列$\boldsymbol{dM}$が次のように得られる。

$$\boldsymbol{dM} = \left[\boldsymbol{\Phi}^T\right]^{-1} \Delta \boldsymbol{M}^* \left[\boldsymbol{\Phi}\right]^{-1} = \left[\sum_{i=1}^{s} \boldsymbol{\Phi}^T \Delta \boldsymbol{M}_i \boldsymbol{\Phi}\right]\left[\boldsymbol{\Phi}\right]^{-1} \tag{4.4.77}$$

この付加質量行列$\boldsymbol{dM}$を式(4.4.73)の質量行列$\boldsymbol{M}$に加えた$\boldsymbol{M} \leftarrow \boldsymbol{M} + \boldsymbol{dM}$を用いて、非線形運動方程式(4.4.73)の時刻歴応答解析を実施し、動的挙動を追跡する。

4.4.2.4　変動風速シミュレーション [67, 75,76)]

風速の設定　自然風は常に一定の速さではなく、絶えず変動しながら吹く。したがって、時刻tの瞬間風速値$V(t)$は次式で与えられる。

$$V(t) = \bar{V} + U(t) \tag{4.4.78}$$

ここで、$\bar{V}$: 平均風速, $U(t)$: 変動風速　である。平均風速$\bar{V}$は次式に示す 1 / 7 乗則の鉛直分布を採用する。

$$\bar{V} = \bar{V}_{10}\left(z/10\right)^{1/7} \tag{4.4.79}$$

ここで、z : 基本高さ, $\bar{V}_{10}$: 地表高さ 10 m の平均風速　である。平均風速$\bar{V}_{10}$は文献 40 に準じて対象地域および地表面粗度区分ごとに設定する。変動風速$U(t)$は風工学分野で用いられる変動風速シミュレーションによりk次元の変動風速時系列ベクトル$\boldsymbol{U}(t)$として、

$$\boldsymbol{U}(t) = \left(U_1(t) \quad U_2(t) \quad \cdots \quad U_k(t)\right)^T \tag{4.4.80}$$

で与えられ、次式に示すM次の自己回帰式により得られる。

$$\boldsymbol{U}(t)=\sum_{m=1}^{M}\boldsymbol{A}(m)\boldsymbol{U}(t-m\Delta t)+\boldsymbol{N}(t) \tag{4.4.81}$$

ここで、M: 自己回帰次数, $\boldsymbol{A}(m)$: M 次の自己回帰係数行列, $\boldsymbol{N}(t)$: ホワイトノイズベクトル, Δt : 時系列の時間間隔 である。$\boldsymbol{A}(m)$と $\boldsymbol{N}(t)$は自己相関係数と相互相関係数により求められる。

得られた変動風速の時系列データを構造モデルの節点荷重に作用させる際、時間および距離に対して変動風速データをそれぞれ線形補間して各節点に与える。

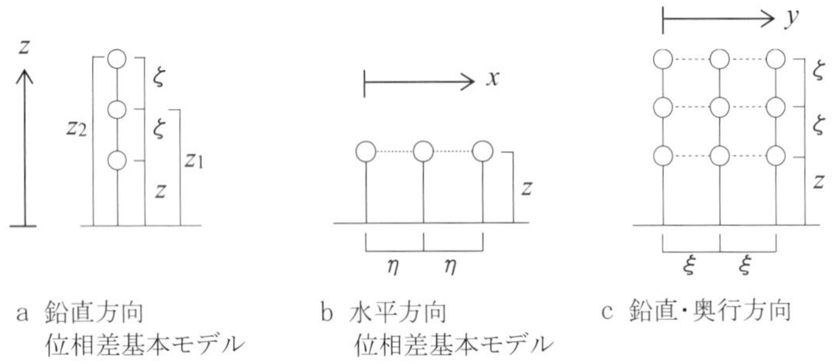

図 4.4.20　変動風速シミュレーションの方向と位相差基本モデル

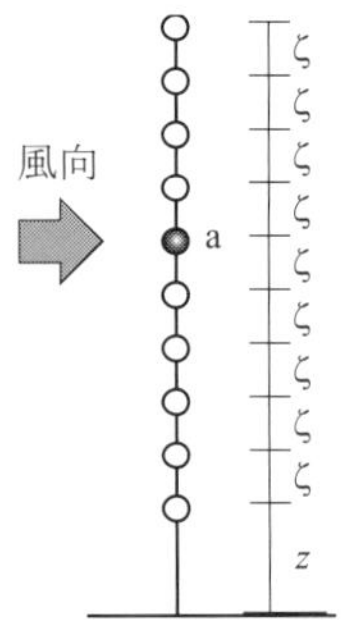

図 4.4.21　鉛直方向位相差, 鉛直･奥行位相差モデル

変動風速の位相差　風は互いに衝突しながら流れるので空間的な位相差を考慮する必要がある。以下に鉛直方向位相差および鉛直･奥行き･水平方向位相差の変動風速の算出方法を示す。なお、鉛直方向位相差、水平方向位相差、鉛直･奥行き方向の基本モデルはそれぞれ図 4.4.20 に示す通りである。

鉛直方向位相差基本モデル　鉛直方向位相差基本モデル(図 4.4.20a)の自己相関係数と相互相関係数は、以下に示す変動風速のパワースペクトル $S(n)/\sigma^2$ およびコヒーレンス $Coh(z_1,z_2;n)$ とフェイズ $\Pi(z_1,z_2;n)$ の逆フーリエ変換を用いることで得られる。

$$\frac{S(n)}{\sigma^2}=\frac{\alpha/\beta}{\left\{1+(n/\beta)^2\right\}^{5/6}} \tag{4.4.82}$$

$$\sqrt{Coh(z_1,z_2;n)}=\exp(-k_\zeta n\zeta/\overline{V}_a) \tag{4.4.83}$$

$$\Pi(z_1,z_2;n)=k'_\zeta\zeta n/\overline{V}_a \tag{4.4.84}$$

ただし、$\beta=\overline{V}/L$, $L=\sqrt{3/2}\,z/f_{\max}$, $f_{\max}=0.06z^{0.58}$, $\alpha\approx0.238$, n : 変動風速算出節点数, $k_\zeta=13(\zeta/z_a)^{0.4}$, $k'_\zeta=9(\zeta/z_a)^{0.4}$, ζ: 地点高度差（$\zeta=z_1-z_2$）, z_a : 地点間平均高度($z_a=(z_1+z_2)/2$), $\overline{V}_a$: 高さ z_1, z_2 における平均風速 $\overline{V}_1$, $\overline{V}_2$ の平均値 である。

表 4.4.5　変動風速条件

基本高さ z	0.5 m	
基準風速 $\overline{V}_{10}$	20 m/s	
時刻刻み t	0.05 s	
節点数	n_u=11	n_w=10
節点間隔	η, ξ =2.0 m	ζ=0.5 m
ホワイトノイズベクトル	標準偏差 3.0	

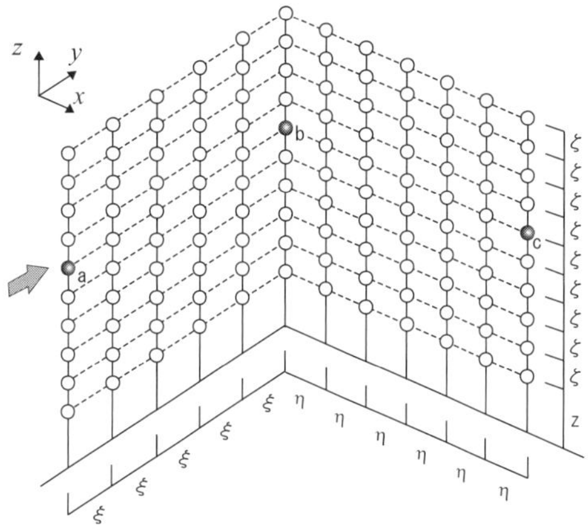

図 4.4.22　鉛直･奥行き･水平方向位相差モデル

時刻歴応答解析に使用する鉛直方向位相差のモデルと条件を図 4.4.21 と表 4.4.5 に示す。変動風速シミュレーションで得られた図 4.4.22 の点 a 位置における変動風速データを図 4.4.23a と表 4.4.6 に示す。

水平方向位相相差基本モデル　水平方向位相差基本モデル(図 4.4.20b)の自己相関係数と相互相関係は、以下に示す変動風速のパワースペクトル $S(n)/\sigma^2$ およびコヒーレンス $\sqrt{Coh(\eta;n)}$ とフェイズ $\Pi(\eta;n)$ の逆フーリエ変換を用いることで得られる。

$$\frac{S(n)}{\sigma^2}=\frac{\alpha/\beta}{\left\{1+(n/\beta)^2\right\}^{5/6}} \tag{4.4.85}$$

$$\sqrt{Coh(\eta;n)}=\exp(-k_\eta n\eta/\overline{V}_a) \tag{4.4.86}$$

$$\Pi(\eta;n)=0 \tag{4.4.87}$$

ただし、η：地点間距離, $k_\eta=14(\eta/z)^{0.45}$　である。

鉛直･奥行き方向位相差基本モデル　鉛直･奥行き･水平方向位相差を考慮する変動風速データは、鉛直方向位相差モデルとは別に、鉛直･奥行き方向位相差を考慮した上で、奥行方向に追跡し、各点で水平方向に拡張して得られる。結果的に 3 次元格子上の各点の風速データが設定できる。図 4.4.20a に示す鉛直･奥行き方向位相差基本モデルに従い、鉛直方向に ζ 離れた 2 点の変動風速成分 u と w の相互相関関数 (R_u^c, R_w^c) は以下に示す通りである。

$$R_u^c(\zeta,t)=\sigma_u^{\ 2}\left\{\left[f(r)-g(r)\right]/r^2\cdot\left(\overline{V}t\right)^2+g(r)\right\} \tag{4.4.88}$$

$$R_w^c(\zeta,t)=\sigma_w^{\ 2}\left\{\left[f(r)-g(r)\right]/r^2\cdot\zeta^2+g(r)\right\} \tag{4.4.89}$$

ここで、$r^2=(\overline{V}t)^2+\zeta^2$, σ_u^2 と σ_w^2 は各々成分 u と w の分散、 $f(r)$ と $g(r)$ は各々変動風速の縦方向と横方向の空間相関係数であり、以下で得られる。

$$f(r)=\alpha_1\left|a_1 r\right|^{1/3}K_{1/3}(\left|a_1 r\right|) \tag{4.4.90}$$

$$g(r)=\alpha_1\left|a_1 r\right|^{1/3}\left\{K_{1/3}(\left|a_1 r\right|)-\left|a_1 r\right|K_{-2/3}(\left|a_1 r\right|)/2\right\} \tag{4.4.91}$$

ここで、$K_\mu(x)$:第2種変形ベッセル関数(α_1=0.5926, a_1=0.7468/L), L:乱れのスケール である。なお、ζ=0 のとき式(4.4.88), (4.4.89)は自己相関関数を表す。

成分 u と w 間の相互相関係数は、次式で与えられる。

$$R^c_{uw}(\zeta,t)=\sigma_u\sigma_w\left\{\frac{\overline{uw}}{\sigma_u\sigma_w}\cdot\frac{f(r)\cdot(\bar{V}t)^2+g(r)\cdot\zeta^2}{r^2}\right\} \tag{4.4.92}$$

成分 u と w の相関係数 $\overline{uw}/\sigma_u\sigma_w$ は次式で与えられる。

$$\frac{\overline{uw}}{\sigma_u\sigma_w}=-\frac{0.16}{F_uF_w}\left\{1-\left(f\cdot z\cdot\sin\alpha_G\right)\Big/\left(U_G\left(V^*/U_G\right)^2\right)\right\} \tag{4.4.93}$$

ここで、$V^*/U_G=0.31/\log R_o-0.012$, $R_o=U_G/(fz_0)$, $\alpha_G=58-\log R_o$, z:ゼロ面位置からの高さ, f:コリオリパラメータ, z_0:粗度長さ である。F_u , F_w は次式で表される。

$$F_u=\left\{0.867+0.556\log z-0.246(\log z)^2\right\}\cdot\lambda \tag{4.4.94}$$

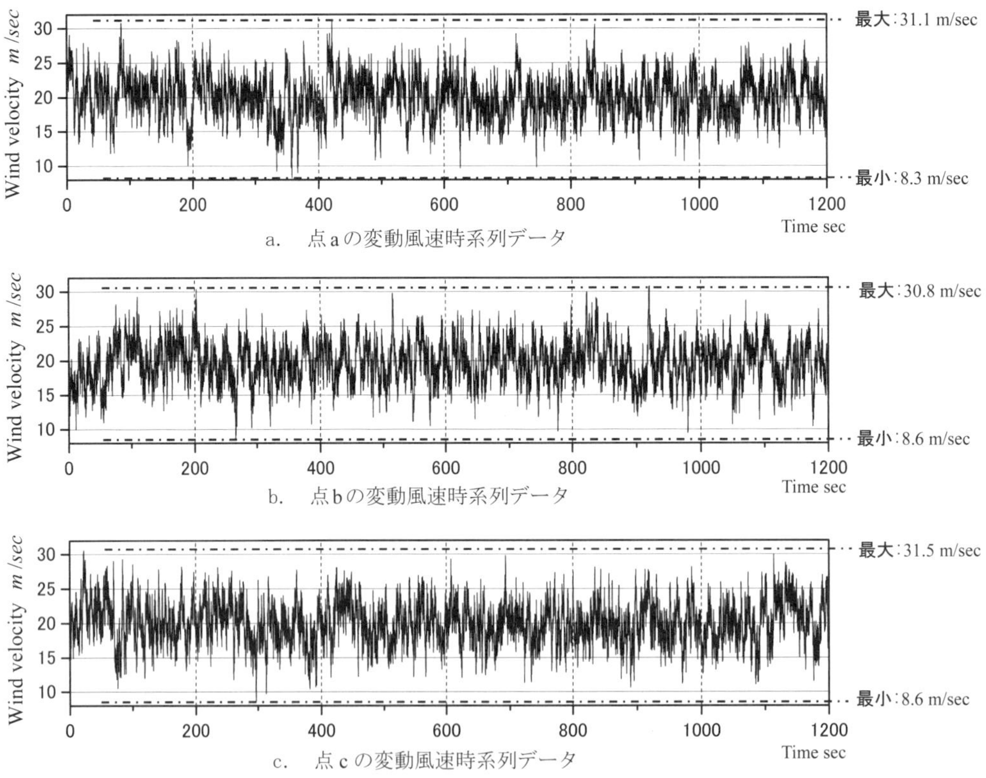

図 4.4.23　節点 a, b, c 位置の変動風速シミュレーションによる変動風速時系列データ

表 4.4.6　変動風速概要

	平均 m/sec	最大 m/sec	最小 m/sec	標準偏差
節点 a	20.037	31.094	8.295	3.042
節点 b	19.697	30.759	8.560	3.028
節点 c	20.011	31.547	8.619	3.041

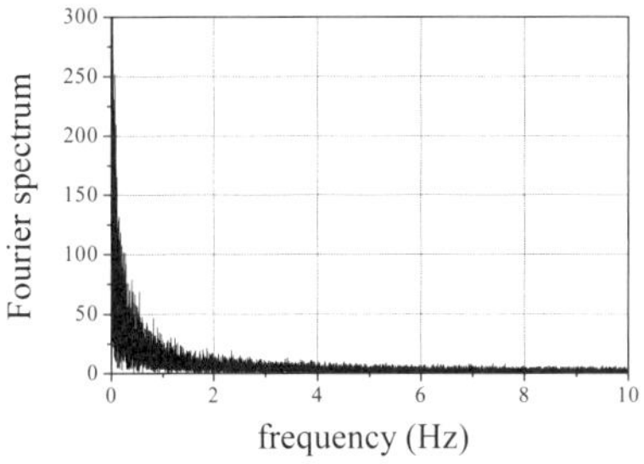

図 4.4.24　節点 a 位置の変動風速の FFT 解析

$$F_w = 0.381 + 0.172 \log z - 0.062(\log z)^2 \tag{4.4.95}$$

ただし、$z_0 \leq 0.02$ のとき λ=1.0, $0.02 < z_0 < 1.0$ のとき $\lambda = 0.76/z_0^{0.07}$, $1.0 < z_0$ のとき $\lambda = 0.76$ である。

最終的に時刻歴応答解析に使用する鉛直･奥行き･水平方向位相差を考慮したモデルと条件は図 4.4.22 と表 4.4.5 に示す通りであり、図 4.4.22 点 b, c 位置の変動風速時系列データと平均･最大･最小･標準偏差を図 4.4.23b,c と表 4.4.6 に示す。ここでは、鞍型サスペンション膜構造モデルの 1 次固有周期が後述するように 0.163 sec (6.137 Hz) と短周期であるので、比較的長い周期成分を有する変動風速データを作成している (図 4.4.24)。

鉛直方向位相差を考慮した変動風速データ (図 4.4.23a) と鉛直･奥行き方向位相差を考慮した変動風速データ (図 4.4.23b)、鉛直･奥行き･水平方向位相差を考慮した変動風速データ (図 4.4.23c) の 200 秒毎の風速値をそれぞれ比較すると位相差による影響が確認できる。また、表 4.4.6 よりいずれの変動風速データも平均風速 20 m/sec を基準に標準偏差 3.0 m/sec となっている。このように大型の膜構造を対象とする場合、鉛直モデルと比較して鉛直･奥行き･水平モデルによる時系列データの違いが動的挙動に影響すると考えられる。なお、ここでは一つのモデルデータを示したが、実際には建設位置の計測風速データに基づいた変動風速データの作成が必要となる。

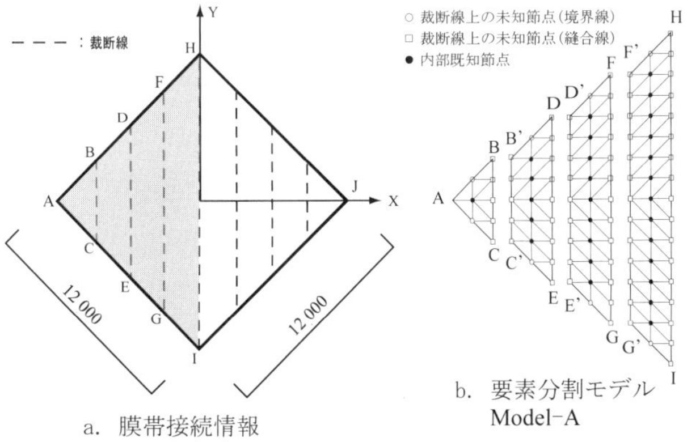

a. 膜帯接続情報　　b. 要素分割モデル Model-A

図 4.4.25　サスペンション鞍型膜構造モデル

表 4.4.7　膜材の材料定数

膜厚	t = 0.8 mm
引張剛性	tE_X=243.0 N/mm tE_Y=227.0 N/mm
ポアソン比	ν_X= 0.550, ν_Y= 0.510
せん断剛性	$G_{XY}t$ = 24.19 N/mm
単位質量	ρ = 0.785×10^{-6} kg /mm^3

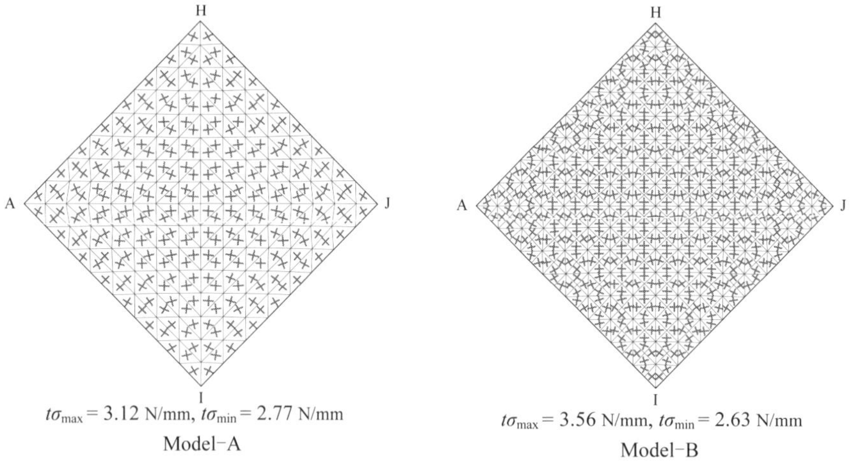

図 4.4.26　要素分割の違いによる主応力図

表 4.4.8　膜の主応力概要

	Model−A		Model−B	
	最大主応力 $t\sigma_{max}$	最小主応力 $t\sigma_{min}$	最大主応力 $t\sigma_{max}$	最小主応力 $t\sigma_{min}$
平均 N/mm	3.00	3.00	3.03	3.04
最大 N/mm	3.12	3.23	3.56	3.50
最小 N/mm	2.82	2.77	2.83	2.63
標準偏差	0.08	0.14	0.08	0.12

表 4.4.9　固有振動数(Hz)

次数	付加質量考慮	付加質量なし	付加質量効果%
1	1.42	6.10	76.72
2	1.89	6.89	72.57
3	1.95	7.11	72.57
4	2.66	8.30	67.95
5	2.72	8.47	67.89
6	2.94	8.71	66.25
7	9.88	9.88	0.00
8	10.05	10.05	0.00
9	10.52	10.52	0.00

4.4.2.5　時刻歴応答解析

解析モデル　解析モデルは図 4.4.18 の周囲を固定した鞍型サスペンション膜構造モデル(ライズ R = 4 000 mm，スパン D = 16 970 mm)である。解析領域は図 4.4.25a に示すモデルの対称性より A-H-I に囲まれた 1/2 のハッチング部とする。材料定数は表 4.4.7 に示す通りである。ここでは本章 4.4.1 項で説明した形状･裁断図同時解析の手順を用いた応力指定の最適化により初期形態を求める。裁断図解析に対する初期膜帯の要素分割 Model-A(節点数：81，要素数：128)を図 4.4.25b に示す。膜の目標応力(張力)は $t\sigma_e$ =3.0 N/mm ($t\sigma^L$ = 2.0 N/mm, $t\sigma^U$ = 4.0 N/mm)とする。裁断図解析は出来るだけ粗い要素分割により計算を行ったが、時刻歴応答解析では裁断図解析のモデルよりも密にして全体領域で解析する必要があるので、単純に 1 つの要素を 2 要素に細分化した Model−B(節点数：289，要素数：512)を用いる。裁断図解析で得られた裁断図による Model−A と Model−B の主応力分布状況は図 4.4.26 と表 4.4.8 にまとめる。図 4.4.26 では要素重心に主応力の大きさに比例させて主応力を線分長で表現している。これらの結果から要素の細分化による問題は生じていないと判断できる。当然、初期形態があらかじめ目標応力であると仮定した形状解析による初期形態を用いることもできる。

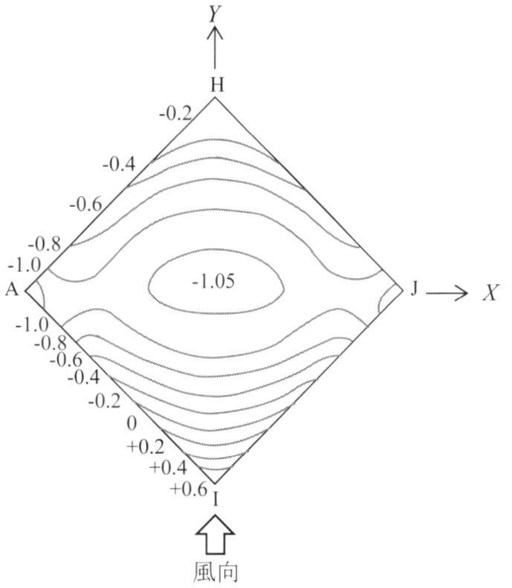

図 4.4.27　風圧係数分布

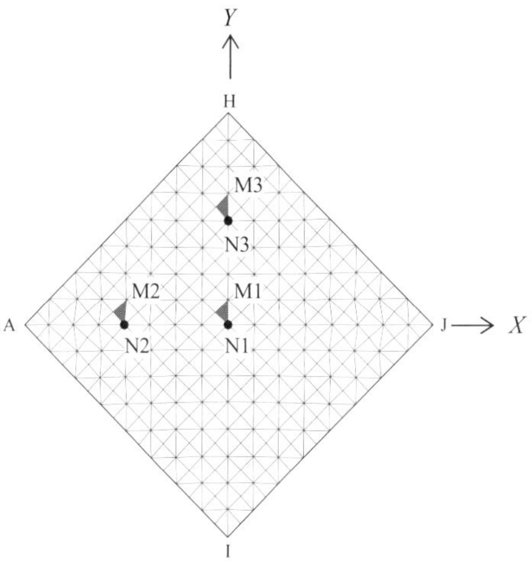

図 4.4.28　要素分割モデル Model-B
および注目節点と要素

解析概要　膜面の風圧分布係数は風向きを軸 *Y* の正方向（風向 0°）に作用させた図 4.4.27 とする[40)]。減衰はレーリー減衰（減衰定数 5%）を与える。解析時間は 1 200 sec、時間刻みは 0.002 sec としている。

なお、時間刻みの決定では、0.001 と 0.005 等の 0.002 sec 前後の値に対する時刻歴応答結果の差異を調べ、数値計算上 0.002 sec で問題ないことを確認した。また、さらに細分化させた要素分割モデル（節点数 : 545, 要素数 : 1024）との数値結果の比較も行い、Model-B で問題ないことも確認している。

本来は付加質量効果がみられるモード次数まで考慮する必要があるが、ここでは計算例として 6 次モードまでの数値結果を示す。表 4.4.9 のように、付加質量の有無による Model-B のそれぞれの固有値解析結果である。なお、境界形状や膜構造の形態により考慮すべきモード次数や固有値が重解を持つ場合の対応に注意しなければならない。

数値結果　数値シミュレーション例は解析モデルに対して図 4.4.27 に示すように軸 *Y* 正の向きに風向を設定する。鉛直モデルの基準点を軸 *Y* 上に与えた。図 4.4.28 に要素分割図上中央位置の節点（N1）と軸 *X*, *Y* 上のコーナーと N1 の中間点に位置する節点（N2, N3）の鉛直変位およびそれらの節点を構成節点とする要素（M1, M2, M3）の主応力に対する時刻歴応答を確認する。なお、付加質量の有無に対して鉛直方向位相差のみおよび鉛直・奥行き・水平方向位相差モデルによる 2 つの変動風速データの鉛直変位時刻歴応答を図 4.4.29 に、主応力の時刻歴応答を図 4.4.30 に示す。変位応答に対しては FFT 解析を行い、それらの結果を図 4.4.31 に示す。時刻歴応答変位と膜応力の数値状況は表 4.4.10 ～ 4.4.12 にそれぞれまとめた。

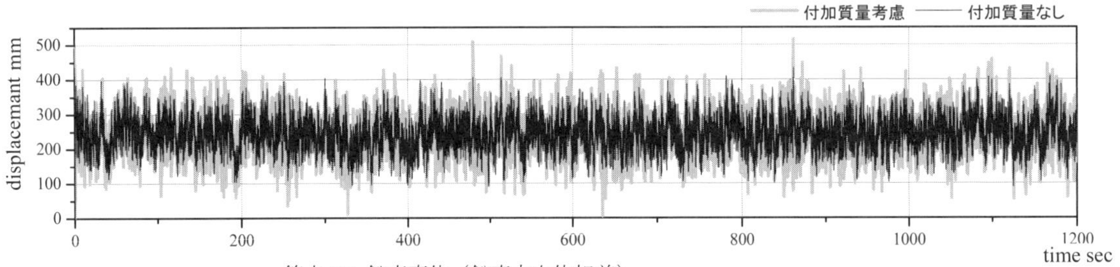

a.　節点 N1 鉛直変位（鉛直方向位相差）

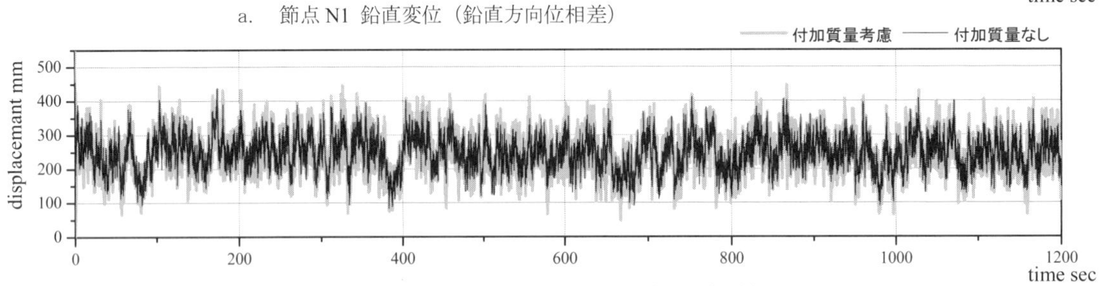

b.　節点 N1 鉛直変位（鉛直・奥行き・水平方向位相差）

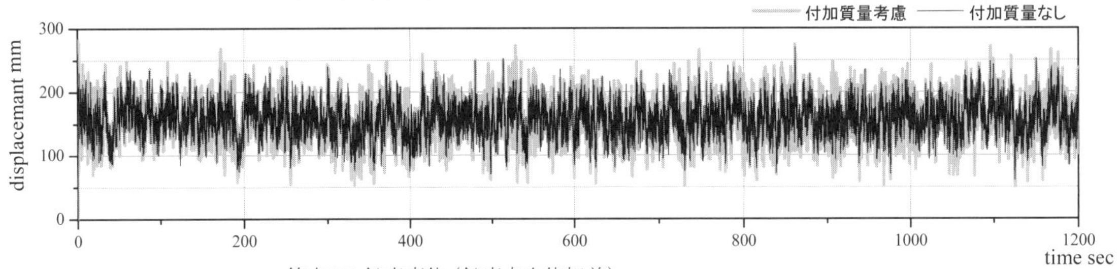

c.　節点 N2 鉛直変位（鉛直方向位相差）

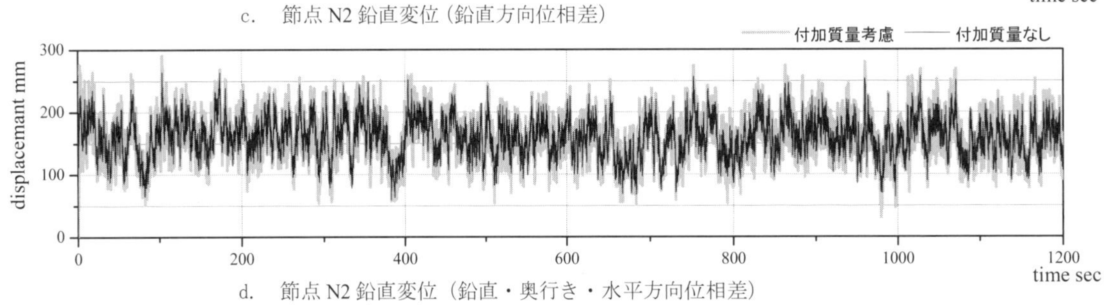

d.　節点 N2 鉛直変位（鉛直・奥行き・水平方向位相差）

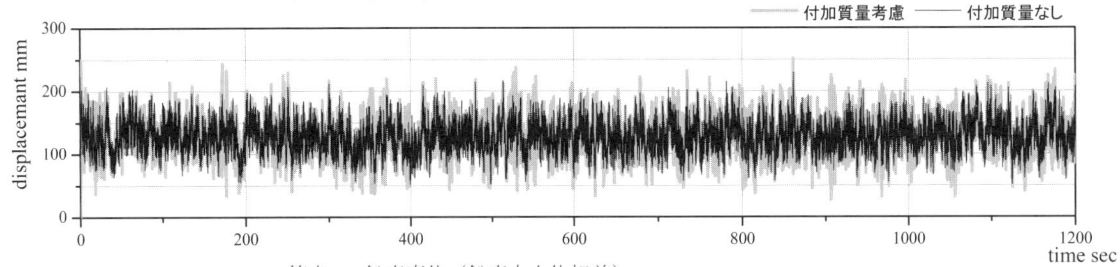

e.　節点 N3 鉛直変位（鉛直方向位相差）

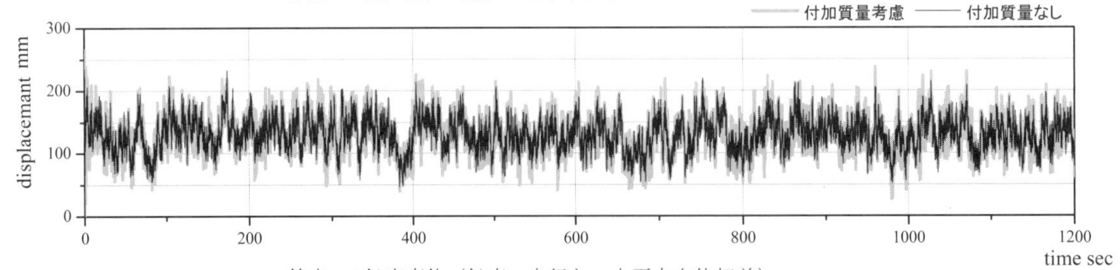

f.　節点 N3 鉛直変位（鉛直・奥行き・水平方向位相差）

図 4.4.29　付加質量の有無および 2 つの位相差モデルによる節点 N1, N2, N3 鉛直変位の時刻歴応答

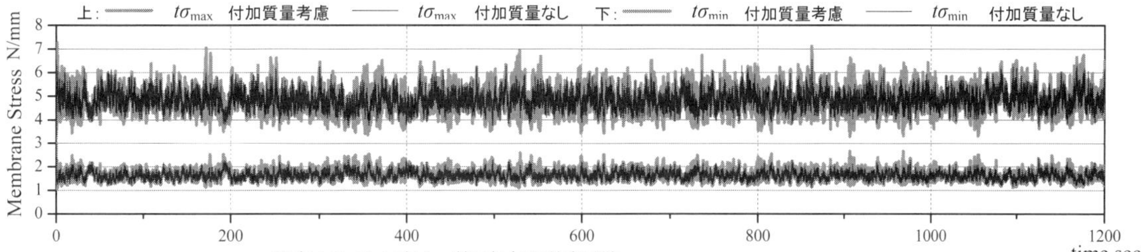

a.　要素 M1 の主応力（鉛直方向位相差）

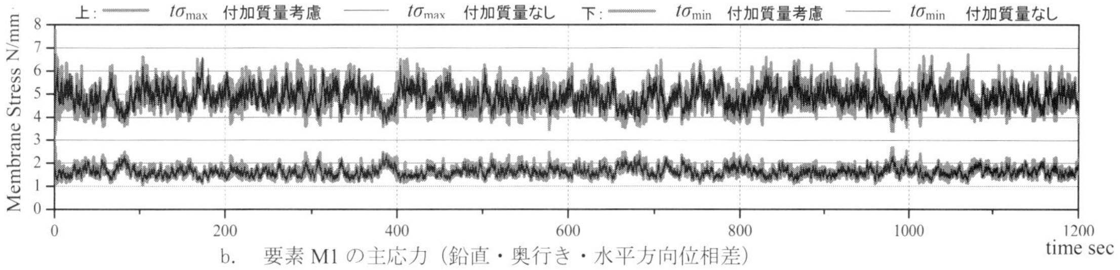

b.　要素 M1 の主応力（鉛直・奥行き・水平方向位相差）

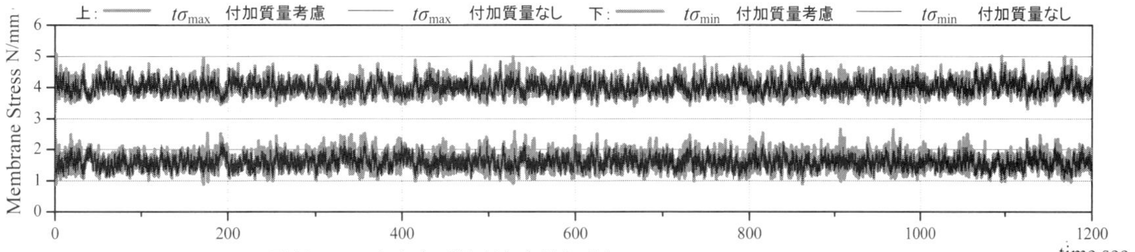

c.　要素 M2 の主応力（鉛直方向位相差）

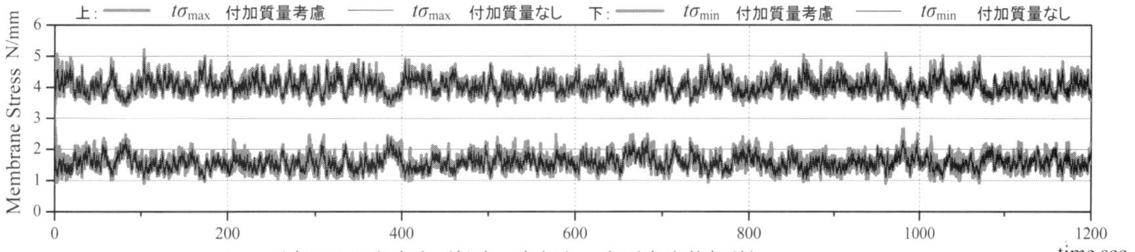

d.　要素 M2 の主応力（鉛直・奥行き・水平方向位相差）

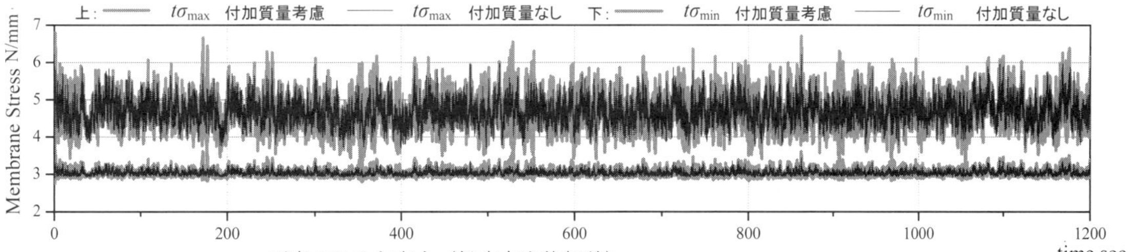

e.　要素 M3 の主応力（鉛直方向位相差）

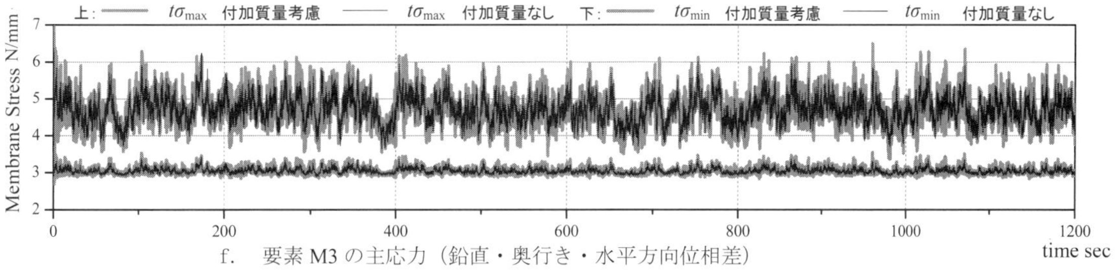

f.　要素 M3 の主応力（鉛直・奥行き・水平方向位相差）

図 4.4.30　付加質量の有無および 2 つの位相差モデルによる要素 M1, M2, M3 主応力の時刻歴応答

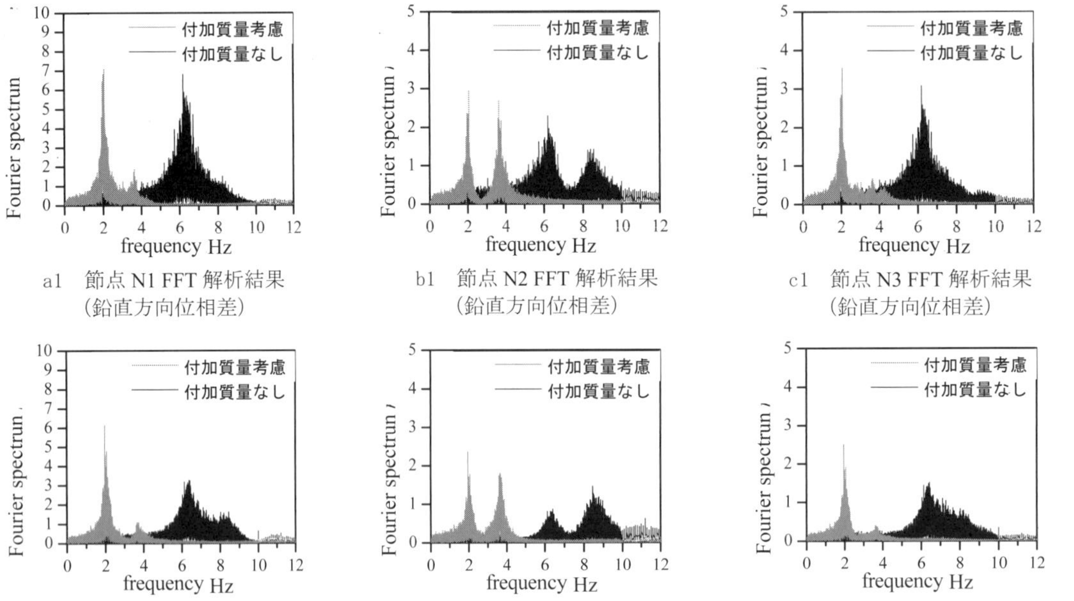

a1　節点 N1 FFT 解析結果（鉛直方向位相差）　b1　節点 N2 FFT 解析結果（鉛直方向位相差）　c1　節点 N3 FFT 解析結果（鉛直方向位相差）

a2　節点 N1 FFT 解析結果（鉛直･奥行き･水平方向位相差）　b2　節点 N2 FFT 解析結果（鉛直･奥行き･水平方向位相差）　c2　節点 N3 FFT 解析結果（鉛直･奥行き･水平方向位相差）

図 4.4.31　節点 N1, N2, N3 の時刻歴変位応答に対する位相差モデル毎の FFT 解析結果

表 4.4.10　時刻歴応答変位の数値概要

	鉛直方向位相差						鉛直・奥行き・水平方向位相差					
	付加質量考慮			付加質量なし			付加質量考慮			付加質量なし		
	節点 N1	節点 N2	節点 N3	節点 N1	節点 N2	節点 N3	節点 N1	節点 N2	節点 N3	節点 N1	節点 N2	節点 N3
平均 mm	242.64	156.27	127.82	243.31	156.69	127.97	246.98	159.30	129.77	247.31	159.57	129.84
最大 mm	490.99	274.56	251.83	432.92	269.42	229.59	475.10	290.88	237.69	436.12	264.22	232.57
最小 mm	4.07	49.67	26.39	89.39	60.72	51.67	22.50	31.06	25.38	83.29	59.54	46.48
標準偏差	66.20	32.14	30.89	45.48	25.97	23.66	63.02	35.22	30.06	49.45	30.63	25.61

表 4.4.11　膜応力の時刻歴応答の数値概要（最大主応力 $t\sigma_{max}$）

	鉛直方向位相差						鉛直・奥行き・水平方向位相差					
	付加質量考慮			付加質量なし			付加質量考慮			付加質量なし		
	要素 M1	要素 M2	要素 M3	要素 M1	要素 M2	要素 M3	要素 M1	要素 M2	要素 M3	要素 M1	要素 M2	要素 M3
平均 N/mm	4.842	4.017	4.686	4.838	4.014	4.683	4.874	4.042	4.715	4.870	4.039	4.712
最大 N/mm	7.356	5.198	6.905	6.546	5.025	6.224	7.664	5.062	7.140	6.759	4.978	6.360
最小 N/mm	3.219	3.198	3.200	3.219	3.198	3.200	3.219	3.198	3.200	3.219	3.198	3.200
標準偏差	0.465	0.218	0.416	0.365	0.192	0.327	0.458	0.250	0.410	0.394	0.231	0.354

表 4.4.12　膜応力の時刻歴応答の数値概要（最小主応力 $t\sigma_{min}$）

	鉛直方向位相差						鉛直・奥行き・水平方向位相差					
	付加質量考慮			付加質量なし			付加質量考慮			付加質量なし		
	要素 M1	要素 M2	要素 M3	要素 M1	要素 M2	要素 M3	要素 M1	要素 M2	要素 M3	要素 M1	要素 M2	要素 M3
平均 N/mm	1.644	1.594	3.044	1.633	1.585	3.040	1.627	1.576	3.051	1.621	1.571	3.048
最大 N/mm	2.984	2.968	3.681	2.984	2.968	3.473	2.984	2.968	3.717	2.984	2.968	3.507
最小 N/mm	1.082	0.839	2.753	1.140	0.966	2.901	1.103	0.939	2.734	1.155	0.967	2.889
標準偏差	0.201	0.227	0.084	0.165	0.186	0.058	0.211	0.236	0.085	0.187	0.208	0.067

4.4.2.6　まとめ

膜構造モデルの固有周期と変動風速データの周期の卓越成分内容により解析結果の力学性状が大きく変わる。ここでは、構造モデルの１次固有周期に対して比較的長周期成分で構成した変動風速データを風向軸 Y 方向(風向 0°)から与えた数値結果を示した。変位や膜力の時刻歴応答を調べると、付加質量無視の場合より付加質量を考慮した数値結果の応答が大きく現れている。応答振幅が最も大きいのが膜面中央節点であり、FFT 結果や振動の様子から１次モードが応答変位に大きく影響していると判断できる。逆に構造モデルの１次固有周期に対して短周期成分で構成した変動風速データを風向軸 Y 方向(風向 0°)から与えた場合、付加質量無視の場合より付加質量を考慮した数値結果の応答が抑えられた。さらに、長周期成分で構成した変動風速データの風向の違いを調べると、風向 45°の場合、風向 0°でみられなかった 2, 3 次の固有振動数に近い振動数が卓越する応答が現れる。風向 90°(軸 X 方向)の場合、膜面に風が当たりにくいので各節点の最大振幅は、風向き 0°, 45°のケースに比べ応答量が小さい。ただし、FFT 解析の結果を見ると高次モードまで応答に影響する。なお、変動風速のモデルによる数値の違いでは鉛直方向位相差モデルの方が、応答量が大きく現れる傾向がある。風向のケースによる傾向の違いはなかった。鉛直方向位相差と鉛直･奥行き･水平位相差を考慮した変動風速データの違いによる力学性状は後者のデータの方が前者より力学的挙動が抑えられる傾向がこのモデルの場合にはあるものの、現状、明確な傾向を示すに至っていない。

本項では多次元自己回帰法を用いた変動風速シミュレーションによる風速データを用いたサスペンション膜構造の付加質量考慮の非線形時刻歴応答解析法を説明し、数値例を示した。対象とする膜構造の固有周期と変動風速データの周期成分により、付加質量を無視した場合と比べて膜の力学性状が大きく変わることが判り､詳細な付加質量の影響を検討する必要性を明らかにした。文献 73 ではサスペンション膜構造に対して風洞実験による変動風速データを用いたモーダル時刻歴応答解析により、実験値と良い一致を示したことを報告している。その際、付加質量は１～３次までのモードに対する付加質量を導入し、式(4.4.74)右辺の係数を 8/3 ではなく、膜の両面を考慮する必要があるとして 16/3 を用いている。なお、空気膜構造では一般に内部圧力に対して圧力制御が考慮されるので､サスペンション膜構造とは別な手順を導入しなければならない｡また､膜面振動に伴う変動風圧係数も考慮する必要があるだろう。

このように変動風速データを用いた付加質量効果を考慮した数値解析は早急に確立させる必要がある。今後、データの蓄積を図り付加質量の設定法の確立と実測データに基づいた変動風速シミュレーションにより膜構造の力学性状を明らかにしていかなければならない。

4.4.3　関数の直接最小化による張力構造の形状解析

本項では動的緩和法(Dynamic Relaxation Method)による張力構造の形状決定手法について紹介を行う。動的緩和法[79]は勾配法などと同様な関数の直接最小化手法の一つであるが、張力構造の形状解析を主な目的として開発された経緯をもつ。また、1ステップ当たりの計算負荷が小さいという特徴をもつ。有限要素法と組み合わせることもできる。

4.4.3.1　仮想仕事の原理と関数の直接最小化

n個の実数変数$\{x_1 \quad \cdots \quad x_n\}$をパラメータにとる実数値関数$f(x_1,\cdots,x_n)$の最小化問題

$$\min_{\boldsymbol{x}} f(\boldsymbol{x}) \tag{4.4.96}$$

を考える。本問題の局所最小解とは、その近傍でfを最小にしているような$\boldsymbol{x}$のことである。一方でいかなる$\boldsymbol{x}$と比較しても$f(\boldsymbol{x})$の値が小さくなっているような$\boldsymbol{x}$を大域的最小解と呼ぶ。$f(\boldsymbol{x})$が力学的エネルギーを表している場合、局所最小解は力の釣り合いを満たす点であるので、得られた解が大域的最小解かどうかについて注意を払う必要はない。

$f(\boldsymbol{x})$が力学的エネルギーを表している場合、典型的な$f(\boldsymbol{x})$の形式は

$$f(\boldsymbol{x}) = f(\tau_1(\boldsymbol{x}) \quad \cdots \quad \tau_m(\boldsymbol{x})) \tag{4.4.97}$$

というものである。ただし、$\tau_1 \cdots \tau_j$は長さ、面積、積分点における歪、などの幾何学的な量である。ある$\boldsymbol{x}$がfを局所的に最小にする条件は

$$\delta f(\boldsymbol{x}) = 0 \Leftrightarrow \frac{\partial f}{\partial \tau_1}\delta\tau_1 + \cdots + \frac{\partial f}{\partial \tau_m}\delta\tau_m = 0 \tag{4.4.98}$$

と書ける。ここでδは変分演算子であり、

$$\delta F = \nabla F \cdot \delta\boldsymbol{x} \tag{4.4.99}$$

と計算される。ただし∇は勾配演算子で、

$$\nabla F = \begin{bmatrix} \frac{\partial F}{\partial x_1} & \cdots & \frac{\partial F}{\partial x_n} \end{bmatrix} \tag{4.4.100}$$

と定義される。一方で$\delta\boldsymbol{x}$は$\boldsymbol{x}$の変分で$\delta\boldsymbol{x} = [\delta x_1 \quad \cdots \quad \delta x_n]^T$と表せ、すべての成分がありとあらゆる任意値を同時にとっているような特別な列ベクトルである。式(4.4.98)は仮想仕事の原理に他ならず、$\frac{\partial f}{\partial \tau_j}$は$\tau_j$を少し変化させようとする一般化力の大きさを表している。

仮想仕事の原理と$\delta\boldsymbol{x}$の任意性から、局所最小解の満たすべき条件（停留条件）が導かれる。

$$\delta f = 0 \leftrightarrow \nabla f = \boldsymbol{0} \tag{4.4.101}$$

∇fは$\boldsymbol{x}$の関数であり、勾配ベクトルの重み付き総和という形式をとる。そこで

$$\boldsymbol{\omega}(\boldsymbol{x}) = \nabla f = \sum_{j=1}^{m} \frac{\partial f}{\partial \tau_j}\nabla\tau_j \tag{4.4.102}$$

とおくと、方程式$\boldsymbol{\omega}(\boldsymbol{x}) = \boldsymbol{0}$は関数$f(\boldsymbol{x})$の停留条件であるとともに、広く釣り合い方程式のとる共通の形式を与えている。一見式(4.4.102)の形式に見えない釣り合い式も、式(4.4.102)の偏微分係数を書き下したものにすぎないことが多い。例えばトラス構造の釣り合い式に現れる方向余弦は、

２点間の距離を両端の座標で微分すると現れる。また、$\boldsymbol{\omega}(\boldsymbol{x})$は非線形有限要素法の文脈では等価節点力ベクトルと呼ばれているものである。

4.4.3.2　動的緩和法

釣り合い方程式$\boldsymbol{\omega}(\boldsymbol{x}) = \boldsymbol{0}$は未知数 n、条件数 n の方程式であり、原理的には解くことはできるものの、非線形方程式である。このような問題に対する代表的な非線形数値解法であるニュートン・ラフソン法は、$\boldsymbol{\omega}(\boldsymbol{x})$をさらに微分して得られる接線剛性行列(Hessian)を必要とする。本項で紹介する動的緩和法 79)は、Hessian を用いずに$\boldsymbol{\omega}(\boldsymbol{x})$のみを用いる点に特徴があり、速度よりも簡潔なプログラムコードを優先する場合には選択肢の一つに加えることができよう。

そのような数値解法の代表例として最急降下法が挙げられるが、これは収束効率が悪い。収束効率を改善するため、最急降下法はしばしば直線探索と組み合わされるが、これは複雑なプログラミングを必要とする。動的緩和法は最急降下法と似た単純な構造をもち、かつ最急降下法よりも高い収束効率を発揮する。英語圏では Dynamic Relaxation Method として広く認知されており、最初期の文献としては 1956 年に A. Day がニューマークの β 法を静的な問題に応用する手法について述べたもの 79)が知られている。その後 M.R. Barnes80, 81), M. Papadrakakis82, 83), D. Wakefield84, 85)らの精力的な研究により、特に幾何学非線形性の強い問題をいとも簡単に解いてしまうことが指摘されてきた。また、Grasshopper のカスタムコンポーネントとして有名な Kangaroo の基本動作原理でもある。動的緩和法は次式に基づく繰り返し計算である。

$$\begin{aligned} \boldsymbol{p}_t &= -\boldsymbol{\omega}(\boldsymbol{x}_t)^T \\ \boldsymbol{q}_{t+1} &= \gamma \boldsymbol{q}_t + \beta \boldsymbol{p}_t \\ \boldsymbol{x}_{t+1} &= \boldsymbol{x}_t + \beta \boldsymbol{q}_{t+1} \end{aligned} \tag{4.4.103}$$

ここで、$\boldsymbol{p}_t, \boldsymbol{q}_t, \boldsymbol{x}_t$は順にステップ$\boldsymbol{t}$における加速度、速度、位置であり、いずれも$\boldsymbol{n}$次元列ベクトルである。$\beta$はステップ・サイズであるが、時間の刻み幅と理解できる。問題ごとに適切なステップ・サイズは異なるが 0.1 などを用いる。γは減衰を決める定数であり 0 から 1 の間の値をうまく選ぶ。通常は 0.98、0.998 などの 1.0 に近い値を選択する。

動的緩和法の実行にあたり初期速度と初期位置が必要となる。通常は初期速度を零とするから初期位置$\boldsymbol{x}_0$のみを適切に設定する。連続体の大変形問題などでは初期値は変形前形状に設定する。張力構造の形状決定などでは変形前形状が存在しないので、期待する形状を大ざっぱにモデリングしてこれを初期形状とする。

ところで、以下のように常に等価節点力ベクトルを正規化すると、ステップ・サイズを大きくとったとしても数値計算が発散しないことが経験的にわかっている。要求される精度にもよるが、実用上はこちらを用いた方が実用的であることも多い。

$$\begin{aligned} \boldsymbol{p}_t &= -\frac{\boldsymbol{\omega}(\boldsymbol{x}_t)^T}{\sqrt{\boldsymbol{\omega}(\boldsymbol{x}_t)\cdot\boldsymbol{\omega}(\boldsymbol{x}_t)^T}} \\ \boldsymbol{q}_{t+1} &= \gamma \boldsymbol{q}_t + \beta \boldsymbol{p}_t \\ \boldsymbol{x}_{t+1} &= \boldsymbol{x}_t + \beta \boldsymbol{q}_{t+1} \end{aligned} \tag{4.4.104}$$

このとき、速度$\boldsymbol{q}_t$に足しこまれるベクトルの大きさは毎ステップ常にβとなる。等価節点力ベクトルを正規化すると、点列は収束せずに解の周りで振動してしまうものの、解の近傍まで効率よく接近することができ、それだけで十分な精度に達していることも多い。

4.4.3.3　実装のポイント

未知数$\boldsymbol{x}$としては通常、節点の *x*-*y*-*z* 座標をすべて集めたものが選ばれる。$\boldsymbol{x}$は厳密には自由変数なので、固定点の座標変数はあらかじめ取り除く必要がある。しかしその操作はプログラムを複雑にするから、固定点の座標変数も区別せずすべて$\boldsymbol{x}$に含めてしまい、$\boldsymbol{\omega}(\boldsymbol{x})$の成分のうち固定点の座標変数に関するものを毎ステップ強制的に 0 に設定する方が簡単である。このとき、0 に設定する前の値の符号を逆転させたものは固定点反力を表しているので保存しておく。

式(4.4.7)より$\boldsymbol{\omega}(\boldsymbol{x})$は次の形式をとる。

$$\boldsymbol{\omega}(\boldsymbol{x}) = \textstyle\sum_j \sigma_j(\tau_j)\,\nabla\tau_j \tag{4.4.105}$$

動的緩和法はその構造が単純であるので、実装において問題になるのは$\boldsymbol{\omega}(\boldsymbol{x})$の計算のみである。式(4.4.105)より、実装されている勾配ベクトルのバリエーションが動的緩和法プログラムが扱える問題のバリエーションに直結する。各々の勾配$\nabla\tau_j$の$\boldsymbol{x}$による陽表現は、Mathematica や Matlab などのサポートを用いずに自力で計算するのが周り道のようで近道である。

２節点直線要素の長さの勾配、および３節点三角形要素の面積の勾配について以下に記す。

２点$\boldsymbol{p},\boldsymbol{q}$（列ベクトルと仮定）間の距離を$L_j$とおくとその勾配は６つの成分をもち

$$\widetilde{\nabla}L_j(\boldsymbol{p},\boldsymbol{q}) = \begin{bmatrix} \frac{\boldsymbol{p}^T-\boldsymbol{q}^T}{L_j} & \frac{\boldsymbol{q}^T-\boldsymbol{p}^T}{L_j} \end{bmatrix} \tag{4.4.106}$$

として計算できる。これは直線の両端に作用し直線に並行で外向きな、長さが 1 の２つの節点力に分解できる（図 4.4.32）。ただし$\widetilde{\nabla}$は$\boldsymbol{p},\boldsymbol{q}$のみに関する勾配である。$\nabla L_j$を構成する際にはまず$\widetilde{\nabla}L_j$を構成し、その成分を適切な位置に配置しなおして残りの成分を 0 で埋める。

３点$\boldsymbol{p},\boldsymbol{q},\boldsymbol{r}$が張る三角形の面積を$S_j$とおくとその勾配は９つの成分をもち、

$$\widetilde{\nabla}S_j(\boldsymbol{p},\boldsymbol{q},\boldsymbol{r}) = \frac{1}{2}\begin{bmatrix} \left(\boldsymbol{n}\times(\boldsymbol{q}-\boldsymbol{r})\right)^T & \left(\boldsymbol{n}\times(\boldsymbol{r}-\boldsymbol{p})\right)^T & \left(\boldsymbol{n}\times(\boldsymbol{p}-\boldsymbol{q})\right)^T \end{bmatrix} \tag{4.4.107}$$

として計算できる。ただし、$\boldsymbol{n}$は正規化された法線ベクトルで、

$$\boldsymbol{n} = \frac{\boldsymbol{N}}{\sqrt{\boldsymbol{N}^T\boldsymbol{N}}}, \quad \boldsymbol{N} = (\boldsymbol{p}-\boldsymbol{q})\times(\boldsymbol{q}-\boldsymbol{r}) \tag{4.4.108}$$

として計算される。これは三角形の各頂点に作用し、各頂点の反対側の辺に垂直かつ外向きで、その辺の長さの半分の長さをもつ３つの節点力に分解できる（図 4.4.33）。

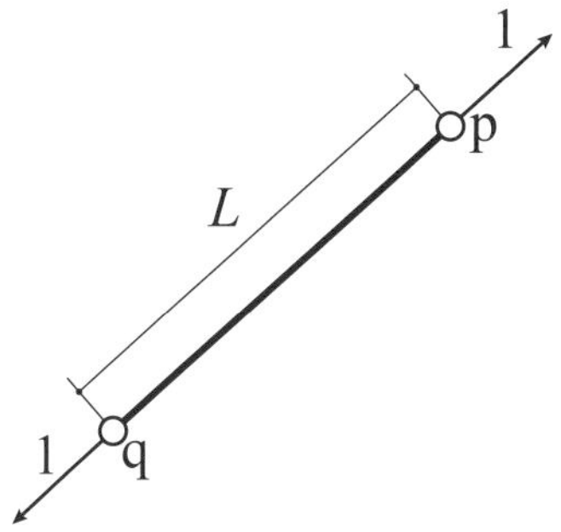

図 4.4.32　２節点直線要素の長さの勾配

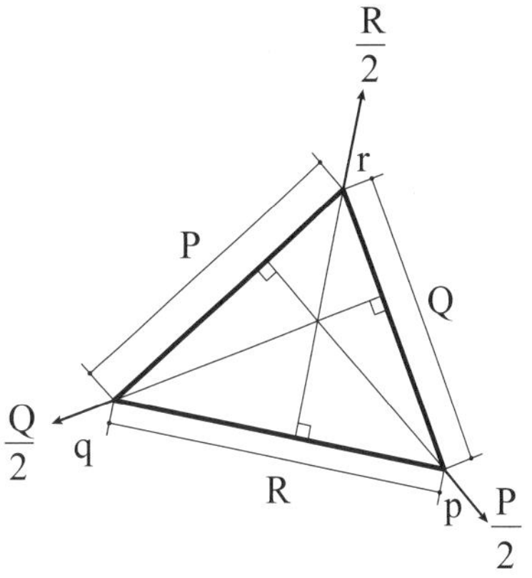

図 4.4.33　３節点三角形要素の面積の勾配

4.4.3.4　ラグランジュの未定乗数法と拘束条件つき関数の直接最小化

前述の最小化問題に対し、r 個の等式制約条件が与えられた場合を考える。そのような問題は

$$\min_{\boldsymbol{x}} f(\boldsymbol{x}) \quad \text{s.t} \begin{cases} g_1(\boldsymbol{x}) = \bar{g}_1 \\ \vdots \\ g_r(\boldsymbol{x}) = \bar{g}_r \end{cases} \tag{4.4.109}$$

と表現される。等式制約条件により、ケーブルの長さや、総体積といった量を直接与えることが可能となる。等式制約つき最小化問題の局所最小解が満たすべき条件は、ラグランジュ(Lagrange)未定乗数法を適用して得られる関数

$$\Pi(\boldsymbol{x}, \boldsymbol{\lambda}) = f(\boldsymbol{x}) + \textstyle\sum_{k=1}^{r} \lambda_k (g_k(\boldsymbol{x}) - \bar{g}_k) \tag{4.4.110}$$

の$\boldsymbol{x}$と$\boldsymbol{\lambda}$に関する停留条件で与えられる。ここで、$\boldsymbol{\lambda} = [\lambda_1 \quad \cdots \quad \lambda_r]$はラグランジュ未定乗数であり、本来は$\boldsymbol{x}$と同様に未知数として扱われるものである。

微分を実行することで、局所最小解の満たすべき条件は

$$\frac{\partial \Pi}{\partial \boldsymbol{x}} = \boldsymbol{0} \Leftrightarrow \boldsymbol{\tau}(\boldsymbol{x}, \boldsymbol{\lambda}) = \boldsymbol{\omega}(\boldsymbol{x}) + \boldsymbol{\lambda J}(\boldsymbol{x}) = \boldsymbol{0} \tag{4.4.111}$$

と

$$\frac{\partial \Pi}{\partial \lambda} = \boldsymbol{0} \Leftrightarrow \begin{cases} g_1(\boldsymbol{x}) = 0 \\ \vdots \\ g_m(\boldsymbol{x}) = 0 \end{cases} \tag{4.4.112}$$

であるとわかる。ただし、$\boldsymbol{\omega}(\boldsymbol{x}) = \nabla f$であり、$\boldsymbol{J}$は

$$\boldsymbol{J}(\boldsymbol{x}) = \begin{bmatrix} \nabla g_1 \\ \vdots \\ \nabla g_r \end{bmatrix} \tag{4.4.113}$$

として定義される r 行 n 列の長方行列(Jacobian)である。１つ目の条件は勾配ベクトルと拘束条件反力が釣り合っていることを表す。２つ目の条件は等式制約条件そのものである。

このような問題は、一般には$\boldsymbol{x}$と$\boldsymbol{\lambda}$の双方を未知数として解かれるが、未定乗数の推定と呼ばれる技法により、未知数を$\boldsymbol{x}$のみにすることができる。これは$\boldsymbol{\lambda}$を$\boldsymbol{x}$から

$$\boldsymbol{\lambda}(\boldsymbol{x}) = -\boldsymbol{\omega}(\boldsymbol{x})\boldsymbol{J}(\boldsymbol{x})^{+} = \boldsymbol{0} \quad (4.4.114)$$

として一意的に決めるというものである。ここで、$\boldsymbol{J}(\boldsymbol{x})^{+}$は$\boldsymbol{J}(\boldsymbol{x})$のムーア・ペンローズ(Moore-Penrose)型一般逆行列である。$r<n$ でかつ$\boldsymbol{J}$がフルランクのときは

$$\boldsymbol{J}^{+} = \boldsymbol{J}^{T}(\boldsymbol{J}\boldsymbol{J}^{T})^{-1} \quad (4.4.115)$$

として計算できる。力学的な意味をもつほとんどの問題でこの計算方法を用いることができる。実際 $n<r$ の場合は条件過多なので問題が意味をなさない。$\boldsymbol{J}$がフルランクでない場合は特異値分解などによる階数分解が必要となるが、その場合は条件数を減らして$\boldsymbol{J}$をフルランクにできないか検討するべきであろう。また、Matlab や Octave、Scilab では pinv()という関数が用意されているからこれを用いることもできる。その場合条件過多かどうか、フルランクかどうかについて注意を払う必要はなくなる。未定乗数の推定は次項で述べる測地的動的緩和法[86]において重要な役割を担う。

4.4.3.5　測地的動的緩和法

測地的動的緩和法は動的緩和法の等式制約条件つき最小化問題への拡張である。測地的動的緩和法は次式に基づく繰り返し計算である。

$$\begin{aligned} \boldsymbol{p}_t &= -\phi(\boldsymbol{\omega}(\boldsymbol{x}_t)^{T}) \\ \boldsymbol{q}_{t+1} &= \gamma\varphi(\boldsymbol{q}_t) + \beta\boldsymbol{p}_t \\ \boldsymbol{x}_{t+1} &= \psi(\boldsymbol{x}_t + \beta\boldsymbol{q}_{t+1}) \end{aligned} \quad (4.4.116)$$

ここで$\phi(\boldsymbol{\omega}), \varphi(\boldsymbol{q}), \psi(\boldsymbol{x})$は各種ベクトルをそれぞれ適切な部分空間へ射影するオペレータである。これら３つのオペレータを除くと、測地的動的緩和法は動的緩和法と全く同じであり、位置$\boldsymbol{x}$と速度$\boldsymbol{q}$のみの更新を行う。未定乗数$\boldsymbol{\lambda}$について考慮する必要がないのは、前述の未定乗数の推定が採用されているためである。

射影勾配$\phi(\boldsymbol{\omega})$は現在の$\boldsymbol{x}_t$の値を用いて計算された$\boldsymbol{J}$を用いて

$$\phi(\boldsymbol{\omega}) = \boldsymbol{\omega}(\boldsymbol{I}_n - \boldsymbol{J}^{+}\boldsymbol{J}) \quad (4.4.117)$$

と定義される。$\boldsymbol{\omega}$を$\boldsymbol{x}$の関数と見たとき、これは第一の停留条件$\boldsymbol{\tau}(\boldsymbol{x},\boldsymbol{\lambda}) = \boldsymbol{0}$と未定定数の推定の合成関数である。射影勾配$\phi(\boldsymbol{\omega})$は拘束超曲面上の接平面へ勾配ベクトルを正射影する。これは拘束条件反力により力の拘束超曲面と直交する成分が取り除かれることを意味する。

離散平行移動(DPT)$\varphi(\boldsymbol{q})$は同じ$\boldsymbol{J}$を用いて

$$\varphi(\boldsymbol{q}) = \frac{|\boldsymbol{q}|}{|(\boldsymbol{I}_n - \boldsymbol{J}^{+}\boldsymbol{J})|}(\boldsymbol{I}_n - \boldsymbol{J}^{+}\boldsymbol{J})\boldsymbol{q} \quad (4.4.118)$$

と定義される。$\varphi(\boldsymbol{q})$は射影勾配$\phi(\boldsymbol{\omega})$とよく似ているが、ベクトルのノルムを保存しようとする。実は動的緩和法においては、その単純な時間積分法にも関わらずエネルギーの保存が成立する。速度ベクトルに対して射影勾配$\phi(\boldsymbol{\omega})$の代わりに DPT を用いると、測地的動的緩和法においてもエネルギーの保存が成立する。そしてエネルギーの保存は数値解析の安定性をある程度保証するから、射影勾配$\phi(\boldsymbol{\omega})$の代わりに DPT を用いるほうがよい。

引き戻し$\psi(\boldsymbol{x})$ は$\boldsymbol{x}$の拘束超曲面上への射影で、繰り返し計算となる。まず、拘束条件残差を

$$\boldsymbol{R}=\begin{bmatrix} g_1(\boldsymbol{x})-\bar{g}_1 \\ \vdots \\ g_r(\boldsymbol{x})-\bar{g}_r \end{bmatrix} \tag{4.4.119}$$

として計算する。次に拘束条件残差を打ち消すような修正ベクトルを

$$\Delta\boldsymbol{x}=-\boldsymbol{J}^{+}\boldsymbol{R} \tag{4.4.120}$$

として得る。これは$\boldsymbol{R}(\boldsymbol{x}+\Delta\boldsymbol{x})=\boldsymbol{0}$を線形近似して得られる方程式のノルム最小解である。最後に

$$\boldsymbol{x}:=\boldsymbol{x}+\Delta\boldsymbol{x} \tag{4.4.121}$$

として拘束条件を満たすよう修正する。これを$|\boldsymbol{R}|$がある閾値以下になるまで繰り返す。ただし、たとえば 10 回以上は繰り返さないものとし、また、閾値以下でも一回は必ず実行するものとする。また、$\psi(\boldsymbol{x})$ の実行中は$\boldsymbol{J}$の値として常に最新の$\boldsymbol{x}$により更新されたものを用いる必要がある。

以上紹介した数値計算アルゴリズムのフローチャートを以下に一覧する。

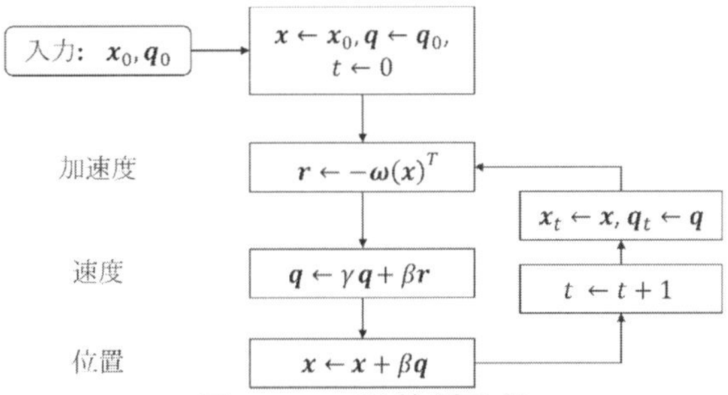

図4.4.34　動的緩和法

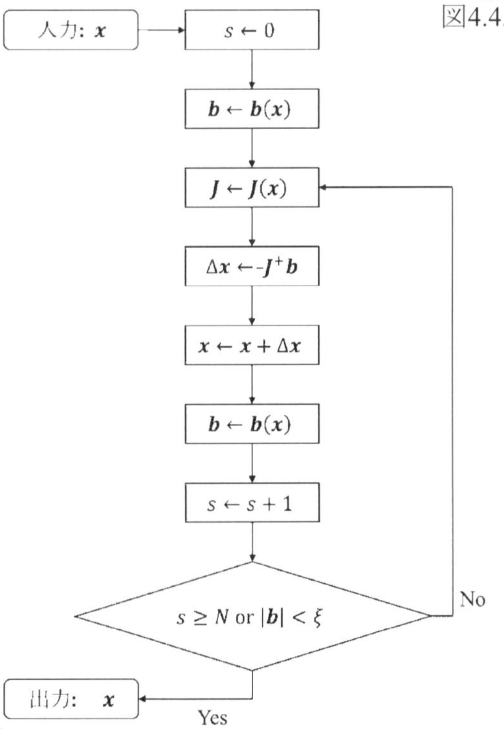

図4.4.35　引き戻し

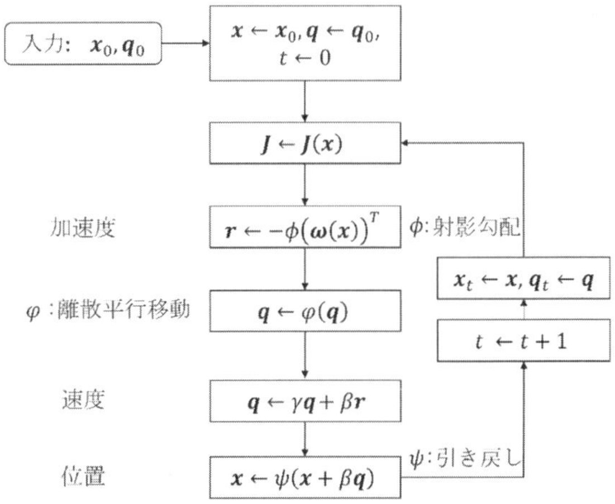

図4.4.36　測地的動的緩和法

4.4.3.6　解析例

著名な軽量張力構造「ケルンのダンス場」（フライ・オットー）を例にとり、解析例を示す。図 4.4.37a に示したのは、初期値$\boldsymbol{x}_0$を決めるのに使われた初期形状である。図 4.4.37b に示したのは、固定点、エネルギーを与える要素、長さが拘束される要素である。図 4.4.37b 中のLと Sは直線要素の長さ、および三角形要素の面積である。また、wはそれぞれの要素を大きくしたり小さくしたりする目的で付加された重み係数である。

本解析例で実際に最小化されたのは次に示すエネルギー関数である。

$$f(x) = w_s \sum_{j \in D} S_j^2 + w_1 \sum_{j \in E} L_j^2 + w_2 \sum_{j \in F} L_j^2 \tag{4.4.122}$$

ここでw_S, w_1, w_2は、図 4.4.37c に示すように、膜材と内側/外側のテンション・リングに与えられた重み係数であり、形状の変更を行うための可変パラメータである。また、D, E, Fは順に、膜、内側/外側のテンション・リングを構成する三角形および直線要素の集合である。このモデルは 504 の自由節点と 18 の固定節点をもち、全体の自由度は 1512 である。図 4.4.37 c に示すように、長さを拘束する要素は、長さそれ自体が可変パラメータとして扱われる。

本解析例における拘束条件は２種類に分けられる。１つ目は直線要素の長さを拘束するものであり、２つ目は複数の直線要素の長さの総和を拘束するものである。18 の条件が１つ目の種類であり、12 の条件が２つ目の種類である。よって$\boldsymbol{\lambda}$ を構成するのは 30 の未定乗数である。形状の対称性を保つため、拘束条件は６つごとに１つのグループにまとめられた。つまり、５つのグループが存在している。それぞれのグループに入れられた６つの条件に対し、長さの拘束値は共通のもの$\bar{L}_1, \cdots, \bar{L}_5$を用いる。

たとえば、１つ目のグループは６本の圧縮部材の長さを拘束しており、これは

$$\begin{gathered} L_{145}(\boldsymbol{x}) = \bar{L}_1 \\ \vdots \\ L_{150}(\boldsymbol{x}) = \bar{L}_1 \end{gathered} \tag{4.4.123}$$

と表現される。同様に、２つ目と３つ目のグループは抑えケーブルの長さを拘束しており、$\bar{L}_2$と $\bar{L}_3$がその拘束値である。４つ目と５つ目のグループはそれぞれ補強ケーブルの長さ（直線要素の長さの総和）を拘束しており、$\bar{L}_4$ と $\bar{L}_5$がその拘束値である。これらは

$$\begin{gathered} \sum_{j=163}^{168} L_j(x) = \bar{L}_4 \\ \vdots \\ \sum_{j=193}^{198} L_j(x) = \bar{L}_4 \end{gathered} \tag{4.4.124}$$

のように表現される。図4.4.37dは{ $w_s = 0.8, w_1 = 1, w_2 = 12$}, {$\bar{L}_1 = 4.69$, $\bar{L}_2 = 1.764$, $\bar{L}_3 = 5.176$, $\bar{L}_4 = 5.357$, $\bar{L}_5 = 5.092$}としたときの測地的動的緩和法の計算結果である。ステップ・サイズとして$\beta = 0.05$を、また引き戻しの中では$N = 50$と$\xi = 0.0001$を用いた。減衰定数としては$\gamma = 0.98$を用いた。図4.4.38に本解析における種々の量の減少の様子を示す。拘束条件残差は十分減少しているものの、射影勾配のノルムは途中で減少がストップしていることがわかる。これでも十分な精度が得られるものの、減衰定数を動的に制御することで射影勾配をもっと効率よく減らすことができる。詳細は文献86を参照のこと。

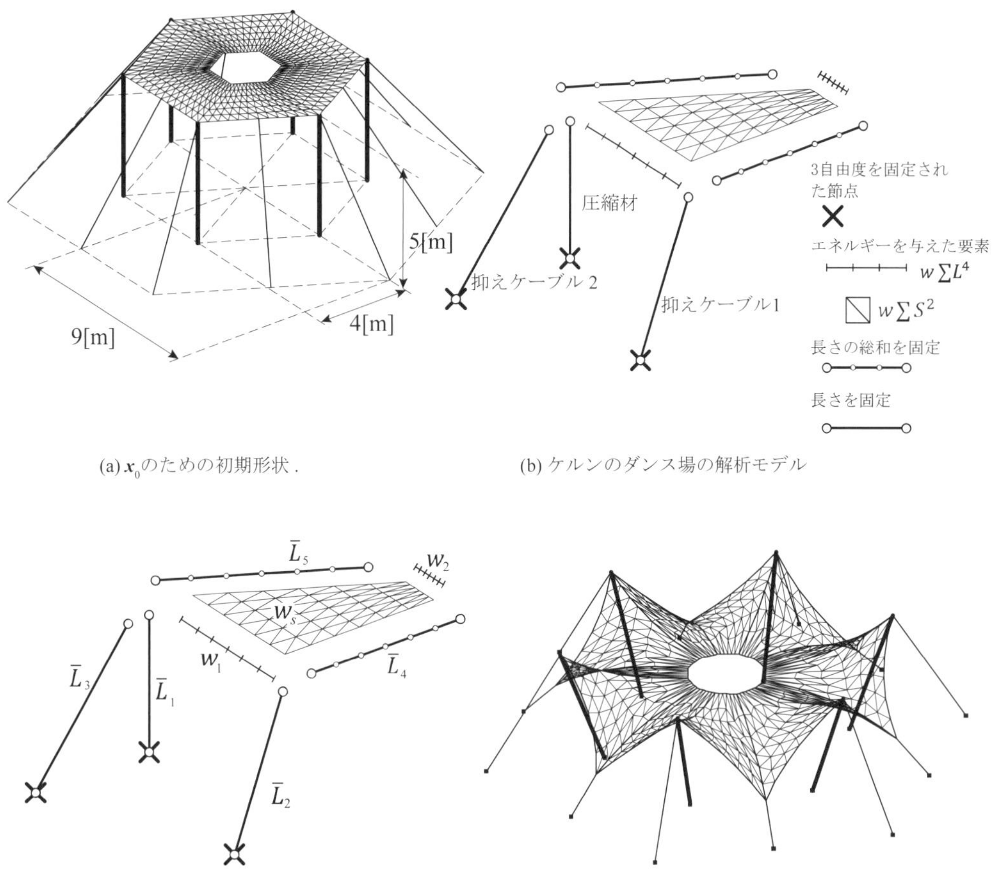

(a) $\boldsymbol{x}_0$のための初期形状．　(b) ケルンのダンス場の解析モデル

(c) 構造デザインのための可変パラメータ　(d) 計算結果例 (w_s=0.8, w_1=1, w_2=12, L_1=4.69, L_2=1.764, L_3=5.176, L_4=5.357, L_5=5.092).

図4.4.37　解析モデル例

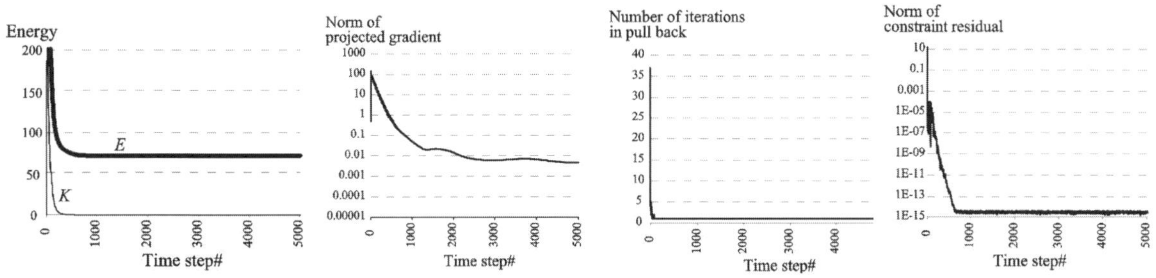

図4.4.38　測地的動的緩和法実行時における様々な量の履歴
左から、エネルギー、射影勾配のノルム、各ステップごとの引き戻しに要した繰り返し回数、拘束条件残差のノルム

参考文献

1) 石原競, 八木孝憲, 萩原伸幸, 大森博司：極小曲面解析による膜構造の形状解析：複合変分汎関数を用いて, 日本建築学会構造系論文集, 第469号, pp.61-70, 1995.

2) 鈴木俊男, 半谷裕彦:極小曲面の変数低減による有限要素解析, 日本建築学会構造系論文報告集, 第425号, pp.111-120, 1991.

3) 日本建築学会, ケーブル構造設計指針・同解説, 1994.

4) 大崎純, 中村恒善, すべり節点ケーブルネットの初期応力指定形状設計法, 構造工学論文集, Vol. 41B, pp.199-206, 1995.

5) 川島晃, 花井重孝, 石丸麟太郎, 田中尚, 張力を一定としたケーブルネット構造の形状決定解析, 日本建築学会構造系論文集, 第524号, pp. 95-101, 1999.

6) H. J. Schek, The Force Density Method for Form-Finding and Computations of General Networks, Computer Methods in Applied Mechanics and Engineering, Vol.3, pp. 115-134, 1974.

7) B. Maurin and R. Motro, Investigation of Minimal Forms with Density Methods, Journal of International Association for Shell and Spatial Structures, Vol. 38, No.3, pp. 143-154, 1997.

8) 真柄栄毅, 国田二郎, 川股重也, 混合法によるケーブルネットの解析 −その（1）不安定架構の性質およびリンク機構の解析−, 日本建築学会論文報告集, 第218号, pp.37-48, 1974.

9) 真柄栄毅, 国田二郎, 川股重也, 混合法によるケーブルネットの解析 −その（2）幾何学的非線形問題の厳密解−, 日本建築学会論文報告集, 第220号, pp.35-45, 1974.

10) H. Minami, H. Toyoda, S. Segawa, Y. Okuda., Investigation to Uni/biaxial Iterative Extension Curves of a PTFE-coated Plain Weave Fabric, Proceedings of IASS Symposium, Copenhagen, Vol.. 3, pp.157-164, 1991.

11) G. Menges and B. Meffert, Mechanisches Velhalten PVC-Beschichteter Polyestergewebe unter Biaxialer Beanspruchung, Kunststoffe 66, 11, pp.741-745, 1976.

12) 南宏和, 中原義雄, 有限要素法を応用したコーティング平織物解析法, 材料, Vol.29, No.324, pp.916-921, 1980.

13) 西川薫, 石井一夫, 織布特性を考慮した膜構造の非線形解析, 日本建築学会大会学術講演梗概集, 構造Ⅰ, pp.1173-1174, 1990.

14) 加藤史郎, 吉野達矢, 小野智子, 南宏和, 瀬川信哉, 織構造格子モデルによる膜構造の粘弾塑性解析 −実験と解析との比較−, 膜構造研究論文集' 97, No.11, pp.1-12, 1997.

15) 加藤史郎, 吉野達矢, 南宏和, 瀬川信哉, 施工手順を模擬した膜構造の粘弾塑性応力・変形解析 −織構造格子モデルによる定式化と解析−, 膜構造研究論文集'98, No.12, pp.11-25, 1998.

16) H. Wüstenberg, H. Fischer, Nonlinear Finite Element Techniques for Membrane Structures, 3rd International Symposium 'Weitgespannte Flächentragwerke', Stuttgart, pp.18-22, 1985.

17) 南宏和, コーテッド平織物の異方性伸長特性の評価と膜構造物への応用, 材料, Vol.41, No.460, pp.34-40, 1992.

18) 南宏和, 瀬川信哉, コーテッド平織物の2軸伸長実験, 材料, Vol.41, No.463, pp.451-457, 1992.

19) 膜材料弾性定数試験方法作成委員会編, 日本膜構造協会試験法標準「膜材料弾性定数試験方法 MSAJ/M02-1995」, 日本膜構造協会, 1995.
20) 南宏和, 山本千秋, 瀬川信哉, 河野義裕, 多段線形近似による膜の材料非線形解析のための弾性パラメタ算定法, 膜構造研究論文集'96, No.10, pp.45-51, 1996.
21) 南宏和, 膜構造物に使用されるコーティング平織物の二軸変形特性, 日本建築学会大会学術講演梗概集, 構造系, pp.303-304, 1984.
22) 南宏和, PTFE コーテッド・ガラス繊維布（膜材料A種）の非線形伸長曲線への多段線形近似とその応用, 日本建築学会構造系論文報告集, 第436号, pp.13-19, 1992.
23) 南宏和, 本林信哉, コ—ティング平織物の剪断特性, 日本複合材料学会誌, 9, 4(1983), pp.147-152, 1983.
24) 西川薫, 萱島誠, 膜材料の剪断剛性について, 膜構造研究論文集'91, No.5, pp.71-78, 1991.
25) 膜材料弾性定数試験方法作成委員会編, 日本膜構造協会試験法標準「膜材料面内剪断剛性試験方法 MSAJ/M01-1993」, 日本膜構造協会, 1993.
26) 日本弗素樹脂工業会, ふっ素樹脂・ハンドブック, 日本弗素樹脂工業会, 改定12版, 2011.
27) 日本膜構造協会, ETFE フィルムパネル設計施工指針（案）, 膜構造研究論文集 2005, No.19, pp.Ⅱ―1-Ⅱ―51, 2006.
28) 吉野達矢, 瀬川信哉, 小田憲史, ETFE フィルムの2軸引張特性と弾塑性応力・変形解析, 膜構造研究論文集 2004, No.18, pp.31-39, 2005.
29) 森山史朗, 河端昌也, ETFE フィルムのクリープ特性 −遅延時間の分布関数による考察−, 膜構造研究論文集 2004, No.18, pp.47-51, 2005.
30) 河端昌也, 森山史朗, 會田裕昌, ETFE フィルムの粘弾性挙動について, 膜構造研究論文集 2005, No.19, pp.1-8, 2006.
31) ワイヤーロープハンドブック編集委員会編, ワイヤーロープハンドブック, 日刊工業新聞社, 1995.
32) 宮里直也, 斎藤公男, 岡田章, 張弦梁構造の施工計画手法に関する基礎的研究：その1 施工方法および導入PS量の分類, 日本建築学会大会学術講演梗概集, 構造Ⅰ, pp.1029-1030, 1999.
33) 浦映二, 斎藤公男, 岡田 章, 宮里直也, 張弦梁構造の施工計画手法に関する基礎的研究：その2 施工エネルギーに基づく施工方法の評価, 日本建築学会大会学術講演梗概集, 構造Ⅰ, pp.1031-1032, 1999.
34) 日本鋼構造協会, 建築構造ケーブル設計施工指針, 1983.
35) 日本建築学会, ケーブル構造設計指針・同解説, pp.212-214, 1994.
36) 田中加奈子, 齋藤公男, 岡田章, ファサードに用いるテンセグリック・トラスの力学特性に関する研究：(その2)ジョイント部のケーブルのすべりの影響と two-way system の基本力学特性, 日本建築学会大会学術講演梗概集, 構造Ⅰ, pp.1037-1038, 1998.
37) 石井一夫, 膜構造の形状解析(形状決定の問題)概説, 膜構造研究論文集'89, No3, 83-107, 1989.
38) 石井一夫, 膜構造の応力・変形解析概説, 膜構造研究論文集'90, No4, 69-105, 1990.
39) 日本建築学会, 建築構造物の設計力学と制御動力学, 応用力学シリーズ2, pp.89-186, 1994.

40) 日本建築学会, 建築物荷重指針･同解説, 2004.

41) O. C. ツィエンキーヴィッツ, R. L. テイラー, 矢川元基ほか訳, マトリックス有限要素法Ⅰ, Ⅱ, 科学技術出版社, 1996.

42) 久田俊明, 野口裕久, 非線形有限要素法の基礎と応用, 丸善, 1995.

43) C. L. ディム, I. H. シャームス, 砂川恵監訳, 材料力学と変分法, ブレイン図書出版, 1977.

44) 本間俊雄, 西村敏雄, 膜構造の形状決定問題, 建築構造物の設計力学と制御動力学, 応用力学シリーズ 2, pp.89-123, 日本建築学会, 1994.

45) 中山昌尚, 宗村美貞, 鈴木俊男, 島田洋, 荒井高志, 高橋一郎, 坂根伸夫, 一方向空気膜構造の現場計測, フジタ工業技術研究所報, No23, pp.19-26, 1987.

46) 中山昌尚, 本間俊雄, 張力構造の静的解析に関する略算評価モデル −2 本交差ケーブル置換モデルと評価計算−, 日本建築学会九州支部研究報告, 第 39 号, pp.341-344, 2000.

47) 岩谷祥美, 任意のパワースペクトルとクロススペクトルをもつ多次元の風速変動シミュレーション, 日本風工学会誌, 第 11 号, pp.5-18, 1982.

48) 本間俊雄, 森哲也, 坂中玲子, 膜構造の裁断図解析と静的･動的な応力･変形解析及び発想･設計支援システムについて, 膜構造研究論文集 2007, No.21, pp.1-13, 2008.

49) 藤井文夫, 瀧諭, 萩原伸幸, 本間俊雄, 三井和男, 非線形構造モデルの動的応答と安定性, 計算工学シリーズ 2, コロナ社, 2003.

50) 石井一夫, 曲面の平面への近似展開 −膜構造曲面のカッテイング図について−, 日本建築学会大会学術講演梗概集, 構造系, pp.783-784, 1972.

51) 石井一夫, 膜曲面上の測地線ケーブルネットについて, 日本建築学会大会学術講演梗概集, 構造系, pp.637-638, 1973.

52) 安宅信行, 小塚裕一, 離散的データで与えられた任意曲面の測地線と CUTTING PATTERN の決定法について, 日本建築学会大会学術講演梗概集, 構造Ⅰ, pp.1171-1172, 1985.

53) T. Suzuki, An Analytical Method of Geodesic Line in Membrane Structure, Proceedings of IASS Symposium, Vol.2, pp.915-922, 1995.

54) 坪田張二, 吉田 新, 最適化手法を用いた膜構造物の裁断図解析, 日本建築学会構造系論文報告集, 第 395 号, pp. 101-111, 1989.

55) 坪田張二, 吉田新, 黒川泰嗣, 裁断図をもとにした膜構造物の実初期つり合い状態の解析, 日本建築学会構造系論文報告集, 第 373 号, pp.101-110, 1987.

56) 八木 孝憲, 萩原 伸幸, 大森 博司, 松井 徹哉, 膜構造物の釣合形状と裁断形状の同時解析手法に関する研究, 日本建築学会構造系論文集, 第 508 号, pp.71-78, 1998.

57) 大崎純, 上谷宏二, 高谷真次, 逆問題型手法による膜構造物の目標形状・応力トレードオフ設計法, 日本建築学会構造系論文集, 第 488 号, pp.107-115, 1996.

58) 大崎純, 山川誠, 膜構造物の静的載荷時の剛性を考慮した初期応力･裁断膜形状最適化, 膜構造研究論文集'97, No.11, pp.31-38, 1997.

59) T. Honma and N. Ataka, Geometrically Nonlinear Structural Analysis by FEM Using the Coordinate Value

on a Deformed Body, Information, Vol.7, No.5, pp.569-584, 2004.

60) 本間俊雄, 安宅信行, 座標値を未知量とした有限要素法による張力構造の解析と評価, 膜構造研究論文集 2004, No.18, pp.15-21, 2005.

61) 本間俊雄, 合田雄策, 安宅信行, 座標値を未知量とした有限要素技術による張力構造解析の一方法, 日本建築学会構造系論文集, 第 602 号, pp.161-169, 2006.

62) 日本建築学会, 空間構造の数値解析ガイドライン, 2001.

63) 市田浩三, 吉本富士市, スプライン関数とその応用, シリーズ新しい応用の数学 20, 教育出版, 1979.

64) 藤田直人, 大崎純, 小嶋淳, 宮津裕次, 線材で補強された膜構造物の裁断図形状最適化, 日本建築学会コロキウム構造形態の解析と創生, pp.63-68, 2014.

65) 渡邉浩志編, 特集 構造解析の進展(前編), 計算工学, Vol.17, No.2, pp.2-35, 2012.

66) 渡邉浩志編, 特集 構造解析の進展(後編), 計算工学, Vol.17, No.3, pp.5-36, 2012.

67) 伊藤毅, 音響工学原論上巻, コロナ社, pp.219-225, 1961.

68) 大橋秀雄, 梶昭次郎, 振動物体に働く流体反力, 日本機械学会誌, Vol.82, No.728, pp.702-711, 1979.

69) 正岡典夫, 村中良, 石井一夫, サスペンション膜構造の振動性状に関する研究 −剛境界で支持された膜構造の自由振動特性−, 日本建築学会構造系論文集, 第 471 号, pp.91-100, 1995.

70) 浅見豊, 振動する屋根への空気力作用に関する基礎的研究, 日本建築学会大会学術講演梗概集, 構造 I , pp.89-90, 2004.

71) 陳商煜, 田村尚土, 大森博司, 柱梁接合部の溶接費と施工性を考慮した鋼構造物の最適設計, 日本建築学会構造系論文集, 第 673 号, pp.469-474, 2012.

72) 黒川雄太, 小河利行, 中山昌尚, 佐々木康人, 増田圭司, 熊谷智彦, 真木英二郎, HP 型サスペンション膜屋根に作用する風圧力の性状と屋根面の風応答 −その 1 実験概要および屋根面に作用する風圧力の性状−, 日本建築学会大会学術講演梗概集, 構造 I , pp.947-948, 2008.

73) 小河利行, 中山昌尚, 佐々木康人, 増田圭司, 熊谷智彦, 真木英二郎, HP 型サスペンション膜屋根に作用する風圧力性状と屋根面の風応答 −その 2 屋根面の風応答−, 日本建築学会大会学術講演梗概集, 構造 I, pp.949-950, 2008.

74) 小河利行, 熊谷智彦, 黒川雄太, 田淵浩司, 中山昌尚, 増田圭司, 振動する膜屋根に作用する空気の付加質量, 日本建築学会構造系論文集, 第 674 号, pp.585-591, 2012.

75) 岩谷祥美, 与えられたパワースペクトルとクロススペクトルをもつ多次元風速変動のシミュレーションとその精度の検討, 日本風工学会誌, 第 36 号, pp.11-26, 1988.

76) 竹内真弓, 前田潤滋, 近藤潤一, 変動風速の縦方向成分と鉛直方向成分の相互相関を考慮した多次元変動風速場シミュレーション, 風工学シンポジウム論文集, Vol.21, pp.25-30, 2010.

77) 本間俊雄, 清水郁子, 空気による付加質量を考慮した膜構造の動的応答解析 −その 2 空気膜構造への適用−, 日本建築学会大会学術講演梗概集, 構造 I, pp.939-940, 2012.

78) 熊本倫子, 本間俊雄, 変動風速データによる空気の付加質量効果を考慮した膜構造の時刻歴応答解析, 膜構造研究論文集 2013, No.27, pp.23-33, 2014.

79) A. S. Day, An Introduction to Dynamic Relaxation, The Engineer, Vol.219, pp.218–221, 1965.

80) M. R. Barnes, B. H. V. Topping and D. S. Wakefield, Aspects of Form Finding by Dynamic Relaxation, International Conference on the Behaviour of Slender Structures, London, 1977.

81) M. R. Barnes, Form-finding and Analysis of Prestressed Nets and Membranes, Computers & Structures, Vol.30, No.3, pp.685–695, 1988.

82) M. Papadrakakis, A Family of Methods with Three-term Recursion Formulae, International Journal for Numerical Methods in Engineering, Vol.18, No.12, pp.1785–1799, 1982.

83) M. Papadrakakis, A Method for the Automatic Evaluation of the Dynamic Relaxation Parameters, Computer Methods in Applied Mechanics and Engineering, Vol.25, No.1, pp.35–48, 1981.

84) D. S. Wakefield, Dynamic Relaxation Analysis of Pre-tensioned Networks Supported by Compression Arches, PhD Report, City, University of London, 1980.

85) D. S. Wakefield, Engineering Analysis of Tension Structures: Theory and Practice, Engineering Structures, Vol.21, No.8, pp.680–690, 1999.

86) M. Miki, S. Adriaenssens, T. Igarashi and K. Kawaguchi, The Geodesic Dynamic Relaxation Method for Problems of Equilibrium with Equality Constraint Conditions, International Journal for Numerical Methods in Engineering, Vol.99, No.9, pp.682–710, 2014.

Ⅱ. 実践編

第１章　共通事項

第１節　実践編の目的

1.1.1　はじめに

基礎編では、空間構造の数値解析に必要となる基礎理論と各種解析手法の具体的手順および留意事項を詳細に解説したが、本書ではこれとは別に、この実践編を設けている。実践編では、基礎編の各章に対応する構造種別に対応させて、例題をいくつか挙げ、数値解析の具体的手順と結果を提示している。ここでの例題は、理論や解析法の理解を促すための基礎編のそれとは異なり、対象となる問題をどのように整理し、いかに適切なモデル化を施すか、そして、数値解析手法の選択と実行のためのパラメータをどのような観点で設定していくかという事項を細かく示している。これにより、実物を解析モデルに置き換える過程を読者が理解し、自ら数値解析を行うときに参考となる事例を提供することを目的としている。

本章の 1.2 節においては、数値解析を行う際の対象構造物のモデル化から数値解析結果の評価に至るまでの一連のプロセスの一般的な項目を述べている。実践編 2 章以降の具体的な例題では、概ねこれらの項目に沿って解説されている。ただし、実践編 4.3 節の例題は膜構造の形状解析と裁断図解析を同時に行う解析という問題の特殊性により、異なる形式で数値解析の手順と結果の評価が説明されている。

1.1.2　実験との対比による解析結果の検証

実践編の例題においては、できる限り実験結果が存在する実物に即した問題を積極的に取り上げ、適用したモデルや数値解析手法によって、どの程度の精度で現象が再現できるのかを客観的かつ定量的に評価することを可能にしている。このことは、数値解析手法そのものの評価だけでなく、空間構造の数値解析のためのベンチマーク問題群としての活用も促すものである。もちろん、実物である故に、形状、応力状態、境界条件、その他において机上で扱われるような完全で理想的な状態が必ずしも実現できるわけではないが、これらの実状を極力明らかにしさえすれば、現実と理想化されたモデルとの差異が実際にどのような形で影響するのかを推し量る手立てにもなる。

第１章　共通事項
第２節　数値解析におけるモデルの設定と実行および評価の概要

1.2.1　数値解析において考慮すべき項目と全体の流れ

数値解析は多くの仮定や条件の上に定式化された理論に基づいて解を求めようとするものである。汎用ソフトウエアを用いる場合には、多くの場合、ユーザーの負担軽減のためにデフォルト値（標準の設定値）が用意され、必ずしも全ての条件を自身で設定しなくても解析を実行することが可能となっているが、それらの意味については十分理解しておく必要がある。また解析対象のモデル化によって結果に大きな差が生じる場合があり、基礎編で述べてきたように、様々な形式を有し、他の構造形式にはない力学特性を持つことの多い空間構造においては、対象をどの程度的確に把握し、物性値をどの程度現実に即して表現すべきかが解析を実行しようとする者を大いに悩ませることとなる。

本節では、数値解析を行う場合に一般的に考えなければならない項目を列記し、その具体的手順として概説する。ほとんどの数値解析においては、概ねこれらの段階を経た手続きが全体の流れとなる。

実体および課題の把握　取り扱う問題の実状を的確に把握し、構造物の性質や数値解析によって明らかにしたい現象を確認した上で、まず、解析対象の仕様、構成を明確にする。これらに基づいて、後述のモデル化の対象となる領域を具体的に定め、モデル化や材料特性の設定に必要となる材料、部材や接合部のディテール、形状および寸法、その他特徴的な事柄などを整理しておく。この際、各々の構造形式に関して留意すべき点については、本書の基礎編をあらかじめ参考にするとよい。計算負荷の低減のために対称条件などを用いて部分領域の解析を行う場合には、現象がその部分領域で表現可能かどうかを十分に検討しておく。

構造のモデル化　実体および課題の把握で対象を整理し、必要に応じて問題の切り分けを行った後、数値解析で検討したい現象を適切に扱えるように考慮してモデル化を行う。ただ闇雲に精密な解析モデルを適用すれば良いのではなく、解析結果に大きな影響を及ぼす箇所を十分に見極めて判断する必要がある。一般的な有限要素法を前提とすれば、非線形問題をどこまで考慮するかは、この段階でどのような要素を用いて、部材をどのように要素分割するかに直接関わる問題となる。例えば、部材座屈や局部座屈を考慮しなければならないのであれば、それらを扱うのに十分な要素分割を施さねばならない。座屈等の幾何学的非線形問題だけではなく、材料の降伏とひずみ硬化に伴う塑性域の広がりなどにもこれらは関係する。その他、接触問題、すべりなど部材間、あるいは接合部などで発生する問題を考慮しなければならない場合は別途特殊なモデル化が必要となることがある。

なお、このモデル化は、結果の精度と計算の負荷との兼ね合いを考えねばならないが、非線形問題を取り扱う場合には、実行する計算アルゴリズムとともに、数値計算そのものを安定的に進められるかどうかに関わってくる場合もある。

要素の材料特性の設定　ヤング係数など、線形解析にすら大きな影響を与えるものはいうまでもないが、空間構造に使用される材料には、膜やケーブルなど独特の材料特性を持つものもあるので、解析条件を考慮し、用いられる材料の実状に基づいて設定しなければならない。

また、載荷と除荷が数多く繰り返される問題には、応力－ひずみ関係にも特別な配慮を要する場合がある。

その他、材料特性ではないが、幾何剛性が支配的な問題においては初期応力の設定が結果を左右する。張力構造においては、この点にも特に留意しておきたい。

境界条件の設定　空間構造物の場合、まず下部構造との連成を考慮するか否かの問題があり、上部構造のみを解析する場合においても、基礎編 2.2.4 項に述べられているように、どのような支承で設計されているのかを勘案して、適切に設定しなければならない。ピンやローラー、固定といった単純な設定でよいのか、半剛接合とすべきかを、実状はもとより、結果に与える影響や問題の性質を含めて判断すべきであろう。

また、解析領域の対称性を考慮して部分領域とした場合には、切り出した箇所に境界条件を設定することになる。ここで、境界条件が考慮した対称条件の変形を反映し、余計な拘束を与えず、かつ安定な支持条件になっているかを確認する。

荷重の設定　考慮すべき荷重を構造物のモデルに適合する形で、具体的な荷重データとして与えねばならない。多くの場合、自重については部材密度で与えるか、その他の重量を設計上仮定される負担面積に応じて配分したものと合算して節点への集中荷重として与えることになる。非線形の増分解析を行う場合、自重のように変化のない荷重と、付加的に作用する比例載荷分に分けて、後者に荷重係数を乗じる形で取り扱うことが多い。

動的解析の場合の質量の与え方には、基礎編で述べられているように集中質量系と整合質量系の 2 つがあり、振動現象に与える影響を考慮して設定する必要がある。また、膜構造のような極めて軽量な構造物の場合、周辺の空気の質量が影響する付加質量の考慮が不可欠である。

数値解析条件の設定　非線形解析を行う場合、その計算の成否は数値解析条件次第となる。荷重が単調に増加し続ける問題であれば難しいものではないが、多くの問題では、荷重－変位関係が極限点を持つため、増分解析を荷重増分法のみで行うことはできない。変位が一方向に増加し続ける節点変位成分があれば途中で変位増分法に切り替えることで解析を安定的に続行できるが、変位の方向が反転するスナップバックを起こす場合などは、さらに釣り合い経路上で異なる節点変位成分の制御に切り替えるか、より汎用性の高い弧長増分法で対処する必要がある。

ここで問題になってくるのは増分刻みを具体的にいかほどに設定するかである。収束性の問題や、応力－ひずみ関係の整合性を保ちながら釣り合い経路を正しく追跡するという観点から、一般的には小さいほうが良いと考えられるが、解析に要する総ステップ数が増大するほか、問題の性質によっては刻みを細かくしても必ずしも安定的に計算を続行できるという保証はないため、その設定には少なからず試行錯誤と経験を要する。そのため、いきなり非線形解析を実行するよりも、まずは線形解析で設定した構造モデルの妥当性を大まかに確認し、限られた計算ステップでの荷重増分法で非線形挙動の傾向を把握するなどして、段階的に高度な解析へと進めていくのがよいであろう。

解析の実行とその評価　解析を実行して、問題なく終了しても、それが期待通りの正しい結果であるとは限らない。まず結果そのものを荷重－変位関係や変形の図示等によって確認し、明らかに不自然な点がないか調べることが必要である。この見極めも対象となる現象の理解と多少の経験を要する。したがって、不慣れな問題の数値解析を行う場合には、実験結果や他の数値解析結果など、参照できるモデルのある問題で、あらかじめ使用する解析プログラムや適用する構造モデルでどの程度の再現が可能であるのかを具体的に知っておくことも大切である。

数値解析結果に問題がないようであれば、モデル化を変えて解析を行って結果を比較することで、大きな影響を及ぼすパラメータが何であるかを知ることができる。このような考察は、扱う問題の結果を左右する支配要因を的確に把握し、モデル化の精度を高めるのに役立つであろう。

1.2.2　モデル化および条件の点検と再解析

数値解析結果を評価した結果、得られた解に十分に納得できない場合には、モデル化や条件を見直し、再度解析を試みることになる。2 章以降の例題の中ではこのようなプロセスは示されていないか、またはあらかじめ予測して複数の条件等を設定しているように見えるかもしれないが、多くの場合、満足のいく結果を得るまでに幾らかの試行錯誤が繰り返されているものである。この際にも、先に述べた各項目のどこに問題があるのかを逐一検証していくことが必要となる。「解析の実行とその評価」の項目の最後に述べたような結果を左右する支配要因を探ることは、このような場合においても手掛かりを与えてくれることがある。非線形問題を扱う場合には、妥当な解が得られないだけではなく、何度試みても解析が途中で破綻して解そのものを得られないことも多い。そのような場合には、解析手法の性質上起こりうる問題について、基礎編に記述されている事項を確認しながら検討しなければならない。

第２章　空間骨組構造の数値解析

第１節　システムトラスを対象とした数値解析のプロセス

2.1.1　実体および課題の把握

空間構造の一形式である立体トラス構造は、同程度のスケールの部材を用いて複雑な曲面を構築することができるため、写真 2.1.1 に示すように大スパン構造の上屋として、しばしば採用されている。立体トラス構造の内、ねじ込み式接合によるシステムトラス（基礎編 2.2.3 項の図 2.2.5 中の 2 番の図）は、形状生成、応力解析、断面算定を備えた構造設計ツールの開発により、部品の加工・生産ラインと連動して合理的な量産体勢を可能としている [1]。

システムトラスの部材は、1)主材、2)節点を構成する中核材、3)節点と主材とを接合している材であり、機械的性質の異なる幾つかの構造要素で構成される場合が一般的である。例えば図 2.1.1 に示すシステムトラスでは、主材である鋼管をパイプ、パイプ端部に溶接された截頭円錐状の構造要素をスリーブ、節点を構成している球状中核部をグローブと呼ばれている。また、パイプとグローブとをつなぐ接合部は、ワッパーと呼ばれる六角ナット状の構造要素とボルトから成る。ワッパーとボルトには打込みピンが差し込まれており、ワッパーを回転させると打込みピンを介してボルトに回転が伝えられ、めねじが切られているグローブとパイプとが緊結される。

写真 2.1.1　トラス屋根架構

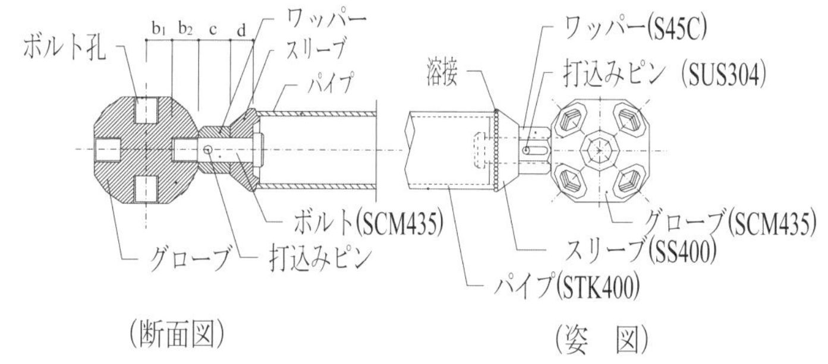

図 2.1.1　システムトラス

トラス構造は梁の曲げ、せん断抵抗を軸力抵抗に変換した構造であり、構造設計では特に座屈耐力、座屈後挙動を把握することが重要である。図 2.1.1 のトラス構造の座屈挙動を予測する際、トラス部材の剛性は主材から接合部、そして中核部までの応力伝達路に依存するため、接合部を構成している構造要素を無視し、主材の剛性のみを評価した解析モデルを用いると、精確な挙動予測が得られないことが実証されている [2)-5)]。

これまで提案されているシステムトラスの数値解析モデルは 2 つのタイプに分類される。1 つは主材を弾塑性梁要素、材端に接合部の剛性と耐力を評価するための剛域と回転ばねを設ける工学モデル [2), 4), 6), 7)]（基礎編 2.2.3 項の表 2.2.2 中の 4, 5）である。材端の回転ばねの復元力特性は、実験から評価している。注意すべき点は、軸力と曲げを受ける接合部の剛性、耐力は応力状態に依存する点である[4), 5)]。もう 1 つのモデルは線材の有限要素モデル[8), 9), 10)]である。このモデルは図 2.1.2 に示すように部材を材軸方向に要素分割し、且つ断面を小領域に離散化する。この有限要素は要素端に並進 3、回転 3 の自由度を有し、鉄骨および鉄筋コンクリートのラーメン構造の解析に用いられてきた。断面力として軸力、せん断力、曲げモーメント、ねじりモーメントを考え、塑性化は断面内と長さ方向の広がりを扱うことのできる汎用性のある骨組構造の解析モデルである。線材要素の利点は、部材内の応力値によって接合部の剛性を変化させる場合、一般の弾塑性解析で行う材料定数の変更と類似の手続きで剛性を自動的に変更できる点にある（本章 2.1.2 項と 2.1.3 項で詳述）。

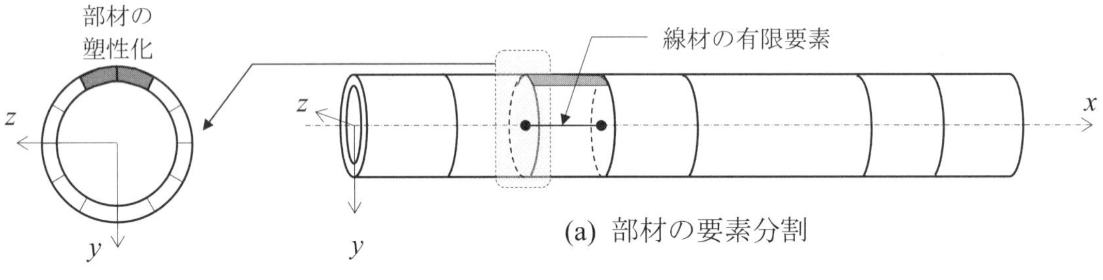

図 2.1.2　線材の有限要素

立体トラス構造は不静定次数が高く、初期座屈後、直ちに崩壊せず、初期座屈と異なる変形モードで二次座屈することが知られている。その結果、釣合経路上に複数の座屈点が現れるが、座屈および座屈後挙動の解析で、異なる座屈点近傍を通過する際の増分パラメータの設定が解析精度に大きく影響する。これまで立体トラス構造の座屈後挙動の解析結果は報告されているが、具体的に座屈時に増分パラメータをどう設定したかはほとんど述べられていない。

以上より、図2.1.1に示すシステムトラスの座屈挙動の解析では、次の2点に応える解析モデル、解法が望まれる。

［１］　応力状態を考慮して接合部の剛性を評価するモデル

［２］　座屈時に適切な増分パラメータを設定できる解析制御法

2.1.2　構造のモデル化

図 2.1.1 に示す複数の構造要素で主材（パイプ）から中核部（グローブ）間の接合部が組み立てられているトラス部材では、接合部の剛性評価に注意を要す。以下に図 2.1.1 のトラス接合部のモデル化を説明する。

接合部の解析モデル[11)]　図 2.1.3 は図 2.1.1 に示した接合部の応力伝達を説明する図である。トラス部材に軸力のみが生じている場合、ワッパーは、グローブとスリーブにはさまれて接しているだけなので、圧縮応力のみ伝達する。ボルトは、グローブとねじ込み式に接合されているが、ボルト頭部とスリーブとが接しているだけであり、引張応力のみ伝達する。全体座屈、もしくは

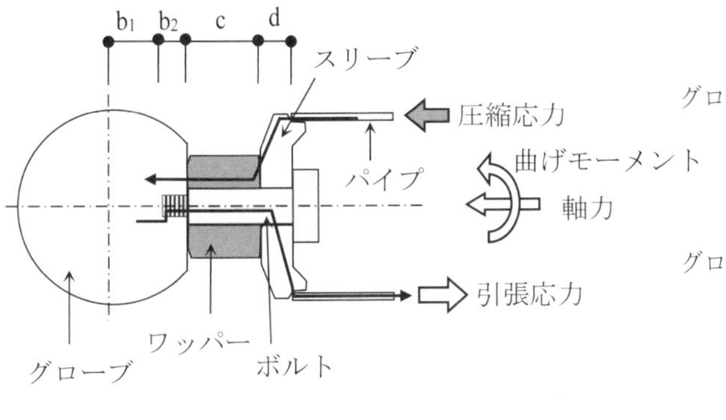

図 2.1.3　接合部での応力伝達

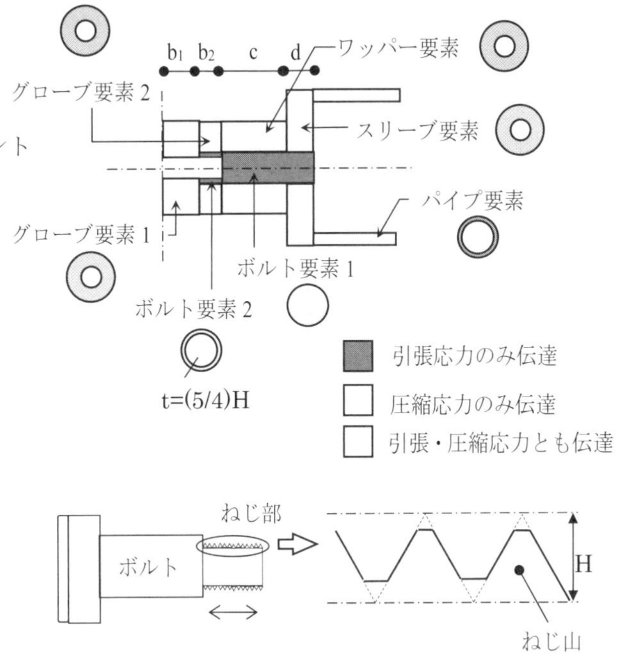

図 2.1.4　システムトラスの解析モデル

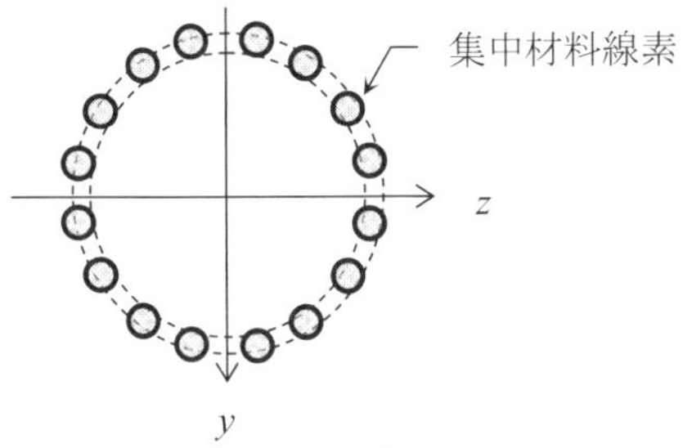

図 2.1.5　断面のモデル化

部材座屈後に部材が大きく変形し、接合部に曲げ変形が生じた状態では、図 2.1.3 中の区間 c で断面の外側に位置するワッパーは、圧縮縁でグローブおよびスリーブと接触し、文献 5 で述べられているてこ機構状態のように圧縮応力の大半を伝達し、引張縁では非接触状態となり応力を伝達しないと考えられる。一方、接合部断面の図心に位置するボルトは、グローブとスリーブ間の引張応力を伝達する役割をはたしていると考えられる。ボルトねじ部では、ねじ谷位置による有効断面で応力が平均的に分布せず、ねじ山に応力が集中するものと考えられる。

図 2.1.4 は上記の接合部での応力伝達の考えに基づいた解析モデルである。グローブは、ワッパーと接している領域が有効とする中空円筒断面とする。ボルトねじ部に隣接している部分は圧縮のみに抵抗し、それ以外の中核部中心近傍の部分は引張と圧縮に抵抗する。ボルトは、ねじ部でねじ山相当の断面を有効とする中空円筒断面、軸部は円筒断面とする。ねじ部と軸部のいずれも引張応力のみに抵抗する。ワッパーは、圧縮応力のみに抵抗する中空円筒断面とする。スリーブの断面は、ワッパー側とパイプ側の外径を平均した一様な中空円筒断面とする。各構造要素の断面は、図 2.1.5 に示す断面積と断面二次モーメントが等価となる 16 個の集中材料線素としてモデル化する。但し、部材の各部でグローブとボルト(b2)、ワッパーとボルト(c)、スリーブとボルト(d)といった２つの構造要素から成る箇所は、各構造要素それぞれ 16 個の材料線素としている。断面の細分化の程度は材料線素の数に対応し、線素の数を多くすると断面内の塑性化の進展を詳細に計算できる。ボルト要素とワッパー要素のねじれ剛性は、文献 7 に倣い、剛接合の 1/100 としている。パイプは図 2.1.2 に示した線材の有限要素モデルである。なお、グローブとパイプを緊

結するときボルト、ワッパーに初期軸力が発生するが、どれだけの軸力が発生しているかは詳細なデータが蓄積されておらず、また所要の初期軸力によりトラス構造の剛性を確保することを前提とするシステムトラスではないため、初期軸力の影響は考慮しないものとする。

2.1.3　要素の材料特性の設定

図 2.1.6 に構造要素の応力－ひずみ関係を示す。パイプ(STK400)は冷間成形鋼管であり加工硬化により、見かけの降伏点が増加しているため、トリリニア型の Mroz モデルとする。スリーブ(SS400)とグローブ(SCM435)はバイリニア型とし、降伏後の材料定数は、部品の材料試験結果を基に定める。ボルト（引張応力のみ)、グローブ 2、ワッパー（圧縮応力のみ）が片側応力状態となるのは、図 2.1.3 で示した応力伝達の考え方を反映した結果である。表 2.1.1 に構造要素の材料定数を示す。ねじり剛性に関わるせん断弾性係数 G は等方弾性材料の場合、ヤング係数 E とポアソン比 ν から $G=E/2(1+\nu)$ として求めることができる。S45C の部品ワッパーは図 2.1.3 よりスリーブとグルーブの間に位置し、初期状態ではボルトのわずかな張力でメタルタッチ接合されている。そのため、本章 2.1.2 項で述べた通り、接合部部品のワッパーとボルトのねじり剛性は実験結果から剛接合の 1/100 と小さく設定されている。ワッパーのせん断弾性係数は軸力抵抗部材の座屈に大きく影響しないと考えられるため、構造要素のヤング係数値に差があるが一律 79000N/mm^2 として設定した。なおパイプに関する降伏後の材料定数は、以降の数値解析毎に別途示す。

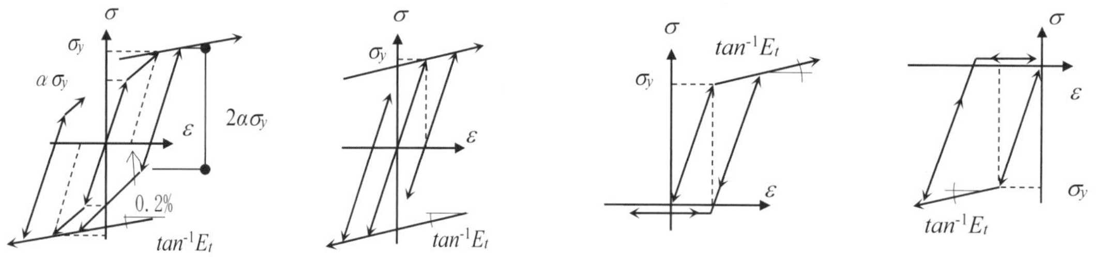

(a)パイプ　(b)グローブ 1, スリーブ　(c)ボルト　(d)グローブ 2, ワッパー

図 2.1.6　構造要素の応力－ひずみ関係

表 2.1.1　構造要素の材料定数

	ヤング係数 E (N/mm^2)	降伏応力 σ_y (N/mm^2)	E_t / E	せん断弾性係数 G (N/mm^2)
グローブ SCM435	206,000	850	5 / 100	79,000
ワッパー S45C	180,000	630	2 / 100	79,000
ボルト SCM435	206,000	850	5 / 100	79,000
スリーブ SS400	206,000	330	1 / 100	79,000
パイプ STK400	206,000	別途示す	1 / 100	79,000

2.1.4　境界条件の設定

システムトラスの支持は、一般に基礎編 2.2.4 項の図 2.2.12、図 2.2.13 に示すように、ピン支持

とローラー支持の支承がある。ローラー支持の支承を支持架構上に設置する場合は、滑る方向に摩擦抵抗を考慮する場合もある。

2.1.5　荷重の設定

荷重は屋根材や壁材を母屋の二次部材を介して球状中核部に伝えられる。トラス部材中間に荷重が作用することはまれであり、一般には節点に集中荷重として荷重を与える。

2.1.6　数値解析条件の設定

弾塑性域でのシステムトラスの座屈挙動を精度良く追跡するために、以下の方法を導入している。

（１）移動座標を用いて要素の剛体変位と正味の変形とを分離する定式化
（２）三次元の有限回転時に現れる回転増分の影響を考慮した釣合
（３）材料非線形モデルの応力－ひずみ履歴を正確に追跡するための増分摂動法
（４）卓越変形モードに対応した増分パラメータの選択アルゴリズム

骨組構造物の大たわみおよび座屈挙動を予測するには、変形状態の釣合による力の二次効果（p–δ 効果）を考慮する必要がある。移動座標を用いて要素の剛体変位と正味の変形とを分離する手法では、形状変化による要素端力の変化が p–δ 効果として表現される [12), 13)]。本節で設定した座標系を図 2.1.7 に示す。空間に固定された右手系の全体固定座標系 X-Y-Z と、片持梁型有限要素の移動に付随する移動座標系（要素局所座標系）x-y-z を設定する。図 2.1.8 に有限要素モデルの自由度を示す。全体固定座標系での要素端変位ベクトルと要素端力ベクトルは、要素両端で並進および回転 3 成分の計 12 成分を持つ。要素端変位ベクトルに含まれる回転角は、$X \rightarrow Y \rightarrow Z$ 軸の順序で初期状態から測る回転角である。要素局所座標系での要素端変位ベクトルと要素端力ベクトルは、要素の自由端の Q 端側でのみ並進と回転 3 成分の計 6 成分を持つ。要素局所座標での材

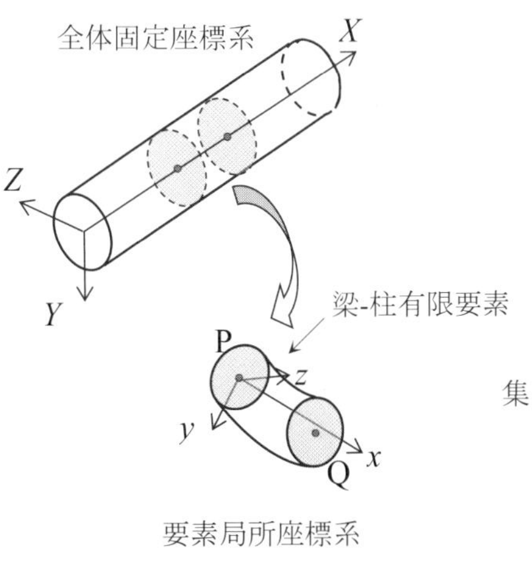

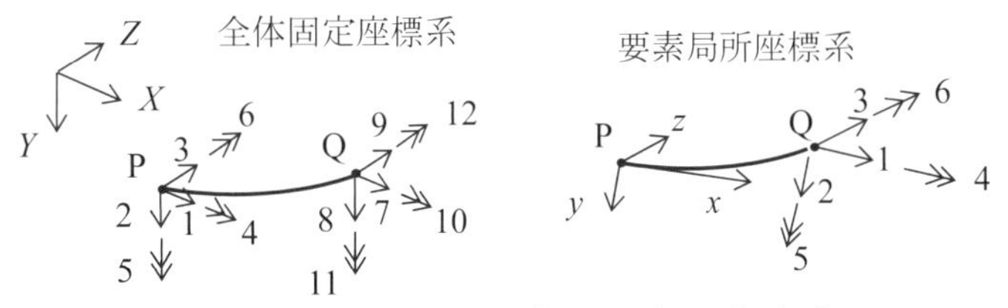

図 2.1.8　有限要素の自由度

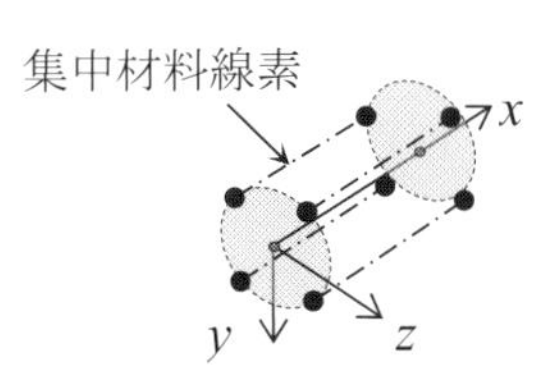

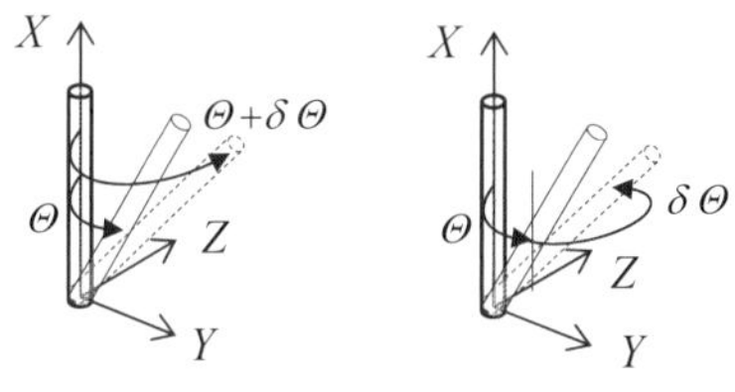

図 2.1.7　有限要素の座標系　図 2.1.9　要素断面のモデル化　図 2.1.10　回転増分の違い

軸変位の形状関数として、軸方向変位とねじれ角を 1 次式、y, z 方向のたわみを 3 次式で表わす。

三次元の有限回転時にモーメントのなす仮想仕事を評価するとき、内力仮想仕事で形状更新に用いる回転順序を決めた固定軸回りの仮想回転角$\delta\Theta$と、外力仮想仕事で用いる釣合状態からの仮想回転角$\delta\Theta^*$とを区別する必要がある [14)]（図 2.1.10）。

使用する線材の要素は、平面保持の仮定に従う垂直応力に対応するひずみ成分の塑性化を考慮し、せん断に関する応力―ひずみ関係は弾性を保持するものとする。要素の降伏、除荷、その他の材料定数の変更は、図 2.1.9 に示す材軸方向の材料線素の中央位置でのひずみ値で判定している。弾塑性解析では材料構成則モデルを遵守する必要があり、接線剛性のみを用いる区分線形型増分解析では、降伏や除荷などの材料定数の変更点に至る増分区間で、誤差を生じないように予測することは非常に困難である。そこで、高次の剛性変化の情報から材料定数の変更点を予測し得る増分摂動法 [15)]による解析法が有効である。増分摂動法とは、材料構成則を含む全ての状態関係式を摂動展開し、降伏点や除荷点という不連続な状態変化を示す位置を正確に予測できる手法である（基礎編 1.2.3 項、1.2.4 項参照）。例えば、降伏点は図 2.1.9 の材料線素のひずみε が降伏ひずみε_y に達する条件

$$\varepsilon = \sum_{i=0}^{m} \varepsilon^{(m)} t^m = \varepsilon_y \qquad (2.1.1)$$

で表わせる。ここに m は摂動の打ち切り次数、$\varepsilon^{(m)}$はある材料線素中央のひずみの摂動係数、t は時間パラメータである。除荷点は材料線素のひずみ速度が零となる条件

$$\dot{\varepsilon} = \sum_{i=1}^{m} m\varepsilon^{(m)} t^{m-1} = 0 \qquad (2.1.2)$$

で示される。

増分パラメータの設定方法は基礎編 1.2.3 項の幾何学的非線形解析に記されている。状態変化を追跡するために選択されるパラメータは、荷重係数増分（荷重制御）、変位増分（変位制御）、弧長増分（荷重係数増分と変位増分ベクトルのノルムで定義される釣合経路曲線の長さの制御）である。釣合経路追跡の立場からは、弧長制御法は汎用性のある手法であるが、変形モードに応じて卓越する変位増分を適宜選択すれば変位制御法も十分に有効な手法である。

変位制御では釣合経路の接線の傾きが最も大きい変位が系の卓越モードの代表変位であり、増分間で最も大きく変位すると期待できる。本解析法では、式(2.1.3)に示す前増分ステップ終了時での変位速度の絶対値が最大になる変数を増分パラメータとして採用している。

$$\max\left|\sum_{i=1}^{m} m\boldsymbol{U}^{(m)} t^{m-1}\right| \qquad (2.1.3)$$

ここに $\boldsymbol{U}^{(m)}$は変位ベクトルの摂動係数である。なお、材料線素の降伏後、系の接線剛性行列の固有値に負の固有値が新たに現れた場合は文献 16 にならい、負の固有値に対応する固有ベクトルを速度解としたときのひずみ速度に整合する接線剛性行列を作成した後、その負の固有値に対応する固有ベクトルの卓越成分を経路制御パラメータとしている。

本節では解析制御法は第1ステップのみ荷重制御とし、それ以降は変位制御としている。基礎式の展開の詳細は文献14を参照されたい。

2.1.7 解析の実行とその評価

文献6～7で谷口、坂らが実施したシステムトラスの実験に対する数値解析結果を示す。

接合部の曲げ変形の弾塑性解析[11]　曲げ実験の載荷システムを図2.1.11と写真2.1.2に示す。供試体は単純支持されており、トーナメントシステムで載荷する。節点接合部の中心と鋼管部材上の2点間の相対変位は、ひずみゲージ型変換器で計測されている。

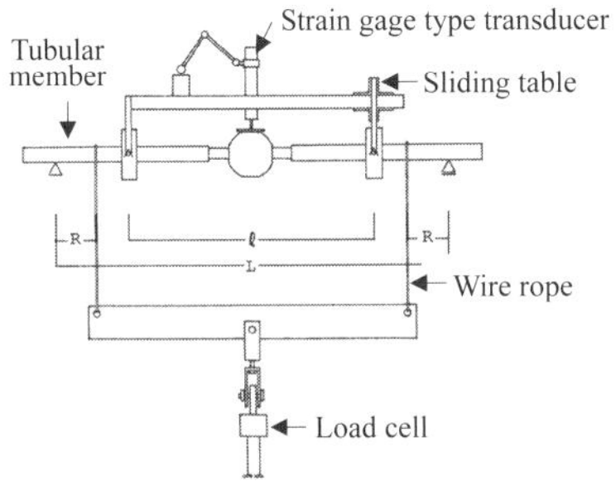

図2.1.11　載荷システム[6]　　(a) 供試体中央と載荷治具　　(b) 供試体端部と支持点

写真2.1.2　供試体と載荷システム

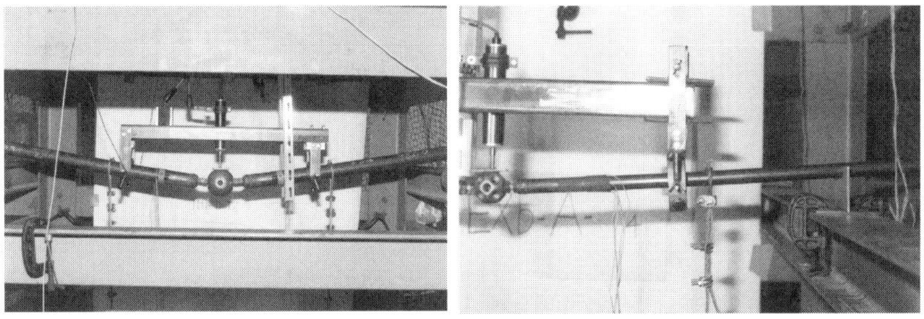

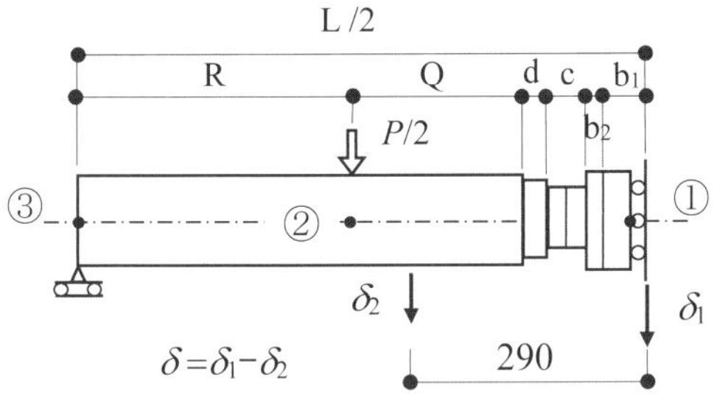

R,Q : Pipe　d: Sleeve＋Bolt　c: Wapper＋Bolt
b₂: Globe＋Bolt　b₁: Globe

図2.1.12　解析モデル

表2.1.4　モデルの種類

Model	Stress Transfer		Threaded portion
	Wapper	Bolt	
(A)	C	T	Ridge
(B)		T+C	Ridge
(C)		T	Entire

T: Tensile stress only
C: Compressive stress only
T+C: Tensile / compressive stress
Ridge: Ridge portion only ◎
Entire: Entire section ●

表2.1.2　モデルの寸法と要素分割数

Length (mm)	L/2	R	Q	d	c	b₂	b₁
P-42.7×2.05(M16)	772.5	430	255.5	18	30	15	24
Number of elements	40	20	15	1	2	1	1

表2.1.3　要素の断面寸法（P-42.7×2.05, M16）

	Pipe	Sleeve	Bolt 1	Bolt 2	Wapper	Globe 1	Globe 2
D	42.7	36	17	17	24	24	24
t	2.05	9.0		2.0	3.0	5.5	3.5

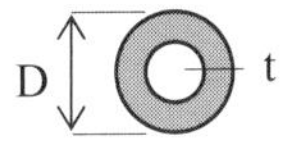

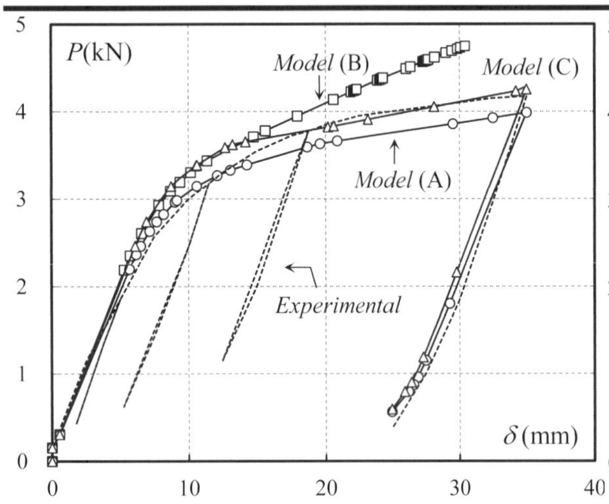

図 2.1.13　荷重 P－相対鉛直変位δ

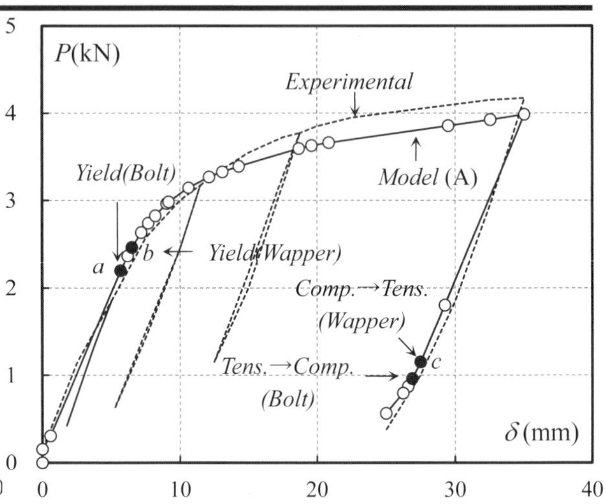

図 2.1.14　荷重 P－相対鉛直変位δ(Model(A))

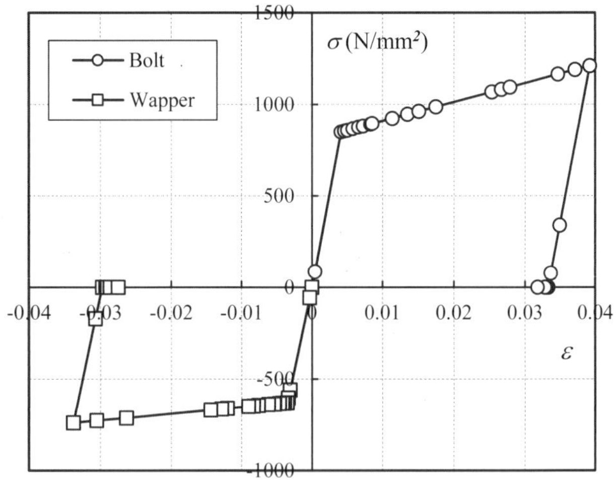

図 2.1.15　ボルトとワッパーの
垂直応力σ －ひずみε

図 2.1.12 は対称条件を用いた 1/2 解析モデルである。表 2.1.2 はモデルの構成と寸法を示す。表 2.1.3 は個々の要素の断面寸法である。制御変数は節点 2 の鉛直変位とした。表 2.1.4 は検討した 3 つのモデルである。検討項目はボルト接合部での応力伝達機構とボルトねじ部の剛性評価である。

図 2.1.13 は荷重 P－相対鉛直変位δ曲線である。破線は谷口、坂の実験結果である。○, □, △でプロットされた線は、それぞれ表 2.1.4 のモデル(A),(B),(C)の数値結果を表わしている。初期剛性に関しては、三つのモデルに差が見られない。モデル(A),(C)の数値結果は、全体として実験結果と一致している。実験曲線とモデル(B)の差は、図 2.1.13 で 3kN を越して徐々に大きくなる点である。つまり曲げ実験において、圧縮応力は接合しているボルトには、ほとんど作用していないと考えられる。実験曲線は図 2.1.13 において、モデル(A), (C)の曲線の間に位置する。構造安全性の見地からは、荷耐力を低く安全側に評価しているモデル(A)が推奨される。図 2.1.14 はモデル(A)の曲線上で接合部が降伏する位置や応力状態が反転する位置を示す。負荷過程において、最初に a 点でボルト要素 2、いわゆるねじ部が降伏し始める。2 番目に b 点でワッパー要素が降伏する。除荷過程においては、P－δ曲線上の c 点付近で、曲線は緩やかな勾配を示す。その曲線の変化は、次のように説明できる。図 2.1.15 はボルト要素とワッパー要素の垂直応力－ひずみ関係である。図 2.1.15 中の c 点の位置は、図 2.1.14 中の c 点の位置に対応する。c 点でワッパー要素を構成するある線素の応力状態が、圧縮から引張に転ずる。また、ボルト要素 2 を構成する線素の応力状態が引張から圧縮に転ずる。その結果、要素剛性が低下する。その様子は実験結果とも対応する。

二層立体トラスの座屈挙動解析 [17]　谷口と坂は、均等な鉛直荷重を受ける二層立体トラス板の中央の応力状態を想定し、2つの油圧ジャッキを用い、2方向の曲げモーメント荷重を載荷できる写真2.1.3、図2.1.16に示す載荷システムを提案している [7]。この載荷システムでは、上弦面に作用する荷重と下弦面に作用する荷重との比は1 : 2となり、弦材1本当りの軸方向荷重の絶対値は等しくなる。実験では、油圧ジャッキの荷重、外周支持節点と上弦面中央節点との相対たわみ、ならびに中央下弦材の節点間の相対変位が測定されている。実験での座屈挙動として、最大荷重付近で下弦中央グリッドの4部材に個材座屈モードが観察された。最大荷重値は40.5kNであり、その直後、座屈変形が見られる4本の下弦材中2本の部材に座屈変形が進行し、荷重が急激に低下している [7]（後述の図2.1.18から）。

図2.1.17に立体トラスの解析モデルを示す。部材は全てφ34のトラスであり、1部材を40要素に分割している。上弦材と斜材は直線材とし、下弦材は文献7に示されている元たわみ量から下弦材中央の位置を定め、部材端部と中央とを直線で結んでいる。各構造要素の応力−ひずみ関係

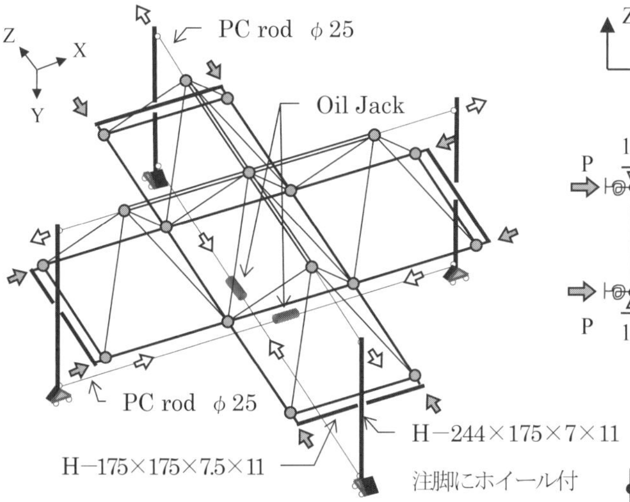

図2.1.16　供試体と載荷システム [7]

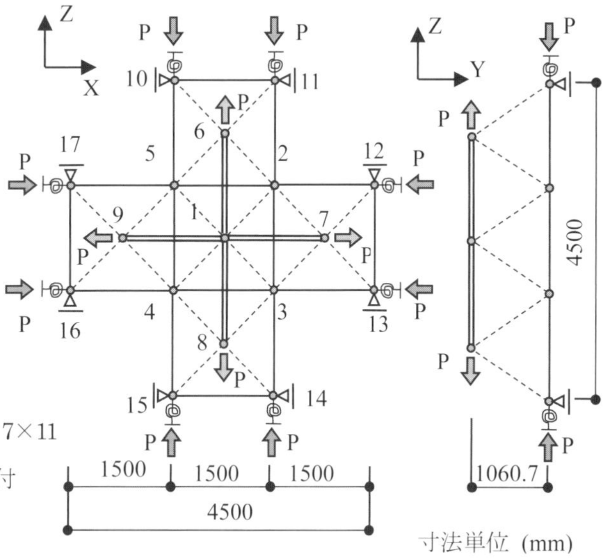

図2.1.17　解析モデル [17]

写真2.1.3　供試体と載荷システム

写真2.1.4　下弦節点と載荷用フレームとの接合

を図 2.1.6、解析用断面を表 2.1.5 に示す。パイプの降伏応力に対する弾性限応力の比αと降伏応力 σ_y は、文献 6 に示されているパイプ材の圧縮試験結果のグラフをもとに、それぞれ a=0.7, σ_y=437N/mm^2 に設定した。表 2.1.6 は解析時の形状初期不整であり、文献 7 の表 8 に記されている元たわみを各節点間中央に与えた。境界条件は写真 2.1.4 に示すように、H 形鋼に支持されている 8 個の下弦節点（節点番号 10～17）は、載荷方向にローラー支持されており、且つ載荷方向に直交する 2 方向に回転ばねで支持されている。この回転ばねのばね定数は、文献 7 で示されている 4997kNcm/rad の値を用いている。

表 2.1.5　構造要素の解析用断面と要素長

部材		パイプ	スリーブ	ボルト1	ボルト2	ワッパー	グローブ1	グローブ2
P-34.0×2.30	D	34.0	32	17	17	24	24	24
(M16)	t	2.30	7.0		2.0	3.0	5.5	3.5
要素長			d=18	b2=15	c=30	c=30	b1=39-b2	b2=15
要素分割数		30	1	1	2	2	1	1

長さの単位：mm

表 2.1.6　部材中間位置での形状初期不整量　単位：mm

部材	X	Y	Z	部材	X	Y	Z
2 - 3	0	1.5	0	3 - 14	0.4341	2.462	0
4 - 3	0	1.0	0	4 - 15	0.5362	0.450	0
5 - 4	0	-0.500	0	16 - 4	0	-1.072	0.8999
5 - 2	0	0.5209	-2.954	17 - 5	0	0.5472	-1.504
2 - 12	0	-0.8999	-1.072	10 - 5	1.0	0	0
3 - 13	0	-0.9526	-0.550	11 - 2	-0.45	0.5362	0

図 2.1.18 に荷重 P－節点 1 の鉛直変位 δ 関係を示す。破線は実験結果 [7]、一点鎖線は谷口と坂が提示した部材端に弾塑性ばねと剛域を設けた材端ばねモデルによる解析結果 [7]、実線は本論で用いている梁－柱有限要素モデルを用いた解析結果である。梁－柱有限要素モデルによる解析では、荷重が 41kN のときに、節点 2－5 間中央位置のパイプ要素で、Z 軸方向正側の材料線素が塑性化し、系の接線剛性行列に負の固有値が 1 つ現れた。負の固有値に対応する固有ベクトルを図 2.1.19 に示す。図 2.1.19 に示した固有ベクトルの卓越成分は、節点 2－5 間中央の Z 方向の並進変位成分である。この時点で、文献 16 の手法にならい、経路制御パラメータを節点 2－5 間中央の Z 軸負方向に設定したところ、荷重係数の符号が正から負へと転じた。実験で得られた最大荷重値 P は 40.5kN で、本解析結果では 41kN であり、ほぼ等しい値となっている。谷口、坂ら解析結果では最大荷重が 37.2kN である [7]。

座屈後挙動に関して、実験結果では図 2.1.18 よりほぼ一定の負勾配の荷重－変位関係が得られている。谷口、坂らの解析結果は、最大荷重点を経た後、変位の戻りが 2 度現れる。梁－柱有限要素モデルでは、谷口、坂らの解析で見られる変位の反転する点付近を通過する滑らかな負勾配の曲線となる。制御座標には、最大荷重直後から節点 2－5 間中央の Z 方向の並進変位成分が選択された。一方、荷重が 38.3kN から 37.8kN の間、33.9kN から 31.5kN の間の二区間（図 2.1.18 中の○で囲まれた領域）では、節点 2－5 間中央の Z 方向の並進変位成分と節点 4－5 間中央の X 方向の並進変位成分とが、ほぼ交互に選択される増分ステップが多かった。これらの区間は、谷

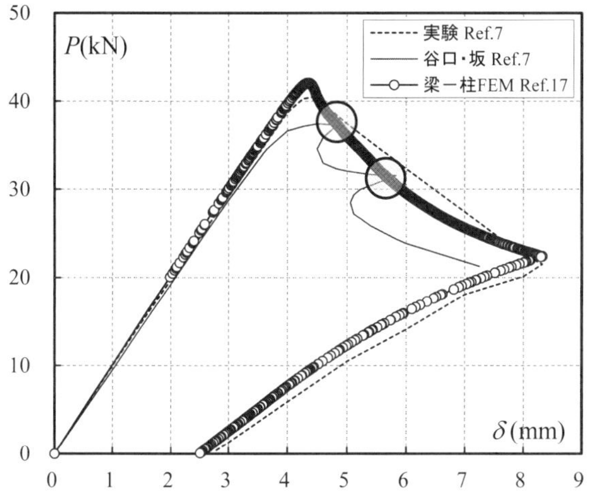

図 2.1.18　荷重 P－節点 1 の鉛直変位δ 関係 [17)]

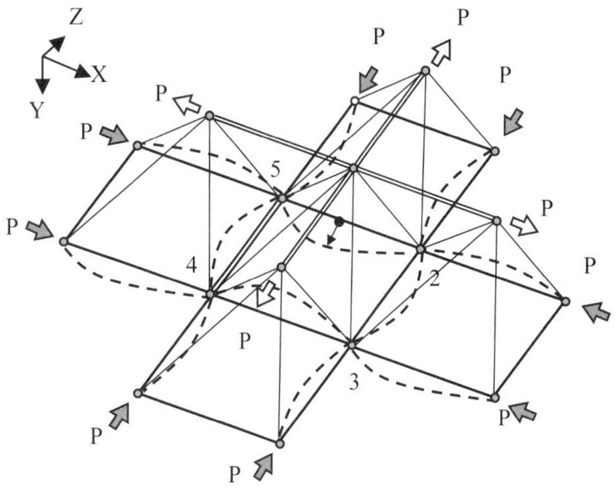

図 2.1.19　負の固有値に対する固有ベクトル [17)]

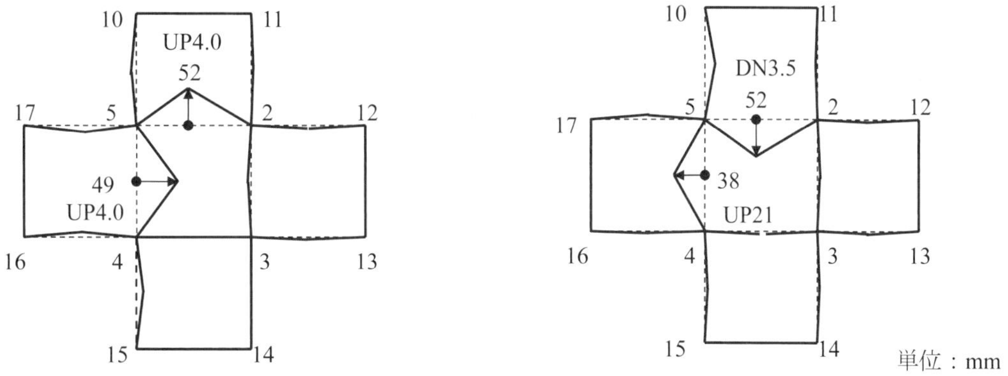

(1) 実験結果 [7)]　　(2) 解析結果 [17)]

図 2.1.20　下弦材の残留変形

ロ、坂らの解析結果において鉛直変位が反転する荷重領域に対応しており、実験では二本の部材の座屈変形がほぼ同時に進行している領域と考えられ、解析制御に注意を要する。本解析法では、部材が連続して座屈する挙動に対して、複数の座屈変形に対応した制御座標が自動的に選択されており、釣合経路追跡が実行されている。以降、31.5kN から荷重を除荷する間では、節点 2－5 間中央の Z 方向の並進変位成分が選択された。

図 2.1.20 は荷重を除荷し終えた段階での下弦材中央位置の残留変形である。実験結果の数値は文献 7 に記されている値である。実線は、水平方向の残留変形であり、変形量を約 15 倍にして、部材端と部材中央とを直線でむすんで描いている。図中に記されている数値は、変形が比較的大きい箇所での面内および鉛直変位量であり、記号 UP は鉛直上向き、DN は鉛直下向きの意味である。図 2.1.20 より実験、解析ともに下弦中央グリッドの 2 本に大きな残留変形が確認できる。最大水平変位は、実験結果において節点 4－5 間中央位置で 49mm、解析結果では節点 2－5 間中央位置で 52mm であり、実験値と良好に対応している。トラス形状、荷重条件ともほぼ対称性を有し、塑性変形の局所化やモードの正負、種々の不整を勘案すると、解析での残留変形モードは実

験の残留変形モードと対応しているといえる。

二層立体トラスの実験結果と解析結果をもとに、初期剛性、最大荷重値、座屈後挙動、残留変形を比較した。その結果、本章 2.1.2 項で示した解析モデルは、座屈後領域に対しても対象としたシステムトラス接合部での応力伝達が的確に評価されているモデルである。また本章 2.1.6 項で述べた数値解析法は、複数のトラス部材が連続して座屈する挙動に対しても、適切な増分パラメータを選択する解析制御がなされており、十分な精度で実挙動の予測が可能である。

参考文献

1) 岩田衛, はじめてのシステムトラス –スペースフレームが創る自由な空間–, 建築技術, 1996.

2) 坂壽二, 日置興一郎, ねじ込み接合で組み立てた立体トラスの座屈挙動, 日本建築学会論文報告集, 第 331 号, pp.1-9, 1983.

3) 杉崎健一, 河村繁, 半谷裕彦, アルミニウム単層トラスの構造挙動に関する実験的研究, 日本建築学会構造系論文集, 第 480 号, pp.113-122, 1996.

4) 植木隆司, 向山洋一, 庄村昌明, 加藤史郎, 単層ラチスドームの載荷試験および弾塑性座屈解析, 日本建築学会構造系論文報告集, 第 421 号, pp.117-128, 1991.

5) 岩田衛, 和田章, 大場高秋, 白井貴志, 部品構成された鋼管立体トラスの接合部の回転性能に関する研究, 日本建築学会構造系論文報告集, 第 391 号, pp.45-58, 1988.

6) Y. Taniguchi, T. Saka and Y. Shuku, Buckling behavior of space trusses constructed by a bolted jointing system, Space Structures 4: Proceedings of the fourth international conference on space structures, Thomas Telford, London, pp.89-98, 1993.

7) 谷口与史也, 坂壽二, ねじ込み接合システムトラスの実験的研究, 日本建築学会構造系論文集, 第 468 号, pp.91-99, 1995.

8) 鈴木敏郎, 小河利行, 久保寺勲, 五十嵐規矩夫, ボール接合単層ラチスドームの座屈実験及び弾塑性座屈解析 –中央集中荷重を受ける部分球形ドームについて–, 日本建築学会構造系論文報告集, 第 444 号, pp.53-62, 1993.2

9) 高島英幸, 柴田良一, 加藤史郎, スペースフレーム接合部の数値シミュレーション法, 日本建築学会構造系論文集, 第 455 号, pp.105-111, 1994.

10) 上村充範, 松井徹哉, 萩原伸幸, 鷲見和人, リング締結型接合部を用いた屋根型単層円筒ラチスシェルの弾塑性座屈性状, 日本建築学会, 構造工学論文集, Vol.45B, pp.189-194, 1999.

11) T. Nishimura and K. Morisako, Elasto-Plastic Analysis of a System Truss by Spatial Beam-Column FEM, Proceedings of IASS2001 International Symposium on Theory, Design and Realization of Shell and Spatial Structures, Nagoya, CD-ROM, TP097, 8 pages, 2001.

12) R. Tanabashi, T. Nakamura and S. Ishida, Gravity Effect on the Catastrophic Dynamic Response of Strain-Hardening Multi-story Frames, Proceedings of 5th World Conference on Earthquake Engineering, Rome, Vol.2, pp.2140-2149, 1974.

13) 石田修三, 森迫清貴, 増分摂動法を導入した一次元複合非線形有限要素法, 日本建築学会構造系論文報告集, 第 397 号, pp.73-82, 1989.

14) 西村督, 森迫清貴, 石田修三, 上谷宏二, 増分摂動法による立体骨組の大たわみ解析, 構造工学論文集, Vol.39B, pp.73-86, 1993.

15) Y. Yokoo, T. Nakamura and K. Uetani, The Incremental Perturbation Method for Large Displacement Analysis of Elastic-Plastic Structures, International Journal for Numerical Methods in Engineering, Vol.10, No.3, pp.503-525, 1976.

16) 森迫清貴, 弾塑性骨組の臨界挙動解析における整合剛性行列形成アルゴリズムとつり合い経路制御パラメータの選択, 日本建築学会構造系論文集, 第 519 号, pp.55-61, 1999.
17) 西村督, 小田憲史, 森迫清貴, 有限要素法を用いたシステムトラスの座屈後挙動解析法, 日本建築学会構造系論文集, 第 584 号, pp.95-102, 2004.

第３章　シェル構造の数値解析

第１節　ＲＣシェルの静的耐荷力に関する実験と数値解析

3.1.1　実体および課題の把握

シェル構造物の座屈性状や座屈荷重は形状初期不整に著しく影響を受ける。薄肉の鉄筋コンクリートシェル（以下 RC シェル）に関しては、耐荷力等の評価に際して、幾何学的な非線形性に加え、鉄筋とコンクリートの複合材料により材料学的非線形性が複合する比較的複雑な挙動を示すことが多い。ここでは、RC シェルの耐荷力性能に与える初期不整の影響を調べるために、RC 屋根型円筒シェルを対象にした破壊実験をとりあげ [1)]、その数値解析を行った事例について示す。数値解析との比較から、形状初期不整が終局に至るまでの変形挙動、最大耐力、ひび割れの進展状況および破壊形状に与える影響を検討する。

試験体　対象の実験では、完全形状として作成した RC 円筒シェル(CY-I-0)と、人工的な形状初期不整として、半波数 3 波を与えた RC 円筒シェル(CY-I-8)の 2 種類の試験体が用いられている。図 3.1.1 に試験体の全体形状、寸法、断面および配筋図を示す [1)]。

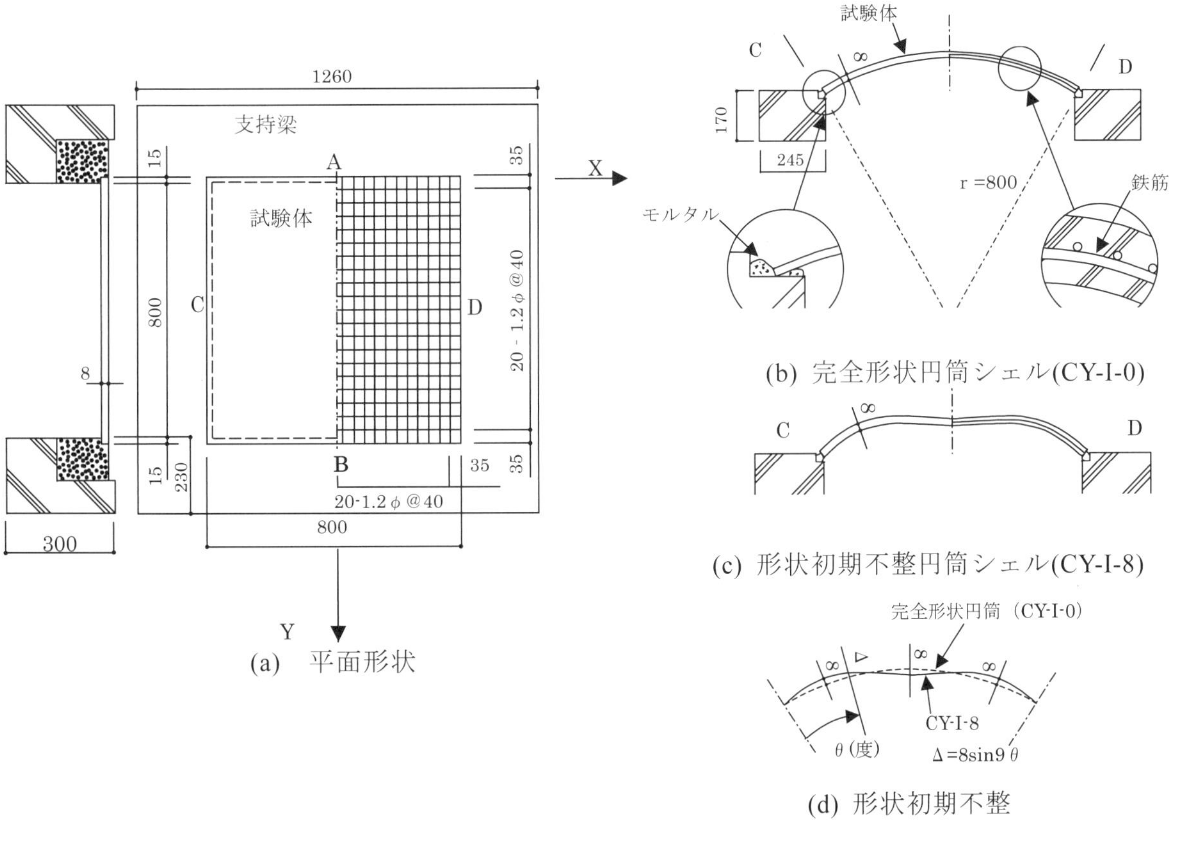

図 3.1.1　試験体の全体形状、寸法、断面および配筋図（単位：mm）

人工的に与えた初期不整の形状は、完全形状円筒シェルに対して円周方向へ半波数 3 波のサインカーブであり、その最大振幅がシェル厚（8mm）に等しくなるように設定されている。ただし、円筒の母線方向へは一定となっている。試験体のシェル厚の平均値を表 3.1.1 に示す。

表 3.1.1　シェル厚平均

試験体名	最大不整量 (mm)	シェル厚平均 (mm)
CY－I－０	０．０	７．９
CY－I－８	８．０	８．１

試験体に使用したマイクロコンクリートの材料定数を表 3.1.2 に示す。マイクロコンクリートは最大粒径が 1.2mm で、調合は水:セメント:砂＝0.6:1:3 とした。鉄筋の弾性係数と降伏応力は E_s＝2.13×10^5 N/mm^2、f_y＝362.8 N/mm^2 であった。

表 3.1.2　コンクリートの材料定数

試験体名	圧縮強度 f_c' (N／mm^2)	引張強度 f_t' (N／mm^2)	ヤング係数 E_c (ｋN／mm^2)	ポアソン比　ν
CY－I－０	２１．２	２．１４	１８．０４	０．２４７
CY－I－８	２３．６	２．３８	２０．０１	０．１９２

載荷、測定方法　加力は 1 基のオイルジャッキでトーナメント方式により単調鉛直載荷を行っている。載荷点は全体で 64 点であり、試験体を貫通するロッドの引張により載荷される。載荷点の貫通孔回りでは特に補強を行っていないが、ワッシャーとゴム板をナットと試験体の間に挿入している。これによりロッドからの荷重を分散させている。周辺支持部から最も近い載荷点までの距離は、境界部分における局所的な崩壊を避ける目的で、曲率半径とシェル厚を考慮して 50mm としている。それぞれの載荷点間距離は 100mm としている。

シェルの鉛直変位は、ダイヤルゲージ型変位計により母線方向へ 5 点、円周方向へ 5 点の計 25 点で計測した。なお、数値解析結果との比較においては、鉛直変位を対象とした。

3.1.2　構造のモデル化

解析モデル　ＦＥＭ解析モデルを図 3.1.2 に示す。対称性を考慮して、図 3.1.1 に示す試験体の右上部分、全体の 1/4 を解析対象とし、これを 64 要素に分割した。また、要素の厚さ方向への分割数は 8 とした。

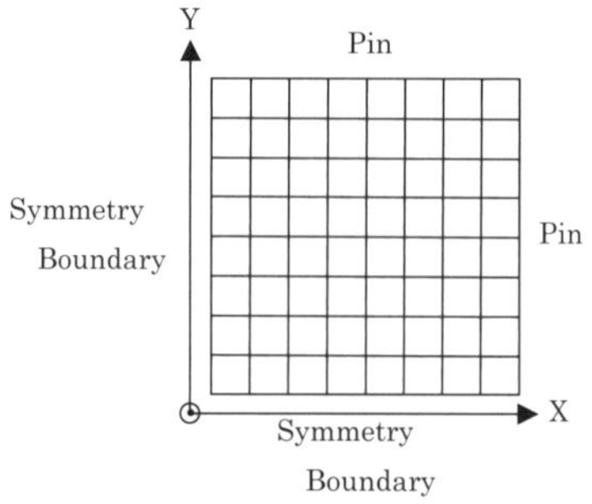

図 3.1.2　要素分割

使用要素は図3.1.3に示す8節点アイソパラメトリック退化シェル要素を厚さ方向に層分割して用いた[2)]（三次元理論に基づくソリッド要素を退化させて要素で適用範囲が広く、広範に用いられる；基礎編3.2.2項・表3.2.1 参照)。

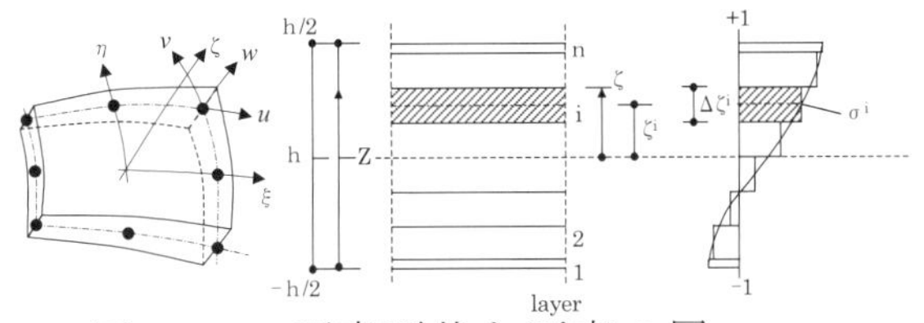

図 3.1.3　要素形状と要素の層

ここでは次式に示すように、面外変位の２次までの非線形を考慮したひずみ－変位関係を用いた。

$$\begin{aligned}\boldsymbol{\varepsilon} = &\{\partial u/\partial x, \partial v/\partial y, \partial u/\partial y + \partial v/\partial x,\\ &\partial u/\partial z + \partial w/\partial x, \partial v/\partial z + \partial w/\partial y\}^T\\ &+\left\{\frac{1}{2}\left(\frac{\partial w}{\partial x}\right)^2, \frac{1}{2}\left(\frac{\partial w}{\partial y}\right)^2, \frac{\partial w}{\partial x}\frac{\partial w}{\partial y}, 0, 0\right\}^T\end{aligned} \tag{3.1.1}$$

$$\boldsymbol{\sigma} = \{\sigma_x, \sigma_y, \tau_{xy}, \tau_{xz}, \tau_{yz}\}^T \tag{3.1.2}$$

3.1.3　要素の材料特性の設定

鉄筋比と材料定数　コンクリートと鉄筋の材料定数は、表 3.1.2 に示した材料実験結果を用いて、表 3.1.3 に示すように設定した。なお、要素中の鉄筋のモデル化は、基礎編 3.2.2 項・図 3.2.3 のグリッド状のモデル化を用いた。

表 3.1.3　材料定数

	CY-I-0		CY-I-8	
p_x（x 方向鉄筋比）	0.369	(%)	0.369	(%)
p_y（y 方向鉄筋比）	0.375	(%)	0.375	(%)
E_s（鉄筋弾性係数）	213.8	(kN/mm²)	213.8	(kN/mm²)
σ_y（〃降伏応力度）	362.8	(N/mm²)	362.8	(N/mm²)
E_c（コンクリート弾性係数）	18.0	(kN/mm²)	20.0	(kN/mm²)
f_c'（〃圧縮強度）	21.2	(N/mm²)	23.6	(N/mm²)
f_t'（〃引張強度）	2.14	(N/mm²)	2.38	(N/mm²)
ν（〃ポアソン比）	0.247		0.192	

材料非線形性に関しては、破壊限界の評価を目的の一つとするために、数値計算の安定性確保を優先し、コンクリートと鉄筋に関して比較的単純な構成則を用いた。コンクリートおよび鉄筋の応力－ひずみ関係は図 3.1.4 に示すようなものを仮定した。コンクリートの破壊曲面は、Kupfer の実験結果[3)]を塑性論に基づいて近似した（図 3.1.5)。

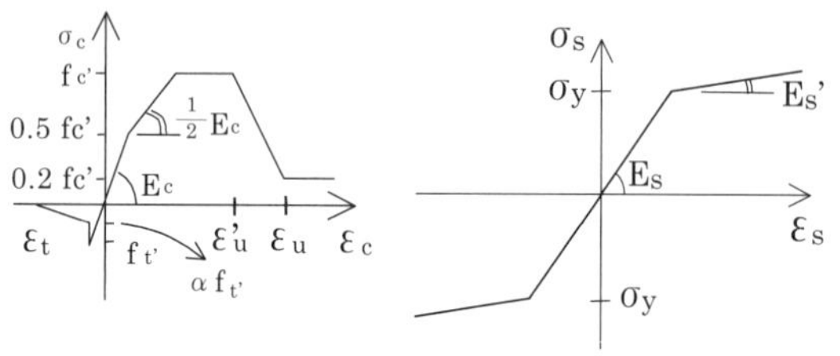

α　；テンションスティフニングに関する係数
ε_u'　；圧縮強度保持の限界ひずみ
ε_u　；圧縮破壊後の強度残存開始時のひずみ

図 3.1.4　コンクリートおよび鉄筋の1軸応力－ひずみ関係

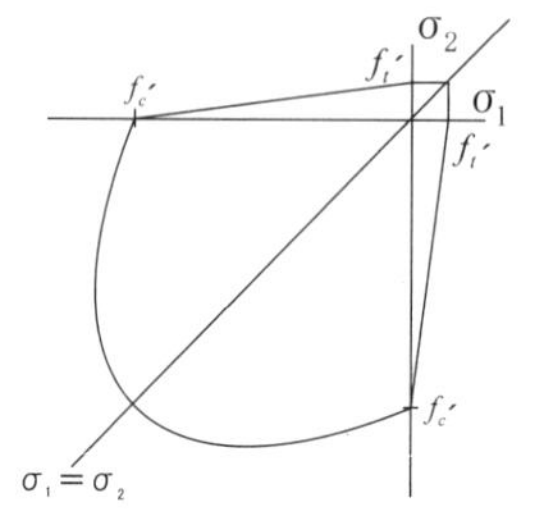

$\sigma_{1,2}$ ；　平面応力下における主応力度

図 3.1.5　コンクリートの破壊曲面のモデル化

ひび割れ発生は、各層の積分点における応力基準により、2 つの主応力に対応して評価した。

3.1.4　数値解析の設定

境界条件の設定　載荷方法は、鉛直方向の面荷重として載荷し、境界条件は、支持辺をピン支持として解析を行った。これらの仮定は一般的には無視できると考えられるトーナメント部分の断面欠損や、荷重レベルに応じた境界部分の固定度（実験における初期では、均しモルタル部分がある程度剛性を有しその後ピンに近づく）などがあるが、シェルの耐力に及ぼす影響は小さいと想定することが一般的である。

荷重の設定　トーナメントによる加力は、シェル面の変形に追随し、鉛直性を保持すると想定してモデル化することが一般的である。

制御法の設定　制御法としては、主要なシェル面の面外並進成分の全点を用いた弧長増分法を用い、クラックの進展を詳細に追跡可能な程度の十分に小さな刻みを用いる。

3.1.5　解析の実行とその評価

解析結果　円筒シェル中央部における荷重－鉛直変位関係を図 3.1.6 に示す。

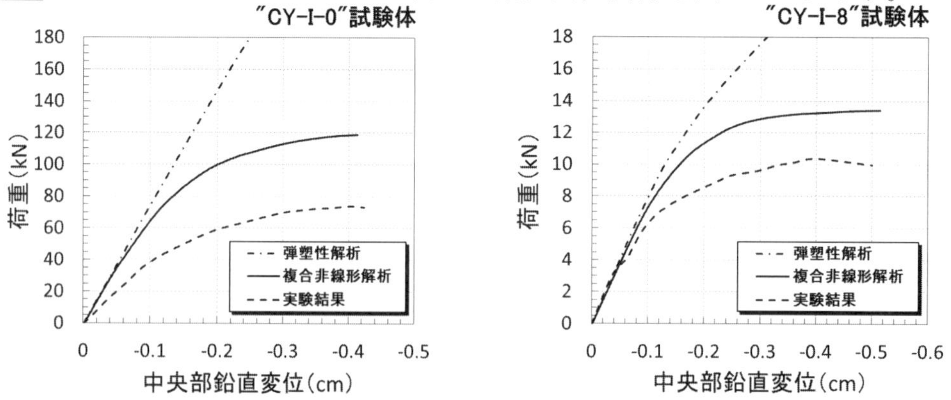

図 3.1.6　荷重－鉛直変位

第３章　シェル構造の数値解析

第２節　ＲＣシェルの振動特性に関する検証と地震時挙動の予測解析

3.2.1　実体および課題の把握

既存のルーフシェルの振動性状の評価事例　近年、地震災害に際して、体育館等の避難場所としての施設の耐震性能の評価が再認識されている。この種の施設の特徴として、音響関係や照明装置等の吊り物の落下対策等は避難後の余震に対しても重要な問題である。2001 年の芸予地震では、体育館の天井落下や壁落下など、構造部材以外の仕上げ等による被害の可能性もクローズアップされた。一方、空間構造における振動測定においては同時多点の測定が望ましく、その実施例は限られている。

ここでは建設から約 20 年経過した既存の RC アリーナについて振動測定を行い、同時に 3 次元の応答解析モデルを構築し、耐震性能評価における全体 3 次元応答解析の適用を試みた事例について示す [4)]。

建物概要と振動測定　調査対象（写真 3.2.1、3.2.2 参照）の構造物は、歪んだ 4 辺形のプランを有するＨＰ曲面を 6 面組み合わせた鉄筋コンクリートシェル屋根を基本としたアリーナである。シェル厚さは 7cm 一定であり、周辺が縁梁で補剛されている。シェル面の周囲は、下面の底部位置では鉛直と外向きの水平変位が剛性の高い壁で支持され、下面の上部位置では鉛直変位が支柱で支持されている。当該施設は曲面屋根の特徴を生かし、室内をシェル内面への間接照明からなる散乱光による、むらのない照明としている。このことにより夜間における各種競技に際しても、良好な環境を生み出し、現在まで健全に使用されている。

写真 3.2.1　調査対象外観

写真 3.2.2　調査対象内観

ここでは、主として人力加振および常時微動測定により、基本的特性として振動測定を行った。図 3.2.1 に測定点の概略を示し、図 3.2.2、3.2.3 に K、P 点の常時微動および人力加振の速度時刻歴を示し、また図 3.2.4、3.2.5 に K、P 点の常時微動および人力加振のフーリエスペクトルを示す。表 3.2.1 には測定値より推定した 1 次モードの固有振動数と固有周期を示す。

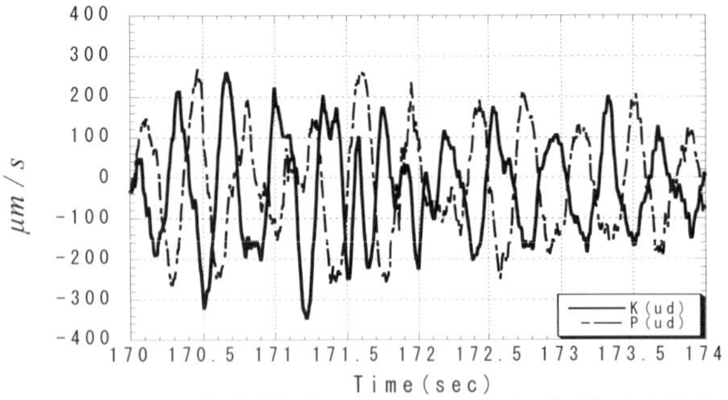

図 3.2.2　常時微動における速度応答時刻歴

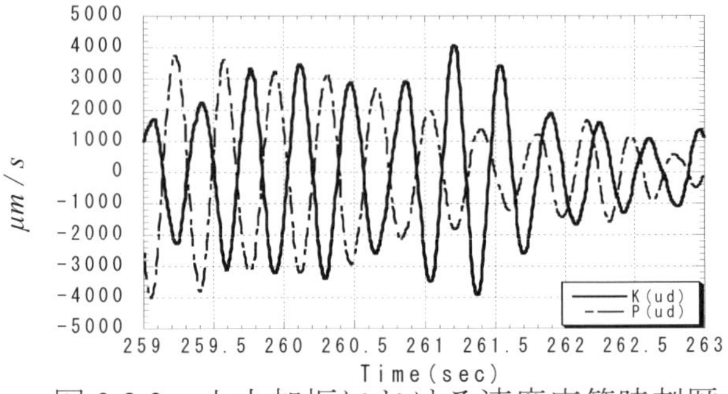

図 3.2.3　人力加振における速度応答時刻歴

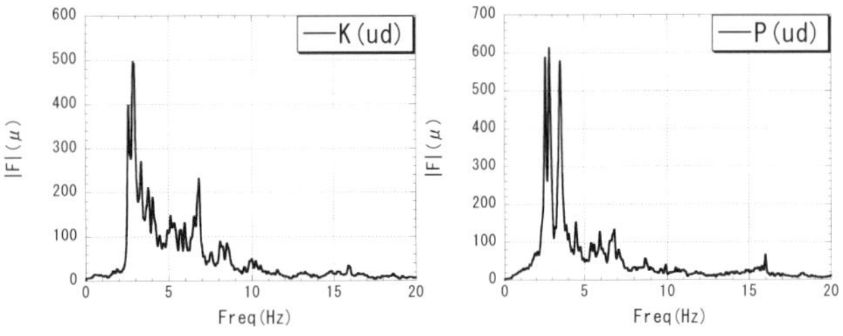

図 3.2.4　常時微動におけるフーリエスペクトル

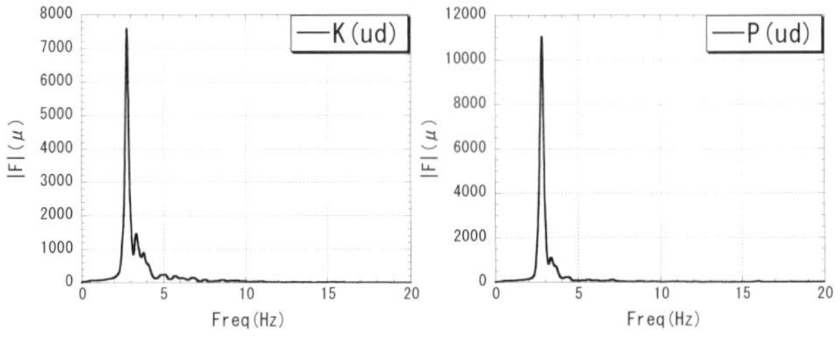

図 3.2.5　人力加振におけるフーリエスペクトル

表 3.2.1　１次モードの固有振動数と固有周期

センサー位置・方向	C(ew)	C(ns)	C(ud)	K(ud)	P(ud)
常時微動 １次モードの固有振動数(Hz)	2.69	2.34	3.09	2.86	2.83
固有周期(sec)	0.372	0.427	0.324	0.350	0.353
人力加振 １次モードの固有振動数(Hz)	2.75	2.78	2.84	2.80	2.80
固有周期(sec)	0.364	0.360	0.352	0.357	0.357

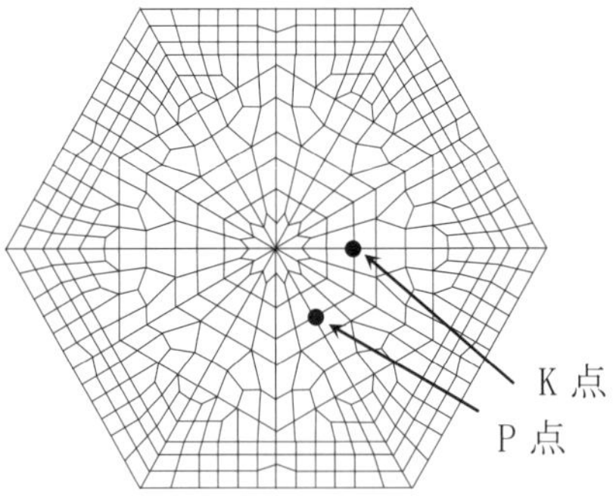

図 3.2.1　測定点

振動測定に先立ち、シュミットハンマー法と超音波伝搬速度法による物性値非破壊試験を実施し、その結果より、最終的に E_c=2.3×10^4（N/mm^2）を推定値として解析モデルに用いる。

つぎに自由振動波形に基づく振幅減衰比と、1 質点系減衰振動との比較により減衰定数を評価した結果について示す。なお、推定に際しては人力加振での P 点 UD 方向の加振終了後の測定波形を変位時刻歴に変換し、低周波(0.0Hz～0.8Hz)をカットしてうねりを失くした自由振動波形の振幅減衰比により求めた減衰定数を平均化して推定値とした。表 3.2.2 に計算結果を示すが、さらに、最小 2 乗法により 1 質点系減衰振動との比較によって検証した結果、最終的に 2.0%を推定値とした。図 3.2.6 には X 軸方向 Y 軸方向共に無次元化した測定値と h=2.0%に対する 1 質点系の応答値を比較して示す。同図より、良好なフィッティングであることが判る。

表 3.2.2　減衰定数の平均値

時刻区間(sec)	114.20～117.75	114.73～117.58
減衰定数平均値(%)	2.0	2.2

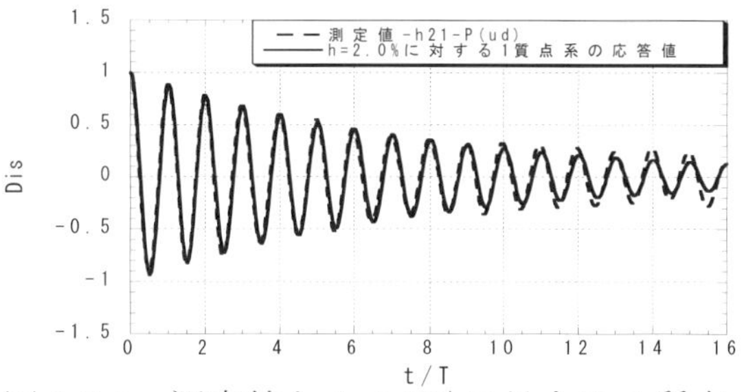

図 3.2.6　測定値と h=2.0%に対する 1 質点系の応答値との比較

3.2.2　構造のモデル化

全体 3 次元応答解析　ここでは、全体 3 次元振動モデルによる振動解析により構造物の振動特性を把握するために、アリーナ全体に対する FEM モデルを構築した（図 3.2.7）。主要な構成部材である屋根面・梁・柱・外周壁・内壁・ギャラリーおよびキャットウォークを含めてシェル要素でモデル化し（図 3.1.3 参照）、加えて剛性に寄与する屋根面の張出し部の束材と、ギャラリーフロアの拘束部材はトラス要素でモデル化した。

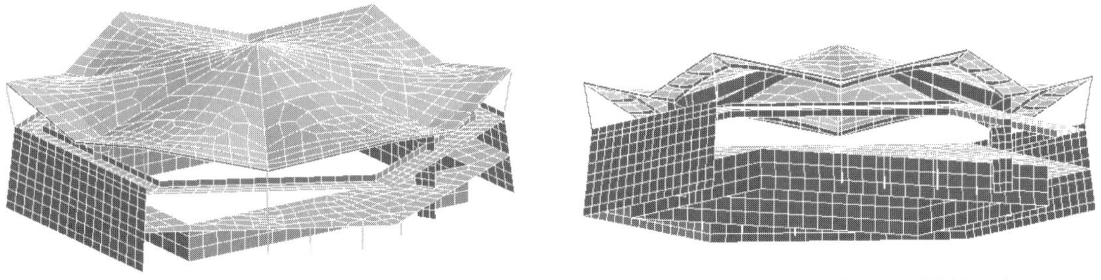

図 3.2.7　全体解析モデル

3.2.3　要素の材料特性の設定

物性値としては別途実施した測定に基づくコンクリートのヤング係数を用い、シェル屋根の平均した質量密度としては、RC 部分と仕上材の質量を図面に基づいて計算し、平均 25.5kN/m^3 と設定した。なお、材料非線形性に関しては、前例と同様の仮定を用いた（図 3.1.4、図 3.1.5 参照）。

3.2.4　数値解析の設定

数値解析条件の設定　境界条件はモデル最下部の接地位置にて固定とした。なお、場合によっては、基礎梁、次いで、基礎梁～杭、地盤連成モデルを検討する必要もあろう。本事例では相対的に上部重量が小さく、計測の振動レベルでの検討には十分であると判断した。

荷重の設定　地震応答解析に先立ち、構造体の自重による応力解析を実施し、自重時の応力度を模擬したのち、地震応答解析を実施する。本稿では、一般に剛性と耐荷力の高いＲＣシェルを踏まえ、地震応答特性の事例として直下型地震の JMA-Kobe 波入力時について例示する。

制御法の設定　ここでは、大規模な RC シェルの地震時挙動を評価するために、地震応答解析を実施した結果について示す。減衰タイプとしては、シェル面の応答に支配的なモードの殆どについて一定に近い減衰を設定するためにレーリー型を用いた。その際の振動数の２点としては、固有値解析時の 1 次モード 2.95Hz と、地震入力のエネルギーも無視できる上限としての 10.00Hz 間で h=2.0%と設定した。時刻歴応答解析においては、ニューマークの β 法を用い(β＝0.3025、γ＝0.6 としてコンクリートのクラックの離接による高振動数での加速度の乱れを抑制)、時間刻み Δt＝0.01sec として計算した[2)]。

3.2.5　解析の実行とその評価

固有値解析の結果を表 3.2.3、1 次モードを図 3.2.8 に示す。屋根面で卓越したモード形状となっており、振動測定ではこのモードのピーク位置で振動測定を行っている。

表 3.2.3　固有振動数と固有周期

mode	1	2	3	4	5	6	7	8	9	10
固有振動数(Hz)	2.95	3.30	3.31	3.34	3.34	3.34	3.85	3.86	3.98	3.99
固有周期(s)	0.339	0.303	0.302	0.299	0.299	0.299	0.260	0.259	0.251	0.251

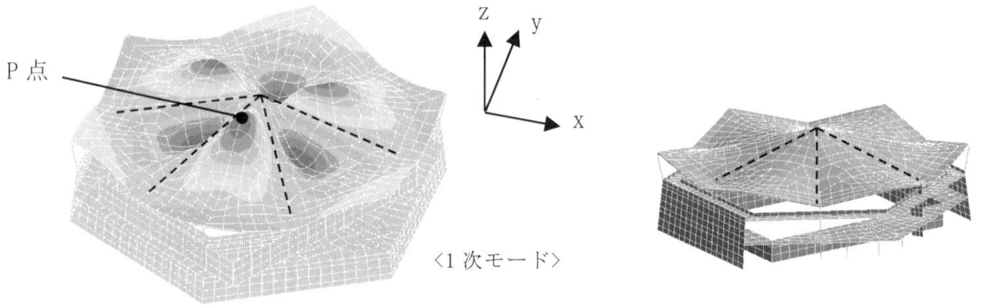

図 3.2.8　振動モード

測定結果から推定した 1 次モードの固有周期は 0.36 秒で、解析結果から得られた固有周期は 0.34 秒と約 6%の誤差の範囲であった。

作成した全体解析モデルを用いて、実地震波による応答解析を試みた結果について示す。入力地震波としては、Kobe－NS、Kobe－NS+UD について最大速度を 50kine に正規化して用いた（表 3.2.4）。減衰はレーリー型で 2.0%（固有値解析時の 1 次モード 2.95Hz と 10.00Hz の間）と設定した。図 3.2.9 に応答解析に用いた各地震波と設定した減衰の周波数特性を示す。

表 3.2.5 に図 3.2.8 に示す P 点（加振軸上の屋根面 1 次モードのピーク点）における、最大応答値を示す。図 3.2.10 に各応答時刻歴を示し、図 3.2.11 に応答速度時刻歴のフーリエスペクトルを示す。図 3.2.12 に Kobe－NS+UD 入力時の振動の様子を示す。

表 3.2.4　入力地震波の諸元

地震波	P.G.A (gal)	Duration (sec)
Kobe-NS	454.71	21
Kobe-EW	343.13	21
Kobe-UD	184.68	21
Elcentro-NS	491.77	30
Taft-EW	528.98	25

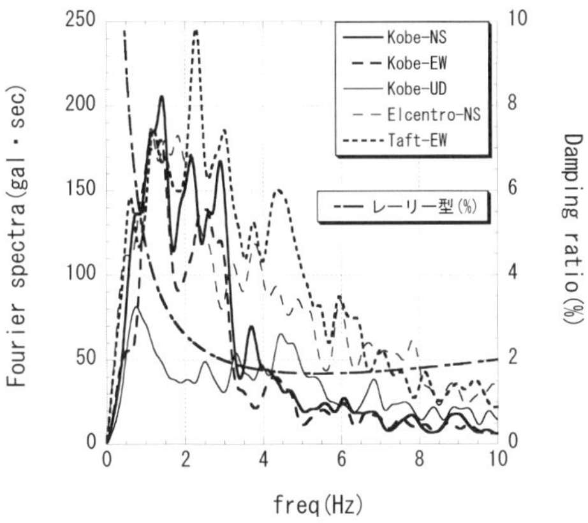

図 3.2.9　応答解析に用いた各地震波と設定した減衰の周波数特性

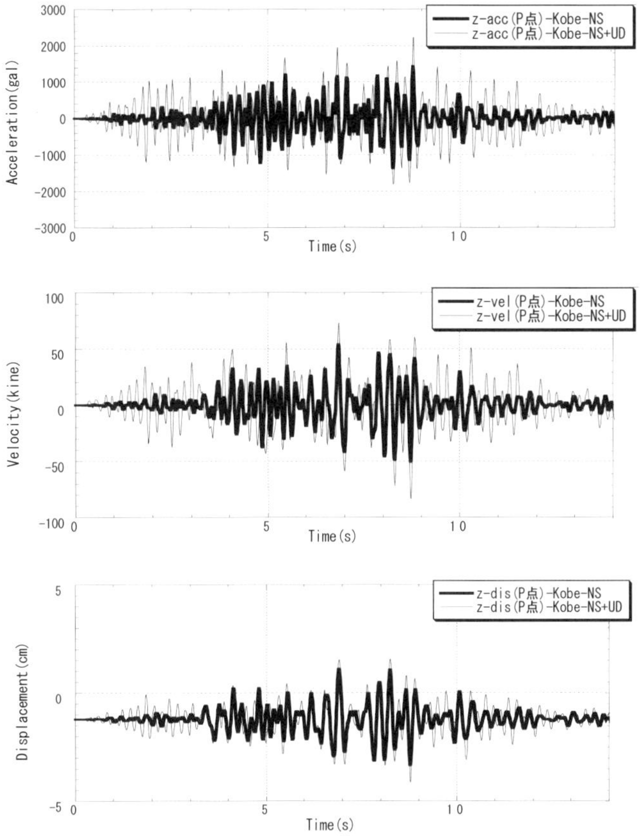

図 3.2.10　各応答時刻歴

表 3.2.5　最大応答値

	入力波	Max of Acc (gal)		Max of Vel (kine)		Max of Dis (cm)	
		y 方向	z 方向	y 方向	z 方向	y 方向	z 方向
P 点	① Kobe-NS	1700	2581	105	97	3.0	5.0
	② Kobe-NS+UD	1748	4005	107	150	3.1	6.5
	②/①	1.03	1.55	1.02	1.55	1.02	1.29

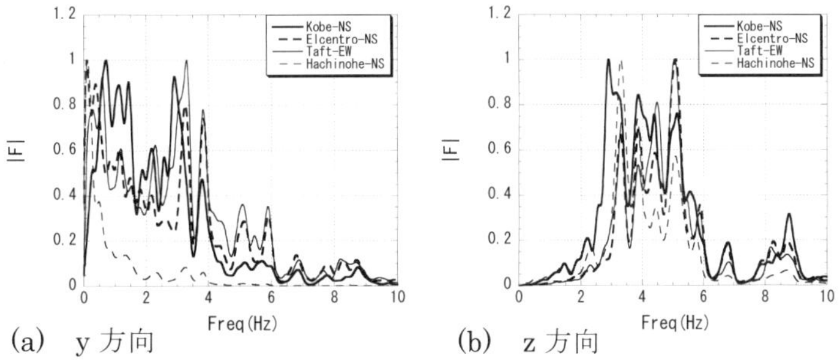

(a)　y 方向　　(b)　z 方向

図 3.2.11　応答速度時刻歴のフーリエスペクトル

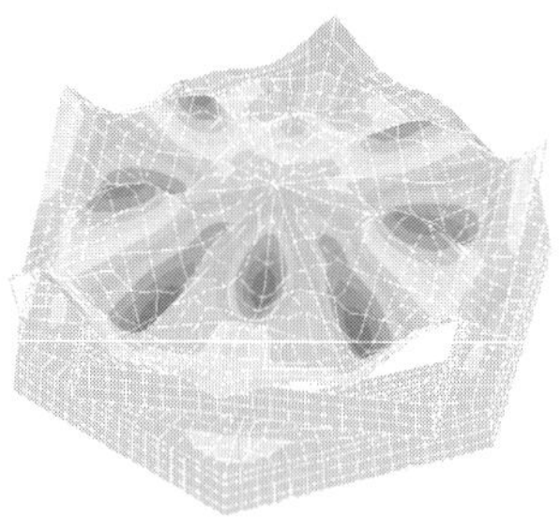

8.77(s)

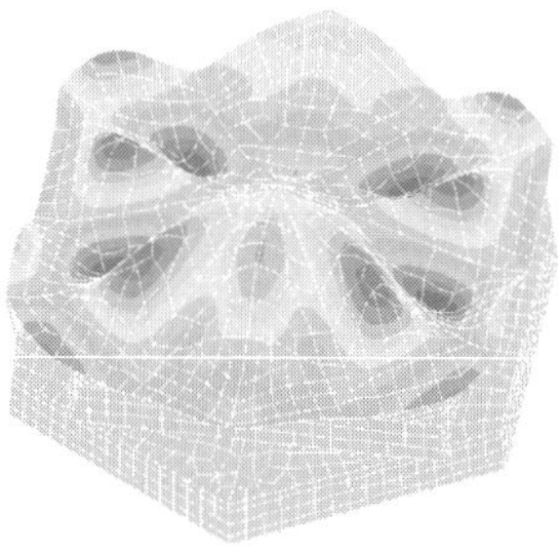

8.91(s)

［P 点における最大変形応答時］

図 3.2.12　振動の様子（変形表示倍率 140 倍）

RC の弾塑性を考慮した解析結果の一部を図 3.2.13 に参考までに示す（Kobe-NS+UD 入力時）。前述のように、最大でもコンクリートにひび割れが発生する程度の応力の範囲ではあるが、弾性解析との比較的大きな差異が見られた。3 次元フルモデルでの定量的な応答評価の可能性があるが、詳細は今後の検討課題としたい。

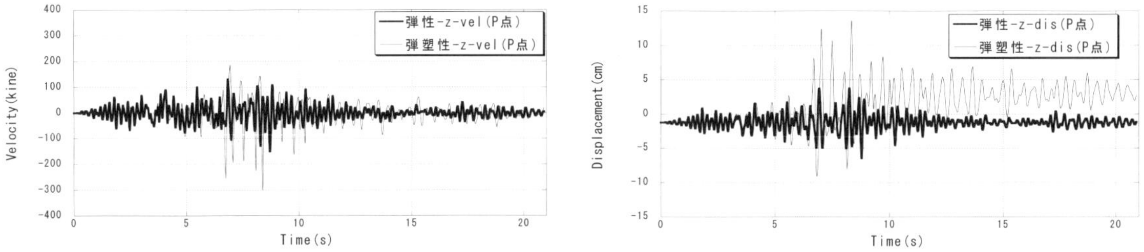

図 3.2.13　弾塑性地震応答特性（Kobe-NS+UD 入力時）

下記に弾塑性地震応答解析による地震応答の評価結果を整理して示す。

・Kobe－NS+UD に対する屋根面での最大応答値は、加速度の鉛直方向で約 3200gal、水平方向で約 1100gal であり、速度の鉛直方向で約 130kine、水平方向で約 60kine であった。また、変位の鉛直方向で 4.0cm、水平方向で 1.8cm であった。

・Kobe－NS と Kobe－NS+UD に対する最大応答値の比較では、屋根面鉛直方向の応答では、上下動成分により加速度が約 2.4 倍、速度で約 2.4 倍、変位で約 1.8 倍となり、上下動成分の影響が大きい結果となった。

・屋根面鉛直方向の応答速度時刻歴のフーリエスペクトルから、1 次固有周波数（2.95Hz）近傍に卓越したモードが確認されたが、同時に 5Hz 近傍にも卓越した応答成分が存在した。

次に実測結果と数値解析結果により推定された対象構造物に関する推定結果を示す。

・屋根面の 1 次モードのピーク位置での常時微動と人力加振の両方の結果からは、モード形状に対応した、隣接する測定点での卓越する鉛直成分が確認された。これにより、振動周期および位相差により、1 次の自由振動モードが概略同定された。

・振動測定結果を分析することにより減衰定数は約 2.0%と推定することができた。

・測定結果から推定した 1 次モードの固有周期は 0.36 秒となり、一方、全体 FEM 解析モデルの解析結果から得られた固有周期は 0.34 秒となった。両者の差異は約 6%の範囲であり、第一段階の推定値としては非常に良好な一致を見ることができた。

・総合的に判断し、3 次元の FEM 全体応答解析モデルが概略同定可能と考えられる。

・入力地震波を Kobe－NS、Kobe－NS+UD について最大速度を 50kine に正規化して用いて応答解析を試みた結果、上下動成分の影響が大きく Kobe－NS+UD の最大応答値は Kobe－NS の最大 2.4 倍の応答を示した。（Kobe－NS+UD（50kine 正規化）の入力に対し、屋根面の鉛直方向で、弾性応答解析の範囲では最大加速度が 3.2G を超える応答となる可能性を示した。）

・屋根面鉛直方向の応答速度時刻歴のフーリエスペクトルから 5Hz 近傍に卓越した応答成分が存在した。また振動の様子から、5Hz 近傍のモードで振動している可能性が確認された。

参考文献

1) 高山誠, 鉄筋コンクリート円筒シェルの座屈性状に及ぼす初期不整の影響, 鉄筋コンクリートシェル耐荷力実験資料集（その I　鉛直荷重を受ける部分円筒シェル）, 鉄筋コンクリートシェルの弾塑性解析および破壊のメカニズムに関する研究班, 日本建築学会・連続体構造小委員会, pp9−1-11−16, 1993.

2) 武藤厚, 小山信夫, 村田賢, 加藤史郎, 上載圧を受ける鉄筋コンクリート球形シェルの非線形振動性状に関する検討 −複合非線形性を考慮した数値解析手法と基本的な応答性状について−, 日本建築学会構造系論文集, 第549号, pp.83-90, 2001.

3) H. Kupfer, H. K. Hilsdorf, and H. Rush, Behavior of Concrete under Biaxial Stresses, ACI Journal, Vol.66, No.8, pp.656-666, 1969.

4) 武藤厚, 加藤友和, 糠谷真理, 平墳義正, 鉄筋コンクリート造空間構造の振動特性に関する評価の試み −既存アリーナにおける振動測定と数値解析による振動特性の分析例−, 日本建築学会構造系論文集, 第592号, pp.113-119, 2005.

第４章　張力構造の数値解析

第１節　極小曲面の形状解析と理論解

4.1.1　実体および課題の把握

膜構造の数値解析例題として、形状解析を取り上げる。形状解析は、基礎編に説明がある通り、応力の釣り合いから求める方法と極小曲面を求める方法の２つがある。それぞれの解析方法に必要な条件は基本的に同じであるため、特に明記しない場合は共通の条件として理解していただきたい。

解析例としては、理論解がわかっている 3 種類を対象とする。具体的には、(1) 回転懸垂曲面、(2)HP 曲面、(3)内圧が作用する球形面である。

ここでは、膜材料とケーブルのみを対象としているため、骨組の変形は考えていない。

4.1.2　構造のモデル化

基礎編においては、曲面を三角形で分割する方法が説明されている。実践編においても、三角形要素を用いる方法を採用する。三角形は平面であるため、三角形の大きさに依存して、曲面と三角形の集合面との間に差異があることに注意しなければならない。この差異を減らすために、アイソパラメトリック曲面要素を使った方法[1)]もある。

膜構造の設計において、施工後の張力を初期張力と呼ぶ。応力の釣り合いから求める方法では、その初期張力を設定して釣り合い曲面を求めるため、等張力曲面のみならず、非等張力曲面も求めることが可能である。なお、数値解析上、初期張力の絶対値に意味があるわけでなく、張力の比に意味があることに注意しなければならない。なお、極小曲面では等張力曲面のみ求めることが可能である。

4.1.3　要素の材料特性の設定

基礎編の定式化には材料特性に関する記述はない。つまり、材料特性の設定は不要である。

4.1.4　境界条件の設定

骨組の変形を無視して形状解析を行うこととし、膜材料とケーブルは骨組に取り付ける位置で固定されていると考える。つまり、骨組への固定点でピン拘束とする。形状の対称性を考慮して部分領域で解析を行う場合は、領域を区分する境界にも適切な境界条件を設定する。

4.1.5　荷重の設定

サスペンション膜構造の形状として解析する場合は与えた初期張力のみで釣り合う曲面を求めるものとして、荷重は考えない。空気膜構造の形状として解析する場合は、内圧と膜張力の比を与える必要がある。

4.1.6　数値解析条件の設定

どのような方法で解く場合でも非線形解析となるため、反復計算が必要である。反復計算には基礎編 1.2.3 項の幾何学的非線形解析にて示されるニュートン・ラフソン法を用いた。なお、ニュートン・ラフソン法を用いる場合には節点座標の全ての自由度を未知量とすると極めて収束性が悪くなるため、曲面を適切に表現できるように注意した上で節点移動の自由度を適宜拘束する必要がある。以下の解析においてはいずれも、節点の移動方向を既定する方向余弦ベクトル [2)]（未知量ベクトル）をあらかじめ設定している。

4.1.7　解析の実行とその評価

ここでは、3 つの解析例を示す。

（1）回転懸垂曲面

平行におかれた二つの円の間に張られる極小曲面の解析例である。この例では、円の半径 R と二円の距離 L との比を(1:1)としている。解析は精算解法で行なっている。また、対称性を考慮して下半分の 1/4 領域の曲面を解析対象としている。Y 軸について軸対称となる曲面であることから、上下の境界円以外に属する節点の自由度は XZ 平面に平行で Y 軸から放射状に伸びる方向に制限している。これにより、領域の区分線にも適切な境界条件が与えられる。

この例では、初期形状を変えると 2 つの解が得られる。安定解と不安定解と呼ぶ。安定解と不安定解については、基礎編 4.3 節を参照していただきたい。この曲面の理論解は、図 4.1.2 のような関数の母線で与えられる。この図の x 軸回りに母線を回転させて得られる軸対称曲面が解形状となる [3)]。

境界条件より、r_0 は次式を満たす必要がある。

$$R = r_0 \cosh \frac{L}{2r_0} \tag{4.1.1}$$

$\xi = L/2r_0$ とおき、$L = R$ であることを考慮すれば、ξ に関する次式の超越方程式を得る。

$$2\xi = \cosh \xi \tag{4.1.2}$$

上式を数値的に解くことにより、$\xi = 0.58938776,\quad 2.12679989$ が求められる。前者が安定解、後者が不安定解に対応する。

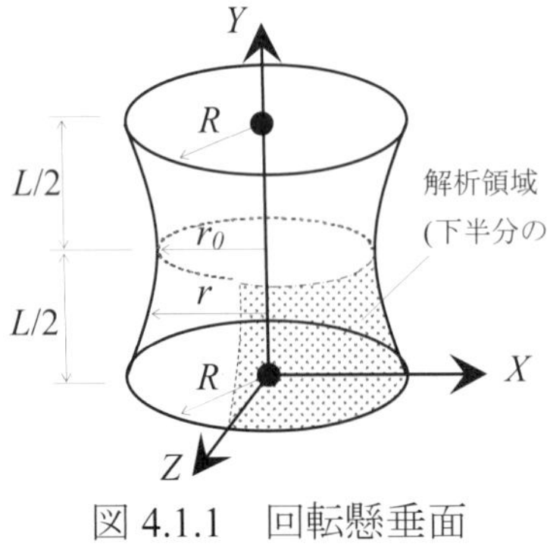

図 4.1.1　回転懸垂面

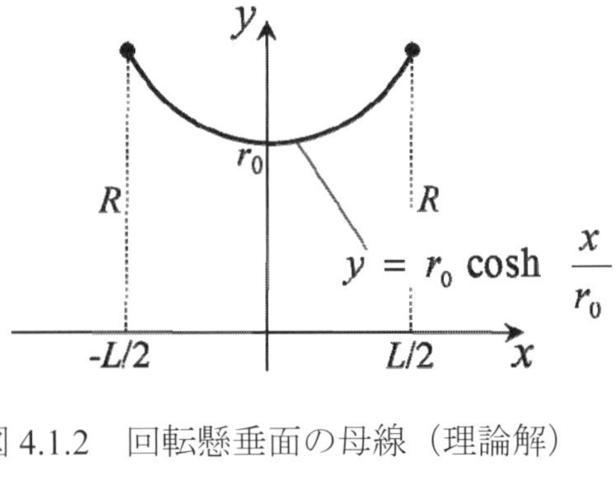

図 4.1.2　回転懸垂面の母線（理論解）

図 4.1.3 には初期曲面を図 4.1.4 には極小曲面を示している。図 4.1.5 は曲面の断面図、表 4.1.1 は曲面座標値をそれぞれ示している。

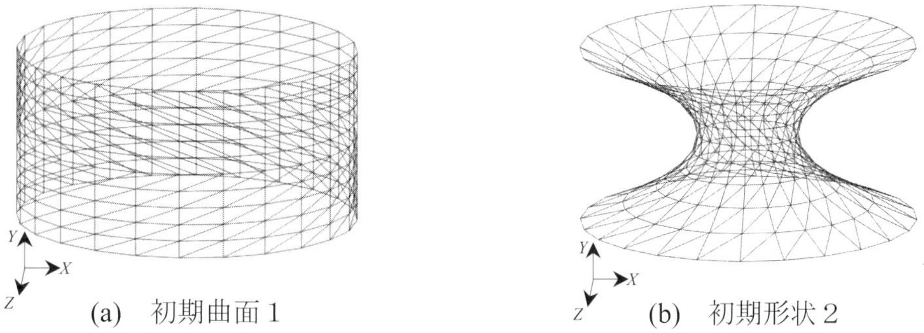

(a)　初期曲面１　　(b)　初期形状２

図 4.1.3　初期曲面

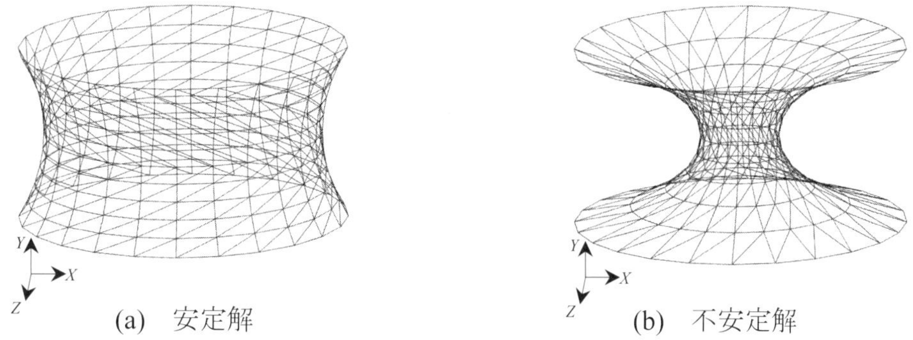

(a)　安定解　　(b)　不安定解

図 4.1.4　極小曲面

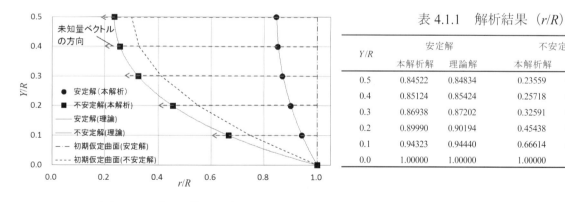

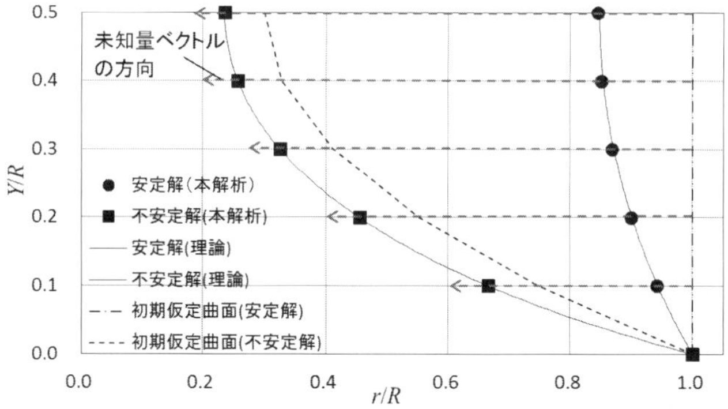

図 4.1.5　極小曲面の断面図

表 4.1.1　解析結果（r/R）

Y/R	安定解		不安定解	
	本解析解	理論解	本解析解	理論解
0.5	0.84522	0.84834	0.23559	0.23510
0.4	0.85124	0.85424	0.25718	0.25669
0.3	0.86938	0.87202	0.32591	0.32542
0.2	0.89990	0.90194	0.45438	0.45393
0.1	0.94323	0.94440	0.66614	0.66582
0.0	1.00000	1.00000	1.00000	1.00000

（２）ＨＰ曲面

この例は膜構造の曲面としてよく使われる例である。スパン a（$=b$）とライズ h とするとき、

$h/a=1$ と $h/a=2$ の 2 ケースを計算した。図 4.1.8 には $h/a=1$ の場合の曲面を示した。また、図 4.1.9 と表 4.1.2 にはそれぞれ、Y/a=0.25 での曲面の断面図と Z 座標値を示した。この解析では方向余弦ベクトルは Z 方向としている。すなわち、平面座標は拘束して Z 座標のみを未知量として解いている。

図 4.1.9 に比較のために示した文献 4 の曲線は、極小曲面の非線形微分方程式の近似解である。破線の初期仮定曲面は、この微分方程式を線形化したラプラス方程式を満たすが、ライズ h が増大すると非線形項の影響が大きくなる。有限要素法による解は、文献 4 の解と同様にこの変化をよく表しているといえる。

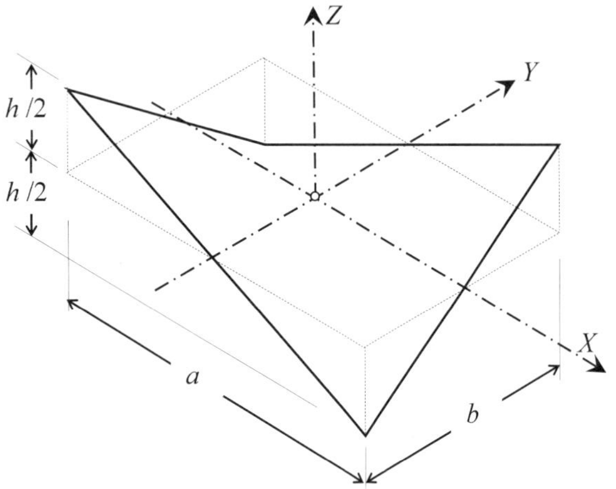

図 4.1.6　HP 曲面（境界）

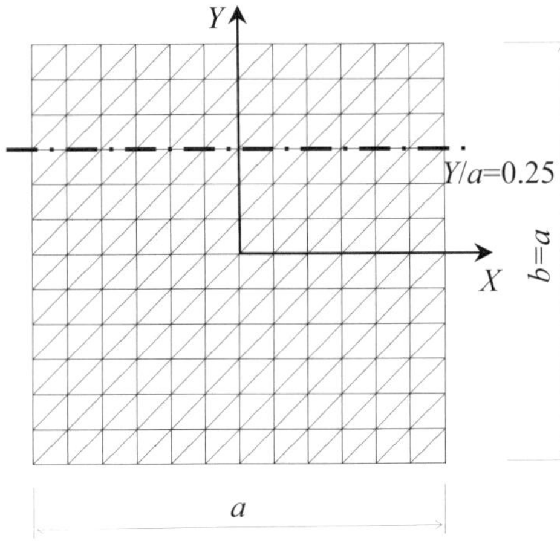

図 4.1.7　分割図（平面）

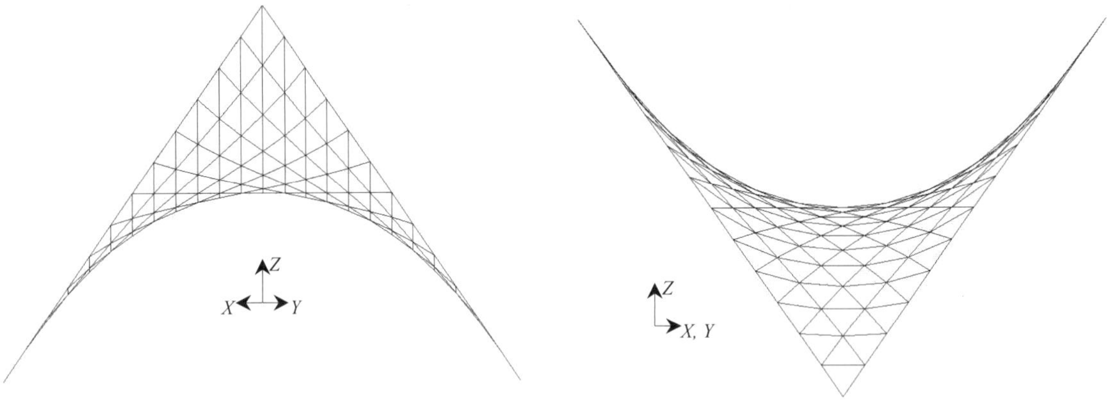

(a)　立面図　$Y=-X$ 面　　(b)　立面図　$X=Y$ 面

図 4.1.8　極小曲面　$h/a=1$

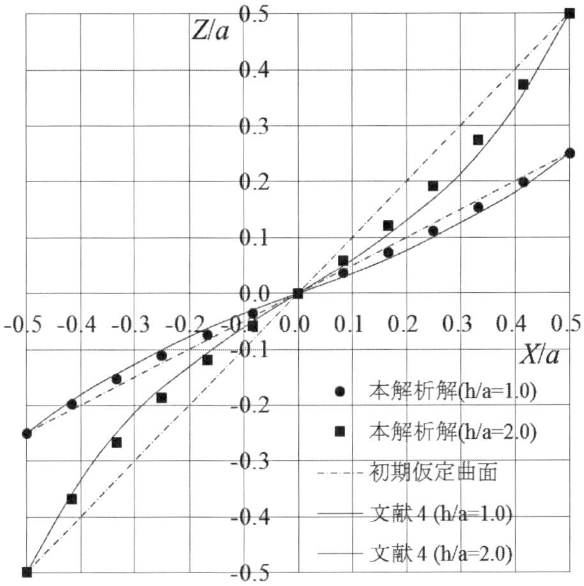

図 4.1.9　断面図（Y/a=0.25）

表 4.1.2　断面の曲面座標値（Y/a=0.25）

X/a	Z/a h/a=1.0	Z/a h/a=2.0
0.0000	0.0000	0.0000
0.0833	0.0365	0.0593
0.1667	0.0737	0.1218
0.2500	0.1123	0.1914
0.3333	0.1533	0.2730
0.4167	0.1985	0.3734
0.5000	0.2500	0.5000

（3）内圧が作用する球形面 5)

固定境界が平面円である場合内圧が作用すると球形曲面になる。この曲面の断面図を図 4.1.10 に示す。曲面形状は円の半径 a、膜張力 n、内圧 p の比率によって定まる。対称性を考慮して、平面円の 1/6 の領域を解析する。なお、図 4.1.12 の中の座標点 1，2 は図 4.1.11 の中の節点を示す。また、節点座標の移動を既定する方向余弦ベクトルは、想定される球の中心と初期形状の平面上の節点を結ぶベクトルの方向で与えている。

膜張力と内圧の釣合いより、球の半径 r は次式より求められる。

$$\frac{1}{r}=\frac{p}{2n} \tag{4.1.3}$$

上式を満たす半径 r の球を半径 a の境界円で切り取った部分が理論解となる。

1/6 領域とはいえ要素分割は比較的粗いものとなっているが、主曲率が一定となる単純な形状であるため、高いライズに至るまで有限要素法の解は理論解と良好な一致を示している。

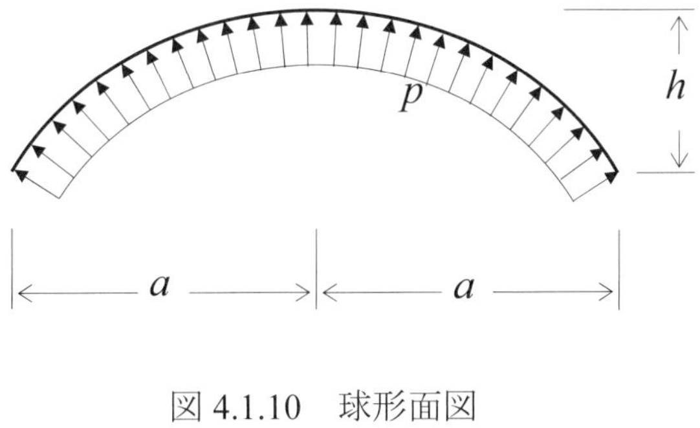

図 4.1.10　球形面図

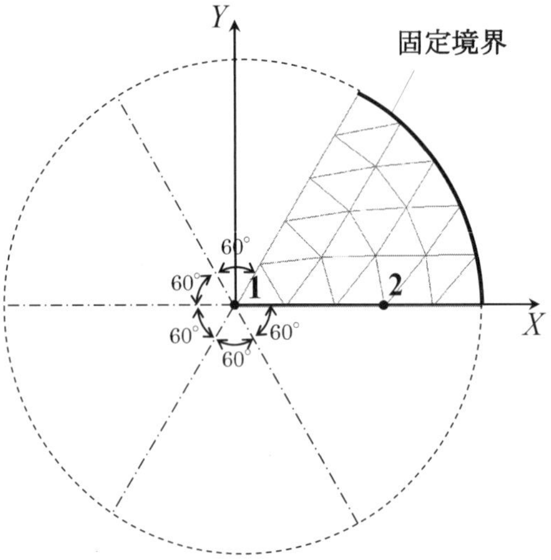

図 4.1.11　分割図（平面）

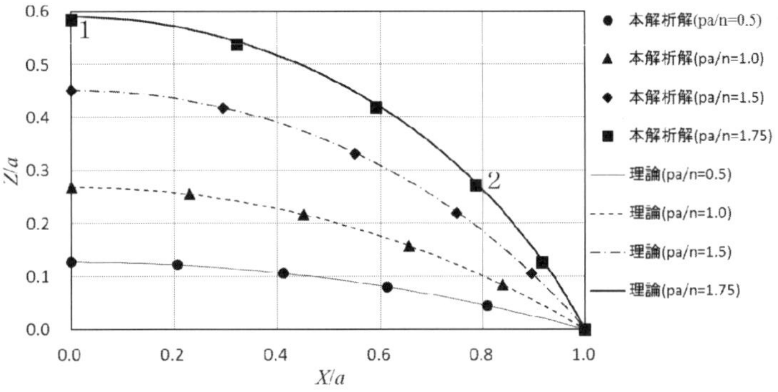

図 4.1.12　断面図（天頂を通る大円の座標）

表 4.1.3　内圧を付加した場合の大円の座標値

(a)　*pa*/*n*=0.5 の場合

X/a	本解析解 Z/a	理論解 Z/a
0.00000	0.12725	0.12702
0.20630	0.12193	0.12169
0.41095	0.10603	0.10585
0.61239	0.07997	0.07986
0.80916	0.04436	0.04432
1.00000	0.00000	0.00000

(b)　*pa*/*n*=1.0 の場合

X/a	本解析解 Z/a	理論解 Z/a
0.00000	0.26817	0.26795
0.22944	0.25498	0.25474
0.45005	0.21673	0.21666
0.65462	0.15767	0.15778
0.83856	0.08347	0.08366
1.00000	0.00000	0.00000

(c)　*pa*/*n*=1.5 の場合

X/a	本解析解 Z/a	理論解 Z/a
0.00000	0.45022	0.45142
0.29465	0.41739	0.41845
0.55018	0.33112	0.33261
0.74917	0.21925	0.22104
0.89511	0.10485	0.10629
1.00000	0.00000	0.00000

(d)　*pa*/*n*=1.75 の場合

X/a	本解析解 Z/a	理論解 Z/a
0.00000	0.58396	0.58957
0.32200	0.53799	0.54327
0.59035	0.41969	0.42529
0.78497	0.27188	0.27735
0.91530	0.12710	0.13108
1.00000	0.00000	0.00000

第４章　張力構造の数値解析

第２節　矩形平面フィルムの加圧試験と数値解析

4.2.1　実体および課題の把握

膜構造の数値解析の例題として、矩形平面フィルムの加圧試験 6)のシミュレーションを行う。本シミュレーションで、対象となる材料は ETFE フィルムであり、特に、弾塑性特性に注目することにより、材料非線形性を考慮した構成則を使用する。また、大変形を伴うため、幾何学的非線形性を考慮した有限要素法解析となる。

試験条件　写真 4.2.1 に矩形平面フィルムの加圧試験風景を、図 4.2.1 に加圧試験イメージを示す。試験方法は以下の通りである。

a) 1.8m 角、200 μ m 厚さの ETFE フィルムの四辺を固定する。
   ただし、初期張力は導入しない。また、フィルムを固定する時には、フィルムの自重を支えるための台を設置し、できるだけフィルムがたわまないようにした。
b) フィルムの下側から加圧する。加圧の手順を表 4.2.1 に示す。圧力と中央部の変位の関係を測定した。
c) 圧力の調整は手動で行なっており、加圧と停止を繰り返している。
d) 試験時の室温は 21～23℃であった。

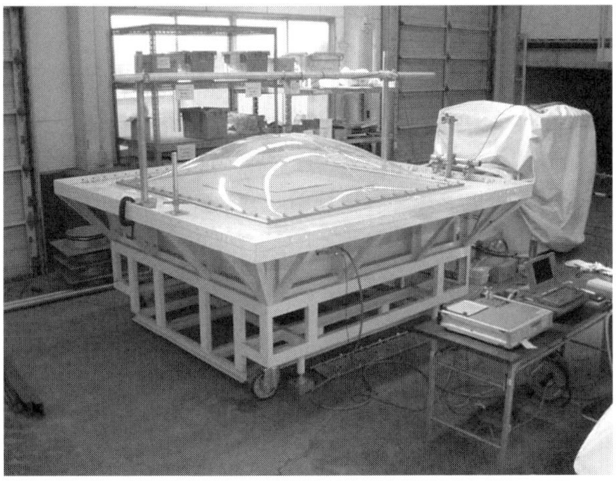

写真 4.2.1　矩形平面フィルムの加圧試験風景

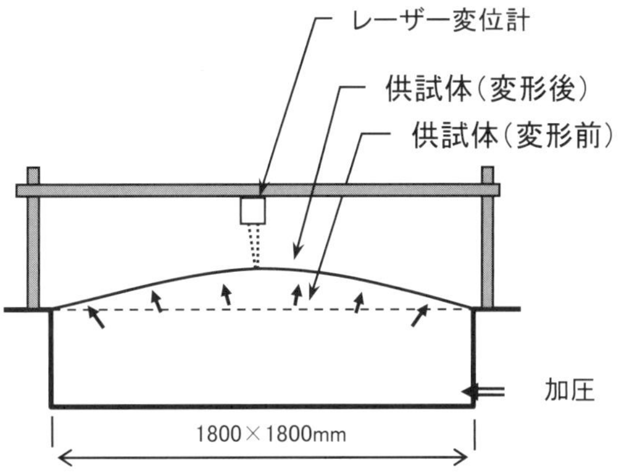

図 4.2.1　加圧試験方法

試験結果　試験の結果、圧力と中央部の変位の関係を図 4.2.2 と表 4.2.1 に示す。この結果から、(1) No.2 から No.3 までの間に 50 分間の経過があるが、ここでは加圧を停止している。この間で、明らかにクリープと呼べるような大きな変形は見られなかった。(2) No.4 の圧力一定で、中央部の変位が 8mm 増加した。この間 3.75 分であったが、これはクリープによるものと判断できる。(3) No.4 の状態で若干のクリープが見られるものの、圧力 1kPa 以下の範囲においては、弾性的な挙動をしているのに対して、1kPa を超えると、荷重・変位曲線の勾配に大きな変化が見られ、弾塑性的な挙動を示していることがわかる。(4) さらに、4.5kPa を超えると、さらに、荷重・変位曲線の勾配に大きな変化が見られる。

表 4.2.1　加圧手順と中央部の変位

No.	経過時間 (min.)	圧力 (kPa)	中央部変位 (mm)	内容
1	0	0	0	加圧開始
2	16	0.19	68	加圧中止
3	66	0.11	62	加圧再開
4	85	0.99	114	減圧開始
5	96	0.2	79	減圧中止
6	137	0.02	52	加圧再開
7	197	7.96	451	加圧終了

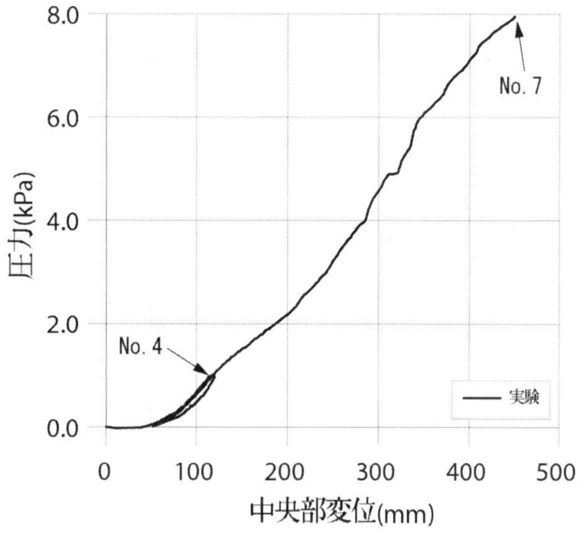

(a) 圧力 8kPa まで

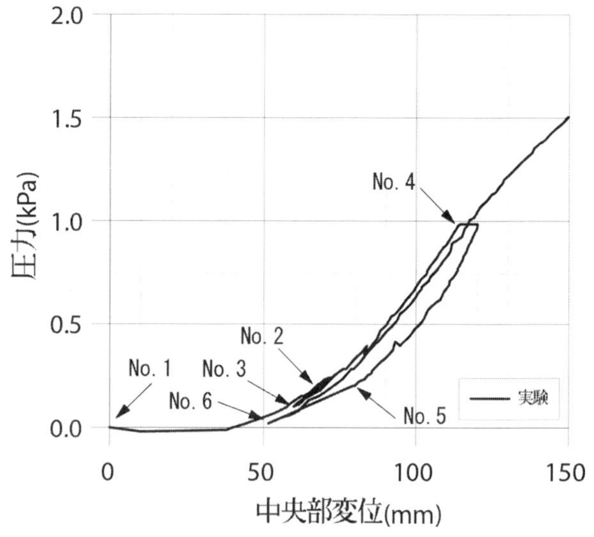

(b) 圧力 1.5kPa まで

図 4.2.2　圧力と中央部変位の関係

4.2.2　構造のモデル化

基礎編 4.3.3 項において、膜要素として、三角形一次要素の定式化が示されている。本節のシミュレーションにおいて、三角形一次要素を用いて応力・変形解析を行うこともできるが、より解析精度の高い、8 節点アイソパラメトリック曲面要素を用いた応力・変形解析の結果を示す。なお、三角形一次要素を用いて解析を行なっても同様な解を得ることは可能である。ただし、次に示すことを理由に、より詳細に分割し、要素数を増やして解析する必要がある。

三角形一次要素と 8 節点アイソパラメトリック要素のメリット／デメリットについては、いろいろな議論があるが、ここでは、省略する。ただし、一般的には、8 節点アイソパラメトリック曲面要素は二次要素と呼ばれ、一次要素に比べて、少ない節点数でより精度の高い結果を得ることができる。

8 節点アイソパラメトリック要素を図 4.2.3 に示す。ここでは、定式化について省略するので、文献 1, 6, 7 を参照していただきたい。なお、積分点は 2×2 とした。

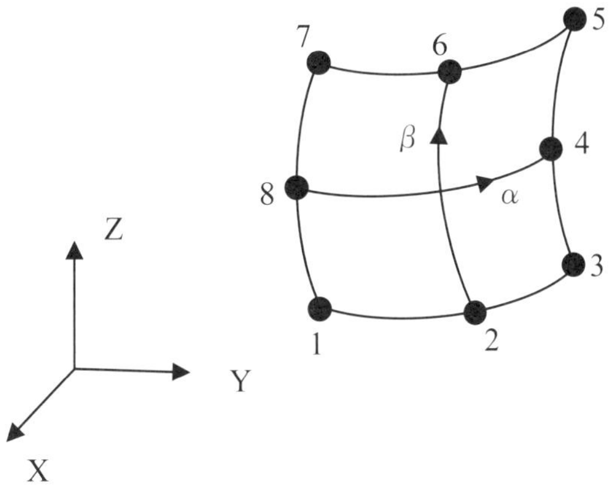

図 4.2.3　8 節点アイソパラメトリック要素

対称構造・対称荷重より、図 4.2.4 に示すように、解析対象は 4 分の 1 モデルとする。8 節点アイソパラメトリック要素を用いて、36 個の要素で分割する。分割後の解析モデルを図 4.2.5 に示す。

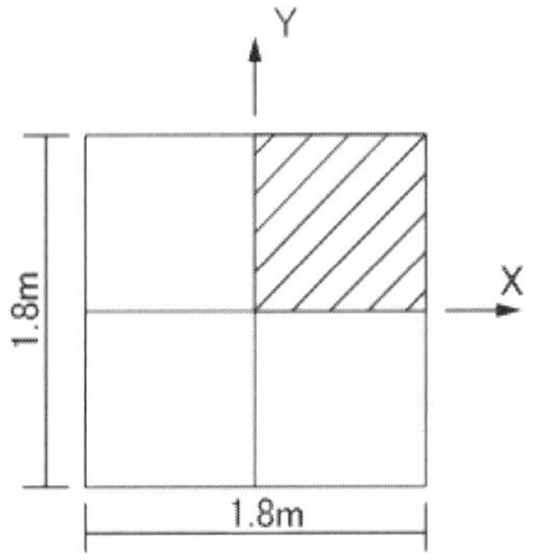

図 4.2.4　解析対象

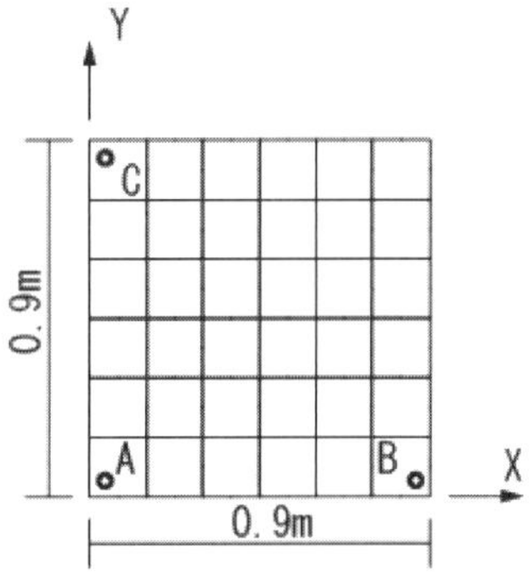

図 4.2.5　解析モデル

4.2.3　要素の材料特性の設定

ETFE フィルムの伸び特性は基礎編 4.3.2.2 項で示した。この特性から、等方性弾性体と見なし、ミーゼスの降伏条件式、等方硬化則を用いた構成則とする。必要となる定数は以下の手順で求めた。

ETFE フィルムの伸び特性はひずみ速度に依存する。ここでは、加圧試験時の中央部付近のひずみ速度に合わせるため、改めて、一軸引張試験を行う。試験条件を表 4.2.2 に示す。

表 4.2.2　一軸引張試験の条件

試験片長さと幅	200mm x 15mm 短冊型
チャック間距離	100mm
引張速度	0.5mm/min.
ひずみ速度	0.5%/min.
温度	22℃

試験結果を図 4.2.6 に示す。この結果から、(1)MD 方向（ロールの長さ方向）と TD 方向（ロールの幅方向）はほぼ同様な応力・ひずみ関係を示すことがわかる。(2)応力・ひずみ関係に 2 つの折れ点が存在することがわかる。(3) ひずみ 200%以上については、ここでは除外する。以上より、弾性定数 E, a_1E, a_2E、降伏応力 s_{y1}, s_{y2}、降伏ひずみ e_{y1}, e_{y2}、ひずみ硬化率 H'_1, H'_2、剛性低下率 a_1, a_2 は表 4.2.3 に示す値となった。

なお、ひずみ硬化率 H'_1, H'_2 と剛性低下率 a_1, a_2 の間には、b を用いて次の関係にある。

$$H' = \beta E, \quad \beta = \frac{\alpha}{1+\alpha} \tag{4.3.3}$$

また、ポアソン比およびせん断剛性は等方性材料とみなし、表 4.2.4 に示す基礎編で得られた値を使用する。

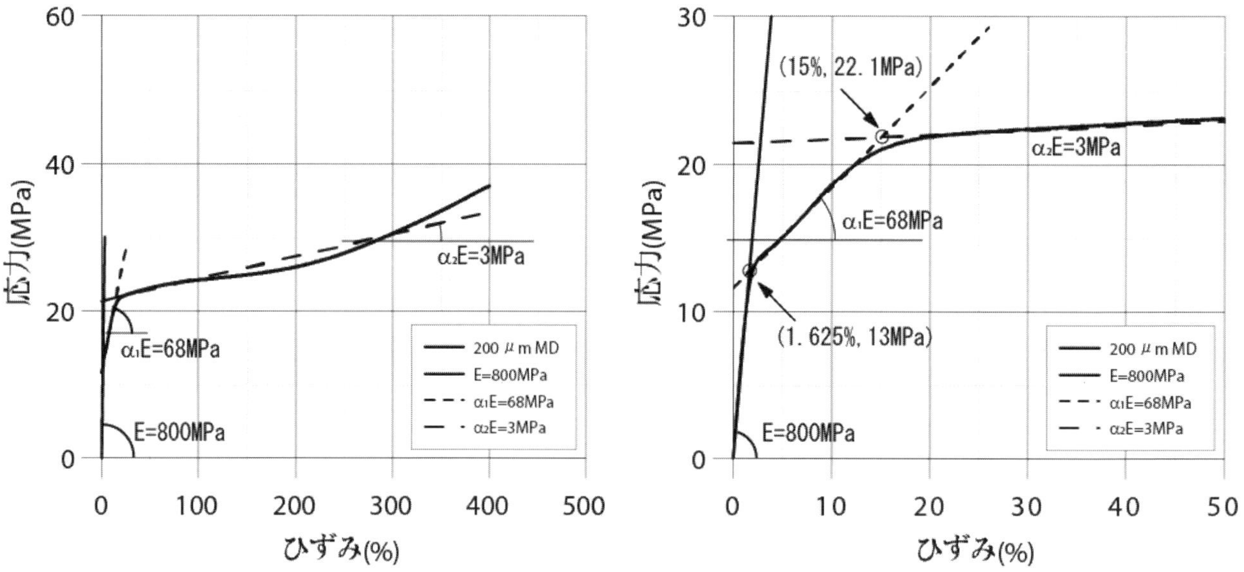

(a) 全ひずみ領域　　(b) 低ひずみ領域

図 4.2.6　ETFE フィルムの一軸伸び特性

表 4.2.3　１軸引張試験結果に基づく材料定数 (0.5%/min., 22℃)

第 1 次剛性 E	800MPa
第 2 次剛性　a_1E （a_1）	68MPa (0.0850)
第 3 次剛性　a_2E （a_2）	3MPa (0.00375)
第１降伏応力 s_{y1}， ひずみ e_{y1}	16.0MPa, 1.625%
第２降伏応力 s_{y2}， ひずみ e_{y2}	22.1MPa, 15%
第 1 次ひずみ硬化率 $H^{\ulcorner}_{1}$ （b_1）	63MPa (0.0783)
第 2 次ひずみ硬化率 $H^{\ulcorner}_{2}$ （b_2）	3MPa (0.00374)

表 4.2.4　ポアソン比とせん断剛性

項目	等方性
ポアソン比　n_x, n_y	0.45
せん断剛性 G (MPa)	276

4.2.4　境界条件の設定

写真 4.2.1 からわかるように、外周の四辺が固定されていることから、外周の節点の変位を拘束する。ただし、図 4.2.5 に示すように、４分の１モデルで解析を行うため、X 軸上の節点は Y 方向の変位を固定し、XZ 平面内自由とする。Y 軸上の節点は X 方向の変位を固定し、YZ 平面内自由とする。

4.2.5　荷重の設定

空気圧による加圧試験であったことから、要素の面外方向に一定の圧力分布とする。

4.2.6　数値解析条件の設定

本解析は ETFE フィルム材料の弾塑性特性を考慮した解析であり、かつ、大変形を有する解析であることから、材料非線形性および幾何学的非線形性を考慮した解析となる。また、荷重も形状に合わせて変化する。その一方で、対称構造・対称荷重であり、任意の荷重に対して、一意の釣り合い形状が得られる問題である。以上より、本解析では、荷重増分法を用いることとする。

4.2.7　解析の実行とその評価

解析結果　圧力と中央部の変位を図 4.2.7 に、積分点 A, B の応力・ひずみ関係を図 4.2.8 に、内圧 0.99kPa 時、7.96kPa 時の応力分布と Z 方向変位を図 4.2.9、4.210 に示す。

加圧試験と同様に、0.99kPa まで載荷し、減圧し、再度載荷したが、弾性範囲であったため、図からはその過程を読み取ることはできない。図 4.2.7b から、1kPa 以下においては、10mm 程度の差異が見られた。これは、試験体の初期たわみが影響しているものと思われる。試験では、第１降伏点が 1kPa 付近に見られるが、数値解析では、1.25kPa 付近であり、差異が見られる。この 1.0kPa 付近から 4.0kPa 付近まで変位で 15mm 程度の差異が見られるが、全体的に ETFE フィルムの構造特性を表現できているといえる。図 4.2.8、4.2.9、4.2.10 より、積分点 A では、降伏の前後に関わらず応力比は(1:1)を示しているが、積分点 B では、弾性範囲で(2.2:1)の割合で応力が増加し、降伏後は MD 方向（ロールの長さ方向）の比率が小さくなり、7.96kPa 時点では(1.9:1)となった。

図 4.2.9c、4.2.10c より、相当応力は積分点 A, B, C 付近から大きくなり、圧力 7.96kPa 時には 4.4～4.5kPa の領域がフィルム面の約 3/4 まで広がっていることがわかる。

図 4.2.9f、4.2.10f より、外周部分は正方形の境界があるため、等高線は正方形に近いが、中央に近づくにしたがって、等高線は円形に近づいているのがわかる。

以上の結果より、用いた諸定数で ETFE フィルムの加圧試験を模擬できていると言える。

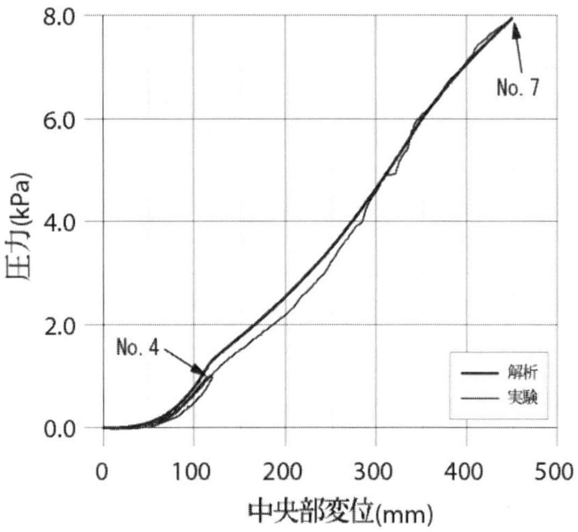

(a) 圧力 8kPa まで

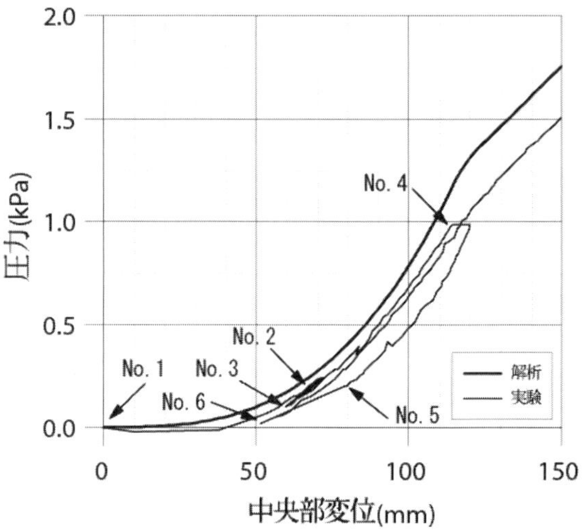

(b) 圧力 1.5kPa まで

図 4.2.7　圧力と中央部変位の関係

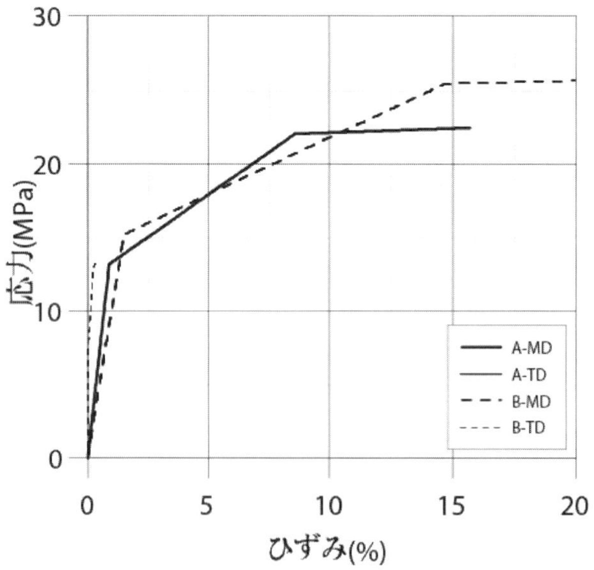

図 4.2.8　積分点 A, B の応力・ひずみ関係

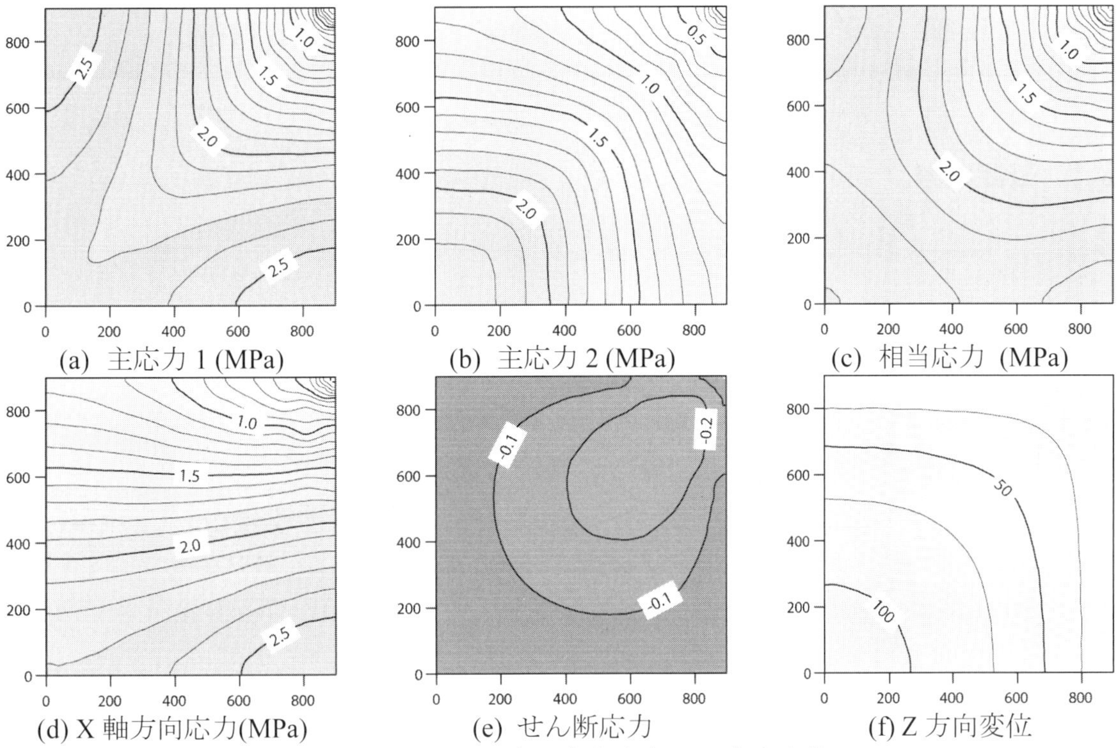

(a) 主応力 1 (MPa)　(b) 主応力 2 (MPa)　(c) 相当応力 (MPa)
(d) X 軸方向応力(MPa)　(e) せん断応力　(f) Z 方向変位

図 4.2.9　0.99kPa 時の応力分布と Z 方向変位

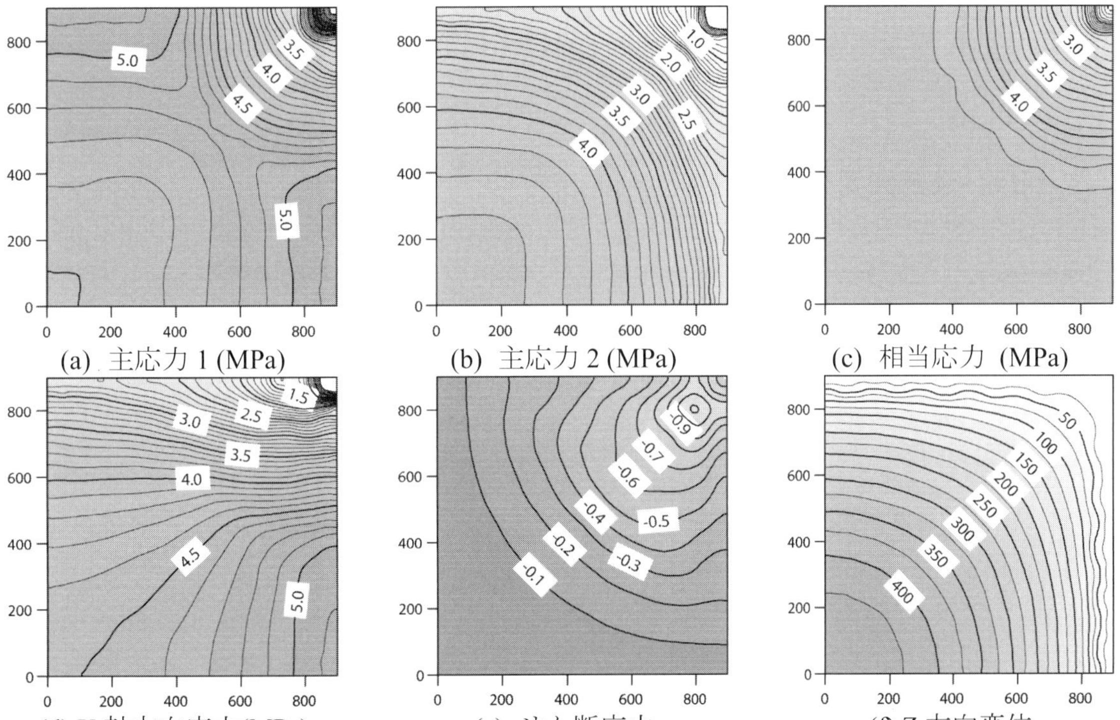

(a) 主応力 1 (MPa)　(b) 主応力 2 (MPa)　(c) 相当応力 (MPa)
(d) X 軸方向応力(MPa)　(e) せん断応力　(f) Z 方向変位

図 4.2.10　7.96kPa 時の応力分布と Z 方向変位

第４章　張力構造の数値解析
第３節　膜構造の形状･裁断図同時解析と試験体による定性的形態確認

4.3.1　確認内容

膜やケーブルに代表される張力材は初期状態が形状不確定な無応力状態で存在する。膜構造はこれら張力材に張力を導入し、初めて安定した構造剛性を確保する。本書基礎編 4.1 節で説明したようにこのような膜構造では、初期形状解析や裁断図解析など特有の数値解析が必要不可欠である。基礎編 4.4.1 項では、新たな解析理論として座標仮定有限要素法による膜構造の形状･裁断図同時解析（最適化）を説明した。同時解析では可能な限り粗い要素分割による裁断線の決定手順が示されている。しかし、要素の疎な分割に伴い有限要素の形状（三角形･矩形）等の違いから、ライズ･スパン比が大きくなるに従い同時解析による裁断線が一致しない数値例が示されていた。数値計算上の収束性の観点と測地線との対応からは四角形要素の適合性がよいと考えられる。ただし、実際の膜材を使用したときの曲面状況が確認されていない。また、同様に空気膜構造の同時解析にも適用できるとなっているが確認されていない。

本節では座標仮定有限要素法による形状･裁断図同時解析の数値結果を用いた試験体膜材の裁断後、構造形態を構成する実験を実施し、得られた実際の曲面形態を確認すると共に数値計算の精度と解析の限界および留意点をまとめる。なお、膜材は無織布の炭素シートを用い、構造スケールも 2 m 未満の試験体であるので曲面状況の確認は定性的な範囲内の評価であることを断っておく。

4.3.2　形状･裁断図同時解析

形状･裁断図解析における設計変数は対象とする膜材の自然状態（無応力状態）上の節点座標値である。ただし、未知量の低減と裁断線を滑らかな曲線とするため、実際には裁断線をパラメトリック曲線（３次スプライン曲線：制御点数 4）と置き換え、その曲線の制御点を未知量ベクトル $\boldsymbol{x}^*$ とする。形状と裁断図を同時に求める最適化は以下の通りである。

最適化問題（形状指定）　設計者がイメージする設計原型曲面と実際に得られる釣合い曲面との偏差量を最小化する次の最適化を考える。

$$\begin{aligned} &\textit{Find} && \boldsymbol{x}^* \\ &\textit{to minimize} && f\left(\boldsymbol{x}^*\right)=\sum_{e=1}^{k}\frac{1}{2}\left(\boldsymbol{X}_e-\boldsymbol{X}_{e0}\right)^T\left(\boldsymbol{X}_e-\boldsymbol{X}_{e0}\right) \\ &\textit{subject to} && t\boldsymbol{\sigma}^L \le t\boldsymbol{\sigma}_e \le t\boldsymbol{\sigma}^U \quad \left(e=1,2,\cdots,m\right) \end{aligned} \qquad (4.3.1\text{a–c})$$

目的関数は、最適化対象とする釣合い曲面の全体系での座標値ベクトル $\boldsymbol{X}$ と想定する設計原型曲面座標値 $\boldsymbol{X}_0$ との差の平方和、k は対象となる指定形状を与える節点の総数である。設計変数は裁断線上のすべての節点あるいは膜帯片の境界内部の節点を含めてもよい。ここでは基礎編で説明したように裁断線をスプライン曲線に置き換えるため、その曲線の制御点 $\boldsymbol{x}^*$ とする。式(4.3.1b)が形状指定の目的関数である。ただし、得られる釣合い曲面は目標形状を満足しても、一般的に応力が滑らかな状態であるとは限らない。ここに制約条件式(4.3.1c)を与える。この式において、$t\sigma = t\sigma_0$ と膜力（膜主応力）を一定値に設定すると解析上収束しないことがあり、目標応力（膜力）$t\sigma_e$ を中心とした前後の値 $t\sigma^L, t\sigma^U$ を与える。$t\sigma^L, t\sigma^U$ は収束する範囲でできるだけ $t\sigma_e$ に近接した値を設定する。

4.3.3　解析概要 [8-10)]

解析モデルは図 4.3.1～4.3.3 に示す 3 つの構造（Model−A, −B, −C）とする。Model−A は基礎編の解析モデル（基礎編 4.4 節の図 4.4.10 参照）に対応した直線と円弧の境界を持つ鞍型構造である。Model−B は円形境界空気膜構造である。最後の Model−C は任意境界形状を有する非軸対称形の空気膜構造である。境界部は共に固定とする。計算に用いた材料の諸量を表 4.3.1 に示す。

Model−A は図 4.3.1a に示すようにライズ H =1500 ～ 7500 mm まで 500 mm 間隔で 13 ケースを計算した。膜帯の接続情報は図 4.3.1b に初期裁断図形状を用いて示す。計算では構造モデルの対称性により A-B-H-G に囲まれた領域（ハッチング部）のみである。図 4.3.1c は内部節点を設けた 3 つの膜帯片に分けた三角形要素分割 T2（72 要素, 49 節点）と矩形要素分割 R2（36 要素, 49 節点）による初期裁断形状の 3 つの平面膜帯片モデルである。この分割モデルにおいて無応力状態の平面膜上では内部節点を固定とする。また、内部節点を設けない 6 つの膜帯片に分けた要素分割モデル T1（72 三角形要素, 49 節点）と R1（36 矩形要素, 49 節点）も準備した。これらのモデルでは想定曲面上の境界部の節点座標位置を除き、曲面上の各節点に拘束条件を与えない。形状指定の目標形状は幾何剛性項のみを用いた線形の等張力形状解析により得られた A-G-L ライン上の節点位置とする。

Model-B は図 4.3.2a に示すように形状の対称性より図 4.3.2b のハッチング部の 1/2 解析領域とする。膜帯接続情報は同図に内部節点を設けない 6 つの膜帯片に分けた要素分割モデル（T1:三角形要素数 112, 節点数 71, R1:矩形要素数 60, 節点数 79）を図 4.3.2c に示す。ここではスパン D = 40 000 mm とし、頂部高さ H mm に対してライズ･スパン比 H/D を 0.2 ～ 0.45 の 11 ケース計算した。Model-A と同様に内部節点を配置する 3 つの膜帯片に分けたモデルも準備する（T2, R2）。境界条件は円周上の節点を固定する。内圧処理は次のように考える。三角形要素 T では 1 つの要素に対して面に作用する総圧力をその法線方向に、重心点から各辺に垂線を降ろして構成する分割領域の負担面積に応じた節点力に置き換える。矩形要素に対しては、適当な 2 枚の三角形を構成させ、三角形要素と同じ処理を行う。内圧方向は常に膜面に対して法線方向に作用するため、計算では逐次圧力方向を修正して一定値になるまで繰り返す。

解析対象 Model-C は図 4.3.3a に示すように非軸対称境界形状の空気膜構造モデルである。図 4.3.3b に膜帯接続情報を示す。内部節点を設けない 22 の膜帯片に分けた要素分割モデル（T1:三角形要素 404 節点数 229, R1:矩形要素数 208 節点数 237）は図 4.3.3c に示す通りである。最大スパン $D_{\max}$ = 65 000 mm、最小スパン $D_{\min}$ = 30 000 mm を設定し、任意位置の高さ指定（1 および 2 節点）

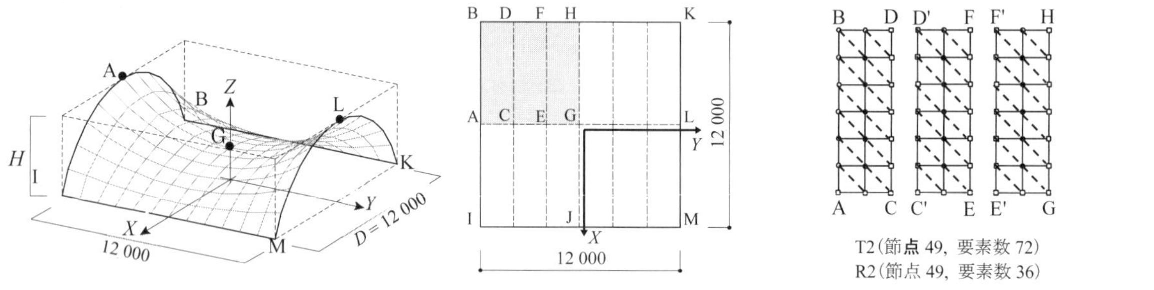

a．解析対象モデルの鳥瞰　　b．膜帯接続情報　　c．矩形要素と三角形要素の分割モデル

図 4.3.1　鞍型サスペンション膜構造モデル(解析モデルと要素分割図)Model-A

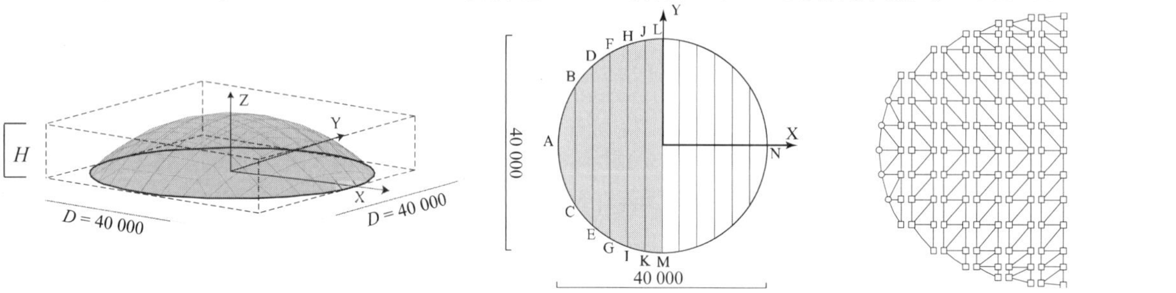

a．解析対象モデルの鳥瞰図　　b．膜帯接続情報　　c．三角形要素 T と矩形要素 R の分割モデル

図 4.3.2　円形境界空気膜構造モデル(解析モデルと要素分割図) Model-B

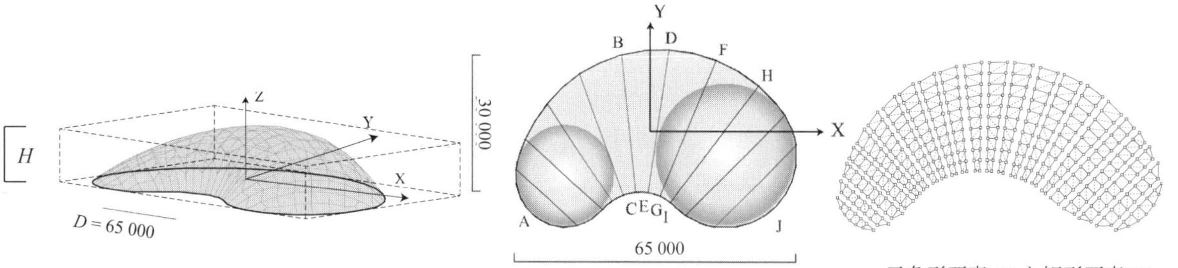

a．解析対象モデルの鳥瞰図　　b．膜帯接続情報　　c．三角形要素 T1 と矩形要素 R1 の分割モデル

図 4.3.3　自由境界形状空気膜構造モデル(解析モデルと要素分割図) Model-C

のモデルを 4 ケース準備する。2 つは中央部の 1 つの節点高さを指定したモデルである。もう一つは 2 節点の高さを指定する。最後のケースは任意位置の節点高さを指定する。このモデルでも内部節点を設ける 11 の膜帯片に分けた要素分割モデル T2 と R2 を準備する。このモデルでは非軸対称モデルであるので全体領域で計算を行う。

4.3.4　検証内容と実験装置

本項では得られた試験体に対する形態の検証手順および試験体と実験装置について説明する。ただし、第一段階の形態確認作業であるので厳密な張力制御は行わない。解析結果と実験との比較検証の確認手順は次の通りとする。

裁断線に沿って縫合した膜試験体の曲面形成に対する評価は次の手順で調べる。

① **触手による検証**：膜面への触手により膜面張力の確認と緩み・弛み・重なりの確認を行う。

② **光による皺の発生度合**：膜面上の張力場（Tension Field）発生による皺波や材の緩み・弛み・重なりによる皺の確認は暗所の試験体に多角方向から光を当てることで視覚的に確認する。

③ **節点における解析結果と実測値の比較**：モデルの代表ラインの節点位置(X, Y, Z)を計測し、解析により得られた数値結果と比較する。

①と②を併用することで、試験体の境界部と膜帯片接合部における引張力の調整をすると共に緩みあるいは皺の判定に用いる。③の実測ではModel-A：膜面から錘により垂らした木綿糸の長さ計測、Model-B：レーザー変位計による計測を用いた。

試験体と実験装置は以下に概説する。

鞍型サスペンション膜構造モデル Model-A　図 4.3.1 の膜構造解析モデルに対応させ、図 4.3.4 に示す 1/10 のスケールによる試験体境界型枠を準備した（平面図と立面図：試験体 A）。図 4.3.1b の周囲境界 B-K-M-I を図 4.3.4 の鋼材型枠周囲境界 B*-K*-M*-I*に対応させ、解析で得られた裁断図に基づき作成した膜材を接合させる。型枠円弧部は、着脱可能としライズ H = 250, 350, 400, 450, 500 mm の 5 タイプのアーチ部材を準備する。膜材は帯状の炭素不織布 1 040 mm 巾を使用する。膜厚 t は 0.8 mm である。膜材の縫合・接合手順は以下の通りである。

膜帯間の縫合手順は膜材裁断時にのりしろ部を設け、布用テープにより仮止め後、ミシンにより縫合する。中央の A-G-L ラインはミシンによる縫合が困難なので手縫いとした。境界部の接合方法は膜材を塩化ビニール製の板と型枠で挟み、ワッシャーを介してナットとボルトで留める(図 4.3.5a)。型枠の材同士の接合方法は溶接し、剛性が十分確保できる断面とした（図 4.3.5b)。膜材の型枠への張り方は次のようにする。

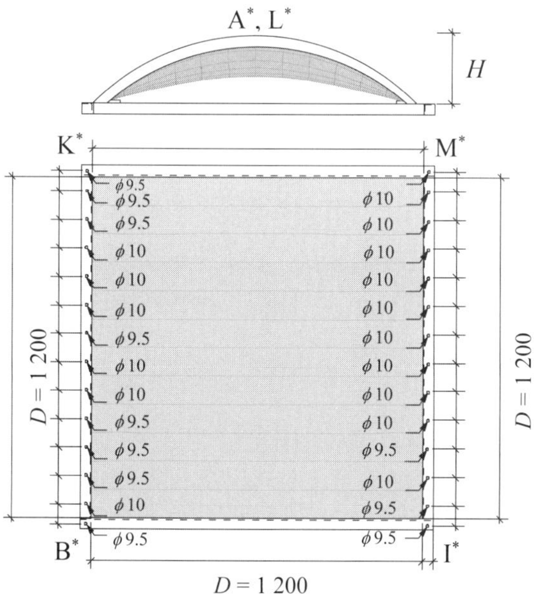

図 4.3.4　試験体 A の試験用境界型枠図面
unit：mm

表 4.3.1　解析に用いた膜材の材料定数表

膜厚	t=0.8 mm
縦弾性係数	$tE_x = tE_y$ = 800 N/mm
ポアソン比	$\nu_{xy} = \nu_{yx}$ = 0.3
せん断剛性	tG_{xy} = 60.0 N/mm
単位質量	1.215×10^{-6} kg/mm^2

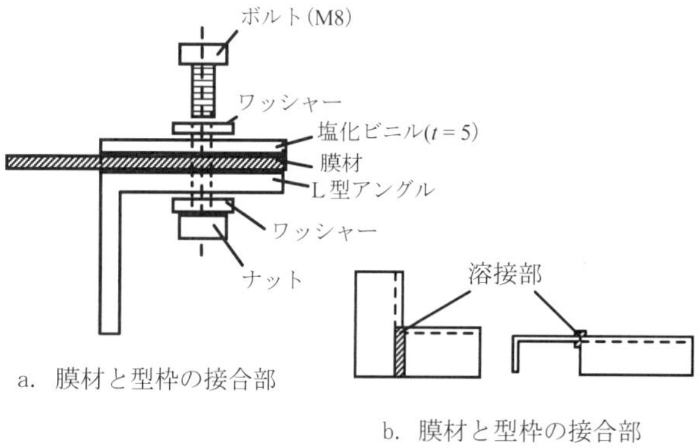

a. 膜材と型枠の接合部

b. 膜材と型枠の接合部

図 4.3.5　試験体 A の接合部と型枠間の詳細

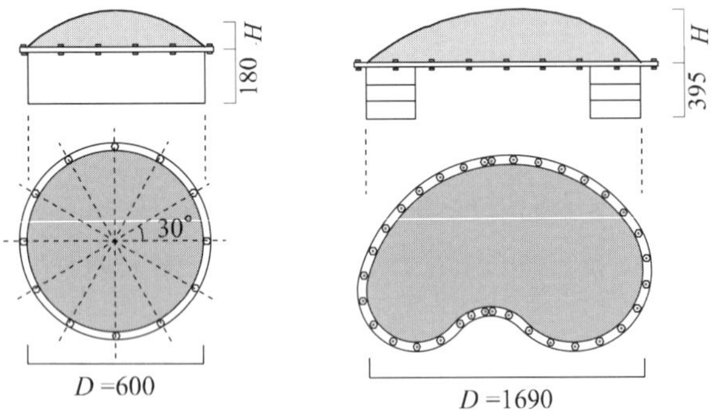

a. 試験体 B　　b. 試験体 C

図 4.3.6　試験体 B と試験体 C の図面
unit : mm

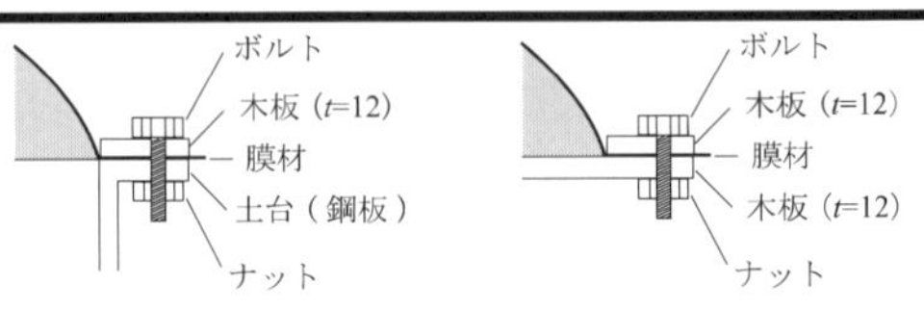

a. 試験体 B　　b. 試験体 C

図 4.3.7　試験体 B と試験体 C の接合部詳細

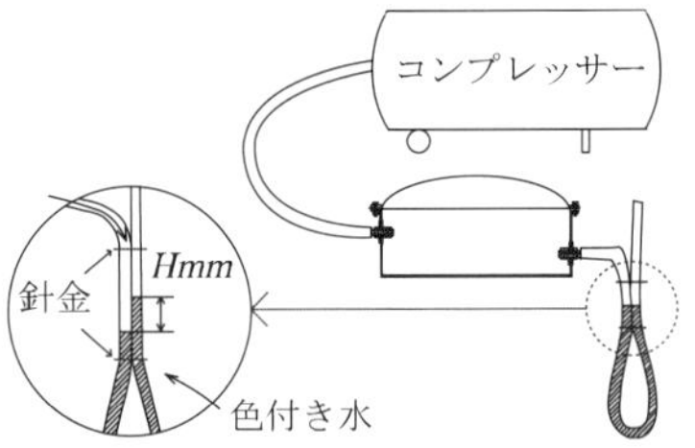

図 4.3.8　試験体 A, B の加圧システム全体と圧力測定

1）縫合した膜帯片の 2 点 A, L を型枠円弧部の頂点 A*, L*に接合する。
2）曲率を持たない 2 辺 B-K, I-M ラインを B*-K*, I*-M*ライン接合する。
3）曲率辺を円弧頂点から端部に向けて順に接合する。また、接合の際は緩み･弛み･重なりが生じないように全体的に張力が入るように複数名の人力で一様に引っ張る。

空気膜構造モデル Model-B, -C　図 4.3.2 と 4.3.3 の空気膜構造の解析モデル Model-B, -C に対応させた試験体 B, C と境界型枠の平面･立面図を図 4.3.6 に示す。各試験体は Model-B に対してスケールを 0.015 倍に置換（試験体 B）、Model-C に対してスケールを 0.026 倍に置換（試験体 C）している。試験体 B と C の境界接合部詳細はそれぞれ円形鋼板とレーザーカッターでカットした木板を土台にし、型枠に膜材を覆うことで閉じた空間を構成する。裁断した膜材は、縫合後、型枠の内径に合わせて接合させる。膜と土台との接合部の詳細は図 4.3.7 の通りである。図 4.3.8 に試験体加圧システム全体の概略を示す。空気膜構造では内圧を一定に保つことが重要である。内圧は試験体に取り付けたビニール管の水位差 H mm（水頭圧 H mmAq）による測定で確認する。試験体内にはコンプレッサーで空気を送風し、水頭圧 H mmAq の一定値に維持させた。膜帯片間の縫合は Model-A と同様に裁断図にのりしろ部を設け、布用テープによる仮止め後、ミシンにより縫合する方法をとる。縫合した膜材は土台の上に設置し、土台で膜材を挟み、ボルトとナットにより境界型枠に固定した。なお、加圧時に膜面内側に気密性を高めるため、剛性がほぼ無視できるポリ塩化ビニリデン（PVDC）フィルム（11μm）を貼り付けている。

4.3.5　解析結果と実験結果との定性的比較

Model-A による計算結果と試験体 A による実測値の比較　計算ではライズ H = 1 500～7 500 mm まで 500 mm 間隔で 13 ケース実施した。目標形状は幾何剛性項のみを用いた等張力の線形形状解析結果による A-G-L ライン上の節点とし、目標応力は 1.0 N/mm とする。解析結果と実験結果等を写真 4.3.1, 表 4.3.2、図 4.3.9, 4.3.10 に示す。表 4.3.2 に R1*, R1, R2 と T1, T2 の計 5 種類の数値結果と実験結果をまとめている。表中記号、○：収束解（解析可能）、×：未収束（解析不可）、

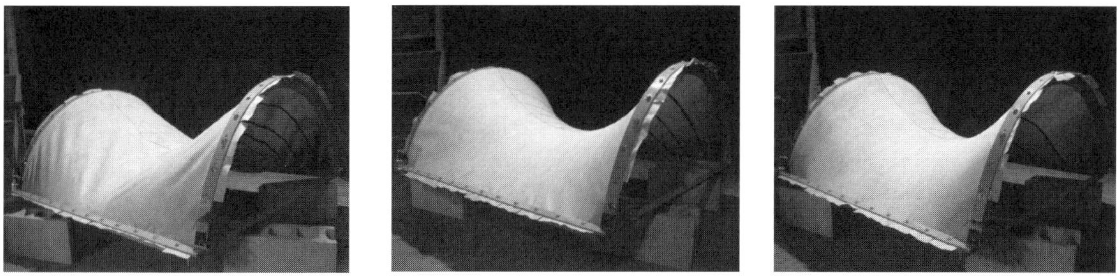

a. R1 解析結果による試験体　　b. R1*解析結果による試験体　　c. R2 解析結果による試験体

写真 4.3.1　Model-A　R1, R1*, R2 解析結果の形態確認（試験体 $H = 500$ mm）

表 4.3.2　鞍型サスペンション膜構造モデルの収束結果と試験体の曲面状況（○：収束，×：解析不可, S : smooth, R : rough）

試験体	*H* mm	150	200	250	300	350	400	450	500	550	600	650	700	750
矩形要素	R1*	○	○	○S	○S	○S	○S	○S	○S	○	○	○	○	○
	R1	○	○	○S	○R	○R	○R	○R	○R	○	×	×	×	×
	R2	○	○	○S	○S	○S	○S	○S	○S	○	×	×	×	×
三角形要素	T1	○	○	○S	○S	○S	○S	○S	○S	○	×	×	×	×
	T2	○	○	○S	○S	○S	×	×	×	×	×	×	×	×

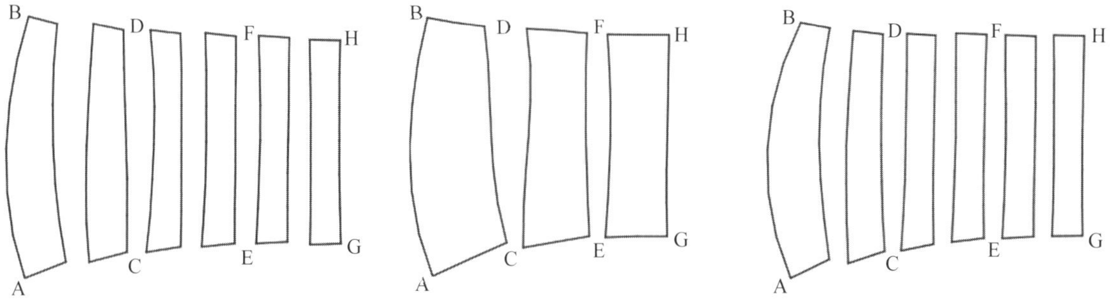

a. 裁断図 R1*　　b. 裁断図 R2　　c. 裁断図 T1

図 4.3.9　試験体 A の裁断図（試験体 $H = 500$ mm, $2 \le t\sigma_e \le 4$）

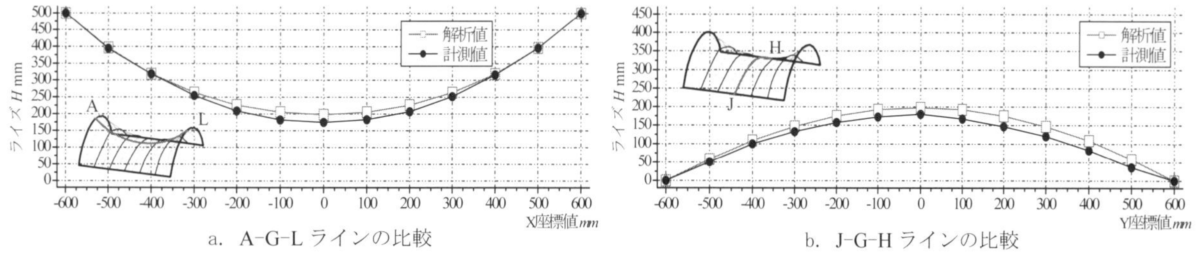

a. A–G–L ラインの比較　　b. J–G–H ラインの比較

図4.3.10　試験体AとR2実測値と解析結果の形態確認（試験体$H = 500$ mm）, R2

S：皺なし(Smooth)、R：皺発生(Rough)を意味する（○記号でR, Sの付記がないものは試験体未作成）。R1を使用した場合のみ、$H = 3\ 000$ mm（試験体 $H = 300$ mm）以上のライズのときに隣接膜帯裁断線長さに無視できないずれが生じ、写真 4.3.1 に示すように皺が発生した。R1*は制約条件式(4.3.2)を新たに付加した計算結果であり、結果皺の発生がなくなる（同写真 b）ことを確認した [11]。

$$\frac{\left|{}_L l_i - {}_R l_i\right|}{D} \le \alpha \quad (i = 1, 2, \ldots, m) \qquad (4.3.2)$$

ここで、m：裁断線本数，${}_L l_i$：裁断線を構成する平面状態の左側裁断線長さ，${}_R l_i$：裁断線を構成する平面状態の右側裁断線長さ，D：スパン　である。

同時解析では、制約条件は ${}_t\sigma_e = 1.0$ を基準に計算上収束する範囲で上下限値 ${}_t\sigma^L, {}_t\sigma^U$ を設定している。低ライズのときは、応力(膜力)制約条件の範囲を狭めても収束するが、高ライズになるに従い上下限値を調整する必要がある。計測は上述で説明した手順で膜材に張力を与えて境界枠に設置した後、12 時間経過後に行う。

試験体 H = 500 に対して R1*, R2, T1 のときの裁断図結果を図 4.3.9 に示す。図 4.3.10 には試験体 H = 500, R2 の実測値と解析値の比較である。ライズが低い場合には、どの要素を用いても裁断線は概ね一致するが、高ライズになるに従い差が現れてくる。

Model-B による計算結果と試験体 B による実測値の比較　円形境界空気膜構造モデル Model-B の収束結果と試験体 B の曲面状況を表 4.3.3 に示す。内圧は 30 mmAq を設定している。試験体 A と同様に表中記号○:収束解(解析可能)，×:未収束(解析不可)，S:滑らか(Smooth)な曲面形態　である(○記号で R, S 不記は試験体未作成)。収束状況は H/D = 0.25 を境に収束状況が変わる。これは内圧処理に影響する結果であると考えている。三角形要素分割 T2 は初期要素分割で内部節点を設定すると、要素の潰れが生じて解析不可能に陥る。矩形要素分割 R1, R2 は H/D = 0.25 までの計算に対して、要素の潰れが生じることなく安定した解が得られた。また、制約条件を厳しくしても矩形要素は対応でき、三角形要素に比べて等張力に近い曲面形態を得る。一方で、三角形要素分割 T1 は内圧処理計算が容易であるので、H/D = 0.45 まで収束解を得ることができ、高い収束性を示す。三角形要素分割 T1 の収束性が高いのは内圧処理に関係していると考えられる。なお、このモデルの場合、三角形と矩形要素分割に関係なく得られた裁断線は一致する。空気膜構造 Model-B の解析では式(4.3.2)の長さ制約条件を付加する必要がないことが判る。

ここでは、H/D = 0.25 の数値結果に絞り、裁断図と膜力(主応力)の状態および試験体の曲面状況写真を示す(図 4.3.11)。内圧を 30, 40, 50 mmAq と推移させた際の膜面位置の実測値と解析値(30 mmAq)の比較グラフを図 4.3.12 に示す。

Model-C による計算結果と試験体 C による実測値の比較　次に、任意境界形状を有する空気膜構造モデルへと展開する。解析モデルは非軸対称境界形状を有する空気膜構造である。一般に曲率変化のある膜構造は等張力曲面にはならない。ここでは Model-A, -B と同様に要素形状と要素分割の異なる 4 種類準備し、長さ制約式(4.3.2)の有無による計 8 タイプについて検討した。形状

表 4.3.3　円形境界空気膜構造モデルの収束結果と試験体の曲面状況 (○：収束，×：解析不可，S：smooth, R：rough)

試験体 H/D		0.2	0.225	0.25	0.275	0.3	0.325	0.35	0.375	0.4	0.425	0.45
矩形要素	R1	○S	○S	○S	○	×	×	×	×	×	×	×
	R2	○S	○S	○S	×	×	×	×	×	×	×	×
三角形要素	T1	○S	○S	○S	○	○	○	○	○	○	○	○
	T2	×	×	×	×	×	×	×	×	×	×	×

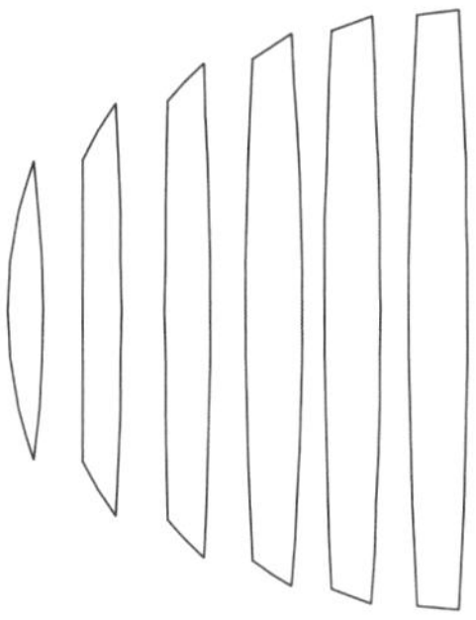

a1 裁断図

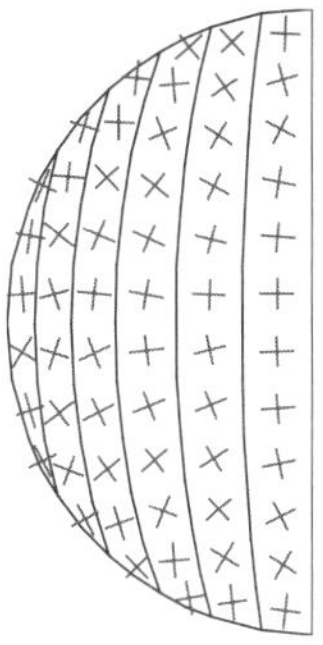

a2 主応力図

a3 膜応力状況 N/mm

	$t\sigma_{max}$	$t\sigma_{min}$
目標値	$2.7 \leq t\sigma_{min}$, $t\sigma_{max} \leq 3.2$	
平均値	3.114	2.739
最大値	3.200	2.938
最小値	2.763	2.700
標準偏差	0.095	0.059

a4 膜面の状況

a. Model-B（R1）の解析結果と裁断図より得られた試験体 B の膜面状況

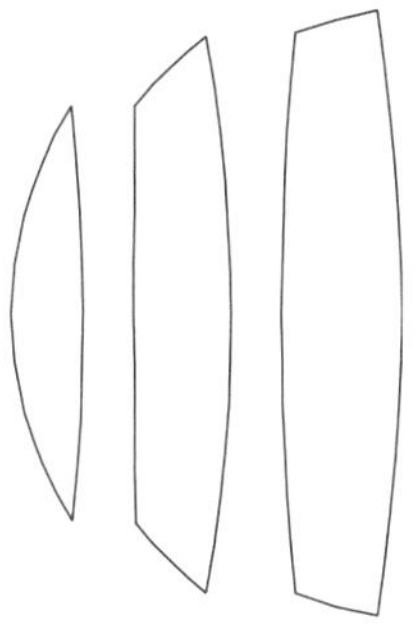

b1 裁断図

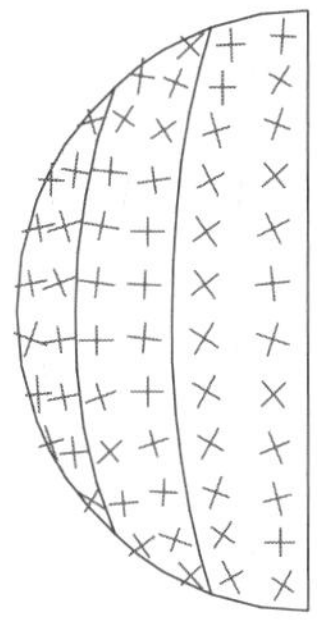

b2 主応力図

b3 膜応力状況 N/mm

	$t\sigma_{max}$	$t\sigma_{min}$
目標値	$2.45 \leq t\sigma_{min},$ $t\sigma_{max} \leq 3.45$	
平均値	3.240	2.725
最大値	3.450	3.361
最小値	2.757	2.450
標準偏差	0.183	0.283

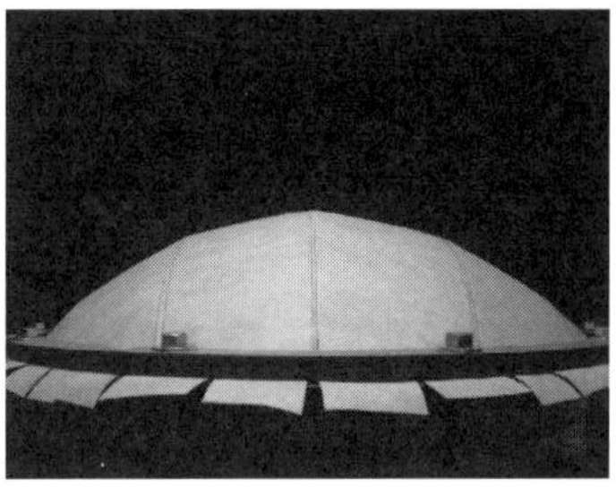

b4 膜面の状況

b. Model-B（R2）の解析結果と裁断図より得られた試験体 B の膜面状況

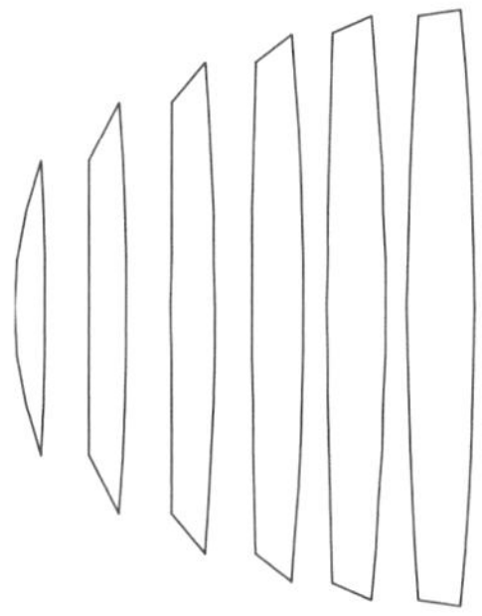

c1 裁断図

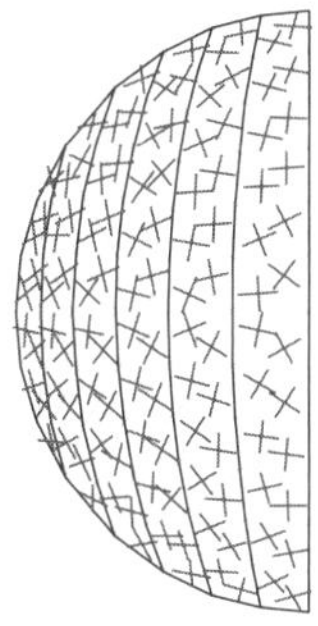

c2 主応力図

c3 膜応力状況 N/mm

	$t\sigma_{max}$	$t\sigma_{min}$
目標値	$3.1 \leq t\sigma_{min}$, $t\sigma_{max} \leq 3.7$	
平均値	3.512	3.246
最大値	3.700	3.541
最小値	3.115	3.100
標準偏差	0.164	0.129

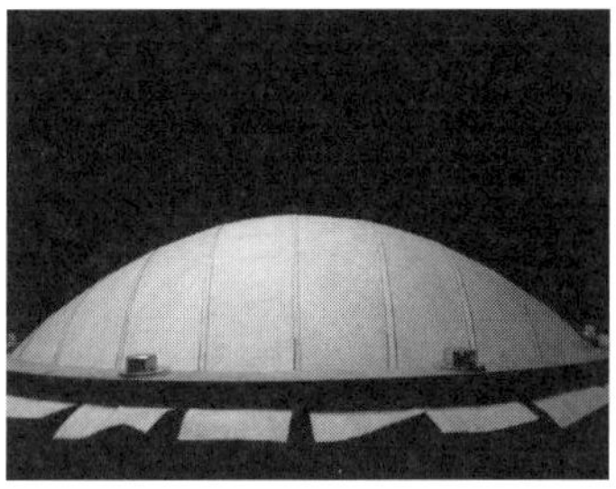

c4 膜面の状況

c. Model-B（T1）の解析結果と裁断図より得られた試験体 B の膜面状況

図 4.3.11　Model-B の解析結果と裁断図より得られた試験体 B の比較

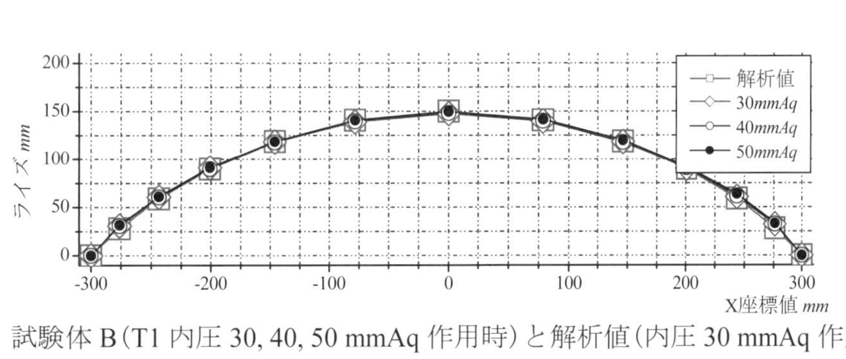

図 4.3.12　試験体 B（T1 内圧 30, 40, 50 mmAq 作用時）と解析値（内圧 30 mmAq 作用時）の比較

設定は指定節点の高さを既定する方法をとる。高さ指定節点の位置は図 4.3.13a に示す中央部●印位置の 1 節点とし、H = 11 000 ～ 18 000 mm の範囲で計算する。内圧は 30 mmAq と一定値を設定する。目標応力は Model−B と同様にライズ H によって適当な値を設定し、上下限値をできるだけ厳しく与える。

各モデルによる最適化計算による収束結果を表 4.3.4 に示す。図中記号の内、数値計算上、○は収束解を得(解析可能)、×は収束解が得られない(解析不可)を意味している。表からも判るように収束した解の範囲では R1*と R1 に差違が見られなかった。試験体と解析値の比較は表中の*印の数値結果を用いる。

まず、1 節点高さ指定 H/D=0.169 (Case−1)のとき、三角形分割(T1)と矩形分割(R2)の膜面形状は M-L ラインの高さ比較(図 4.3.13b)を示す。図 4.3.14a, b にそれぞれの裁断図と膜面形状および主応力図を示す。主応力図の主応力の大きさは長さに比例させている。図 4.3.15a, b は試験体の鳥瞰写真と立面写真および L-M, P-Q ラインの実測値と解析値の比較である。矩形要素(R2) H/D = 0.2(Case−2)の結果を Case−1 と対応させ、図 4.3.14c と図 4.3.15c に示す。H/D = 0.169 で 2 節点高さ指定(Case−3)と中央位置から隔たった位置の 1 節点高さ指定(Case−4)の各モデルに対しても同じように図 4.3.14d, e と図 4.3.15d, e に示す。

4.3.6 まとめ

本節では座標仮定有限要素法を応用した形状・裁断図同時解析の結果による裁断図利用の試験体を製作し、滑らかな想定曲面形態を構成するか調べた。数値解析では簡単な手順で計算結果を得るために出来るだけ粗い要素分割を採用した。その結果、要素形状により形態の違いが現われた。

サスペンション膜構造 Model−A は三角形要素と矩形要素に関係なくライズが高くなるに従い

表 4.3.4　Model−C による解の収束結果と試験体の曲面状況（○：解析可能，×：解析不可，*：膜面状況確認）

試験体 H/D		0.169)	0.185	0.2	0.215	0.231	0.246	0.262	0.277
矩形要素	R1*	○	○	○	×	×	×	×	×
	R1	○	○	○	×	×	×	×	×
	R2	○*	○	○*	×	×	×	×	×
三角形要素	T1	○*	○	○	○	○	○	○	○
	T2	○	○	○	○	○	○	○	○

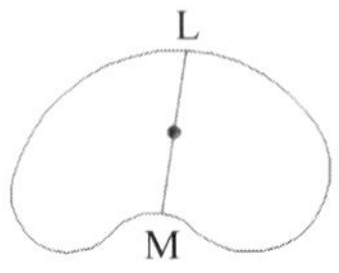

a. Model−C の平面図
高さ指定位置●と高さ比較ライン

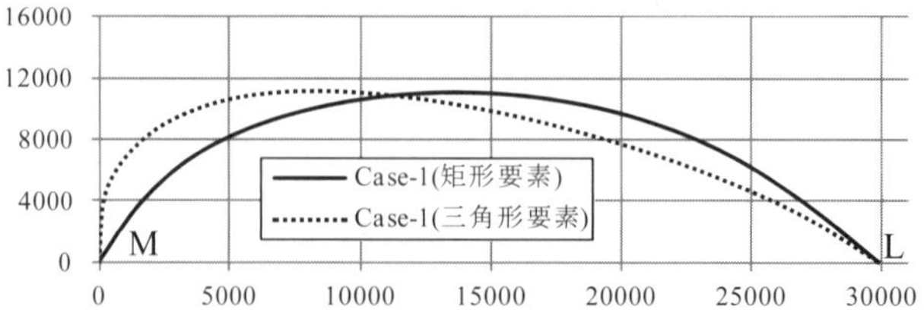

b. M−L ラインの要素形状による形態比較

図 4.3.13　Model−C, Case−1(三角形・矩形要素)より得られたの M−L ラインの形状比較

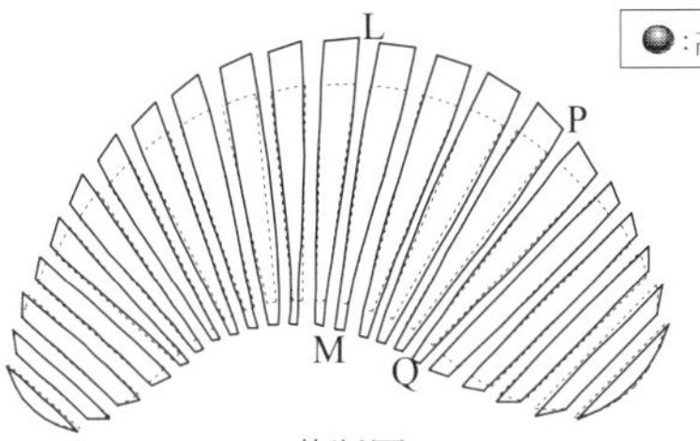

a1 裁断図

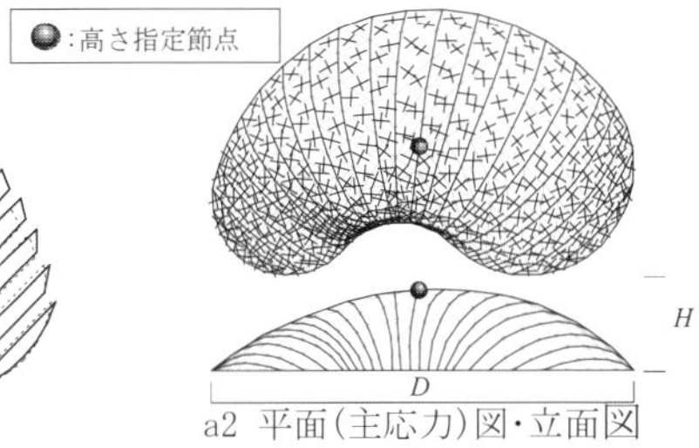

a2 平面(主応力)図･立面図

a3 膜主応力状況 N/mm

	$t\sigma_{max}$	$t\sigma_{min}$
目標値	$2.8 \le t\sigma_{min}$, $t\sigma_{max} \le 3.8$	
平均値	3.564	3.096
最大値	3.800	3.736
最小値	2.921	2.800
標準偏差	0.209	0.217

a. 三角形要素 T1　$H/D = 0.169$　(Case-1)

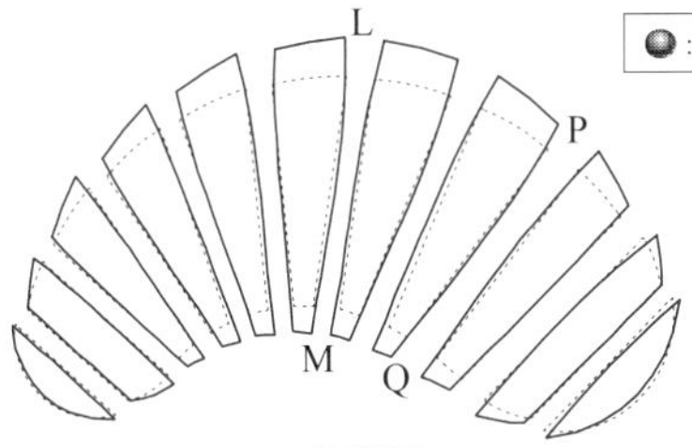

b1 裁断図

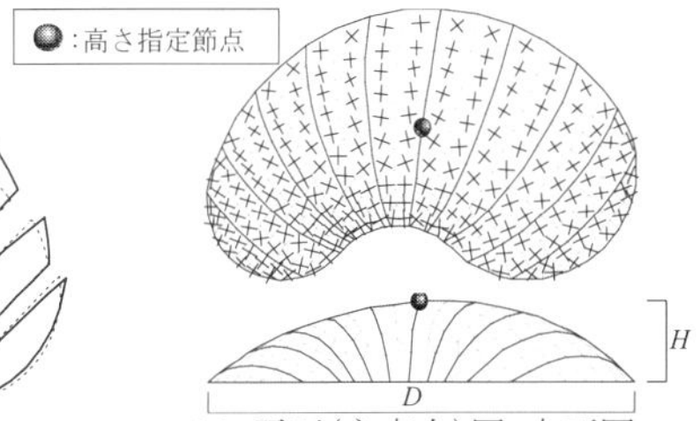

b2 平面(主応力)図･立面図

b3 膜主応力状況 N/mm

	$t\sigma_{max}$	$t\sigma_{min}$
目標値	$2.3 \le t\sigma_{min}$, $t\sigma_{max} \le 3.3$	
平均値	3.142	2.735
最大値	3.300	3.292
最小値	2.455	2.300
標準偏差	0.202	0.327

b. 矩形要素 R2　$H/D = 0.169$　(Case-1)

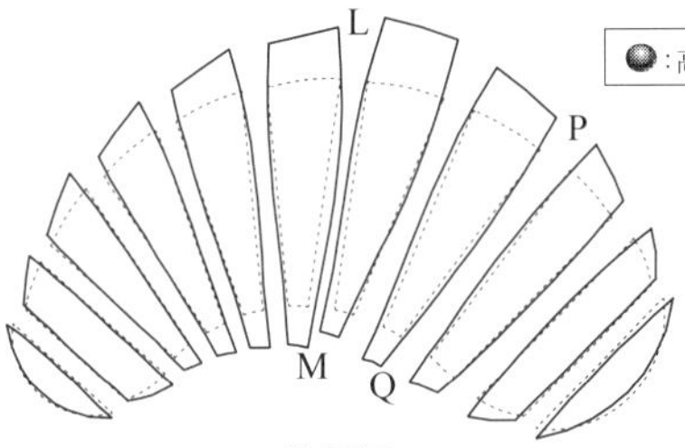

c1 裁断図

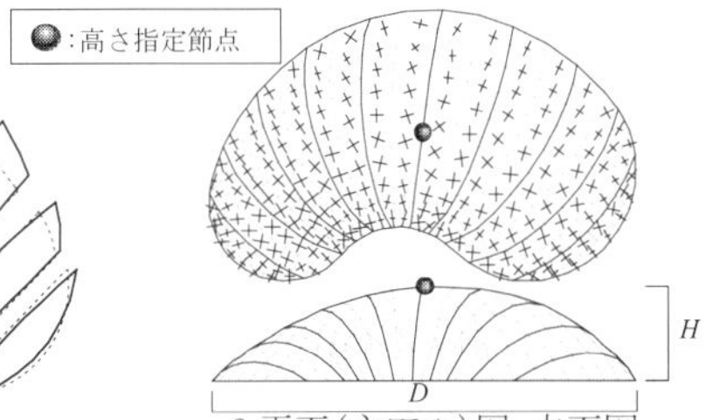

c2 平面(主応力)図･立面図

c3 膜主応力状況 N/mm

	$t\sigma_{max}$	$t\sigma_{min}$
目標値	$1.6 \le t\sigma_{min}$, $t\sigma_{max} \le 3.0$	
平均値	2.819	2.213
最大値	3.000	2.997
最小値	1.820	1.600
標準偏差	0.246	0.442

c. 矩形要素 R2　$H/D = 0.2$　(Case-2)

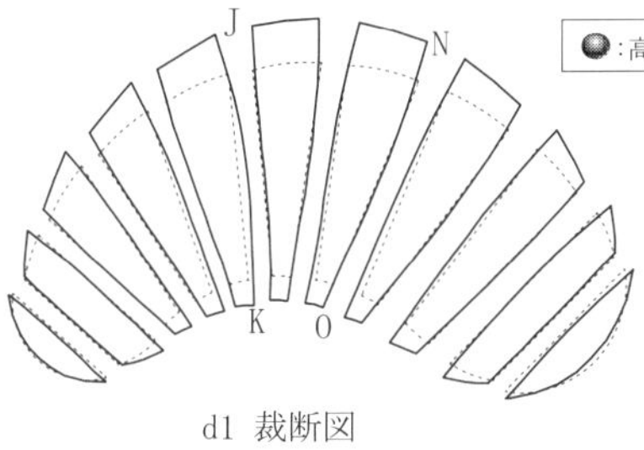

d1 裁断図

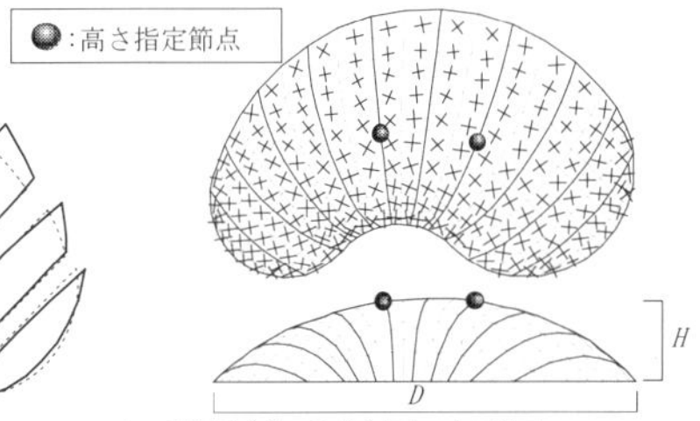

d2 平面(主応力)図･立面図

d3 膜主応力状況 N/mm

	$t\sigma_{max}$	$t\sigma_{min}$
目標値	$2.3 \le t\sigma_{min}$, $t\sigma_{max} \le 3.3$	
平均値	3.076	2.666
最大値	3.300	3.288
最小値	2.302	2.300
標準偏差	0.244	0.302

d. 矩形要素 R2　$H/D = 0.169$　(Case-3)

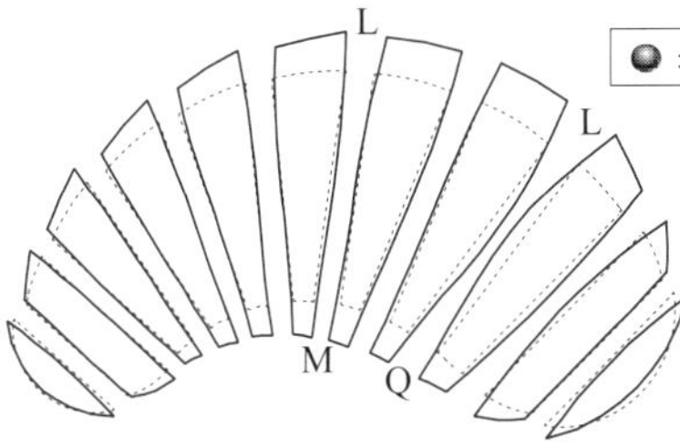

e1 裁断図

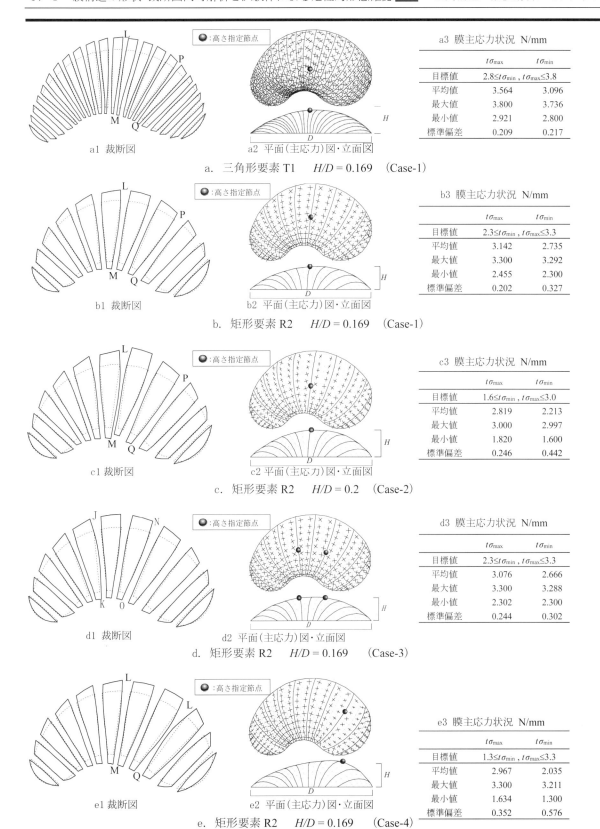

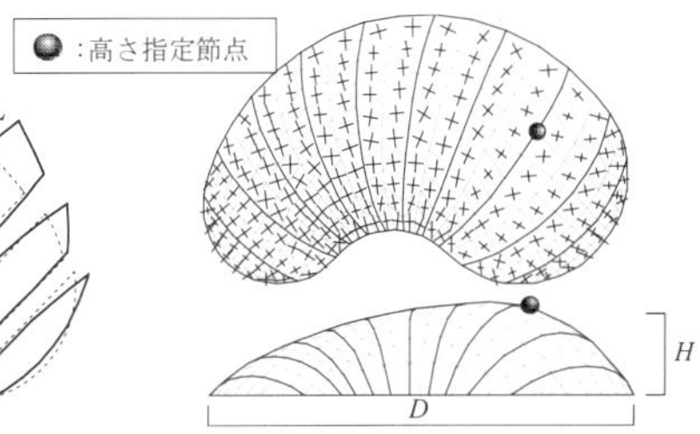

e2 平面(主応力)図･立面図

e3 膜主応力状況 N/mm

	$t\sigma_{max}$	$t\sigma_{min}$
目標値	$1.3 \le t\sigma_{min}$, $t\sigma_{max} \le 3.3$	
平均値	2.967	2.035
最大値	3.300	3.211
最小値	1.634	1.300
標準偏差	0.352	0.576

e. 矩形要素 R2　$H/D = 0.169$　(Case-4)

図 4.3.14　任意境界形状を有する空気膜構造の最適裁断図と膜主応力状況

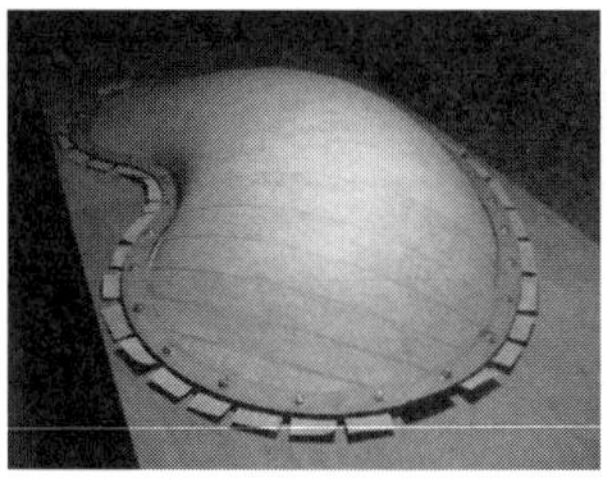

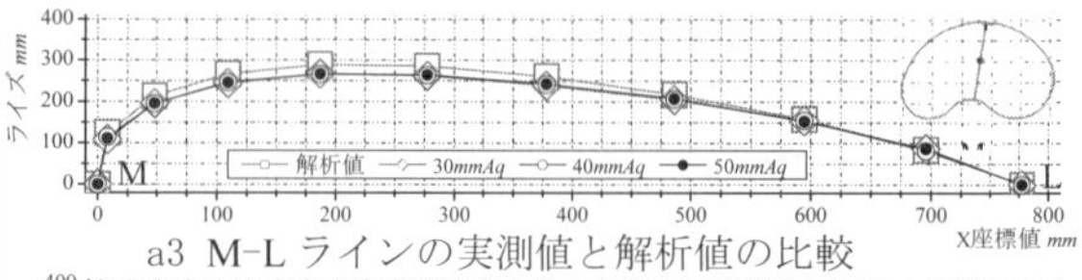

a3 M-L ラインの実測値と解析値の比較
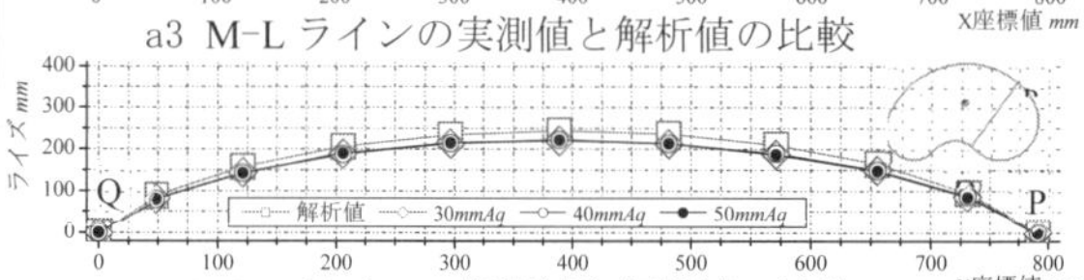

a1 試験体鳥瞰写真　a2 試験体立面写真　a4 Q-P ラインの実測値と解析値の比較

a. 試験体 C の膜面写真と実測値と解析値の比較（Case−1, T1）$H/D = 0.169$

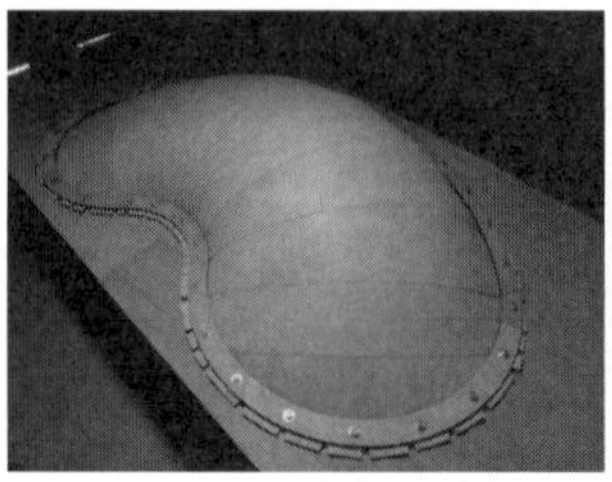
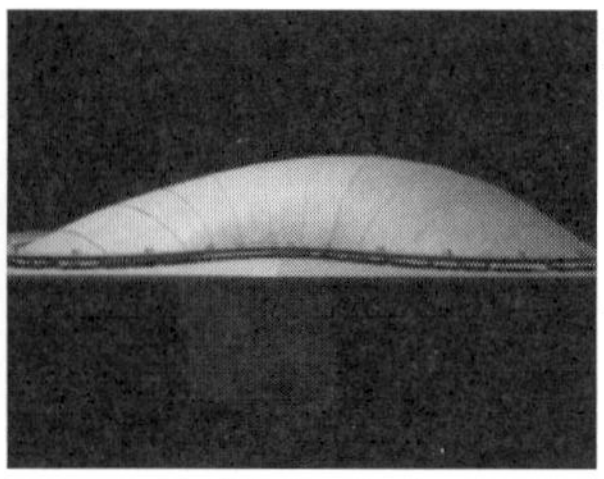
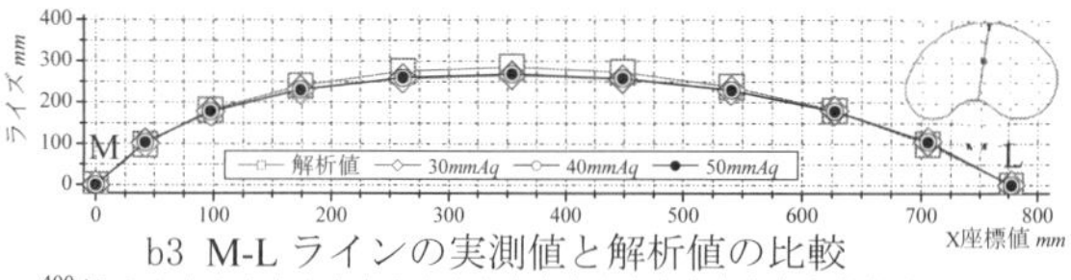

b3 M-L ラインの実測値と解析値の比較
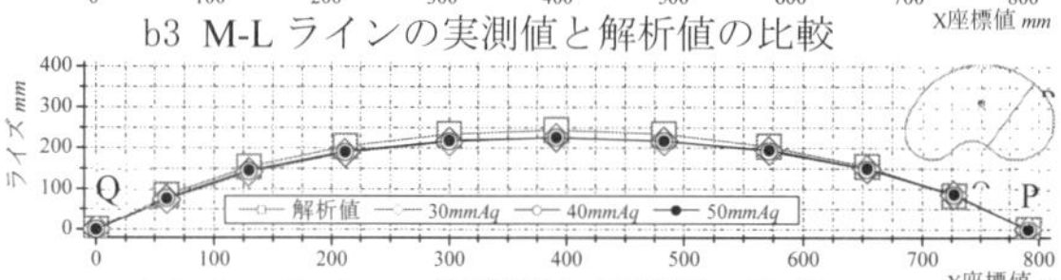

b1 試験体鳥瞰写真　b2 試験体立面写真　b4 Q-P ラインの実測値と解析値の比較

b. 試験体 C の膜面写真と実測値と解析値の比較（Case−1, R2）$H/D = 0.169$

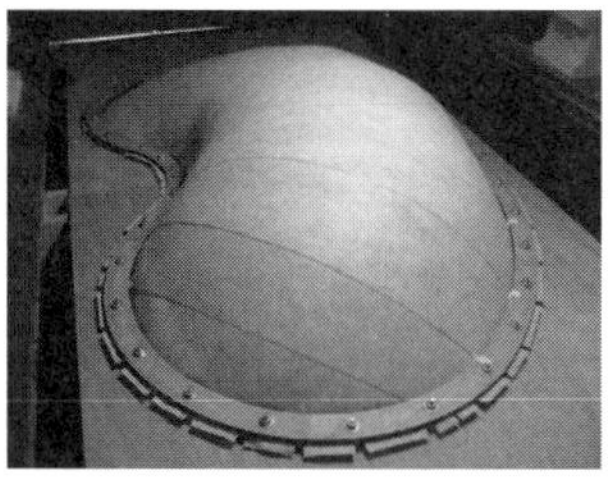
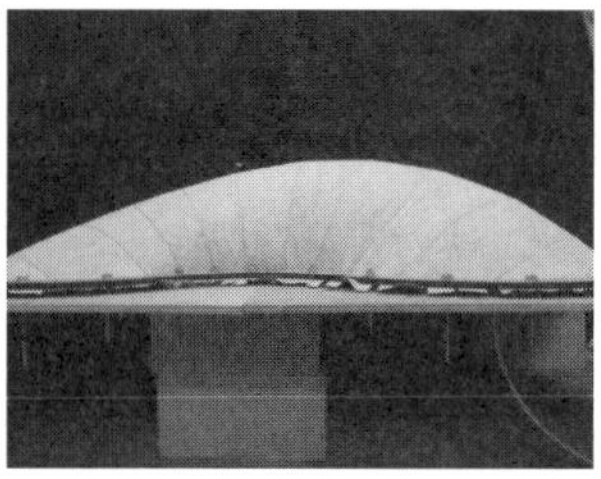
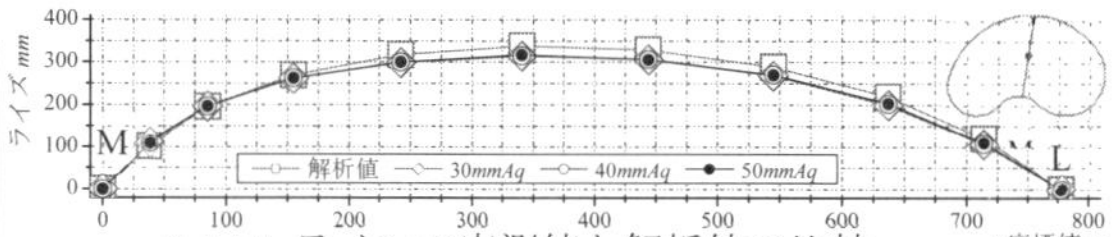

c3 M-L ラインの実測値と解析値の比較
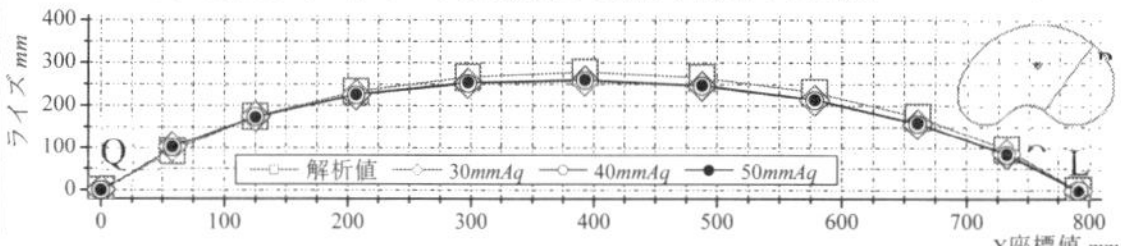

c1 試験体鳥瞰写真　c2 試験体立面写真　c4 Q-P ラインの実測値と解析値の比較

c. 試験体 C の膜面写真と実測値と解析値の比較（Case−2, R2）$H/D = 0.2$

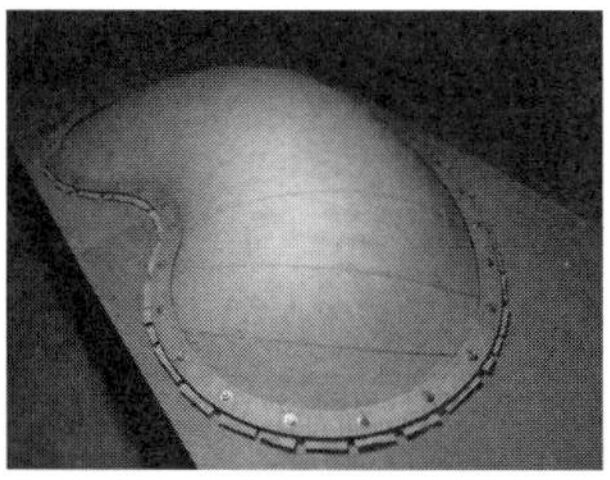

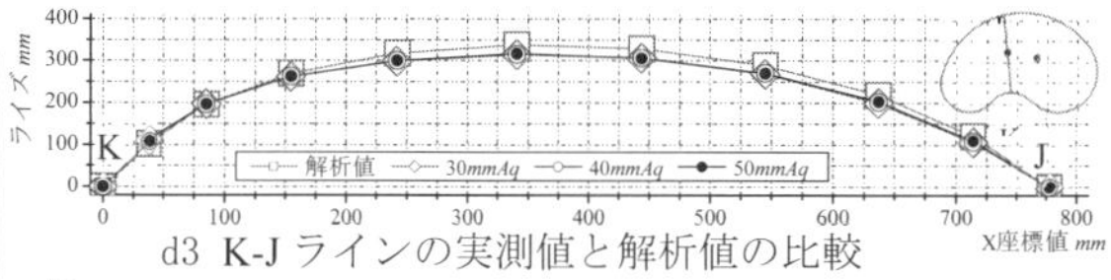

d3 K-J ラインの実測値と解析値の比較
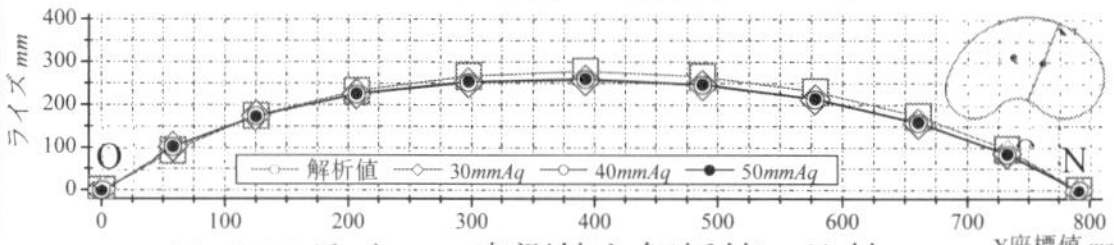

d1 試験体鳥瞰写真　d2 試験体立面写真　d4 O-N ラインの実測値と解析値の比較

d. 試験体 C の膜面写真と実測値と解析値の比較（Case−3, R2）$H/D = 0.169$

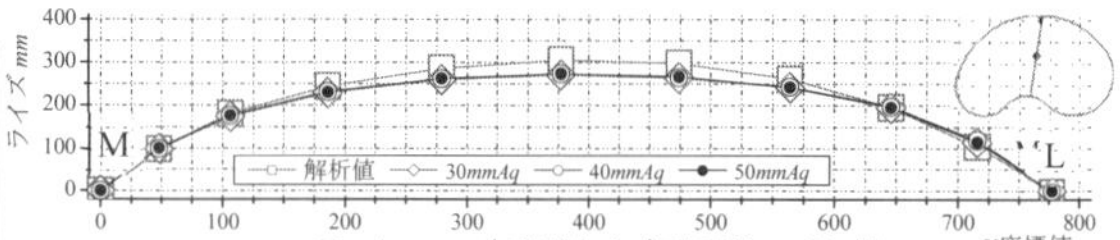

e3 M-L ラインの実測値と解析値の比較
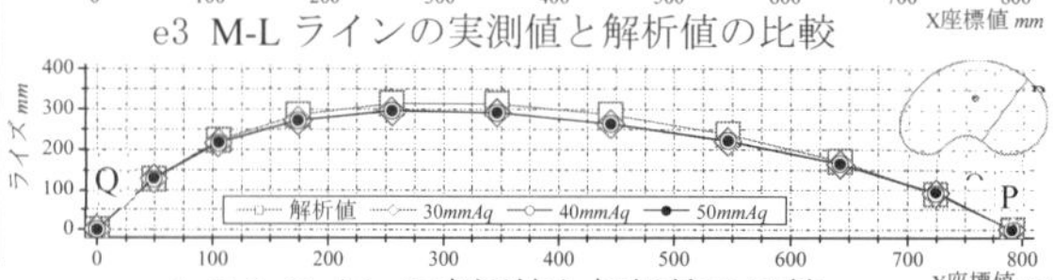

e1 試験体鳥瞰写真　e2 試験体立面写真　e4 Q-P ラインの実測値と解析値の比較

e. 試験体 C の膜面写真と実測値と解析値の比較（Case−4, R2）$H/D = 0.169$

図 4.3.15　試験体 C の膜面写真と実測値と解析値の比較（Case−1〜−4）

数値解析上収束状況が悪くなり、次第に収束しなくなる。内部節点のない矩形要素は収束解が得られても比較的高いライズの試験体に対して曲面上に皺が認められた。ここに溶着･縫合する裁断線の長さ制約を付加することで皺の無い膜面形態が得られ、さらに高ライズでも安定した収束解が得られた。三角形要素では収束解に対してすべて滑らかな曲面形態となった。しかし、長さ制約の付加によりさらに高いライズの数値解が得られない。したがって、サスペンション膜構造では裁断線が測地線により近いと思われる長さ制約を付加した内部節点のない矩形要素の利用が形状と裁断図同時解析では適合していると考えられる。なお、内部節点を設けた解析では三角形要素と矩形要素で収束状況に大きな差がなく、収束解に対しては皺のない結果が得られている。ただし、内部節点のない三角形要素と同程度の収束状況であった。

空気膜構造 Mode−B, −C では内圧の処理の関係で三角形要素の適合性がよい。特に内部節点のない三角形要素は高ライズでも安定した収束解が得られる。Mode−B は内部節点のない三角形要素の収束性がよく、試験体による形態確認において完全に数値解と一致した。Model−C は内部節点の有無に関係なく三角形要素の収束性がよい。収束解は異なる曲面形態ではあるが、共に滑らかな曲面を得ている。

本来、要素分割を増加させれば、どの要素を用いても同じ結果が得られるはずである。しかし、粗い要素分割による結果として異なる曲面形状が共に等張力に近い形態が得られた。現状ではどの曲面形態を採用してもよいが、裁断線ができるだけ短い方の採用が測地線に近いものと考えられる。

以上より解析結果を用いた試験体による曲面状況の検証より、座標仮定有限要素法を用いた形状･裁断図同時解析の精度と解析限界および留意点を示すことができたと考えている。今後、ケーブルを導入した際の同時解析や密な要素分割を用いた際の要素再分割手順の検討あるいは実構造スケールでの確認作業が必要になるであろう。

第４章　張力構造の数値解析

第４節　ケーブルネット構造の形状・静的解析と実験

4.4.1　実体および課題の把握

ケーブルネット構造の数値解析の例題として、境界ケーブルを有する比較的単純な構成の構造モデルを取り上げる。ケーブルネット構造も初期張力の釣合により成立する構造であることから、まず初期形状解析を行う必要がある。本節では、初期形状解析により求められた釣合形状を目指して実際に試験体を製作して、これに荷重を加えた際の挙動を計測する実験を行い、実験結果と数値解析結果の比較により、この種の構造の数値解析における留意点を明らかにする。

図 4.4.1 に対象とするケーブルネット構造試験体の形状を示す。ここで最初に与えることができるのは、節点 1, 5, 9, 13 の支点の座標である。それ以外の内部点の座標、すなわち釣合形状は、境界ケーブルと内部ケーブルの張力比を 3:1 として応力密度法 [12]により求めた。釣合形状（設計形状）の各節点の座標値は、後の表 4.4.3 に設計値 x, y, z として示されている。

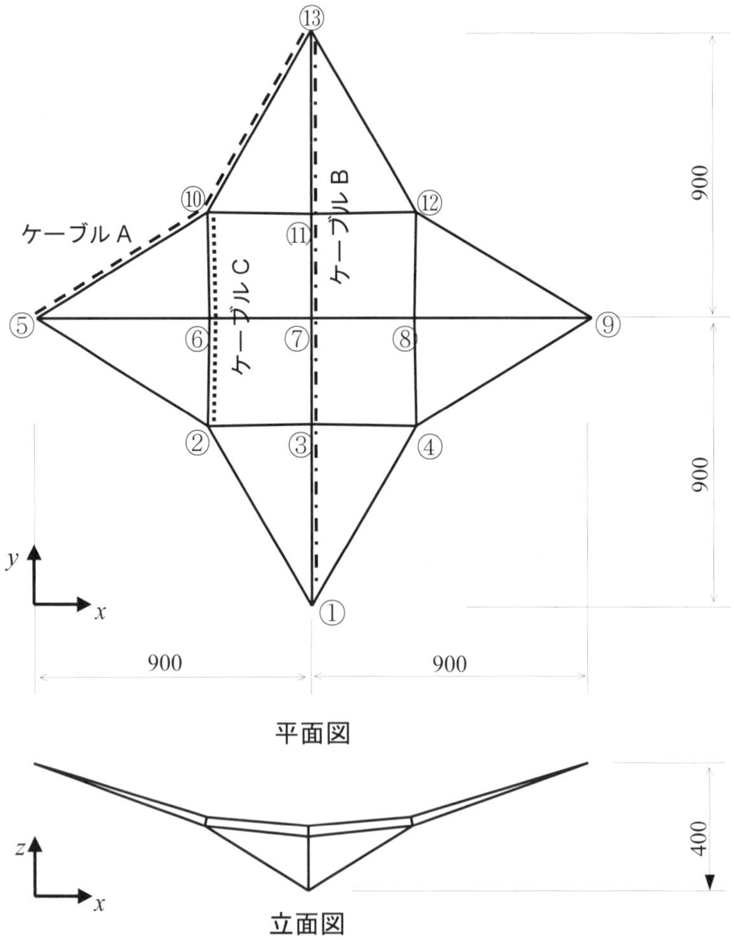

図 4.4.1　ケーブルネット構造の形状（丸付数字は節点番号）

写真 4. 4. 1 が製作されたケーブルネット構造試験体である。公称径 1mm（内部ケーブル用）と 1.5mm（境界ケーブル用）のステンレスワイヤーロープをケーブルの使用材料として、釣合形状の節点座標に基づき、図 4.4.1 に示した A，B，C の 3 種類のケーブルをそれぞれ必要本数分、連続した 1 本のケーブルとして切り出した。ケーブルの終端は、支点のフックに通して固定するため、アルミスリーブで定着固定してループ状に加工した。なお、規模が小さいため、張力導入前後の部材の長さ変化は、想定される部材の製作誤差と同程度のオーダーになり得るとの判断から、各ケーブルは設計形状の長さに合わせて製作した。またケーブルの交点は、ケーブルの製作時にあらかじめ付けておいた目印を頼りに、図 4.4.2 に示すように、軽量なプラスチック製の板で挟んでネジ、ナットで締めて固定した。このように全体形状を仮組みしたケーブルネットを支持躯体に取り付け、全ケーブルが真っ直ぐ張られる程度に仮固定してから、再度交点の間隔を確認し、微調整を行った。

ケーブルネットへの張力の導入は、支点でケーブルをかけるフック端部に取り付けたナットを、少しずつ同じように回転させて境界ケーブルを徐々に引き込む方法で行った。支点の詳細図を図 4.4.3 に示す。具体的なケーブルの設計張力については径の違いを考慮し、境界ケーブル（ケーブル A）を 90N、内部ケーブル（ケーブル B，C）を 30N と定め、概ね張力が導入された状態で、後述するケーブルの張力測定を部分的に行い、概ね設計張力に近いと判断された状態で完成形状とした。

写真 4.4.1　ケーブルネット構造試験体

表 4.4.1　ケーブルの長さと公称径

種類	長さ(mm)	公称径(mm)
ケーブルA	1374	1.5
ケーブルB	1852	1
ケーブルC	671	1

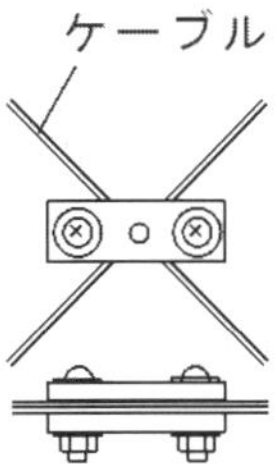

図 4.4.2　交点の固定方法

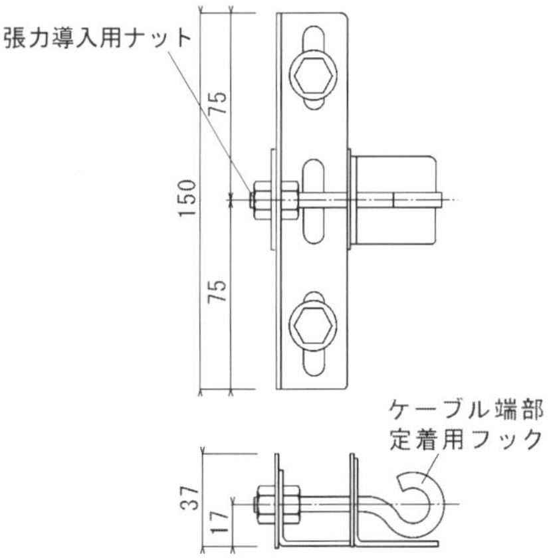

図 4.4.3　支点詳細図

完成形状に対して、改めてケーブル張力の測定および節点の座標測定を行った。ケーブルの張力は横荷重を受けたときのケーブルのたわみと張力の関係を利用して測定した [13)]。図 4.4.4 に示すような横荷重とケーブルの張力の釣合いに基づけば、ケーブルの張力とたわみの関係は次式で表される。

$$\frac{T}{P}=\frac{L}{4\delta} \tag{4.4.1}$$

ここに、T はケーブルの張力、P は横荷重、δ は P により生じたたわみ、L は支点間長さである。図 4.4.5 に T/P と δ/L の関係を図示した。

本実験では、L=175(mm)として、図 4.4.5 の曲線上において、T/P に対する δ/L の感度が大きい δ/L=0.01 に近い条件で測定を行った。すなわち、境界ケーブル（設計張力 90N）に対しては P=2.94(N)、内部ケーブル（設計張力 30N）に対しては P=0.98(N)を作用させることにより、いずれも設計張力に等しいときに、たわみ δ が 1.43(mm)になるようにした（δ/L=0.0082）。測定には、横荷重を滑らかな滑車を介して錘の重量で与え、ケーブルの中央たわみをデジタルノギスで測る治具を製作して用いた。なお、各ケーブルに対し 3 回測定を行い、その平均値を測定値とした。なお、この方法による測定値と実際の張力の対応を調べた資料は、文献 13 に示されている。

表 4.4.2 に張力測定の結果を示す。境界ケーブルが設計張力の 8 割程度の張力となっており、これに終端が接続するケーブル C も、やや張力が低めの傾向を持つ。

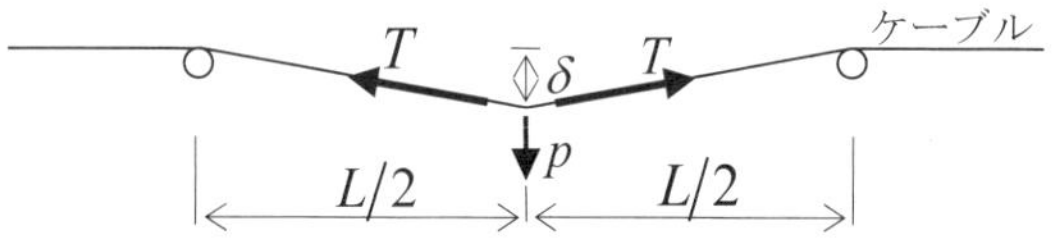

図 4.4.4　横荷重とケーブル張力の釣合い

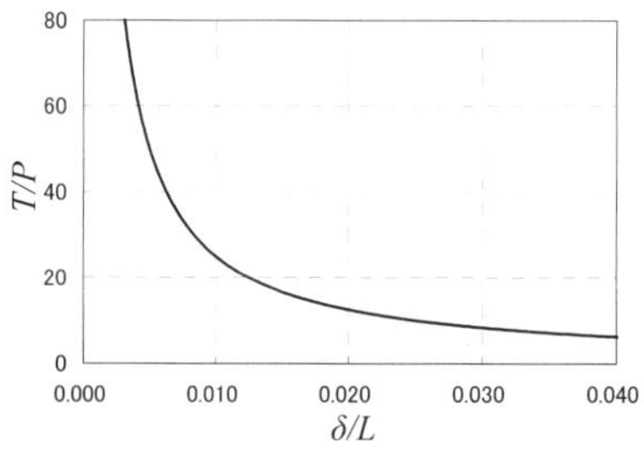

図 4.4.5　$T/P-\delta/L$ 曲線

形状測定は、平面座標については図 4.4.6 に示すように床の上に基準点 A, B を定め、各節点から下げ振りを用いて水平位置を床または支持躯体の上に墨出しし、A, B からの水平距離を直接測定して次式により算出した。

$$X=\frac{a^2-b^2+l^2}{2l}, \quad Y=\sqrt{a^2-X^2} \tag{4.4.2}$$

ここに、a, b はそれぞれ、基準点 A, B からの節点の墨出し位置までの水平距離、l は基準点 AB 間の距離である。

鉛直座標に関しては、レーザー墨出し器を用いて基準高さに水平輝線を投影し、節点と基準高さの高低差を測定して求めた。

表 4.4.3 はこのような方法で得られた節点座標の実測値を設計値と比較したものである。なお、実測値は設計形状を定める座標に合わせて、ケーブルネットの水平投影の左下隅および支持点の最下点が原点となるように座標変換を施してある。誤差は、X, Y については設計スパンの 1800mm に対する座標値の差を、Z については設計高の 400mm に対する座標値の差を百分率で表している。測定結果においては、床が厳密には水平でないことが影響して、節点 13（支持点）の座標が 15mm

高くなっており、節点 1－13 軸に交差する節点 2－4 上の点および節点 10 での差が大きくなっている。図 4.4.7 および図 4.4.8 はそれぞれ、*xy* 平面上および *yz* 立面上の節点配置の比較を示したものであるが、全体の配置で俯瞰する限りは、概ね設計に近い形状が実現されているといえる。

表 4.4.2　張力測定の結果（単位：N）

	節点	種類	測定値	設計張力	誤差
内部ケーブル	1-3	B	33.5	30	12%
	3-7	B	30.6	30	2%
	7-11	B	33.3	30	11%
	11-13	B	33.7	30	12%
	2-6	C	27.5	30	8%
	6-10	C	25.4	30	15%
	4-8	C	27.2	30	9%
	8-12	C	30.6	30	2%
	5-6	B	32.0	30	7%
	6-7	B	31.8	30	6%
	7-8	B	32.7	30	9%
	8-9	B	32.9	30	10%
	10-11	C	27.6	30	8%
	11-12	C	27.6	30	8%
	2-3	C	25.6	30	15%
	3-4	C	25.3	30	16%
境界ケーブル	1-2	A	68.1	90	24%
	1-4	A	72.1	90	20%
	2-5	A	72.0	90	20%
	4-9	A	69.0	90	23%
	5-10	A	73.8	90	18%
	9-12	A	72.1	90	20%
	10-13	A	70.2	90	22%
	12-13	A	71.2	90	21%

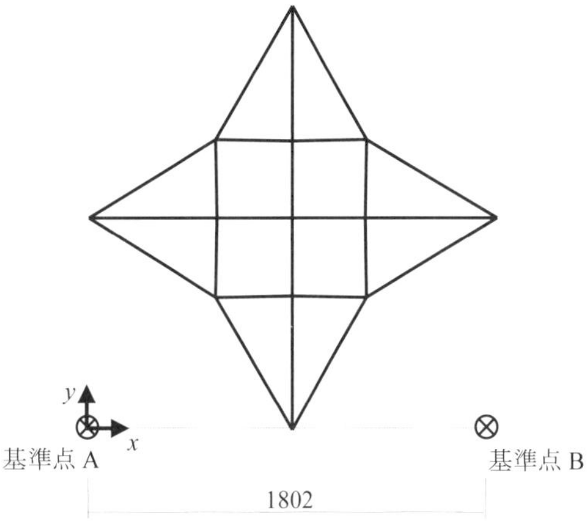

図 4.4.6　形状測定のための基準点

なお、表 4.4.3 の設計値の座標と設計張力の組み合わせによるものを設計モデルと呼ぶことにする。実構造物の場合には、通常は設計上の釣合形状に極力近づけることを前提に、設計モデルが解析対象とされる。一方、完成後の試験体について形状と張力の実態を把握したものは、解析結果の評価で比較検証のために用いることにする。

表 4.4.3　形状測定の結果（単位：mm）

	設計値			実測値			誤差（スパン，高さに対して）		
節点番号	*x*	*y*	*z*	*X*	*Y*	*Z*	*xerr*	*yerr*	*zerr*
1	900.0	0.0	0.0	901	0	0	0.1%	0.0%	0.0%
2	566.0	566.0	200.0	567	574	196	0.1%	0.4%	1.0%
3	900.0	572.0	168.6	901	580	161	0.1%	0.4%	1.9%
4	1234.0	566.0	200.0	1238	571	194	0.2%	0.3%	1.5%
5	0.0	900.0	400.0	0	905	402	0.0%	0.3%	0.5%
6	572.0	900.0	231.4	575	903	233	0.2%	0.1%	0.4%
7	900.0	900.0	200.0	901	906	198	0.1%	0.3%	0.5%
8	1228.0	900.0	231.4	1232	904	232	0.2%	0.2%	0.1%
9	1800.0	900.0	400.0	1801	905	400	0.1%	0.3%	0.0%
10	566.0	1234.0	200.0	572	1238	207	0.4%	0.2%	1.8%
11	900.0	1228.0	168.6	902	1236	168	0.1%	0.4%	0.1%
12	1234.0	1234.0	200.0	1237	1239	200	0.2%	0.3%	0.0%
13	900.0	1800.0	0.0	905	1811	15	0.3%	0.6%	3.8%

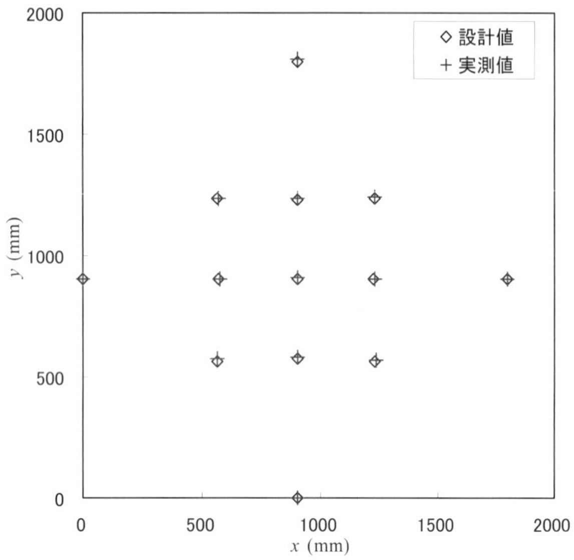

図 4.4.7　形状比較（xy 平面）

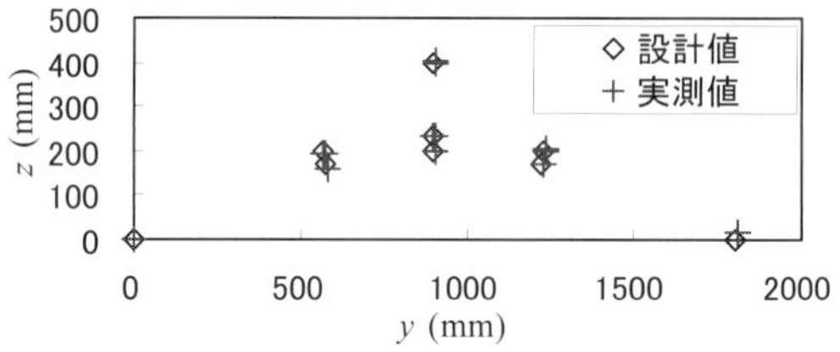

図 4.4.8　形状比較（yz 立面）

4.4.2　構造のモデル化

ケーブル部材の曲げ剛性の影響や、伸び剛性に対する微小なサグの影響については、通常は無視できると考えられている。前者は極端に短いケーブルにおいて、後者は極端に長いケーブルにおいて影響が増すが、いずれも特殊な問題といえよう。ゆえにほとんどの場合、ケーブルは軸力のみに抵抗する部材と考えられるので、数値解析に用いる要素は基本的にはトラス要素と同じである。ただし、ケーブル張力の消失が想定される場合には、圧縮力を伝達しない性質を適切に考慮しなければならない。張力消失の影響を簡単に取り入れるためには、軸力が引張域にあるときは軸方向に線形の剛性を持たせ、圧縮域にあるときは軸方向の剛性をゼロとするような材料非線形のモデルが適用される。

また、ケーブル構造には、「弾性剛性型」と「幾何剛性型」という 2 つのタイプがある [14]。前者はケーブルの軸方向の弾性剛性を積極的に利用して荷重に抵抗するシステムであり、高剛性である反面、荷重による軸力変動が大きいため、張力が消失しやすい。後者は主に幾何剛性で荷重に抵抗するシステムであり、剛性は低く、大きな変位が生じやすい。ケーブルネット構造においては、サグの大きさや荷重条件により性質が変わるが、後述する荷重条件から判断し、ここで扱う問題は主に幾何剛性型の性質を持つと考える。いずれにせよ、一般的にはケーブル構造は比較的変形が大きく、部材に高い張力が導入されているため、解析は有限変形理論に基づいて行うことが標準となっている。

したがって、本節の数値解析においては、基礎編 4.3.3.2 項に示されている定式化に準拠した幾何学的非線形解析を考慮したケーブル要素を用いるものとし、ケーブルの張力は消失しないということを前提として、材料は線形弾性と仮定する。

その他、吊りケーブルと押さえケーブルが交差しているだけで固定されておらず、変形に伴ってケーブルの交点にすべりが発生する可能性がある場合には、その挙動を取り扱わなければならない。本章 4.4.1 項で述べたように、ケーブルの交点は全てクランプによって固定していることから、ここではケーブル間のすべりを考慮しないモデルとする。

4.4.3　要素の材料特性の設定

上述のケーブル要素の材料特性としてヤング係数を設定しなければならない。実構造物においては、使用される構造用ケーブルの種類に応じて、これらを適切に仮定することもできる [15)]。ところが、本章 4.4.1 項に示した試験体には、一般に市販されている極めて小径のステンレスワイヤーロープを用いているため、実構造物に用いられる構造用ケーブルとは性状が異なる可能性がある。そこで、試験体に用いた公称径 1.0mm および 1.5mm の 2 種類のステンレスワイヤーロープの引張試験を行って、その結果から入力データを定めた。

図 4.4.9、図 4.4.10 は、引張試験より得た 2 種類のステンレスワイヤーロープの引張力とひずみの関係である。各々の製品に記されている耐荷重の 1/2 まで引張力を加え、除荷することを繰り返し、計 3 回の載荷を行っている。基礎編で説明されている構造用ケーブルの材料特性と同様に、初回載荷時に低荷重域で剛性が低い部分を有し、除荷で残留ひずみを生じながら、ある一定勾配に落ち着いていく様子が確認される。3 回目の引張力－ひずみ関係の回帰直線の傾きから、ヤング係数を計算したものが表 4.4.4 である。この値は、構造用ケーブルで用いられる値よりも小さい。ただし、ヤング係数の算定において、断面積は公称径を持つ円形断面と仮定した。

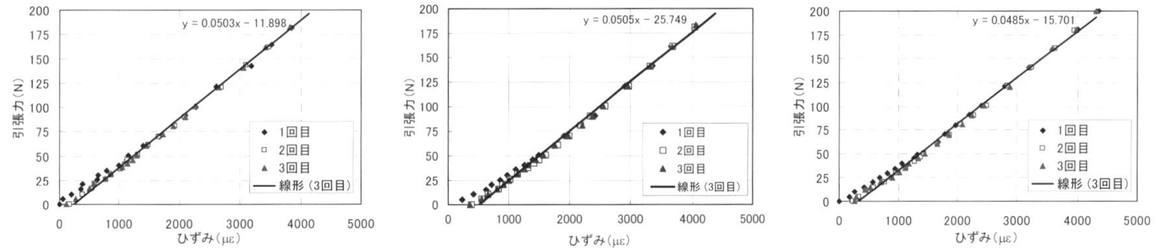

a) 小径 No.1　　b) 小径 No.2　　c) 小径 No.3

図 4.4.9　引張力－ひずみ関係（径 1.0mm）

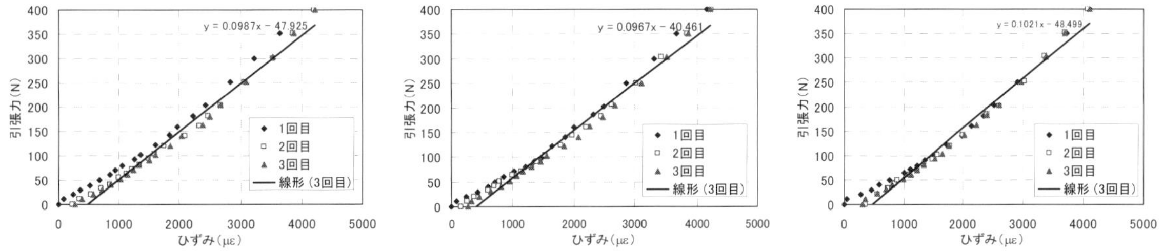

a) 大径 No.1　　b) 大径 No.2　　c) 大径 No.3

図 4.4.10　引張力－ひずみ関係（径 1.5mm）

表 4.4.4　ステンレスワイヤーロープのヤング係数（N/mm^2）

ワイヤー径	No.1	No.2	No.3	平均	解析の設定
Φ1mm	64044	64299	61752	63365	63000
Φ1.5mm	55853	54721	57777	56117	56000

4.4.4　境界条件の設定

ケーブル構造の支持構造は、ケーブルに導入される初期張力に加え、付加的に作用する荷重に応じて増大する張力が作用するため、これらの張力を確実に処理できるように、適切な強度と剛性が確保されていることが前提となる。ケーブル構造と支持構造が変形や応力において相互に及ぼしあう影響が無視し得ない場合は、支持構造も含めた解析を行ってこれを考慮しなければならない。

本節で対象とするケーブルネット構造試験体については、境界ケーブルはケーブル構造の一部であり、これが定着される節点番号 1，5，9，13 の 4 点が構造モデル上の支点となる。初期張力も、載荷実験で加える荷重のレベルも小さく、支点を支える鋼製ブロックによる支持構造はケーブルネット構造試験体に対して十分な剛性があると考えられるので、上記節点でピン支持とする。

4.4.5 荷重の設定

実際のケーブル構造の場合、標準的に考慮する荷重の種類は、通常の建築物におけるそれと基本的には変わらない。実構造物では固定荷重として、ケーブルや交点金物、仕上げ材などの自重を当然考慮しなければならない。しかしながら、本節で対象とするケーブルネット構造試験体については、規模が小さく、ケーブルやこれに付随する交点の固定治具も軽量で影響は小さいと考えられるので、自重を考慮しないものとする。このことは、先に述べた形状解析においても同様で、釣合形状は自重を考慮せずに求めている。

したがって、考慮する荷重は載荷実験で試験体に作用させる付加的な荷重のみとなる。実験での載荷方法は図 4.4.11 に示すように、境界ケーブル上の 1 点に鉛直下向きの集中荷重を漸増させて加えるというものである。吊りケーブルと押さえケーブルによる弾性剛性の効果が効きにくいこの偏在的な載荷方法は、幾何剛性の影響が大きく現れやすい載荷方法であると考えられる。

4.4.6 数値解析条件の設定

4.4.2 項で述べたように材料は線形弾性であるが、幾何学的非線形を考慮するため、平衡方程式は非線形であり、基礎編 1.2.3 項に述べたような非線形問題の解法を適用することになる。このとき、予測される釣合い経路の状況に応じて増分パラメータの設定を適切に行う必要がある。座屈などの不安定現象が生じる場合にはこの設定を慎重に行う必要があるが、本節が対象としている問題はケーブル張力と横たわみによる剛性増大が予想され、釣合い経路は荷重の増加に対して安定的に求められると考えられる。そこで、増分パラメータを荷重とする荷重増分法を適用することとする。

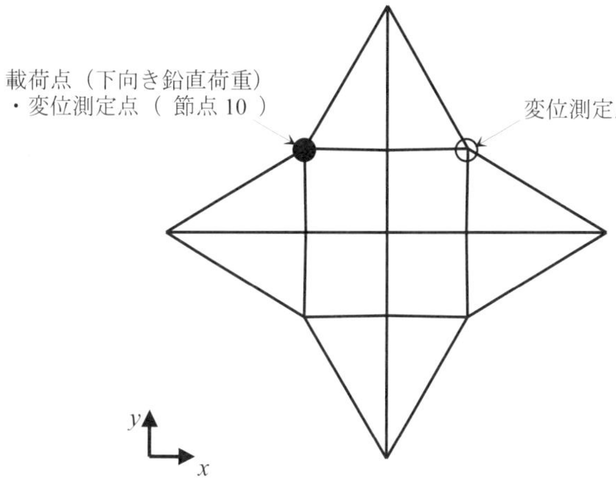

図 4.4.11　載荷点と変位測定点

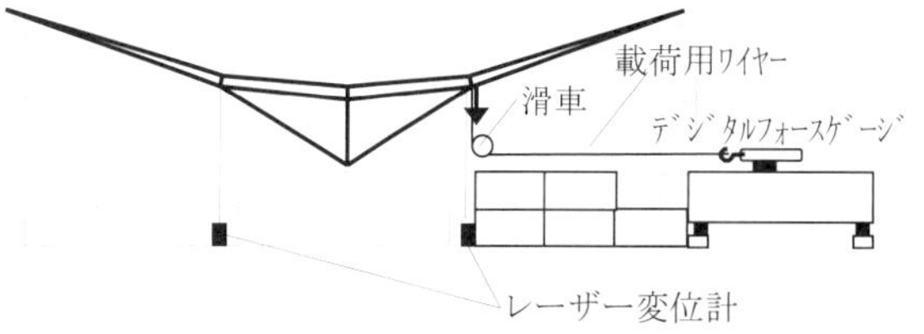

図 4.4.12　載荷方法と変位測定方法

4.4.7 解析の実行とその評価

解析結果を示す前に、ケーブルネット構造試験体の実験方法について述べる。荷重の設定で述べた鉛直荷重を、最大 15N まで 1N 刻みで段階的に加え、各段階の荷重と変位を記録することを 3 回行った。この載荷は、図 4.4.12 に示すように、載荷点に取り付けたワイヤーを、滑車を介して手動計測スタンドに設置されたデジタルフォースゲージで引き込むことにより行った。試験体の挙動を把握するために、図 4.4.11 に示すように、載荷点（節点 10）と押さえケーブルを挟んで反対側となる節点 12 の 2 点の鉛直変位を試験体下部に設置したレーザー変位計で測定した。

ケーブルネット構造の数値解析を行うにあたっては、一般的には、形状解析により求められた釣合形状の節点座標と張力を持つ設計モデルが対象となる。実構造物の設計時においては、この設計モデルが想定し得る唯一の解析モデルである。一方で、本解析で対象とする試験体については、全節点の座標と全ケーブルの張力を測定しているため、この測定値に基づいた実測モデルというものが存在する。

ところが、上記の実測モデルにおいては、形状測定結果と張力測定結果のそれぞれに誤差を含むため、解析においては不釣合い力により無荷重時に若干の変位が生じる。また、応力再配分により、張力も若干変動する。事前にこの検証のための解析を行った結果が表 4.4.5 および表 4.4.6 であり、変位は実験の計測点の鉛直方向において 2.5mm 程度生じている。このため、表 4.4.5 の変位を実測モデルの節点座標に加え、さらに、表 4.4.6 の不釣合い力解消後の張力（実測モデルの無荷重時の解析で求められた張力）を初期張力とする解析モデルを作成し、これを修正実測モデルとした。この修正実測モデルは、無荷重時に変位を生じない釣合形状となっていることを確認している。ここでは、この修正実測モデルを実際のケーブルネット構造試験体の実態に比較的近い解析モデルと考えることにする。

図 4.4.13 に解析結果と実験結果の荷重－変位関係の比較を示す。グラフの左上に伸びている線が節点 10（載荷点）の変位を、右上に伸びている線が節点 12 の変位を示している。3 回の実験結果は同一の荷重－変位関係を示し、構造全体が弾性的挙動にあることを確認できる。一方、解析

結果を見てみると、設計モデルの変位は実験結果のそれより若干小さくなっていることがわかる。形状と張力が実態に比較的近いと考えられる修正実測モデルの解析結果の荷重―変位関係は、初期剛性も含め、実験結果とよく一致している。修正実測モデルの張力は設計モデルよりも、境界ケーブルを中心にやや低い張力となっている。このことにより、幾何剛性に直接影響する張力の大きさが、ケーブル構造の剛性に与える影響を理解できる。

表 4.4.5　不釣合い力解消後の節点変位(mm)

節点番号	*u*	*v*	*w*
1	0.00	0.00	0.00
2	0.31	-0.34	1.55
3	-0.07	0.32	-1.37
4	-0.42	-0.22	1.51
5	0.00	0.00	0.00
6	0.18	-0.24	0.71
7	0.15	0.08	0.56
8	0.26	0.06	-0.77
9	0.00	0.00	0.00
10	-0.61	-0.52	-2.58
11	-0.38	-0.02	-0.28
12	-0.69	0.36	2.52
13	0.00	0.00	0.00

表 4.4.6　不釣合い力解消後の張力と測定張力の比較

ケーブル	不釣合い力解消後の張力(N)	測定張力(N)	変動率
1 － 3	28.7	33.5	-14.4%
3 － 7	28.8	30.6	-5.8%
7 － 11	29.2	33.3	-12.5%
11 － 13	29.7	33.7	-11.8%
2 － 6	26.7	27.5	-2.9%
6 － 10	26.3	25.4	3.3%
4 － 8	29.5	27.2	8.4%
8 － 12	29.2	30.6	-4.7%
5 － 6	30.0	32.0	-6.4%
6 － 7	29.9	31.8	-6.0%
7 － 8	29.8	32.7	-8.9%
8 － 9	30.1	32.9	-8.5%
10 － 11	23.0	27.6	-16.6%
11 － 12	22.9	27.6	-17.1%
2 － 3	19.2	25.6	-25.2%
3 － 4	19.1	25.3	-24.4%
1 － 2	70.3	68.1	3.3%
1 － 4	77.1	72.1	6.9%
2 － 5	64.9	72.0	-9.8%
4 － 9	69.5	69.0	0.7%
5 － 10	70.2	73.8	-4.8%
9 － 12	74.1	72.1	2.7%
10 － 13	72.3	70.2	3.1%
12 － 13	78.7	71.2	10.5%

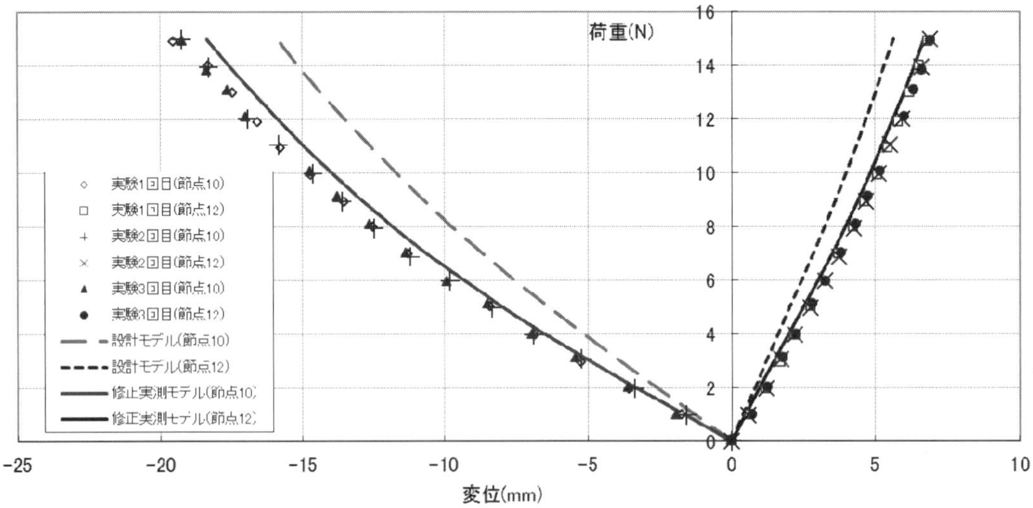

図 4.4.13　実験と解析の荷重－変位関係の比較

参考文献

1) 加藤史郎, 吉野達矢, 松本恵美, 武田文義, アイソパラメトリック曲面要素を用いた膜構造解析, 膜構造研究論文集'95, No.9, pp.9-21, 1995.

2) 鈴木俊男, 半谷裕彦, 極小曲面の変数低減による有限要素解析, 日本建築学会構造系論文報告集, 第 425 号, pp.111-120, 1991.

3) 大森博司, 萩原伸幸, 松井徹哉, 松岡理, 有限要素法による極小曲面の数値解析, 膜構造研究論文集'88, No.2, pp.1-10, 1988.

4) F. Otto (Ed.), Tenslle Structures, Vol.1, The M.I.T. Press, pp.290-296, 1967.

5) 田中尚, 膜の力学, 空間構造第 4 巻, 坪井善勝記念講演会実行委員会, pp. 55-103, 1996.

6) 吉野達矢, 瀬川信哉, 小田憲史, ETFE フィルムの 2 軸引張特性と弾塑性応力・変形解析, 膜構造研究論文集 2004, No.18, pp.31-39, 2004.

7) 山田嘉昭, 塑性・粘弾性, 有限要素法の基礎と応用シリーズ 6, 培風館, 1992.

8) 本間俊雄, 福留正樹, 膜構造における形状・応力指定の裁断図解析に関する考察及び試験体模型を用いた形態の定性的確認, 膜構造研究論文集 2010, No.24, pp.9-16, 2010.

9) 黒木涼, 本間俊雄, 中村達哉, 任意境界形状を有する空気膜構造の形状・裁断図同時解析と試験体による定性的形態確認, 膜構造研究論文集 2012, No.26, pp.29-36, 2012.

10) R. Kurogi and T. Honma, Cutting Pattern Analysis with Form Finding for Pneumatic Membrane Structure and Curved Surface Form Confirmation Using Miniature Model, Proceedings of the First Conference Transformables 2013 (In the Honor of Emilio Perez Piñero) , Seville, Spain, pp.423-428, 2013.

11) 黒木涼, 本間俊雄, 中村達哉, 膜構造の形状・裁断図同時解析と試験体模型を用いた定性的形態確認 -裁断長さを一致させる制約条件の導入-, 日本建築学会大会学術講演梗概集, 構造 I, pp.739-740, 2014.

12) H. J. Schek, The Force Density Method for Form-Finding and Computations of General Networks, Computer Methods in Applied Mechanics and Engineering, Vol.3, pp. 115-134, 1974.

13) 萩原伸幸, 古田寛生, 逐次応力指定によるテンション構造の形態解析とその検証実験, 鋼構造論文集, 16 巻, 61 号, pp.37-44, 2009.

14) 日本建築学会, ラチスシェルの座屈と耐力, pp.285-286, 日本建築学会, 2010.

15) 日本建築学会, ケーブル構造設計指針・同解説, 日本建築学会, 1994.

索引

か

き

く

け

て

と

に

ね

の

は

ひ

ふ

へ

単位の換算率表

	N	dyn	kgf
力	1	1×10^{5}	$1.019\ 72\times10^{-1}$
	1×10^{-5}	1	$1.019\ 72\times10^{-6}$
	9.806 65	$9.806\ 65\times10^{5}$	1

	Pa または N/m^2	mmAq または mmH_2O	mmHg または Torr	kgf/cm^2
圧力	1	$1.019\ 72\times10^{-1}$	$7.500\ 62\times10^{-3}$	$1.019\ 72\times10^{-5}$
	9.806 65	1	$7.355\ 59\times10^{-2}$	$1.000\ 0\times10^{-4}$
	$1.333\ 22\times10^{2}$	$1.359\ 51\times10$	1	$1.359\ 51\times10^{-3}$
	$9.806\ 65\times10^{4}$	$1.000\ 0\times10^{4}$	$7.355\ 59\times10^{2}$	1

	Pa または N/m^2	MPa または N/mm^2	kPa	kgf/cm^2
応力	1	1×10^{-6}	1×10^{-3}	$1.019\ 72\times10^{-5}$
	1×10^{6}	1	1×10^{3}	$1.019\ 72\times10$
	1×10^{3}	1×10^{-3}	1	$1.019\ 72\times10^{-2}$
	$9.806\ 65\times10^{4}$	$9.806\ 65\times10^{-2}$	$9.806\ 65\times10$	1

	m/s^2	gal または cm/s^2	G
加速度	1	1×10^{2}	$1.019\ 72\times10^{-1}$
	1×10^{-2}	1	$1.019\ 72\times10^{-3}$
	9.806 65	$9.806\ 65\times10^{2}$	1

	m/s	kine または cm/s
速度	1	1×10^{2}
	1×10^{-2}	1

空間構造の数値解析ガイドブック

2017年12月20日　第1版第1刷

編集著作人　一般社団法人　日本建築学会

印刷所　共立速記印刷株式会社

発行所　一般社団法人　日本建築学会
108-8414　東京都港区芝5—26—20
電話・（03）3456−2051
FAX・（03）3456−2058
http://www.aij.or.jp/

発売所　丸善出版株式会社
101-0051　東京都千代田区神田神保町2−17
神田神保町ビル
電話・（03）3512−3256

ISBN978-4-8189-0643-3　C3052